Einführung in das Bürgerliche Recht

Grundkurs für Studierende der Rechts- und Wirtschaftswissenschaften

von

Dr. Eugen Klunzinger

Professor
an der Universität Tübingen

5., verbesserte Auflage

Verlag Franz Vahlen München

Die Deutsche Bibliothek – CIP-Einheitsaufnahme

Klunzinger, Eugen:
Einführung in das bürgerliche Recht : Grundkurs für
Studierende der Rechts- und Wirtschaftswissenschaften / von
Eugen Klunzinger. – 5., verb. Aufl. – München : Vahlen, 1993
(Vahlens Handbücher der Wirtschafts- und Sozialwissen-
schaften)
ISBN 3-8006-1748-X

ISBN 3 8006 1748 X

© 1993 Verlag Franz Vahlen GmbH, München
Graphiken: Hans Georg Müller, München
Satz: Wagner GmbH, Nördlingen
Druck und Bindung: Parzeller GmbH & Co. KG

Für Annette und Christian

Vorwort zur 5. Auflage

Nachdem die Vorauflage des Buches wiederum sehr rasch vergriffen war, erscheint es jetzt überarbeitet in 5. Auflage.

Erneut habe ich mich zu bedanken für viele Zuschriften und zahlreiche Hinweise, aus denen ich entnehme, wie verbreitet dieses Buch im Rahmen der Grundkurse zum Bürgerlichen Recht innerhalb und außerhalb der Universität bei den Studenten und Kursteilnehmern Verwendung findet.

Die Neuauflage gibt mir Gelegenheit, mich herzlich bei meinen Mitarbeitern *Esther Augustin, Christiane Bandtel, Peter Lässig, Ralph Niekrawietz, Ralph Schmitt, Fabian Volz* und *Frank Wenger* sowie bei meiner Sekretärin *Heiderose Hendel* zu bedanken.

Tübingen, im Sommer 1993   *Eugen Klunzinger*

Aus dem Vorwort zur 1. Auflage (1987)

Der vorliegende Grundriß dient einem pädagogischen Zweck: Er möchte solchen Lesern den „Einstieg" in das bürgerliche Recht erleichtern, die zu Beginn oder im Verlauf ihres Studiums bzw. im Rahmen der Berufsfortbildung eine „Grundausbildung in Rechtswissenschaft" absolvieren und sich im Anschluß daran einer schriftlichen und/oder mündlichen Prüfung unterziehen müssen. Angesprochen sind damit Studienanfänger der Rechtswissenschaft sowie Studierende wirtschaftswissenschaftlicher und anderer Disziplinen, die juristische Vorlesungen nur im Nebenfach besuchen.

Das didaktische Grundanliegen bedingt Kompromisse. So ist es in diesem Rahmen weder möglich noch unbedingt erforderlich, den Stoff bis in alle theoretischen Verästelungen abzuhandeln. Auch wurde bewußt auf einen umfangreichen Anmerkungsapparat verzichtet. Ziel mußte bleiben, dem Leser den Zugang zur Materie zu verschaffen, ihm die unverzichtbaren Grundbegriffe, Grundprinzipien und Grundzusammenhänge des materiellen Rechts zu erläutern. Wer sich als Student bzw. Berufsangehöriger wirtschafts- und sozialwissenschaftlicher Disziplinen an den Universitäten, Fachhochschulen, Akademien und Kammern einen Überblick über die „wirtschaftlich relevanten Partien des Bürgerlichen Rechts" verschaffen will, wird sich im wesentlichen auf die ersten drei Bücher des Bürgerlichen

Gesetzbuches beschränken. Im Verlauf des juristischen Studiums zwingt dies zur Anschaffung von drei bis vier Lehrbüchern mit zusammengerechnet mehreren 1000 Seiten. Dies von dem eingangs angesprochenen Personenkreis zu diesem Zeitpunkt zu verlangen, wäre illusorisch. Aus diesem Grunde umfaßt der vorliegende Grundriß die den ersten drei Büchern des BGB zugrundeliegenden Rechtsgebiete (Allgemeiner Teil, Allgemeines und Besonderes Schuldrecht sowie die Grundzüge des Sachenrechts).

Wiederum mit Rücksicht auf den ins Auge gefaßten Personenkreis versucht die Darstellung, den Leser durch Arbeitsanleitungen, Lernhinweise, Wiederholungs- und Verständnisfragen sowie durch Beispiele, Zusammenfassungen und graphische Mittel zum ständigen Mitarbeiten und Repetieren anzuleiten. Es ist ein besonderes Anliegen des Verfassers, mit derartigen „Textauflockerungen" dem Leser entgegenzukommen. Übersichten und Skizzen sollen dem Studenten helfen, die jeweiligen Lernschritte abzuschätzen und zu bewältigen, das eben Gelesene und Erlernte zu rekapitulieren und zu speichern, um ihm so durch permanente Lernkontrolle einen gesicherten Kenntnisstand als Voraussetzung für den Studien- und Ausbildungserfolg zu verschaffen.

Der Grundriß basiert in weiten Teilen auf Vorlesungen und Übungen, die der Verfasser über Jahre hinweg an der Universität Tübingen und anderen Bildungseinrichtungen abgehalten hat.

Besonders verwiesen sei auf die dem eigentlichen Text vorangestellten Studienhinweise, die der Verfasser nicht nur vor dem Durcharbeiten des Buches, sondern auch zwischendurch immer wieder zur geflissentlichen Lektüre empfiehlt!

Aus dem Vorwort zur 2. Auflage (1989)

Die positive Aufnahme des Buches hat seine Neuauflage schneller als vorgesehen notwendig gemacht.

Zu bedanken habe ich mich für die zahlreichen Hinweise. Interessant war für mich zu hören, daß dieses Buch auch im Rahmen des BGB-Grundkurses für Jurastudenten als nützliche Lernhilfe aufgenommen wird. Ich bin mir der Kompromisse, die dabei zu schließen sind, wohl bewußt. Vielen Studenten fällt es gerade in Zeiten der Massenuniversität schwer, sich auf dem Gebiete des Bürgerlichen Rechts in das Studium hineinzufinden. Wenn ihnen dabei der vorliegende Grundriß eine Hilfestellung bietet, kann ich das nur positiv bewerten. Dabei möchte ich auf das bei den Studienhinweisen über die juristische Literatur Gesagte ausdrücklich verweisen. Gerade für den Anfänger, der ein geordnetes Studium beabsichtigt, gilt: Alles zu seiner Zeit und an seinem Platz!

Inhaltsübersicht

Teil V: BGB – Sachenrecht

Inhaltsverzeichnis

Teil I: Einführung

Teil II: BGB – Allgemeiner Teil

1. Kapitel: Rechtssubjekte und Rechtsobjekte

3. Kapitel: Wirksamkeitsvoraussetzungen des Rechtsgeschäfts

4. Kapitel: Mangelhafte Rechtsgeschäfte

5. Kapitel: Zusätzliche Wirksamkeitsvoraussetzungen bei Rechtsgeschäften

4. Kapitel: Leistungsstörungen im Schuldverhältnis

Teil IV: BGB – Besonderes Schuldrecht

1. Kapitel: Veräußerungsverträge

3. Kapitel: Dienstleistungen

4. Kapitel: Sonstige Leistungsversprechen

5. Kapitel: Gesetzliche Schuldverhältnisse

Teil V: BGB – Sachenrecht

1. Kapitel: Allgemeine Lehren

2. Kapitel: Besitz und Eigentum

3. Kapitel: Sonstige dingliche Rechte

Lern- und Studienhinweise

I. Zehn Grundregeln für das richtige Arbeiten

Jedes Ergebnis hat seine Ursache(n), auch und gerade im Studium. Ob ein Student erfolgreich abschließt, hängt nicht zuletzt auch davon ab, wie er seine Chancen nutzt und von den Angeboten Gebrauch macht, die ihm während seiner Ausbildung in vielfältiger Weise zur Verfügung gestellt werden. Erfahrungsgemäß tut sich der Studienanfänger beim Übergang vom Gymnasium in die Anonymität der Hochschule schwer. Akademische Freiheit verlangt viel Disziplin gegenüber der eigenen Person, sie verführt leicht zur „akademischen Faulheit". Wer ein Studium erfolgreich abschließen will, muß zunächst das Lernen lernen. Vielen Studenten fällt dies (zumindest am Anfang) schwer. Auch der Student der Wirtschafts- und Sozialwissenschaft, der Privatrecht nur im Nebenfach betreibt und möglicherweise die abschließende Prüfung nur als notwendiges Übel ansieht, sollte die nachfolgenden zehn Regeln und Ermahnungen beherzigen. Der Verfasser bezieht sich bei seinen Empfehlungen auf eine langjährige Erfahrung als Dozent. Sie sollen für den Studenten auch Richtschnur für sein Lernverhalten in den übrigen Disziplinen seines Studiums sein.

1. Das „ökonomische Prinzip"

Einem Studenten der Rechts- und Wirtschaftswissenschaften sollte einleuchten, daß optimales Handeln am ökonomischen Prinzip orientiert sein muß: Der Mitteleinsatz soll den höchsten Ertrag bringen! Dies bedingt Lerndisziplin. Wenn Sie sich schon mit dem Recht beschäftigen, dann sollten Sie dies in der Zeit der Grundausbildung, die in der Regel über einige Semester angelegt ist, unter intensiver Nutzung der Lehr- und Lernangebote tun. Dazu gehört der Besuch der Vorlesung sowie das Mitarbeiten anhand eines Lehrbuchs und der ständige Blick in das Gesetz.

2. Das „hic-et-nunc Prinzip"

Was getan werden muß, sollten Sie sofort und intensiv tun. Dieses Prinzip ist wohl von allen schönen Maximen das am schwersten zu befolgende. Die Vielfältigkeit des Lebens bedingt für jedes Individuum eine Fülle von Angeboten, etwas Unangenehmes zugunsten anderer Dinge zu verschieben oder ganz zu lassen. Verhängnisvolle „Weisheiten" begünstigen dies: „Das muß ich demnächst auch einmal tun ..." oder „was man schwarz auf weiß besitzt, kann man getrost nach Hause tragen". Der Student hat es damit aber noch lange nicht in den gesicherten Bestand seines Examenswissens aufgenommen. Auch hier ist der Weg zu mancherlei unerwünschten Entwicklungen mit guten Vorsätzen gepflastert. Der Gedanke: „Das muß ich demnächst auch einmal tun" führt sehr schnell zu einer Anhäufung nicht oder nur teilweise bewältigten Stoffes und damit zu Lücken, die nur langwierig und mit unverhältnismäßig hohem Arbeitsaufwand wieder geschlossen werden können. Gehen Sie also immer an eine Sache mit dem Willen und in dem Bewußtsein heran, diese jetzt und endgültig zu erledigen, ein Problem, ein Rechtsgebiet oder eine Aufgabe jetzt und endgültig zu erarbeiten und zu erlernen, aber niemals mit dem Ansatz, „dies dann noch einmal nachzulesen oder sich vorzunehmen". Für die Vorlesung gilt: Wenn Sie schon eine Vorlesung besuchen, dann auch mit dem festen Willen und der Bereitschaft mitzuarbeiten. Wer die stickige Atmosphäre eines schlecht gelüfteten Hörsaals auf sich nimmt, aber nicht die Kraft aufbringt, der Diktion des Vortragenden zu folgen, sollte wirklich besser in sauerstoffreicher Umgebung spazierengehen und auf diese Weise wenigstens die physische Basis seiner Lernfähigkeit verbessern.

3. Vor-, Mit- und Nacharbeiten

Ständiges Arbeiten ist der Schlüssel zum Erfolg. Ohne Fleiß (auch bei bester Begabung) kein Preis! Allgemein gilt: Wer schon vor der Vorlesung (z. B. während der Semesterferien) ein bestimmtes Gebiet in einem kurz gehaltenen Grundriß überfliegt (oder auch nur das Gesetz durchliest) und sich damit von vornherein ein Gerüst verschafft, wird jede Unterrichtsveranstaltung mit unvergleichlich höherem Gewinn absolvieren.

Abschreckendes „Vorbild" ist der Student, der den Lernstoff erst 14 Tage vor dem Prüfungstermin in Tag- und Nachtarbeit unter Zuhilfenahme von Aufputschmitteln durchzupeitschen versucht. Abgesehen davon, daß er es sich dadurch unnötigerweise schwer macht, kann mit Sicherheit gesagt werden, daß derart in einer Schnellbleiche Angelerntes auch ebenso schnell wieder vergessen ist. Daß dies weder der Sinn einer Vorlesung noch der des Studiums sein kann, leuchtet ein, denn schließlich gilt ja auch: Non scholae, sed vitae discimus ...

4. Arbeiten mit dem Gesetz

Der Jurist ist kein „freischaffender Künstler". Grundlage und damit auch Arbeitsgrundlage für jeden, der sich mit dem Privatrecht beschäftigt, ist das Gesetz. Da das Bürgerliche Gesetzbuch im Hinblick auf seine Entstehungsgeschichte eine Kodifikation von hohem wissenschaftlichem Rang darstellt (insofern also „komprimierten Professorenschweiß" repräsentiert), wird das ökonomische Prinzip im vorbezeichneten Sinne optimal mit der direkten und ständigen Arbeit am Gesetz verwirklicht. Ein Gesetzbuch soll für den Studenten keine wertvolle Lyrik, sondern „Arbeitsgesetzbuch" sein. Unterstreichen, Kolorieren und Kommentieren sind daher im höchsten Grade wünschenswert und für den Benutzer gewinnbringend. Allerdings soll nicht unterschlagen werden, daß die Prüfungsordnungen im Examen nur die Benutzung „unkommentierter Gesetzestexte" gestatten. Gewiß wird man von einem Studenten nicht verlangen, daß er alle Paragraphen im Kopf hat. Auf der anderen Seite müssen aber manche Dinge einfach präsent sein. Wer die Anspruchsgrundlage für die Pflichten aus dem Kaufvertrag erst im Sachverzeichnis sucht, kann nicht verlangen, daß man ihm eine erfolgreiche Grundausbildung im Privatrecht attestiert. Wichtig (und daher im nachfolgenden Text dieses Buches immer wieder als Imperativ aufgeführt) ist für den Studenten die wiederholte Lektüre der zitierten

Paragraphen. Er lernt dadurch zugleich die juristische Semantik, die gerade Anfängern und Nebenfächlern aus verständlichen Gründen immer wieder Schwierigkeiten macht.

5. Planmäßiges Arbeiten

Das In-den-Tag-Hineinleben wird wohl von niemandem als erfolgreiches Lebenskonzept angesehen werden. Genauso verhält es sich mit dem Studium. Jeder Student sollte sich deshalb für alle Disziplinen einen Plan zurechtlegen. Eine gute Zeiteinteilung ist schon der halbe Erfolg. Der Plan ermöglicht das stetige Arbeiten und die Kontrolle darüber. Freilich setzt er Disziplin und Augenmaß voraus. Auf keinen Fall sollte man sich zuviel vornehmen („ja, mach nur einen Plan . . ."). Wer, um sich selbst zu beruhigen, in einen Plan zuviel reinpackt, wird ihn nicht erfüllen. Rückstände führen mit Sicherheit zur Frustration und blockieren den Neuanfang.

6. Repetitio est mater studiorum

Ein weit verbreiteter, aber verhängnisvoller Irrtum des Anfängers liegt darin zu glauben, was man einmal gehört oder gelesen hat, sei bereits Bestandteil eines gesicherten Erfahrungsschatzes. Ohne Repetition ist ein solcher nicht zu erlangen. Deshalb sollte das Wiederholen ständiger Wegbegleiter des Studiums werden. Dabei helfen Unterlagen, die man beim Durcharbeiten entsprechend kommentiert und koloriert hat. Jede Repetition ist zugleich Lernkontrolle. Man hat sein Ziel erreicht, wenn man das Repetierte jederzeit „wieder holen" kann.

7. „Lieber etwas, als gar nichts"

Wenn der Student Rückstände feststellt, wird es nicht selten kritisch: Sie blockieren den Neuanfang und können manchmal auch bei einem noch vorhandenen Rest von Lernwilligkeit den Weg zu einer ordentlichen und regelmäßigen Arbeit verbauen. Machen Sie sich deshalb klar, daß „etwas immer noch besser ist, als gar nichts". Beginnen Sie wieder mit „kleinen Happen", auch in kleinen Zeitabschnitten. Nicht nur für die beschriebene Rückstandssituation gilt, daß man zum Lernen nahezu jede Lebenslage nutzen kann: Die Lektüre des Skripts in der Straßenbahn, das Studium einer Skizze im Wartezimmer beim Zahnarzt, der Blick in das Gesetz vor dem Einschlafen . . . Um nicht falsch verstanden zu werden: In manchen Lebenslagen braucht man Zeit und „Abstand von den Dingen", um nicht die Freude zu verlieren. Auch soll sich das Erarbeitete und Gelernte „setzen können". Eine „geistige Ruhepause" im Anschluß an ein anstrengendes Tagewerk hat auch der „Arbeiter der Stirn" wohlverdient.

8. Formulierungs- und Argumentationsschulung

Nicht jeder ist ein Cicero, von Kant ganz zu schweigen. Der „Durchschnittsstudent" muß sich erst einmal im Formulieren und Argumentieren üben. Wer in seiner Heimatdisziplin leidlich zurechtkommt, wird erfahrungsgemäß bei fachfremden Gebieten erneut Schwierigkeiten haben. Diese Erfahrung macht jeder Studienanfänger, der sich mit rechtswissenschaftlichen Disziplinen, mit den dort gültigen Maximen, Termini und Redewendungen erst anfreunden muß. Bei alledem hilft „laut zu lernen". Man wird sehr schnell erkennen, daß Gestotter und Versiegen des Redeflusses weniger auf die Fähigkeit der Artikulation allgemein als auf mangelnden Kenntnisstand zurückzuführen sind. Die Beschäftigung mit dem Gesetz und anderen Hilfsmitteln wird das Argumentationspotential auch im fremden Fachgebiet schnell erhöhen. Dem steht nicht entgegen, das Gelernte mit eigenen Worten darzustellen, um zu überprüfen, ob es wirklich verstanden oder nur auswendig gelernt wurde. Die Kenntnis der Fachsprache und die Fähigkeit, mit eigenen Worten zu argumentieren, sollen sich ergänzen. Verräterisch sind regelmäßig relativierende Hinweise in der Diktion („praktisch", „gewissermaßen", „eigentlich" usw.), mit denen der Angesprochene seine Unsicherheit zu kaschieren versucht. Lernziel einer Grundausbildung in Rechtswissenschaft sollte aber auch sein, daß sich der Examinierte einigermaßen sicher der Rechtssprache bedienen kann. Schlimm, wenn ein Student auch nach mehreren Semestern noch vom „Eigentum" an einer Forderung spricht, Rechts- und Geschäftsfähigkeit durcheinanderwirft, als Beispiel für ein einseitiges Rechtsgeschäft die Schenkung nennt, Vollmacht und Vertretungsmacht definitorisch nicht auseinanderhalten kann etc. etc. . . .

9. Gedächtnisschulung

Kenntnislücken werden nicht selten mit einem angeblich schlechten Gedächtnis entschuldigt. Dies ist viel zu einfach. Das Gedächtnis ist eine Funktion der Aufmerksamkeit, diese wiederum hängt ab vom Interesse. Zudem läßt sich jedes Gedächtnis schulen, nicht zuletzt durch Repetition (s. o.). Denken und Lernen in Gliederungen, Notieren, Skizzieren und Exemplifizieren – oft auch nur mehr Fleiß –, verbessern das Gedächtnis schnell und merklich.

10. Lerndisziplin

Das ökonomische Prinzip ist ein Ideal. Jeder bestimmt in seinem Studium selbst, inwieweit er es verwirklicht. Das bedingt nicht nur „lernen, lernen und nochmals lernen" (Lenin), sondern vor allem auch Lerndisziplin gegenüber sich selbst. Sie ist eine Tochter der Askese. Ökonomisch lernen heißt z. B., vom Grundsatz zum Detail zu gehen und sich nicht in Nebensächlichkeiten zu verlieren. Denken und Reden in Gliederungen verschaffen Klarheit für einen selbst und für den Adressaten. Wer eine Skizze macht, erleichtert sich das Arbeiten. Da die meisten Menschen mehr optisch als akustisch veranlagt sind, kommt graphischen Darstellungen beim Lernprozeß ein entscheidendes Gewicht zu. Wer eine Übersicht anfertigt, wer unterstreicht, koloriert, erleichtert sich das Arbeiten und schafft sich letztlich auch die Voraussetzungen für ein fotographisches Gedächtnis. Die Physik kennt das Trägheitsprinzip, die Lernpsychologie nicht minder. Das geistige Trägheitsprinzip zu überwinden, ist der Schlüssel zum Erfolg. Wem es gelingt, der wird Freude und Spaß am Lernen haben. Und er wird Erfolg haben. Dann ist's geschafft. Denn nichts ist so stimulierend wie der Erfolg, auch im Studium! In diesem Sinne wünsche ich dem Leser viel Erfolg beim **Durcharbeiten** dieses Buches.

II. Hilfsmittel

Jeder Handwerker benötigt sein Handwerkszeug. Auch der Student kann auf ein Mindestmaß an Hilfsmitteln nicht verzichten.

1. Gesetze

Der Besitz eines Gesetzestextes ist für jeden Studenten der Rechts- und Wirtschaftswissenschaften unverzichtbar. **Ein Blick in das Gesetz beseitigt manchen Zweifel!** Das ergibt sich schon daraus, daß im Gegensatz zu den Wirtschaftswissenschaften in der Jurisprudenz viele theoretische Streitfragen durch den Gesetzgeber eindeutig entschieden sind. Kritik und Reflexion sollen dadurch nicht eingeschränkt, lediglich auf das am Beginn des Studiums angebrachte Maß reduziert und auf den richtigen Ort konzentriert werden. Daher ist es mindestens genauso wichtig zu wissen, „wo etwas steht", um dann (ggf. nach vorhergehendem Abwägen, wie die gesetzgeberische Lösung sein könnte) erst durch entsprechendes Nachschlagen festzustellen, „was drin steht". Es gibt zwei Möglichkeiten: Entweder man besorgt sich eine gebundene Textausgabe des jeweiligen Gesetzes oder eine in „Lose-Blatt-Form" aufgelegte Gesetzessammlung. Die Vor- und Nachteile sind klar: Gebundene Textausgaben einzelner Gesetze sind handlicher als die voluminöse Lose-Blatt-Sammlung, die den Besitzer schon von weitem als Anhänger der Jurisprudenz ausweist. Der Vorteil einer Lose-Blatt-Sammlung liegt darin, daß sie bei Novellierungen nicht jeweils veraltet, vielmehr durch laufende Ergänzungslieferungen auf dem neuesten Stand gehalten werden kann.

a) Gebundene Textausgaben

Bürgerliches Gesetzbuch mit EinführungsG, BeurkundungsG, AGB-Gesetz, VerbrKrG, G über den Widerruf von Haustürgeschäften, WohnungseigentumsG, EheG und HausratsVO. Beck-Texte im dtv Nr. 5001.
Bürgerliches Gesetzbuch und zugehörige Gesetze. Rote Textausgabe, Verlag C. H. Beck München.

b) Loseblatt-Sammlungen

Schönfelder Deutsche Gesetze. Sammlung des Zivil-, Straf- und Verfahrensrechts, begründet von Heinrich Schönfelder, C. H. Beck München.
Wirtschaftsgesetze. Loseblatt-Sammlung für Juristen und Wirtschaftsfachleute. Verlag C. H. Beck München.

2. Fachliteratur

Das juristische Studium im Hauptfach bedingt auch die intensive Auseinandersetzung mit dem juristischen Fachschrifttum. Für den Studenten, der Jura nur im Nebenfach belegt, und den Praktiker, dem es mehr auf Grundzüge und Ergebnisse ankommt, wird dieser Aspekt sicher geringere Bedeutung haben. Aber auch der Wirtschafts- und Sozialwissenschaftler kommt um eine Beschäftigung mit der Literatur nicht herum, wenn er in Randdisziplinen der Wirtschaftswissenschaft, wie etwa bei der Wirtschafts-

und Steuerberatung oder gar im Rahmen einer Diplom- oder Hausarbeit, Sachgebiete mit deutlich juristischem Zuschnitt bearbeiten muß. Zu nennen sind:

a) Kommentare

Zur Vertiefung von Einzelfragen und zur schnellen Orientierung bietet sich die Lektüre eines Kommentars an. Er enthält systematisch nach Paragraphen eines Gesetzestextes geordnete Erläuterungen mit Hinweisen auf ergangene Gerichtsentscheidungen und weiterführende Literatur. Neben den „Großkommentaren", die teilweise allein zu einzelnen Gesetzesstellen bereits den Umfang von Handbüchern annehmen, verwendet die Rechts-, Wirtschafts- und Steuerberatung vor allem „Kurzkommentare", deren Wert insbesondere in der aktuellen und vollständigen Aufnahme aller zu einem bestimmten Rechtsproblem einschlägigen Fundstellen liegt.

b) Lehrbücher, Grundrisse, Fallsammlungen

Das klassische Lehrbuch will einen systematischen Überblick über ein bestimmtes Rechtsgebiet vermitteln. Im bürgerlichen Recht ist der Titel des Lehrbuchs in der Regel identisch mit den einzelnen Büchern zum BGB (Allgemeiner Teil, Schuldrecht, Sachenrecht, Familienrecht und Erbrecht). Umfassende Lehrbücher geben nicht nur einen Überblick über den Gesetzestext und dessen Weiterentwicklung in Literatur und Gerichtspraxis; sie leisten auch durch eigene Theorie- und Systembildung einen weiterführenden dogmatischen Beitrag. Der junge Jurastudent sollte sich schon frühzeitig den bei der Lektüre eines derartigen Lehrbuchs verlangten Anforderungen stellen; Studenten im Nebenfach und Praktiker werden dagegen nicht selten überfordert oder doch zu einem, gemessen an Aufwand und Ertrag, unökonomischen Verhalten aufgefordert sein, wollte man von ihnen die (sicherlich gewinnbringende) Be- und Durcharbeitung eines theoriebeladenen Lehrbuchs im klassischen Sinne verlangen. Im Laufe der Zeit hat sich parallel zur Entwicklung der „Massenuniversität" auch auf dem Lehrbuchsektor ein Wandel vollzogen. Kurzlehrbücher, Grundrisse, „Lernbücher" und „Arbeitsbücher" sind auf didaktischem Gebiet im Vormarsch. Dagegen ist so lange nichts zu sagen, wie der Student, der über eine Grundausbildung hinaus Kenntnisse erlangen will, sein juristisches Lern- und Weltbild nicht bereits mit dem Grundriß abschließt. Auch hier gilt: Alles zu seiner Zeit und an seinem Platz!

c) Monographien

Bestimmte Fragen aus einzelnen Rechtsgebieten werden in Monographien erschöpfend und dem jeweiligen wissenschaftlichen Erkenntnisstand entsprechend abgehandelt. Oft handelt es sich um Dissertationen und Habilitationen. Daraus ergibt sich, daß Monographien für den Studienanfänger in der Regel wohl keine Pflichtlektüre sein können.

3. Entscheidungssammlungen

Wir haben im deutschen Recht kein „case-law". Trotzdem kommt der Rechtsprechung auch für unseren Rechtskreis erhebliche und immer stärker werdende Bedeutung zu. Namentlich die Praxis wird sich in aller erster Linie an Gerichtsentscheidungen orientieren. Man findet diese in den amtlichen Sammlungen der Gerichte und im Rechtsprechungsteil einzelner Fachzeitschriften.

a) Amtliche Sammlungen

Höchstrichterliche Entscheidungen des Bundesgerichtshofes erscheinen in der amtlichen Sammlung „Entscheidungen des Bundesgerichtshofes in Zivilsachen", abgekürzt: „BGHZ". Die Zitierung erfolgt nach Band und Seitenzahl. Beispiel: BGHZ 20, 88 (Entscheidung des Bundesgerichtshofes vom 22.2.1956, veröffentlicht im 20. Band der amtlichen Sammlung auf Seite 88).

b) Lindenmaier-Möhring

Eine nach Sachgebieten (weitgehend nach Paragraphen) geordnete Entscheidungssammlung stellt die von Lindenmaier-Möhring dar. Dieses Nachschlagewerk des Bundesgerichtshofes enthält Leitsätze und Entscheidungen mit erläuternden Anmerkungen. Die Zitierweise lautet: „BGH LM." Beispiel: BGH LM § 123 Nr. 64 (Entscheidung des Bundesgerichtshofs v. 13.7.1973, veröffentlicht unter Nr. 64 des L.-M.-Nachschlagewerks, betreffend eine Frage zum Recht der arglistigen Täuschung).

4. Fachzeitschriften

Jede juristische Disziplin verfügt über Fachzeitschriften. Sie gliedern sich im wesentlichen in einen Aufsatz- und einen Rechtsprechungsteil. Je nach dem Charakter der Zeitschrift werden insbesondere aktuelle Fragen abgehandelt und wichtige Gerichtsentscheidungen kommentiert. Auch der junge Jurist sollte sich entschließen, von Beginn seines Studiums an eine Fachzeitschrift zu abonnieren. Die Verlage kommen diesem Bedürfnis nicht nur durch den günstigeren Bezugspreis für Studenten entgegen; es wurden auch speziell für das juristische Studium geeignete Ausbildungszeitschriften auf den Markt gebracht. Für den Studenten der Wirtschaftswissenschaft kommt allerdings weniger eine juristische, sondern eine wirtschaftswissenschaftliche Zeitschrift in Betracht.

5. Fundhefte

Wer sich rasch, zuverlässig und umfassend (etwa für eine Diplomarbeit) über den Sachstand zu einer Rechtsfrage orientieren will, kann gewinnbringend die im Beck-Verlag, München, erscheinenden „Fundhefte" zu Rate ziehen. Sie enthalten einen systematischen Nachweis der deutschen Rechtsprechung und Zeitschriftenaufsätze. Bisher sind weit über 20 Bände erschienen. Geordnet sind sie jeweils nach Fachgebieten; es gibt Fundhefte für Zivilrecht, öffentliches Recht, Steuerrecht und Arbeitsrecht.

Studienhinweis

In welchem Umfang der Student von welchem Hilfsmittel Gebrauch macht, ist immer auch eine subjektive Entscheidung. Gerade dem „Nebenfächler"

möchte ich folgenden Vorschlag machen: Gehen Sie zu Beginn der rechtswissenschaftlichen Grundausbildung in das juristische Seminar und infor-
mieren Sie sich anhand dieser Präsenzbibliothek. Dasselbe kann man,
namentlich zur Vorbereitung der eigenen Kaufentscheidung, in der juristischen Abteilung einer gut sortierten Fachbuchhandlung tun. Letztlich ist
nicht so wichtig, mit welchem Buch Sie arbeiten – wichtiger ist, daß Sie dies
überhaupt tun.

Teil I: Einführung

Lernhinweis: Üblicherweise wird zu Beginn der Privatrechtsvorlesung eine kurze Einführung in die Rechtswissenschaft vorangestellt. Auch wer Recht nur im Nebenfach betreibt, sollte sich mit Grundprinzipien der Rechtsordnung vertraut machen. Fragen nach dem Begriff, den Funktionen und Erscheinungsformen des Rechts, den Rechtsquellen, der Rechtsanwendung sowie der Gerichtsbarkeit und dem Verfahrensablauf sind nicht nur eine Angelegenheit der Allgemeinbildung, sondern auch beliebte „Auflockerungsübungen" in mündlichen Prüfungen.

§ 1 Begriff, Funktionen und Erscheinungsformen des Rechts

I. Recht als Ordnungsfaktor

1. Recht als staatlich durchsetzbare Verhaltensordnung

In einer Gemeinschaft bedarf jedes menschliche Verhalten gewisser Spielregeln. Der Einzelne muß mit seinem Tun und Lassen Rücksicht nehmen auf die Interessen seiner Mitmenschen. Wenn Verhaltensnormen fehlen, hat dies letztlich Willkür, Faustrecht und Chaos zur Folge. Nur der als Einsiedler auf seiner Insel lebende Robinson konnte auf derartige Regeln verzichten. Ein wesentlicher Ordnungsfaktor des menschlichen Zusammenlebens ist das Recht als die **„verbindliche Ordnung der zwischenmenschlichen Beziehungen"**. Kennzeichnend für das Recht ist die **staatliche Durchsetzbarkeit** der Verhaltensordnung. Die Rechtsordnung garantiert so den **Rechtsfrieden**. „Richtiges Recht" verfolgt als Ziel die **Verwirklichung der Gerechtigkeit**.

2. Recht, Sitte, Sittlichkeit

Menschliches Verhalten beurteilt sich nicht nur nach der Rechtsordnung. Religion, Sittlichkeit (Moral, Ethik) und Sitte (der Brauch, die Übung) stellen weitere Verhaltens- und Wertordnungen auf.

Sie haben z. T. die gleiche Funktion wie die Rechtsordnung; sie sind jedoch nicht deckungsgleich.

Es lassen sich aber verschiedenartige Wechselbeziehungen und teilweise Überschneidungen zwischen den einzelnen Verhaltensordnungen feststellen.

Recht und Sitte orientieren sich an äußeren Verhaltensnormen, Ethik und Religion sind dagegen (auch) gesinnungsorientiert. Moral und Religion verlangen vom Einzelnen ein Verhalten, das auf dem Prüfstand zwischen Gut und Böse bestehen kann. Die vom Recht an den Einzelnen gestellten Anforderungen reduzieren sich auf ein **„ethisches Minimum"**. Sitte, Moral und Religion unterscheiden sich von der Rechtsordnung durch die fehlende staatliche Sanktion. Wer die Gebote der Rechtsordnung übertritt, muß mit Rechtsfolgen rechnen; wer z. B. Normen des Strafrechts verletzt, wird bestraft. Die Mißachtung von Sitte und Brauch führt dagegen (in der Regel) nur zu gesellschaftlicher Ächtung.

Trotz definitorischer Abgrenzung der vorgenannten Verhaltensordnungen gibt es mannigfaltige Beziehungslinien zwischen dem Recht einerseits und der Sitte und der Sittlichkeit andererseits. So nimmt die Rechtsordnung an verschiedenen Stellen ausdrücklich auf bestehende Sitten, Moralvorstellungen und Gebräuche Bezug.

Beispiele:

- Nach § 157 BGB (lesen!) sind Verträge so auszulegen, wie Treu und Glauben „mit Rücksicht auf die Verkehrssitte" es erfordern.
- Nach § 242 BGB (lesen! – § 242 BGB ist der „königliche Paragraph des Zivilrechts") muß der Schuldner die Leistung so bewirken, wie „. . . die Verkehrssitte" es erfordert.
- Im Handelsrecht gelten auf Grund der ausdrücklichen Bezugnahme des § 346 HGB unter Kaufleuten die im Handelsverkehr „geltenden Gewohnheiten und Gebräuche".
- Nach § 138 BGB sind Rechtsgeschäfte nichtig, die gegen die „guten Sitten" verstoßen (das Reichsgericht hat diese im Anschluß an die Motive zum BGB in seiner berühmten Entscheidung RGZ 80,221 mit dem „Anstandsgefühl aller billig und gerecht Denkenden" gleichgesetzt).
- Nach § 826 BGB verpflichtet die „gegen die guten Sitten" verstoßende vorsätzliche Schädigung zum Schadenersatz.

Lernhinweis: Wenn im Text dieses Grundrisses Paragraphen zitiert werden, sollten Sie diese immer gleichzeitig aufschlagen und laut lesen. Der Klammerimperativ ermuntert Sie dazu. Sie arbeiten sich so am schnellsten in die Materie ein!

II. Erscheinungsformen des Rechts

Recht äußert sich in bestimmten Rechtssätzen, den Rechtsnormen. Die Rechtsordnung wird definiert als die **„Summe aller Rechtsnormen"**. In diesem Sinne spricht man von dem „objektiven Recht" (im Unterschied zum „subjektiven Recht": darunter versteht man die Berechtigung des einzelnen Rechtssubjekts, die sich aus objektiven Rechtssätzen herleiten läßt; siehe dazu unten § 5).

1. Einteilung nach Sachgebieten

Naheliegend ist die Differenzierung der Rechtsordnung nach Sachgebieten. Schon der Laie spricht vom bürgerlichen Recht, Arbeitsrecht, Strafrecht, Steuerrecht, Familien- und Erbrecht usw.

Wichtig ist die Unterscheidung der Rechtssätze nach folgenden Kriterien:

a) Öffentliches und privates Recht

Die Unterscheidung der Rechtsordnung nach öffentlichem und privatem Recht geht auf das römische Recht zurück. Das Privatrecht regelt die Rechtsverhältnisse der Bürger untereinander. Man spricht deshalb in Anlehnung an das römische Recht auch vom „Zivilrecht" als dem Recht der

„Cives". Kennzeichen des Privatrechts ist die Gleichordnung der am Rechtsverhältnis beteiligten Personen. Das Bürgerliche Gesetzbuch, das Handelsgesetzbuch sowie die gesetzlichen Grundlagen des Gesellschaftsrechts sind also Teile des Privatrechts.

Das öffentliche Recht regelt die Rechtsbeziehungen zwischen dem Bürger und dem Staat sowie die staatliche Organisation als solche. Typisch für Rechtssätze des öffentlichen Rechts ist das Über- und Unterordnungsverhältnis des einen Partners (Bürger) gegenüber dem anderen (Staat). Zum öffentlichen Recht zählt deshalb insbesondere das Verfassungsrecht, das Verwaltungsrecht, das Steuer- und Abgabenrecht sowie das Strafrecht. Vergleichen Sie dazu das Schaubild *Öffentliches und privates Recht*.

Öffentliches und privates Recht

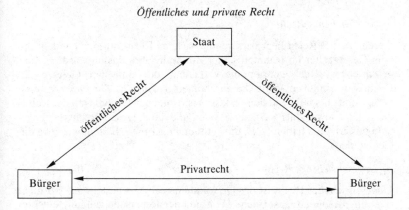

Gestaltungsmittel des Privatrechts sind die Willenserklärung und der (aus zwei Willenserklärungen bestehende) Vertrag (näheres dazu unten). Handlungsform des öffentlichen Rechts dagegen ist in der Regel der Verwaltungsakt (der behördliche Bescheid). Die Unterscheidung zwischen öffentlichem und privatem Recht ist u. a. wichtig für den Rechtsweg: Privatrechtliche Streitigkeiten werden durch Klage vor den ordentlichen Gerichten entschieden (Amtsgericht, Landgericht usw.); öffentlich-rechtliche Streitigkeiten sind den Verfassungs- und Verwaltungsgerichten (bzw. den besonderen öffentlich-rechtlichen Gerichtsbarkeiten, wie z. B. der Finanz- bzw. Sozialgerichtsbarkeit) zugewiesen.

Im Zuge der modernen Sozialgesetzgebung ist das Privatrecht in weiten Bereichen vom öffentlichen Recht überlagert.

Beispiel: Bei Teilung von Grundstücken, die unter das Bundesbaugesetz fallen, darf die Eintragung in das Grundbuch erst erfolgen, wenn der Genehmigungsbescheid der zuständigen Baubehörde vorliegt. Land- und forstwirtschaftliche Grundstücke können nach dem Grundstücksverkehrsgesetz nur mit Genehmigung der zuständigen Landwirtschaftsbehörde veräußert werden.

b) Materielles Recht und Prozeßrecht

Mit der Regelung von Rechtsbeziehungen zwischen den Beteiligten ist es nicht getan. Der Staat muß auch Anordnungen treffen, wie das Recht notfalls durchgesetzt werden kann. Unter diesem Gesichtspunkt bezeichnet man die zwischen den Beteiligten bestehenden Rechtsbeziehungen als materielles Recht, dessen Durchsetzung durch die jeweiligen Prozeßordnungen (das Verfahrensrecht) gewährleistet wird. Das Prozeßrecht regelt den Aufbau und die Organisation der verschiedenen Gerichtsbarkeiten sowie den Verfahrensablauf. Rechtsgrundlage für die Durchsetzung privatrechtlicher Ansprüche sind die Zivilprozeßordnung sowie verschiedene Nebengesetze.

2. Einteilung nach der Entstehungsform

Fragt man nach der Entstehungsform des Rechts, ist das „geschriebene" (das „gesetzte") vom „ungeschriebenen" Recht (dem Gewohnheitsrecht) zu unterscheiden.

a) Geschriebenes Recht

Geschriebenes Recht liegt vor, wenn es sich um Rechtsnormen handelt, die vom Gesetzgeber im Rahmen seiner Zuständigkeit erlassen wurden. Zum geschriebenen Recht gehören die Verfassung, die (einfachen) Gesetze, die Rechtsverordnungen sowie die autonomen Satzungen. Zur Gesetzgebung befugt sind entsprechend den verfassungsrechtlichen Grundlagen der Bund, die Länder sowie solche Organisationen, die durch Gesetz Rechtssetzungsbefugnis erhalten haben (z. B. die autonomen Körperschaften, wie etwa die Gemeinden).

b) Ungeschriebenes Recht

Ungeschriebenes Recht ist das Gewohnheitsrecht. Es besteht aus Normen, die ohne besondere gesetzliche Fixierung der Rechtsüberzeugung entsprechen.

Gewohnheitsrecht setzt drei Dinge voraus:
- eine in der Praxis festgestellte **Übung** (die Menschen verhalten sich in einer bestimmten Weise);
- eine Verhaltensweise, die schon eine bestimmte **Zeitdauer** anhält, also nicht nur eine vorübergehende Erscheinung ist und schließlich
- die **„Rechtsüberzeugung"**: Die Rechtsgenossen müssen die Norm in dem Bewußtsein anwenden, daß es sich dabei um geltendes Recht handelt.

Gewohnheitsrecht ist heutzutage selten (der Hang zum „Gesetzesperfektionismus" läßt nur noch wenig Platz!). Räumlich abgegrenztes Gewohnheitsrecht nennt man **„Observanz"**. Gewohnheitsrecht entsteht in der Gegenwart vor allem im Anschluß an eine sog. „ständige Rechtsprechung". Wenn z. B. der Bundesgerichtshof eine zunächst strittige Frage mehrfach im gleichen Sinne entschieden hat, werden sich die Beteiligten hierauf einrichten und die von der Rechtsprechung getroffene Regelung letztendlich als Recht akzeptieren; dadurch wird ihre in Rechtsüberzeugung getätigte Übung zum Gewohnheitsrecht.

3. Einteilung nach der Möglichkeit privatautonomer Gestaltung

Bei privatrechtlichen Rechtssätzen stellt sich sofort die Frage, ob sie für die Rechtsgenossen starr verbindlich sind oder ob von ihnen abgewichen werden darf.

a) Zwingendes Recht

Zwingendes Recht (ius cogens) liegt vor, wenn die entsprechenden Bestimmungen von den Beteiligten weder ausgeschlossen noch abgeändert werden dürfen. Zwingendes Recht schränkt also die Vertragsfreiheit ein. Ob es sich im Einzelfall bei einer Norm um zwingendes Recht handelt, ist durch Auslegung zu ermitteln.

Häufig bringt der Gesetzgeber dies schon durch den Wortlaut zum Ausdruck, wenn er etwa bestimmt, daß „von dieser Bestimmung nicht abgewichen werden darf" oder andersartige Abreden „unzulässig", „nichtig" oder „unwirksam" sind. Zum Teil formuliert er auch mit Aussagen wie „kann nicht" bzw. „darf nicht".

Verstöße gegen zwingendes Recht führen zur Nichtigkeit der entsprechenden Abrede (§ 134 BGB – lesen!).

Beispiele: Anwendungsbereiche für zwingendes Recht finden wir vorzugsweise:
* zum **Schutz des wirtschaftlich Schwächeren** (das soziale Mietrecht schränkt die Vertragsfreiheit bei der Wohnraummiete zugunsten des Mieters ein; im Arbeitsrecht kann von vielen Bestimmungen nicht zum Nachteil des Arbeitnehmers abgewichen werden);
* zum **Schutz des geschäftlich Unerfahrenen** (wegen der Gefährdung durch unbedachte Entschlüsse verlangt § 766 BGB für die wirksame Bürgschaftserklärung grundsätzlich die Schriftform);
* im **Interesse der Rechtsklarheit und Verläßlichkeit** (im Sachenrecht schränken „Typenzwang" und „Typenfixierung" die Vertragsfreiheit ein).

b) Nachgiebiges Recht

Nachgiebiges Recht (ius dispositivum) liegt vor, wenn die Beteiligten das Gesetz ausschließen oder abändern dürfen. Nachgiebiges Recht steht also „zur Disposition der Vertragspartner". Man spricht demzufolge auch von „dispositivem Recht". Im Bereich des nachgiebigen Rechts besteht Vertragsfreiheit! Die Rechtsgenossen sollen die Möglichkeit haben, ihre Angelegenheiten autonom, also durch Verträge, Testamente und Erklärungen zu regeln (man spricht deshalb auch von der „Privatautonomie"). Im Bereich des dispositiven Rechts begnügt sich der Gesetzgeber mit der „Lückenbüßerfunktion": Die gesetzliche Regelung greift nur dann und insoweit ein, als die Beteiligten keine anderweitige Regelung getroffen haben. Nachgiebiges Recht orientiert sich an der „Normalvorstellung". Es entspricht der „durchschnittlichen Interessenlage", ohne allen möglichen Spezialitäten des Einzelfalls gerecht werden zu können. Dispositives Recht ist demzufolge „Konfektionsgröße", vertragliche Regelungen sind „Maßarbeit". Da das Gesetz bei dispositiven Regelungen aber bemüht ist, den von ihnen zu entscheidenden Interessenwiderstreit billig und gerecht zu entscheiden, kommt dispositiven Regelungen zugleich eine „Leitbildfunktion" zu.

Demzufolge sind nach § 9 AGBG Allgemeine Geschäftsbedingungen unwirksam, wenn sie den Vertragspartner dadurch unangemessen benachteiligen, daß sie mit wesentlichen Grundgedanken der gesetzlichen Regelung, von der abgewichen wird, nicht zu vereinbaren sind.

Im dispositiven Bereich schränkt der Gesetzgeber die Vertragsfreiheit lediglich durch bestimmte „Eckwerte" ein, etwa durch das Verbot gesetzes-

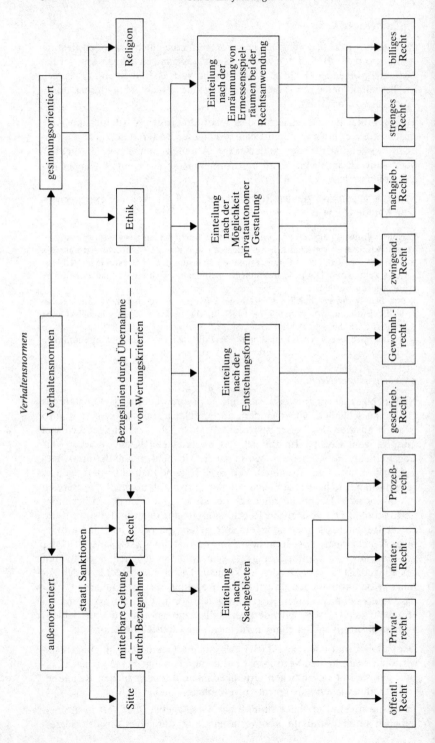

und sittenwidriger Geschäfte (§§ 134, 138 BGB!). Wo die schrankenlose Vertragsfreiheit Gefahren für den Geschäftspartner entstehen läßt, setzt der Gesetzgeber meist zwingendes Recht (so z. B. im Arbeitsrecht).

4. Einteilung nach der Einräumung von Ermessensspielräumen bei der Rechtsanwendung

Rechtsnormen lassen sich auch danach einteilen, ob bei ihrer Rechtsanwendung Ermessensspielräume bestehen.

a) Strenges Recht

Von strengem Recht spricht man, wenn der vom Gesetz geregelte Tatbestand klar umrissene und nicht durch Wertungsgesichtspunkte variable Rechtsfolgen auslöst.

Beispiel: das Recht der Fristen und Termine.

b) Billiges Recht

Billiges Recht gestattet dagegen die Berücksichtigung besonderer Umstände des Einzelfalls. Es handelt sich also um Normen, die einen Wertungsspielraum eröffnen.

Beispiele:

- Die Berücksichtigung von Treu und Glauben und der Verkehrssitte im Rahmen des Vertrags- und Schuldrechts (§§ 157, 242 BGB),
- die Beurteilung bestimmter Tatbestände anhand der „guten Sitten" nach §§ 826, 138 BGB,
- der Wertungsspielraum bei der Beurteilung der Nichtigkeit Allgemeiner Geschäftsbedingungen nach § 9 AGBG.

Lernhinweis: Repetieren Sie das eben Gelesene noch einmal an Hand der Übersicht *Verhaltensnormen* und testen Sie bei den jeweiligen Begriffen, was „hängengeblieben" ist (diese Ermahnung gilt für jeden Abschnitt und jede Skizze dieses Buches!).

Wiederholungsfragen zu § 1

Wie unterscheiden sich Recht, Sitte und Sittlichkeit voneinander? (§ 1 I 2)

Wie unterscheidet sich das öffentliche vom privaten Recht und worauf geht dies historisch zurück? (§ 1 II 1)

Unter welchen Voraussetzungen kann Gewohnheitsrecht entstehen? (§ 1 II 2 b)

Was versteht man unter dispositivem Recht? (§ 1 II 3 b)

§ 2 Rechtsgrundlagen des bürgerlichen Rechts

Das bürgerliche Recht ist ein Teil des Privatrechts. Es wird ergänzt durch die privatrechtlichen Sondergebiete. Als Beispiele dafür wären zu nennen: das Handelsrecht (Sonderprivatrecht für Kaufleute), das Arbeitsrecht (Sonderprivatrecht für das Arbeitsverhältnis) sowie Teile des Wirtschaftsrechts (Sonderprivatrecht für die gewerbliche Wirtschaft).

I. Rechtsquellen des bürgerlichen Rechts

1. Das Bürgerliche Gesetzbuch

Wichtigste Rechtsquelle für das Zivilrecht ist das Bürgerliche Gesetzbuch v. 18. 8. 1896 (RGBl. S. 195); in Kraft getreten am 1. 1. 1900.

a) Entstehungsgeschichte

Nach der Reichsgründung von 1871 war die Schaffung eines einheitlichen Gesetzbuchs für das Privatrecht zur Überwindung der bestehenden Rechtszersplitterung eine dringende Aufgabe. Mit der Übertragung der Gesetzgebungskompetenz für das gesamte bürgerliche Recht auf das Deutsche Reich begannen im Jahre 1874 die Vorarbeiten durch verschiedene Kommissionen.

Lernhinweis: Die damals erarbeiteten Ergebnisse haben auch heute noch Bedeutung, wenn im Rahmen der historischen Auslegung bei strittigen Fragen der „Wille des Gesetzgebers" heranzuziehen ist.

Im Zuge der Gesetzgebungsarbeiten wurden folgende Entwürfe des Bürgerlichen Gesetzbuches vorgelegt:
- der „Erste Entwurf" nebst Begründung in fünf Bänden (sog. **„Motive"**);
- der „Zweite Entwurf" nebst Begründung (sog. **„Protokolle"**);
- der „Dritte Entwurf" mit Begründung (**„Denkschrift"**) des Reichsjustizamts.

Lernhinweis: Jeder, der eine Grundausbildung im Privatrecht absolviert hat, sollte wissen, was man unter den „Motiven", den „Protokollen" und der „Denkschrift" zum BGB versteht.

b) Inhaltliche Gliederung

Lernhinweis: Ein Blick in das Gesetz beseitigt nicht nur manchen Zweifel, er ermöglicht dem Leser vor allem eine schnelle und geordnete Orientierung. Dem Studienanfänger sei deshalb dringend empfohlen, schon jetzt das BGB vorzunehmen und sich an Hand der systematischen Gliederung einen Überblick über die zu erarbeitende Materie zu verschaffen. Benutzen Sie dazu auch das Schaubild *Die im BGB geregelten Sachgebiete.*

Das Bürgerliche Gesetzbuch umfaßt **fünf Bücher.** Diese regeln
- den Allgemeinen Teil (§§ 1–240),
- das Schuldrecht (§§ 241–853),
- das Sachenrecht (§§ 854–1296),
- das Familienrecht (§§ 1297–1921) und
- das Erbrecht (§§ 1922–2385).

In einem zum BGB ergangenen „Einführungsgesetz" (EGBGB) sind neben Übergangsvorschriften die Bestimmungen über das Verhältnis des BGB zu anderen Gesetzen sowie das internationale Privatrecht, also das Verhältnis des deutschen Rechts zum ausländischen Recht, geregelt.

Das Bürgerliche Gesetzbuch ist ein Gesetzgebungswerk von großem wissenschaftlichem Rang. Kennzeichnend ist sein hoher Abstraktionsgrad, bedingt durch das Bestreben, auf engstem Raum Aussagen für nahezu alle

Die im BGB geregelten Sachgebiete

Übersicht über das BGB

1. Buch	2. Buch	3. Buch	4. Buch	5. Buch
Allgem. Teil	Schuldrecht	Sachenrecht	Familienrecht	Erbrecht
§§ 1 – 240	§§ 241 – 853	§§ 854 – 1296	§§ 1297 – 1921	§§ 1922 – 2385
Enthält die „vor die Klammer gezogenen" allg. Regeln des bürgerlichen Rechts, insbes. das Personenrecht u. die Vorschriften über Willenserklärungen und Rechtsgeschäfte	Enthält das Recht der „Schuldverhältnisse" (Rechtsverhältnis zwischen Gläubiger und Schuldner)	Enthält Vorschriften über die Rechtsbeziehung von Personen zu Sachen und Rechten	Enthält die für Ehe und Verwandtschaft maßgeblichen Vorschriften	Enthält die Vorschriften über die vermögensrechtlichen Folgen beim Tod einer Person
	Allg. Schuldrecht (§§ 241 – 432): allg. Vorschriften über Schuldverhältnisse Besonderes Schuldrecht (§§ 433–853): Einzelne Schuldverhältnisse	Stichworte: Besitz und Eigentum, Pfand- und Nutzungsrechte an Sachen und an Rechten	Aus wirtschaftlicher Sicht wichtig: Das Güterrecht (der Vermögensstatus zwischen Ehegatten)	insbesondere: gesetzliche Erbfolge, Testierfreiheit, Pflichtteilsrecht

Lebensbereiche zu treffen. Möglich war dies nur durch eine ausgefeilte Verweisungstechnik und die Verwendung spezifischer Rechtsbegriffe, die der Umgangssprache fremd sind („Rechtsgeschäft", „Willenserklärung" usw.). In den einzelnen Büchern des BGB bemüht sich der Gesetzgeber um einen Aufbau vom Allgemeinen zum Besonderen:

aa) Der **Allgemeine Teil** enthält die allgemeinen Regeln für das bürgerliche Recht, insbesondere das Personenrecht und die Vorschriften über die Willenserklärungen und Rechtsgeschäfte. Mit der mathematischen Methode, etwas „vor die Klammer zu ziehen", wird erreicht, daß die im Allgemeinen Teil enthaltenen Regelungen auch für die weiteren vier Bücher des BGB gelten, wenn und soweit nicht dort entgegenstehende Anordnungen enthalten sind.

bb) Das **Schuldrecht** enthält das Recht der Schuldverhältnisse, regelt also die Rechtsverhältnisse zwischen dem „Gläubiger" und dem „Schuldner". Es gliedert sich wiederum in einen allgemeinen Teil (geltend für alle Schuldverhältnisse) und einen besonderen Teil, mit dem der Gesetzgeber die häufig wiederkehrenden einzelnen Schuldverhältnisse (in der Regel dispositiv) normiert. Gegenstand des Schuldrechts ist insbesondere das Recht des Güteraustausches.

cc) Das **Sachenrecht** regelt die Beziehungen von Personen zu Sachen und Rechten, enthält also Aussagen über die Güterzuordnung.

dd) Das **Familienrecht** bringt die für Ehe und Verwandtschaft maßgeblichen Vorschriften.

ee) Das **Erbrecht** enthält die Vorschriften über die vermögensrechtlichen Folgen beim Tod einer Person.

c) Grundlinien des BGB

Dogmatisch geht das Bürgerliche Gesetzbuch in weiten Teilen auf das römische Recht zurück. Es enthält aber auch deutsch-rechtliche Elemente. Verständlich wird dies, wenn man bedenkt, daß für den damaligen Gesetzgeber nicht so sehr die Schaffung einer völlig neuen Rechtsordnung, sondern vielmehr die dringend notwendig gewordene Rechtsvereinheitlichung im Deutschen Reich im Vordergrund stand. Bekanntlich galt bis zum Inkrafttreten des Bürgerlichen Gesetzbuches in Deutschland infolge der Rezeption seit dem 15. Jahrhundert das römische Recht in der durch die Pandektenwissenschaft aufgearbeiteten Form. Daneben galt deutsches Partikularrecht (z. B. das Preußische Allgemeine Landrecht).

Römisches Gedankengut finden wir heute vor allem im Schuldrecht, wohingegen das Sachenrecht mehr deutsch-rechtlich geprägt ist (so schützt etwa das BGB den „guten Glauben" beim Eigentumserwerb, während nach römischem Recht der Grundsatz galt: Niemand kann mehr Rechte übertragen, als er selbst hat – „nemo plus iuris transferre potest, quam ipse habet").

Versucht man Grundlinien des Bürgerlichen Gesetzbuches herauszuarbeiten, so ist in erster Linie seine **liberalistische**, vom Individuum ausgehende **Grundhaltung** zu nennen, die dem wirtschaftlichen Liberalismus der damaligen Zeit entsprach. Der Gesetzgeber bekennt sich zur Eigentumsfreiheit (lesen Sie § 903 BGB!) und (im Schuldrecht vor allem) zum **Grundsatz der Privatautonomie** (Vertragsfreiheit, Testierfreiheit); die von ihm aufgestellten Regeln sind weitgehend nachgiebiges Recht (s. oben). Naturgemäß tritt damit der Gedanke des Rechts als einem „sozialen Ausgleich" zurück. Das BGB enthält daher nur „wenige Tröpfchen sozialen Öls". Erst im Zuge der modernen Gesetzgebung nachfolgender Jahrzehnte wurde das BGB novelliert und durch flankierende Schutzgesetze ergänzt. **Beispiel:** Zur Regelung des Arbeitsrechts genügten dem Gesetzgeber 20 Bestimmungen (§§ 611–630 BGB), wobei er, dem römisch-rechtlichen Grundsatz folgend, das Dienstverhältnis analog dem Mietvertrag als eine entgeltliche Überlassung der Arbeitskraft betrachtete.

Nicht zuletzt unter dem Einfluß des Grundgesetzes für die Bundesrepublik Deutschland und der dazu ergangenen Verfassungsrechtsprechung wurde das bürgerliche Recht in vielen Punkten weiterentwickelt.

2. Bürgerlich-rechtliche Nebengesetze

Die Veränderungen im „sozio-ökonomischen Bereich" seit dem Jahr 1900 blieben nicht ohne Auswirkung auf die Gesetzgebung auf dem Gebiet des bürgerlichen Rechts. So ist das BGB in vielen Positionen verändert und ergänzt worden. Als wichtige Nebengesetze sind zu nennen:

- das Verbraucherkreditgesetz (anstelle des aufgehobenen Abzahlungsgesetzes dient es dem Schutz von Verbrauchern bei Kreditgeschäften);
- das Gesetz über die Allgemeinen Geschäftsbedingungen (zum Schutz des geschäftlich unerfahrenen Vertragspartners vor dem Mißbrauch der Vertragsfreiheit durch Verwendung typisierter Geschäftsbedingungen);
- das Gesetz über den Widerruf von Haustürgeschäften und ähnlichen Geschäften;
- Gesetz über die Haftung für fehlerhafte Produkte;
- das Ehegesetz (das Recht der Ehescheidung ist seit 1977 wieder Bestandteil des Bürgerlichen Gesetzbuchs);
- das Wohnungseigentumsgesetz (es ermöglicht den Erwerb von Teileigentum an einem Gebäude);
- die Verordnung über das Erbbaurecht (sie ermöglicht die Trennung des Eigentums an einem Grundstück von dem eigentumsgleichen Recht an dem darauf erstellten Bauwerk);
- die verschiedenen Gesetzesergänzungen im Bereich des sozialen Mietrechts (Schutz des Wohnraum-Mieters);
- die verschiedenen Haftpflichtgesetze (Haftpflichtgesetz, Straßenverkehrsgesetz, Luftverkehrsgesetz u. a.);
- die Gesetze auf dem Gebiet des Versicherungsrechts (Gesetz über den Versicherungsvertrag, Pflichtversicherungsgesetz);
- arbeitsrechtliche Spezialgesetze (Kündigungsschutzgesetz, Lohnfortzahlungsgesetz u. a.).

II. Sonstige Rechtsquellen des privaten Rechts

Das bürgerliche Recht ist nur ein Teilbereich (wenn auch einer der gewichtigsten) des Privatrechts. Weitere bedeutsame Bereiche sind das Handels-

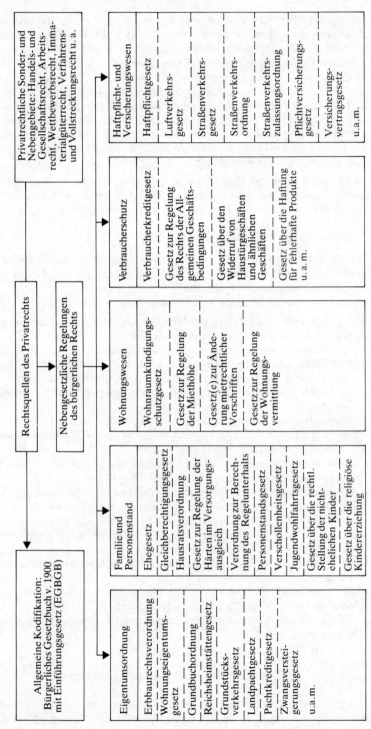

recht, das Gesellschaftsrecht, das Wettbewerbsrecht und das Arbeitsrecht. Dabei handelt es sich (teilweise) um ein „Sonderprivatrecht" (z. B. für die Kaufleute), im Laufe der Zeit sehr stark überlagert durch zwingende Vorschriften des öffentlichen Rechts. Die Vielfalt des Privatrechts wird Ihnen anschaulich vor Augen geführt, wenn Sie einmal den Ordner „Schönfelder – Deutsche Gesetze" durchblättern (vergleichen Sie auch die Übersicht *Rechtsquellen des Privatrechts*).

Wiederholungsfragen zu § 2

Was versteht man unter den „Motiven", was unter den „Protokollen" zum Bürgerlichen Gesetzbuch? (§ 2 I 1a)

Wie ist das BGB systematisch aufgebaut und welche Materien sind in den einzelnen Büchern abgehandelt? (§ 2 I 1b)

Welche Funktion erfüllt der Allgemeine Teil des Bürgerlichen Gesetzbuches? (§ 2 I 1 b)

Welches sind die „Grundlinien" des BGB? (§ 2 I 1c)

Welche weiteren Rechtsquellen des bürgerlichen und privaten Rechts sind nach Inkrafttreten des BGB geschaffen worden? (§ 2 II)

§ 3 Rechtsanwendung und Rechtsdurchsetzung

Lernhinweis: Im nachfolgenden werden einführende Hinweise über die juristische Methodik der Rechtsfindung sowie den Fall- und Klausuraufbau gegeben. Niemand wird von einem Studenten der Wirtschaftswissenschaften erwarten, daß er sich in die Tiefen der Rechtstheorie einarbeitet. Wegen der grundsätzlichen Bedeutung dieses Gebiets muß man aber von ihm verlangen, daß er wenigstens die Grundlagen der Subsumtionstechnik kennt.

I. Tatbestand und Rechtsfolge

1. Gesetzliche Tatbestandsmerkmale

Rechtsnormen sind (von der Sache her) **abstrakt** und (von der Person her) **generell**. Sie regeln eine Vielzahl konkreter Lebensvorgänge durch Typisierung der einzelnen Geschehensabläufe und ihre Konzentration auf das Wesentliche. Die in einem Paragraphen enthaltenen abstrakten Merkmale nennt man **„Tatbestandsmerkmale"**.

Beispiele:

- Der Begriff „Sache" (so etwa verwendet im Sachenrecht des BGB oder im Bereich der Eigentumsdelikte des Strafgesetzbuchs) umfaßt alle in der Lebensvielfalt vorstellbaren körperlichen Gegenstände (Tisch, Stuhl, Urkunde, Schmuck, Kraftfahrzeug usw.).
- Im Haftpflicht- und Schadenersatzrecht verwendet der Gesetzgeber den Begriff „Schaden": Er versteht darunter die in tausendfacher Erscheinung auftretenden Folgen denkbarer Kausalereignisse, die zu einer „Verschlechterung" von Rechtsgütern führen (Körperverletzung, eingeschlagene Scheibe, Geschäftsschädigung usw.).

2. Rechtsfolgen

An den Tatbestand einer Norm knüpft der Gesetzgeber in der Regel eine bestimmte Rechtsfolge.

Vergleichen Sie dazu die Beispiele in der nachstehenden Übersicht *Aufgliederung von Rechtsnormen nach Tatbestand und Rechtsfolge* und das Schaubild *Subsumtion*.

Nicht alle Paragraphen des Bürgerlichen Gesetzbuches entsprechen dieser Grundstruktur. Das Gesetz enthält auch zahlreiche unvollständige Rechtssätze, z. B. Begriffsbestimmungen oder Verweisungen.

Lernhinweis: Das Bemühen des Gesetzgebers um eine möglichst knappe und wiederholungsfreie Darstellung zeigt sich unter anderem bei „Legaldefinitionen", die er (meist in Klammer) der Anordnung einer bestimmten Rechtsfolge einfügt. Beispiele: Die Begriffsbestimmung „unverzüglich" wird in § 121 Abs. 1 Satz 1 BGB bei der Anfechtungsfrist definiert, gilt aber dann für das gesamte Privatrecht, also beispielsweise auch für die Rügepflicht beim Handelskauf. Schlagen Sie weiter auf: § 276 Abs. 1 Satz 2 (Definition der „Fahrlässigkeit") sowie § 93 (Begriff des „wesentlichen Bestandteils"), wie überhaupt den umfangreichen Katalog der Begriffsbestimmungen im Abschnitt „Sachen" (§§ 90 ff. BGB).

Merke: Legaldefinitionen muß man auswendig parat haben!

Aufgliederung von Rechtsnormen nach Tatbestand und Rechtsfolge

Tatbestand	Rechtsfolge
§ 823 I BGB Wer vorsätzlich oder fahrlässig das Leben, den Körper, die Gesundheit, die Freiheit, das Eigentum oder ein sonstiges Recht eines anderen widerrechtlich verletzt, ...	. . ist dem anderen zum Ersatze des daraus entstehenden Schadens verpflichtet.
§ 433 I 1 BGB Durch den Kaufvertrag wird der Verkäufer einer Sache	. . verpflichtet, dem Käufer die Sache zu übergeben und das Eigentum an der Sache zu verschaffen.
§ 236 I HGB Wird über das Vermögen des Inhabers des Handelsgeschäfts der Konkurs eröffnet, ...	. . so kann der stille Gesellschafter wegen der Einlage (. . .) seine Forderung als Konkursgläubiger geltend machen.
§ 242 I StGB Wer eine fremde, bewegliche Sache einem anderen in der Absicht wegnimmt, dieselbe sich rechtswidrig zuzueignen, ...	. . wird mit Freiheitsstrafe bis zu fünf Jahren oder mit Geldstrafe bestraft.

II. Die Subsumtionstechnik

Die Rechtsanwendung besteht in der „rechtlichen Würdigung eines konkreten Lebenssachverhalts". Dazu muß geprüft werden, ob ein bestimmter Sachverhalt den Tatbestandsmerkmalen einer gesetzlichen Norm entspricht. Die Grundform der Rechtsanwendung beruht auf dem „Syllogismus": Ein konkreter Sachverhalt wird dem Tatbestand einer Rechtsnorm untergeordnet (subsumiert) mit dem Ziel, daraus eine bestimmte Rechtsfolge abzuleiten (vergleichen Sie dazu die Skizze *Subsumtionstechnik*).

Beispiel: Wer das Eigentum eines anderen rechtswidrig und schuldhaft verletzt, ist zum Schadenersatz verpflichtet (§ 823 I BGB).

Wenn wir davon ausgehen, daß A dem B eine Scheibe eingeworfen hat und die Reparatur DM 100 kostet, entspricht dieser Vorgang dem abstrakten Tatbestandsmerkmal der oben geschilderten Norm (§ 823 I BGB). Daraus ist zu schließen, daß der Geschädigte B vom Schädiger A DM 100 verlangen kann.

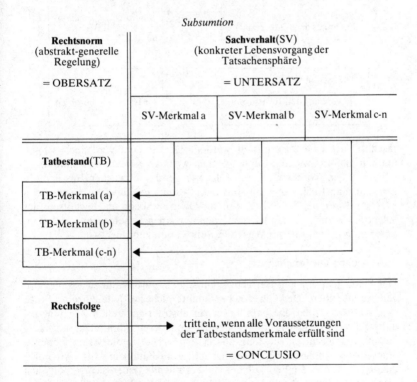

Ergänzende Hinweise:

1. Das Auffinden der passenden Rechtsnorm

Wer das Recht anwenden will, muß die wichtigsten Gesetzesbestimmungen parat haben. Es führt für den Studenten kein Weg daran vorbei, sich gediegene Gesetzeskenntnisse anzueignen. Dabei ist es zunächst ausreichend zu wissen, „wo etwas steht"; was dann „darin steht", kann durch

Subsumtionstechnik

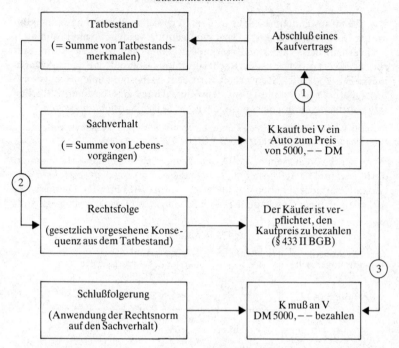

rasches Nachschlagen ermittelt werden. Der Student wird auch schnell merken, daß es „wichtige" und „weniger wichtige" Gesetzesbestimmungen gibt. Aus dem vorher Gesagten folgt zwingend, daß solchen Bestimmungen, die eine Rechtsfolge aussprechen, besonderes Gewicht beizumessen ist. Sie müssen bei der Subsumtion als Obersatz schon im Bewußtsein des Rechtsanwenders vorhanden sein, wenn er einen Lebenssachverhalt (Untersatz) dem Obersatz im Wege der Subsumtion zuordnen will.

2. Auslegung und Analogie

Der Sinngehalt einer in Betracht kommenden Norm kann zu Zweifelsfragen Anlaß geben. Der Gesetzgeber konnte nicht auf jede einzelne Frage eine Antwort geben. Deshalb hat er zur abstrakt-generellen Regelung oft unbestimmte Rechtsbegriffe verwendet und deren Konkretisierung z. T. bewußt der Rechtsentwicklung überlassen (vgl. etwa die vielen Generalklauseln und unbestimmten Rechtsbegriffe im Familienrecht). Als Folge davon ist es oft zweifelhaft, ob der zu beurteilende Lebenssachverhalt auch (oder noch) unter die herangezogene Norm fällt. Dazu muß die Norm ausgelegt oder auch notfalls analog angewendet werden.

a) Auslegung

Durch die Auslegung wird der Sinngehalt einer Norm ermittelt:

- Die **grammatikalische Auslegung** fragt nach dem Wortsinn („jede Auslegung beginnt beim Wort");

- die **systematische Auslegung** berücksichtigt den Sinnzusammenhang und den systematischen Standort der Bestimmung (weil der Gesetzgeber sich um sachlogische Strukturen und die Vermeidung widersprüchlicher Ergebnisse bemüht, läßt sich oft durch eine „Gesamtwürdigung" des Gesetzes oder des entsprechenden Gesetzesabschnitts eine klärende Aussage gewinnen);
- die **historische Auslegung** berücksichtigt die Motive beim Erlaß eines Gesetzes (das beste Beispiel bietet das BGB selbst, das in den „Motiven" und „Protokollen" Begründungen für die entsprechenden Vorschriften enthält, s. o.);
- die **teleologische Auslegung** ermittelt den „Sinn und Zweck" einer Gesetzesbestimmung (ratio legis).

b) Analogie

Trotz aller Bemühungen des Gesetzgebers um Perfektion ist nicht auszuschließen, daß ein bestimmter Lebenssachverhalt keine Regelung im Gesetz gefunden hat. Es treten dann „Lücken" auf. Die Frage ist, wie solche Lücken zu schließen sind. Hat der Gesetzgeber bewußt eine Lücke geschaffen, wollte er also gerade vermeiden, daß ein bestimmter Lebenssachverhalt unter einen von ihm geregelten Tatbestand subsumiert und damit die dort vorgesehene Rechtsfolge auf den Lebenssachverhalt angewandt wird, sprechen wir von einer „bewußten Lücke", die dann methodologisch mit dem argumentum e contrario anders als der geregelte Tatbestand zu beurteilen ist.

Umgekehrt verhält es sich, wenn eine „unbewußte Lücke" vorliegt, der Gesetzgeber also gewissermaßen „schlampig gearbeitet" und einen Sachverhalt übersehen hat, aber bei Kenntnis ebenfalls in der betreffenden Weise geregelt hätte. Dann liegt es nahe, die Rechtsfolgen eines im Gesetz geregelten Tatbestandes entsprechend auf solche Sachverhalte anzuwenden, deren abstrakte Tatbestandsmerkmale dem gesetzlichen Tatbestand zwar nicht ganz, aber doch im wesentlichen entsprechen. Man spricht dann von Analogie (Motto: „Weihnachtsmann im Sinne des Gesetzes ist auch der Osterhase").

Beispiele: Nach § 463 Satz 1 BGB kann der Käufer vom Verkäufer Schadenersatz wegen Nichterfüllung verlangen, wenn der verkauften Sache eine zugesicherte Eigenschaft fehlt. Nach Satz 2 dieser Bestimmung gilt das gleiche, wenn der Verkäufer einen Fehler arglistig verschwiegen hat. Nicht geregelt hat der Gesetzgeber den Fall, daß der Verkäufer eine Eigenschaft zwar nicht zugesichert, auch nicht arglistig verschwiegen, wohl jedoch arglistig vorgespiegelt hat. Auf letzteren Fall wendet die Rechtsprechung den § 463 analog an. Wir haben es insoweit mit einer Einzelanalogie (die Rechtsfolge einer einzelnen Norm wird auf einen ähnlichen Fall übertragen) zu tun. Daneben gibt es aber auch die sog. „Rechtsanalogie", bei der ein aus mehreren Normen abgeleitetes Prinzip auf vergleichbar gelagerte Fälle angewendet wird. Das klassische Beispiel hierfür ist die Anwendung der schuldrechtlichen Vorschriften für Unmöglichkeit und Verzug auf die sog. positive Vertragsverletzung (§§ 280, 286 bzw. §§ 325, 326 werden rechtsanalog angewandt).

Das klassische Beispiel für ein argumentum e contrario findet sich ebenfalls im Recht der Leistungsstörung: Die ursprüngliche Unmöglichkeit ist in § 306 BGB, die nachträgliche Unmöglichkeit in § 275 BGB geregelt. § 275 BGB enthält zwei Absätze und stellt in Absatz zwei die subjektive nachträgliche Unmöglichkeit (das Gesetz spricht vom „Unvermögen des Schuldners") der objektiven nachträglichen Unmöglichkeit gleich. In § 306 ist eine derartige Differenzierung nicht erfolgt. Vergleicht man § 275 mit § 306, gelangt man zu folgendem argumentum e contrario: Der Gesetzgeber hat bewußt in § 306 die subjektive ursprüngliche Unmöglichkeit der objektiven ursprünglichen Unmöglichkeit nicht gleichgestellt, somit gilt die Aussage des § 306 BGB (wonach ein auf eine objektiv unmögliche Leistung gerichteter Vertrag nichtig ist) gerade nicht für die ursprünglich subjektive Unmöglichkeit. Ist also die Leistung lediglich dem Schuldner nicht möglich, ist der Vertrag gleichwohl gültig!

Lernhinweis: Den Anfänger werden derartige „dogmatische Operationen" im gegenwärtigen Zeitpunkt überfordern. Er kennt ja das geltende Recht noch nicht und kann deshalb derartige methodologische Gedankengänge nur mühsam nachvollziehen. Lassen Sie sich dadurch nicht entmutigen. Prägen Sie sich die Begriffe ein, und blättern Sie im weiteren Verlauf des Studiums gelegentlich zurück.

III. Gutachten und Urteil

1. Die unterschiedlichen Ausgangspunkte

Im juristischen Studium wird in der Regel ein rechtliches Gutachten über einen bestimmten Sachverhalt verlangt (vor der gleichen Aufgabe stehen der Justitiar und jeder andere, der einen bestimmten Sachverhalt rechtlich zu überprüfen hat). Auch der Richter muß letztendlich die Frage entscheiden, ob der ihm in der Klageschrift vorgetragene Sachverhalt die im Klagantrag begehrte Rechtsfolge rechtfertigt. Gleichwohl besteht ein erheblicher Unterschied: Das Gutachten bezieht sich auf einen bereits feststehenden Sachverhalt. Im Prozeß muß dieser jedoch erst ermittelt werden! Es wäre ein schwerer Fehler, würde beispielsweise der Student vom Sachverhalt abweichen und diesen somit verfälschen. Er würde damit auf Fragen antworten, die nicht oder wenigstens nicht so gestellt wurden (freilich läßt auch ein zur Begutachtung gestellter Sachverhalt manchmal Fragen offen; dies zwingt dann zur Erstellung von Alternativ- oder Ergänzungs-Gutachten, sofern nicht bereits die „lebensnahe" Sachverhaltsauslegung weiterhilft).

Im Gerichtsverfahren liegt meist die größere Schwierigkeit bei der Ermittlung des Sachverhalts. Der Richter kann die gesetzliche Rechtsfolge erst aussprechen, wenn er den in der Regel zwischen Kläger und Beklagtem strittigen Sachverhalt im Wege der Beweiserhebung und Beweiswürdigung festgestellt hat. Deshalb gliedert sich auch ein gerichtliches Urteil in zwei Teile: den Sachverhalt (die Terminologie der Gerichtspraxis spricht hier allerdings für den Laien verwirrend vom „Tatbestand") und die rechtliche Erörterung (die sogenannten „Entscheidungsgründe").

2. Urteilsstil und Gutachtenstil

Urteil und Gutachten unterscheiden sich wesentlich in der gedanklichen Abfolge. Der Urteilsstil nimmt eine Feststellung vorweg, um sie anschließend zu begründen. Das Gutachten versucht („abtastend"), alle in Betracht kommenden Möglichkeiten zu überprüfen, um sie entweder zu bejahen oder zu verneinen.

Deshalb wird beim Gutachtenstil immer die „Subsumtionsfrage" gestellt („... In Betracht kommt ein Anspruch nach § ..."). Beim Urteilsstil wird dagegen festgestellt: „Der Kläger hat einen Anspruch nach § ...".

Beispiel: V verkauft an K einen Fernsehapparat zum Preise von DM 2000 und verlangt Bezahlung des Kaufpreises. Wie ist die Rechtslage?

Gutachtenstil: V könnte gegen K gem. § 433 Abs. 2 BGB einen Anspruch auf Bezahlung des Kaufpreises haben. Voraussetzung dafür ist, daß ein Kaufvertrag abgeschlossen wurde und K keine Einwendungen geltend machen kann. Da zwischen V und K ein Kaufvertrag abgeschlossen wurde und Einwendungen nicht ersichtlich sind, ist K verpflichtet, den Kaufpreis zu bezahlen.

Urteilsstil: K ist zur Zahlung des Kaufpreises verpflichtet, weil zwischen den Parteien ein Kaufvertrag abgeschlossen wurde und K keine Einwendungen erheben kann.

Typisch für den Gutachtenstil sind hypothetische, spekulative, unverbindliche Formulierungen („es könnte sein", „in Betracht kommt"), die dann aufgrund der Subsumtion in die Feststellung („somit", „daher", „daraus folgt") münden.

Der Urteilsstil beginnt mit einer feststellenden Aussage („es ist", „liegt vor"), die anschließend mit dem Hinweis auf die Rechtsgrundlage („da", „weil", „daraus folgt, daß") begründet wird.

Lernhinweis: Man sollte den Gutachtenstil auch nicht auf die Spitze treiben! Wer jeden Satz sklavisch mit einer Subsumtionsfrage beginnt, wird den Korrektor verärgern. So wurde im obigen Beispiel nicht lange erwogen, ob der Fernsehapparat eine „Sache" im Sinne von § 433 Abs. 1 S. 1 darstellt. Nur bei nicht eindeutigen Punkten ist der Gutachtenstil angebracht.

IV. Der Aufbau nach Anspruchsgrundlagen

Es ist hier zwar (noch) nicht der Ort, den praktischen Fallaufbau zu üben. Trotzdem sei der Student von Anfang an darauf hingewiesen, daß die Beurteilung einer Rechtslage nach Anspruchsgrundlagen geordnet zu erfolgen hat. Ganz allgemein gesprochen lautet regelmäßig die zur Beantwortung gestellte Frage: **„Wie ist die Rechtslage?"**. Gäbe es für die Beantwortung dieser Frage keine geordneten Regularien, könnte jeder letztlich „bei Adam und Eva" anfangen und zu jedem einzelnen Wort, Begriff und Satz des Sachverhalts einen „Besinnungsaufsatz" schreiben. Daß dies auch unökonomisch wäre, sei dem Rechts- und Wirtschaftswissenschaftler nur nebenbei gesagt.

Merke: Wenn nach der „Rechtslage" gefragt ist, muß nach Anspruchsgrundlagen aufgebaut werden. **Das heißt:** Die Frage nach der Rechtslage lautet: **„Wer will was von wem woraus?"**

Dazu bedarf es verschiedener Lösungsschritte:

1. Aufbereitung des Sachverhalts

Zunächst sind die Sachangaben und die dabei in Betracht kommenden Rechtsvorgänge grob zu ordnen. Empfehlenswert ist oft ein Schaubild (namentlich, wenn der Sachverhalt einen Lebensvorgang zwischen mehr als zwei Personen schildert).

Beispiel: G gewährt S ein Darlehen in Höhe von 10 000 DM. Hierfür hat sich B „selbstschuldnerisch" mit schriftlicher Erklärung verbürgt.

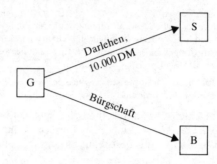

Dabei werden in der juristischen „Darstellungstechnik" die entsprechenden Ansprüche als Pfeile dargestellt (sie symbolisieren insoweit das Herausgabeverlangen gegenüber demjenigen, auf den der Pfeil zielt). Soll die Skizze zugleich einen umfangreicheren Geschehensablauf symbolisieren, empfiehlt sich darüber hinaus, die einzelnen Beziehungen der Beteiligten untereinander durchzunumerieren, um darüber hinaus den chronologischen Ablauf zu verdeutlichen.

Wäre etwa im obigen Beispiel zusätzlich gefragt, welche Ansprüche B gegen S hätte, würde man den Darlehensanspruch G gegen S mit 1, den Anspruch G gegen B mit 2 und den Regreßanspruch B gegen S mit 3 numerieren.

Lernhinweis: Man merkt schon an dieser Stelle, daß es entscheidend auf die jeweilige Anspruchsgrundlage ankommt. Sie ist die Rechtsgrundlage für das jeweilige klägerische Verlangen. Die wichtigsten Anspruchsgrundlagen sollte man im Kopf haben, zumindest wissen, an welcher Stelle im Gesetz man sie finden kann. Zur Illustration vergleichen Sie bitte vorab die *Übersicht über die wichtigsten Anspruchsgrundlagen.*

2. Aufsuchen der Rechtsgrundlagen

Wenn der Sachverhalt dem Bearbeiter klar geworden ist, muß man Vorbereitungen für die Subsumtion treffen: Dazu ist es notwendig, die einschlägigen Anspruchsgrundlagen aufzusuchen, welche für den Subsumtionsvorgang in Betracht kommen. Vergleichen Sie dazu als „Anschauungsmaterial" die *Übersicht über die wichtigsten Anspruchsgrundlagen.*

Fortführung des Beispiels: Für den Darlehensanspruch des G gegen S kommt § 607 BGB in Betracht. Rechtsgrundlage für die Inanspruchnahme des Bürgen ist § 765 BGB.

3. Subsumtionsfrage stellen

Entscheidend ist nun die „Subsumtionsfrage": Entspricht der festgestellte Sachverhalt den Tatbestandsmerkmalen der aufgesuchten Anspruchsgrund-

Übersicht über die wichtigsten Anspruchsgrundlagen

Ansprüche auf **Vertragserfüllung**	Ansprüche auf **Schadenersatz**	Ansprüche auf **Aufwendungsersatz**	Ansprüche auf **Herausgabe v. Sachen**	**Sonstige Ansprüche**
Kaufvertrag: § 433 I, § 433 II	Schadenersatzansprüche aus Verletzung vertraglicher Pflichten	Auftrag: § 670	dingliche Herausgabeansprüche: Anspruch des Eigentümers: § 985	Ansprüche auf Auskunft und Rechnungslegung § 666
Mietvertrag: § 535 S.1, § 535 S. 2	1. im Falle von Leistungsstörungen: • Unmöglichkeit • Verzug • pos. Vertragsverletzung	Geschäftsführung ohne Auftrag, §§ 683, 670	Anspruch des Besitzers: § 861	Ansprüche auf Unterlassung § 12, 1004, 1134
Pachtvertrag: §§ 581 I S. 1, § 581 I S. 2		Ansprüche auf **Verwendungsersatz**	schuldrechtliche Herausgabeansprüche: §§ 556 I, 604, 695	Ansprüche auf Beseitigung § 1004
Leihe: § 598	2. im Rahmen der Gewährleistung z. B. • Kaufrecht §§ 440, 463 • Mietrecht § 538 • Werkvertrag § 635	1. vertraglich: Miete: § 547		
Darlehen: § 607 I		2. gesetzlich: Geschäftsführung ohne Auftrag: §§ 683, 670	Ansprüche auf **Herausgabe des „Erlangten"**	Ansprüche auf Grundbuchberichtigung, § 894
Dienstvertrag: §§ 611 I 1. Alt., § 611 I 2. Alt.	Schadenersatzansprüche im Fall des Verschuldens beim Vertragsabschluß	Eigentümer-Besitzer-Verhältnis: §§ 994 ff.	• nach Auftragsrecht § 667 • nach Bereicherungsrecht §§ 812 ff.	
Werkvertrag: §§ 631 I 1. Alt., § 631 I 2. Alt.	Schadenersatzansprüche als Rechtsfolge unerlaubter Handlungen §§ 823 ff.	Ansprüche auf **Nutzungsersatz**	Ansprüche auf **Wegnahme**	Ansprüche auf Duldung der Zwangsvollstreckung § 1147
Auftrag: § 662		Eigentümer gegen den Besitzer gem. §§ 987, 990 I, 988	Wegnahmerecht des Mieters, § 547a	
Sonstige typische und atypische Verträge innerhalb und außerhalb des BGB	Schadenersatzansprüche im Rahmen der Gefährdungshaftung			Ansprüche auf Entschädigung §§ 906 II S. 2 §§ 912 II

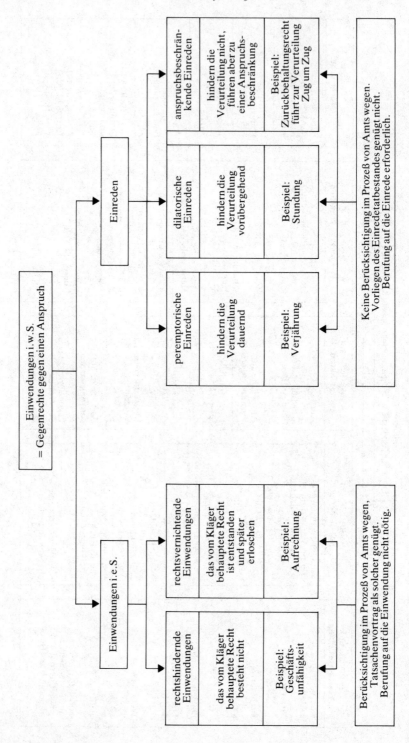

lage? Je nachdem kann die im Tatbestand getroffene Rechtsfolge bejaht oder verneint werden.

Fortführung des Beispiels: G könnte gegen S einen Anspruch nach § 607 BGB geltend machen. G hat S ein Darlehen in Höhe von 10 000 DM gewährt, also ist S zur Rückzahlung nach § 607 BGB verpflichtet. G könnte B nach § 765 BGB in Anspruch nehmen. B hat sich schriftlich und damit (im Hinblick auf § 766 BGB) wirksam für die von S gegenüber G eingegangene Verbindlichkeit verbürgt. Er ist damit nach § 765 BGB verpflichtet, für die Erfüllung der Darlehensverpflichtung durch S einzustehen.

4. Liegen Gegenrechte vor?

Auch wenn die tatbestandlichen Voraussetzungen der Anspruchsgrundlage gegeben sind, könnte trotzdem im Endergebnis die Rechtsfolge zu verneinen sein, weil im Ausnahmefall „Gegenrechte" vorliegen. Hier unterscheidet man Einwendungen und Einreden. Einwendungen vernichten den Anspruch oder lassen ihn erst gar nicht entstehen, Einreden gewähren ein Leistungsverweigerungsrecht (vgl. dazu die Übersicht *Einwendungen*).

Fortführung des Beispiels: Es ist zu prüfen, ob B gegenüber G gem. § 771 BGB die dem Bürgen zustehende „Einrede der Vorausklage" erheben kann. Das hätte zur Folge, daß B die Befriedigung des Gläubigers G solange verweigern könnte, wie dieser nicht die Zwangsvollstreckung gegenüber dem Hauptschuldner S ohne Erfolg versucht hat.

Da B aber im vorliegenden Fall sich „selbstschuldnerisch" verbürgte, steht ihm diese Einrede nach § 773 Abs. 1 Nr. 1 BGB gerade nicht zu. Unabhängig davon wäre zu prüfen, ob B gem. § 768 BGB Einreden geltend machen kann, die dem S gegenüber G zustehen. Da aber der Sachverhalt hierfür keine Anhaltspunkte enthält, kann dies dahinstehen.

Teil II: BGB – Allgemeiner Teil

1. Kapitel: Rechtssubjekte und Rechtsobjekte

§ 4 Die Rechtssubjekte

Lernhinweis: Wir haben gesehen, daß vom Recht Verhaltensnormen aufgestellt werden mit dem Ziel, das menschliche Zusammenleben zu ordnen. Das so geschaffene objektive Recht räumt Befugnisse ein und schafft Verpflichtungen. Für diese bedarf es eines personalen (subjektiven) Bezugspunktes: Der Inhaber dieser Rechte und Pflichten ist das Rechtssubjekt. Da die Rechtsordnung das menschliche Zusammenleben regelt, versteht es sich von selbst, daß der Mensch zugleich Rechtssubjekt und damit Bezugspunkt für Rechte und Pflichten ist. Das bürgerliche Recht kennzeichnet ihn als die „natürliche Person". Das BGB hat darüber hinaus mit der „juristischen Person" einen weiteren, „künstlich" durch die Rechtsordnung erst geschaffenen Bezugspunkt eingeführt. Rechtssubjekte und damit Träger von Rechten und Pflichten sind also im bürgerlichen Recht die natürliche Person (der Mensch) sowie die juristische Person. Verdeutlichen Sie sich diesen der Laiensphäre nicht entsprechenden Ausgangspunkt. Nach Durcharbeitung des nachfolgenden Abschnittes sollten Sie darüber hinaus die Begriffe Rechtsfähigkeit, Geschäftsfähigkeit und Deliktsfähigkeit erfaßt haben, sowie das Wesen, das Handlungsmodell und die Haftung der juristischen Person erklären können.

I. Begriff und Arten der Rechtssubjekte

1. Wesensmerkmale

Rechtssubjekte sind **Träger von Rechten und Pflichten**. Wesensmerkmal des Rechtssubjekts ist die **Rechtsfähigkeit** (wiederum definiert als „die **Fähigkeit, Träger von Rechten und Pflichten sein zu können**"). Rechtssubjekte nehmen am Rechtsverkehr teil, indem sie Verträge abschließen, Erklärungen abgeben, Verpflichtungen eingehen, ein Vermögen erben, Eigentum erwerben und dgl. mehr. Dies unterscheidet sie von den „Rechtsobjekten", die Gegenstand von subjektiven Rechten sind, also Adressat und Objekt der von Rechtssubjekten ausgehenden Handlungen.

Rechtssubjekte bezeichnet das Gesetz als **„Personen"**, das BGB regelt sie im Abschnitt **„Personenrecht"**.

2. Arten

Lernhinweis: Werfen Sie vor und nach der Lektüre dieses Abschnitts einen Blick auf die Übersicht *„Rechtssubjekte"*.

Die juristische Dogmatik unterscheidet zwischen den natürlichen und den juristischen Personen. Natürliche Personen sind die Menschen. Sie erlangen die Rechtssubjektqualität mit Vollendung der Geburt (§ 1 BGB).

Neben der natürlichen Person kennt die Rechtsordnung die juristische Person. Schon aus der Bezeichnung folgt, daß es sich um solche Rechtssubjekte handelt, die durch eine **„Kunstschöpfung der Rechtsordnung"** entstehen und kraft gesetzgeberischer Autorität den natürlichen Personen gleichgestellt sind. Es handelt sich dabei um Personenvereinigungen oder Vermögensmassen, denen durch einen staatlichen Akt die Fähigkeit verliehen wurde, ebenfalls Träger von Rechten und Pflichten (und damit rechtsfähig) zu sein. Durch diese Konstruktion wird es möglich, nicht real existierende Gebilde wie natürliche Personen am Rechtsleben teilhaben zu lassen. Die juristische Person kann also ebenso Rechte erwerben, Verbindlichkeiten eingehen, klagen und verklagt werden, wie der Mensch. Das Wesen der juristischen Person ist umstritten (Fiktionstheorie, Genießertheorie, Zweckvermögenstheorie, Theorie der realen Verbandspersönlichkeit) und braucht hier nicht weiter dargelegt zu werden.

Wir kennen juristische Personen des Privatrechts und des öffentlichen Rechts, je nachdem in welchem Rechtsbereich sie auftreten. Juristische Personen des öffentlichen Rechts sind die Stiftungen, die Anstalten und die Körperschaften öffentlichen Rechts.

Das Privatrecht kennt zahlreiche Erscheinungsformen juristischer Personen. Im bürgerlichen Recht finden wir zunächst den eingetragenen Verein als den Prototyp der juristischen Person (§§ 21 ff. BGB). Daneben regelt das Bürgerliche Gesetzbuch die privatrechtliche Stiftung (§§ 80 ff. BGB). Wesensmerkmal der Stiftung ist die **Verselbständigung eines Zweckvermögens** (dies ist insofern bemerkenswert, als damit über die Konstruktion der juristischen Person auch einer Gesamtheit von Rechtsobjekten die Qualität eines Rechtssubjekts verliehen wird). Zahlreich sind die juristischen Personen im Handelsrecht. Zu nennen sind vor allem die Kapitalgesellschaften (Aktiengesellschaft und Gesellschaft mit beschränkter Haftung) sowie die Genossenschaft und weitere Kapitalvereine. Hierzu sei auf das Handels-, Gesellschafts- und Steuerrecht verwiesen. Vergleichen Sie dazu im einzelnen die Übersicht *Rechtssubjekte* und die gesellschaftsrechtlichen Vorlesungen (auch § 1 KStG).

3. Motive für die Gründung von juristischen Personen

Mit der Gründung juristischer Personen werden verschiedene Zwecke verfolgt. Die wichtigsten sind:

a) Organisations-Konzentration

Die organisatorische Zusammenfassung zahlreicher Einzelpersonen zu einer neuen Rechtspersönlichkeit erleichtert die Teilnahme am Rechtsverkehr. Das wird schon deutlich, wenn man sich einen größeren Verein vorstellt: Der Vertragspartner braucht nicht mehr mit den zahlreichen Mitgliedern einzelne Verträge abzuschließen; vielmehr genügt eine Erklärung, die der satzungsgemäß zuständige Vertreter für den Verein als Vertragspartner verbindlich abgibt.

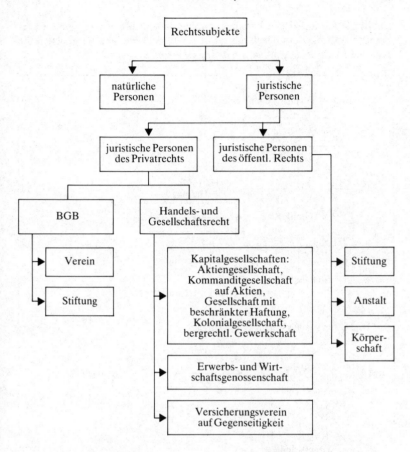

b) *Haftungsbeschränkung*

Noch größere Bedeutung, vor allem im Handels- und Gesellschaftsrecht, liegt in der Möglichkeit der Haftungsbeschränkung:

Wer mit einer juristischen Person Geschäfte tätigt, kann wegen der ihm zustehenden Ansprüche grundsätzlich nur gegen die juristische Person, nicht aber (oder nur noch in Ausnahmefällen) gegen die Mitglieder (bzw. Gesellschafter) vorgehen. Das ist einleuchtend: Vertragspartner werden ja nicht die Mitglieder, sondern die juristische Person selbst. Auf diese Weise hat der Gläubiger im Ernstfall nur die Möglichkeit, die juristische Person zu verklagen und auf deren Vermögen zuzugreifen. Er kann dagegen nicht in das Privatvermögen der Mitglieder bzw. Gesellschafter vollstrecken. Deutlich wird dies im Fall der Gesellschaft mit beschränkter Haftung:

Wenn die GmbH riskante Verträge abschließt, können die Gläubiger nur die GmbH verklagen und in das Gesellschaftsvermögen vollstrecken; die Gesellschafter selbst riskieren allenfalls den Verlust der Beiträge, die sie zum Gesellschaftsvermögen geleistet haben. Ihre Privatsphäre bleibt vom Gläubigerzugriff frei, das geschäftliche Risiko ist „minimiert". Bei anderen Gesellschaftsformen, die durch den Zusammenschluß mehrerer Gesellschafter keine juristische Person entstehen lassen, bleibt dagegen die persönliche Haftung der Gesellschafter in der Regel bestehen. Vergleichen Sie dazu die Skizze *Haftung bei juristischen Personen.*

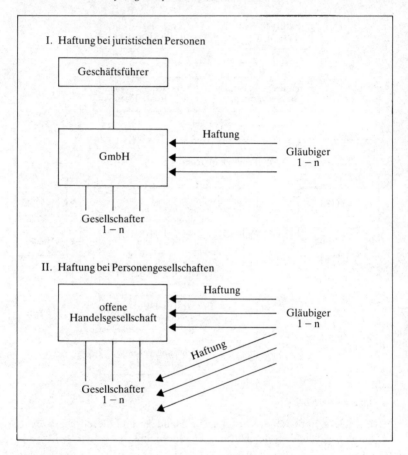

c) Weitere Motive

Darüber hinaus gibt es noch zahlreiche weitere Motive für die Gründung juristischer Personen. Diese Frage berührt sich mit der in der allgemeinen Betriebswirtschaftslehre erörterten Thematik über die Bestimmungsfaktoren für die Rechtsform der Unternehmung. Einzelheiten dazu im Gesellschaftsrecht. Erwähnt sei hier noch die **Möglichkeit der Unternehmensperpetuierung**: Beim Tode einer natürlichen Person geht deren Vermögen auf die Erben über. Dies kann zu einer „Vermögenszersplitterung" führen. Wurde jedoch zuvor eine juristische Person (etwa eine GmbH) gegründet, vererben sich lediglich die Gesellschaftsanteile, die GmbH als Rechtssubjekt wird vom Tod der Gesellschafter nicht unmittelbar berührt („eine GmbH stirbt nicht").

Beachten Sie: Nicht jeder Zusammenschluß mehrerer Personen führt zum Entstehen einer juristischen Person. Der Gesetzgeber hat einen „numerus clausus" zulässiger

Rechtsformen mit eigener Rechtspersönlichkeit geschaffen; u. a. im Hinblick auf den Schutz des Rechtsverkehrs (Gläubiger!).

Nichtrechtsfähige Personenzusammenschlüsse sind dagegen in vielfältigeren Formen denkbar. Vergleichen Sie dazu die Übersicht *Personenzusammenschlüsse.*

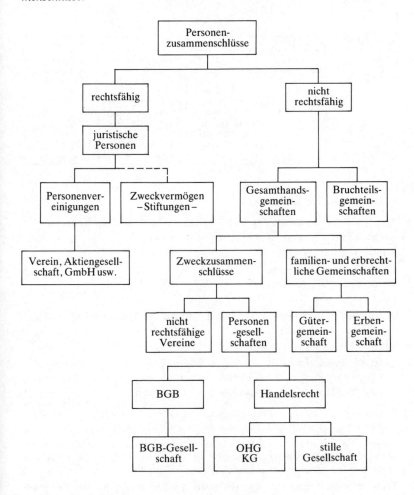

II. Die natürliche Person

Lernhinweis: Natürliche Person i. S. des Gesetzes ist der Mensch. Die Rechtsordnung regelt sein Zusammenleben mit anderen und verleiht ihm eine Reihe von Befugnissen, durch die er in die Lage versetzt wird, am Rechtsleben teilzunehmen. Außerdem stellt sie Regeln auf, um ihn vor unberechtigten Eingriffen zu schützen. Dementsprechend gliedern sich die nachfolgenden Ausführungen: der Mensch als Rechtsträger, als Handelnder und als Schutzobjekt. Werfen Sie vor und nach den folgenden Ausführungen einen Blick auf die Übersicht *Rechtsstellung des Menschen im BGB.*

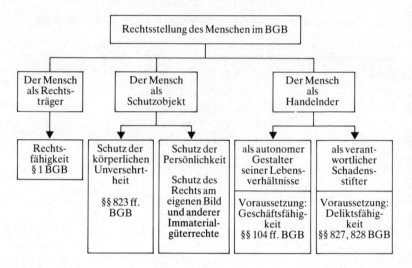

1. Der Mensch als Rechtsträger

Als natürliche Person ist der Mensch Rechtssubjekt und damit Träger von Rechten und Pflichten. Wer rechtsfähig ist, kann z. B.

- Eigentümer sein,
- Forderungen erwerben,
- eine Erbschaft machen,
- Schuldner sein.

Die **Rechtsfähigkeit beginnt** nach § 1 BGB **mit der Vollendung der Geburt.** Ein kleines Kind kann also bereits Eigentümer eines Grundstücks oder Inhaber einer Forderung sein sowie ein Vermögen erben.

Für das Erbrecht ist die Rechtsfähigkeit gem. § 1923 Abs. 2 BGB vorverlagert: Wer zum Zeitpunkt des Erbfalls zwar noch nicht geboren, aber bereits erzeugt worden ist, gilt als vor dem Erbfall geboren.

Lernhinweis: Wir haben hier den klassischen Fall einer „Fiktion": Etwas Unwahres wird als wahr unterstellt, um eine bestimmte Rechtsfolge zu erzielen.

Beispiel: Ein Familienvater verunglückt tödlich bei einem Verkehrsunfall und hinterläßt neben zwei Kindern seine schwangere Ehefrau. Wieviele Personen sind bei der Ermittlung der Erbquoten zu erfassen?

Antwort: Bei der Berechnung der Erbteile sind nicht nur die Ehefrau und die beiden bereits geborenen, sondern auch das ungeborene dritte Kind zu berücksichtigen.

2. Der Mensch als Handelnder

Durch Handlungen und Unterlassungen nimmt der Mensch als Rechtssubjekt an der Gestaltung zwischenmenschlicher Beziehungen teil. Diese Handlungen können z. B. darauf abzielen, unter Ausschöpfung der Privatautonomie die Lebensverhältnisse rechtlich zu regeln. Der Mensch äußert sich dabei durch Abgabe von Willenserklärungen und Vornahme von Rechtsgeschäften. Dies setzt Geschäftsfähigkeit voraus; vgl. dazu unten a).

Menschliche Handlungen können aber auch ursächlich für Schadensfolgen sein. Inwieweit die natürliche Person zur Rechenschaft gezogen werden kann, hängt von ihrer Verantwortlichkeit ab. Diese bezeichnet man als Deliktsfähigkeit; vgl. dazu unten b).

a) Die Geschäftsfähigkeit

Wir haben oben gesehen, daß der Mensch ohne weiteres Zutun, gewissermaßen „automatisch", aufgrund seiner Existenz rechtsfähig ist. Damit ist

ALTERSSTUFEN	RECHTSLAGE	ERLÄUTERUNG
Vollendung der Geburt	Rechtsfähigkeit der natürlichen Person (§ 1 BGB)	Fähigkeit, Träger von Rechten und Pflichten sein zu können
bis zur Vollendung des 7. Lebensjahrs	Geschäftsunfähigkeit (§ 104 Nr. 1 BGB)	Unfähigkeit, wirksame Willenserklärungen abzugeben
	Deliktsunfähigkeit (§ 828 Abs. 1 BGB)	Nichtverantwortlichkeit für unerlaubte Handlungen
von der Vollendung des 7. Lebensjahrs bis zur Vollendung des 18. Lebensjahrs	beschränkte Geschäftsfähigkeit (§§ 106 ff. BGB)	rechtsgeschäftliches Handeln in der Regel nur mit Zustimmung des gesetzlichen Vertreters wirksam
	beschränkte Deliktsfähigkeit (§ 828 Abs. 2 BGB)	Schadensverantwortlichkeit bei Vorliegen der zur Erkenntnis der Verantwortlichkeit erforderlichen Einsicht
bis zur Vollendung des 14. Lebensjahrs	Strafunmündigkeit	keine Schuldfähigkeit (§ 19 StGB)
von der Vollendung des 14. bis zur Vollendung des 18. Lebensjahrs	Behandlung als „Jugendlicher" im Strafverfahren (§ 1 Abs. 2 JGG)	Strafrechtliche Verantwortlichkeit, wenn sittliche und geistige Reife vorliegt, das Unrecht der Tat einzusehen und nach dieser Einsicht zu handeln (§ 3 JGG)
ab Vollendung des 18. Lebensjahrs	Geschäftsfähigkeit	Fähigkeit, selbständig im Rechtsverkehr gültige Willenserklärungen abzugeben
	Deliktsfähigkeit	volle Verantwortlichkeit für schädigende Handlungen
von der Vollendung des 18. Lebensjahrs bis zur Vollendung des 21. Lebensjahrs	Behandlung als „Heranwachsender" im Strafverfahren (§ 1 Abs. 2 JGG)	Fakultative Anwendung des Jugendstrafrechts (§ 105 JGG)

noch nichts darüber ausgesagt, inwieweit er rechtswirksam am Rechtsleben teilnehmen kann. Dies ist keine Frage der Rechts-, sondern der Geschäftsfähigkeit. Als autonomer Gestalter seiner Lebensverhältnisse kann der Mensch nur wirksam handeln, wenn er geschäftsfähig ist. Unter der Geschäftsfähigkeit versteht man die **Fähigkeit, selbständig im Rechtsverkehr auftreten und wirksam Erklärungen abgeben zu können.** Diese Fähigkeit erkennt das Gesetz nur demjenigen zu, den es dazu für „reif" hält. Als Ansatzpunkt dient dem Gesetzgeber das Alter. Wo der Gesetzgeber glaubt, die Geschäftsfähigkeit könnte sich nach der Persönlichkeitsstruktur des betreffenden Menschen schädlich auswirken (geringes Alter, Geisteskrankheit), beschränkt oder verneint er die Geschäftsfähigkeit in der Absicht, den Betroffenen damit vor nachteiligen Folgen seiner eigenen Erklärungen zu schützen (vgl. §§ 104, 107 ff. BGB).

Bei der Geschäftsfähigkeit ist also zu differenzieren nach der „vollen Geschäftsfähigkeit", der „beschränkten Geschäftsfähigkeit" und der „Geschäftsunfähigkeit". Im einzelnen vgl. dazu unten § 11 sowie die ausführliche Übersicht. Dort sind die für das Straf- und Strafverfahrensrecht maßgeblichen Altersstufen mit aufgenommen.

b) Die Deliktsfähigkeit

Wo der Mensch als Schadensstifter auftritt, hängt seine Verantwortlichkeit von der Deliktsfähigkeit ab. Die Deliktsfähigkeit ist also die **Fähigkeit, für schadenstiftende Ereignisse verantwortlich gemacht werden zu können.**

Auch hier differenziert das Gesetz ähnlich wie bei der Geschäftsfähigkeit nach Altersstufen und nach der psychischen Situation des Schadensstifters.

3. Der Mensch als Schutzobjekt

Wir wissen, daß die Rechtsordnung das Zusammenleben der Menschen regelt und dabei dem Rechtssubjekt bestimmte Berechtigungen einräumt. Eine zentrale Position kommt dabei dem Schutz der Person zu. Daraus erwachsen Ansprüche zum Schutz der Persönlichkeitsrechte. Vergleichen Sie dazu den nachfolgenden Abschnitt § 5 (subjektive Rechte).

III. Die juristische Person

Lernhinweis: Natürliche und juristische Personen nehmen gleichberechtigt am Rechtsleben teil. Aufgrund der Wesensverschiedenheit ergeben sich jedoch bei der juristischen Person zusätzliche Fragen und Regelungsnotwendigkeiten: Welche Erfordernisse sind zu verlangen, um einem nicht real existierenden Gebilde Rechtsfähigkeit zuzubilligen (Frage nach dem Organisationsstatut und den entsprechenden normativen Mindestbedingungen, die erfüllt sein müssen, damit eine juristische Person entsteht)? Wie kann ein nicht real existierendes Gebilde überhaupt tätig werden (Frage nach den Organen der juristischen Person)? Gegen wen bestehen Schadenersatzansprüche, wenn im Verantwortungsbereich einer juristischen Person andere Personen verletzt werden (Haftung der juristischen Person)?

1. Die Entstehung der juristischen Person

Regelmäßig bedarf es zur Entstehung der juristischen Person staatlicher Mitwirkung. Zumindest verlangt der Gesetzgeber die Eintragung in die Register (ein Verein muß in das Vereinsregister eingetragen werden, juristische Personen des Handelsrechts werden in das Handelsregister bzw. Genossenschaftsregister eingetragen). Dabei müssen bestimmte Mindestvoraussetzungen vorliegen (ein Verein muß z. B. mindestens von 7 Personen gegründet werden; bei der Anmeldung zum Handelsregister ist der Nachweis über das Vorliegen bestimmter Mindestbedingungen zu führen). Bei den Handelsgesellschaften legt der Gesetzgeber aus der jeweiligen Interessenlage heraus weitergehende Erfordernisse fest (notarielle Beurkundung des Statuts, Einhaltung weiterer Gründungsvorschriften zum Schutze der Gläubiger usw.). Im einzelnen wird auf das Gesellschaftsrecht verwiesen.

Entsteht die juristische Person bereits durch die Erfüllung der Mindestvoraussetzungen, spricht man vom „System der Normativbestimmungen".

Darüber hinaus gibt es Fälle, bei denen der Gesetzgeber zusätzlich eine staatliche Genehmigung für das Entstehen der juristischen Person voraussetzt. Dann spricht man vom „Konzessionssystem".

So ist z. B. die Gründung einer Stiftung genehmigungspflichtig. Auch steht sie unter einer besonderen Aufsicht des Staates und muß periodisch über die Einhaltung des Stiftungszwecks Rechenschaft ablegen. Beim eingetragenen Verein des bürgerlichen Rechts kennen wir beide Systeme: „Idealvereine" (Gesangsvereine, Sport- und Kulturvereine, also solche Vereinigungen, die der sittlichen, geistigen, körperlichen Erbauung dienen) entstehen mit der Eintragung in das Vereinsregister; wirtschaftliche Vereine dagegen bedürfen zusätzlich staatlicher Genehmigung.

Lernhinweis: Es ist hier nicht möglich und für das Verständnis auch nicht erforderlich, das Vereins-, Stiftungs- und Verbandsrecht darzustellen. Zum einen sei auf das Kapitel „Rechtsformen" im Gesellschaftsrecht verwiesen, zum anderen hilft auch hier „ein Blick in das Gesetz" weiter.

2. Die Handlungsfähigkeit der juristischen Person

Was nicht real existiert, kann an sich auch nicht handeln. Deshalb braucht die juristische Person „Kopf, Hände und Beine", um überhaupt am Rechtsleben teilnehmen zu können. Die juristische Person benötigt deshalb notwendigerweise **„Organe"**, deren Handlungen ihr zugerechnet werden. Wer diese Organe sind, bestimmt das Gesetz (Verein: Vorstand o. ä.; GmbH: Geschäftsführer; Aktiengesellschaft: Vorstand, Aufsichtsrat usw.).

a) Rechtsgeschäftliches Handeln

Erklärungen für die juristische Person werden durch die satzungsgemäß zuständigen Organe in deren Eigenschaft als gesetzliche Vertreter abgegeben.

Beispiel: Wenn eine GmbH einen Auftrag erteilt, wird der Vertrag vom Geschäftsführer abgeschlossen. Dessen Erklärungen wirken für und gegen die von ihm vertretene Gesellschaft.

b) Deliktisches Handeln

Eine juristische Person als solche ist eigentlich nicht „deliktsfähig": Da sie selbst nicht real existiert, kann sie auch anderen keinen Schaden zufügen. Da jedoch für die juristische Person ihre Organe auftreten und deren Tätigkeit als Handlungen der juristischen Person angesehen wird, ist der Schluß zwangsläufig: Unerlaubte Handlungen von Organen, die diese in Ausführung ihrer Verrichtungen begehen, werden gem. § 31 BGB (wichtig; lesen!) der juristischen Person selbst zugerechnet.

Beispiel: Wenn der Vorstand eines Vereins in satzungsgemäßen Angelegenheiten einen Außenstehenden schädigt, kann sich letzterer (auch) an den Verein halten. Wichtig: § 31 BGB ist auch auf alle weiteren juristischen Personen und analog selbst auf OHG, KG sowie den nicht rechtsfähigen Verein anzuwenden, nicht nur auf den eingetragenen Verein!

Lernhinweis: Vergleichen Sie noch einmal die (rechtsgeschäftliche und deliktische) Handlungsfähigkeit von natürlichen und juristischen Personen an Hand folgender Übersicht!

Handlungsfähigkeit natürlicher und juristischer Personen

Handlungsfähigkeit

der natürlichen Person		der juristischen Person	
rechts-geschäftlich	deliktisch	rechts-geschäftlich	deliktisch
Geschäfts-fähigkeit vgl. §§ 104 ff. BGB	Delikts-fähigkeit vgl. §§ 827, 828 BGB	gesetzliche Vertretung durch Organe § 26 BGB	Zurechnung von unerlaubten Handlungen ihrer Organe nach § 31 BGB

Wiederholungsfragen zu § 4

Was versteht man unter der Rechtsfähigkeit? (§ 4 I 1)
Welche Arten der Rechtssubjekte kennen Sie? (§ 4 I 2)
Welches sind die Motive für die Gründung juristischer Personen? (§ 4 I 3)
Was versteht man unter Geschäftsfähigkeit, was unter Deliktsfähigkeit? (§ 4 II 2)

§ 5 Das subjektive Recht

Lernhinweis: In der Einführung (oben Teil I) haben wir das Recht definiert als verbindliche Ordnung der zwischenmenschlichen Beziehungen und insoweit vom „objektiven Recht" als der Summe aller Rechtsnormen gesprochen. Dieses objektive Recht schafft Berechtigungen und Verpflichtungen. Die aus ihm abgeleitete Rechtsmacht bezeichnet man als „subjektives Recht".

Beispiel: Das objektive Recht regelt die einzelnen Vertragstypen, z. B. unter welchen Voraussetzungen sie zustande kommen, wie sie erfüllt werden und welches rechtliche Schicksal sie haben. Mit dem Abschluß eines Vertrags erhält der Vertragspartner zugleich das subjektive Recht, die vertragsgemäße Leistung zu beanspruchen. So hat z. B. der Käufer ein Recht auf Übereignung und Übergabe der gekauften Sache, der Verkäufer ein Recht auf Zahlung des Kaufpreises.

Die vom objektiven Recht geregelten Beziehungen zwischen den einzelnen Rechtssubjekten oder zu bestimmten Gegenständen bezeichnet man als **„Rechtsverhältnis"**.

I. Begriff des subjektiven Rechts

Unter einem subjektiven Recht versteht man **„die einem Rechtssubjekt von der Rechtsordnung verliehene Rechtsmacht"**. Das subjektive Recht kann gegenüber anderen Personen oder Gegenständen bestehen. Dem subjektiven Recht entspricht die Verpflichtung desjenigen, demgegenüber es geltend gemacht werden kann.

Beispiele:

- Das Gesetz schützt in § 823 Abs. 1 BGB die Unversehrtheit von Leib, Leben und Freiheit der Person. Damit gewährt es ein subjektives Abwehrrecht gegen fremde Eingriffe. Der Berechtigung des Rechtsgutinhabers entspricht die Verpflichtung anderer Personen, das geschützte Rechtsgut zu achten und bei dessen Verletzung Schadenersatz zu leisten.
- Das Eigentum ist als Freiheitsrecht in § 903 BGB umschrieben. Die Verletzung des Eigentums löst Abwehransprüche und damit entsprechende Verpflichtungen des Eingreifenden aus.

Lernhinweis: Die Dogmatik des subjektiven Rechts überfordert nicht selten den Studienanfänger, nicht zuletzt deshalb, weil er das objektive Recht, aus dem sich subjektive Rechte ergeben, ja erst erlernen muß. Verschaffen Sie sich deshalb zunächst an Hand der Übersicht *Subjektive Rechte* einen Überblick über die Systematik und Erscheinungsformen subjektiver Rechte, und prägen Sie sich dann jeweils die Begriffe mit einem prägnanten Beispiel ein. Das genügt für den Anfang. Später gehen Ihnen die Begriffe „subjektives Recht" und „Anspruch" in Fleisch und Blut über.

II. Arten und Einteilung der subjektiven Rechte

Aus der Vielgestaltigkeit der vom objektiven Recht geregelten Lebensverhältnisse folgt zwangsläufig, daß subjektive Rechte auf mannigfache Weise in Erscheinung treten und damit eine allgemein verbindliche Einteilung ausscheidet. Man kann subjektive Rechte systematisch nach ihrem Inhalt oder dem Kreis der Verpflichteten klassifizieren.

1. Absolute und relative Rechte

Die Einteilung in absolute und relative Rechte betrifft die Unterscheidung der subjektiven Rechte nach dem **Adressatenkreis**. Vergleichen Sie dazu das Schaubild *Absolute und relative Rechte*.

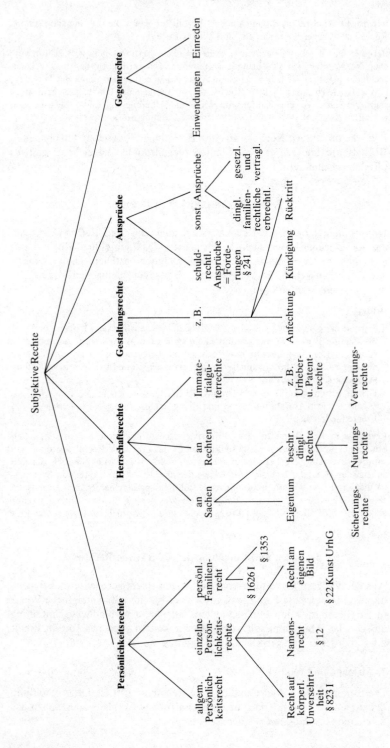

a) Absolute Rechte

sind solche, die sich **gegen jedermann** richten. Zu den absoluten Rechten zählen die Persönlichkeits- und Herrschaftsrechte, also insbes. Leib, Leben, Gesundheit und Eigentum einer Person.

Beispiel: Der Eigentümer kann gem. § 985 BGB von jedem die Herausgabe der ihm gehörenden Sache verlangen, wenn ihm diese unberechtigt vorenthalten wird, und er kann nach § 1004 BGB den „Störer" des Eigentums auf Unterlassung verklagen.

b) Relative Rechte

sind solche, die sich (innerhalb eines bestimmten Rechtsverhältnisses) **gegen einzelne Personen** richten. Da sie Rechte und Pflichten nur innerhalb eines bestimmten Rechtsverhältnisses begründen, können sie auch nur von den am Rechtsverhältnis beteiligten Personen verletzt werden. Diese heißen „Gläubiger" und „Schuldner" (Schulbeispiel: Ansprüche aus Schuldverhältnissen nach § 241 BGB, die sog. „Forderungen").

Beispiele: Die Forderung des Käufers gegen den Verkäufer nach § 433 Abs. 1 BGB und umgekehrt die Forderung des Verkäufers gegen den Käufer nach § 433 Abs. 2 BGB.

I. absolutes Recht: II. relatives Recht:

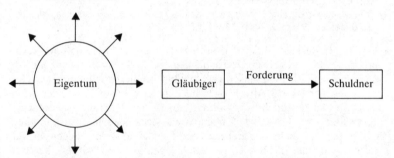

2. Einteilung subjektiver Rechte nach dem Inhalt der durch sie vermittelten Befugnis

Herkömmlicherweise werden subjektive Rechte ihrem Inhalt nach unterteilt in Persönlichkeitsrechte, Herrschaftsrechte, Ansprüche und Gestaltungsrechte (vgl. dazu unten 3 u. 4). Hinzu kommen die Gegenrechte als Abwehrmöglichkeiten gegenüber geltend gemachten Ansprüchen (dazu unten 5).

a) Persönlichkeitsrechte

Art. 1 Abs. 1 des Grundgesetzes erklärt die Würde des Menschen für unantastbar und verpflichtet alle staatliche Gewalt, sie „zu achten und zu schützen". Nach Art. 2 GG hat jeder das Recht „auf die freie Entfaltung seiner Persönlichkeit" und das Recht „auf Leben und körperliche Unversehrtheit"; die „Freiheit der Person ist unverletzlich". Das (vorkonstitutionelle) bürgerliche Recht kennt (bzw. kannte zunächst) keinen allgemeinen

Schutz der Persönlichkeit, sondern nur den Schutz einzelner persönlichkeitsbezogener Positionen:

- Leib, Leben, Gesundheit und Freiheit des Menschen im (deliktischen) Schadenersatzrecht nach §§ 823 ff. BGB;
- das Namensrecht in § 12 BGB;
- das Recht am eigenen Bild gegen mißbräuchliche Verwertung nach §§ 22, 23 Kunsturhebergesetz;
- das elterliche Erziehungsrecht sowie das Recht auf ungestörte Ausübung der ehelichen Lebensgemeinschaft nach §§ 1626, 1353 BGB.

Die Rechtsprechung hat unter der Geltungskraft des Grundgesetzes den zivilrechtlichen Persönlichkeitsschutz durch die Entwicklung eines **„allgemeinen Persönlichkeitsrechts"** erweitert.

Beispiele:

- Schutz vor willkürlicher Veröffentlichung vertraulicher Briefe (BGHZ 13, 334; 15, 249);
- Wahrung der persönlichen Geheimsphäre bezüglich ärztlicher Atteste (BGHZ 24, 72);
- Schutz vor mißbräuchlicher Verwendung des eigenen Bilds zu Reklamezwecken (Paul Dahlke auf dem Motorroller; Brauereibesitzer als „Herrenreiter", um für potenzstärkende Mittel zu werben; Schlagersängerin als Benutzerin einer Gebißhaftpaste), BGHZ 26, 349; 35, 363;
- Schutz gegenüber (allzu) verletzender Kritik (Fernsehansagerin sehe aus wie „eine ausgemolkene Ziege"), BGHZ 39, 124.

Hinweis: Verstärkt wird der Persönlichkeitsschutz dadurch, daß die Rechtsprechung dem in seinem Persönlichkeitsrecht Verletzten nicht nur Abwehr- und Unterlassungsansprüche zubilligt, sondern vielmehr unter Heranziehung von §§ 823 Abs. 1, 847 BGB zugleich einen Schadenersatzanspruch in Geld zuspricht (obwohl das bürgerliche Recht die Anerkennung des Geldersatzes für lediglich immaterielle Schäden sehr restriktiv handhabt, s. u.). Die dabei ausgesprochenen Schmerzensgelder liegen im Vergleich mit denen, die bei Körperverletzungen gegeben werden, außerordentlich hoch. Dies erklärt sich daraus, daß der Schadenersatzanspruch bei Persönlichkeitsverletzungen neben der Genugtuungsfunktion zugunsten des Verletzten auch eine Strafsanktion gegenüber dem Verletzenden enthält.

b) Herrschaftsrechte

Herrschaftsrechte zählen zu den absoluten Rechten. Sie gewähren eine Herrschaftsmacht gegenüber bestimmten Gegenständen.

aa) Herrschaftsrechte gegenüber Personen kennen wir heute nicht mehr. Auch das elterliche Sorgerecht gewährt kein Herrschaftsrecht der Eltern gegenüber den Kindern, sondern ein familienrechtliches Sorgerecht, das im Rahmen der Persönlichkeitsrechte gegen die Einwirkung Dritter geschützt ist.

bb) Dingliche Rechte

Wenn sich die Herrschaftsrechte auf Sachen beziehen, spricht man von „dinglichen Rechten". Das umfassendste Herrschaftsrecht ist das Eigentum (die „rechtliche Sachherrschaft"). Es wirkt als absolutes Recht gegenüber jedermann und ist umfassend geschützt:

- Der Eigentümer kann mit einer Sache gem. § 903 BGB (eingeschränkt durch Artikel 14 GG) nach Belieben verfahren;
- er kann von jedermann Herausgabe nach § 985 BGB (beachte aber § 986!), vom Störer Unterlassung nach § 1004 BGB und vom Schädiger Schadenersatz nach § 823 Abs. 1 BGB verlangen.

cc) Beschränkte dingliche Rechte

Die Sachherrschaft kann auch auf Teilbereiche des Eigentums beschränkt sein. Man spricht dann von „beschränkten dinglichen Rechten" an einer Sache. Das Gesetz kennt Sicherungs-, Nutzungs- und Verwertungsrechte.

Zu den Sicherungs- und Verwertungsrechten gehören die Pfandrechte, zu den Nutzungsrechten zählen der Nießbrauch sowie die Dienstbarkeit (vgl. dazu unten im Sachenrecht).

dd) Herrschaftsrechte an Rechten

Herrschaftsrechte gibt es nicht nur an Sachen, sondern auch an Rechten. Das BGB kennt das Pfandrecht an Rechten (§§ 1273 ff.) sowie den Nießbrauch (§§ 1068 ff.).

ee) Immaterialgüterrechte

Auch geistige und künstlerische Leistungen verschaffen Herrschaftsrechte. Gemeint sind Erfindungen sowie Werke der Literatur und bildenden Kunst. Ihren Schutz gewähren die Immaterialgüterrechte. Hierunter versteht man vor allem das Urheber-, Patent-, Geschmacksmuster-, Gebrauchsmuster- und Warenzeichenrecht.

3. Die Ansprüche

Der Gesetzgeber definiert den Anspruch als **„das Recht, von einem anderen ein Tun oder ein Unterlassen zu verlangen"** (vgl. § 194 Abs. 1 BGB).

Beispiele:

- Der Verkäufer hat gegen den Käufer nach § 433 Abs. 2 einen Anspruch auf Zahlung des vereinbarten Kaufpreises und Abnahme der gekauften Sache;
- der Käufer einer Sache hat nach § 433 Abs. 1 Satz 1 gegen den Verkäufer einen Anspruch auf Übergabe der Sache und Verschaffung des Eigentums an ihr; der Käufer eines Rechts hat gegen den Verkäufer einen Anspruch auf Verschaffung des Rechts;
- der Vermieter hat nach § 535 Satz 2 gegen den Mieter einen Anspruch auf Zahlung des vereinbarten Mietzinses;
- der Mieter hat gegen den Vermieter nach § 535 Satz 1 einen Anspruch auf Gewährung des Gebrauchs der vermieteten Sache;
- der Eigentümer hat gegen den nichtberechtigten Besitzer nach § 985 BGB einen Anspruch auf Herausgabe der Sache;
- der Eigentümer hat nach § 1004 gegen den Störer einen Anspruch auf Beseitigung und Unterlassung der Eigentumsstörung;
- Verwandte in gerader Linie haben gegenseitige Unterhaltsansprüche nach §§ 1601 ff.;
- der Erbe hat nach § 2018 gegen den unberechtigten Erbschaftsbesitzer einen Anspruch auf Herausgabe der Erbschaft;

- die Gesellschafter einer OHG haben nach § 121 HGB Anspruch auf Gewinnverteilung, nach § 122 HGB Ansprüche auf Vorabentnahmen;
- die Gesellschafter einer GmbH haben nach § 51 a GmbHG Auskunftsansprüche und Einsichtsrechte gegenüber den GmbH-Geschäftsführern;
- ein Wettbewerber hat gegen den anderen nach § 1 UWG Unterlassungs- und Schadenersatzansprüche gegenüber Wettbewerbshandlungen, die gegen die guten Sitten verstoßen.

Ansprüche gehören zu den relativen Rechten, weil sie nicht gegenüber jedermann, sondern nur zwischen den an einem Rechtsverhältnis beteiligten Personen wirken. Die Ansprüche des Schuldrechts nennt das Gesetz „Forderungen": Nach § 241 BGB kann der Gläubiger vom Schuldner die versprochene Leistung „fordern".

4. Gestaltungsrechte

Gestaltungsrechte geben dem Rechtsinhaber die Macht, einseitig auf eine bestehende Rechtslage einzuwirken. Durch die Ausübung eines Gestaltungsrechts kann ein Rechtsverhältnis unmittelbar aufgehoben oder inhaltlich verändert werden.

Beispiele: Anfechtung, Kündigung und Rücktritt sind einseitige Rechtsgeschäfte. Wer z. B. einen Mietvertrag kündigt, kann (ohne Zustimmung des Vertragspartners) das Mietverhältnis beenden (sofern die Kündigung zulässig ist).

5. Gegenrechte

Das Verhältnis von Recht und Gegenrecht kann man sich am besten vor dem Hintergrund eines Prozesses verdeutlichen: Der Kläger bringt eine bestimmte Behauptung vor, die den Klageanspruch rechtfertigt. Der Beklagte dagegen verweist auf Tatsachen, die das klägerische Recht verneinen. Als solche Gegenrechte kennt das Gesetz Einwendungen und Einreden (vgl. dazu die Übersicht oben § 3).

Beispiel: Zeitablauf führt zur Verjährung. Der Schuldner kann sich auf die „Einrede der Verjährung" berufen. Im einzelnen vergleiche unten V.

III. Durchsetzung subjektiver Rechte

1. Inanspruchnahme der Gerichte

Der Schutz und die Durchsetzung subjektiver Rechte obliegt den Gerichten. Wenn z. B. der Schuldner nicht zahlt, kann der Gläubiger nicht nach eigenem Gutdünken gegen den Schuldner (möglicherweise unter Androhung körperlicher Gewalt) vorgehen. Ein derartiges Faustrecht wäre mit rechtsstaatlichen Prinzipien unvereinbar.

2. Eigenmächtige Rechtsdurchsetzung

Nur in wenigen Ausnahmefällen gestattet das Gesetz die eigenmächtige Rechtsverwirklichung. Gemeinsames Kennzeichen dieser Fälle ist, daß rechtzeitige staatliche Hilfe nicht zur Verfügung steht und damit das Recht dem Unrecht schutzlos preisgegeben wäre.

a) Selbsthilfe

Selbsthilfe ist die Durchsetzung bzw. Sicherung eines Anspruchs durch Einsatz privater Gewalt. Nach § 229 BGB (lesen!) berechtigt das Selbsthilferecht zur

- Wegnahme, Zerstörung oder Beschädigung einer Sache sowie
- Festnahme eines Fluchtverdächtigen oder Beseitigung von Widerstand

unter folgenden Voraussetzungen:

- Der zur Selbsthilfe Greifende muß Inhaber eines entsprechenden Anspruchs sein,
- staatliche Hilfe ist nicht rechtzeitig zu erlangen,
- ohne sofortiges Eingreifen besteht die Gefahr, daß die Durchsetzung des Anspruchs vereitelt oder erschwert wird.

Selbsthilfemaßnahmen sind nicht widerrechtlich. Insgesamt darf die Selbsthilfe aber nach § 230 BGB nicht weiter gehen, als zur Abwendung der Gefahr erforderlich ist.

Hinweis: Die allgemeine Selbsthilfe nach § 229 BGB wird ergänzt durch die speziellen Rechte des Besitzers gegen „verbotene Eigenmacht" Dritter gem. §§ 859 ff. BGB (vgl. dazu unten im Sachenrecht).

b) Notwehr

Wie im Strafrecht schließt auch im Zivilrecht Notwehr die Rechtswidrigkeit eines Angriffs aus. § 227 BGB bestimmt: „Eine durch Notwehr gebotene Handlung ist nicht widerrechtlich". Das Gesetz definiert die Notwehr als „diejenige Verteidigung, welche erforderlich ist, um einen gegenwärtigen rechtswidrigen Angriff von sich oder einem anderen abzuwenden" (im letzten Fall spricht man von „Nothilfe").

Beispiel: Polizeibeamter P wird zu einem Banküberfall gerufen. Der Räuber R richtet die Waffe auf ihn. P ist schneller und verletzt R. Ein Schadenersatzanspruch des R gegen P aus § 823 Abs. 1 BGB scheitert daran, daß die Handlung des P infolge der Notwehrsituation nicht widerrechtlich war.

c) Notstand

Lernhinweis: Von Notwehr spricht man im BGB bei Maßnahmen gegenüber Personen, von Notstand bei Maßnahmen gegenüber Sachen.

Das BGB unterscheidet zwei Arten des Notstandes:

aa) Defensivnotstand (§ 228 BGB)

Beim Defensivnotstand geht die **Gefahr von der Sache** aus, die bei der Gefahrenabwehr beschädigt wird.

§ 228 BGB bestimmt hierzu, daß derjenige nicht widerrechtlich handelt, der eine fremde Sache beschädigt oder zerstört, um eine durch sie drohende Gefahr von sich oder einem anderen abzuwenden. Vorausgesetzt ist, daß die Beschädigung oder die Zerstörung zur Abwendung der Gefahr erforderlich ist und der Schaden nicht außer Verhältnis zu der Gefahr steht. Hat der Handelnde die Gefahr verschuldet, muß er Schadenersatz leisten.

Beispiel: Ein Spaziergänger wird von einem bissigen Hund angefallen. In äußerster Not erschlägt er diesen mit seinem Spazierstock. Die zum Schutz seines Lebens und seiner Gesundheit erforderliche Sachbeschädigung (Lernhinweis: Tiere gelten zwar nach § 90 a nicht mehr als „Sachen", es finden auf sie jedoch die für Sachen geltenden Vorschriften entsprechende Anwendung) verpflichtet in diesem Fall (mangels rechtswidriger Handlung) nicht zum Schadenersatz. Anders ist es, wenn der Spaziergänger trotz sichtbarer Warntafel über einen Zaun hinweg ein fremdes Grundstück betritt und dann von dem Hund angefallen wird.

bb) Aggressivnotstand (§ 904 BGB)

Beim Aggressivnotstand wird eine Sache verletzt, **von der selbst keine Gefahr ausgeht.** Die Verletzung ist aber erforderlich, um sich einer anderen Gefahr zu erwehren. § 904 BGB (lesen!) verpflichtet den Eigentümer der verletzten Sache zur Duldung, wenn die Einwirkung zur Abwehr einer gegenwärtigen Gefahr notwendig und der drohende Schaden gegenüber dem aus der Einwirkung dem Eigentümer entstehenden Schaden unverhältnismäßig groß ist. Der Eigentümer kann in diesem Fall jedoch stets Schadenersatz verlangen.

Beispiel: Der Fußgänger wird von einem bissigen Hund angefallen. Als letzte Rettung reißt er eine Latte aus einem Gartenzaun heraus und wehrt den Hund ab. Gegenüber dem Eigentümer des Hundes liegt Defensivnotstand (keine Schadenersatzpflicht), gegenüber dem Eigentümer des Lattenzauns aggressiver Notstand (Schadenersatzpflicht) vor.

IV. Grenzen subjektiver Rechte

Die Rechtsausübung ist nicht schrankenlos zulässig; sie darf nicht zum Rechtsmißbrauch entarten.

Die in § 138 BGB (lesen!) sowie § 242 BGB (lesen!) enthaltenen Generalklauseln beschränken zugleich die Ausübung subjektiver Rechte. In § 226 BGB hat das Gesetz einen Spezialfall geregelt.

1. Das Schikaneverbot

An einer Stelle hat der Gesetzgeber selbst Grenzen für die Rechtsausübung aufgestellt: § 226 BGB verbietet die Ausübung eines Rechts, wenn diese **nur** den Zweck haben kann, einem anderen Schaden zuzufügen (man spricht vom „Schikaneverbot"). Diese vom Gesetz kodifizierte Selbstverständlichkeit hat nur geringe Bedeutung. In vielen Fällen wird die Geltendmachung subjektiver Rechte (oftmals notwendigerweise) einem anderen Nachteile bringen: sie ist damit noch lange nicht schikanös. § 226 BGB greift nur ein, wenn ausschließlich die Schädigungsabsicht Motiv der Rechtsausübung ist.

Schulbeispiel: Der Vater verbietet seinen Kindern das Betreten seines Grundstücks, auf dem die Grabstelle der Mutter liegt. In diesem berühmten Fall hat das Reichsgericht eine rechtsmißbräuchliche Ausübung des Eigentumsrechte gesehen (RGZ 72, 251).

2. Verbot des Rechtsmißbrauchs

Über das Schikaneverbot hinaus gilt § 242 BGB: Jede Rechtsausübung wird begrenzt durch Treu und Glauben.

Dazu hat die Rechtsprechung verschiedene Katalogisierungen vorgenommen:

Die Ausübung eines Rechts kann mißbräuchlich sein, wenn

- der Berechtigte seinen Anspruch selbst durch unredliches Verhalten erworben hat (z. B. Geltendmachung eines Anspruchs auf Vertragsstrafe, wenn der Gläubiger das vertragswidrige Verhalten des Schuldners veranlaßt hat);
- eine Leistung gefordert wird, die alsbald zurückzuerstatten wäre (z. B. das Herausgabeverlangen des Eigentümers gegenüber dem Anwartschaftsberechtigten, wenn davon auszugehen ist, daß dieser alsbald Eigentümer wird);
- der Berechtigte keine schutzwürdigen Interessen verfolgt oder überwiegende Interessen des anderen Teils entgegenstehen (z. B. Kündigung bei nur geringfügigem Zahlungsrückstand);
- sich der Berechtigte damit zu seinem eigenen früheren Verhalten in Widerspruch setzt, sog. „venire contra factum proprium" (z. B.: Wer an gefährlichen Sportarten teilnimmt, kann keinen Schadenersatz fordern, wenn er unter Beachtung der sportlichen Regeln verletzt wird).

3. Die Verwirkung

Die Ausübung eines subjektiven Rechts ist unzulässig, wenn Verwirkung eingetreten ist. Dieser Begriff ist im Gesetz nicht definiert. Er leitet sich aus Treu und Glauben ab (Sonderfall des „venire contra factum proprium").

Die Verwirkung setzt **drei Dinge** voraus:

- Seit dem Entstehen des subjektiven Rechts und der Möglichkeit seiner Geltendmachung ist **längere Zeit** verstrichen;
- der Gläubiger muß durch sein **tatsächliches Verhalten** gegenüber dem Schuldner den Eindruck erweckt haben, er werde sein Recht nicht mehr ausüben;
- der **Schuldner** muß sich darauf **eingerichtet** (vertraut) haben, daß er nicht mehr in Anspruch genommen wird.

Beispiele: Übermäßiges Zuwarten kann zur Verwirkung der Kündigung aus wichtigem Grunde führen.

Der Vermieter verwirkt die Ansprüche auf Mietnachzahlung, wenn er die vom Mieter gekürzte Miete jahrelang widerspruchslos hingenommen hat. Dem Anspruch des Vermieters auf Nachzahlung der Heizungskosten kann nach der Rechtsprechung mit dem Ablauf der Abrechnungsfrist für die folgende Heizperiode die Verwirkung entgegengehalten werden.

Lernhinweis: Die Verwirkung wird praktisch, wenn durch Zeitablauf noch keine Verjährung eingetreten ist. Sie setzt aber mehr als bloßen Zeitablauf voraus. In den Rechtsfolgen geht sie weiter als die Verjährung: Die Verjährung begründet nur eine Einrede; die Verwirkung wirkt als Einwendung, beseitigt also den Anspruch und ist im Prozeß von Amts wegen zu berücksichtigen.

V. Zeitliche Grenzen der Rechtsausübung

Zeitliche Schranken der Rechtsausübung ergeben sich in dreifacher Weise:
- aus dem Gesichtspunkt der **Fälligkeit** (vor Fälligkeit kann eine Forderung noch nicht geltend gemacht werden),

• aus dem Gesichtspunkt der **Verjährung** (nach Eintritt der Verjährung kann die Erfüllung eines Anspruchs verweigert werden) sowie
• unter dem Gesichtspunkt von **Ausschlußfristen** (mit ihrem Ablauf erlischt das betroffene Recht).

Wegen ihrer besonderen Bedeutung für die Praxis wird anschließend die Verjährung näher erörtert.

1. Zweck und Wirkung der Verjährung

Die Verjährung **dient dem Rechtsfrieden**. Ansprüche sollen nicht bis in alle Ewigkeit geltend gemacht werden können. Die Lebenserfahrung zeigt, daß lange nicht ausgeübte Rechte weniger schutzwürdig sind und die gerichtliche Feststellung bestrittener Forderungen nach Jahr und Tag zu unüberwindlichen Beweisschwierigkeiten führt.

Das Gesetz begrenzt deshalb die Durchsetzbarkeit von Ansprüchen durch bloßen Zeitablauf. Mit dem Ablauf einer bestimmten Frist erhält der Anspruchsgegner ein **Leistungsverweigerungsrecht**. § 222 BGB (lesen!) bestimmt: „Nach der Vollendung der Verjährung ist der Verpflichtete berechtigt, die Leistung zu verweigern". Vergleichen Sie dazu das Schaubild *Verjährung*.

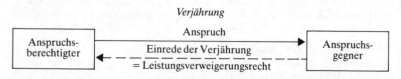

Verjährung

Lernhinweis: Beachten Sie, daß die **Verjährung** lediglich eine „Einrede" gewährt. Sie **führt nicht zum Erlöschen des Anspruchs** (ist also keine „Einwendung"). Daraus folgt, daß sich der Schuldner im Prozeß auf die Einrede der Verjährung berufen muß. Verhält er sich passiv, wird er verurteilt, weil die Verjährung nicht von Amts wegen berücksichtigt wird. Mit dieser Lösung des Gesetzes berücksichtigt der Gesetzgeber, daß der Zeitablauf als solcher kein Verdienst des Schuldners ist. Wenn der Käufer jahrelang nicht gezahlt hat, ändert auch der Zeitablauf nichts an der Tatsache, daß er „eigentlich" zur Zahlung verpflichtet bleibt. Deshalb auch der Spruch: „Ein feiner Mann beruft sich nicht auf die Einrede der Verjährung!"

2. Verjährungsfristen

Das Gesetz kennt die allgemeine und zahlreiche kürzere Verjährungsfristen. Vergleichen Sie zunächst die Übersicht *Verjährungsfristen*.

Lernhinweis: Kurze Verjährungsfristen finden wir zunächst im Allgemeinen Teil des BGB im Abschnitt „Verjährung", daneben enthalten aber die weiteren Bücher des BGB und viele sonstige Gesetze zahlreiche Spezialbestimmungen, die jeweils besonders beachtet werden müssen (Hinweis: Das Verjährungsrecht nimmt möglicherweise im akademischen Unterricht ein Stiefmütterchendasein ein, sehr im Gegensatz zu seiner praktischen Bedeutung. Wer etwa als Anwalt Fristen versäumt, sollte möglichst eine hohe Haftpflichtversicherung abgeschlossen haben!).

a) Regelmäßige Verjährungsfrist

Die regelmäßige Verjährungsfrist beträgt gem. § 195 BGB **30 Jahre**.

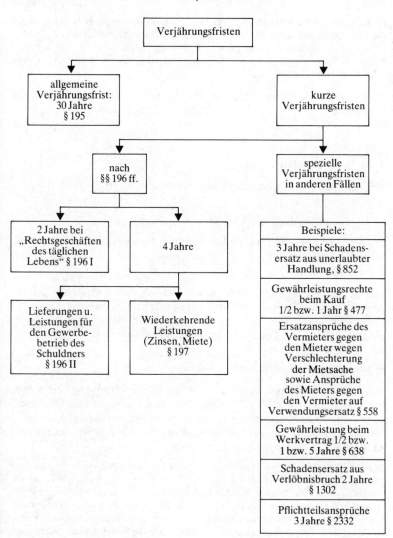

b) Kürzere Verjährungsfristen

In zwei Jahren verjähren nach § 196 BGB Ansprüche aus sog. „Rechtsgeschäften des täglichen Lebens".

Lernhinweis: Stellen Sie anhand der Lektüre des § 196 fest, daß diese Bestimmung weitgehend den gesamten Katalog des üblichen Leistungsaustausches und Güterumsatzes erfaßt.

In vier Jahren verjähren Ansprüche aus Lieferungen und Leistungen für den Gewerbebetrieb des Schuldners.

Lernhinweis: Der Anfänger findet dieses Ergebnis zunächst nur unter Schwierigkeiten. Es ergibt sich aus einer einfachen Gesetzesanalyse: In § 196 Abs. 1 Ziff. 1 BGB ist die Rede von Rechtsgeschäften, die in zwei Jahren verjähren. Dabei ist in Ziff. 1 die Leistung für den Gewerbebetrieb des Schuldners ausgenommen. In § 196 Abs. 2 BGB wird Bezug genommen auf Abs. 1 Nr. 1 mit der Folge, daß die dort als nicht der zweijährigen Verjährungsfrist unterliegend gekennzeichneten Ansprüche in vier Jahren verjähren.

In vier Jahren verjähren weiterhin die Ansprüche auf „wiederkehrende Leistungen" (Zinsen, Miet- und Pachtforderungen und dgl.), vgl. § 197 BGB.

3. Beginn der Verjährungsfrist

Beim Verjährungsbeginn ist zu unterscheiden:

a) Regelmäßiger Verjährungsbeginn

Die Verjährung beginnt nach § 198 BGB mit der **Entstehung des Anspruchs**. Geht der Anspruch auf ein Unterlassen, so beginnt die Verjährung mit der Zuwiderhandlung.

Die Verjährung beginnt somit, sobald der Anspruch klagweise geltend gemacht werden kann. Es müssen also sämtliche Voraussetzungen für die Entstehung eingetreten sein (beispielsweise Bedingungseintritt, Vorliegen einer Genehmigung. Insbesondere ist Fälligkeit erforderlich).

b) Verjährungsbeginn bei kurzer Verjährung

Aus Gründen der Rechtsvereinfachung beginnt die Verjährung bestimmter Forderungen erst später. Nach § 201 BGB (lesen!) beginnt für die in den §§ 196, 197 BGB bezeichneten Ansprüche (also solche, die der zwei- bzw. vierjährigen Verjährungsfrist unterliegen) die Verjährungsfrist erst mit dem **Ablauf des Kalenderjahres** ihrer Entstehung.

Beispiel: K kauft bei V ein Kraftfahrzeug am 1. Februar 1987. Das Fahrzeug wird geliefert, der Kaufpreis ist noch nicht bezahlt. Der Anspruch ist in der Regel mit Abschluß des Kaufvertrags entstanden (vgl. § 271 BGB, wonach der Gläubiger sofort zu fordern, der Schuldner sofort zu leisten berechtigt ist). Beginn der Verjährung: mit Ablauf des Kalenderjahrs, in dem der Anspruch entstanden ist, also mit Ablauf des 31. 12. 1987. Wurde ein Privat-Pkw verkauft, tritt die Verjährung mit Ablauf von zwei Jahren (§ 196 Abs. 1 Nr. 1 BGB) ein, d. h. mit Ablauf des 31. 12. 1989. Wurde ein Kraftfahrzeug für den Gewerbebetrieb des Käufers geliefert, beträgt die Verjährungsfrist vier Jahre (§ 196 Abs. 2 i. V. mit § 196 Abs. 1 Nr. 1 BGB); in diesem Fall tritt die Verjährung ein mit Ablauf von vier Jahren, d. h. mit Ablauf des 31. 12. 1991.

Lernhinweis: In einzelnen Sonderfällen ist sowohl im BGB als auch in Spezialgesetzen der Beginn der Verjährung abweichend geregelt (Beispiel: Bei Schadenersatzansprüchen beginnt die verkürzte 3jährige Verjährungsfrist nach § 852 BGB erst mit „Kenntnis von Tat und Täter").

4. Hemmung und Unterbrechung der Verjährung

Die Verjährung kann gehemmt oder unterbrochen werden. Durch beide Maßnahmen wird der Eintritt der Verjährung hinausgeschoben.

a) Hemmung der Verjährung

Die Hemmung der Verjährung bewirkt, daß ein gewisser Zeitraum in die Verjährung **nicht mit eingerechnet** wird.

Beispiele:

- **Stundung** (§ 202 BGB) sowie andere Gründe, die vorübergehend zur Leistungsverweigerung berechtigen;
- **Stillstand der Rechtspflege** (§ 203 BGB, wenn der Berechtigte an der Rechtsverfolgung durch derartige Umstände gehindert ist);
- **familiäre Gründe** nach § 204 BGB (die Verjährung von Ansprüchen zwischen Ehegatten ist gehemmt, solange die Ehe besteht. Das gleiche gilt für Ansprüche zwischen Eltern und Kindern für die Zeit der Minderjährigkeit). Es wäre ein Unding, wollte man die familiäre Beziehung durch prozessuale Maßnahmen belasten.

Schließlich kennt das Gesetz die sog. „Ablaufhemmung" bei nicht voll Geschäftsfähigen, die keinen gesetzlichen Vertreter haben. Nach § 206 BGB wird die Verjährung ihnen gegenüber nicht vor Ablauf von sechs Monaten nach dem Zeitpunkt vollendet, zu welchem die unbeschränkte Geschäftsfähigkeit eintritt oder der Mangel der Vertretung aufhört. Für Erbschaftsangelegenheiten wichtig ist die Ablaufhemmung bei Nachlaßsachen: Die Verjährung tritt bei Ansprüchen, die zu einem Nachlaß gehören oder die sich gegen einen Nachlaß richten, gem. § 207 BGB nicht vor dem Ablauf von 6 Monaten nach Erbschaftsannahme, Eröffnung des Nachlaßkonkurses u. dgl. ein.

Lernhinweis: Die Ablaufhemmung hindert nicht den Beginn der Verjährungsfrist, sondern ihren Ablauf. Sie trifft Vorsorge dagegen, daß ein Anspruch, dessen Einklagung vorübergehend unmöglich ist, verjährt.

b) Unterbrechung der Verjährung

Die Unterbrechung der Verjährung hat zur Folge, daß die **Verjährungsfrist neu zu laufen** beginnt. Die Unterbrechung ist also weitreichender als die Hemmung. Nach § 217 BGB kommt die bis zur Unterbrechung verstrichene Zeit nicht in Betracht; eine neue Verjährung kann erst nach Beendigung der Unterbrechung beginnen.

Beispiele:

Die Verjährung wird nach §§ 208 ff. BGB (lesen!) insbesondere unterbrochen durch:
- **Anerkenntnis** des Anspruchs (durch Abschlagszahlung, Zinszahlung, Sicherheitsleistung und dgl.) und
- **gerichtliche Geltendmachung** des Anspruchs (Klage, Zustellung eines Mahnbescheids, Anmeldung im Konkurs und dgl.).

Praktischer Hinweis: Häufig versucht der Gläubiger den Eintritt der Verjährung zu verhindern, indem er kurz vor Ablauf des Kalenderjahrs einen Mahnbescheid beantragt. Dies erklärt, weshalb am Jahresende bei den zuständigen Amtsgerichten eine wahrhafte Flut von Mahnbescheidsanträgen eingeht. Wird der Mahnbescheid erlassen und demnächst zugestellt, wird die Verjährung unterbrochen. Der Gläubiger hat dann die Möglichkeit, binnen sechs Monaten den Erlaß eines Vollstreckungsbescheids zu beantragen. Versäumt er dies, verliert der Mahnbescheid seine Kraft und damit auch seine verjährungsunterbrechende Wirkung (näheres im Zivilprozeßrecht).

Wiederholungsfragen zu § 5

Wie erklären Sie den Begriff des subjektiven Rechts? (§ 5 I)

Welche Arten subjektiver Rechte kennen Sie? (§ 5 II)

Was versteht man unter dem allgemeinen Persönlichkeitsrecht, und welche Beispielsfälle können Sie nennen? (§ 5 II 2 a)

Was versteht man unter beschränkten dinglichen Rechten? (§ 5 II 2 b cc)

Wie definiert das Gesetz den Anspruch? (§ 5 II 3)

Was versteht man unter Defensivnotstand, was unter Aggressivnotstand? (§ 5 III 2 c)

Welche Wirkung hat der Eintritt der Verjährung? (§ 5 V 1)

Welche Verjährungsfristen kennen Sie? (§ 5 V 2)

Wann beginnt die Verjährung? (§ 5 V 3)

§ 6 Die Rechtsobjekte

Lernhinweis: Wir haben gesehen, daß sich Herrschaftsrechte auf bestimmte Gegenstände beziehen. Beispielsweise ist Eigentum das subjektive Recht, mit einer Sache nach Belieben zu verfahren. Rechtsobjekte sind also Gegenstände, die der Beherrschung durch Rechtssubjekte unterliegen. Um diese Rechtsbeziehung zu regeln, ist es notwendig, das beherrschte Objekt zu definieren, abzugrenzen und in einen ordnenden Zusammenhang zu bringen.

I. Das Rechtsobjekt als Oberbegriff

Rechtsobjekte können sein:
- die **Sachen** (bewegliche und unbewegliche Sachen),
- die **Immaterialgüter** (geistige Werke, an denen ihr Schöpfer Nutzungs- und Verwertungsrechte hat) sowie
- die **Rechte**.

Als Oberbegriff spricht der Gesetzgeber in § 90 BGB vom „**Gegenstand**".

II. Sach- und Rechtsgesamtheiten

Viele Einzelsachen bilden miteinander wiederum eine wirtschaftliche Einheit. Man spricht dann von Sach- (und analog für die Rechte auch von Rechts-) Gesamtheiten. Unter Sach- und Rechtsgesamtheiten versteht man Ansammlungen einzelner Sachen oder geldwerter Rechte, die nach der Verkehrsanschauung als Ganzheit angesehen werden.

1. Sachgesamtheiten

Für sie ist kennzeichnend, daß mehrere Einzelsachen von der Verkehrsanschauung aufgrund ihrer gemeinsamen Funktion als Einheit angesehen werden.

Beispiele: Briefmarkensammlung, Warenlager, Hotel- und Gaststätteninventar, Institutsbibliothek.

Sachgesamtheiten spielen eine wichtige Rolle bei Nutzungsverhältnissen, wie der Pacht (darunter versteht man die Gebrauchsüberlassung mit Fruchtziehung, vgl. § 581 BGB) oder dem im Sachenrecht geregelten Nießbrauch (§§ 1030 ff. BGB).

Schon hier ist eine **Besonderheit des BGB** herauszustellen: Das bürgerliche Recht kennt kein Eigentum an einer Sachgesamtheit, sondern nur Eigentum an den jeweiligen Einzelsachen selbst (man spricht vom Grundsatz der „Spezialität").

Beispiel: Wenn der Volksmund sagt, man sei „Eigentümer eines Kaffeeservices", dann bedeutet dies rechtlich, daß man Eigentum an einer Kaffeekanne, 12 Kaffeetassen und 12 Untertellern hat. Der im Sachenrecht geltende **Spezialitätsgrundsatz** wirkt sich vor allem bei der Übertragung des Eigentums aus: Es wird nicht Eigentum an einem „Kaffeeservice" übertragen, sondern das Eigentum an einer Kaffeekanne, 12 Kaffeetassen und 12 Untertassen, aber auch insoweit jeweils einzeln.

2. Rechtsgesamtheiten

Rechtsgesamtheiten sind insbes. das Vermögen und das Unternehmen.

a) Das Vermögen

aa) Begriff

Im BGB finden wir keine Definition des Vermögens, obwohl der Gesetzgeber diesen Begriff an den verschiedensten Stellen benutzt (vgl. z. B. §§ 419 und 1365 BGB).

Das Vermögen wird definiert als die **„Summe aller geldwerten Rechte einer Person"**. Zum Vermögen gehören also: das Anlagekapital (Eigentum), das Umlaufvermögen (die Forderungen) sowie alle sonstigen Rechte, die einen in Geld ausdrückbaren Wert haben (Patente, Geschmacks- und Gebrauchsmusterrechte, Warenzeichenrechte, auch der als „good will" umschriebene Firmenwert).

bb) Rechtliche Bedeutung

Das Vermögen ist Haftungsgrundlage für den Gläubiger. Der Schuldner haftet „mit seinem Vermögen". Wie die Haftung realisiert wird, sagt uns die Zivilprozeßordnung im Abschnitt Zwangsvollstreckung bzw. (bei Grundstücken) das Zwangsversteigerungsgesetz.

Das Vermögen ist für sich selbst kein Rechtsobjekt, sondern nur eine Gesamtheit einzelner Rechtsobjekte, die ihrerseits das Vermögen bilden. Deshalb gilt auch für das Vermögen das Spezialitätsprinzip. Nicht das Vermögen als solches, sondern die einzelnen Gegenstände werden übertragen. Sachen werden also übereignet (§§ 873, 929 ff. BGB), Forderungen werden abgetreten (§§ 398 ff. BGB), Rechte werden übertragen (§§ 413, 398 ff. BGB). Allerdings spricht das Gesetz in bestimmten Fällen von der „Übertragung des Vermögens im ganzen" (so in §§ 419 und 1365) oder dem „Erwerb eines Handelsgeschäfts" (so in § 25 HGB) und knüpft daran bestimmte Haftungsfolgen (vgl. dazu unten § 42 V und im Handelsrecht).

b) Das Unternehmen

Auch das Unternehmen ist eine Gesamtheit von Sachen und Rechten. Man definiert das Unternehmen als **„organisatorische Einheit von personellen und sachlichen Mitteln zur Erreichung eines wirtschaftlichen Zwecks"**. Zum Unternehmen gehören: das Anlagekapital (Grundstücke, Maschinen, Waren) sowie Rechte und Forderungen, der good will usw. Das Gesetz hat keine einheitliche Terminologie. Im Handelsrecht verwendet der Gesetzgeber den Begriff „Handelsgeschäft"; teilweise spricht er auch vom „Gewerbebetrieb". Im Konzernrecht, Wettbewerbsrecht und Betriebsverfassungsrecht benutzt er den Begriff „Unternehmen". Als Rechts- und Sachgesamtheit ist das Unternehmen nicht selbständiges Rechtsobjekt, sondern eine Zusammenfassung der vorgenannten Einzelobjekte. Bei der Veräußerung eines Unternehmens ist deshalb wie bei anderen Sachgesamtheiten infolge des Spezialitätsprinzips ebenfalls die Übertragung der einzelnen Gegenstände nach den für sie geltenden Regeln erforderlich (Übereignung, Forderungsabtretung usw.).

Beachte aber schon hier: Durch das von der Rechtsprechung entwickelte „Recht am eingerichteten und ausgeübten Gewerbebetrieb" ist das Unternehmen gegen deliktische Eingriffe geschützt. Vgl. dazu unten die Darstellung der §§ 823 ff. BGB.

III. Die Sachen

Das BGB definiert in den §§ 90 ff. lediglich den Begriff der Sachen in ihren verschiedenen Erscheinungsformen. Ihr rechtliches Schicksal wird im Sachenrecht geregelt. Dort ist bestimmt, wie Sachen übertragen, belastet und genutzt werden können. Man nennt die in §§ 90 ff. enthaltenen Definitionen auch **„das kleine Sachenrecht"**. Sie sind wichtig für den Bereich der Kreditsicherung sowie der Gebrauchs- und Nutzungsüberlassung.

Lernhinweis: Machen Sie sich zunächst mit der Übersicht *Sachen* vertraut und merken Sie sich zweckmäßigerweise zu jedem Begriff ein Beispiel. Besonders wichtig ist aber, sich schon jetzt die rechtliche Bedeutung der einzelnen Begriffserklärungen und den Zusammenhang mit den in den weiteren Büchern des BGB geregelten Rechtsverhältnissen zu vergegenwärtigen. Die §§ 90 ff. verdeutlichen in anschaulicher Weise die Funktion des Allgemeinen Teils als einer „vor die Klammer gezogenen Regelung".

Sachen im Sinne des Gesetzes sind nach § 90 BGB **nur körperliche Gegenstände**. Wärme und Elektrizität sind daher keine Sachen. Tiere sind nach § 90 a nicht mehr als Sachen anzusehen; auf sie sind die für Sachen geltenden Vorschriften jedoch entsprechend anzuwenden; das Eigentum an ihnen wird ebenso übertragen wie an toter Materie.

Sachen lassen sich unterscheiden in bewegliche Sachen („Fahrnis", „Mobilien") sowie unbewegliche Sachen („Liegenschaften", „Immobilien"). Unter letzteren versteht man die Grundstücke (sie werden definiert als ein „abgegrenzter Teil der Erdoberfläche"). Im Sachenrecht werden wir sehen, daß die Übertragungsvorgänge bei beweglichen und unbeweglichen Sachen verschiedenen Regelungen unterliegen.

Sachen lassen sich wie folgt katalogisieren:

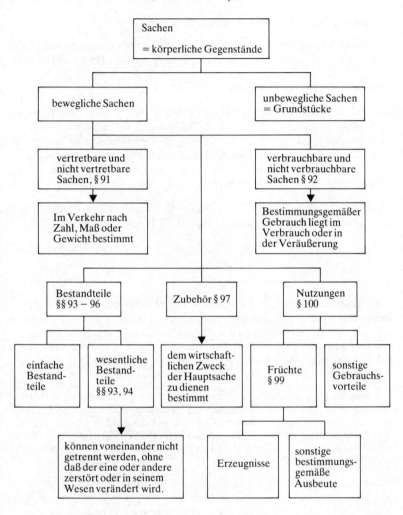

1. Vertretbare und nicht vertretbare Sachen

Vertretbare Sachen sind solche, die „im Verkehr nach Zahl, Maß oder Gewicht bestimmt zu werden pflegen" (§ 91 BGB).

Beispiele: Vertretbare Sachen sind Geld, Mineralöl, Getreide, serienmäßig hergestellte Massenprodukte.

Nicht vertretbar sind individuell bestimmte Sachen, wie etwa ein bestimmtes Gemälde.

Bedeutung: Bestimmte Nutzungsverhältnisse betreffen „vertretbare Sachen". So wird das Darlehen in § 607 BGB definiert als die Hingabe von „Geld oder anderen vertretbaren Sachen". **Merke:** Vertretbare Sachen sind in der Regel Gegenstand von Gattungsschulden (vgl. dazu unten bei den Leistungsstörungen).

2. Verbrauchbare und nicht verbrauchbare Sachen

Verbrauchbare Sachen sind solche, deren „bestimmungsgemäßer Gebrauch im Verbrauch oder in der Veräußerung besteht" (§ 92 BGB).

Beispiele: Lebensmittel, Brennstoffe.

Als verbrauchbar sieht das Gesetz nach § 92 Abs. 2 BGB auch solche beweglichen Sachen an, die zu einem Warenlager oder zu einem sonstigen Sachinbegriff gehören, dessen bestimmungsgemäßer Gebrauch ebenfalls in der Veräußerung der einzelnen Sachen besteht. Die Produkte des Produzenten sind also ebenfalls verbrauchbare Sachen, auch wenn sie beim Konsumenten nicht zum Verbrauch bestimmt sind.

Bedeutung: Verbrauchbare Sachen spielen eine Rolle bei Nutzungsverhältnissen (vgl. für den Nießbrauch §§ 1067, 1075 BGB).

3. Bestandteile

a) Begriff des wesentlichen Bestandteils

Viele Dinge bestehen aus Einzelteilen, die zu einer neuen Sache zusammengefügt wurden. Das Gesetz unterscheidet zwischen den wesentlichen und unwesentlichen Bestandteilen. Besondere Regeln gelten für wesentliche Bestandteile. § 93 BGB definiert sie: Wesentliche Bestandteile sind solche, die „voneinander nicht getrennt werden können, ohne daß **der eine** oder **der andere** zerstört oder in seinem Wesen verändert wird."

Lernhinweis: Diese Bestimmung wird vom Anfänger oft falsch interpretiert! Bitte lesen Sie § 93 BGB genau: Es kommt für die Bejahung des wesentlichen Bestandteils nicht darauf an, ob durch die Trennung der einzelnen Bestandteile die Gesamtsache ihre Funktionsfähigkeit verliert (das würde regelmäßig der Fall sein); vielmehr ist darauf abzustellen, ob die einzelnen Bestandteile zerstört oder ihrem Wesen nach verändert werden.

Wesentliche Bestandteile sind deshalb nicht: der Motor oder die Reifen des Kraftfahrzeugs (beide können ohne Zerstörung vom „Restfahrzeug" getrennt werden, wenngleich das Gesamtfahrzeug seine Fahreigenschaft verliert, worauf es aber nach § 93 gerade nicht ankommt). Wesentliche Bestandteile dagegen sind: verschweißte Teile, Schiffsmotoren, elektrische Leitungen einer fabrikeigenen Kraftanlage.

Bedeutung: Wesentliche Bestandteile können nach § 93 nicht „Gegenstand besonderer Rechte sein". Das heißt: Es kann nur einheitliches Eigentum an der Gesamtsache bestehen (vgl. dazu auch §§ 946, 947)! Daher können wesentliche Bestandteile nur zusammen mit der Gesamtsache übereignet oder verpfändet werden.

Lernhinweis: Die Bestimmung des § 93 BGB hat wesentliche Konsequenzen für die Kreditsicherung: Der Lieferant verliert sein Eigentum mit dem Einbau wesentlicher Bestandteile in das Produkt; so geht ein erklärter Eigentumsvorbehalt unter, wenn die unter Eigentumsvorbehalt gelieferte Sache (Ziegel) nach Einbau wesentlicher Bestandteil einer anderen Sache (Haus) wird. Gegebenenfalls entsteht Miteigentum nach § 947 Abs. 1 BGB – lesen!).

b) Erweiterung des wesentlichen Bestandteils bei Grundstücken

Nach § 94 BGB gehören zu den wesentlichen Bestandteilen eines Grundstücks auch die mit dem Grund und Boden fest verbundenen Sachen, insbesondere die Gebäude sowie Erzeugnisse des Grundstücks, solange sie mit dem Boden zusammenhängen.

Lernhinweis: Es ist deshalb falsch, vom „Eigentum an einem Gebäude" zu sprechen, vielmehr besteht das Eigentum am Grundstück, das sich wegen § 94 BGB auch auf die mit dem Grundstück fest verbundenen Sachen, insbesondere auf Gebäude, erstreckt. Besonders wichtig ist eine **zusätzliche Erweiterung:** Zu den wesentlichen Bestandteilen eines Gebäudes gehören auch die zur Herstellung des Gebäudes eingefügten Sachen (§ 94 Abs. 2 BGB).

Beispiele: Fenster, Heizkörper, Rolläden.

c) Scheinbestandteile

Nicht zu den wesentlichen Bestandteilen eines Grundstücks gehören dagegen solche Gegenstände, die **nur vorübergehend** mit dem Grund und Boden verbunden sind. Man spricht insofern von „Scheinbestandteilen" (§ 95 BGB).

Beispiele: Die vom Mieter montierte Heizsonne im Bad; die Baubaracke während der Bauzeit; der vorübergehend aufgestellte Verkaufscontainer anläßlich einer Messe.

Hinweis auf Wohnungseigentum und Erbbaurecht:
Eine Durchbrechung der im BGB genannten Grundsätze enthalten das Wohnungseigentumsgesetz und die ErbbaurechtsVO. Nach § 3 Abs. 1 WEG hat der einzelne Wohnungseigentümer Sondereigentum an den Räumen des auf einem Grundstück erstellten Gebäudes. Gäbe es das WEG nicht, wäre das Gebäude wesentlicher Bestandteil des Grundstücks und damit der Grundstückseigentümer mit dem Gebäudeeigentümer identisch. Die ErbbaurechtsVO ist die Rechtsgrundlage dafür, ein gesondertes Recht an einem Bauwerk zu haben. Vgl. dazu unten Teil V, § 64 IV.

4. Das Zubehör

Unter dem Zubehör versteht man gem. § 97 BGB solche beweglichen Sachen, die, ohne Bestandteile der Hauptsache zu sein, „**dem wirtschaftlichen Zweck**" der Hauptsache zu **dienen** bestimmt sind und zu ihr in einem dieser Bestimmung entsprechenden räumlichen Verhältnis stehen". Entscheidend ist dabei die Verkehrsanschauung.

Beispiele: Der Schlüssel zum Schrank, das Warndreieck oder der Feuerlöscher im Kraftfahrzeug.

Der Gesetzgeber hat für gewerbliche und landwirtschaftliche Betriebe in § 98 ausdrücklich bestimmt, daß die zum Betrieb bestimmten Maschinen und Gerätschaften sowie das Vieh und die landwirtschaftlichen Erzeugnisse, die zur Fortführung der Wirtschaft erforderlich sind, ebenfalls als Zubehör anzusehen sind.

Rechtliche Bedeutung:
Der wirtschaftliche Zusammenhang zwischen Hauptsache und Zubehör bedingt folgende Regelungen im Schuld- und Sachenrecht:

- **Kaufverträge erstrecken sich** im Zweifel **auch auf das Zubehör** (§ 314 BGB). Der Verkäufer eines Kraftfahrzeugs kann also nicht nach Vertragsabschluß den Reservereifen, das Warndreieck oder den Feuerlöscher zurückbehalten, es sei denn, man hat dies vertraglich so geregelt.
- **Das Pfandrecht an einem Grundstück** (Hypothek, Grund- und Rentenschuld) **ergreift** nach § 1120 BGB **auch das Grundstückszubehör**. Die Vollstreckung in das Zubehör ist nur im Wege der Zwangsversteigerung und Zwangsverwaltung möglich (§ 865 Abs. 2 ZPO), nicht dagegen durch Mobiliarzwangsvollstreckung (Pfändung und Wegnahme). Sinn dieser Regelung ist es zu verhindern, daß das Grundstück zum Nachteil der Grundpfandgläubiger durch jeden beliebigen Gläubiger „kahl" gepfändet wird.

5. Nutzungen

Nutzungen sind **Früchte** einer Sache oder eines Rechts **sowie** die **Vorteile**, welche der Gebrauch der Sache oder des Rechts gewährt (§ 100 BGB). Zu den Früchten zählen nach § 99 BGB die Erzeugnisse und die Ausbeute, welche aus der Sache ihrer Bestimmung gemäß gewonnen werden.

Früchte sind demnach bei Pflanzen die entsprechenden Produkte (Obst, Gemüse), bei Tieren das Jungvieh. Bodenschätze des Grundstücks sind dessen bestimmungsgemäße Ausbeute (Steinbruch, Kiesgrube, Silbermine). Früchte eines Rechts sind der Miet- und Pachtzins, z. B. die Lizenzgebühr.

Rechtliche Bedeutung: Das Schuld- und Sachenrecht kennt zahlreiche Nutzungsverhältnisse. So wird die Pacht definiert als „Gebrauchsüberlassung plus Fruchtziehung". Der Nießbrauch im Sachenrecht ist die dingliche Nutzung einer Sache oder eines Rechts. Schuld- und Sachenrecht entscheiden die Frage, wem die Früchte gehören. Nach § 953 BGB gilt der Grundsatz, daß Erzeugnisse und sonstige Bestandteile einer Sache auch nach der Trennung von der Sache dem Eigentümer der Hauptsache gehören. Bei Nutzungsverhältnissen erwirbt das Eigentum daran jedoch der Nutzungsberechtigte (vgl. z. B. § 581, § 1030 BGB).

Wiederholungsfragen zu § 6

Welcher Oberbegriff umfaßt die Begriffe „Sachen" und „Rechte"? (§ 6 I)

Was versteht man unter „vertretbaren", was unter „verbrauchbaren" Sachen? (§ 6 III 1, 2)

Wie definiert das Gesetz den Begriff des wesentlichen Bestandteils? (§ 6 III 3 a)

Ist der Begriff des wesentlichen Bestandteils bei Grundstücksbestandteilen erweitert oder eingeschränkt? (§ 6 III 3 b)

Was gilt, wenn eine Sache wesentlicher Bestandteil einer anderen ist? (§ 6 III 3 a)

Was versteht man unter dem Zubehör, was unter Nutzungen? (§ 6 III 4, 5)

2. Kapitel: Grundbegriffe der Rechtsgeschäftslehre

Lernhinweis: Kernpunkt des allgemeinen bürgerlichen Rechts ist die Lehre vom Rechtsgeschäft. Sie gehört sicher mit zu den schwierigsten Teilen des Privatrechts. Deshalb muß der Student die nachfolgenden Abschnitte mit besonderer Sorgfalt und Aufmerksamkeit durcharbeiten. Die Begriffe „Willenserklärung" und „Rechtsgeschäft" müssen Ihnen in Fleisch und Blut übergehen, die dabei auftretenden Probleme und Konstellationen gehören zum Pflichtstoff Ihres Studiums. Alle Themenbereiche, die in den nachfolgenden Kapiteln 2–6 im einzelnen abgehandelt werden, müssen Sie beherrschen, wenn Sie die Grundausbildung im Privatrecht erfolgreich abschließen wollen. Benutzen Sie dazu insbesondere die als Lernhilfen gedachten Übersichten.

§ 7 Rechtsgeschäftliches Handeln

I. Menschliches Handeln als Rechtsfolgenvoraussetzung

Aufgabe der Rechtsordnung ist es, das menschliche Zusammenleben zu ordnen. Dazu werden Normen aufgestellt, welche die Verhaltensweisen des einzelnen rechtlich erfassen, sei es, daß sie ihnen Verbindlichkeit und Schutz verleihen, sei es, daß sie ihnen Schranken setzen und/oder Sanktionen auslösen. In allen Fällen nimmt der Mensch als Individuum Handlungen vor. Dabei muß man den rechtlich relevanten vom irrelevanten Bereich trennen. Tägliche Routineverrichtungen des Menschen im Berufs- und Freizeitbereich (laufen, fahren, essen usw.) sind zunächst rechtlich belanglos. Juristische Relevanz erhalten menschliche Handlungen dadurch, daß sie entweder andere Rechtsgüter verletzen (Schadenersatzfolgen) oder die „äußere Hülle" für einen Willen sind, der die Herstellung von Rechtsbeziehungen zu Personen oder Sachen bewirkt. Im einzelnen unterscheiden wir deliktische Handlungen, rechtsgeschäftliche Handlungen, rechtsgeschäftsähnliche Handlungen, Realakte und Gefälligkeitsverhältnisse. Im nachfolgenden geht es um die Rechtsgeschäfte, also um solche Handlungen, die von einem Willen getragen sind und einen bestimmten rechtlichen Erfolg herbeiführen wollen. Dazu wird das juristische Instrumentarium der Rechtsgeschäftslehre vorgestellt und von anderen Erscheinungsformen abgegrenzt.

II. Der Grundsatz der Privatautonomie

Das Bürgerliche Gesetzbuch bekennt sich zur Privatautonomie. Es räumt den einzelnen Rechtssubjekten die Möglichkeit ein, ihre Rechtsbeziehungen untereinander eigenverantwortlich zu gestalten. Deshalb sind die gesetzlichen Vorschriften selbst in weiten Teilen dispositiv, können also durch abweichende Vereinbarungen ersetzt werden. Vor allem im Schuldrecht, dem Recht des Güteraustausches, vertraut der Gesetzgeber darauf, daß die

Bedürfnisbefriedigung des Menschen durch individuelle Selbstregelung interessengerecht erfolgt.

Dieser Ausgangspunkt entspricht einer bestimmten Wirtschaftsverfassung. Leistungsaustausch und Güterumsätze sollen nicht nach staatlicher Bedarfsermittlung und hoheitlicher Zuteilung, sondern im Rahmen eines freien Wettbewerbs, der sich weitgehend am freien Spiel der Kräfte orientiert, erfolgen. Hierin kommt das grundsätzliche Bekenntnis zur Vertragsfreiheit zum Ausdruck. Der Rechtsordnung obliegt lediglich die Aufgabe, Mißbräuche zu verhindern.

III. Rechtsformen privatautonomer Gestaltung

Die vorstehend umschriebene Privatautonomie setzt bestimmte Gestaltungsmittel voraus, deren sich das einzelne Rechtssubjekt bedient, um rechtswirksame Regelungen zu treffen. Dazu mußte der Gesetzgeber festlegen, welche Erscheinungsformen des menschlichen Handelns er zur Begründung, Veränderung oder Lösung verbindlicher Rechtsbeziehungen anerkennt, welche Voraussetzungen dafür verlangt werden und wie sich das rechtliche Schicksal derartiger Vorgänge darstellt. Als Rechtsformen privatautonomer Gestaltung kennt das Gesetz

• die Willenserklärung,
• das Rechtsgeschäft und
• den Vertrag.

Wir werden im folgenden sehen, daß für alle drei Erscheinungsformen das Rechtsgeschäft der Oberbegriff ist. Durch Rechtsgeschäfte werden im Privatrecht die Rechtsverhältnisse gestaltet. Rechtsgeschäft, Willenserklärung und Vertrag sind die rechtstechnischen Mittel, durch die eine Motivation rechtsverbindlich geäußert und der beabsichtigte Lebensvorgang interessengerecht geregelt werden kann. Sie werden in den nachfolgenden Paragraphen ausführlich dargestellt.

IV. Abgrenzung zu anderen Erscheinungsformen

Rechtsgeschäfte sind von anderen, ebenfalls rechtlich relevanten menschlichen Handlungen zu unterscheiden.

1. Die rechtsgeschäftsähnliche Handlung

Beim Rechtsgeschäft tritt der rechtliche Erfolg ein, weil er willentlich bezweckt ist. In diesem Sinne wird ein Mietverhältnis durch die Kündigung (Rechtsgeschäft) beendigt. Von einer rechtsgeschäftsähnlichen Handlung spricht man, wenn das Rechtssubjekt zwar ebenfalls eine willentliche Handlung vornimmt, der Rechtserfolg jedoch **kraft Gesetzes** (ohnehin) eintritt. Als **Schulbeispiel** für die rechtsgeschäftsähnliche Handlung gilt die **Mahnung**: Nach § 284 Abs. 1 BGB führt die Mahnung zum Verzug. Die rechtliche Konsequenz der Mahnung beruht also nicht auf dem Willen des Mahnenden, sondern auf der Anordnung des Gesetzes. Als weiteres Beispiel einer rechtsgeschäftsähnlichen Handlung wäre die Wohnsitzbegründung zu nennen.

2. Realakte

Realakte sind Tathandlungen. Bei ihnen knüpft das Gesetz Rechtsfolgen allein an die Verwirklichung eines bestimmten realen Vorganges. Sie treten auch ein, wenn kein oder nur ein mangelhafter rechtsgeschäftlicher Wille vorhanden ist.

Beispiele für Realakte: Eigentumserwerb durch Verarbeitung nach § 950, Begründung der Unterhaltsverpflichtung durch die Zeugung, Fund einer verlorenen Sache.

3. Unerlaubte Handlungen

Im Schadenersatzrecht knüpft die Rechtsfolge an den rechtswidrigen Eingriff in fremde Rechtsgüter an; ein dabei bestehender Wille ist in der Regel unbeachtlich.

4. Gefälligkeitsverhältnisse

Von Gefälligkeitsverhältnissen spricht man bei menschlichen Handlungen, die mehr im außerrechtlichen Bereich angesiedelt sind. Zu denken ist an **Freundschafts-** oder **Höflichkeitsakte.** Wird beispielsweise durch die Einladung zum Abendessen oder ähnliche „Gefälligkeitsabmachungen" ein Vertragsverhältnis begründet? Nach vernünftiger Auffassung wohl kaum. Typisch für die Gefälligkeit ist die Unentgeltlichkeit. Sie ist aber kein ausreichendes Merkmal, da es viele rechtsverbindliche Beziehungen gibt, die zu einer unentgeltlichen Leistung verpflichten (die Schenkung ist Vertrag, nicht außerrechtliches Gefälligkeitsverhältnis).

Hinzu kommen muß also für das Gefälligkeitsverhältnis, daß die Parteien sich rechtlich nicht binden wollen. Wenn die Einladung zu einer Spazierfahrt später widerrufen wird, kann der enttäuschte Partner, der sich schon auf die Fahrt gefreut hat, keine Schadenersatzansprüche geltend machen.

Lernhinweis: Der Gefälligkeitscharakter einer Beziehung wirkt sich auch im Haftungsrecht aus. Vertragliche Schadenersatzansprüche scheiden regelmäßig aus, weil eben kein verbindliches Vertragsverhältnis angenommen wird. Dagegen findet das Recht der unerlaubten Handlung bei Schädigungen im Rahmen eines Gefälligkeitsverhältnisses grundsätzlich Anwendung (die §§ 823 ff. sind ja gerade unabhängig von der Willensrichtung des Schädigers). Man ist sich jedoch in der Rechtsprechung einig, daß die Gefälligkeitssituation zu einer Haftungsmilderung führen kann. Schulbeispiel ist die gefälligkeitshalber erfolgende Mitnahme in einem Pkw, bei der der Beifahrer aus Unachtsamkeit des Fahrers zu Schaden kommt.

Vergleichen Sie nun die Übersicht *Menschliches Handeln*, deren Untergliederung zugleich weitere Begriffe enthält, die in den folgenden §§ 8 und 9 erläutert werden.

Wiederholungsfragen zu § 7

Was versteht man unter dem Grundsatz der Privatautonomie? (§ 7 II)

Welche rechtstechnischen Gestaltungsmittel kennt das BGB zur Verwirklichung der Privatautonomie? (§ 7 III)

Was versteht man unter rechtsgeschäftsähnlichen Handlungen? (§ 7 IV 1)

Was ist typisch für den Realakt, welche Beispiele kennen Sie? (§ 7 IV 2)

Was sind Gefälligkeitsverhältnisse und wie werden sie rechtlich behandelt? (§ 7 IV 4)

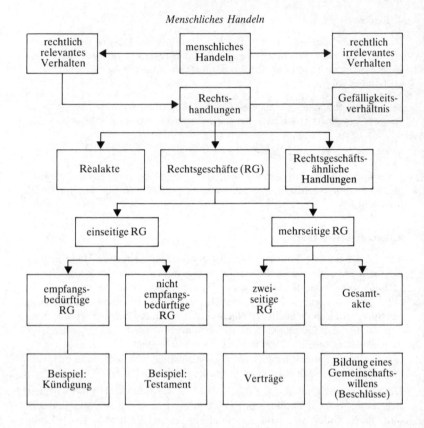

§ 8 Die Willenserklärung

Das Bürgerliche Gesetzbuch verwendet den Begriff der Willenserklärung an verschiedenen Stellen (lesen Sie z. B. §§ 105 ff., 116 ff.), ohne ihn zu definieren.

I. Wesensmerkmale der Willenserklärung

1. Definition

Unter der Willenserklärung versteht man die „Äußerung eines auf die Herbeiführung eines Rechtserfolges gerichteten Willens". Daraus ergeben sich die beiden Wesensmerkmale: der äußere Tatbestand der Erklärung und der innere Tatbestand des Willens, der den Erklärungstatbestand begleitet.

2. Begriffsmerkmale

Jede Willenserklärung enthält objektive und subjektive Bestandteile. Wenn man die Willenserklärung genauer analysiert, kommt man zu folgenden Wesensmerkmalen:

a) Der Erklärungstatbestand

Die Willenserklärung erfordert zunächst eine äußerlich wahrnehmbare Handlung. Nur dann kann man von einer „Erklärung" sprechen. Dabei ist jedes äußerlich erkennbare Verhalten, das ausdrücklich oder stillschweigend auf einen dahinterstehenden rechtlich erheblichen Willen schließen läßt, als Erklärungstatbestand ausreichend.

Beispiele: Sprechen, Schreiben, Handheben, Kopfnicken sowie jedes tatsächliche Verhalten, welches erfahrungsgemäß als Ausdruck eines bestimmten Willens gilt (wer am Kiosk wortlos eine Zeitschrift wegnimmt und den entsprechenden Geldbetrag hinlegt oder im Selbstbedienungsladen die vom Regal genommene Ware beim Ausgang auf den Kassentisch der Kassiererin stellt, gibt Willenserklärungen ab, gerichtet auf den Abschluß von Kaufverträgen).

Lernhinweis: Die meisten Willenserklärungen sind „formlos" (also schon mündlich) gültig. In Ausnahmefällen verlangt das Gesetz die Einhaltung bestimmter Formen (vgl. dazu unten § 12).

b) Das Willensmoment

Die subjektive Seite der Willenserklärung ist komplizierter. Man unterscheidet **drei Komponenten:** den Handlungswillen, das Erklärungsbewußtsein und den Geschäftswillen.

Der Handlungswille ist erforderlich, damit überhaupt eine Willenserklärung vorliegt. Fehlt es am Geschäftswillen, liegt gleichwohl eine (wenn auch ggf. mangelhafte) Willenserklärung vor. Umstritten ist die Bedeutung des Erklärungsbewußtseins. Der Bundesgerichtshof (vgl. BGHZ 91, 324 ff.) hat die in der Literatur strittige Frage wie folgt entschieden: „Trotz fehlenden Erklärungsbewußtseins liegt eine Willenserklärung vor, wenn der Erklärende bei Anwendung der im Verkehr erforderlichen Sorgfalt hätte erkennen und vermeiden können, daß seine Äußerung nach Treu und Glauben und der Verkehrssitte als Willenserklärung aufgefaßt werden durfte, und wenn der Empfänger sie auch tatsächlich so verstanden hat. Sie kann (dann) gemäß §§ 119, 121, 143 BGB angefochten werden". Im Ergebnis ist deshalb für die Praxis davon auszugehen, daß eine Willenserklärung auch ohne Erklärungsbewußtsein vorliegt, sofern sie dem Erklärenden zugerechnet werden kann.

aa) Der Handlungswille

Eine Willenserklärung setzt voraus, daß der Erklärende die Handlung, die er vornimmt, auch vornehmen wollte. Wer redet, schreibt, den Arm hebt, muß dies willentlich tun, sonst liegt keine Willenserklärung vor.

Beispiel: Äußere Verhaltensweisen, die nur auf einem Reflex beruhen, durch Hypnose ausgelöst wurden oder unter unmittelbarem Zwang erfolgen.

bb) Das Erklärungsbewußtsein

Darunter versteht man das **Bewußtsein,** mit einer Handlung **etwas rechtlich Erhebliches zu erklären.** Der Erklärende muß sich also dessen bewußt sein, daß seine Handlung Rechtsfolgen erzeugt.

Daran fehlt es, wenn zwar eine bewußte Handlung vorgenommen wird, mit ihr jedoch etwas „Außerrechtliches" bezweckt wird.

Beispiel: Als klassischer Fall wird hierzu stets die „Weinversteigerung zu Trier" zitiert, bei der „Handaufheben" als Mehrgebot gilt. Wenn einer der Anwesenden die Hand nicht in der Absicht hebt, mitzusteigern, sondern um einen Bekannten zu grüßen, liegt kein Erklärungsbewußtsein vor (h. M.).

Dieser Fall wurde vor BGHZ 91, 324 in der Regel so gelöst, daß mangels Erklärungsbewußtseins keine Willenserklärung vorlag und deshalb auch mangels Mehrgebot kein Vertrag zustande kam. Im Anschluß an die neue BGH-Rechtsprechung muß die Lösung wie folgt lauten: Hat der Erklärende, wie hier wohl anzunehmen, bei Anwendung der im Verkehr erforderlichen Sorgfalt erkennen und vermeiden können, daß sein Handzeichen nach den Umständen als Mehrgebot aufgefaßt werden durfte, liegt eine Willenserklärung vor. Der ungewollte Weinersteigerer kann aber die Willenserklärung nach § 119 Abs. 1 BGB anfechten.

Denkbar ist auch, daß jemand eine Sammelbestellung in der Annahme unterzeichnet, ein gemeinsames Glückwunschschreiben zu unterzeichnen; auch hier fehlt das Erklärungsbewußtsein.

Hinweis: Die Ansicht des Bundesgerichtshofes ist nicht unbestritten (in BGHZ 91, 324 ff. findet der interessierte Leser eine Darstellung des Streitstandes mit weiterführenden Hinweisen).

cc) Der Geschäftswille

Darunter versteht man die **Absicht** des Erklärenden, **ein bestimmtes Rechtsgeschäft vorzunehmen,** also ganz bestimmte Rechtsfolgen zu erzielen.

Beispiel: Wer ein Angebot zum Erwerb einer bestimmten Sache macht, hat einen auf den Abschluß eines Kaufvertrages gerichteten Geschäftswillen.

Der Geschäftswille ist nicht notwendiger Bestandteil einer Willenserklärung. Fehlt er, kommt lediglich die „Anfechtbarkeit" wegen Irrtums nach § 119 Abs. 1 BGB in Betracht (vgl. dazu unten § 14 III). Vergleichen Sie zu den Wesensmerkmalen der Willenserklärung auch das Schaubild *Willenserklärung*.

3. Schweigen als Willenserklärung

a) Bedeutung des Schweigens

Wer schweigt, erklärt auch nichts. Deshalb ist das bloße Schweigen grundsätzlich keine Willenserklärung. Das Gesetz zieht aber aus dem Schweigen an verschiedenen Stellen Schlußfolgerungen. Teils wird ausdrücklich gesagt, Schweigen sei als Ablehnung zu werten (vgl. §§ 108 Abs. 2 Satz 2, 177 Abs. 2 Satz 2, 415 Abs. 2 Satz 2, 458 Abs. 1 Satz 2).

Nur ausnahmsweise gilt Schweigen als Zustimmung: vgl. §§ 416 Abs. 1 S. 2, 496 S. 2, 516 Abs. 2 S. 2 BGB, 362 Abs. 1 HGB sowie (nach der Rechtsprechung) das Schweigen eines Kaufmanns auf ein kaufmännisches Bestätigungsschreiben (näheres dazu im Handelsrecht).

Fall:

Versandfirma V bietet im Wege des unaufgeforderten Postversands einen bestimmten Artikel »besonders preisgünstig« an und vermerkt am Ende des

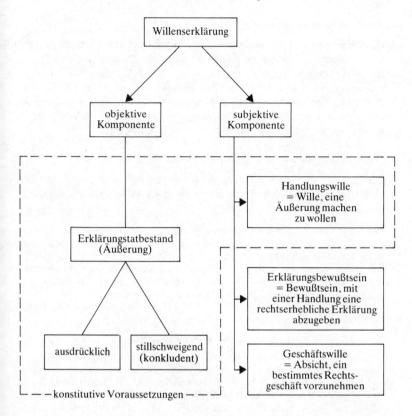

Angebotsschreibens: „. . . wenn wir innerhalb der nächsten 14 Tage nichts Gegenteiliges von Ihnen hören, gehen wir davon aus, daß Sie diesen außerordentlich preisgünstigen Artikel bei uns bestellen. Wir werden die Auslieferung veranlassen". Muß der Empfänger K die daraufhin erhaltene Ware bezahlen, wenn er weder bestellt noch dementiert (also „schweigt")?

Lösung:

K muß bezahlen, wenn ein Kaufvertrag zustande kam. Dieser setzt eine entsprechende Annahmeerklärung seitens des K voraus. Er hat nichts erklärt, sondern geschwiegen. Schweigen gilt nicht als Annahme. Ein Ausnahmefall liegt nicht vor. Das Ansinnen seitens des V, man werde das Schweigen des Empfängers als Zustimmung werten, ist unbeachtlich. Dadurch kann dem anderen Teil keine in Wirklichkeit nicht abgegebene Erklärung aufgezwungen werden. Lernhinweis: Dieser häufige Fall der Zusendung unbestellter Waren führt zu der weiteren Frage, welche Verpflichtungen der Empfänger hat. Nach der Rechtsprechung ist er verpflichtet, die Sendung eine gewisse Zeit zur Abholung bereitgestellt zu halten. Zur Rücksendung ist er aber nicht verpflichtet. Hinzu kommt, daß der Versender in diesen Fällen möglicherweise gegen das Gesetz gegen den unlauteren Wettbewerb verstößt.

b) Schweigen und „stillschweigendes" Verhalten

Bloßes Schweigen ist etwas anderes als „stillschweigendes" Verhalten. Ein „stillschweigendes" Verhalten kann sehr wohl als Zustimmung angesehen werden. Beispiel: Wenn der Empfänger die unbestellt zugesandte Ware in Gebrauch nimmt, liegt darin eine Willenserklärung, gerichtet auf die Annahme eines Kaufvertragsangebots. Merken Sie sich die Formel: Schweigen ist überhaupt keine Willenserklärung – stillschweigendes Verhalten stellt dagegen eine konkludent geäußerte Willenserklärung dar.

c) Vereinbarungen über den Bedeutungsgehalt des Schweigens

Auch kann es sein, daß die Parteien sich vorab schon rechtsgeschäftlich geeinigt hatten, daß Schweigen in bestimmten Fällen als Zustimmung gelten soll.

Beispiel: Nach den Allgemeinen Geschäftsbedingungen der Banken gilt das Schweigen auf die Zusendung eines Rechnungsabschlusses nach Ablauf einer bestimmten Zeit als dessen Genehmigung. Durch die Unterschrift unter die Allgemeinen Geschäftsbedingungen bei Kontoeröffnung hat sich der Kunde mit der Bank geeinigt, daß sein Schweigen in diesen Fällen als Zustimmung zu werten ist (dabei sind allerdings die Anforderungen des § 10 Nr. 5 AGBG zu beachten!).

II. Arten der Willenserklärung

Lernhinweis: Die Einteilung von Willenserklärungen kann unter verschiedenen Gesichtspunkten erfolgen. Teilweise überschneidet sich die Darstellung mit der Einteilung der Rechtsgeschäfte. Dies folgt daraus, daß – wie wir nachher sehen werden – ein Rechtsgeschäft u. a. aus einer oder mehreren Willenserklärungen besteht. Man kann die Willenserklärungen einteilen nach der Art der Willensäußerung sowie nach der Frage der An- oder Abwesenheit des Erklärungsgegners bzw. der Notwendigkeit, die Willenserklärung gegenüber dem Erklärungsgegner zu äußern. Was damit gemeint ist, wird im nachfolgenden verdeutlicht. Beachten Sie, daß die Differenzierung der beiden letzten Kategorien erhebliche Konsequenzen hat für die Frage, ob und wann eine Willenserklärung „wirksam" wird (dazu unten III.). Verschaffen Sie sich zunächst eine Orientierung an Hand der Übersicht *Einteilung der Willenserklärungen.*

1. Einteilung nach der Art der Willensäußerung

Eine Willenserklärung kann entweder ausdrücklich oder stillschweigend erfolgen.

a) Ausdrückliche Willenserklärungen

Eine ausdrückliche Willenserklärung liegt vor, wenn jemand den von ihm mit der Willenserklärung bezweckten Rechtserfolg durch eine Äußerung dieses Willens bewirkt.

Beispiele:
• Der Käufer bestellt die Ware durch Ausfüllen und Unterzeichnung eines Bestellformulars;
• der Fahrgast erklärt: „eine Fahrkarte 1. Klasse Stuttgart–München und zurück".

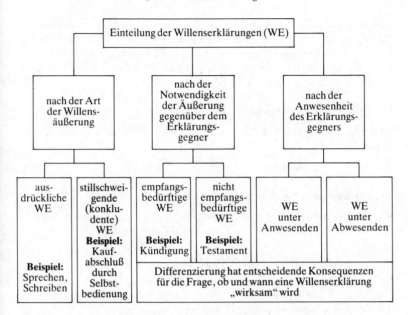

b) Stillschweigende Willenserklärungen

Eine stillschweigende („konkludente") Willenserklärung liegt vor, wenn der Erklärende die Herbeiführung des rechtlichen Erfolges nicht durch Sprechen oder Schreiben zum Ausdruck bringt, sondern durch ein Verhalten, das nach der Lebenserfahrung auf einen entsprechenden zugrundeliegenden Willen schließen läßt.

Beispiele:

- Der Einkauf im Selbstbedienungsladen vollzieht sich in der Regel wortlos durch Austausch konkludenter Willenserklärungen. Der Kunde präsentiert die aus den Regalen entnommene Ware an der Kasse und zahlt den vom Verkaufspersonal eingetippten Betrag;
- durch das Lösen eines Fahrscheins für öffentliche Verkehrsmittel an einem Automaten wird ein Beförderungsvertrag abgeschlossen;
- die Inanspruchnahme von Liegestühlen im Park, die zur entgeltlichen Benutzung aufgestellt sind, verpflichtet zur Zahlung der „Liegegebühr".

2. Einteilung nach der Notwendigkeit der Äußerung gegenüber dem Erklärungsgegner

Man unterscheidet empfangsbedürftige und nicht empfangsbedürftige Erklärungen.

a) Empfangsbedürftige Willenserklärungen

Darunter versteht man solche Willenserklärungen, die an eine andere Person, den Erklärungsempfänger, gerichtet sind.

Beispiele: Kündigung, Anfechtung, Rücktritt, Aufrechnung.

Aus den Beispielen wird deutlich, daß diese Erklärungen ein bestimmtes Ziel haben: Sie sollen eine Rechtslage verändern. Deshalb ist es notwendig, daß der Erklärungsempfänger zumindest die Möglichkeit hat, von ihnen Kenntnis zu erhalten. Zu ihrer Wirksamkeit ist daher auch der Zugang beim Erklärungsgegner erforderlich.

b) Nicht empfangsbedürftige Willenserklärungen

Hier handelt es sich um Willenserklärungen, die nicht an eine andere Person gerichtet sind.

Schulbeispiel: das Testament.

3. Einteilung nach der Anwesenheit des Erklärungsgegners

Eine empfangsbedürftige Willenserklärung kann in Anwesenheit oder in Abwesenheit desjenigen erfolgen, an den sie gerichtet ist.

a) Willenserklärungen unter Anwesenden

Ist der Erklärungsempfänger zugegen, liegt eine Willenserklärung unter Anwesenden vor. Gleichgestellt ist die telefonische Mitteilung sowie die Aushändigung eines Schriftstücks an einen Anwesenden.

b) Willenserklärungen unter Abwesenden

Ist der Erklärungsempfänger nicht körperlich anwesend, muß ihm demzufolge die Willenserklärung erst übermittelt werden (durch einen Brief oder einen Boten), liegt eine Willenserklärung unter Abwesenden vor.

Lernhinweis: In diesen Fällen gelten naturgemäß andere Grundsätze für die Frage, wann derartige Willenserklärungen wirksam werden.

III. Wirksamwerden von Willenserklärungen

Lernhinweis: Wir haben bislang den Begriff Willenserklärung erarbeitet und wissen, welche Bestandteile vorliegen müssen, damit überhaupt eine Willenserklärung vorliegen kann. Nunmehr ist zu entscheiden, unter welchen Voraussetzungen die Willenserklärung wirksam wird. Aus der vorangegangenen Einteilung von Willenserklärungen wird ohne weiteres ersichtlich, daß in nicht wenigen Fällen die bloße Existenz der Willenserklärung noch nicht für ihre Wirksamkeit genügt, insbesondere dann, wenn es sich um empfangsbedürftige Willenserklärungen gegenüber Abwesenden handelt. Die im ersten Zorn in einem Brief niedergeschriebene Kündigung kann man noch „aus der Welt schaffen", wenn der bereits zugeklebte Brief dann doch nicht eingeworfen wird.

1. Wirksamwerden nicht empfangsbedürftiger Willenserklärungen

Nicht empfangsbedürftige Willenserklärungen werden mit ihrer Abgabe wirksam. Sobald also die gesetzlich erforderlichen Tatbestandsmerkmale verwirklicht sind, ist die Willenserklärung auch wirksam.

Beispiel: Das Testament ist wirksam, wenn es nach den Formvorschriften des Erbrechts errichtet ist.

2. Wirksamwerden empfangsbedürftiger Willenserklärungen

Bei empfangsbedürftigen Willenserklärungen wird die Unterscheidung zwischen der Abgabe der Willenserklärung als solcher und ihrem Wirksamwerden besonders deutlich. Abgegeben ist die Willenserklärung bereits dann, wenn der Erklärende alles getan hat, um sie wirksam werden zu lassen. § 130 BGB (lesen!) bestimmt, daß eine Willenserklärung wirksam wird, wenn sie dem Erklärungsempfänger **„zugeht".** Dabei muß man unterscheiden zwischen dem Zugang unter Anwesenden und dem Zugang unter Abwesenden.

a) Willenserklärungen unter Abwesenden

§ 130 sagt lediglich, daß eine empfangsbedürftige Willenserklärung unter Abwesenden in dem Zeitpunkt wirksam wird, in welchem sie dem Abwesenden zugeht. Was man unter dem „Zugang" zu verstehen hat, wird im Gesetz nicht definiert.

aa) Zugang der Erklärung

Eine Willenserklärung ist nach der Rechtsprechung dann zugegangen, wenn sie „derart in den Machtbereich des Empfängers gelangt ist, daß dieser unter gewöhnlichen Umständen Kenntnis von ihrem Inhalt erlangen kann und man dies nach den allgemeinen Gepflogenheiten von ihm auch erwarten konnte".

Beispiel: Eine briefliche Kündigung ist mit dem routinemäßig erfolgenden Einwurf in den Briefkasten bzw. Einlegung in das Postfach des Empfängers zugegangen und damit wirksam geworden (sofern der Einwurf im Briefkasten nicht nachts bzw. die Einlegung in das Postfach nicht außerhalb der gewöhnlichen Geschäftszeit erfolgt).

Merke: Die Absendung durch den Erklärenden ist also nicht ausreichend, andererseits ist auch nicht die Kenntnisnahme durch den Empfänger entscheidend. Es genügt die **Möglichkeit,** Kenntnis zu nehmen.

bb) Verhinderung des Wirksamwerdens durch Widerruf

Das Wirksamwerden einer bereits einem Abwesenden zugesandten Willenserklärung wird verhindert, wenn ihm vorher oder wenigstens gleichzeitig ein Widerruf zugeht (§ 130 Abs. 1 Satz 2 BGB – lesen!).

Beispiel: Mieter M in Stuttgart sucht Geschäftsräume in Hamburg und akzeptiert mit eingeschriebenem Brief das Angebot des in Hamburg ansässigen Vermieters V. Der Brief wird am 1. März in Stuttgart aufgegeben. Am 2. März erhält M überraschend ein wesentlich günstigeres Alternativangebot. Er hat kein Interesse mehr an dem bereits unterzeichneten, aber bei V noch nicht eingegangenen Mietvertrag. Sofort telegrafiert M: »Widerrufe hiermit meine per Einschreibebrief abgegebene Erklärung«. Das Telegramm geht bei V am 2. März ein, der Einschreibebrief wird ihm am 3. März zugestellt. Kann V von M die Zahlung des Mietpreises verlangen?

Antwort: Ein Anspruch des V gegen M gem. § 535 Satz 2 BGB setzt voraus, daß ein Mietvertrag zustande kam. Dies hängt davon ab, ob die Annahmeerklärung des M wirksam geworden ist. Es handelt sich um eine empfangsbedürftige Willenserklärung, die einem Abwesenden gegenüber abgegeben wurde. Diese wird nach § 130 Abs. 1 Satz 1 BGB mit dem Zugang beim Erklärungsempfänger wirksam. Sie wird aber nicht wirksam, wenn sie zuvor widerrufen wurde (§ 130 Abs. 1 S. 2). Der Widerruf ging bereits am 2. März, somit vor dem Zugang der brieflichen Annahmeerklärung, bei V ein. Deshalb ist ein Mietvertrag nicht zustande gekommen; M ist nicht zur Bezahlung des Mietpreises verpflichtet.

b) Willenserklärungen unter Anwesenden

Dieser Fall ist im Gesetz nicht ausdrücklich geregelt. Auch unter Anwesenden gilt, daß die Erklärung mit dem Zugang wirksam wird.

aa) Mündliche Erklärung unter Anwesenden

Mündliche Erklärungen werden nach herrschender Auffassung nur dann wirksam, wenn sie der Empfänger akustisch richtig verstanden hat (sog. „Vernehmungstheorie").

Merke: Telefonische Erklärungen gelten als Erklärungen unter Anwesenden!

bb) Schriftliche Erklärungen unter Anwesenden

Bei schriftlichen, also verkörperten Erklärungen gilt § 130 BGB entsprechend. Sie werden wirksam, wenn sie durch Übergabe in den Herrschaftsbereich des Empfängers gelangt sind.

Beispiel: Der Mieter klingelt beim Vermieter und übergibt ihm das Kündigungsschreiben.

Lernhinweis: Repetieren Sie das eben Gelernte noch einmal an Hand der Übersicht *Wirksamwerden von Willenserklärungen.*

IV. Auslegung von Willenserklärungen

Wir hatten oben gesehen, daß bei der Anwendung des Gesetzes in Zweifelsfällen der gesetzgeberische Wille häufig erst ermittelt werden muß (vgl. § 3 II 2). Dasselbe gilt für die Äußerungen von Rechtssubjekten. § 133 BGB bestimmt hierzu: Bei der Auslegung einer Willenserklärung ist der wirkliche Wille zu erforschen und nicht an dem buchstäblichen Sinn des Ausdrucks zu haften. In Zweifelsfällen ist also nicht „griffelspitzig" und „formalistisch" zu verfahren, sondern zu erforschen, was der Erklärende bzw. die Parteien „wirklich gemeint haben". Im einzelnen ist freilich vieles streitig. Als Auslegungsperspektive ist auf die „Sicht eines verständigen Erklärungsempfängers" abzustellen.

Wiederholungsfragen zu § 8

Welche Wesensmerkmale enthält der Begriff Willenserklärung? (§ 8 I 2)

Was versteht man unter dem Handlungswillen, dem Erklärungsbewußtsein und dem Geschäftswillen? (§ 8 I 2 b)

Wie wird im BGB das Schweigen behandelt? (§ 8 I 3)

Welche Arten der Willenserklärung können Sie nennen? (§ 8 II)

Welche Regelungen trifft das BGB für das Wirksamwerden von Willenserklärungen? (§ 8 III)

Kann eine schriftliche Kündigung nach Absendung der Kündigungserklärung noch widerrufen werden? (§ 8 III 2 a bb)

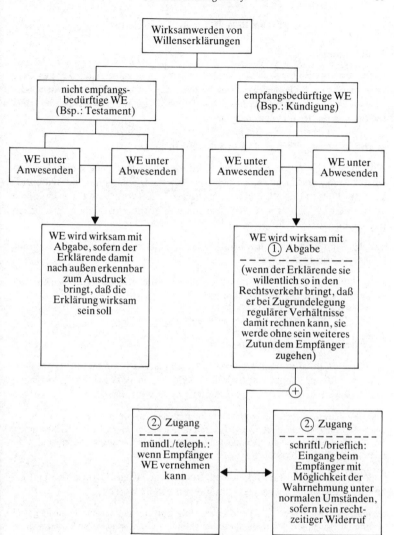

§ 9 Das Rechtsgeschäft

Lernhinweis: Auch der Begriff des Rechtsgeschäfts wird vom Gesetz nicht definiert, sondern ebenso wie der Begriff der Willenserklärung als bekannt vorausgesetzt. Gelegentlich verwendet das BGB beide Begriffe nebeneinander, an manchen Stellen sogar fälschlicherweise (so spricht § 142 Abs. 1 BGB vom „anfechtbaren Rechtsgeschäft", obwohl es genaugenommen anfechtbare „Willenserklärung" heißen müßte).

I. Der Begriff des Rechtsgeschäfts

1. Definition

Unter einem Rechtsgeschäft versteht man einen **Tatbestand, der aus einer oder mehreren Willenserklärungen besteht, die entweder für sich allein oder zusammen mit weiteren Tatbestandserfordernissen die Herbeiführung eines rechtlich gewollten Erfolges bezwecken.**

2. Die Willenserklärung als Kern des Rechtsgeschäfts

Aus dieser Definition folgt: Das Rechtsgeschäft muß **mindestens eine Willenserklärung** enthalten. Kern des Rechtsgeschäfts ist somit die Willenserklärung. Diesen Begriff haben wir uns oben bereits erarbeitet. Beachten Sie aber, daß nicht schon jede Willenserklärung geeignet ist, einen rechtlichen Erfolg zu erzielen.

Beispiel: Der Vertrag, als das häufigste Rechtsgeschäft, setzt zwei sich deckende Willenserklärungen voraus.

Umgekehrt gibt es Fälle, in denen schon eine einzige Willenserklärung einen Rechtserfolg herbeiführen kann.

Beispiele: die Kündigung, das Testament, die Aufrechnung.

3. Weitere Tatbestandserfordernisse

Nicht selten müssen noch weitere Tatbestandserfordernisse hinzukommen, um den mit der Abgabe von Willenserklärungen bezweckten Erfolg auch herbeiführen zu können. Dabei handelt es sich um tatsächliche Vorgänge.

Beispiele: Die rechtsgeschäftliche Übertragung des Eigentums an beweglichen Sachen setzt die sog. „Einigung" als Vertrag und die reale Übergabe der Sache voraus; bei der Veräußerung von Grundeigentum muß zur Einigung („Auflassung") die Eintragung in das Grundbuch hinzukommen.

Gelegentlich ist die Gültigkeit von Rechtsgeschäften davon abhängig, ob private oder behördliche Genehmigungen erteilt werden.

Lernhinweis: Natürlich kann der Rechtserfolg nur eintreten, wenn er nicht gegen bestimmte Prinzipien der Rechtsordnung verstößt. Gesetzwidrige und sittenwidrige Rechtsgeschäfte können keinen Rechtserfolg herbeiführen, auch wenn die Beteiligten entsprechende Erklärungen abgeben (dazu unten).

II. Einteilung der Rechtsgeschäfte

1. Einteilung nach Sachgebieten

Man kann nach dem Gegenstand der rechtsgeschäftlichen Betätigung fragen und eine Einteilung nach Sachgebieten vornehmen. Sie ist sicher nicht allzu ergiebig, macht aber deutlich, daß Rechtsgeschäfte in allen erdenklichen Bereichen getätigt werden, und zeigt, daß der Begriff „Rechtsgeschäft" abstrakte Tatbestandselemente zusammenfaßt, die in mannigfaltiger Ausgestaltung in der jeweiligen konkreten Situation Rechtsbeziehungen zwischen den Beteiligten begründen, verändern oder aufheben.

a) Bürgerlich-rechtliche Rechtsgeschäfte

Nach der Einteilung des BGB lassen sich unterscheiden:

• Schuldrechtliche Rechtsgeschäfte. Beispiele: Kauf, Schenkung, Miete, Pacht usw.
• Sachenrechtliche Rechtsgeschäfte. Beispiele: Übereignung beweglicher und unbeweglicher Sachen, Einräumung von Sicherungs- und Nutzungsrechten an Sachen und Rechten.
• Familienrechtliche Rechtsgeschäfte. Beispiele: Verlobung, Eheschließung, Eheverträge über den Güterstand.
• Erbrechtliche Rechtsgeschäfte. Beispiele: Testament, Erbvertrag.

b) Rechtsgeschäfte außerhalb des BGB

Genauso könnte man Rechtsgeschäfte nach einzelnen Gebieten benennen, die außerhalb des Bürgerlichen Gesetzbuches liegen.

Beispiele: Arbeitsverträge, Gesellschaftsverträge, Bankgeschäfte usw.

Lernhinweis: Merke im Zusammenhang mit dem Handelsrecht: Rechtsgeschäfte, die ein Kaufmann tätigt, nennt man „Handelsgeschäfte", § 343 Abs. 1 HGB. Auch hier ist die Terminologie des Gesetzgebers doppeldeutig: Er bezeichnet als „Handelsgeschäft" nämlich nicht nur das kaufmännische Rechtsgeschäft, sondern auch das kaufmännische Unternehmen (so im ersten Buch des HGB, vgl. z. B. § 22 HGB).

2. Einseitige und mehrseitige Rechtsgeschäfte

a) Einseitige Rechtsgeschäfte

Von einem einseitigen Rechtsgeschäft spricht man, wenn **bereits die Willenserklärung** (nur) **einer Person** rechtliche Folgen herbeiführt.

Beispiele: Kündigung, Anfechtung, Testamentserrichtung, Auslobung.

Lernhinweis: Beachten Sie die begriffliche Unterscheidung zwischen „einseitigem Rechtsgeschäft" und „nicht empfangsbedürftiger Willenserklärung": Auch eine „empfangsbedürftige Willenserklärung" kann ein einseitiges Rechtsgeschäft sein. Beispiel: Kündigung.

b) Mehrseitige Rechtsgeschäfte

Ein mehrseitiges Rechtsgeschäft liegt vor, wenn ein bestimmter Rechtserfolg **Willenserklärungen mehrerer Personen** erfordert. Zu den mehrseitigen Rechtsgeschäften gehören die Verträge sowie die Gesamtakte.

aa) Der Vertrag

Häufigster Fall des mehrseitigen Rechtsgeschäfts ist der Vertrag. Er ist ein **Rechtsgeschäft zwischen zwei Parteien, die wechselseitige, sich deckende Willenserklärungen austauschen.** Merke: Es können auf beiden Seiten wiederum mehrere Personen stehen. Ein Vertrag liegt auch vor, wenn fünf Vertragspartner auf der einen Seite ein Angebot abgeben, das durch eine einheitliche Annahmeerklärung mehrerer Personen als Vertragspartner akzeptiert wird.

Lernhinweis: Verwechseln Sie nicht das Begriffspaar „einseitiges und zweiseitiges Rechtsgeschäft" mit dem Begriffspaar „einseitig und beiderseits verpflichtendes

Schuldverhältnis". Es gibt Schuldverhältnisse, die nur eine Partei verpflichten (Beispiel: Schenkung), und solche, die beide Parteien verpflichten (Leistung und Gegenleistung, Beispiel: Kaufvertrag). Auch die Schenkung ist als einseitig verpflichtendes Schuldverhältnis ein Vertrag und damit ein zweiseitiges Rechtsgeschäft. Vgl. dazu auch unten im Schuldrecht § 23 II und § 45.

Lernhinweis: Beachten Sie, daß unser Schuldrecht zur Begründung eines rechtsgeschäftlichen Schuldverhältnisses in der Regel einen Vertrag verlangt (§ 305 BGB – lesen!).

bb) Gesamtakte

Bei Gesamtakten werden gleichgerichtete Willenserklärungen von mehreren Personen abgegeben. Sie werden jedoch nicht wechselseitig ausgetauscht, sondern verlaufen parallel auf dasselbe Ziel ausgerichtet.

Beispiel: Die Beschlüsse in einer Mitglieder- oder Gesellschafterversammlung werden durch die Mehrheit gefaßt, es wird ein Gemeinschaftswille gebildet.

Lernhinweis: Schauen Sie sich jetzt noch einmal die Übersicht *Menschliches Handeln* an (oben am Ende von § 7).

3. Rechtsgeschäfte unter Lebenden und von Todes wegen

Diese Unterscheidung knüpft wiederum an das zugrundeliegende Sachgebiet an: Im Erbrecht werden Verfügungen des Erblassers (Testament und Erbvertrag) erst wirksam mit dem Erbfall (definiert in § 1922 Abs. 1 BGB als „Tod einer Person"), die „normalen Rechtsgeschäfte" sind jedoch solche unter Lebenden.

4. Verpflichtungs- und Verfügungsgeschäfte

a) Verpflichtungsgeschäfte

Von einem Verpflichtungsgeschäft spricht man bei einem **Rechtsgeschäft, durch das die Verpflichtung zu einer Leistung begründet wird.** Das Schuldrecht, also die Materie zur Regelung des Leistungs- und Güteraustausches, regelt dazu Näheres. Hauptfall des Leistungsaustausches ist der Kauf; deshalb ist der Kaufvertrag ein (schuldrechtliches) Verpflichtungsgeschäft.

Lernhinweis: Lesen Sie § 433 Abs. 1 und 2 genau. Dort heißt es: „Durch den Kaufvertrag wird der Verkäufer verpflichtet ..." und umgekehrt „Der Käufer ist verpflichtet". Nicht ist dort gesagt, daß durch den Kaufvertrag der Käufer Eigentümer wird. Die Regelungen über den Eigentumserwerb finden sich erst im Sachenrecht.

b) Verfügungsgeschäfte

Nach klassischer Definition ist das Verfügungsgeschäft ein **„Rechtsgeschäft, durch das ein Recht unmittelbar übertragen, belastet, geändert oder aufgehoben wird".**

Beispiel: Die Eigentumsübertragung. Durch sie wird die kaufrechtliche Verpflichtung zur Übertragung des Eigentums erfüllt. Dazu müssen sich bei beweglichen Sachen nach § 929 BGB (lesen!) der Käufer und der Verkäufer über den Eigentumsübergang einigen und die Sache übergeben. Bei Grundstücken müssen sich Verkäufer und Käufer über den Eigentumsübergang einig sein (§ 925 BGB spricht von der

„Auflassung") und der Erwerber als Eigentümer im Grundbuch eingetragen werden (§ 873 BGB).

5. Kausale und abstrakte Rechtsgeschäfte

Lernhinweis: Auch dieses Begriffspaar ist sowohl dem Laien wie auch dem Studenten zunächst fremd und unverständlich. Machen Sie sich diese Unterscheidung deutlich, und knüpfen Sie schon jetzt die Verbindung mit dem Abschnitt „Ungerechtfertigte Bereicherung" (§§ 812 ff. BGB). Das Bereicherungsrecht ist ein Instrument zur Korrektur wirksamer abstrakter Vermögensverschiebungen. Es ist notwendig, weil das Gesetz die Gültigkeit des kausalen Geschäfts von der des abstrakten Geschäfts trennt. In diesem Zusammenhang muß Ihnen dann das Stichwort „Abstraktionsprinzip" geläufig werden.

a) Kausale Geschäfte

Kausale Geschäfte sind solche, bei denen der Rechtsgrund der Vermögensverschiebung den Inhalt des Geschäfts bildet. Beispiele: Kauf, Schenkung, Miete, Pacht usw. Machen wir uns dies am Kaufvertrag deutlich: Der Abschluß eines Kaufvertrags verpflichtet zum Austausch von Leistungen. Der Verkäufer soll die Ware übereignen, der Käufer den Kaufpreis zahlen.

b) Abstrakte Geschäfte

Unter einem abstrakten Rechtsgeschäft versteht man solche Geschäfte, die **vom Rechtsgrund der Zuwendung losgelöst** und in ihrer Wirkung nicht vom rechtlichen Fortbestand des Kausalgeschäftes abhängig sind.

Machen wir uns dies wiederum beim Leistungsaustausch deutlich: Der Abschluß des Kaufvertrags ist das kausale Geschäft. Die Erfüllung der Verpflichtung zur Übereignung der gekauften Sache erfolgt nach den Vorschriften des Sachenrechts durch Einigung und Übergabe bzw. Eintragung in das Grundbuch. Aus welchem Grund die Übereignung erfolgte (Kauf oder Schenkung), ist für dieses Rechtsgeschäft irrelevant.

Zu den abstrakten Geschäften zählen alle Verfügungsgeschäfte, aber auch (insofern didaktisch etwas verwirrend) einige Verpflichtungsgeschäfte. Beispiel: Zu den abstrakten Verpflichtungsgeschäften gehören die Verpflichtungen aus Wechsel oder Scheck, weil bei der Begründung solcher Verbindlichkeiten der Grund, weshalb sie eingegangen wurden, nicht erkenntlich ist. In der Regel wird es (so beim Warenwechsel) ein Kaufvertrag mit gestundeter Kaufpreisforderung sein.

Merke: Auch abstrakte Geschäfte werden nicht ohne Grund (man spricht auch in Anlehnung an das römische Recht von der „causa") vorgenommen. Nur ist dieser nicht Inhalt des Rechtsgeschäfts. Das Rechtsgeschäft ist insofern nicht kausal, als es die „causa" nicht selbst enthält. Der Rechtsgrund für das abstrakte Geschäft liegt in dem ihm zugrundeliegenden Kausalgeschäft. Verdeutlichen Sie sich die Zusammenhänge anhand des Schaubilds *Kausale und abstrakte Rechtsgeschäfte*.

Kausale und abstrakte Rechtsgeschäfte

I. Veräußerung einer Sache

II. Veräußerung eines Rechts

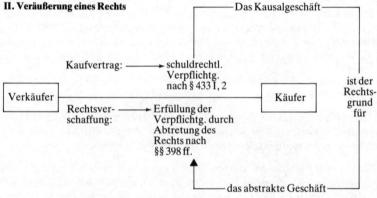

c) Das Abstraktionsprinzip

Wir haben eben gesehen, daß das deutsche Recht zwischen dem kausalen und dem abstrakten Rechtsgeschäft unterscheidet. Das abstrakte Rechtsgeschäft ist gültig, auch wenn das kausale Rechtsgeschäft Mängel aufweist. Beispiel: Die Übereignung einer Sache ist wirksam, auch wenn der Kaufvertrag nichtig ist; der Käufer bleibt trotzdem (zunächst) Eigentümer. Diese Trennung zwischen dem rechtlichen Schicksal des kausalen Rechtsgeschäfts und dem des abstrakten Rechtsgeschäfts entspricht dem „Abstraktionsprinzip". Es stammt aus dem römischen Recht und findet sich nicht in allen europäischen Rechtsordnungen. Mit dem Abstraktionsprinzip wollte der Gesetzgeber die Sicherheit des rechtlichen Güteraustausches erhöhen. In der heutigen Dogmatik versucht man, dies mit verschiedenen Begründungen zu durchbrechen (vgl. dazu die Ausführungen im Sachenrecht unten § 59 III).

Wichtig ist hier der Hinweis auf § 812 BGB. Eine ohne gültiges Kausalgeschäft erfolgte Vermögensverschiebung ist „ungerechtfertigt". Warum sollte auch der Käufer Eigentümer bleiben, wenn die rechtliche Verpflichtung des Verkäufers zur Übereignung entweder von vornherein etwa wegen der Gesetzwidrigkeit des Kaufvertrags nicht bestand oder nachträglich durch Anfechtung entfiel? Diese Situation bereinigt das Bereicherungsrecht mittels § 812 Abs. 1 S. 1. („Leistungskondiktion". Vgl. dazu im einzelnen unten § 56 II und das Schaubild *Abstraktionsprinzip*).

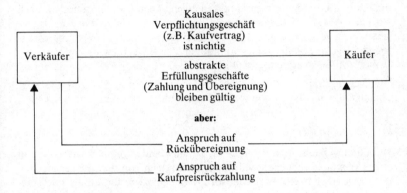

Abstraktionsprinzip

Abstraktionsprinzip: Trennung von Verpflichtungs- und Verfügungsgeschäft

Wiederholungsfragen zu § 9

Wie definieren Sie den Begriff des Rechtsgeschäfts? (§ 9 I 1)

Was versteht man unter einem einseitigen Rechtsgeschäft, welche Beispiele kennen Sie? (§ 9 II 2 a)

Was versteht man unter Verpflichtungs-, was unter Verfügungsgeschäft? (§ 9 II 4)

Was bedeutet das Abstraktionsprinzip? (§ 9 II 5 c)

§ 10 Der Vertrag

Lernhinweis: Das allgemeine Vertragsrecht gehört zu den grundsätzlichen Dingen; prägen Sie sich deshalb den nachfolgenden Abschnitt gut ein. Nach den einführenden Hinweisen über die Funktion des Vertrags wird der Vertragsschluß als solcher abgehandelt und vor allem das in der Praxis wichtige Recht der Allgemeinen Geschäftsbedingungen angesprochen.

I. Begriff und Funktion des Vertrags

1. Wesensmerkmale

Der Vertrag ist ein **Rechtsgeschäft**, bestehend aus **übereinstimmenden** wechselseitigen **Willenserklärungen zweier** (oder mehrerer) **Personen.** Ein Vertrag verkörpert somit die erklärte Willensübereinstimmung über die Herbeiführung eines bestimmten rechtlichen Erfolges. Die beiden sich deckenden Willenserklärungen nennt man „Antrag" (der Wirtschafts- und Laiensprachgebrauch benutzt häufiger den Begriff „Angebot") und **„Annahme".**

Beachten Sie, daß sich die „Mehrseitigkeit" des Rechtsgeschäfts nur auf das Zustandekommen bezieht, nicht aber auf den Inhalt: Der Vertrag ist ein zweiseitiges Rechtsgeschäft, kann aber inhaltlich einseitig oder beiderseits verpflichtend sein.

2. Die Vertragsfreiheit

Das Privatrecht bekennt sich zur Privatautonomie (siehe oben § 7). Das Gesetz geht im Prinzip von der Vertragsfreiheit aus. Sie ist die Konkretisierung der im Grundgesetz garantierten allgemeinen Handlungsfreiheit nach Artikel 2 Abs. 1 GG. Die einzelnen Rechtssubjekte sollen ihre Angelegenheiten eigenverantwortlich unter gegenseitiger Rücksichtnahme interessengerecht regeln. Staatliche Bevormundung durch Begrenzung der Vertragsfreiheit soll die Ausnahme bleiben.

Die Vertragsfreiheit umfaßt die sog. „Abschlußfreiheit" und die sog. „Inhaltsfreiheit" (hinzu kommt die Formfreiheit, vgl. dazu unten § 12).

a) Abschlußfreiheit

Hierunter versteht man die Freiheit zu entscheiden, **ob und mit wem** man einen Vertrag abschließen will (man spricht auch von der **„Eingehungsfreiheit"**). In einer freien Wirtschaftsordnung kann dem Grundsatz nach niemand verpflichtet werden, überhaupt oder mit bestimmten Personen einen Vertrag abzuschließen.

Davon gibt es Ausnahmen:

* Monopolstellungen können zum Kontrahierungszwang führen. So ist die Deutsche Bundespost zur Beförderung von Sendungen kraft Gesetzes verpflichtet, weil sie ein Monopol für diese Dienstleistungen besitzt. Ein faktisches Monopol genügt.
* Das Kartellrecht verbietet Liefer- oder Bezugssperren sowie die Diskriminierung von Unternehmen (§ 26 GWB).

b) Inhaltsfreiheit

Grundsätzlich ist es den Parteien überlassen, den Inhalt des Vertrags frei zu vereinbaren (man spricht auch von der **„Gestaltungsfreiheit"**). Diese Freiheit beinhaltet das Recht,

* vom Gesetz abzuweichen,
* andere Vertragstypen zu wählen, die das Gesetz gar nicht kennt, sowie
* die gesetzlichen Regelungen und Vertragstypen zu „kombinieren".

Aber: Die Inhaltsfreiheit besteht nur innerhalb des dispositiven Rechts! Zwingendes Recht steht „nicht zur Disposition" der Vertragspartner. An vielen Stellen bringt dies der Gesetzgeber durch den Gesetzeswortlaut zum Ausdruck („kann nicht", „ist nichtig"); an anderen Stellen wiederum muß der zwingende Charakter einer Regelung erst durch Auslegung ermittelt werden. Nahezu uneingeschränkte Vertragsfreiheit kennen wir im Schuldrecht als dem Recht des Leistungs- und Güteraustausches; eingeschränkt ist die Vertragsfreiheit im Sachenrecht, Familien- und Erbrecht. Zu den besonders einschneidenden Einschränkungen der rechtsgeschäftlichen Gestaltungsfreiheit durch § 134 (gesetzliches Verbot) sowie § 138 (Verstoß gegen die guten Sitten) vgl. unten § 13.

c) Bindungswirkung des Vertrags

Die Garantie der Vertragsfreiheit bedingt auf der anderen Seite die Bindung an die eingegangenen Verpflichtungen („pacta sunt servanda"). Eine einseitige Aufkündigung vertraglicher Verpflichtungen ist grundsätzlich nicht bzw. nur dort möglich, wo dies entweder vertraglich garantiert oder vom Gesetz gestattet ist (z. B. Kündigung bzw. Rücktritt, vgl. dazu vor allem im Schuldrecht den Abschnitt „Leistungsstörungen").

II. Der Abschluß des Vertrags

Ein Vertrag kommt zustande durch die Annahme des Antrags. Der Vertrag besteht demnach aus zwei sich deckenden Willenserklärungen (s. o.).

1. Das Angebot

a) Die Wesensmerkmale des Angebots

Das Vertragsangebot ist eine empfangsbedürftige Willenserklärung und wird deshalb erst mit seinem Zugang wirksam (wiederholen Sie die Übersicht oben nach § 8!).

b) Aufforderung zur Abgabe eines Angebots

Ein Angebot liegt nur vor, wenn der Anbietende seine Erklärung so konkretisiert hat, daß es lediglich noch von der Annahmeerklärung des Empfängers abhängt, ob der Vertrag zustande kommt oder nicht. Das kann in zwei Fällen zweifelhaft sein:

aa) Offerte ad incertas personas

Normalerweise gehört zur Konkretisierung des Angebots auch die Individualisierung des möglichen Vertragspartners. Das ergibt sich schon daraus, daß dem Anbietenden die Person des Vertragsgegners nicht gleichgültig sein kann. Auf der anderen Seite kann ein Angebot aber auch an die Allgemeinheit schlechthin („ad incertas personas") ergehen. Ob hier bereits ein bindendes Angebot gewollt ist, muß im Einzelfall durch Auslegung ermittelt werden.

Beispiel: Das Aufstellen eines Zigarettenautomaten beinhaltet das Angebot zum Abschluß von Kaufverträgen.

bb) Invitatio ad offerendum

Denkbar ist, daß jemand mit seiner Erklärung noch kein bindendes Angebot abgeben will, vielmehr durch die Erklärung andere zur Abgabe von Angeboten auffordern möchte. Man spricht in diesen Fällen von der „Aufforderung zum Angebot" (invitatio ad offerendum).

Beispiel: Die Ausstellung von Waren im Schaufenster; die Übersendung von Katalogen, Preislisten, Prospekten und ähnlichem an einen unbestimmten Empfängerkreis.

Der Unterschied liegt auf der Hand: Da dann nicht der Verkäufer, sondern der Kunde das Angebot macht, ist es dem Ladeninhaber freigestellt, dieses Angebot anzunehmen oder abzulehnen.

c) Bindung an das Angebot

aa) Grundsatz

Wer ein Vertragsangebot macht, ist nach § 145 BGB an dieses gebunden.

bb) Ausnahme

Die Bindung an das Angebot kann durch entsprechende Erklärungen ausgeschlossen werden.

Beispiele: Angebote mit dem Zusatz „freibleibend", „ohne obligo", „solange Vorrat reicht" und dergl.

d) Erlöschen des Angebots

Ein Angebot erlischt in zwei Fällen:

aa) Ablehnung

Der Antrag erlischt nach § 146, wenn er dem Antragenden gegenüber (ausdrücklich) abgelehnt wird. Auch die Ablehnung ist eine empfangsbedürftige Willenserklärung.

bb) Erlöschen durch Fristablauf

Das Angebot erlischt ferner nach §§ 146 ff. durch Versäumung der Annahmefrist (vgl. dazu unten 2 c).

e) Modifizierte Annahme

Nach § 150 Abs. 2 BGB gilt die Annahme eines Antrags „unter Erweiterungen, Einschränkungen oder sonstigen Änderungen" gleichfalls als **Ablehnung** (verbunden mit einem neuen Antrag, s. u.).

2. Die Annahme

a) Wesensmerkmale

Wie das Angebot, so ist auch die Annahme eine empfangsbedürftige Willenserklärung, mit der der Angebotsempfänger seine Zustimmung zum Vertragsabschluß erklärt.

b) Zugang der Annahmeerklärung

aa) Grundsatz

Als empfangsbedürftige Willenserklärung bedarf die Annahme zu ihrer Wirksamkeit des Zugangs beim Anbietenden.

bb) Ausnahmen

In Ausnahmefällen wird auf den Zugang verzichtet. Nach § 151 BGB kommt der Vertrag durch die Annahme des Antrags in zwei Fällen zustande, ohne daß die Annahme dem Antragenden gegenüber erklärt werden muß:

• wenn nach der **Verkehrssitte** eine solche Erklärung nicht zu erwarten ist.

Schulbeispiel: Die briefliche Bestellung eines Hotelzimmers; der Hotelier nimmt eine entsprechende Reservierung durch Vermerk in der Zimmerliste vor (deshalb wird § 151 auch als „Hotelzimmerparagraph" bezeichnet);

• wenn der Antragende auf eine solche Erklärung **verzichtet** hat.

Schulbeispiel: Die Annahme eines Schenkungsangebots.

Lernhinweis: § 151 BGB betrifft nicht den Fall des „Schweigens" auf eine Willenserklärung. Es wird lediglich auf den Zugang der Erklärung verzichtet. Auch § 151 BGB setzt mindestens einen entsprechenden Annahmewillen voraus, wenn auch dieser Wille nicht erklärt, sondern lediglich „betätigt" werden muß. Man spricht deshalb auch von einer bloßen „Willensbetätigung". Teilweise wird diese Willensbetätigung nicht als echte Willenserklärung angesehen, hinsichtlich ihrer Rechtsfolgen jedoch der Willenserklärung gleichgestellt (insbesondere beim Vorliegen von Willensmängeln ist auch im Fall des § 151 BGB eine Anfechtung nach §§ 119 ff. zulässig).

c) Die Annahmefrist

Ein Angebot muß rechtzeitig angenommen werden. Bei Versäumung der Frist erlischt der Antrag (§ 146 BGB, s. o.).

aa) Annahmefrist unter Anwesenden

Angebote, die gegenüber Anwesenden gemacht werden, können nur sofort angenommen werden; dies gilt auch bei telefonischen Angeboten (§ 147 Abs. 1 BGB – lesen!).

bb) Angebote gegenüber Abwesenden

Der einem Abwesenden gemachte Antrag kann nach § 147 Abs. 2 BGB nur bis zu dem Zeitpunkt angenommen werden, in welchem „der Antragende den Eingang der Antwort unter regelmäßigen Umständen erwarten darf". Es kommt also auf den jeweiligen Fall sowie die allgemeinen Gewohnheiten an. Kriterien dafür sind die Beförderungszeit des Angebots sowie die je nach konkreter Lage, Branche und Geschäftstypus dem Erklärungsempfänger einzuräumende Überlegungsfrist.

cc) Bestimmung einer Annahmefrist

Die in § 147 Abs. 2 BGB genannten Umstände können wegen ihrer begrifflichen Ungenauigkeit zu unerwünschten Schwierigkeiten führen. Diese lassen sich vermeiden, wenn der Anbietende für die Annahme des Antrags von vornherein eine Frist bestimmt. Nach § 148 BGB kann dann die Annahme nur innerhalb der gesetzten Frist erfolgen.

Beispiel: Verkäufer V in München macht seinem Geschäftspartner K in Hamburg mit Schreiben vom 20. Januar ein Angebot über die Lieferung einer bestimmten Ware. Wenn er keine Frist bestimmt, ist er an seinen Antrag solange gebunden, wie er mit dem Eingang der Antwort unter regelmäßigen Umständen rechnen darf. In Betracht zu ziehen sind die Zustellungsdauer von München nach Hamburg, eine dem Geschäftstypus in der betreffenden Branche angemessene Überlegungszeit einschließlich der Zeit für den „innerbetrieblichen Instanzenweg", die etwaige Berücksichtigung eines arbeitsfreien Wochenendes bzw. von Feiertagen sowie die Zeit für die Rücksendung der Antwort nach München. Wenn das Angebot von V selbst von weiteren Determinanten abhängt (Kursschwankungen, befristete Lieferzusagen anderer usw.), muß er mit sicheren Fristen operieren. Deshalb wird er seinerseits das Angebot befristen, etwa mit der Formulierung: „... Wir halten uns an unser Angebot bis zum 1. Februar, Ihre Antwort bei uns eingehend, gebunden".

d) Verspätete Annahmeerklärungen

Die verspätete Annahme eines Antrags **gilt** nach § 150 Abs. 1 BGB **als neuer Antrag.**

Beispiel: Würde im vorerwähnten Fall die Antwort des K erst nach dem 1. Februar bei V eingehen, wäre diese „Annahme" als Antrag aufzufassen mit der Folge, daß es nunmehr V freistünde, dieses Angebot anzunehmen oder nicht.

Ist die Annahmeerklärung rechtzeitig abgeschickt worden, beim Empfänger jedoch verspätet eingegangen, so ist § 149 BGB zu beachten: Mußte der Empfänger erkennen, daß ihm die Annahmeerklärung bei regelmäßiger Beförderung rechtzeitig zugegangen wäre, muß er die Verspätung dem Annehmenden unverzüglich (also „ohne schuldhaftes Zögern", vgl. § 121 BGB!) nach dem Empfang der Erklärung anzeigen. Verzögert er die Absendung der Anzeige, gilt die Annahme nach § 149 S. 2 als nicht verspätet; der Vertrag kommt also in diesem Fall trotz Versäumung der Annahmefrist zustande.

Beispiel: K in Hamburg hatte sofort nach Eingang des Angebots seine Annahmeerklärung postalisch nach München abgeschickt. Infolge eines lokalen Poststreiks wurde der Brief in München dem V erst am 3. Februar zugestellt. Durch einen Vergleich mit dem Poststempel hätte V leicht erkennen können, daß die Verspätung nicht von K, sondern durch die Unterbrechung der regelmäßigen Beförderung verursacht worden war. Hier muß V unverzüglich K von der Verspätung unterrichten, sonst kommt der Vertrag mit dem im Angebotsschreiben enthaltenen Inhalt zustande.

e) Modifizierte Annahmeerklärungen

Die Annahme kann nur in der Weise erfolgen, daß der Empfänger des Angebots vorbehaltlos zustimmt. Er muß **„ja"** sagen; ein **„Ja, aber"** ist keine Annahme. Die Annahme unter Erweiterungen, Einschränkungen oder sonstigen Änderungen gilt nach § 150 Abs. 2 BGB (lesen!) als **Ablehnung verbunden mit einem neuen Antrag.**

Beispiel: K schreibt an V zurück: „Wir nehmen Ihr Angebot an; der von Ihnen genannte Preis dürfte jedoch zwischenzeitlich durch die in den letzten Tagen eingetretene Marktlage überholt sein. Wir gehen deshalb davon aus, daß Sie mit einer Reduzierung des Preises von 10% einverstanden sind und bitten um Lieferung bis zum ...". In diesem Fall wird das Angebot von V durch K modifiziert. Das Schreiben des K gilt als Ablehnung verbunden mit einem neuen Antrag. Es liegt dann an V, ob er den Vertrag zu den von K genannten Bedingungen abschließen will oder nicht.

f) Schweigen auf ein Angebot

Ein Angebot kann entweder ausdrücklich oder stillschweigend angenommen werden. In jedem Falle ist jedoch das Vorliegen einer entsprechenden

Willenserklärung erforderlich. Gibt jemand keine Erklärung ab, „schweigt" er, so kommt der Vertrag **nicht** zustande (s. o.). Schweigen ist (von Ausnahmen abgesehen) weder Zustimmung noch Ablehnung; wer schweigt, gibt überhaupt keine Willenserklärung ab.

Merksatz: Schweigen bedeutet im Rechtsverkehr grundsätzlich keine Zustimmung (entgegen gelegentlicher Laienmeinung!).

g) Sozialtypisches Verhalten

Bei sog. „Massenverträgen" wird teilweise die Auffassung vertreten, vertragliche Beziehungen würden schon durch ein tatsächliches Verhalten (nämlich die Inanspruchnahme einer Leistung) zustande kommen.

Beispiele: Beförderungsverträge im öffentlichen Personenverkehr sowie die Inanspruchnahme der Leistung von Energieversorgungsunternehmen.

Hier wird die Auffassung vertreten, daß schon ein bestimmtes, „sozialtypisches Verhalten" (Besteigen der Eisenbahn, Inanspruchnahme der angebotenen Leistung) das Schuldverhältnis (über die Annahme eines **„faktischen Vertrags"**) begründet. Man kann all diese Fälle auch mit der herkömmlichen Dogmatik lösen: Der Vertrag kommt durch die im tatsächlichen Verhalten liegende Annahme des (durch die Bereitstellung zum Ausdruck gebrachten) Angebots zustande. Eine Schwierigkeit ergibt sich freilich: Bei Minderjährigen wäre der Vertrag (mangels Geschäftsfähigkeit, dazu s. u.) nicht wirksam abgeschlossen. Die Lehre vom sozialtypischen Verhalten würde den Vertragsabschluß auch bei der Leistungsinanspruchnahme durch Minderjährige begründen. Dies würde jedoch zu einer unerwünschten Durchbrechung des Minderjährigenschutzes führen.

Lernhinweis: Repetieren Sie nun noch einmal die verschiedenen Stationen des Vertragsabschlusses an Hand der Übersichtstabelle *Abschluß von Verträgen*.

3. Dissens beim Vertragsabschluß

Lernhinweis: Vertragsschluß setzt die Übereinstimmung von Angebot und Annahme voraus. Fehlt es daran, ist der Vertrag (noch) nicht zustandegekommen. Ob eine Einigung der Parteien zustandekam oder ein **„Einigungsmangel"** vorliegt, muß notfalls durch Auslegung der abgegebenen Erklärungen ermittelt werden. Das Gesetz differenziert beim Einigungsmangel (**„Dissens"**) danach, ob den Parteien der Einigungsmangel bewußt war oder nicht. Im ersten Fall spricht man vom „offenen Dissens", im zweiten Fall vom „versteckten Dissens". Verfolgen Sie die nachfolgenden Ausführungen an Hand des Gesetzes (§§ 154, 155 BGB), und repetieren Sie dann alles noch einmal durch das Studium der noch stärker untergliederten zusammenfassenden Übersicht *Dissens beim Vertragsschluß*.

a) Offener Dissens

aa) Begriff

Beim offenen Dissens **wissen die Parteien, daß** sie sich **noch nicht geeinigt** haben.

Abschluß von Verträgen

SPHÄRE DES ANBIETENDEN	SPHÄRE DES ANNEHMENDEN	RECHTSFOLGEN
bindendes Angebot	vorbehaltlose Annahme	Vertrag kommt zustande, wenn die beiden Willenserklärungen deckungsgleich sind
Aufforderung zur Abgabe eines Angebots	„Annahme"	Annahme ist selbst Angebot, das vom Auffordernden angenommen oder abgelehnt werden kann
freibleibendes Angebot	Annahme	Anbietender kann Vertragsschluß widersprechen
Angebot	verspätete Annahme	Angebot erlischt, Annahme gilt als neues Angebot
Angebot	modifizierte Annahme	Ablehnung, verbunden mit neuem Angebot
Gebot bei Versteigerung	Zuschlag des Versteigerers	Vertrag kommt (erst) mit Zuschlag zustande
Angebot	Schweigen	nur in Ausnahmefällen Zustimmung
Anbieten von Verkehrs- und Versorgungsleistungen im Massengeschäft	Inanspruchnahme durch sozialtypisches Verhalten bzw. konkludente Willenserklärung	„faktischer Vertrag"
Angebot	Parteien haben noch keine Einigung über alle Vertragspunkte erzielt und wissen dies	offener Dissens
	Parteien glauben irrtümlich, sich geeinigt zu haben	bei Mehrdeutigkeit der Erklärungen: versteckter Dissens
		bei Eindeutigkeit der Erklärungen: Irrtumsanfechtung

bb) Rechtsfolgen

Fehlt es an der Einigung über wesentliche Vertragsbestandteile, so ist bis zur Einigung noch kein Vertrag zustandegekommen. Haben sich die Parteien dagegen über vertragliche Nebenpunkte noch nicht einigen können, hängt es von der Auslegung ab, ob der Vertrag wenigstens hinsichtlich der erzielten Teileinigungen zustande gekommen ist.

Solche Situationen sind typisch bei längeren Vertragsverhandlungen zur Klärung zahlreicher Einzelfragen. In diesen Fällen greift die Auslegungsregel des § 154 BGB (lesen!) ein: Solange sich die Parteien nicht über alle Punkte des Vertrags geeinigt haben, über die nach der Erklärung auch nur einer Partei eine Vereinbarung getroffen werden soll, ist im Zweifel der Vertrag nicht geschlossen.

Beispiel: Unternehmer U führt mit der Firma F Vertragsverhandlungen, die nur langsam vorankommen. Über einige Fragen werden nach mehreren Sitzungen Übereinkommen erzielt. Eine entsprechende Niederschrift wird angefertigt. Die weiteren Verhandlungen geraten ins Stocken und scheitern schließlich. Die zuvor erzielte Teileinigung ist nach § 154 BGB im Zweifel nicht verbindlich.

Das Gesetz stellt dabei klar, daß die Verständigung über einzelne Punkte („Punktation") auch dann nicht bindend ist, wenn eine Aufzeichnung stattgefunden hat. Schließlich ist nach § 154 Abs. 2 im Zweifel ein Vertrag bei fehlender Beurkundung noch nicht zustandegekommen, wenn die Beurkundung des beabsichtigten Vertrages zuvor vereinbart wurde.

b) Versteckter Dissens

aa) Begriff

Ein versteckter Dissens liegt vor, wenn die Parteien **irrtümlich davon ausgehen, sich geeinigt zu haben.** Diese Tatbestände sind vom Irrtum abzugrenzen:

- Ist die **Erklärung,** auf die sich die Parteien geeinigt haben, **mehrdeutig** und wird sie von den Parteien unterschiedlich verstanden, liegt Dissens vor.
- Ist die **Erklärung** dagegen **eindeutig** und verbinden die Parteien mit ihr gleichfalls unterschiedliche Vorstellungen, so liegt ein Fall des Inhaltsirrtums vor (eine Partei mißt ihrer Erklärung einen abweichenden Bedeutungsgehalt bei).

Schulbeispiele:

- Ein Franzose und ein Belgier vereinbaren bei einem Vertragsschluß in Deutschland die Bezahlung einer Lieferung in „francs". Hier ist der Begriffsgehalt „franc" mehrdeutig; es könnten sowohl französische als auch belgische francs gemeint sein.
- Ein Franzose vereinbart in Belgien als Zahlungsform „francs". Der Belgier versteht darunter belgische, der Franzose französische francs. Die Erklärung ist in diesem Fall objektiv eindeutig (francs in Belgien sind belgische francs und keine französischen). Der Franzose irrt sich über den Bedeutungsgehalt seiner Erklärung und kann u. U. nach §§ 119 ff. anfechten.

bb) Rechtsfolgen

Bei den Rechtsfolgen eines versteckten Dissenses ist zu unterscheiden: Betrifft der Dissens wesentliche Vertragsbestandteile, so ist der Vertrag nicht zustandegekommen.

Betrifft der Dissens Nebenpunkte, so gilt die Auslegungsregel des § 155 BGB: Haben sich die Parteien bei einem Vertrag, den sie als geschlossen ansehen, über einen Punkt, über den eine Vereinbarung getroffen werden sollte, in Wirklichkeit nicht geeinigt, so gilt das Vereinbarte (nur), wenn anzunehmen ist, daß der Vertrag auch ohne eine Bestimmung über diesen Punkt geschlossen sein würde.

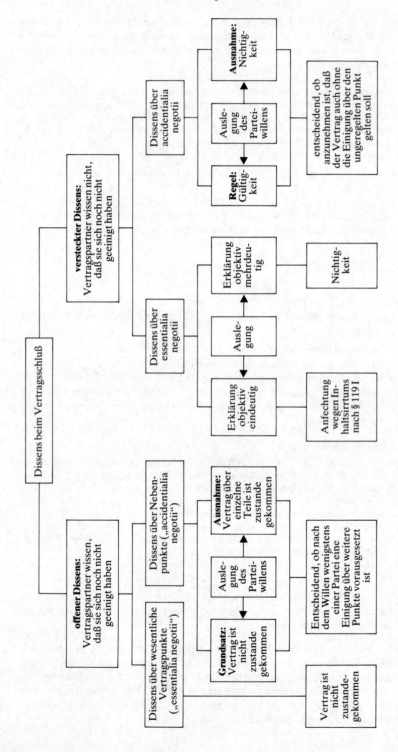

III. Vertragsschluß bei Verwendung Allgemeiner Geschäftsbedingungen

1. Begriff

Unter Allgemeinen Geschäftsbedingungen versteht man „alle für eine Vielzahl von Verträgen vorformulierten Vertragsbedingungen", die eine Vertragspartei (man bezeichnet diese als **Verwender**) der anderen Vertragspartei bei Abschluß eines Vertrages stellt (vgl. die Legaldefinition in § 1 AGB-Gesetz – lesen!). Dabei ist es gleichgültig, ob die Bestimmungen einen äußerlich gesonderten Bestandteil des Vertrages bilden oder in die Vertragsurkunde selbst aufgenommen werden. Es ist auch unerheblich, welchen Umfang sie haben, in welcher Schriftart sie verfaßt sind und welche Form der Vertrag hat.

2. Bedeutung und Funktion von Allgemeinen Geschäftsbedingungen

a) „Recht der Wirtschaft"

Allgemeine Geschäftsbedingungen (AGB) werden gelegentlich als „selbstgeschaffenes Recht der Wirtschaft" bezeichnet. Dies ist zumindest mißverständlich. Auch wenn sie faktisch eine „Ersatzrechtsordnung" darstellen, fehlt ihnen jeglicher Normcharakter. Sie werden nach § 2 AGB-Gesetz (AGBG) **erst durch die Einbeziehung beim konkreten Vertragsschluß wirksam.** Die Bedeutung Allgemeiner Geschäftsbedingungen für den Güteraustausch, wie für das Wirtschaftsleben schlechthin, ist erheblich. Man vergegenwärtige sich nur die Tatsache, daß fast auf allen Wirtschaftssektoren typisierte Bedingungen verwendet werden und damit die individuelle Vertragsfreiheit erheblich eingeschränkt ist.

b) Funktion

Stellt man Für und Wider gegenüber, läßt sich feststellen:

- Allgemeine Geschäftsbedingungen haben einen **Rationalisierungseffekt;** sie ermöglichen die Typisierung von Massenverträgen;
- sie enthalten eine **detaillierte Spezialregelung** auf Gebieten, die entweder vom Gesetzgeber gar nicht (Beispiel: Leasing-Verträge, Factoring) oder möglicherweise nur unvollständig geregelt sind (Beispiel: Darlehen);
- sie ermöglichen die rasche **Anpassung** der (vertrags-)rechtlichen Grundlagen **an den wirtschaftlichen und technischen Wandel;**
- **sie ermöglichen eine Kalkulierbarkeit** des Geschäftsrisikos (Erklärung des Eigentumsvorbehalts, Nachbesserung statt Wandelung bei Lieferung von Massenprodukten).

c) Verbraucherschutz

Freilich ergeben sich auf der anderen Seite Nachteile für den Vertragspartner: Da die AGB vom Verwender aufgestellt werden, ist die Gefahr einer Benachteiligung des Verbrauchers offensichtlich. Deshalb hat schon in früheren Jahren die Rechtsprechung und später der Gesetzgeber mit dem „Gesetz zur Regelung des Rechts der Allgemeinen Geschäftsbedingungen" vom 9.12.1976 Grenzen für die Anwendung von AGB aufgestellt.

3. Wirkungsweise von Allgemeinen Geschäftsbedingungen

a) Bezugnahme beim Vertragsschluß

Da AGB keine Rechtsnormen sind, somit nicht durch ihre bloße Existenz wirksam werden, müssen sie beim Vertragsschluß in die Willensübereinstimmung der Vertragspartner einbezogen werden. Nach § 2 AGBG werden AGB nur dann Bestandteil eines Vertrages, wenn folgende Voraussetzungen vorliegen:

aa) Ausdrücklicher Hinweis

Der Verwender muß bei Vertragsschluß die andere Vertragspartei ausdrücklich auf die AGB hinweisen.

Beispiel: Ein fettgedruckter Passus auf einem Bestellformular: „Hiermit bestelle ich unter Bezugnahme auf die umseitig abgedruckten Geschäftsbedingungen ..."

Lernhinweis: Ein Hinweis nach Vertragsabschluß etwa auf dem Lieferschein oder der Rechnung genügt dagegen nicht. Bezugnahmen auf Allgemeine Geschäftsbedingungen, die auf Rechnungen stehen, sind unbeachtlich.

Ausnahmsweise genügt der sichtbare Aushang am Ort des Vertragsabschlusses, wenn ein ausdrücklicher Hinweis nur unter unverhältnismäßigen Schwierigkeiten möglich ist (§ 2 Abs. 1 Nr. 1 2. Fall AGBG).

Beispiel: An Eingängen von bewachten Parkplätzen, Tiefgaragen und Autowaschanlagen finden sich häufig Schilder, die auf AGB hinweisen. Dies ersetzt den ausdrücklichen Hinweis.

bb) Möglichkeit zumutbarer Kenntniserlangung

AGB werden nur dann Bestandteil des Vertrages, wenn der Verwender der anderen Vertragspartei die Möglichkeit verschafft, in zumutbarer Weise von ihrem Inhalt Kenntnis zu nehmen.

Beispiel: Aushang im Kontor; bei besonders umfangreichen AGB, deren Lektüre längere Zeit in Anspruch nimmt, kann der Kunde die Aushändigung eines Exemplars verlangen.

cc) Zustimmung des Vertragspartners

Die Möglichkeit der Kenntniserlangung als solche genügt nicht. Als Selbstverständlichkeit muß hinzukommen, daß die Vertragspartei des Verwenders mit der Geltung der AGB einverstanden ist.

Beispiel: Der Kunde unterschreibt ein Bestellformular, das den ausdrücklichen Hinweis auf die AGB enthält.

b) Sonderregelung für Kaufleute

Die vorstehenden Erfordernisse aa) und bb) gelten gemäß § 24 AGBG nicht für Kaufleute. Der Gesetzgeber verzichtet auf den besonderen Schutz im Hinblick darauf, daß Kaufleute mit der Existenz und der Verwendung von AGB rechnen müssen.

Lernhinweis: Hier stellt sich ein Zusatzproblem: Häufig verwenden Kaufleute jeweils ihre eigenen Geschäftsbedingungen.

Was gilt, wenn bei einem Kaufvertrag Kaufmann V unter Bezugnahme auf seine Verkaufsbedingungen anbietet, Kaufmann K als Käufer unter Bezugnahme auf seine Einkaufsbedingungen akzeptiert? Unter Anwendung von § 150 Abs. 2 BGB gilt die Annahme als Ablehnung, verbunden mit einem neuen Angebot.

Die neuere Rechtsprechung ist um sachgerechte Lösungen bemüht: An sich liegt bei gegenseitiger Bezugnahme auf widersprüchliche AGB ein offener Dissens vor (§ 154 Abs. 1 BGB). Wird der Vertrag in beiderseitigem Einvernehmen jedoch ganz oder teilweise ausgeführt, ist nach BGHZ 61, 282 die Auslegungsregel des § 154 Abs. 1 BGB entkräftet. An die Stelle der nicht einbezogenen AGB tritt gem. § 6 Abs. 2 AGBG das dispositive Recht.

c) Vorausvereinbarungen

Zulässig sind Vereinbarungen, die im voraus für eine bestimmte Art von Rechtsgeschäften die Geltung bestimmter AGB vorsehen. Es müssen dann wenigstens bei der Rahmenvereinbarung die unter Buchstabe aa) und bb) genannten Erfordernisse erfüllt (ausdrücklicher Hinweis sowie Möglichkeit zumutbarer Kenntnisnahme) und der Vertragspartner einverstanden sein (vgl. § 2 Abs. 2 AGBG). Diese Regelung dient der **Vereinfachung:** Den Parteien wird es erspart, beim Abschluß neuer Verträge jeweils wieder unter Beachtung der strengen gesetzlichen Voraussetzungen die Anwendung der AGB zu vereinbaren.

Beispiel: Rechtsverhältnis des Bankkunden mit seiner Bank. Bei Eröffnung eines Kontos wird für die Zukunft die Anwendung der Bankbedingungen für alle künftig anfallenden Geschäfte vereinbart.

d) Überraschungsklauseln

Besonders schützt der Gesetzgeber den Vertragspartner vor ungewöhnlichen Klauseln. Es ist eine Erfahrungstatsache, daß kaum jemand die Geschäftsbedingungen im einzelnen studiert. Dazu hat er beim Vertragsabschluß in der Regel gar keine Zeit. Er muß darauf vertrauen können, daß in den AGB lediglich die „üblichen Dinge drinstehen".

Bestimmungen, die nach den Umständen, insbesondere nach dem äußeren Erscheinungsbild des Vertrags, so ungewöhnlich sind, daß der Vertragspartner des Verwenders mit ihnen nicht zu rechnen braucht, werden nach § 3 AGBG (lesen!) nicht Vertragsbestandteil.

Beispiel: Bei einem Kaufvertrag sehen die Geschäftsbedingungen des Verkäufers einen zusätzlichen, ungewöhnlich langen Wartungsvertrag vor.

e) Unklarheitenregel

Auch AGB bedürfen oft der Auslegung. Sie können widersprüchlich sein oder Fragen offenlassen. § 5 AGBG (lesen!) bestimmt, daß Zweifel bei der Auslegung Allgemeiner Geschäftsbedingungen zu Lasten des Verwenders gehen. Damit wird der Verbraucher geschützt; schließlich sind die Klauseln nicht von ihm, sondern vom Vertragspartner aufgestellt.

4. Inhaltskontrolle von Allgemeinen Geschäftsbedingungen

Allgemeine Geschäftsbedingungen verändern das dispositive Recht zum Nachteil des Vertragspartners, also des Verbrauchers, als dem wirtschaftlich Schwächeren. Sicher, es ist ihm unbenommen, den Vertragsschluß zu verweigern. Seine rechtliche Gleichberechtigung mit dem Verwender steht jedoch wirtschaftlich gesehen oft nur auf dem Papier. Man denke nur daran, daß der Verbraucher angesichts allgemein üblicher AGB gar keine Möglichkeit hat, seinen Bedarf zu anderen Bedingungen zu decken. Wichtigste Aufgabe für den Gesetzgeber war deshalb die Inhaltskontrolle von AGB: Mit ihr wird eine allzu gravierende Benachteiligung des Kunden vermieden.

Rechtstechnisch fährt der Gesetzgeber zweispurig: Er stellt zunächst eine Generalklausel auf, wonach solche Bestimmungen unwirksam sind, die den Vertragspartner unangemessen benachteiligen (§ 9 AGBG); dem fügt er einen Verbotskatalog besonders häufiger Benachteiligungen des Verbrauchers an (§§ 10, 11 AGBG). Beginnen Sie bei der Fallösung zunächst mit den speziellen Tatbeständen der §§ 10, 11 AGBG.

Lernhinweis: Beachten Sie, daß die enumerativ genannten Klauselverbote in §§ 10, 11 AGBG nicht für Kaufleute gelten. Das heißt aber nicht, daß unter Kaufleuten keine Inhaltskontrolle von AGB stattfindet! § 24 AGBG schließt nur §§ 10, 11 AGBG, nicht dagegen § 9 AGBG aus. Bei Verwendung von AGB gegenüber Kaufleuten muß also jeweils geprüft werden, ob eine unangemessene Benachteiligung vorliegt.

a) Generalklausel

Bestimmungen in AGB sind unwirksam, wenn sie den Vertragspartner des Verwenders „entgegen den Geboten von Treu und Glauben unangemessen benachteiligen" (§ 9 Abs. 1 AGBG – lesen!).

Eine unangemessene Benachteiligung ist regelmäßig anzunehmen in nachfolgenden zwei Fällen:

aa) Abweichung von wesentlichen Grundgedanken

Eine Bestimmung ist mit wesentlichen Grundgedanken der gesetzlichen Regelung, von der abgewichen wird, nicht zu vereinbaren.

bb) Einschränkung wesentlicher Rechte und Pflichten

Eine Bestimmung schränkt wesentliche Rechte oder Pflichten, die sich aus der Natur des Vertrags ergeben, so ein, daß die Erreichung des Vertragszwecks gefährdet ist.

b) Einzelne Klauselverbote

Besonders typische Benachteiligungsfälle enthalten die §§ 10, 11 AGBG. Lesen Sie diese Bestimmungen aufmerksam durch!

Lernhinweis: Die Lektüre zeigt, um was es bei AGB geht. Der Vertragspartner läuft bei nahezu allen Positionen des Leistungs- und Güteraustausches Gefahr, benachteiligt zu werden. Wenn Sie sich vergegenwärtigen (s. o.), daß die dispositive Regelung des Gesetzgebers an sich einen interessengerechten Ausgleich bezweckt, ist jede Abweichung davon zugleich eine Bevorzugung der einen und eine Benachteiligung

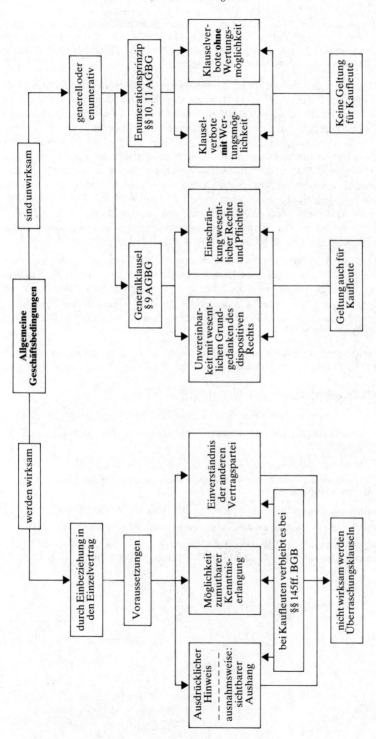

der anderen Partei. Ein reichhaltiger Rechtsprechungskatalog, der zu diesen Fragen ergangen ist, zeigt, daß die Versuche der Wirtschaftspraxis, „Gewinnmaximierung" durch günstige Vertragsgestaltung zu erzielen, häufig die auch im dispositiven Recht nicht mehr tolerierbare Grenze übersteigen.

Besonders deutlich wird dies bei der Frage der Gewährleistung. Das BGB räumt im Kauf- bzw. Werkvertragsrecht dem Kunden gewisse Mindestrechte ein. Beispielsweise hat der Käufer das Recht auf „Wandelung" (Rückgängigmachung des Kaufvertrags) oder „Minderung" (Herabsetzung des Kaufpreises), wenn die gelieferte Ware bereits zum Zeitpunkt der Übergabe mangelhaft war. Aus der Sicht des Produzenten und Lieferanten stören diese Rechte die Marktstrategie erheblich. Der Ausschluß gesetzlicher Gewährleistungsansprüche ist deshalb bei vielen Produkten, vor allem bei Markenartikeln und modernen Konsumobjekten, die Regel. Gäbe man dem Verbraucher dafür keinen Ersatz, wäre er weithin rechtlos. Dies wird auch von seiten der Wirtschaft eingeräumt: Statt Wandelung und Minderung wird kostenlose Nachbesserung („Garantie") geboten.

Das AGB-Gesetz bestimmt hierzu in § 11 Nr. 10 u. a.: „In Allgemeinen Geschäftsbedingungen sind Bestimmungen unwirksam, durch die bei Verträgen über Lieferungen neu hergestellter Sachen und Leistungen die Gewährleistungsansprüche gegen den Verwender einschließlich etwaiger Nachbesserungs- und Ersatzlieferungsansprüche ... ausgeschlossen ... werden".

Lernhinweis: Repetieren Sie nun noch einmal die gesamte Materie an Hand der Übersicht *Allgemeine Geschäftsbedingungen.*

Wiederholungsfragen zu § 10

Was versteht man unter Abschluß- und Inhaltsfreiheit? (§ 10 I 2)

Welcher Unterschied besteht zwischen einem Vertragsangebot und einer invitatio ad offerendum? (§ 10 II 1 b bb)

Wann erlischt ein Angebot? (§ 10 II 1 d)

Wie behandelt das BGB die verspätete, wie die modifizierte Annahme des Angebots? (§ 10 II 2 d, e)

Was versteht man unter dem offenen, was unter dem versteckten Dissens? (§ 10 II 3)

Welchen Rechtscharakter haben Allgemeine Geschäftsbedingungen? (§ 10 III)

Welche Grenzen setzt das Gesetz zur Regelung des Rechts der Allgemeinen Geschäftsbedingungen für die Zulässigkeit benachteiligender Klauseln? (§ 10 III 4)

3. Kapitel: Wirksamkeitsvoraussetzungen des Rechtsgeschäfts

§ 11 Die Geschäftsfähigkeit

Lernhinweis: Repetieren Sie zunächst oben § 4, den Abschnitt über die „Rechtssubjekte". Dort wurde die Geschäftsfähigkeit als Wirksamkeitsvoraussetzung bei der rechtsgeschäftlichen Handlungsfähigkeit des Menschen vorgestellt und als „Fähigkeit, im Rechtsverkehr wirksam Erklärungen abgeben zu können", definiert. Dabei wurde dargelegt, daß diese Fähigkeit insbesondere von bestimmten Altersstufen abhängig ist. Vergegenwärtigen Sie sich deshalb vorab noch einmal die oben bei § 4 II, 2 abgedruckte Übersicht.

Nach Durcharbeitung dieses Abschnitts müssen Sie den von der Geschäftsunfähigkeit bzw. beschränkten Geschäftsfähigkeit betroffenen Personenkreis nennen und die jeweils damit verbundenen Rechtsfolgen darlegen können.

I. Die Geschäftsunfähigkeit

Das Gesetz definiert nicht positiv, wer geschäftsfähig ist, sondern legt fest, wer geschäftsunfähig bzw. in der Geschäftsfähigkeit beschränkt ist. Es geht also von einem „Regel/Ausnahme-Verhältnis" aus und unterstellt, daß der Volljährige auch die für die Geschäftsfähigkeit erforderliche Reife und Verantwortung besitzt. Die Geschäftsfähigkeit verneint das Gesetz bei Minderjährigen, wenn diese bestimmte Altersstufen noch nicht erreicht haben. Bei Volljährigen hat das Betreuungsgesetz v. 1990 seit 1.1. 1992 eine neue Rechtslage geschaffen. **Lernhinweis:** Es ist gut, wenn der Student für eine gewisse Zeit auch noch die alte Rechtslage kennt!

1. Der betroffene Personenkreis

Geschäftsunfähigkeit liegt nach § 104 BGB in folgenden beiden Fällen vor:

a) Geschäftsunfähigkeit aus Altersgründen

Nach § 104 Ziff. 1 BGB ist geschäftsunfähig, wer nicht das 7. Lebensjahr vollendet hat (hier handelt es sich um einen Schulfall des „strengen Rechts", das keine Wertungsspielräume zuläßt, sondern streng auf eine bestimmte Altersstufe abstellt).

b) Geschäftsunfähigkeit wegen krankhafter Störung der Geistestätigkeit

Unabhängig vom Alter ist geschäftsunfähig, wer sich in einem die freie Willensbestimmung ausschließenden Zustand krankhafter Störung der Geistestätigkeit befindet (sog. „natürliche Geisteskrankheit"), sofern nicht dieser Zustand seiner Natur nach ein vorübergehender ist (§ 104 Ziff. 2). Daraus folgt, daß die Geschäftsunfähigkeit nur während des (notfalls festzustellenden und vor allem zu beweisenden) Zustandes der krankhaften

Geistesstörung besteht, nicht dagegen in sog. „lichten Augenblicken", in denen die freie Willensbestimmung nicht tangiert ist.

Beispiele: entsprechende Gemüts- und Nervenkrankheiten, krankhafte Eifersucht u. dgl.

Diese Art der Geschäftsunfähigkeit kann auch für einen bestimmten gegenständlich abgegrenzten Kreis von Geschäften zutreffen. Die Rechtsprechung hat dies z. B. für den sog. „Querulantenwahn" so entschieden.

Lernhinweis: Geschäftsunfähig waren vor Inkrafttreten des Betreuungsgesetzes solche Personen, die wegen Geisteskrankheit entmündigt wurden (§ 104 Ziff. 3 a.F. BGB). Die Entmündigung erfolgte durch Beschluß des Amtsgerichts. Mit dem Entmündigungsbeschluß stand die Geschäftsunfähigkeit unwiderleglich fest, auch wenn im Einzelfall die für ein bestimmtes Rechtsgeschäft erforderliche Einsichtsfähigkeit vorhanden war (die „lichten Augenblicke" nützten hier also nichts). Mit dem Betreuungsgesetz wurde das Entmündigungsverfahren abgeschafft und durch die Möglichkeit ersetzt, eine „Betreuung" anzuordnen (vgl. unten). § 104 Ziff. 3 BGB trat zum 1. 1. 1992 außer Kraft.

2. Rechtsfolgen

a) Willenserklärungen des in § 104 BGB genannten Personenkreises

Die Willenserklärung eines Geschäftsunfähigen ist nach § 105 Abs. 1 BGB **nichtig.** Es spielt im Gegensatz zu den Willenserklärungen von beschränkt Geschäftsfähigen auch keine Rolle, ob sie dem Geschäftsunfähigen einen rechtlichen Vorteil bringt oder nicht (beachten Sie den Unterschied zu § 107 BGB!).

b) Willenserklärungen gleichgestellter Personen

Nichtig ist auch eine Willenserklärung, die im Zustand der Bewußtlosigkeit oder vorübergehender Störung der Geistestätigkeit abgegeben wird (§ 105 Abs. 2 BGB).

Verständnisfrage: Worin liegt der Unterschied zwischen § 105 Abs. 2 und § 104 Ziff. 2 BGB? Antwort: Wer unter § 104 Ziff. 2 BGB fällt, ist (von den „lichten Augenblicken" abgesehen) dauernd geschäftsunfähig. § 105 Abs. 2 BGB betrifft hingegen solche Situationen, bei denen die betreffende Person volljährig und geschäftsfähig ist, sich jedoch vorübergehend (z. B. wegen Volltrunkenheit, Drogenrausch, Epilepsie und dgl.) im Zustand der Bewußtlosigkeit oder Störung der Geistestätigkeit befindet.

II. Die beschränkte Geschäftsfähigkeit

1. Der betroffene Personenkreis

Ein Minderjähriger, der das 7. Lebensjahr vollendet hat, ist bis zur Vollendung des 18. Lebensjahres in der Geschäftsfähigkeit beschränkt (§ 106 i. V. m. § 2 BGB).

Lernhinweis: Bis zum Inkrafttreten des Betreuungsgesetzes (also vor dem 1. 1. 1992) waren nach § 114 a.F. BGB den beschränkt geschäftsfähigen Minderjährigen solche (volljährigen) Personen gleichgestellt, die wegen folgender Tatbestände entmündigt worden waren: Geistesschwäche, Verschwendung, Trunksucht oder Rauschgiftsucht. Beschränkt geschäftsfähig war schließlich, wer unter vorläufige Vormundschaft gestellt worden war. Das Betreuungsgesetz hat § 114 BGB aufgehoben. An die Stelle der Entmündigung tritt die Betreuung. Beachten Sie: Die Betreuung kann mit einem „Einwilligungsvorbehalt" gekoppelt werden (vgl. unten III.). Die dann eintretenden Rechtsfolgen zeigen die Parallele zur beschränkten Geschäftsfähigkeit (vgl. unten).

2. Rechtsfolgen

Lernhinweis: Während ein Geschäftsunfähiger keinerlei rechtswirksame Erklärungen abgeben kann, ist der beschränkt Geschäftsfähige in bestimmten Fällen selbst in der Lage, wirksame Rechtsgeschäfte vorzunehmen. Darüber hinaus kann er mit Einwilligung bzw. Genehmigung seines gesetzlichen Vertreters Rechtsgeschäfte abschließen. Welche Rechtsfolge nun eintritt, macht das Gesetz von verschiedenen Gesichtspunkten abhängig. Es kommt zunächst darauf an, ob der Erklärende durch die Willenserklärung lediglich einen rechtlichen Vorteil erlangt. Von Bedeutung ist aber auch, ob er ein einseitiges Rechtsgeschäft tätigt oder Verträge abschließt. Machen Sie sich zunächst mit der Übersicht *Wirksamwerden von Rechtsgeschäften Minderjähriger* vertraut.

a) Zustimmungsfreie Rechtsgeschäfte

Aus § 107 BGB ist zu entnehmen, daß ein Minderjähriger Willenserklärungen wirksam abgeben kann, wenn er durch sie „**lediglich** einen **rechtlichen** Vorteil erlangt". Ist dies nicht der Fall, bedarf er der Einwilligung seines gesetzlichen Vertreters. Die Frage ist, wann ein lediglich rechtlicher Vorteil vorliegt.

Merke: Es kommt nicht auf den „wirtschaftlichen" Vorteil an, sondern darauf, ob der Minderjährige „rechtliche" Vorteile erlangt. Auch ein noch so lukratives Geschäft kann der Minderjährige allein nicht vornehmen, wenn er dadurch selbst Verpflichtungen eingehen würde.

Verpflichtungsgeschäfte sind dann für den Minderjährigen rechtlich vorteilhaft, wenn keine rechtsgeschäftlichen Verpflichtungen übernommen werden. Da gegenseitige Verträge immer auch Pflichten für den Minderjährigen bringen, scheiden solche Geschäfte von vornherein aus. Dagegen ist der Minderjährige in der Lage, einseitig – und zwar den Vertragspartner des Minderjährigen – verpflichtende Rechtsgeschäfte abzuschließen.

Schulfall: Die Annahme eines Schenkungsversprechens durch den Minderjährigen.

Verfügungsgeschäfte sind dann lediglich rechtlich vorteilhaft, wenn der Minderjährige nur Rechte erwirbt, nicht dagegen, wenn er (auch) Rechte verliert.

Schulfall: Annahme der Eigentumsübertragung.

Führt ein Rechtserwerb zu einer persönlichen Verpflichtung des Minderjährigen, ist das Rechtsgeschäft **nicht** lediglich rechtlich vorteilhaft.

Beispiel: Unentgeltliche Einräumung einer Gesellschafterstellung, die zur Haftung führt.

Den lediglich rechtlich vorteilhaften Geschäften werden diejenigen gleichgestellt, die dem Minderjährigen **keine rechtlichen Nachteile** bringen (sog. „**neutrale Geschäfte**"); auch hier ist der Minderjährigenschutz gewahrt.

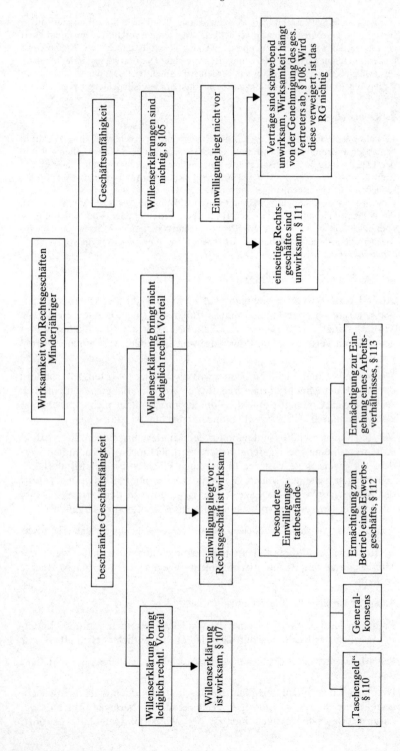

Schulfall: Jemand läßt sich beim Abschluß eines Kaufvertrages durch einen Minderjährigen vertreten. Dann gibt der Minderjährige zwar eine eigene Willenserklärung ab; verpflichtet wird aber nur der Vertretene (§ 164 Abs. 1 Satz 1 BGB). Den beschränkt Geschäftsfähigen treffen keine rechtlichen Nachteile, so daß seine Willenserklärung zustimmungsfrei ist (s. § 165 BGB).

Lernhinweis: § 107 BGB hat große praktische Bedeutung im Zusammenhang mit Rechtsgeschäften, die aus Gründen der Steuerersparnis innerhalb des Familienbereiches vorgenommen werden. Klassische Situation: Die Eltern möchten den Kindern im Wege der Schenkung bestimmte Einkunftsquellen übertragen. Dies wirkt sich wegen der Progression des Einkommensteuertarifs günstig aus. Da jedoch nach der Finanzrechtsprechung Rechtsgeschäfte mit Familienangehörigen u. a. nur dann anerkannt werden, wenn die jeweiligen Vorschriften des bürgerlichen Rechts beachtet wurden, kommt es entscheidend darauf an, wie dieses Rechtsgeschäft abgeschlossen wird. Ist der Vertrag zwischen den Eltern einerseits und dem Minderjährigen andererseits abgeschlossen, ist er nach BGB nur wirksam, wenn durch dieses Geschäft der Minderjährige einen lediglich rechtlichen Vorteil erlangt. Bei der Gründung von Gesellschaften mit Minderjährigen bzw. der Aufnahme von Minderjährigen in die bereits bestehende Familiengesellschaft erlangt der Minderjährige aufgrund gesellschaftsrechtlicher Haftung und sonstiger Verpflichtungen nicht lediglich rechtliche Vorteile. Er kann das Rechtsgeschäft also nicht allein abschließen. Vielmehr muß für ihn der gesetzliche Vertreter handeln. Da die Eltern als gesetzlicher Vertreter jedoch bereits Vertragspartner und nach § 181 BGB gehindert sind, als Vertreter des Minderjährigen Rechtsgeschäfte mit sich selbst abzuschließen (näheres dazu unten § 20), muß zusätzlich ein Ergänzungspfleger nach § 1909 BGB bestellt werden. Wird dies versäumt, kann das Rechtsgeschäft mangels Einhaltung bürgerlich-rechtlicher Vorschriften steuerrechtlich nicht anerkannt werden.

b) Zustimmungsbedürftige Rechtsgeschäfte

aa) Einseitige Rechtsgeschäfte

Bei einseitigen Rechtsgeschäften (z. B. bei einer Kündigung) benötigt der Minderjährige, um wirksam handeln zu können, die Einwilligung, also die vorherige (vgl. § 183 BGB!) Zustimmung seines gesetzlichen Vertreters. Liegt diese nicht vor, ist das einseitige Rechtsgeschäft nach § 111 BGB **unwirksam.** Eine nachträgliche Zustimmung kann den Mangel nicht heilen. Im Rechtsverkehr muß Klarheit bestehen. Es bleibt dann nur die Neuvornahme. Schwebezustände, wie sie der Gesetzgeber bei Verträgen, die von Minderjährigen abgeschlossen werden, in § 108 BGB vorsieht, sind bei einseitigen Rechtsgeschäften unerträglich.

Dieser Klarheit dient auch § 111 S. 2 BGB: Nimmt ein Minderjähriger (mit der Einwilligung des gesetzlichen Vertreters) ein solches Rechtsgeschäft vor, ist das Rechtsgeschäft dennoch unwirksam, wenn der Minderjährige die Einwilligung nicht in schriftlicher Form vorlegt und der Erklärungsgegner das Rechtsgeschäft aus diesem Grunde unverzüglich zurückweist.

bb) Verträge

Schließt ein beschränkt Geschäftsfähiger einen Vertrag ohne die erforderliche Einwilligung des gesetzlichen Vertreters, so **hängt** die **Wirksamkeit** des Vertrags gem. § 108 BGB **von der Genehmigung des Vertreters ab.** Der Vertrag ist insoweit „schwebend unwirksam". Der Vertragspartner des Minderjährigen kann zur Beendigung des Schwebezustands selbst beitragen, indem er den gesetzlichen Vertreter zur Erklärung über die Genehmigung auffordert. Nach § 108 Abs. 2 BGB kann dann die Genehmigung nur noch bis zum Ablauf von 2 Wochen nach dem Empfang der Aufforderung erklärt werden; wird sie nicht erklärt, gilt sie als verweigert. Das Geschäft ist dann endgültig unwirksam. Auch ist der Vertragspartner des Minderjährigen bis zur Genehmigung nach § 109 BGB zum Widerruf berechtigt, sofern ihm nicht die Minderjährigkeit bzw. fehlende Einwilligung bekannt war.

cc) *Generelle Einwilligungstatbestände*

(1) Taschengeldparagraph

Ein Minderjähriger kann nach § 110 BGB (lesen!) ohne Zustimmung des gesetzlichen Vertreters solche Verträge wirksam abschließen, bei denen er die vertragsmäßige Leistung mit Mitteln bewirkt, die ihm vom gesetzlichen Vertreter zu diesem Zwecke oder zur freien Verfügung oder mit Zustimmung des gesetzlichen Vertreters von einem Dritten überlassen worden sind. Man spricht insofern vom „Taschengeldparagraph". In der Überlassung des Taschengeldes liegt die konkludente Einwilligung. Wichtig ist eine Einschränkung (die aus dem Gesetzeswortlaut: „... Leistung ... bewirkt ..." deutlich wird): Der Taschengeldparagraph rechtfertigt keine Kredit- und Ratengeschäfte!

Beispiel: Minderjähriger M kauft eine Video-Anlage zum Preise von 3000 DM. 1000 DM zahlt er aus erspartem Taschengeld an, den Rest will er mit laufenden Taschengeldzahlungen bestreiten. Der Vertrag fällt nicht unter § 110 BGB; die Genehmigung des gesetzlichen Vertreters ist erforderlich. Aber: Sind von M bereits alle „Raten" bezahlt, ist die Leistung bewirkt und der Vertrag gültig.

(2) Der Generalkonsens

Die nach dem Minderjährigenrecht erforderliche Einwilligung kann auch generell erfolgen. Man spricht dann von einer Generaleinwilligung oder dem sog. „Generalkonsens". Er liegt vor, wenn einem Minderjährigen erlaubt wird, auf einem bestimmten Sektor Rechtsgeschäfte vorzunehmen. Es wäre lebensfremd, für jedes einzelne in diesem Bereich anfallende Rechtsgeschäft jeweils die Zustimmung des gesetzlichen Vertreters zu verlangen. Vielmehr wird unterstellt, daß der gesetzliche Vertreter mit der Gestattung eines bestimmten Tätigkeitsbereichs zugleich auch in alle damit notwendigerweise verbundenen Rechtsgeschäfte einwilligt.

Beispiel: Ein Internatsschüler darf am Internatsort Rechtsgeschäfte des täglichen Lebens abschließen, also Schulbücher kaufen usw.

(3) Partielle Geschäftsfähigkeit

(a) Die Handelsmündigkeit

Ein Fall des Generalkonsenses ist in § 112 BGB (lesen!) geregelt: Ermächtigt der gesetzliche Vertreter (mit Genehmigung des Vormundschaftsgerichts) den Minderjährigen zum „selbständigen Betrieb eines Erwerbsgeschäfts", so ist der Minderjährige für solche Rechtsgeschäfte unbeschränkt geschäftsfähig, welche der Geschäftsbetrieb mit sich bringt. Allerdings gilt dies nicht für solche Rechtsgeschäfte, zu denen der gesetzliche Vertreter die Genehmigung des Vormundschaftsgerichts benötigt.

Beispiel: Der „junge Geschäftsmann" kann Ein- und Verkäufe tätigen, Zahlungen veranlassen, Bank- und andere Verträge abschließen. Er kann aber keine Grundstücksgeschäfte tätigen oder Kredite aufnehmen (vgl. dazu §§ 1643, 1821 f.)

Praktischer Hinweis: Nach der Herabsetzung des Volljährigkeitsalters auf 18 Jahre hat diese Bestimmung weitgehend an Bedeutung verloren. Schon wegen der Schulpflicht dürfte es selten sein, daß noch nicht 18-Jährige bereits selbständige Erwerbsgeschäfte betreiben.

(b) Die Arbeitsmündigkeit

Einen weiteren Fall des Generalkonsenses nennt § 113 BGB (lesen!) bezüglich der Eingehung eines Dienst- oder Arbeitsverhältnisses: Ermächtigt der gesetzliche Vertreter den Minderjährigen, in Dienst oder in Arbeit zu treten, so ist der Minderjährige für solche Rechtsgeschäfte unbeschränkt geschäftsfähig, welche die Eingehung oder Aufhebung eines Dienst- oder Arbeitsverhältnisses der gestatteten Art oder die Erfüllung der sich aus einem solchen Verhältnis ergebenden Verpflichtungen betreffen.

Praktische Auswirkung: Die partielle Geschäftsfähigkeit erstreckt sich auch auf Rechtsgeschäfte, die mit der Erfüllung und Aufhebung des Vertragsverhältnisses zusammenhängen, also den gesamten Bereich der Vertragsabwicklung. Der Minderjährige ist deshalb zur Annahme des Lohns ermächtigt, er kann auch ein Gehaltskonto einrichten und Barabhebungen vornehmen, nicht dagegen Überweisungen tätigen oder sonstige Verfügungen über sein Arbeitseinkommen treffen. Weiter kann der Minderjährige kündigen, gekündigt werden, der Kündigung widersprechen sowie Ausgleichsquittungen erteilen und Vergleiche schließen (sofern die Rechtsgeschäfte nicht zum Nachteil des Minderjährigen wesentlich vom Üblichen abweichen). Wirksam ist auch der vom Minderjährigen erklärte Beitritt zu einer Gewerkschaft.

Abschließender Hinweis: Beachten Sie, daß der gute Glaube an das Bestehen der Geschäftsfähigkeit nicht geschützt ist! Es nützt also dem Geschäftspartner nicht, wenn er seinen minderjährigen bzw. sonst nicht voll geschäftsfähigen Gegenüber für volljährig bzw. voll geschäftsfähig hält.

III. Der Einwilligungsvorbehalt

Lernhinweis: Durch das Betreuungsgesetz wurde das Recht der Vormundschaft und Pflegschaft bei Volljährigen reformiert. Nach Durcharbeiten dieses Abschnitts sollten Sie in der Lage sein, angeben zu können, welche Beziehungen zwischen dem Betreuungsgesetz und den Rechtsinstituten der Geschäftsunfähigkeit bzw. der beschränkten Geschäftsfähigkeit bestehen.

Die Entmündigung wegen Geisteskrankheit mit der Folge der Geschäftsunfähigkeit und die Entmündigung wegen Geistesschwäche mit der Folge der beschränkten Geschäftsfähigkeit wurde durch das Betreuungsgesetz vom 12. 9. 1990 (BGBl. I S. 2002) mit Wirkung zum 1. 1. 1992 abgeschafft. An die Stelle dieser Rechtsinstitute tritt die **Betreuung**. Eine Vormundschaft gibt es bei Volljährigen nicht mehr. Statt dessen wird vom Vormundschaftsgericht gem. § 1896 BGB ein **Betreuer** für den Volljährigen bestellt, wenn er aufgrund einer psychischen Krankheit oder einer körperlichen, geistigen oder seelischen Behinderung seine Angelegenheiten ganz oder teilweise nicht besorgen kann. Der Betreuer hat die Stellung eines **gesetzlichen Vertreters** (§ 1902 BGB) in dem Aufgabenkreis, für den er bestellt ist. Im Gegensatz zur früheren Vormundschaft bei Volljährigen wird aber durch die Betreuung die Geschäftsfähigkeit nicht berührt. Das heißt: Ein Betroffener, der nicht schon gem. § 104 Ziff. 2 BGB geschäftsunfähig ist (sog. „natürliche Geschäftsunfähigkeit"), behält die Fähigkeit, Rechtsgeschäfte abzuschließen. Ausnahmsweise kann das Vormundschaftsgericht anordnen, daß der Betreute zu einer Willenserklärung, die den Aufgabenkreis des Betreuers betrifft, dessen Einwilligung bedarf (§ 1903 Abs. 1 S. 1 BGB; sog. **„Einwilligungsvorbehalt"**). Voraussetzung für die Anordnung des Einwilligungsvorbehalts ist, daß sie zur Abwendung einer erheblichen Gefahr für die Person oder das Vermögen des Betreuten erforderlich ist.

Rechtsfolgen der Anordnung des Einwilligungsvorbehaltes sind:

- Es gelten die Vorschriften der §§ 108 ff. BGB über die beschränkte Geschäftsfähigkeit entsprechend (§ 1903 Abs. 1 S. 2 BGB).
- Der Betreute bedarf jedoch der Einwilligung des Betreuers zu einer Willenserklärung nicht, wenn sie ihm lediglich einen rechtlichen Vorteil bringt oder wenn es sich um eine Willenserklärung handelt, die eine geringfügige Angelegenheit des täglichen Lebens betrifft und das Vormundschaftsgericht den Einwilligungsvorbehalt nicht auf solche Willenserklärungen ausgedehnt hat (§ 1903 Abs. 3 BGB).

Der Vorbehalt kann sich gem. § 1903 Abs. 2 BGB nicht erstrecken auf bestimmte höchstpersönliche Willenserklärungen (Eheschließung und Verfügungen von Todes wegen).

Hinweis: Trotz des Verweises auf die Vorschriften der §§ 108 ff. BGB bedeutet die Anordnung des Einwilligungsvorbehaltes nicht, daß der Betreute beschränkt geschäftsfähig ist. Die beschränkte Geschäftsfähigkeit bezieht sich auf alle Willenserklärungen, die von der betroffenen Person abgegeben werden, wohingegen der Einwilligungsvorbehalt nur bei solchen Willenserklärungen greift, die den Aufgabenkreis betreffen, für den der Betreuer bestellt wurde. Machen Sie sich die Zusammenhänge noch einmal anhand der Skizze „Die Einschränkung der Handlungsfähigkeit Volljähriger" klar.

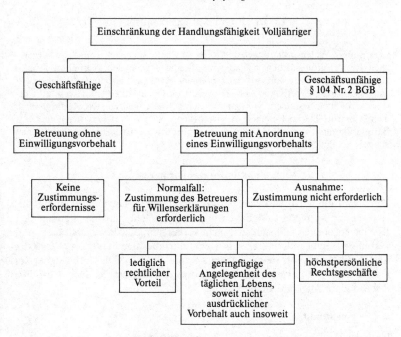

Wiederholungsfragen zu § 11

Welche Personen sind geschäftsunfähig und welche Konsequenzen hat dies? (§ 11 I)

Welche Personen sind beschränkt geschäftsfähig? (§ 11 II 1)

Unter welchen Voraussetzungen können beschränkt Geschäftsfähige wirksame Willenserklärungen abgeben? (§ 11 II 2 a)

Was versteht man unter einem Generalkonsens? (§ 11 II 2 b cc (2))

Fallen Kreditgeschäfte unter den Taschengeldparagraphen? (§ 11 II 2 b cc (1))

§ 12 Die Form des Rechtsgeschäfts

Lernhinweis: Willenserklärungen und Rechtsgeschäfte sind nach deutschem bürgerlichen Recht „grundsätzlich" (d. h.: soweit keine Ausnahmen eingreifen) formlos gültig. Entgegen einer weit verbreiteten Laienmeinung gilt also in der Regel bereits das gesprochene Wort. Aus wohlerwogenen Gründen schreibt das Gesetz in bestimmten Fällen besondere Formen vor, deren Nichteinhaltung das Rechtsgeschäft nichtig macht. Darüber hinaus ist es möglich, daß die Parteien (namentlich zur Beweissicherung) für die von ihnen abzugebenden Erklärungen die Formfreiheit abbedingen und Schriftform vereinbaren.

I. Funktionen des Formzwangs

Die Formfreiheit ist Ausdruck der Privatautonomie. Die Gültigkeit mündlicher Vereinbarungen und Erklärungen vereinfacht und beschleunigt den Rechtsverkehr. Es läßt sich aber nicht verkennen, daß damit auch Gefahren verbunden sind („schnell fertig ist (nicht nur) die Jugend mit dem Wort, das scharf sich handhabt wie des Messers Schneide ..."). Diesen begegnet der Gesetzgeber mit Formvorschriften als Ausnahmetatbeständen. Sie erfüllen insbesondere folgende Funktionen:

1. Die Warnfunktion

Unbedachte Worte sind schnell ausgesprochen. Vor Willenserklärungen mit schwerwiegenden Folgen will der Gesetzgeber den Rechtsgenossen warnen und ihn so vor Übereilung schützen. Dies ist z. B. der Grund, weshalb die Bürgschaftserklärung (§ 766 BGB – lesen!), die Abgabe eines Schenkungsversprechens (§ 518 Abs. 1 BGB – lesen!) oder die Verpflichtung zum Erwerb oder zur Veräußerung eines Grundstücks (§ 313 BGB – lesen!) die Einhaltung einer bestimmten Form erfordern.

2. Die Aufklärungsfunktion

In vielen Fällen ist sich der Erklärende der juristischen Zusammenhänge und Konsequenzen seines Handelns nicht bewußt. Hier will der Gesetzgeber durch die Einschaltung einer Beratungsinstanz auf Folgen und mögliche Gefahren der abzugebenden Erklärung aufmerksam machen. Dies trifft namentlich auf den Grundstückskaufvertrag (§ 313 BGB), die Güterverträge zwischen Ehegatten (§ 1410) sowie viele erbrechtliche Rechtsgeschäfte zu. In all diesen Fällen garantiert die notarielle Beurkundung eine neutrale Aufklärung durch den Notar als Organ der Rechtspflege.

3. Die Beweisfunktion

Die Einhaltung einer bestimmten Form dient stets auch der Beweissicherung. Was „schwarz auf weiß geschrieben steht, kann man (nicht nur) getrost nach Hause tragen", sondern auch in einem eventuellen Rechtsstreit durch die Vorlegung der entsprechenden Urkunde beweisen. Bei mündlichen Erklärungen dagegen müßte der (oft unzuverlässige) Zeugenbeweis angetreten werden. Bei Abmachungen unter vier Augen ist ein Prozeß nicht sehr erfolgversprechend, wenn der Erklärungsgegner (als Beklagter) die Äußerung bestreitet.

Rechtspolitischer Hinweis: Der Gesetzgeber hat aber nicht generell die Wirksamkeit etwa für „besonders bedeutende Geschäfte über große Vermögenswerte" von der Einhaltung einer Formvorschrift abhängig gemacht. Welchen Wert sollte er auch ansetzen? So kann ein Aktienpaket über mehrere Millionen DM durch ein kurzes telefonisches Gespräch rechtswirksam verkauft werden; der Kaufvertrag über einige wertlose Quadratmeter Ackerland dagegen muß vor dem Notar geschlossen werden.

II. Die verschiedenen Formtypen

Man unterscheidet die Schriftform, die öffentliche Beglaubigung und die notarielle Beurkundung. Der Allgemeine Teil des BGB sagt nur etwas darüber aus, welche Anforderungen an die einzelnen Formtypen gestellt werden. Wann die betreffende Form eingehalten werden muß, sagt das Gesetz jeweils bei den einzelnen Regelungskomplexen, z. B. im Schuld-, Sachen-, Familien- und Erbrecht.

Lernhinweis: Verschaffen Sie sich jetzt einen Überblick anhand der Übersicht *Formzwang und Formfreiheit im Privatrecht.*

Formzwang und Formfreiheit im Privatrecht

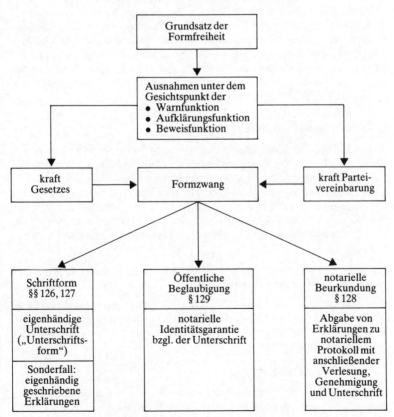

1. Schriftform

a) Gesetzliche Schriftform

Verlangt das Gesetz „schriftliche Form", muß die Urkunde (also die „verkörperte Erklärung") nach § 126 BGB (lesen!) von dem Erklärenden eigenhändig durch Namensunterschrift oder (bei Analphabeten) mittels notariell beglaubigten Handzeichens **unterzeichnet** werden. Nicht ist gefordert, daß die Erklärung selbst eigenhändig geschrieben wird (sonst hätte der Gesetzgeber bestimmt, daß die Erklärung „eigenhändig geschrieben und unterschrieben" werden muß, so z. B. beim handschriftlichen Testament nach § 2247 Abs. 1 BGB). Die normale Schriftform bedeutet also bloße **„Unterschriftsform"**. Zu beachten ist, daß die Eigenhändigkeit nicht mit „Höchstpersönlichkeit" gleichzusetzen ist: Schriftform wird also auch gewahrt, wenn die Erklärung durch einen Vertreter schriftlich abgegeben wird. Anders nur, wenn der Gesetzgeber ausdrücklich „Höchstpersönlichkeit" vorschreibt.

b) Rechtsgeschäftliche Schriftform

Die Parteien können die gesetzliche Schriftform nach § 127 BGB (lesen!) auch für solche Fälle einführen, für die der Gesetzgeber an sich Formfreiheit vorsieht. Dies ist namentlich bei umfangreichen Vertragswerken empfehlenswert (vgl. z. B. den Deutschen Einheitsmietvertrag). Hier liegt der Gedanke der Beweissicherung zugrunde: Die Parteien wollen abschließend festhalten, was endgültig verbindlich sein soll, unabhängig von den verschiedenen vorausgegangenen Verhandlungsstationen. Deshalb wird in der Regel ein Passus aufgenommen, wonach mündliche Nebenabreden nur gültig sein sollen, wenn sie schriftlich bestätigt werden.

2. Öffentliche Beglaubigung

Verlangt das Gesetz „öffentliche Beglaubigung", so muß nach § 129 Abs. 1 BGB (lesen!) die **Erklärung schriftlich** abgefaßt und die **Unterschrift** des Erklärenden von einem Notar **beglaubigt** werden. Die öffentliche Beglaubigung dient damit der Identitätskontrolle bzw. -garantie: Der Notar bestätigt, daß die Unterschrift auch tatsächlich von dem stammt, der sich vor dem Notar als Träger dieses Namens ausgewiesen hat. Öffentliche Beglaubigung schreibt das Gesetz häufig bei Erklärungen gegenüber Behörden vor.

Beispiele: Die Anmeldungen zu den öffentlichen Registern (Grundbuch, Handelsregister) bedürfen der öffentlichen Beglaubigung, vgl. §§ 29 GBO, 12 HGB.

Lernhinweis: Davon strikt zu trennen ist die behördliche Beglaubigung von Urkunden nach §§ 33 ff. Verwaltungsverfahrensgesetz. Beispiel: Beglaubigung der Abschrift eines Abiturzeugnisses, um die Übereinstimmung mit dem Original bei der Immatrikulation nachzuweisen.

3. Notarielle Beurkundung

Als strengste Form kennt das bürgerliche Recht die notarielle Beurkundung. Das Gesetz bringt in § 128 BGB nur Minimalia: Verlangt das Gesetz notarielle Beurkundung eines Vertrags, „so genügt es, wenn zunächst der Antrag und sodann die Annahme des Antrags von einem Notar beurkundet wird". Einzelheiten über die Beurkundung finden sich im Beurkundungsgesetz: Die Erklärung wird nach vorangegangener Beratung vor dem Notar abgegeben, von diesem niedergeschrieben, dem Erklärenden vorgelesen, von diesem genehmigt und unterschrieben sowie anschließend durch den Notar unterzeichnet. Als stärkste Form ersetzt die notarielle Beurkundung auch die öffentliche Beglaubigung sowie die Schriftform (§§ 126 Abs. 3, 129 Abs. 2).

Beispiele: Für besonders wichtige Rechtsgeschäfte schreibt das Gesetz notarielle Beurkundung vor, z. B. für den Grundstückskaufvertrag (§ 313 BGB), das Schenkungsversprechen (§ 518 Abs. 1 BGB) sowie die Güter- und Erbverträge (§§ 1410, 2276 BGB).

III. Rechtsfolgen bei Formverstößen

Die Nichtbeachtung der Form führt grundsätzlich zur Nichtigkeit des Rechtsgeschäfts. Ausnahmsweise ist zu prüfen, ob formnichtige Rechtsgeschäfte „geheilt" werden können.

1. Nichtigkeitsfolgen

Ein Rechtsgeschäft, bei dem die durch Gesetz vorgeschriebene Form nicht beachtet wird, ist nach § 125 S. 1 BGB (lesen!) **nichtig**. Dasselbe gilt nach § 125 S. 2 beim Nichtbeachten der durch Rechtsgeschäft bestimmten Form. Für den letzteren Fall sind jedoch zwei Einschränkungen zu machen:

a) Beweissicherung

Wollten die Parteien die vereinbarte Form nur als Mittel der Beweissicherung, nicht dagegen als Wirksamkeitsvoraussetzung, so ist die Nichteinhaltung der Form unschädlich.

Beispiel: Die Vertragspartner vereinbaren, daß Erklärungen schriftlich zu erfolgen haben und mit Einschreiben zuzustellen sind. Wird eine Erklärung zwar schriftlich abgegeben, die Zustellung jedoch nicht per Einschreiben, sondern durch normalen Brief bewirkt, berührt dieser Mangel die Wirksamkeit der Erklärung nicht, wenn der Zugang auf andere Weise bewiesen werden kann.

b) Aufhebung der gewillkürten Schriftform

Die Formvereinbarung kann auch – ausdrücklich oder stillschweigend – wieder aufgehoben werden. In einer mündlichen Nebenabrede kann möglicherweise zugleich die stillschweigende Aufhebung der Formabrede liegen.

Beispiel: Mieter und Vermieter unterzeichnen einen vorgedruckten Mietvertrag, der die Klausel enthält, daß mündliche Nebenabreden unwirksam sind. Nach Unterzeichnung erklärt sich der Vermieter mündlich bereit, wegen der dem Mieter obliegenden Renovierungskosten für die ersten drei Monate die Miete um die Hälfte zu ermäßigen. Später verlangt der Vermieter den vollen Mietzins. An seine mündliche Zusage hält er sich wegen mangelnder Schriftform für nicht gebunden. Mit Recht?

Antwort: Der Vermieter ist an seine Zusage gebunden, wenn sie wirksam ist. Die Parteien haben sich nach § 127 BGB vertraglich der Schriftform unterworfen. Verstöße dagegen würden nach § 125 S. 2 BGB im Zweifel zur Nichtigkeit der Erklärung führen. Es ist jedoch zu beachten, daß Vermieter und Mieter das Schriftformerfordernis jederzeit wieder aufheben können. Dies kann ausdrücklich oder stillschweigend erfolgen. Ob dies auch dadurch möglich ist, daß durch mündliche Abreden konkludent insoweit die Schriftform außer Kraft gesetzt wird, ist fraglich. Formfreie, insbesondere mündliche Absprachen sind gültig, wenn die Parteien dies übereinstimmend und eindeutig wollen. In der mündlichen Zusage des Vermieters, die Miete für die ersten drei Monate nachzulassen, kann insoweit der Verzicht auf Einhaltung des Schriftformerfordernisses liegen. Ist aber im formbestimmenden Rechtsgeschäft angeordnet, daß der rechtsgeschäftliche Formzwang nur durch formgebundene Erklärung aufgehoben werden darf, ist die formfreie Aufhebung des Formzwangs ausgeschlossen (so BGHZ 66, 381 f. für Kaufleute). Steht dieser Passus aber in Allgemeinen Geschäftsbedingungen, so ist gem. § 4 AGBG eine formfreie Aufhebung dennoch wirksam: Individualabreden gehen vor.

2. Gültigkeit trotz mangelnder Form

a) Heilung von Formverstößen

An sich sind Formverstöße unheilbar. In bestimmten Fällen sieht das Bürgerliche Gesetzbuch jedoch die „Heilung" nichtiger Verpflichtungsgeschäfte vor. Dies kann geschehen durch nachfolgende Erfüllung, Bestätigung sowie Umdeutung. Vergleiche dazu unten § 15.

b) Einschränkung der Formnichtigkeit durch Treu und Glauben

Aus Gründen der Rechtssicherheit müssen Formvorschriften auch dann zwingend gelten, wenn im Einzelfall Zweifel an ihrer Rechtfertigung auftauchen. In wenigen Ausnahmefällen hat die Rechtsprechung von einer Anwendung des § 125 BGB abgesehen und die Berufung auf die Formnichtigkeit des Rechtsgeschäfts verwehrt, wenn dies mit dem Grundsatz von Treu und Glauben (§ 242 BGB) nicht mehr zu vereinbaren war.

Dies gilt,

• wenn eine Vertragspartei die andere über die Formbedürftigkeit des Vertrags arglistig getäuscht hat (st. Rspr.);

• wenn der Formmangel auf fahrlässiger Unkenntnis beruht oder die an sich beabsichtigte formelle Bestätigung des Vertrags versehentlich unterbleibt und die Annahme der Nichtigkeit zu einem schlechthin untragbaren Ergebnis führen würde;

• wenn durch Art, Dauer und Umfang der Beschäftigung eines Angehörigen der Hofeigentümer zu erkennen gab, daß jener den Hof übernehmen soll (BGHZ 12, 286).

Wiederholungsfragen zu § 12

Welche Zwecke verfolgt der Gesetzgeber mit der Einführung von Formvorschriften? (§ 12 I)

Was versteht man unter der Schriftform? (§ 12 II 1)

Welche Rechtsfolge hat ein Verstoß gegen die vorgeschriebene Form? (§ 12 III 1)

Sind Fälle denkbar, wonach Rechtsgeschäfte trotz Formverstoß wirksam sind? (§ 12 III 2)

4. Kapitel: Mangelhafte Rechtsgeschäfte

Lernhinweis: Der nachfolgende Abschnitt beschäftigt sich mit der Nichtigkeit von Rechtsgeschäften und zeigt dabei die inhaltlichen Grenzen der privatautonomen Gestaltung auf. Daran anschließend werden die Willensmängel erörtert, insbesondere die Anfechtung von Willenserklärungen. Auch hier handelt es sich um in der Praxis wichtige und im Studium außerordentlich klausurrelevante Themen, so daß höchste Aufmerksamkeit geboten ist! Beachten Sie, daß der Gesetzgeber auf diesen Gebieten verschiedene Begriffe verwendet: Nichtigkeit, Unwirksamkeit, Anfechtbarkeit. Prägen Sie sich vorab ein:

- Bei der **Nichtigkeit** eines Rechtsgeschäfts treten überhaupt keine Rechtswirkungen ein.
- Bei der **Unwirksamkeit** (die der Gesetzgeber gelegentlich auch der Nichtigkeit gleichsetzt) kennt der Gesetzgeber zwei Begriffspaare: absolute und relative Unwirksamkeit (je nachdem, ob die Unwirksamkeit allen oder nur einzelnen Personen gegenüber wirkt) sowie die endgültige und die schwebende Unwirksamkeit (je nachdem, ob das Rechtsgeschäft durch Genehmigung geheilt werden kann).
- Bei der **Anfechtbarkeit** ist das Rechtsgeschäft weder nichtig noch schwebend unwirksam, sondern nur vernichtbar (durch Anfechtung).

Vergegenwärtigen Sie sich die unterschiedlichen Konstellationen vorab durch Lektüre der Übersicht *Fehlerhafte Rechtsgeschäfte*.

§ 13 Inhaltliche Grenzen privatautonomer Gestaltungsformen

Die Privatautonomie findet dort ihre Schranken, wo die Rechtssubjekte gegen elementare Prinzipien der Rechtsordnung verstoßen. Derartige Rechtsgeschäfte sind nichtig. Drei Fälle werden nachfolgend behandelt: Verstöße gegen gesetzliche Verbote, Veräußerungsverbote sowie Verstöße gegen die guten Sitten.

I. Gesetzliche Verbote

Nach § 134 BGB (lesen!) ist ein Rechtsgeschäft, das gegen ein gesetzliches Verbot verstößt, **nichtig,** sofern sich nicht aus dem Gesetz etwas anderes ergibt. Mit dieser Bestimmung macht der Gesetzgeber deutlich, daß die Befugnis der Rechtssubjekte, ihre Rechts- und Lebensverhältnisse in eigener Verantwortung frei zu gestalten, nur innerhalb der Zulässigkeitsgrenzen der Rechtsordnung besteht. Gesetz und Gerichte sind nicht die „Kindermädchen der Vertragspartner", wollen also keine Gängelung in dem Sinne, daß lediglich angemessene und wirtschaftlich zweckmäßige Vereinbarungen getroffen werden; wo jedoch die Rechtsordnung einen bestimmten Rechtserfolg verbietet, weil höherrangige Ordnungsprinzipien, Gerechtigkeitsvorstellungen und Schutznormen verletzt werden, kann dieser auch

Fehlerhafte Rechtsgeschäfte

anfechtbare Rechtsgeschäfte	nichtige Rechtsgeschäfte	schwebend unwirksame Rechtsgeschäfte
Kennzeichen: Anfechtungsgrund begründet nur die *Vernichtbarkeit* des Rechtsgeschäfts. Erst Anfechtungserklärung führt zur Nichtigkeit von Anfang an (§ 142 I).	**Kennzeichen:** Nichtigkeitsgrund *verhindert den Eintritt der* mit dem Rechtsgeschäft bezweckten *Rechtsfolgen*. Nichtigkeit tritt automatisch ein.	**Kennzeichen:** *Rechtsfolgen können noch nicht eintreten*, weil eine Wirksamkeitsvoraussetzung (insbes. Genehmigung) fehlt. Mit Genehmigung: Wirksamkeit von Anfang an (§ 184 I)
Beispiele: Inhaltsirrtum, § 119 I – – – – – – – – – – – – – Erklärungsirrtum, § 119 I – – – – – – – – – – – – – Eigenschaftsirrtum, § 119 II	**Beispiele:** Geschäftsunfähigkeit, §§ 104, 105 – – – – – – – – – – – – – Kenntnis des geheimen Vorbehalts, § 116 S. 2	**Beispiele:** Rechtsgeschäfte von beschränkt Geschäftsfähigen, §§ 107 ff.
Übermittlungsfehler, § 120	Scheingeschäft, § 117 I – – – – – – – – – – – – – Scherzerklärung, § 118	Rechtsgeschäfte des Vertreters ohne Vertretungsmacht, § 177
arglist. Täuschung, § 123 I – – – – – – – – – – – – – rechtswidrige Drohung, § 123 I	Formverstöße, § 125 – – – – – – – – – – – – – Gesetzesverstöße, § 134 – – – – – – – – – – – – – Sittenwidrigkeit, § 138	Selbstkontrahieren, § 181

nicht durch die willentliche Betätigung in Form eines Rechtsgeschäfts erreicht werden.

Die in § 134 BGB genannten „gesetzlichen Verbote" bringen den Verbotscharakter auf verschiedene Weise zum Ausdruck. Teilweise „verbietet" der Gesetzgeber ausdrücklich bestimmte Handlungen, stellt sie möglicherweise sogar unter Strafe; teilweise wählt er andere Formulierungen („darf nicht", „sind unzulässig", „ist unwirksam" und dgl.) und spricht damit sein Unwerturteil über die betreffende Handlung aus.

1. Auslegung des Normzwecks

Nicht jeder Verstoß gegen ein gesetzliches Verbot führt zur Nichtigkeit des Rechtsgeschäfts. § 134 BGB stellt vielmehr auf den Normzweck ab (nichtig ist das Rechtsgeschäft nur, „wenn sich nicht aus dem Gesetz ein anderes ergibt"). Ob das der Fall ist, muß für jede Verbotsvorschrift besonders festgestellt werden. Entscheidend sind Sinn und Zweck des Gesetzes, die durch Auslegung zu ermitteln sind. Zwei Fälle sind zu unterscheiden:

a) Mißbilligung des Inhalts

Wenn sich aus einem Verbotsgesetz ergibt, daß dieses den Inhalt des verbotswidrigen Rechtsgeschäfts mißbilligt, ist das Rechtsgeschäft nichtig.

Beispiele: Normen des Strafrechts (Hehlergeschäfte, Bestechung, Versprechen einer Belohnung für den Fall der Durchführung eines Kapitalverbrechens); Normen des Arbeitnehmerschutzrechts; Mieterschutzgesetze.

b) Mißbilligung der äußeren Umstände des Geschäftsabschlusses

Wenn sich aus dem Normzweck ergibt, daß die Verbotsnorm nicht so sehr den Inhalt mißbilligt, sondern die Art und Weise seines Zustandekommens, ist das Rechtsgeschäft gültig.

Beispiel: Die Ordnungsnormen des Gewerberechts (Verkauf nach Ladenschluß; Gaststättenausschank nach der Sperrstunde).

Hinweis: Eine weitere Differenzierung kann aus anderer Sicht erfolgen: Wendet sich der Verbotszweck gegen beide oder nur einen Teil(e) des Rechtsgeschäfts? Die Rechtsprechung schließt aus der Normrichtung auf den Normzweck: Richtet sich das Verbot gegen beide Teile, ist das Rechtsgeschäft regelmäßig nichtig. Richtet sich das Verbot dagegen nur gegen einen Partner, ist das verbotswidrige Rechtsgeschäft in der Regel gültig.

2. Umgehungsgeschäfte

Es ist unbestritten, daß die Nichtigkeitsfolgen des § 134 BGB auch auf Umgehungstatbestände anzuwenden sind. Bei diesen „Ersatzgeschäften" wählen die Parteien nicht die in der Verbotsnorm beschriebenen Formen, sondern weichen auf ähnliche Gestaltungen aus, die jedoch wirtschaftlich gesehen dieselben Absichten verfolgen, die nach der Aussage des Verbotsgesetzes gerade nicht verwirklicht werden sollen.

Beispiele:

• Den häufigsten Anwendungsfall der Umgehungsgeschäfte finden wir im **Steuerrecht.** Dort hat sich der Gesetzgeber sogar zu einer positiven Regelung entschlossen: „Durch Mißbrauch von Gestaltungsmöglichkeiten des Rechts kann das Steuergesetz nicht umgangen werden. Liegt ein Mißbrauch vor, so entsteht der Steueranspruch so, wie er bei einer den wirtschaftlichen Vorgängen angemessenen rechtlichen Gestaltung entsteht" (§ 42 AO).
• Umgehung von **Vorkaufsrechten** durch Ausweichen auf ähnliche Fallgestaltungen, die wirtschaftlich dasselbe Ergebnis erzielen und dadurch das Vorkaufsrecht vereiteln (statt Kaufvertrag Kombination eines unkündbaren Darlehens mit unkündbarer Gebrauchsüberlassung).
• Umgehung des **Kündigungsschutzes** durch Vereinbarung von Kettenarbeitsverträgen.

3. Praktische Anwendung

a) Zwingendes Recht

Privatautonomie und Vertragsfreiheit gelten nur im Rahmen des dispositiven Rechts. Zwingendes Recht fällt unter § 134 BGB. Es muß deshalb geprüft werden, ob nachgiebiges oder zwingendes Recht vorliegt. Hierbei ist zunächst die Gesetzessprache ein gewisser Anhaltspunkt. Verbotsgesetze werden in der Regel schon durch die Wortwahl charakterisiert: „Kann nicht", „ist unzulässig", „ist nicht übertragbar". Die Formel „soll nicht" deutet dagegen auf bloße Ordnungsüberlegungen ohne Nichtigkeitsfolge hin. Verstöße gegen die Strafgesetze führen jedoch in der Regel zur Nichtigkeit des Rechtsgeschäfts.

b) Einzelrechtsprechung

aa) Nichtigkeit haben die Gerichte angenommen bei Gesetzesverstößen in nachfolgenden Fällen:

- Unerlaubte Vermittlung von Arbeitskräften entgegen §§ 4, 13 ArbeitsförderungsG;
- Verzicht auf Urlaubsabgeltungsanspruch entgegen §§ 7 Abs. 4, 13 Abs. 1 S. 3 BUrlG;
- Vereinbarung einer auflösenden Bedingung zur Beendigung des Arbeitsverhältnisses mit weiblichen Arbeitnehmern im Fall der Eheschließung („Zölibatsklausel");
- Zusage, die Geldstrafe für zukünftige strafbare Handlungen zu übernehmen;
- Spielverträge mit Ortsansässigen entgegen der Spielbank-VO;
- Gesellschafterbeschluß über die Genehmigung einer gegen Bilanzvorschriften verstoßenden Bilanz (Lernhinweis: für AG und GmbH gelten die Sondervorschriften der §§ 256 ff. AktG – lesen!);
- Verstöße gegen das Kartellrecht (Einräumung von Sondervorteilen gegenüber einem Mitglied eines nach GWB nichtigen Kartells);
- Geschäftsbesorgungsverträge mit nicht zugelassenem Rechtsberater;
- Verträge über Schwarzarbeit;
- Gesellschaftsvertragliche Klauseln, wonach die Stimmabgabe in eigener Sache zulässig ist (Verstoß gegen den in §§ 34 BGB, 136 Abs. 1 AktG, 47 Abs. 4 GmbHG, 43 Abs. 6 GenG zum Ausdruck kommenden Rechtsgrundsatz);
- Verträge über die Zahlung von Schmiergeld (§ 12 UWG);
- Vereinbarung eines nachvertraglichen Wettbewerbsverbots mit Angestellten ohne Karenzentschädigung entgegen § 74 Abs. 2 HGB.

bb) Gültigkeit haben die Gerichte in nachfolgenden Fällen angenommen:

- Verletzung von gewerbe- und baupolizeilichen Vorschriften (Mietvertrag über baurechtlich unzulässige Nutzung ist gültig!);
- Vereinbarung, die Aufwendungen für eine bereits entrichtete Geldstrafe zu ersetzen;
- Verstöße gegen das Maklerrecht (fehlende Genehmigung nach § 34c GewO);
- Verstöße gegen § 1 UWG (weil dieser nur die Art und Weise des Zustandekommens, nicht aber den Inhalt des Rechtsgeschäfts mißbilligt).

II. Veräußerungsverbote

Lernhinweis: Es entspricht dem Grundsatz der Privatautonomie, daß jedes Rechtssubjekt frei über die ihm gehörenden Rechtsobjekte verfügen kann. Vorschriften, die dies einschränken, sind die Ausnahme. Das Gesetz spricht in §§ 135 f. BGB von

„Veräußerungsverboten", meint aber Verfügungsverbote: Erfaßt ist nicht nur die totale Veräußerung, sondern auch die Belastung sowie die Aufhebung und inhaltliche Veränderung eines Rechts (vgl. zur Definition der „Verfügungsgeschäfte" oben § 9). Die §§ 135 f. BGB sind schwer verständlich. Verschaffen Sie sich deshalb zunächst einen systematischen Überblick anhand der Übersicht *Veräußerungsverbote*. Danach unterscheiden wir (gegenüber jedermann wirkende) absolute Veräußerungsverbote und (nur einzelnen Personen gegenüber wirksame) relative Veräußerungsverbote. Das BGB spricht in den §§ 135, 136 nur die relativen Veräußerungsverbote an. Da jedoch die in § 135 genannten relativen Veräußerungsverbote selten sind, ist die unmittelbare Bedeutung von § 135 gering. Er erlangt aber praktische Bedeutung als Bezugsnorm für den auf ihn verweisenden § 136!

Absolute Veräußerungsverbote fallen unter § 134, Verstöße dagegen sind nichtig. Notfalls ist auch hier im Wege der Auslegung zu ermitteln, welche Art der Verfügungsbeschränkung gemeint ist.

Veräußerungsverbote

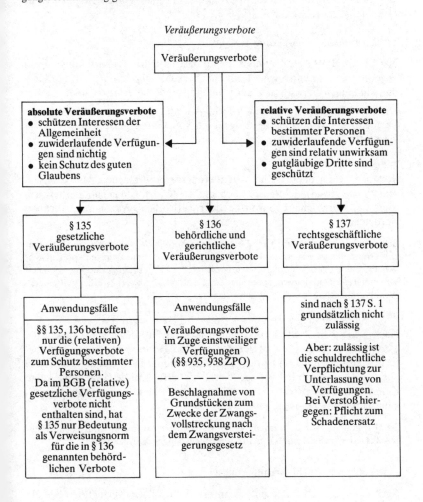

1. Absolute Veräußerungsverbote

Absolute Veräußerungsverbote dienen dem Schutze der Allgemeinheit und nicht nur dem einzelner Personen. Das Vertrauen dritter Personen in die Gültigkeit des getätigten Geschäfts ist nicht geschützt.

Absolute Veräußerungsverbote sind in unserer Wirtschaftsordnung selten (anders war es zu Zeiten staatlicher Bewirtschaftung nach dem Kriege).

2. Relative Veräußerungsverbote

a) Gesetzliche Veräußerungsverbote

Auch gesetzliche Veräußerungsverbote, die nur bestimmte Personen schützen (nur solche spricht § 135 BGB an), sind selten. Nach h. M. gibt es sie (jedenfalls) im BGB gar nicht.

b) Behördliche Veräußerungsverbote

Nach § 136 BGB (lesen!) finden die für das gesetzliche Veräußerungsverbot angeordneten Rechtsfolgen auch für Veräußerungsverbote Anwendung, die von einem Gericht oder einer anderen Behörde erlassen sind.

Dies betrifft insbesondere behördliche Anordnungen im Zuge einstweiliger Verfügungen sowie die Beschlagnahme von Grundstücken im Wege der Zwangsvollstreckung.

aa) Relative Unwirksamkeit

Verstöße gegen behördliche Veräußerungsverbote machen das Rechtsgeschäft nicht (total) nichtig; sie sind lediglich demjenigen gegenüber unwirksam, der durch die behördliche oder gerichtliche Verfügung geschützt werden soll.

Beispiel: X erwirkt gegen Y eine einstweilige Verfügung, die ihm untersagt, über eine streitbefangene Sache zu verfügen. Y verfügt trotzdem zugunsten von Z. Da es sich um ein relatives Veräußerungsverbot handelt, ist Z gegenüber der Allgemeinheit Berechtigter, nicht jedoch gegenüber X. Letzterer könnte (bei einer unbefugten Weiterveräußerung) auf Herausgabe klagen.

bb) Vertrauensschutz

Nach § 135 Abs. 2 BGB (und damit auch im Fall des § 136!) finden die Vorschriften „zugunsten derjenigen, welche Rechte von einem Nichtberechtigten herleiten", entsprechende Anwendung. Das bedeutet: Der gute Glaube wird geschützt – wer von der Verfügungsbeschränkung keine Kenntnis hatte, erwirbt so, wie wenn er von einem unbeschränkt Verfügungsbefugten erworben hätte.

Beispiel: Hatte Z von dem im Wege der einstweiligen Verfügung erlassenen Veräußerungsverbot keine Kenntnis, wird er auch gegenüber X Eigentümer.

3. Rechtsgeschäftliche Veräußerungsverbote

Nach § 137 S. 1 BGB (lesen!) kann die Befugnis zur Verfügung über ein veräußerliches Recht nicht durch Rechtsgeschäft ausgeschlossen oder beschränkt werden. Das Gesetz möchte verhindern, daß sich jemand selbst seiner rechtsgeschäftlichen Handlungsfähigkeit entäußert. Durch rechtsgeschäftliche Verbote soll es keine „res extra commercium" geben. Beachten Sie aber: Dieses Verbot gilt nur im Außenverhältnis. Nach § 137 S. 2 BGB (lesen!) ist es möglich, sich schuldrechtlich zur Unterlassung von Verfügungen zu verpflichten. Verstöße dagegen führen zu Schadenersatzansprüchen.

Beispiel: X kann sich Y gegenüber verpflichten, einen bestimmten Gegenstand nicht an die Konkurrenz des Y zu veräußern. X veräußert dennoch an den Y-Konkurrenten Z. Diese Veräußerung ist wirksam. X macht sich aber Y gegenüber schadenersatzpflichtig.

III. Sittenwidrigkeit

Lernhinweis: Das Privatrecht garantiert die Privatautonomie, also die Befugnis, die Lebensverhältnisse durch Rechtsgeschäft eigenverantwortlich zu gestalten. Diese Befugnis kann mißbraucht werden. Das Gesetz muß dies verhindern. Es ist nun aber unmöglich, alle denkbaren Mißbrauchsmöglichkeiten kasuistisch zu reglementieren. Der Gesetzgeber hat deshalb zum Mittel der Generalklausel gegriffen: Ein Rechtsgeschäft, das gegen die guten Sitten verstößt, ist nach § 138 BGB nichtig.

1. Begriff der guten Sitten

Mit der Wahl des Begriffs „gute Sitten" in § 138 BGB (lesen!) ist der Gesetzgeber bewußt „in die Generalklausel geflüchtet". Er hat es damit Rechtsprechung und Literatur überlassen, den Begriff zu konkretisieren (man spricht auch von „Delegationsnormen", weil insoweit Normsetzungsbefugnisse auf die Gerichte „delegiert" werden; nicht zu Unrecht werden derartige Generalklauseln auch als „ein Stück offengelassener Gesetzgebung" bezeichnet).

Unter Bezugnahme auf die Motive zum BGB definiert die Rechtsprechung den Begriff der guten Sitten als „das **Anstandsgefühl aller billig und gerecht Denkenden**". Auch diese Formel ist noch zu abstrakt; sie gibt aber zu erkennen, daß § 138 BGB durch Wertmaßstäbe auszufüllen ist, die aus den der Sittenordnung zugrundeliegenden Verhaltensgeboten folgen. Dabei sind heranzuziehen

- die der Rechtsordnung immanenten rechtsethischen Werte und Prinzipien,
- das im Grundgesetz verkörperte Wertesystem (einschließlich der Sozialstaatsklausel) sowie
- die herrschende Rechts- und Sozialmoral.

Es besteht Einigkeit darüber, daß dabei durchschnittliche Maßstäbe anzulegen sind und auch ein zeitlicher Wandel der Auffassungen zu berücksichtigen ist (typisch dafür ist die Entwicklung der Rechtsprechung zum sog. „Mätressentestament" und zur Schutzwürdigkeit des „Dirnenlohns").

Die Rechtsprechung hat durch Bildung von Fallgruppen eine Kasuistik der Sittenwidrigkeit erarbeitet (vergleichen Sie dazu auch die Übersicht *Inhaltliche Grenzen bei Rechtsgeschäften*). Das wucherische Rechtsgeschäft ist vom Gesetz in § 138 Abs. 2 BGB als Sonderfall erörtert. Im Regelfall setzt die Anwendung von § 138 voraus, daß beide Parteien gegen die guten Sitten verstoßen. Ein einseitiger Sittenverstoß genügt jedoch dann, wenn sich eine Partei in sittenwidriger Weise gerade gegen die andere Partei verhält.

2. Fallgruppen

a) *Monopolmißbrauch*

Die Ausnutzung einer Macht- oder Monopolstellung kann sittenwidrig sein. Die Verwerflichkeit liegt darin, daß der Vertragspartner infolge der Macht- oder Monopolstellung seines Geschäftsgegners in der freien Wahl des Partners beschränkt ist und deshalb keine andere Wahl hat, als sich den unangemessenen Vertrags- oder Lieferbedingungen des Geschäftsgegners zu unterwerfen.

Lernhinweis: Das Kartellrecht enthält in § 26 Abs. 2 GWB ein spezielles Diskriminierungsverbot.

b) *Knebelungsverträge*

Darunter versteht man Verträge, die die Freiheit des anderen Teils übermäßig beschränken. Die Sittenwidrigkeit liegt ebenfalls in dem verwerflichen Verhalten gegenüber dem Geschäftspartner.

Beispiel: Unangemessen langfristige Automatenaufstellungsverträge, langfristige Bierbezugsverpflichtungen ohne äquivalente Gegenleistung.

c) *Gläubigerbenachteiligung*

Sicherungsverträge, durch die sich ein einzelner Gläubiger zu Lasten anderer Geschäftspartner des Schuldners unangemessene Vorteile sichert, können gegen § 138 Abs. 1 BGB verstoßen. So hat die Rechtsprechung entschieden, daß die Globalzession zugunsten des Geldkreditgebers insoweit sittenwidrig ist, als sie in den verlängerten Eigentumsvorbehalt des Warenkreditgebers eingreift (vgl. dazu unten Sachenrecht § 66 VII).

d) *Schmiergeldverträge*

Die Beeinflussung der Willensentscheidung des Geschäftspartners durch Bestechung seiner Angestellten ist sittenwidrig.

e) *Verstoß gegen Standespflichten*

Verträge, die unter Verletzung von Standespflichten (der freien Berufe) abgeschlossen werden, können sittenwidrig sein.

Beispiel: Vereinbarung eines „Erfolgshonorars" mit dem Rechtsanwalt.

f) *Steuerhinterziehung*

Verträge, die mit Steuerhinterziehungsabsicht geschlossen wurden, sind sittenwidrig, wenn die Steuerhinterziehung Hauptzweck war.

g) *Verstöße gegen Ehe und Familie*

Rechtsgeschäfte, die gegen die Ehe- und Familienordnung verstoßen, können sittenwidrig sein, sie müssen es aber nicht. So hat die Rechtsprechung zum sog. „Mätressentestament" entschieden, daß die Einsetzung der Geliebten als Erbin nur in Ausnahmefällen sittenwidrig und damit nichtig ist (wenn dies „zur Belohnung oder Fortsetzung der ehewidrigen Beziehungen erfolgt").

h) Verleiten zum Vertragsbruch

Die Abwerbung von Angestellten und Geschäftspartnern des Konkurrenten kann sittenwidrig sein.

Lernhinweis: Nehmen Sie sich gelegentlich die Zeit, einmal im juristischen Seminar bei Palandt, § 138 die zahlreichen Beispiele und Gerichtsentscheidungen zu studieren; dies ist fast so spannend wie eine Sendung „Aktenzeichen XY-ungelöst".

3. Das wucherische Geschäft

Das wucherische Rechtsgeschäft wurde vom Gesetz als Sonderfall der Sittenwidrigkeit in § 138 Abs. 2 (lesen!) geregelt. Dieses hat eine objektive und eine subjektive Voraussetzung:

a) Mißverhältnis von Leistung und Gegenleistung

Objektiv setzt der Tatbestand des Wuchers voraus, daß die Leistung in einem auffälligen Mißverhältnis zur Gegenleistung steht. Ob dies zutrifft, ist für jeden Einzelfall anhand aller in Betracht kommenden Umstände zu prüfen. Das gilt auch für die Zinsen bei Darlehensgeschäften. Dabei ist der Begriff „Zinsen" weit auszulegen; alle Gebühren und Nebenkosten sind einzurechnen. Nach neuerer Rechtsprechung gilt für die Wuchergrenze folgende **Faustregel**: Ein auffälliges Mißverhältnis (und damit Sittenwidrigkeit) ist zu bejahen, wenn der Vertragszins den marktüblichen Effektivzins entweder **relativ um 100 Prozent oder absolut um 12 Prozent** übersteigt.

b) Ausnutzung der besonderen psychischen Situation des Geschäftspartners

Wucher setzt weiterhin voraus, daß der Geschäftspartner in einer bestimmten psychischen Situation handelt, die vom Geschäftsgegner ausgenutzt wird. Im einzelnen nennt das Gesetz:

- die Zwangslage,
- die Unerfahrenheit,
- das mangelnde Urteilsvermögen,
- die erhebliche Willensschwäche.

Beispiel: Schuldner S weiß weder ein noch aus. Er wendet sich an eine „Umschuldungs-Finanzierungs-GmbH" und erhält einen „Überbrückungskredit" von DM 50 000,– zu nachfolgenden Bedingungen: Zinssatz 5% pro Monat (!), Kreditbearbeitungs- und Vermittlungsgebühren 10% des Darlehensbetrags. Beide Voraussetzungen des wucherischen Geschäfts liegen vor: Hinsichtlich des Zinssatzes besteht ein auffälliges Mißverhältnis zwischen Leistung und Gegenleistung; der Schuldner befindet sich in einer Zwangslage, die von der GmbH ausgenutzt wird.

4. Rechtsfolgen der Sittenwidrigkeit

Sittenwidrige Rechtsgeschäfte sind nichtig. Entsprechend dem Abstraktionsprinzip ist in der Regel nur das schuldrechtliche Verpflichtungsgeschäft, nicht dagegen das Erfüllungsgeschäft nichtig. So ist die Eigentumsübertragung in der Regel wertneutral. Betrifft die Sittenwidrigkeit jedoch

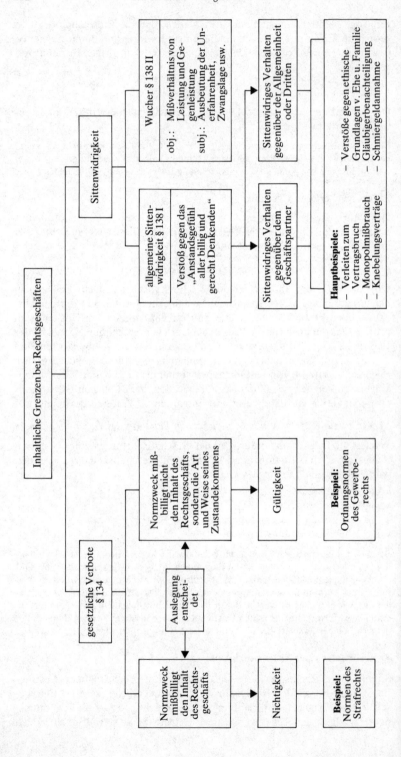

gerade die Güterordnung, ist auch das Erfüllungsgeschäft nichtig. Beachten Sie: Beim Sonderfall des Wuchers ist stets auch das Erfüllungsgeschäft des Bewucherten nichtig (dies ergibt sich aus der Formulierung des § 138 Abs. 2: „... versprechen oder gewähren läßt").

Steuerrechtlicher Hinweis: Nach § 40 AO ist es für die Besteuerung unerheblich, ob ein Verhalten, das den Tatbestand eines Steuergesetzes ganz oder zum Teil erfüllt, gegen ein gesetzliches Gebot oder Verbot oder gegen die guten Sitten verstößt. Mit anderen Worten: Das nichtige Rechtsgeschäft wird ebenso besteuert wie das gültige („pecunia non olet").

Beispiel: Die Zahlung von Bestechungs- und Schmiergeldern ist nach bürgerlichem Recht gesetz- und sittenwidrig. Trotzdem können die Gelder im Steuerrecht als Betriebsausgaben abgezogen werden. Voraussetzung ist, daß der Empfänger der Gelder benannt wird, damit bei ihm die Versteuerung derartiger Einkünfte sichergestellt werden kann.

Lernhinweis: Wiederholen Sie nun den ganzen Abschnitt noch einmal anhand der Übersicht *Inhaltliche Grenzen bei Rechtsgeschäften.*

Wiederholungsfragen zu § 13

Welche Konsequenzen hat es, wenn ein Rechtsgeschäft gegen ein gesetzliches Verbot verstößt? (§ 13 I)

Was versteht man unter einem Veräußerungsverbot, welche Fälle kennen Sie? (§ 13 II)

Gibt es gegenüber Veräußerungsverboten einen Vertrauensschutz? (§ 13 II 2 b bb)

Wann liegt bei Rechtsgeschäften ein Verstoß gegen die guten Sitten vor und welche Konsequenzen hat dies? (§ 13 III 1)

Welche Fallgruppen des Sittenverstoßes können Sie nennen? (§ 13 III 2)

Wie wird vom Gesetz das wucherische Geschäft definiert? (§ 13 III 3)

§ 14 Willensmängel

Die Willenserklärung besteht, wie wir gesehen haben, aus zwei Komponenten: dem Willen und seiner Äußerung. In der Regel wird die abgegebene Erklärung mit dem ihr zugrundeliegenden Willen übereinstimmen. Was aber gilt, wenn entweder im Bereich der Willensbildung oder im Zuge der Erklärungsabgabe „Störungen" auftreten? Der Gesetzgeber muß einen Kompromiß schließen zwischen dem verständlichen Interesse desjenigen, der eine Erklärung äußert, von der Willenserklärung „loszukommen", und dem Interesse des Erklärungsempfängers, der auf die Gültigkeit der ihm gegenüber geäußerten Erklärung vertraut.

Lernhinweis: Von „Willensmängeln" spricht man, wenn „gestörte Willenserklärungen" vorliegen. Der Gesetzgeber behandelt diese nicht einfachen Rechtsfragen in den §§ 116ff. BGB. Verschaffen Sie sich zunächst einen Orientierungsrahmen anhand der Übersicht *Willensmängel.* Sie erkennen daraus: Man muß verschiedene Kategorien unterscheiden. Manche Willensmängel führen unmittelbar zur Nichtigkeit (dem Erklärungsempfänger offengelegte Mentalreservation nach § 116 S. 2, Scheingeschäft nach § 117 Abs. 1, Scherzerklärung nach § 118), andere Willensmän-

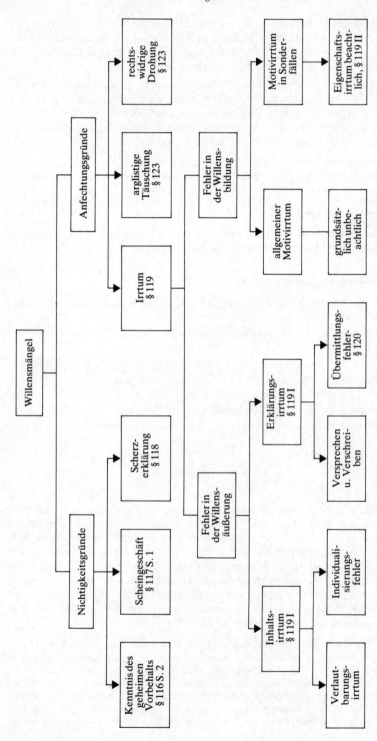

gel dagegen begründen lediglich die Anfechtbarkeit. Aus anderer Sicht kann man drei Fallgruppen von Willensmängeln unterscheiden:

- das **bewußte Abweichen** von Wille und Erklärung (so bei den Tatbeständen §§ 116–118 BGB),

- das **unbewußte Abweichen** von Wille und Erklärung (so im Falle des Irrtums nach § 119 BGB und bei § 120 BGB) sowie

- die **verwerfliche Beeinflussung** bei der Abgabe einer Willenserklärung (arglistige Täuschung und rechtswidrige Drohung nach § 123 BGB).

I. Die Interessenlage

Das BGB mußte eine Lösung finden, die sowohl dem Suspendierungsinteresse des Erklärenden wie auch dem Vertrauensinteresse des Erklärungsempfängers gerecht wird. Dabei standen zwei Extrempositionen zur Diskussion:

- die **Willenstheorie** (sie stellt allein auf das Interesse des Erklärenden ab; eine Willenserklärung, bei der sich Wille und Erklärung nicht decken, soll wirkungslos sein) und

- die **Erklärungstheorie** (sie stellt allein auf den Empfang der Erklärung beim Erklärungsempfänger ab; nach ihr ist die Willenserklärung auch dann verbindlich, wenn keine Kongruenz zwischen Wille und Erklärung besteht).

Der Gesetzgeber hat sich für keine der beiden Theorien entschieden, sondern einen Kompromiß gefunden:

1. Regel-Ausnahmeprinzip

Nicht jeder Willensmangel ist beachtlich. Grundsätzlich ist von der Gültigkeit einer Erklärung auszugehen („ein Mann, ein Wort"). Lediglich bei den vom Gesetz in §§ 116 ff. genannten Ausnahmetatbeständen wird zugunsten des Erklärenden entschieden. In den übrigen Fällen entscheidet der Gesetzgeber zugunsten des Erklärungsempfängers.

2. Anfechtbarkeit als Vernichtbarkeit

Bestimmte Willensmängel berechtigen zur Anfechtung. Die **Anfechtbarkeit** ist aber **nicht identisch mit** der **Nichtigkeit** der Erklärung. Sie begründet lediglich die Möglichkeit, durch Anfechtungserklärung nach § 143 BGB (lesen!) die geäußerte Willenserklärung rückwirkend „zu vernichten". Wird etwa die Anfechtungsfrist versäumt, so ist das zuvor anfechtbare Geschäft endgültig wirksam.

3. Schadenersatzpflichten

Der Erklärungsempfänger ist weiter geschützt: Wird sein Vertrauensinteresse in den Bestand einer Willenserklärung dadurch verletzt, daß der Gesetzgeber die abgegebene Erklärung wegen Willensmängeln „suspendiert" (so bei der Nichtigkeit einer Scherzerklärung bzw. bei der Anfechtung wegen Irrtums), so kann er nach § 122 BGB (lesen!) Schadenersatz verlangen. Der Erklärende muß den Schaden ersetzen, den der Erklärungsempfänger dadurch erleidet, daß er auf die Gültigkeit der Erklärung vertraut hat (sog. „Vertrauensschaden").

4. Minimalbestandteile der Willenserklärung

Die Frage der Willensmängel stellt sich erst, wenn die Mindestbestandteile einer Willenserklärung vorliegen. Auch „gestörte Willenserklärungen" setzen voraus, daß überhaupt Willenserklärungen abgegeben wurden. Fehlt es schon daran, braucht die Frage nach Willensmängeln nicht weiter verfolgt zu werden. Oben haben wir gesehen, daß die Willenserklärung im subjektiven Bereich den Handlungswillen, das Erklärungsbewußtsein und den Geschäftswillen beinhaltet. Obwohl im einzelnen vieles strittig ist, kann hier (noch einmal) festgehalten werden:

a) Fehlender Handlungswille

Eine Willenserklärung liegt nur vor, wenn dem äußeren Erklärungstatbestand ein Handlungswille entspricht (s. o.). Fehlt es daran, liegt schon gar keine Willenserklärung vor.

Beispiele: Reflexbewegungen im Schlaf, Erklärungshandlungen unter Hypnose.

b) Erklärungsbewußtsein

In der Regel wird sich der Erklärende der rechtsgeschäftlichen Bedeutung seiner Erklärung bewußt sein. Was aber gilt für den Ausnahmefall, daß es am Erklärungsbewußtsein fehlt? Bereits oben wurde darauf hingewiesen, daß nach neuerer Rechtsprechung (BGHZ 91,324 ff.) das Erklärungsbewußtsein keine konstitutive Voraussetzung der Willenserklärung ist. Nach dieser (von der Rechtsprechung vertretenen und damit für die Praxis maßgebenden) Auffassung setzt die Willenserklärung (nur) voraus, daß für den Erklärungsempfänger das Erklärte als Ausdruck eines bestimmten Rechtsfolgewillens – Erklärungsbewußtseins – erscheint und der Erklärende dieses auch bei der Anwendung der pflichtgemäßen Sorgfalt erkennen konnte.

Schulbeispiele: Bei der „Trierer Weinversteigerung" werden Gebote durch Handaufheben abgegeben; ein mit diesen Gebräuchen nicht Vertrauter hebt die Hand, um einen hinter dem Auktionator stehenden Bekannten zu grüßen.

Ein Belegschaftsangehöriger unterschreibt eine Liste in der Annahme es handle sich um ein Glückwunschschreiben bzw. eine Protestresolution; in Wirklichkeit hat er seine Unterschrift unter eine Sammelbestellung gesetzt.

In diesen Fällen ist zurechenbar der Anschein einer Willenserklärung gesetzt worden. Doch besteht die Möglichkeit der Anfechtung entsprechend § 119 Abs. 1 BGB.

c) Geschäftswille

Die Willenserklärung beinhaltet zusätzlich den Geschäftswillen. Fehlt dieser, weil objektiv etwas anderes erklärt wird, als der Erklärende subjektiv bezweckt, so liegt gleichwohl eine Willenserklärung vor, weil der Geschäftswille als solcher nicht konstitutive Voraussetzung der Willenserklärung ist. Die Inkongruenz zwischen objektiv Erklärtem und subjektiv

Gewolltem ist nach § 119 BGB zu beurteilen und kann (muß aber nicht) zur Anfechtbarkeit der Willenserklärung führen.

Lernhinweis: Im nachfolgenden werden die einzelnen Kategorien der Willensmängel dargestellt. Wegen der grundsätzlichen Wichtigkeit (auch im Hinblick auf Klausuren) müssen Sie diesen Abschnitt mehrfach durcharbeiten. Ziel sollte es sein, daß Sie die einzelnen Fälle der Willensmängel darstellen, erklären und dazu jeweils ein Beispiel nennen können.

II. Bewußte Divergenz von Wille und Erklärung

Kennzeichen dieser Willensmängel ist, daß der Erklärende bewußt etwas anderes äußert, als er tatsächlich will. Das Gesetz behandelt den geheimen Vorbehalt (§ 116 BGB), das Scheingeschäft (§ 117 BGB) sowie die Scherzerklärung (§ 118 BGB). Wer bewußt eine Divergenz zwischen Wille und Erklärung provoziert, ist an sich nicht schutzbedürftig und deshalb an die Erklärung gebunden (so beim einseitigen geheimen Vorbehalt, § 116 S. 1 BGB). Nichtig sind derartige Erklärungen nur dann, wenn der Erklärungsempfänger „eingeweiht" ist und deshalb nicht oder weniger schutzbedürftig ist.

Lernhinweis: Lesen Sie unter diesem Gesichtspunkt zunächst die §§ 116, 117 BGB.

1. Geheimer Vorbehalt

Ein geheimer Vorbehalt liegt vor, wenn der Erklärende sich insgeheim vorbehält, das Erklärte nicht zu wollen (man spricht auch von der **„Mentalreservation"**).

a) Einseitiger Vorbehalt

Der einseitige geheime Vorbehalt ist nach § 116 S. 1 BGB (lesen!) unbeachtlich. Das heißt: Die abgegebene Erklärung ist gültig. Man spricht in diesen Fällen auch vom „bösen Scherz". § 116 S. 1 BGB gibt eine Selbstverständlichkeit wieder, ohne die keine Verläßlichkeit im Rechts- und Wirtschaftsverkehr bestehen würde. Wer bewußt etwas anderes erklärt als er wirklich will, muß an seiner Erklärung festgehalten werden können.

Beispiel: Ein Vertragspartner, der, bei welcher Gelegenheit auch immer, ein Angebot abgibt, ist an dieses gebunden, auch wenn er „nur aus Jux" oder Böswilligkeit handelt.

b) Erkannter Vorbehalt

Nach § 116 S. 2 BGB (lesen!) ist die Erklärung nichtig, wenn sie einem anderen gegenüber abzugeben ist und dieser den Vorbehalt kennt. In diesen Fällen besteht kein schutzwürdiges Vertrauensinteresse des Erklärungsempfängers.

2. Das Scheingeschäft

Beim Scheingeschäft werden Willenserklärungen mit dem Einverständnis des Erklärungsempfängers nur zum Schein abgegeben (man spricht auch vom **„Simulationsgeschäft"**).

a) Nichtigkeit des Scheingeschäftes

Wird eine Willenserklärung, die einem anderen gegenüber abzugeben ist, mit dessen Einverständnis nur zum Schein abgegeben, so ist sie nach § 117 Abs. 1 BGB (lesen!) nichtig.

Beispiel: Wenn bei Grundstücksveräußerungen im Hinblick auf die Vermeidung einer höheren Grunderwerbsteuer vor dem Notar ein Vertrag mit falschem Kaufpreis beurkundet wird (sog. **„Schwarzkauf"**), ist dieser Vertrag nach § 117 Abs. 1 BGB nichtig, weil die Parteien sich einig sind, die „offiziell" abgegebenen Erklärungen in Wirklichkeit nicht zu wollen. Es liegt ein klassisches Scheingeschäft vor.

b) Gültigkeit des verdeckten Geschäfts

Nicht selten wird mit dem Scheingeschäft ein anderes, wirklich gewolltes Rechtsgeschäft verdeckt. Nach § 117 Abs. 2 BGB (lesen!) finden in diesem Fall die für das verdeckte Rechtsgeschäft geltenden Vorschriften Anwendung.

Beispiel: Beim **„Schwarzkauf"** wird durch die Beurkundung des Kaufvertrags mit niedrigerem Kaufpreis der in Wirklichkeit gewollte Kaufvertrag mit höherem Kaufpreis verdeckt. Die Rechtsgültigkeit des verdeckten Geschäfts bestimmt sich nach den Regeln über den Grundstückserwerb. Diese sehen in § 313 Satz 1 BGB die Notwendigkeit notarieller Beurkundung vor. An dieser fehlt es (beurkundet wurde ja nur der Vertrag mit dem niedrigeren Kaufpreis). Deshalb ist das verdeckte Rechtsgeschäft wegen Formmangels nichtig, § 125 BGB.

Lernhinweis: Für den „Schwarzkauf" ist auf § 313 Satz 2 BGB hinzuweisen! Danach wird der Formmangel geheilt, wenn der Erwerber als Eigentümer im Grundbuch eingetragen wird. Damit hat der Käufer sein Ziel erreicht; er ist Eigentümer geworden, obwohl der beurkundete Kaufvertrag als Scheingeschäft nichtig, der verdeckte Kaufvertrag mangels Beurkundung formnichtig ist.

3. Die Scherzerklärung

Als Scherzerklärung bezeichnet man die nicht ernstlich gemeinte Willenserklärung. Im Unterschied zum geheimen Vorbehalt hofft der Erklärende, die mangelnde Ernstlichkeit werde erkannt. Vom Scheingeschäft wiederum unterscheidet sich die Scherzerklärung durch das fehlende Zusammenwirken mit dem Erklärungsempfänger.

a) Nichtigkeit der Scherzerklärung

Gemäß § 118 BGB ist eine nicht ernstlich gemeinte Willenserklärung, die in der Erwartung abgegeben wird, „der Mangel der Ernstlichkeit werde nicht verkannt werden" (vgl. die Diktion des Gesetzgebers), nichtig.

Beispiele: Erklärungen, die aus Prahlerei oder zu didaktischen Zwecken oder in Beschwichtigungsabsicht vorgenommen werden (der Dozent spielt im Kolleg die Etappen eines Kaufvertrags mit einem Studenten durch, der Geschäftsführer im Restaurant „kündigt" einer ungeschickten Bedienung, um einen Gast zu beschwichtigen).

b) Schadenersatzpflichten

Nicht immer wird der Mangel der Ernstlichkeit, wie vom Erklärenden gehofft, vom Erklärungsgegner erkannt. Dieser hat möglicherweise auf die

Gültigkeit der Erklärung vertraut und sich entsprechend darauf eingerichtet. Deshalb kann es das Gesetz nicht mit der Nichtigkeit der Scherzerklärung bewenden lassen: Der Erklärende ist gem. § 122 BGB verpflichtet, dem Erklärungsgegner den Schaden zu ersetzen, den er dadurch erlitten hat, daß er auf die Gültigkeit der Erklärung vertraute.

Lernhinweis: Lesen Sie § 122 vollständig! Er verpflichtet nicht nur bei der Irrtumsanfechtung, sondern auch bei der Scherzerklärung zum Schadenersatz.

III. Unbewußte Divergenz zwischen Wille und Erklärung (der Irrtum)

Nicht alle Willensmängel führen zur Nichtigkeit der Erklärung. Ist dem Erklärenden lediglich ein Irrtum unterlaufen, gewährt ihm das Bürgerliche Gesetzbuch allenfalls ein Anfechtungsrecht. Damit erhält der Anfechtungsberechtigte die Möglichkeit zur Vernichtung des mangelhaften Rechtsgeschäfts: Wird ein anfechtbares Rechtsgeschäft angefochten, so ist es gem. § 142 Abs. 1 BGB „als von Anfang an nichtig anzusehen".

Lernhinweis: Aus dem Vorgenannten folgt, daß die Anfechtung verschiedene Voraussetzungen erfordert:

● das Vorliegen eines **anfechtbaren Rechtsgeschäfts,**
● das Vorliegen eines **Anfechtungsgrundes** sowie
● die Abgabe einer **Anfechtungserklärung.**

Sie müssen sich klarmachen, daß es zahlreiche Möglichkeiten des Irrtums bei der Abgabe einer Willenserklärung gibt, jedoch nur die in §§ 119, 120 BGB genannten Fälle tatsächlich zur Anfechtung berechtigen. Wollte man darüber hinaus jeden Irrtum für beachtlich erklären, könnte sich im Rechts- und Wirtschaftsleben niemand mehr auf die Verbindlichkeit einer Abrede verlassen. Der Erklärungsempfänger wird zum einen geschützt durch die Begrenzung der Anfechtungsgründe, zum anderen durch die Zubilligung von Schadenersatzansprüchen im Falle zulässiger Anfechtung. Werfen Sie erneut einen Blick auf die Übersicht *Willensmängel.* Sie entnehmen ihr, daß die unerkannte („irrtümliche") Divergenz zwischen Wille und Erklärung in zweifacher Weise entstehen kann: Der Fehler kann eintreten bei der Willensäußerung (so in den beiden Fällen des § 119 Abs. 1 BGB – „Inhaltsirrtum" und „Erklärungsirrtum" –) sowie bei der Willensbildung (so in § 119 Abs. 2 – „Eigenschaftsirrtum" –).

1. Die Anfechtungsgründe

Sie müssen die gesetzliche Regelung der verschiedenen Irrtumsfälle in §§ 119, 120 BGB zunächst im Gesetz auseinanderhalten, was wegen des kargen Wortlauts nicht ganz einfach ist. Nach § 119 Abs. 1 BGB kann anfechten, wer bei der Abgabe einer Willenserklärung „über deren Inhalt" im Irrtum war (1. Fall!) oder „eine Erklärung dieses Inhalts überhaupt nicht abgeben wollte" (2. Fall!). In beiden Fällen liegt der Willensmangel bei der Entäußerung des Willens. Der 2. Fall (man wollte eine Erklärung dieses Inhalts überhaupt nicht abgeben) ist in § 120 BGB noch einmal genannt: Gleich zu behandeln sind Willenserklärungen, welche durch die zur Übermittlung verwendete Person oder Anstalt unrichtig übermittelt worden sind.

In § 119 Abs. 2 BGB behandelt das Gesetz einen bei der Willensbildung entstandenen Willensmangel. Es handelt sich dabei um den Spezialfall des

Irrtums über solche Eigenschaften einer Person oder Sache, „die im Verkehr als wesentlich angesehen werden", nicht dagegen um sonstige Fehlvorstellungen, die bei der Bildung des Willens (mit-) kausal waren. Merken Sie sich deshalb schon vorab: Grundsätzlich **unbeachtlich ist der allgemeine Motivirrtum** (also: mit welchen Absichten, Hintergedanken oder weiterführenden Zielen man eine rechtsgeschäftliche Erklärung abgegeben hat).

a) Der Inhaltsirrtum

§ 119 Abs. 1 1. Alternative BGB regelt den Inhaltsirrtum. Dort ist aber nicht gesagt, was man darunter genau zu verstehen hat. Das Gesetz erlaubt die Anfechtung, wenn der Erklärende „bei der Abgabe der Willenserklärung über deren Inhalt im Irrtum war". Es liegt ein Irrtum über die **Bedeutung der Erklärung** vor. Merksatz: „Der Erklärende weiß zwar, was er sagt, weiß aber nicht, was er damit sagt". Im einzelnen fallen hierunter der sog. „Verlautbarungsirrtum" sowie die „Individualisierungsfehler".

aa) Verlautbarungsirrtum

Kennzeichnend für den Verlautbarungsirrtum ist, daß sich der Vertragspartner über den Sinn des verwendeten Erklärungszeichens irrt. Hauptanwendungsfall des Verlautbarungsirrtums ist die **irrtümliche Verwendung von Maßen, Gewichten sowie Typenbezeichnungen.**

Beispiel: Kauf von 25 Gros Rollen WC-Papier in der Annahme, es handle sich um 25 große Rollen. In Wirklichkeit sind darunter jedoch 3600 Rollen zu verstehen (LG Hanau NJW 79,721).

bb) Individualisierungsfehler

Individualisierungsfehler liegen vor bei der **Verwechslung des Geschäftspartners oder des Objekts,** auf den sich das Geschäft bezieht.

Beispiel: V hat sich ein nagelneues Fahrzeug gekauft und will seinen Gebrauchtwagen verkaufen. In der Annahme, der Gebrauchtwagen stehe hinter dem Haus im Hof, sagt er zu einem Kaufinteressenten: „Für 5000 DM können Sie das Fahrzeug im Hof gleich mitnehmen". Er weiß nicht, daß seine Frau mit dem Gebrauchtwagen weggefahren war und den neuen Wagen hinten im Hof abgestellt hatte. In diesem Fall ist der neue Wagen verkauft, allerdings in der irrtümlichen Annahme, es handle sich um den Gebrauchtwagen. V kann sein Verkaufsangebot nach § 119 Abs. 1 1. Alternative anfechten.

b) Der Erklärungsirrtum

Ein Erklärungsirrtum liegt nach § 119 Abs. 1 2. Alternative vor, wenn jemand bei der Abgabe einer Willenserklärung „eine Erklärung dieses Inhalts überhaupt nicht abgeben wollte". Man spricht auch von „Irrung" oder „Abirrung". Typisch ist, daß der Erklärende nicht weiß, was er sagt. Merksatz: „Der Erklärende erklärt nicht das, was er erklären wollte". Ein Erklärungsirrtum liegt also vor bei **Versprechen, Verschreiben und Vergreifen.**

Beispiel: V bietet K die Lieferung von 10 000 Stück vorgefertigten Teilen an. Im Angebotsschreiben wird als Stückpreis eingefügt „DM 8,98". Dabei hatte sich V vertippt, es sollte „DM 9,89" heißen.

c) Der Übermittlungsfehler als Sonderfall

Nach § 120 BGB (lesen!) sind auch solche Willenserklärungen anfechtbar, „welche durch die zur Übermittlung verwendete Person oder Anstalt unrichtig übermittelt worden" sind. Die Besonderheit liegt in folgendem: Nicht der Erklärende selbst verspricht sich, sondern der Wortlaut der Erklärung wird bei deren Weitergabe durch die Übermittlungsinstanz verändert.

Merke: § 120 BGB greift nur ein bei der Einschaltung eines Dritten als Werkzeug zur Erklärung (Bote, Post und Telegraf), nicht dagegen bei der Abgabe der Erklärung durch einen Vertreter. Der Vertreter gibt eine **eigene** Erklärung ab, der Bote übermittelt eine **fremde** Erklärung.

d) Irrtum bei der Willensbildung

Eine Willenserklärung kann die unterschiedlichsten Motive haben. Man kauft Lebensmittel zum Zwecke der Nahrungsaufnahme oder der Vorratshaltung. Man bucht eine Reise zu Urlaubs- oder Geschäftszwecken; man tätigt Geschäfte in Gewinnerzielungsabsicht; man kauft ein Geschenk, um jemandem eine Freude zu machen.

Schulbeispiel: Die Braut kauft in einer Boutique ein schickes Kleid für die Verlobungsfeier, der Bräutigam beim Juwelier die Eheringe; kurz darauf wird die Verlobung gelöst.

Für den Geschäftsgegner ist in der Regel das Motiv des Handelns seiner Gegenüber (Kunden und dgl.) irrelevant (es sei denn, daß es ausdrücklich zum Vertragsinhalt gemacht wurde).

aa) Der allgemeine Motivirrtum

Enttäuschte Erwartungen können im Regelfall eine Anfechtung nicht rechtfertigen. Sonst gäbe es keine Verläßlichkeit mehr im rechtsgeschäftlichen Verkehr. Der **Motivirrtum** ist deshalb **grundsätzlich unbeachtlich.** Diese Störung der Willensbildung ist also eine Angelegenheit, die ausschließlich zu Lasten des Erklärenden geht.

Beispiel: Unter den Motivirrtum fällt auch der gewöhnliche **Kalkulationsirrtum.** Die interne Kalkulation, die einem Vertragsangebot zugrunde liegt, ist dem Erklärungsempfänger nicht ersichtlich. Deshalb berechtigen Fehler in der Kalkulation nicht zur Anfechtung.

bb) Der Eigenschaftsirrtum

Das Gesetz macht in § 119 Abs. 2 BGB beim Eigenschaftsirrtum eine Ausnahme von dem Grundsatz, daß Fehler in der Willensbildung unbeachtlich sind:

Der Irrtum über **verkehrswesentliche Eigenschaften** einer Person oder Sache wird nach § 119 Abs. 2 (lesen!) dem Inhaltsirrtum gleichgestellt und berechtigt somit auch zur Anfechtung.

Beispiel: Bank B gewährt dem Darlehensnehmer D einen Kredit in der Annahme, die Vermögensverhältnisse des D seien „geordnet". In Wirklichkeit hatte D bereits den „Offenbarungseid" geleistet. B irrt sich über die Kreditwürdigkeit des Darlehensnehmers. Diese ist eine verkehrswesentliche Eigenschaft der Person.

Zu den verkehrswesentlichen Eigenschaften einer Sache gehören alle wertbildenden Faktoren.

Beispiel: Käufer K irrt sich über die Echtheit eines Bildes bzw. den Goldgehalt einer Münze. Er kann nach § 119 Abs. 2 anfechten, weil er im Irrtum war über verkehrswesentliche Eigenschaften einer Sache.

Lernhinweis: § 119 Abs. 2 wird eingeschränkt durch die Sachmängelhaftung nach §§ 459 ff. BGB! Weist eine gekaufte Sache Mängel auf, hat der Käufer ab Gefahrübergang die Gewährleistungsrechte des Kaufrechts (Wandelung, Minderung, gegebenenfalls Schadenersatz, vgl. §§ 462, 463). Man könnte nun sagen, der Käufer habe sich insofern auch im Irrtum über verkehrswesentliche Eigenschaften dieser Sache befunden. Die Gewährleistungsrechte gehen aber (wenn und soweit sie eingreifen) dem Anfechtungsrecht als leges speciales vor. Der Grund: Die Rechte des Käufers verjähren bei beweglichen Sachen mit dem Ablauf von 6 Monaten (vgl. § 477 BGB), wohingegen das Anfechtungsrecht (theoretisch) nur der 30-jährigen Ausschlußfrist des § 121 Abs. 2 BGB unterliegt.

Lernhinweis: Repetieren Sie jetzt noch einmal das eben Gesagte anhand der Übersicht *Die drei Irrtumsfälle des § 119 BGB*.

Die drei Irrtumsfälle des § 119 BGB

	Inhaltsirrtum	Erklärungsirrtum	Eigenschaftsirrtum
Rechtsgrundlage	§ 119 Abs. 1 1. Fall	§ 119 Abs. 1 2. Fall	§ 119 Abs. 2
Kurzformel	Der Erklärende weiß, was er sagt, weiß aber nicht, was er damit sagt	Der Erklärende wollte das, was er sagt, gar nicht sagen	Der Erklärende hat falsche Vorstellungen von der betr. Sache oder Person
Worauf beruht die „Störung"?	Irrtum über die Erklärungsbedeutung	Irrtum bei der Willensäußerung	Irrtum bei der Willensbildung
Beispiele	Irrtümliche Verwendung von Maßen und Typen	Versprechen und Verschreiben	Verkauf eines Originals in der Annahme, es handle sich um ein Duplikat

2. Weitere Voraussetzungen der Irrtumsanfechtung

Im Vorangegangenen haben wir die Anfechtungsgründe dargestellt. Eine Reihe weiterer Voraussetzungen muß hinzukommen:

a) Anfechtbares Rechtsgeschäft

Anfechtbar sind nur Willenserklärungen (das Gesetz spricht in § 142 BGB irrtümlich vom anfechtbaren „Rechtsgeschäft", meint aber die anfechtbare Willenserklärung). Nicht anfechtbar sind Realakte.

b) Kausalität

Anfechtbar sind nur solche Willenserklärungen, bei denen der Irrtum für die Abgabe der Erklärung kausal war. Diesen Umstand meint das Gesetz, wenn es in § 119 Abs. 1 2. Satzteil (lesen!) die Anfechtung davon abhängig macht, daß der Erklärende „bei Kenntnis der Sachlage und bei verständiger Würdigung des Falles" die Erklärung nicht abgegeben haben würde. Das Reichsgericht hat einmal formuliert, es sei entscheidend, ob der Erklärende „als ein verständiger Mensch und frei von Eigensinn, subjektiven Launen und törichten Anschauungen" die Erklärung nicht abgegeben hätte.

c) Anfechtungserklärung

Ein Anfechtungsgrund als solcher genügt nicht, er führt nur dazu, daß das Rechtsgeschäft vernichtbar ist. Erst mit der Anfechtungserklärung tritt rückwirkend die Nichtigkeit ein (§ 143 Abs. 1 BGB – lesen!). Die Anfechtungserklärung ist eine empfangsbedürftige Willenserklärung.

Angefochten wird durch Erklärung des Anfechtungsberechtigten gegenüber dem Anfechtungsgegner (Einzelheiten dazu finden sich in § 143).

d) Anfechtungsfrist

Die Irrtumsanfechtung muß nach § 121 BGB (lesen!) „**ohne schuldhaftes Zögern** (unverzüglich)" erfolgen, nachdem der Anfechtungsberechtigte von dem Anfechtungsgrund Kenntnis erlangt hat.

Lernhinweis: Der Ausdruck „unverzüglich" wird vom Gesetz an zahlreichen Stellen verwendet (z. B. in § 377 HGB). Auch dafür ist die Legaldefinition des § 121 maßgebend. Wer den Begriff „unverzüglich" nicht als „ohne schuldhaftes Zögern" definieren kann, war in keiner BGB-Vorlesung!

Unverzüglich heißt nicht „sofort". Dem Erklärenden steht eine angemessene Überlegungsfrist zu (z. B. um sich Rechtsrat einzuholen). Dessen ungeachtet ist die Anfechtung nach § 121 Abs. 2 BGB ausgeschlossen, wenn seit der Abgabe der Willenserklärung 30 Jahre verstrichen sind.

3. Rechtsfolgen der Irrtumsanfechtung

a) Nichtigkeit

Wird ein anfechtbares Rechtsgeschäft angefochten, ist es als von Anfang an nichtig anzusehen (§ 142 Abs. 1 BGB). Die Anfechtungserklärung wirkt also zurück (Wirkung ex tunc).

Lernhinweis: Gegebenenfalls ist § 139 BGB anzuwenden mit der Folge, daß nicht nur der angefochtene Teilbereich eines Rechtsgeschäfts, sondern das gesamte Rechtsgeschäft nichtig ist (vgl. dazu unten § 15).

Besonderheiten gelten im Arbeitsrecht: Zwar sind auch Arbeitsverträge anfechtbar (ständige Rechtsprechung des Bundesarbeitsgerichts!), jedoch gelten für die Rechtsfolgen Besonderheiten: Die Anfechtung führt im Arbeitsrecht nicht zur rückwirkenden Vernichtung des Arbeitsvertrags (es wurden ja immerhin gegenseitige Leistungen in der Vergangenheit erbracht!), sondern entfaltet nur Wirkung für die Zukunft. Mit anderen Worten: Im Arbeitsrecht wirkt die **Anfechtung wie eine Kündigung.**

Ähnliche Besonderheiten gelten im Gesellschaftsrecht (Stichwort: „fehlerhafte Gesellschaft").

b) Schadenersatzpflicht

Nach § 122 Abs. 1 BGB (lesen!) trifft den Anfechtenden eine Schadenersatzpflicht. Sie ist aber beschränkt: Es ist der Schaden zu ersetzen, der im Vertrauen auf die Gültigkeit der Erklärung entstanden ist (nicht über den Betrag dessen hinaus, was man im Falle der Gültigkeit der Erklärung erzielt hätte). Das heißt, der Anfechtungsgegner muß so gestellt werden, wie er stehen würde, wenn er von der – nunmehr angefochtenen – Willenserklärung „nie etwas gehört hätte".

Man sagt, der Umfang des Schadenersatzanspruchs ist auf das sog. „negative Interesse" beschränkt. Zu ersetzen sind z. B. die nutzlos aufgewandten Kosten und der Schaden infolge Unterlassung eines anderweitigen Geschäftsabschlusses. Man spricht auch vom **„Vertrauensschaden".**

Beispiel: V vermietet an M ein Geschäftslokal und ficht wegen eines Erklärungsirrtums erfolgreich an. M hatte einen Innenarchitekten beauftragt, der bereits Pläne gefertigt hat und nunmehr Gebühren in Rechnung stellt. Diese Kosten muß V nach § 122 BGB ersetzen.

IV. Verwerfliche Beeinflussung bei der Abgabe einer Willenserklärung

Lernhinweis: In § 123 BGB sind zwei Fälle erfaßt: die arglistige Täuschung und die rechtswidrige Drohung. In beiden Fällen verdient der Erklärungsgegner keinen Vertrauensschutz, da er durch verwerfliches Verhalten die Abgabe der Willenserklärung herbeigeführt hat. Deshalb entfällt auch die Schadenersatzpflicht des Anfechtenden (§ 122 BGB verweist daher auch nicht auf § 123 und steht systematisch richtig vor dieser Bestimmung).

1. Anfechtung wegen arglistiger Täuschung

Wer zur Abgabe einer Willenserklärung durch arglistige Täuschung bestimmt worden ist, kann die Erklärung nach § 123 Abs. 1 1. Fall (lesen!) anfechten. Es sind also folgende Voraussetzungen erforderlich:

a) Vorliegen einer Täuschungshandlung

Die arglistige Täuschung ähnelt dem strafrechtlichen Betrugtatbestand. Ihr Wesen ist das vorsätzliche „Hervorrufen oder Aufrechterhalten eines Irrtums durch Vorspiegelung oder Unterdrückung von Tatsachen". Eine Bereicherungsabsicht ist aber nicht erforderlich, ebensowenig muß die Täuschung bereits zu einer Vermögensschädigung des Getäuschten geführt haben.

Beispiel: Der Verkäufer eines Handelsgeschäfts legt gefälschte Bilanzen vor.

Die Täuschungshandlung kann auch im Verschweigen von Tatsachen liegen. Entscheidend ist aber, ob der Vertragspartner nach Treu und Glauben unter Berücksichtigung der Verkehrsanschauung mit einer Aufklärung rechnen durfte und sich damit für sein Gegenüber eine aus § 242 BGB abzuleitende Aufklärungspflicht ergab.

Beispiele: Der Verkäufer eines Gebrauchtwagens unterläßt den Hinweis auf einen erheblichen Verkehrsunfall; der Verkäufer eines Hausgrundstücks verschweigt, daß das Grundstück zur Straßenerweiterung in Anspruch genommen werden soll; der

Versicherungsnehmer verschweigt wesentliche Vorerkrankungen beim Abschluß einer Lebensversicherung.

b) Kausalität

Die Täuschungshandlung muß ursächlich sein für die Abgabe der Willenserklärung. Das heißt: Die Willenserklärung wäre ohne die Täuschung gar nicht oder nicht so oder nicht zu dieser Zeit abgegeben worden.

c) Problem der Drittäuschung

Denkbar ist, daß nicht der Erklärungsempfänger, sondern ein Dritter die Täuschung verübt hat. Die Möglichkeit der Anfechtung hängt dann davon ab, ob der Erklärungsempfänger (oder wenn durch die Erklärung ein anderer ein Recht erworben hatte, dieser) die Täuschung kannte oder kennen mußte.

Entscheidend ist die Definition, wer Dritter ist. Merke: Dritter ist nicht, wer auf seiten des Erklärungsgegners steht oder maßgeblich am Zustandekommen des Geschäfts mitwirkt. Insbesondere ist der Vertreter nicht Dritter. Seine Täuschungshandlung wird also dem Vertretenen (z.B. dem Verkäufer beim Gebrauchtwagenkauf) zugerechnet.

2. Anfechtung wegen rechtswidriger Drohung

Wer zur Abgabe einer Willenserklärung widerrechtlich durch Drohung bestimmt worden ist, kann die Erklärung ebenfalls anfechten (§ 123 Abs. 1 2. Fall – lesen!). Vorausgesetzt wird das Vorliegen einer Drohung; diese muß rechtswidrig und für die Abgabe der Erklärung kausal sein.

a) Begriff der Drohung

Hierunter versteht man jede Ausübung psychischen Zwanges. Eine Drohung liegt vor mit der **„Inaussichtstellung eines empfindlichen Übels"**.

Lernhinweis: Bei der arglistigen Täuschung wurde die Parallele zum strafrechtlichen Betrug deutlich, die rechtswidrige Drohung ist das zivilrechtliche „Pendant" zur strafrechtlichen Erpressung.

b) Kausalität

Die Drohung muß für die Erklärung ursächlich sein. Das setzt voraus, daß die Erklärung ohne das in Aussicht gestellte Übel nicht, nicht so oder nicht zu der betreffenden Zeit abgegeben worden wäre.

c) Rechtswidrigkeit

Die Drohung muß rechtswidrig sein. Die Rechtswidrigkeit ergibt sich als Unwerturteil

- über das **Mittel** der Drohung,
- über den verfolgten **Zweck der Drohung** oder
- aus der **Mittel-Zweck-Relation** der Drohung.

Problematisch ist die Drohung mit einer **Strafanzeige:** Mittel und Zweck sind legitim, jedoch kann sich aus der Mittel-Zweck-Relation die Rechtswidrigkeit der Drohung ergeben.

Bei der Drohung mit einem an sich erlaubten Mittel (z. B. der Klageandrohung) entfällt in der Regel die Rechtswidrigkeit, wenn der Drohende einen Rechtsanspruch auf den erstrebten Erfolg hat (so die ständige Rechtsprechung, RGZ 110,384; BGHZ 25,219). Entscheidend wird darauf abgestellt, ob der Drohende an der Erreichung des verfolgten Zwecks ein berechtigtes Interesse hat und das eingesetzte Mittel nach Treu und Glauben noch als angemessen zur Erreichung des Zwecks anzusehen ist.

So hat die Rechtsprechung die Drohung mit einer Strafanzeige sogar zugelassen, um einen Angehörigen des Täters zur Wiedergutmachung des Schadens zu veranlassen (die Ehefrau mußte eine Bürgschaftserklärung abgeben, sonst hätte die Bank den Ehemann wegen betrügerischen Bankrotts angezeigt), wenn dieser Nutznießer war oder der Teilnahme verdächtig ist.

Beispiele: Verneint wurde die Anfechtung wegen rechtswidriger Drohung

- bei der Abgabe eines Schuldanerkenntnisses nach der Drohung mit einer Strafanzeige;
- bei einem vom Makler erklärten Verzicht auf die Verkäuferprovision zusätzlich zur Käuferprovision nach der Drohung des verkaufsinteressierten Grundstückseigentümers, er werde sonst nicht verkaufen;
- nach Vereinbarung eines über der Gebührenordnung liegenden Anwalthonorars nach der Drohung mit der Mandatsniederlegung.

Bejaht wurde die rechtswidrige Drohung

- beim Verkauf eines Grundstücks nach Drohung mit der Nichteinlösung eines Wechsels;
- beim Abschluß eines gerichtlichen Vergleichs, zu dem der Erklärende durch den Hinweis des Gerichtsvorsitzenden genötigt wurde, andernfalls werde ohne weitere Beratung ein ungünstiges Urteil ergehen.

3. Anfechtungsfrist

Die Anfechtung wegen arglistiger Täuschung bzw. rechtswidriger Drohung kann nach § 124 nur **binnen Jahresfrist** erfolgen.

Dabei beginnt die Frist

- bei der arglistigen Täuschung mit dem Zeitpunkt, in welchem der Anfechtungsberechtigte die Täuschung entdeckt,
- bei der rechtswidrigen Drohung mit dem Zeitpunkt, in welchem die Zwangslage aufhört.

Darüber hinaus gilt auch für die arglistige Täuschung und rechtswidrige Drohung die 30-Jahresfrist (§ 124 Abs. 3 BGB).

Wiederholungsfragen zu § 14

Wie löst das Gesetz den Interessenwiderstreit von Erklärendem und Erklärungsempfänger bei Willensmängeln? (§ 14 I)

Was versteht man unter einem geheimen Vorbehalt und welche Wirkung hat er? (§ 14 II 1)

Was versteht man unter einem Scheingeschäft, können Sie dies an einem klassischen Beispiel verdeutlichen? (§ 14 II 2)

Ist es rechtlich folgenlos, wenn jemand eine Erklärung nur zum Scherz abgibt? (§ 14 II 3)

Welche Anfechtungsgründe sind in § 119 BGB genannt? (§ 14 III 1)

Worin besteht der Unterschied zwischen dem Erklärungsirrtum und einem Übermittlungsfehler nach § 120 BGB? (§ 14 III 1 b c)

Kann man bei Kalkulationsfehlern anfechten? (§ 14 III 1 d aa)

Welche Wirkung hat die Anfechtungserklärung und welche Fristen bestehen für sie? (§ 14 III 3,2 d)

Was sind die Voraussetzungen der arglistigen Täuschung und der rechtswidrigen Drohung? (§ 14 IV 1,2)

§ 15 Aufrechterhaltung nichtiger Rechtsgeschäfte

Lernhinweis: In den vorangegangenen Kapiteln wurden Wirksamkeitsvoraussetzungen und Mängel der Rechtsgeschäfte besprochen. Wir haben gesehen, daß Rechtsgeschäfte in bestimmten Fällen nichtig sind. Diese Aussage muß aber nicht endgültig sein. Das Gesetz nennt Tatbestände, deren Ziel es ist, nichtige Rechtsgeschäfte „zu heilen". Solche Fälle sind: die Erfüllung bei bestimmten Formmängeln, die Umdeutung, die erneute Vornahme sowie die Aufrechterhaltung bei Teilnichtigkeit von Rechtsgeschäften. Vergleichen Sie vorab die Übersicht *Heilung nichtiger Rechtsgeschäfte.*

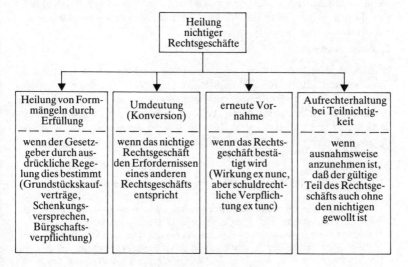

I. Heilung von Formmängeln

1. Grundsatz

Verstöße gegen gesetzliche Formvorschriften führen nach § 125 BGB zur Nichtigkeit des betreffenden Rechtsgeschäfts (s. o. § 12). An sich sind Verstöße gegen die vorgeschriebene Form irreparabel. Den Parteien ist es allerdings unbenommen, das zunächst formfehlerhafte Rechtsgeschäft unter Beachtung der vorgeschriebenen Form nachzuholen.

Lernhinweis: Dann treten die Rechtsfolgen aber erst zum Zeitpunkt der formgültigen Nachholung ein.

2. Heilung durch Erfüllung

In einigen Fällen heilt die Erfüllung den Mangel der Form. Es sind dies:

- die Erfüllung des Schenkungsversprechens (§ 518 Abs. 2 BGB – lesen!),
- die Erfüllung der Bürgschaftsverpflichtung (§ 766 S. 2 BGB – lesen!),
- die Eintragung des Erwerbers als Grundstückseigentümer im Grundbuch (§ 313 S. 2 BGB – lesen!).

Verständnisfrage: Was ist der gesetzgeberische Grund?

Antwort: In den vorgenannten Fällen sollte die gesetzliche Form vor unüberlegten Entschlüssen warnen. Wenn dennoch erfüllt wird, hat der Gesetzgeber seine Schuldigkeit getan. Die Vermögensübertragung soll Bestand haben!

II. Die Umdeutung

1. Grundsatz

Entspricht ein nichtiges Rechtsgeschäft den Erfordernissen eines anderen (wirksamen) Rechtsgeschäfts, so gilt nach § 140 BGB (lesen!) das letztere, wenn anzunehmen ist, daß dessen Geltung bei Kenntnis der Nichtigkeit gewollt sein würde. Man spricht von Umdeutung oder **Konversion**.

2. Voraussetzungen

Es ist also jeweils zu prüfen, ob das nichtige Rechtsgeschäft Tatbestandsmerkmale enthält, die für sich die Voraussetzungen für ein anderes, gültiges Rechtsgeschäft enthalten, und die Beteiligten das letztere Geschäft geschlossen hätten, wenn ihnen die Nichtigkeit bewußt gewesen wäre. Erforderlich und ausreichend ist, daß durch das Ersatzgeschäft der von den Parteien erstrebte wirtschaftliche Erfolg im wesentlichen erreicht wird.

Beispiele:

- Umdeutung der (ex tunc wirkenden) Anfechtung in eine (ex nunc) wirkende Kündigung.
- Umdeutung einer (unzulässigen) fristlosen außerordentlichen Kündigung in eine (zulässige) ordentliche Kündigung zum nächsten Kündigungstermin.
- Umdeutung einer unzulässigen Übertragung eines Gesellschaftsanteils in eine (zulässige) Abtretung des Anspruchs auf das Auseinandersetzungsguthaben.
- Umdeutung einer (wegen § 1059 S. 1 BGB) nichtigen Übertragung des Nießbrauchs in die zulässige Überlassung der Ausübung des Nießbrauchs nach § 1059 S. 2 BGB.

III. Die Bestätigung

1. Grundsatz

Es ist eine Selbstverständlichkeit, daß ein nichtiges Rechtsgeschäft unter Vermeidung der Nichtigkeitsgründe erneut vorgenommen werden kann. Nach § 141 Abs. 1 BGB (lesen!) ist die Bestätigung als erneute Vornahme zu beurteilen.

2. Wirkungszeitpunkt

Durch die Bestätigung wird der Wirkungszeitpunkt nicht zurückverlegt. Allerdings sind die Vertragsparteien nach § 141 Abs. 2 BGB (lesen!) im Zweifel verpflichtet, „einander zu gewähren, was sie haben würden, wenn der Vertrag von Anfang an gültig gewesen wäre". Die Neuvornahme hat also keine rückwirkende Kraft. Dritten gegenüber bleibt es beim Wirkungszeitpunkt der Neuvornahme. Lediglich unter den Parteien ist der schuldrechtliche Ausgleich so durchzuführen, als sei von Anfang an ein wirksames Rechtsgeschäft abgeschlossen worden.

IV. Aufrechterhaltung bei Teilnichtigkeit

1. Folgen der Teilnichtigkeit

Viele Rechtsgeschäfte bestehen aus mehreren Teilen. So kann ein Vertragswerk zahlreiche Paragraphen und Positionen enthalten. Was gilt, wenn ein Teil des Rechtsgeschäfts nichtig ist? § 139 BGB (lesen!) bringt eine Auslegungsregel: Ist ein Teil eines Rechtsgeschäfts nichtig, so ist das ganze Rechtsgeschäft nichtig, wenn nicht anzunehmen ist, daß es auch ohne den nichtigen Teil vorgenommen sein würde. Das heißt: Das Gesetz geht von der Vermutung aus, daß die Parteien das Rechtsgeschäft nur als Ganzes gewollt haben.

2. Ausnahmen der Teilnichtigkeit

Die uneingeschränkte Anwendung des § 139 BGB kann in Ausnahmefällen der Interessenlage widersprechen.

a) Gesetzliche Ausnahmen

Der Gesetzgeber hat in Einzelfällen die Auslegungsregel des § 139 BGB außer Kraft gesetzt:

- Im Erbrecht gilt nach § 2085 BGB die umgekehrte Auslegungsregel, daß die Nichtigkeit einer von mehreren in einem Testament enthaltenen Bestimmungen nicht zur Nichtigkeit des gesamten Testaments führt.
- Im Recht der Allgemeinen Geschäftsbedingungen bleiben bei Nichtigkeit einzelner Bestimmungen gem. § 6 AGBG die übrigen gleichwohl gültig.

An die Stelle der nichtigen Bestimmungen tritt das Gesetz („Wiederaufleben" des dispositiven Rechts).

b) Abweichende Vereinbarungen

§ 139 BGB enthält eine nachgiebige Auslegungsregel, steht also zur Disposition der Parteien. In vielen Verträgen wird ausdrücklich vereinbart, daß die Nichtigkeit von Einzelabreden nicht zur Nichtigkeit des gesamten Rechtsgeschäfts führt. Wir finden dies in vielen Formularverträgen.

Lernhinweis: Dies kann aber riskant sein! Überlegen Sie, daß möglicherweise genau die Bestimmung nichtig ist, auf die eine Partei besonderen Wert legte. Diese Bedenken berücksichtigt im Fall nichtiger AGB § 6 Abs. 3 AGBG (lesen!). Interessengemäßer sind deshalb andere „Teilnichtigkeitsklauseln", die eine Anpassung vorsehen. Häufig finden wir deshalb auch Formulierungen wie die folgende: „Sollte eine Bestimmung des Vertragswerks nichtig sein, so soll sie im Wege der ergänzenden Vertragsauslegung ersetzt werden durch eine der beabsichtigten am nächsten kommende Regelung".

Lernhinweis: Schauen Sie jetzt noch einmal die Übersicht an und prüfen Sie, ob das eben Gelesene auch „sitzt".

Wiederholungsfragen zu § 15

In welchen Fällen heilt die Erfüllung den Mangel der Form und was ist der Grund dafür? (§ 15 I 2)

Was versteht man unter der Konversion? (§ 15 II)

Führt es zur Nichtigkeit des gesamten Vertragswerks, wenn einzelne Teile nichtig sind? (§ 15 IV 1)

5. Kapitel: Zusätzliche Wirksamkeitsvoraussetzungen bei Rechtsgeschäften

Lernhinweis: In der Regel tritt die Wirkung eines Rechtsgeschäfts mit dessen Abschluß – also sofort – ein. Durch Einführung von Bedingungen und Zeitbestimmungen kann dies nach den Bedürfnissen der Parteien abgeändert werden. Manche Rechtsgeschäfte bedürfen der Zustimmung Dritter. Sie sind dann erst wirksam mit deren Erteilung. Im nachfolgenden werden Bedingung, Zeitbestimmung sowie Zustimmung erörtert. Merken Sie sich, daß alle drei Begriffe jeweils in zwei Erscheinungsformen vorkommen:

- Bedingung: Auflösende und aufschiebende Bedingung;
- Befristung: Anfangstermin und Endtermin;
- Zustimmung: Einwilligung und Genehmigung.

Lernhinweis: Verschaffen Sie sich zunächst einen Überblick anhand der Übersicht *Zusätzliche Wirksamkeitsvoraussetzungen bei Rechtsgeschäften.*

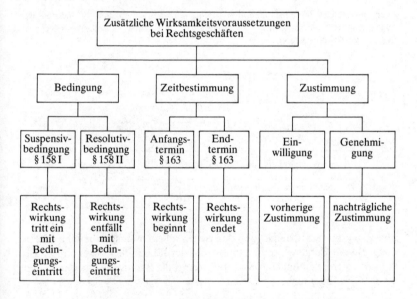

§ 16 Bedingte und befristete Rechtsgeschäfte

I. Bedingte Rechtsgeschäfte

Mit Aufnahme einer Bedingung machen die Parteien die Wirksamkeit des Rechtsgeschäfts vom Eintritt eines zukünftigen Ereignisses abhängig.

1. Begriff der Bedingung

Unter einer Bedingung versteht man ein **„zukünftiges, ungewisses Ereignis".**

Beispiel: Der Verkäufer liefert beim Kreditgeschäft die gekaufte Ware unter Eigentumsvorbehalt und übereignet (so die Auslegungsregel des § 455 BGB) unter der aufschiebenden Bedingung der vollständigen Zahlung des restlichen Kaufpreises.

2. Arten

Die Bedingung ermöglicht es, zukünftige Ereignisse zu berücksichtigen und damit Rechtsgeschäfte an die künftige Entwicklung anzupassen. Dabei unterscheidet man die aufschiebende und die auflösende Bedingung.

a) Aufschiebende Bedingung

Wird ein Rechtsgeschäft unter einer aufschiebenden Bedingung (man spricht auch von der „Suspensivbedingung") vorgenommen, so tritt die von der Bedingung abhängig gemachte Wirkung mit dem Eintritt der Bedingung ein (§ 158 Abs. 1 BGB – lesen!).

Lernhinweis: Bei der aufschiebenden Bedingung ist also zunächst die Rechtsfolge „aufgeschoben". Mit Eintritt der Bedingung tritt die Rechtswirksamkeit ein (vgl. die Skizze *Suspensivbedingung*).

Suspensivbedingung

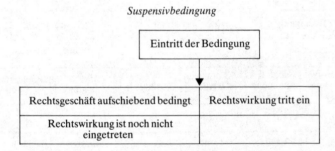

Der Eigentumsvorbehalt ist der klassische Fall einer aufschiebenden Bedingung. Bis zur Zahlung des Kaufpreises ist der Käufer Nichteigentümer. Mit vollständiger Bezahlung des Kaufpreises tritt die Bedingung ein, der Käufer erwirbt das Eigentum.

Weiterführender Hinweis: Der Käufer erwirbt zunächst nur ein „Anwartschaftsrecht", das mit Bedingungseintritt zum „Vollrecht", nämlich dem Eigentum, erstarkt (das Anwartschaftsrecht wird auch als „wesensgleiches Minus" des Eigentums bezeichnet; näheres dazu im Kauf- und Sachenrecht).

b) Auflösende Bedingung

Wird ein Rechtgeschäft unter einer auflösenden Bedingung (man spricht auch von „Resolutivbedingung") vorgenommen, so endigt mit dem Eintritt der Bedingung die Wirkung des Rechtsgeschäfts (§ 158 Abs. 2 BGB – lesen!). Vom Zeitpunkt des Bedingungseintritts an tritt der frühere Rechtszustand wieder ein (vgl. die Skizze *Resolutivbedingung*).

Resolutivbedingung

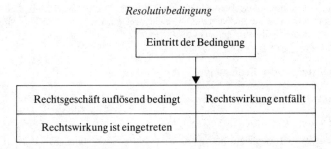

Beispiele: Rückgabe von erhaltenen Leistungen bei Verstoß gegen Wohlverhaltensklauseln; testamentarische Erbeinsetzung des überlebenden Ehegatten mit „Wiederverheiratungsklausel".

3. Bedingungsfeindliche Rechtsgeschäfte

Nicht alle Rechtsgeschäfte können unter einer Bedingung vorgenommen werden. Mit Rücksicht auf die Rechtsklarheit verbietet das Gesetz in bestimmten Fällen die Vereinbarung einer Bedingung.

Beispiele:

- statusbegründende Rechtsgeschäfte im Personenstandsrecht (§ 13 Abs. 2 EheG);
- die Ausübung von Gestaltungsrechten (Kündigung, Anfechtung); der Erklärungsgegner muß wissen, woran er ist;
- die Auflassung von Grundstücken (§ 925 BGB); die Eintragung als Grundstückseigentümer darf nicht von Ungewißheiten abhängen; **Lernhinweis:** Damit ist die bedingte Übereignung nur bei beweglichen Sachen nach § 455 BGB zulässig, bei Grundstücken unzulässig. Das Bedürfnis des Verkäufers, sich in bezug auf die Kaufpreiszahlung abzusichern und gleichzeitig dem Käufer eine gesicherte Rechtsposition zu verschaffen, befriedigt das Gesetz in anderer Weise: Der Verkäufer sichert sich dadurch, daß er die Auflassung erst bei Zahlung des Kaufpreises erklärt. Der Käufer sichert sich durch die Eintragung einer Auflassungsvormerkung nach §§ 883 ff. BGB und ist damit nach § 888 Abs. 1 BGB gegen zuwiderlaufende Verfügungen geschützt. Die Auflassung erfolgt dann später Zug um Zug gegen Zahlung des Kaufpreises.

4. Echte und unechte Bedingung

Eine echte Bedingung liegt nur vor, wenn das zukünftige Ereignis auch wirklich objektiv ungewiß ist.

Ist das von den Parteien irrtümlich als bedingt angesehene Ereignis bereits eingetreten, handelt es sich nicht um eine Bedingung; die Rechtswirkungen des Geschäfts treten mit seiner Vornahme ein. In Wirklichkeit war das Ereignis objektiv gewiß und lediglich für die Parteien subjektiv ungewiß.

Keine echte Bedingung ist auch die „Rechtsbedingung". Eine solche liegt vor, wenn die Parteien die Wirksamkeit eines Rechtsgeschäfts von einer Voraussetzung abhängig machen, die von der Rechtsordnung für die Wirksamkeit des Rechtsgeschäfts gefordert wird.

Beispiel: Für bestimmte Rechtsgeschäfte ist die Genehmigung des Vormundschaftsgerichts erforderlich. Schließen die Parteien das Rechtsgeschäft ab unter dem Vorbehalt der vormundschaftsgerichtlichen Genehmigung, hängt die Wirksamkeit des Rechtsgeschäfts von deren Erteilung ab, nicht dagegen von der Tatsache, daß dies die Parteien zur Bedingung gemacht haben.

5. Rechtsfolgen der Bedingung

a) Eintritt und Ausfall der Bedingung

aa) Bedingungseintritt

Mit dem Eintritt der Bedingung ändert sich die Rechtslage. Mit Eintritt der aufschiebenden Bedingung treten die von den Parteien gewünschten Rechtsfolgen ein; mit dem Eintritt der auflösenden Bedingung fallen sie weg und es tritt der frühere Rechtszustand wieder ein (vgl. § 158 Abs. 1 und 2).

Die Rechtslage ändert sich aber nicht rückwirkend, sondern erst zum Zeitpunkt des Bedingungseintritts.

bb) Ausfall der Bedingung

Denkbar ist, daß mit Sicherheit das erwartete zukünftige Ereignis nicht mehr eintreten wird.

Beispiel: Wenn testamentarisch verfügt ist, daß der Enkel Nacherbe des Sohnes werden soll, kann diese Bedingung nicht mehr eintreten, wenn vor dem Erbfall der Enkel verstorben ist.

Damit ergeben sich folgende Aussagen:

Mit Ausfall der aufschiebenden Bedingung kann das Rechtsgeschäft nicht mehr wirksam werden; mit Ausfall der auflösenden Bedingung bleibt es endgültig bei der Wirksamkeit des ursprünglich bedingten Geschäfts.

b) Bedingungsvereitelung

Wird der Eintritt der Bedingung von einer Partei, zu deren Nachteil er gereichen würde, treuwidrig verhindert, so **gilt** nach § 162 BGB die Bedingung **als eingetreten**. Dies entspricht dem allgemeinen Rechtsgedanken, daß niemand aus einer eigenen Treupflichtverletzung Rechte ableiten kann.

Beispiel: V verkauft K unter Eigentumsvorbehalt einen Pkw; der Kaufpreis ist zahlbar in 24 Raten. Nach Bezahlung der 23. Rate lehnt V grundlos die Entgegennahme der letzten Teilzahlung ab. Die aufschiebend bedingte Übereignung wird nach § 162 Abs. 1 wirksam.

Entsprechendes gilt, wenn die Bedingung von einer Partei, zu deren Vorteil sie gereichen würde, treuwidrig herbeigeführt wird: Dann gilt der Bedingungseintritt gem. § 162 Abs. 2 BGB als nicht erfolgt.

c) Verfügungen während der Schwebezeit

aa) Grundsatz

Weil bedingte Rechtsgeschäfte einen Schwebezustand herbeiführen, besteht ein Bedürfnis, den bedingt Berechtigten zu schützen.

Dies geschieht nach Maßgabe des § 161 BGB (lesen!):

Hat jemand unter einer aufschiebenden Bedingung über einen Gegenstand verfügt, so ist jede weitere Verfügung, die er während der Schwebezeit über den Gegenstand trifft, im Fall des Eintritts der Bedingung insoweit unwirksam, als sie die von der Bedingung abhängige Wirkung vereiteln oder beeinträchtigen würde. Entsprechendes gilt für die auflösende Bedingung.

Beispiel: Übereignet der Verkäufer unter der aufschiebenden Bedingung der vollständigen Zahlung des Kaufpreises, ist der Käufer gegen spätere, seine Rechtsstellung beeinträchtigende Verfügungen des Verkäufers geschützt.

bb) Zwangsvollstreckungsmaßnahmen

Der Schutz des bedingt Berechtigten gilt entsprechend gegenüber Verfügungen im Wege der Zwangsvollstreckung (§ 161 Abs. 1 Satz 2 BGB).

Beispiel: Die Gläubiger des Verkäufers pfänden die aufschiebend bedingt übereigneten Sachen. An sich vollstrecken sie noch in das dem Schuldner (Verkäufer) gehörende Vermögen (dieser bleibt ja bis zum Bedingungseintritt noch Eigentümer). Mit der Zahlung des Kaufpreises sind auch diese Verfügungen dem Käufer gegenüber nach § 161 Abs. 1 Satz 2 unwirksam.

cc) Schutz gutgläubiger Dritter

Nach § 161 Abs. 3 BGB (lesen!) finden die Vorschriften zugunsten derjenigen, welche Rechte von einem Nichtberechtigten herleiten, entsprechende Anwendung. Das bedeutet: Ein Dritter, der von der aufschiebend bedingten Übereignung zugunsten des Käufers nichts wußte, erwirbt Eigentum. Trotz Zahlung des Restkaufpreises wird der Käufer nicht mehr Eigentümer.

II. Befristete Rechtsgeschäfte

1. Funktion der Befristung

Durch die Bestimmung von Anfangs- oder Endtermin kann die **Wirkung** eines Rechtsgeschäfts **zeitlich begrenzt** werden.

Im Gegensatz zur Bedingung handelt es sich bei der Befristung um ein „zukünftiges, **gewisses** Ereignis".

2. Arten der Befristung

Das Gesetz kennt **Anfangs- und Endtermine.** Der Oberbegriff ist die „**Zeitbestimmung**". Auf die Zeitbestimmung findet nach § 163 BGB das Recht über die Bedingung entsprechende Anwendung. Auch hier unterscheiden wir zwischen Anfangstermin und Endtermin, je nachdem, ob die Rechtswirksamkeit (beim Anfangstermin) mit Eintritt des Termins beginnt oder (beim Endtermin) endet.

3. Einzelheiten

Beachten Sie die Terminologie: Als Termin bezeichnet man den Zeitpunkt, als Frist den Zeitraum.

Die Berechnung von Fristen ist aus naheliegenden Gründen besonders wichtig bei gerichtlichen und behördlichen Verfügungen. Hierzu enthält das

BGB im 4. Abschnitt (§§ 186 ff. wenigstens überfliegen!) Definitionen und klärende Aussagen für den Fristbeginn, das Fristende sowie verschiedene Zweifelsfragen bei der Berechnung von Fristen (Beispiel: Wird ein Tag mitgerechnet, wenn gerade der Beginn dieses Tages für den Anfang einer Frist der maßgebliche Zeitpunkt ist? Antwort: Ja, § 187 Abs. 2 Satz 1 BGB).

Lernhinweis: Diese Dinge kann man notfalls nachschlagen; ihre praktische Bedeutung ist aber wesentlich höher als der Raum, den die Erörterung im akademischen Unterricht einnimmt.

Wiederholungsfragen zu § 16

Was versteht man unter einer Bedingung? (§ 16 I 1)

Welche Arten der Bedingung kennen Sie? (§ 16 I 2)

Wie unterscheiden sich aufschiebende und auflösende Bedingung? (§ 16 I 2 a, b)

Können Sie Beispiele für bedingungsfeindliche Rechtsgeschäfte nennen, was ist der Grund für die Bedingungsfeindlichkeit? (§ 16 I 3)

Was gilt, wenn bei aufschiebend bedingten Rechtsgeschäften vor Bedingungseintritt noch einmal über den Gegenstand verfügt wird? (§ 16 I 5 c)

§ 17 Zustimmungspflichtige Rechtsgeschäfte

Durch Zustimmungserfordernisse wird die Wirksamkeit von Rechtsgeschäften von zusätzlichen Voraussetzungen, nämlich der Entscheidung Dritter, abhängig gemacht.

I. Die Interessenlage

Das Gesetz schreibt bei zahlreichen Rechtsgeschäften die Mitwirkung dritter Personen vor. Im wesentlichen handelt es sich um folgende Konstellationen:

1. Aufsichtsrechte Dritter

Rechtsgeschäfte beschränkt Geschäftsfähiger bedürfen nach §§ 107 ff. BGB der Zustimmung des gesetzlichen Vertreters. Der Minderjährige wird vor den möglichen Gefahren seines eigenen Handelns geschützt.

2. Eingriff in fremde Rechtssphären

Nicht selten greifen Rechtsgeschäfte in die Rechtssphäre Dritter ein. Es ist selbstverständlich, daß die Wirksamkeit derartiger Rechtsgeschäfte von der Zustimmung des betroffenen Dritten abhängt.

Beispiele:

- Rechtsgeschäfte des Vertreters ohne Vertretungsmacht bedürfen nach § 177 BGB der Genehmigung des Vertretenen;

- die Schuldübernahme zwischen Altschuldner und Neuschuldner muß vom Gläubiger nach § 415 BGB genehmigt werden;
- die Verfügung eines Nichtberechtigten ist nach § 185 BGB von der Zustimmung des Berechtigten abhängig;
- die Verfügungen eines Ehegatten über sein Vermögen im ganzen oder über Gegenstände des ehelichen Haushalts sind nach §§ 1365, 1369 BGB nur mit Zustimmung des anderen Ehegatten wirksam.
- Grundstücksverfügungen des (nicht befreiten) Vorerben sind nach § 2113 Abs. 1 BGB insoweit unwirksam, als sie das Recht des Nacherben beeinträchtigen würden. Eine solche Beeinträchtigung entfällt jedoch, wenn der Nacherbe zustimmt.

Lernhinweis: Die Zustimmung nach bürgerlichem Recht ist streng zu unterscheiden von den öffentlich-rechtlichen Genehmigungserfordernissen (z. B. die Bodenverkehrsgenehmigungen nach §§ 19 ff. BauGB). Voraussetzungen und Wirkungen öffentlich-rechtlicher Genehmigungen beurteilen sich nach den betreffenden Spezialgesetzen.

II. Arten der Zustimmung

Man unterscheidet die Einwilligung und die Genehmigung.

1. Einwilligung

Die **vorherige Zustimmung** bezeichnet man als „Einwilligung" (vgl. die Legaldefinition in § 183 S. 1 – lesen!).

Sie ist nach § 183 im Zweifel bis zur Vornahme des Rechtsgeschäfts widerruflich. Der Widerruf kann sowohl dem einen als auch dem anderen Teil gegenüber erklärt werden.

Lernhinweis: Unter den Begriff der Einwilligung fällt auch die sogenannte „Ermächtigung". Sie begründet für den Ermächtigten die Befugnis, im **eigenen** Namen, also nicht als Vertreter (s.u. § 18 V 2), im Rechtskreis des Einwilligenden zu handeln. Anerkannt sind die Verfügungsermächtigung (s. dazu u. III 1) und die Einziehungsermächtigung. Von letzterer spricht man, wenn der Forderungsinhaber (Gläubiger) einen Dritten ermächtigt, für ihn die Forderung einzuziehen.

2. Genehmigung

Die **nachträgliche Zustimmung** wird als „Genehmigung" bezeichnet (vgl. die Legaldefinition in § 184 Abs. 1 BGB – lesen!).

Beachte: Die Genehmigung wirkt im Zweifel auf den Zeitpunkt der Vornahme des Rechtsgeschäfts zurück (die Genehmigung wirkt „ex tunc").

Allerdings werden durch die Rückwirkung solche Verfügungen nicht unwirksam, die vor der Genehmigung über den Gegenstand getroffen wurden (vgl. § 184 Abs. 2 BGB). Dadurch werden Rechte Dritter, die diese in der Schwebezeit vom Genehmigenden erworben haben, geschützt. Dies gilt auch für Zwangsvollstreckungsmaßnahmen.

Die Zustimmung ist eine empfangsbedürftige Willenserklärung. Sie ist formlos gültig, auch wenn für das zustimmungspflichtige Rechtsgeschäft eine bestimmte Form vorgeschrieben ist (vgl. § 182 Abs. 2 BGB).

III. Verfügung eines Nichtberechtigten

Lernhinweis: Besonders geregelt ist die Verfügung eines Nichtberechtigten in § 185 BGB. Um den Grundgedanken zu verstehen, müssen Sie sich an die Einteilung der Rechtsgeschäfte erinnern. Wir hatten gesehen, daß man Verpflichtungsgeschäfte und Verfügungsgeschäfte unterscheidet. Schuldrechtliche Verpflichtungsgeschäfte kennen keinen Nichtberechtigten, da sich (schuldrechtlich!) jeder zu nahezu jeder Leistung verpflichten kann. Ob er die Leistung auch erbringen kann, steht auf einem anderen Blatt. Verschaffungsverpflichtungen werden regelmäßig durch Verfügungen erfüllt; so muß z. B. der Verkäufer die verkaufte Ware übereignen. Gehört sie ihm nicht, so kann er sich dazu zwar verpflichten, ob er allerdings die Verpflichtung auch erfüllen kann, hängt davon ab, ob er die Ware beschaffen und dann verfügen kann oder, wenn er über fremde Güter verfügt, ob der wirklich Berechtigte zustimmt.

1. Einwilligung des Berechtigten

Verfügt ein Nichtberechtigter über einen Gegenstand, so ist nach § 185 Abs. 1 BGB (lesen!) die Verfügung wirksam, wenn sie mit Einwilligung des Berechtigten erfolgt. Diese Einwilligung bezeichnet man als „Verfügungsermächtigung".

Beispiel: Lieferant L liefert an den Großhändler V Waren unter Eigentumsvorbehalt. Dieser veräußert die Waren weiter an den Endabnehmer E. Wie wird E Eigentümer? (Vgl. die Skizze *Verfügung eines Nichtberechtigten*).

Verfügung eines Nichtberechtigten

Durch den Eigentumsvorbehalt bleibt L zunächst Eigentümer. Wenn V an E weiterveräußert, verfügt er über das Eigentum des L. Häufig gestatten die einschlägigen Lieferbedingungen dem Großhändler die Weiterveräußerung, damit er entsprechende Erlöse erzielen und somit Zahlungen an den Lieferanten leisten kann.

In diesem Fall wäre der Großhändler berechtigt, über ihm nicht gehörende Sachen zu verfügen. E wird Eigentümer.

Lernhinweis: Es kommen noch andere Lösungsmöglichkeiten in Betracht, je nachdem, wie der Sachverhalt weiter differenziert wird:

Weiß der Endabnehmer nichts vom Eigentumsvorbehalt, erwirbt er nach § 932 BGB gutgläubig Eigentum, vorausgesetzt er hält den Großhändler für den Eigentümer.

Möglicherweise erwirbt auch der Großhändler (trotz des vereinbarten Eigentumsvorbehalts) nach § 950 BGB Eigentum an den vom Lieferanten gelieferten Waren, nämlich dann, wenn er sie entsprechend verarbeitet (zu alledem vgl. im Sachenrecht den Abschnitt Eigentumserwerb).

2. Genehmigung des Berechtigten

Die Verfügung eines Nichtberechtigten wird nach § 185 Abs. 2 BGB (lesen!) wirksam, wenn der Berechtigte sie genehmigt.

Beispiel: Dieb D stiehlt dem Eigentümer E ein tragbares Fernsehgerät und veräußert dieses an den Passanten P zum Preis von DM 500,–. Welche Rechte hat E? Vergleichen Sie dazu das Schaubild *Veräußerung einer gestohlenen Sache.*

Veräußerung einer gestohlenen Sache

E Eigentümer	Genehmigung ————————— Herausgabe des Erlangten	D Dieb	Gutgläubiger Erwerb ————————— scheitert an § 935	P Passant

Wir haben es hier mit einer wichtigen Fallkonstellation zu tun, die wesentliche Zusammenhänge des BGB verdeutlicht. E könnte gegen P auf Herausgabe nach § 985 klagen. Er ist Eigentümer geblieben, da trotz guten Glaubens an gestohlenen Sachen kein Eigentumserwerb möglich ist (vgl. § 935 BGB). Die Verfügung des D ist (wegen § 935!) E gegenüber nicht wirksam. Möglicherweise ist aber P nicht mehr auffindbar, so daß schon aus diesem Grunde E ein Interesse daran hat, statt der Herausgabe des gestohlenen Geräts von D die Herausgabe des erzielten Erlöses zu verlangen. Als Anspruchsgrundlage kommt eine Vorschrift des Bereicherungsrechts in Betracht: § 816 Abs. 1 BGB. Wenn ein Nichtberechtigter eine Verfügung trifft, die dem Berechtigten gegenüber wirksam ist, hat der Berechtigte Anspruch auf Herausgabe des erzielten Erlöses. An sich ist die Verfügung des D unwirksam (siehe oben). E kann jedoch diese Verfügung genehmigen. Sie wird dann nach § 185 Abs. 2 BGB ihm gegenüber wirksam. E verliert damit rückwirkend (vgl. § 184 Abs. 1) das Eigentum durch die Veräußerung des Nichtberechtigten D. Folglich liegen die Voraussetzungen des § 816 Abs. 1 vor. E hat gegen D einen Anspruch auf Herausgabe der erzielten DM 500,–.

Wiederholungsfragen zu § 17

Können Sie Fälle von Rechtsgeschäften nennen, bei denen die Mitwirkung Dritter erforderlich ist? (§ 17 I)

Wie definiert man die Einwilligung, wie die Genehmigung? (§ 17 II)

Wie ist die Rechtslage, wenn jemand als Nichtberechtigter verfügt? (§ 17 III)

6. Kapitel: Rechtsgeschäftliches Handeln für Dritte

Lernhinweis: Auftreten und Handeln für andere ist eine gängige Erscheinung des täglichen Lebens. Der moderne Produktionsprozeß, der Waren- und Dienstleistungsverkehr wären ohne Delegation von Aufgaben nicht zu bewältigen. Der Rechtsordnung fällt es zu, die hierfür notwendigen Rechtsinstitute zur Verfügung zu stellen. Dabei ist das rechtsgeschäftliche vom tatsächlichen Verhalten zu trennen. Vergleichen Sie dazu zunächst die Übersicht *Handeln für Dritte*. Nur rechtsgeschäftliches Tätigwerden für Dritte bezeichnet man als „Stellvertretung", die im BGB in den §§ 164 ff. abgehandelt ist. Daneben gibt es andere Erscheinungsformen, die ebenso tatsächliches Verhalten dritten Personen zurechnen. Bei letzterem sprechen wir von der Gehilfenhaftung nach § 278 BGB (Erfüllungsgehilfe) und § 831 BGB (Verrichtungsgehilfe). In den folgenden Abschnitten werden die Funktionen, die rechtliche Grundkonstellation, die Arten und die Wirksamkeitsvoraussetzungen der Stellvertretung abgehandelt. Besonders erörtert wird die Vertretung ohne Vertretungsmacht. Und schließlich werden die für den Anfänger nicht einfachen Grenzen der Stellvertretung (§ 181 BGB) dargestellt. Wegen seiner besonderen wirtschaftlichen Bedeutung und der dogmatischen Gewichtigkeit ist das Recht der Stellvertretung stets prüfungs- und examensrelevant (auch im Zusammenhang mit den Besonderheiten des Vertretungsrechts im Handels- und Gesellschaftsrecht). Es muß deshalb mit besonderer Aufmerksamkeit bearbeitet werden (vgl. das Schaubild *Handeln für Dritte*).

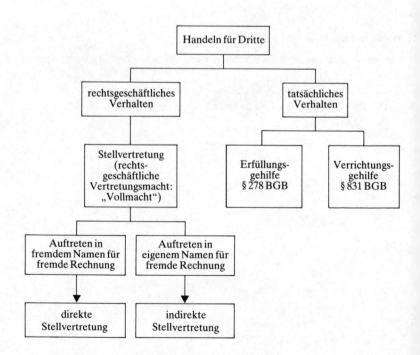

§ 18 Die Stellvertretung

I. Funktionen der Stellvertretung

1. Delegation und Multiplikation

Die Stellvertretung ist das rechtstechnische Mittel, den eigenen Wirkungskreis durch Aufgabenübertragung zu vervielfachen.

Beispiel: Das Unternehmen U tätigt im Verkauf Geschäfte durch zahlreiche Außendienstmitarbeiter, im Einkauf durch die Angestellten der entsprechenden Abteilung; Dienst- und Arbeitsverträge werden vom Personalressort abgeschlossen, weitere Geschäftsanfälle erledigen die jeweils dafür zuständigen Abteilungen. Alle Geschäfte kommen zustande zwischen dem Geschäftspartner einerseits und dem Unternehmen andererseits, letzteres vertreten durch seine Mitarbeiter. Stets liegt rechtsgeschäftliches Handeln für andere vor.

2. Handeln für nicht voll Geschäftsfähige

Die Stellvertretung ermöglicht die rechtsgeschäftliche Teilhabe nicht voll Geschäftsfähiger am Rechts- und Geschäftsverkehr. Wie wir wissen, können Geschäftsunfähige überhaupt nicht (vgl. § 105 BGB) und beschränkt Geschäftsfähige nur in engen Grenzen (vgl. § 107 BGB) selbst Geschäfte tätigen. Sie bedürfen der Mitwirkung des gesetzlichen Vertreters.

3. Korporations- und Gesellschaftsrecht

Große Bedeutung hat die Stellvertretung bei juristischen Personen und Personenzusammenschlüssen. Die juristische Person ist als solche nicht real existent und benötigt Organe, um handeln zu können (vgl. oben § 4). Auf das Handeln der Organe der juristischen Personen finden die Regeln über die Stellvertretung Anwendung.

Auch bei Personenzusammenschlüssen, durch die keine juristische Person begründet wird (insbesondere OHG, KG), ist der Regelungskomplex „Vertretung" außerordentlich wichtig: Bei allen Gesellschaftsformen stellt sich die Frage, wer und gegebenenfalls in welchem Umfang die betreffende Person zur Vertretung der Gesellschaft (bzw. der übrigen Gesellschafter) berechtigt ist. Die Grundkonstellation regelt das BGB mit dem Rechtsinstitut „Stellvertretung". Die Einzelfragen sind im Gesetz bei der jeweiligen Gesellschaftsform normiert (vgl. dazu das Gesellschaftsrecht, z. B. §§ 714 BGB, 125 HGB).

II. Die rechtliche Grundkonstellation

1. Die beteiligten Personen und ihre Rechtsbeziehungen

Die Stellvertretung setzt drei Beteiligte voraus: den **„Vertreter"** (das Gesetz spricht nicht vom „Stell"-Vertreter, sondern nur vom Vertreter), der für einen anderen handelt; den **„Vertretenen",** für den der Vertreter Erklärungen abgibt sowie den **„Dritten",** mit dem der Vertreter für den Vertretenen Rechtsgeschäfte tätigt.

Die Rechtsbeziehungen zwischen dem Vertretenen und dem Vertreter bezeichnet man auch als **„Innenverhältnis"**; dieses ist Anlaß und Rechtsgrund für das Handeln des Vertreters. Meist wird es (beim entgeltlichen Tätigwerden) ein Dienst-, Geschäftsbesorgungs- oder Werkvertrag sein; beim unentgeltlichen Tätigwerden liegt ein Auftragsverhältnis vor. Die Beziehung zwischen dem Vertreter und dem Dritten bezeichnet man als **„Außenverhältnis"**. Die Rechtsmacht des Vertreters, wirksam für den Vertretenen zu handeln, nennt man **„Vertretungsmacht"**. Ist sie rechtsgeschäftlich erteilt, spricht man von **„Vollmacht"**. Vergleichen Sie dazu das Schaubild *Stellvertretung.*

Stellvertretung

Ver- tretener	Innenverhältnis z.B. Dienstvertrag	Ver- treter	Außenverhältnis Vertretungsmacht (Vollmacht)	Dritter

2. Die Wirkungsweise der Stellvertretung

Zu unterscheiden ist die aktive Stellvertretung nach § 164 Abs. 1 BGB von der passiven Stellvertretung nach § 164 Abs. 3 BGB.

a) Aktive Stellvertretung

Eine Willenserklärung, die jemand innerhalb der ihm zustehenden Vertretungsmacht im Namen des Vertretenen abgibt, wirkt unmittelbar für und gegen den Vertretenen. Man sagt: „Die Willenserklärungen gehen durch den Vertreter hindurch"; das Rechtsgeschäft kommt also nicht mit dem Vertreter, sondern zwischen dem Vertretenen und dem Dritten zustande.

Beispiel: V bevollmächtigt seinen Angestellten A, bei D eine Maschine zu kaufen. Vertragspartner des von A als Stellvertreter abgeschlossenen Kaufvertrags sind V als Käufer und D als Verkäufer.

Vergleichen Sie dazu das Schaubild *Wirkungsweise der Stellvertretung.*

Wirkungsweise der Stellvertretung

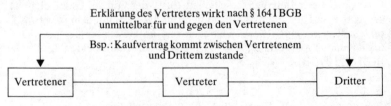

Erklärung des Vertreters wirkt nach § 164 I BGB
unmittelbar für und gegen den Vertretenen

Bsp.: Kaufvertrag kommt zwischen Vertretenem
und Drittem zustande

Vertretener	Vertreter	Dritter

Die wesentlichen Voraussetzungen sind:

- Der Vertreter muß **im Namen des Vertretenen auftreten** („Offenkundigkeit") und
- **Vertretungsmacht** besitzen (entweder rechtsgeschäftliche oder gesetzliche).

Der Vertreter gibt eine eigene Willenserklärung ab, aber in fremdem Namen. Dabei ist es gleichgültig, ob die Erklärung ausdrücklich im Namen des Vertretenen erfolgt oder ob sich dies aus den Umständen ergibt (vgl. § 164 Abs. 1 S. 2 BGB-lesen!).

Beispiel: Die in einem Einzelhandelsgeschäft die Kunden bedienenden Angestellten sind für jedermann erkennbar Vertreter des Geschäftsinhabers.

b) Passive Stellvertretung

Die Regeln über die Stellvertretung finden nach § 164 Abs. 3 BGB (lesen!) entsprechende Anwendung, wenn eine „gegenüber einem anderen abzugebende Willenserklärung dessen Vertreter gegenüber erfolgt". Mit anderen Worten: Der Stellvertreter gibt nicht aktiv eine Erklärung ab, vielmehr nimmt er passiv die Willenserklärung des Dritten entgegen.

Beispiele: Angestellter A kündigt das mit der Firma F eingegangene Dienstverhältnis durch Erklärung gegenüber dem zuständigen Personalsachbearbeiter. Häufig ist in Mietverträgen bestimmt, daß Ehegatten sich gegenseitig bevollmächtigen, Erklärungen jeweils mit Rechtswirkung auch für den anderen in Empfang zu nehmen. Die Kündigung des Vermieters (ihre Zulässigkeit vorausgesetzt) gegenüber dem Ehemann wirkt dann auch gegenüber der Ehefrau.

III. Arten der Stellvertretung

1. Gesetzliche Vertretung

Die Rechtsgrundlage für die Vertretungsmacht ergibt sich in zahlreichen Fällen aus dem Gesetz.

Beispiele:

• Eltern sind gesetzliche Vertreter für ihre Kinder (§§ 1626, 1629).
• Der Vormund ist Vertreter für das Mündel (§§ 1773, 1793 BGB).

2. Rechtsgeschäftliche Stellvertretung

Die durch Rechtsgeschäfte erteilte Vertretungsmacht bezeichnet das Gesetz als **„Vollmacht"** (vgl. Sie die Legaldefinition in § 166 Abs. 2 BGB!).

Lernhinweis: „Vertretungsmacht" ist also der Oberbegriff und umfaßt sowohl die gesetzliche als auch die rechtsgeschäftliche Vertretungsmacht; aber nur die rechtsgeschäftliche Vertretungsmacht nennt man „Vollmacht" (man spricht auch von „gewillkürter Vertretungsmacht").

3. Organschaftliche Vertretungsmacht

Juristische Personen handeln durch ihre Organe (vgl. § 26 Abs. 2 BGB, § 35 Abs. 1 GmbHG, § 78 Abs. 1 AktG). Die Regeln des BGB über die Stellvertretung finden auf rechtsgeschäftliches Handeln der satzungsgemäßen Vertreter juristischer Personen Anwendung.

4. Direkte und indirekte Stellvertretung

a) Direkte Stellvertretung

Kennzeichen für die direkte Stellvertretung ist das **Auftreten in fremdem Namen** (nämlich in dem des Vertretenen) **für fremde Rechnung.** Man spricht auch von „unmittelbarer", „offener" oder „echter" Stellvertretung.

b) Indirekte Stellvertretung

Bei der indirekten Stellvertretung handelt der Vertreter zwar ebenfalls **für fremde Rechnung** (der des Vertretenen), jedoch **in eigenem Namen.**

Sie ist eigentlich keine Stellvertretung, wenn man von der Begriffsbestimmung des § 164 Abs. 1 BGB ausgeht, wird aber stets im Zusammenhang mit ihr behandelt. Man spricht auch von „mittelbarer", „verdeckter" oder „unechter" Stellvertretung. **Das BGB kennt die mittelbare Stellvertretung nicht.** §§ 164 ff. betreffen nur die direkte Stellvertretung.

Die mittelbare Stellvertretung ist vor allem im HGB anzutreffen.

Beispiel: Kommissions- und Speditionsverhältnisse (Kommissionär und Spediteur handeln in eigenem Namen für fremde Rechnung). Konsequenzen: Der Vertrag kommt nicht zwischen dem Kommittenten und dem Dritten zustande, sondern zwischen dem Kommissionär und dem Dritten. Entsprechend der internen Abrede muß der mittelbare Stellvertreter die für Rechnung des Vertretenen erzielten Ergebnisse auf den Vertretenen „transferieren". Der Verkaufskommissionär verkauft in eigenem Namen das dem Kommittenten gehörende Kommissionsgut und muß den erzielten Kaufpreis, abzüglich der Provision und seiner Auslagen, an den Kommittenten herausgeben.

Vergleichen Sie dazu auch das Schaubild *Indirekte Stellvertretung*.

Indirekte Stellvertretung

Vertretener z.B. Kommittent	Kommissions- auftrag	Vertreter z.B. Kommissionär	Kauf- vertrag	Dritter z.B. Käufer oder Verkäufer

Lernhinweis: Ein entscheidender Unterschied zwischen mittelbarer und unmittelbarer Stellvertretung liegt also darin, daß der mittelbare Stellvertreter selbst als Vertragspartner des Dritten berechtigt und verpflichtet wird!

IV. Ähnliche Erscheinungsformen

Die Stellvertretung ist abzugrenzen von ähnlichen Erscheinungsformen.

1. Zurechnungstatbestände im Rahmen des Schadenersatzrechts

Stellvertretung setzt rechtsgeschäftliches Handeln voraus. Vertretung bei Realakten und tatsächlichen Handlungen scheidet aus. Im Schadenersatzrecht kennen wir aber Zurechnungstatbestände im Rahmen der Gehilfenhaftung.

a) Erfüllungsgehilfe

Ein Vertragspartner, der sich zur Erfüllung einer Verbindlichkeit anderer Personen bedient, haftet für das Verschulden dieser „Erfüllungsgehilfen" nach § 278 BGB (lesen und nicht mehr vergessen! Dies ist eine der wichtigsten Normen des Schuldrechts).

Beispiel: Der mit der Reparatur beauftragte Handwerksmeister H kommt nicht selbst, sondern schickt seinen Gesellen. Durch eine Unachtsamkeit entsteht bei der Reparatur im Haus des Auftraggebers ein Schaden. H wird so behandelt, als habe er selbst fahrlässig gehandelt.

b) Verrichtungsgehilfe

Nach § 831 BGB (lesen und schon mal vorab zur Kenntnis nehmen!) haftet der Geschäftsherr für unerlaubte Handlungen seiner Verrichtungsgehilfen.

Beispiel: Der bei Gipsermeister Gurke beschäftigte Geselle Gustav hantiert auf dem Außengerüst unachtsam mit seinem Handwerksgeschirr, so daß dem unten vorbeigehenden Passanten P ein Eimer auf den Kopf fällt. P kann nicht nur (was selbstverständlich ist) Gustav auf Schadenersatz verklagen (möglicherweise wird dort aber „nichts zu holen sein"), er hat auch einen direkten Schadenersatzanspruch gegen Gurke. Dieser kann sich allerdings möglicherweise nach § 831 Abs. 1 S. 2 BGB „exkulpieren" (im Endergebnis also der Schadenersatzpflicht entziehen).

2. Stellvertreter und Bote

Der Vertreter handelt in fremdem Namen für fremde Rechnung durch Abgabe einer **eigenen** Willenserklärung. Der Bote handelt zwar auch in fremdem Namen für fremde Rechnung, jedoch durch Abgabe einer **fremden** Willenserklärung. Der Bote ist lediglich „Erklärungsüberbringer".

Vergleich Stellvertreter/Bote

Begriff	Stellvertreter	Bote
	Handeln in fremdem Namen für fremde Rechnung durch Abgabe einer eigenen Willenserklärung	Handeln in fremdem Namen für fremde Rechnung durch Übermittlung einer fremden Willenserklärung
Anforderungen an die Geschäftsfähigkeit	Mindestens beschränkte Geschäftsfähigkeit erforderlich, § 165	Auch Geschäftsunfähige können Bote sein
Fehler bei der Willensübermittlung	Fehlvorstellungen des Vertreters sind entscheidend, § 166 I	Fehlvorstellungen des Auftraggebers entscheidend §§ 119, 120 BGB
Gut- oder Bösgläubigkeit	Maßgeblich ist die Kenntnis des Vertreters, § 166 I BGB. Beim „Vertreter mit gebundener Marschroute" führt auch die Kenntnis des Vertretenen zur Bösgläubigkeit § 166 II	Maßgeblich ist die Kenntnis des Auftraggebers

Schulbeispiel: Der Vertreter sagt: „**Ich** schließe das Geschäft im Namen meines Auftraggebers";

der Bote sagt: „**Mein Auftraggeber** läßt Ihnen sagen, daß er das Geschäft abschließt".

Lernhinweis: Die Stellvertretung erfordert mindestens beschränkte Geschäftsfähigkeit (§ 165 BGB); Bote dagegen kann auch der Geschäftsunfähige sein („Ist das Kindlein noch so klein, Bote kann es immer sein").

Beispiel: Der 6-jährige kann für die Mutti beim Tante-Emma-Laden um die Ecke mit einem Einkaufszettel und abgezähltem Geld wirksam Brezeln und Milch für das Frühstück einkaufen. Er überbringt eine fremde Erklärung.

Lernhinweis: Beachten sie zur Unterscheidung zwischen Stellvertreter und Bote auch die gegenüberstellende Übersicht *Vergleich Stellvertreter/Bote*.

3. Stellvertreter und Besitzdiener

Besitz ist die tatsächliche Gewalt über eine Sache (§ 854 Abs. 1 BGB – vgl. dazu unten im Sachenrecht § 60). Wer die tatsächliche Gewalt über eine Sache für einen anderen **weisungsgebunden** ausübt, ist nach § 855 Besitzdiener.

Beispiele: Hausgehilfin hinsichtlich des Geschirrs usw., Lehrling im Meisterbetrieb hinsichtlich der Werkzeuge.

Besitzdienerschaft betrifft die tatsächliche Seite, Stellvertretung die rechtsgeschäftliche. Wer Besitzdiener ist, kann allerdings zugleich auch (sofern die rechtsgeschäftlichen Voraussetzungen vorliegen) Stellvertreter sein. Eine Stellvertretung im Besitz gibt es jedoch nicht.

4. Der Treuhänder

Treuhänder ist, wem Rechte zur Ausübung in **eigenem Namen** eingeräumt sind mit der Einschränkung, daß er sie nur **in fremdem Interesse** ausüben darf. Er tritt nach außen hin frei auf, ist aber im Innenverhältnis gegenüber dem Treugeber beschränkt.

Beispiel: Der Sicherungsnehmer bei der Sicherungsübereignung (vgl. dazu unten im Sachenrecht § 66 V).

5. Der Strohmann

Der Strohmann hat die gleiche Rechtsstellung wie ein Treuhänder. Hinzu kommt aber, daß er die Treuhandschaft **verheimlicht**.

Hinweis: Strohmanngeschäfte fallen nicht unter § 117 BGB, weil das Rechtsgeschäft ja nicht zum Schein vorgenommen wird, sondern ernsthaft gewollt ist.

V. Wirksamkeitsvoraussetzungen der Stellvertretung

1. Zulässigkeit der Stellvertretung

Stellvertretung ist im Schuld- und Sachenrecht stets zulässig. Im Familien- und Erbrecht kennen wir aber Ausnahmen bei **„höchstpersönlichen" Rechts- geschäften**. Für sie ist kennzeichnend, daß das Gesetz den persönlichen Abschluß durch das betroffene Rechtssubjekt verlangt.

Beispiele: Eheschließung (§ 13 Abs. 1 EheG), Testamentserrichtung (§ 2064 BGB), Erbvertrag (§ 2274 BGB).

Darüber hinaus erklärt das Gesetz in einigen weiteren Fällen die Vertre- tung für unzulässig.

Beispiele: Einwilligung in die Adoption (§ 1750 Abs. 3), Antrag auf Ehelichkeitser- klärung (§ 1728 Abs. 1).

Lernhinweis: In bestimmten Fällen verlangt das Gesetz die gleichzeitige Anwesen- heit beider Vertragsteile. Beispiel: Die Einigungserklärungen bei der Eigentums- übertragung durch Auflassung im Grundstücksrecht (§ 925 Abs. 1 BGB). Dort ist Stellvertretung zulässig; die gleichzeitige Anwesenheit ist nicht identisch mit der persönlichen Anwesenheit. Es genügt, wenn der Vertreter gleichzeitig mit dem Dritten anwesend ist.

2. Offenkundigkeit

Stellvertretung nach BGB setzt Handeln in fremdem Namen voraus. Die Wirkungen der Stellvertretung nach §§ 164 ff. treten nur ein, wenn diese offenkundig wird. Dabei kann das Handeln in fremdem Namen ausdrück- lich erfolgen oder sich durch die äußeren Umstände (konkludent) ergeben (vgl. § 164 Abs. 1 S. 2 BGB und oben II, 2a).

a) *Verpflichtung des Vertreters*

Wer als Vertreter auftritt, dies aber nicht genügend deutlich macht, wird aus der abgegebenen Willenserklärung selbst verpflichtet. § 164 Abs. 2 (lesen!) bringt dies mit einer umständlichen Formulierung zum Ausdruck: „Tritt der Wille, in fremdem Namen zu handeln, nicht erkennbar hervor, so kommt der Mangel des Willens, im eigenen Namen zu handeln, nicht in Betracht." Dem Vertreter ist also die Anfechtung wegen dieses Willens- mangels versagt. **Praktischer Hinweis:** Es empfiehlt sich, als Vertreter klarzustellen, daß man nicht in eigenem, sondern in fremdem Namen handelt.

Vergleichen Sie dazu auch das Schaubild *Mangelnde Offenkundigkeit des Vertretungswillens*.

Mangelnde Offenkundigkeit des Vertretungswillens

Verpflichtung des Vertreters
nach § 164 II bei mangelnder
Offenkundigkeit

b) „Geschäft für den, den es angeht"

Das Offenkundigkeitsprinzip schützt die Interessen des Erklärungsgegners. Er soll wissen, wer sein Vertragspartner ist. Wenn die Person des Geschäftspartners für den Erklärungsgegner ohne Belang ist, kann man auch das Offenlegen der Vertretung vernachlässigen. Dies ist der Fall beim „Geschäft für den, den es angeht". Insbesondere bei Bargeschäften des täglichen Lebens ist davon auszugehen, daß es dem einen Geschäftspartner gleichgültig sein kann, ob der andere Geschäftspartner für sich selbst oder für einen anderen handelt.

Beispiel: A kauft für seinen Arbeitskollegen B am Kiosk ein Vesper, 2 Flaschen Bier und eine Zeitung. Der Kaufvertrag kommt mit B zustande, auch wenn A die Vertretung nicht offenlegt.

Bei Kreditgeschäften gelten die Grundsätze des „Geschäfts für den, den es angeht" nicht, da es dem Kreditgeber regelmäßig auf die Kreditwürdigkeit der jeweiligen Person entscheidend ankommt.

c) Handeln unter fremdem Namen

Es ist denkbar, daß jemand eine Willenserklärung nicht „in" fremdem Namen, sondern „unter" fremdem Namen abgibt. Der Vertreter tritt also „selbst als Vertretener" auf. Die denkbaren Fälle umfassen eine weite Spanne, von der Hochstapelei bis zum Schabernack. In rechtlicher Hinsicht muß man differenzieren. Es kommt auf die Interessenlage des Erklärungsgegners an.

aa) Eigengeschäft unter fremdem Namen

Wenn beim Geschäftsgegner kein Irrtum über die Identität ausgelöst wird, liegt ein Eigengeschäft des unter fremdem Namen Auftretenden vor.

Beispiel: V will aus gewissen Gründen incognito bleiben und mietet ein Hotelzimmer unter falschem Namen. Der Vertrag kommt mit V zustande.

Verständnisfrage: Worin liegt der Unterschied zum „Geschäft für den, den es angeht"? **Antwort:** Dort will der Erklärende für einen anderen handeln, hier will er für sich handeln.

bb) Fremdgeschäft

Wenn es dem Erklärungsgegner entscheidend auf die Person des Vertragspartners ankommt, sind §§ 164 ff., insbesondere §§ 177 ff., entsprechend anzuwenden.

Beispiel: Landstreicher L schließt telefonisch unter dem Namen des Millionärs M ein Geschäft ab. Das Geschäft kommt mit dem Vertretenen zustande, wenn Vertretungsmacht vorliegt oder der Vertretene genehmigt.

In der Regel wird es zu einer Ablehnung der Genehmigung und damit zu Ersatzansprüchen nach § 179 BGB kommen (dazu unten § 19).

3. Vorliegen der „Vertretungsmacht"

Die Wirkung der Stellvertretung kann nur beim Vorliegen einer entsprechenden Vertretungsmacht eintreten (vgl. den Satzteil in § 164 Abs. 1 S. 1

„innerhalb der ihm zustehenden Vertretungsmacht"). Sie kann auf Gesetz oder Rechtsgeschäft beruhen (siehe oben). Fehlt die Vertretungsmacht, liegt „Vertretung ohne Vertretungsmacht" vor. Die Rechtsfolgen richten sich nach §§ 177 ff. BGB (vgl. dazu unten § 19).

4. Zurechnung subjektiver Komponenten

Lernhinweis: Wenn der Geschäftspartner nicht selbst handelt, sondern einen Vertreter einschaltet, ergibt sich die Frage, auf welche Person abzustellen ist, wenn es auf subjektive Komponenten ankommt. Was gilt z. B. bei Willensmängeln: Kommt es auf die Fehlvorstellungen beim Vertretenen oder beim Vertreter an?

a) Grundsatz

Entscheidend ist nach § 166 Abs. 1 BGB (lesen!) grundsätzlich die Person des Vertreters, weil er eine eigene Willenserklärung abgibt. Das BGB folgt damit der sogenannten „Repräsentationstheorie", die den Vertreter als eigentlichen Akteur ansieht.

aa) Willensmängel

Liegen Willensmängel beim **Vertreter** vor (Irrtum, arglistige Täuschung, rechtswidrige Drohung), kann der Vertretene anfechten.

bb) Kenntnis und Kennenmüssen

Dasselbe gilt nach § 166 Abs. 1 (2. Fall) BGB, soweit die rechtlichen Folgen einer Willenserklärung „durch die Kenntnis oder das Kennenmüssen gewisser Umstände beeinflußt werden".

Schulfall: Der Eigentumserwerb vom Nichtberechtigten ist nach §§ 932, 892 BGB nur wirksam, wenn der Erwerber den Veräußerer für den Eigentümer gehalten hat, also gutgläubig war. Entscheidend ist die Kenntnis bzw. die grob fahrlässige Unkenntnis des Vertreters.

b) Ausnahme

Bei der rechtsgeschäftlichen Vertretung gilt zusätzlich § 166 Abs. 2 BGB (lesen!). Hat der Vertreter nach bestimmten Weisungen des Vertretenen gehandelt, kann sich der Vertretene nicht auf die Unkenntnis des Vertreters berufen (**Vertreter mit „gebundener Marschroute"**). Diese Bestimmung ist weit auszulegen. Es genügt nach der Rechtsprechung, wenn der Vertretene den Bevollmächtigten zu dem vorgenommenen Abschluß „veranlaßt hat" oder trotz Kenntnis von Einzelheiten des Geschäfts nicht eingreift, obwohl er es tun könnte. Damit soll eine gewisse Korrektur des oben unter a) erwähnten Grundsatzes erzielt werden (es kann unbillig sein, wenn man nur auf die Kenntnis des Vertreters abstellt).

VI. Die rechtsgeschäftliche Vertretungsmacht (Vollmacht)

1. Die Grundkonstellation

Der Vollmacht (als der auf Rechtsgeschäft beruhenden Vertretungsmacht) liegt im Innenverhältnis ein bestimmtes Rechtsgeschäft, in der Regel ein Dienst-, Werk-, Geschäftsbesorgungsvertrag oder Auftrag zugrunde.

Beispiel: Der bislang in Süddeutschland wohnende A nimmt eine neue Arbeitsstelle in Norddeutschland an. Er beauftragt einen örtlichen Makler, sein Grundstück zu veräußern und bevollmächtigt ihn gleichzeitig zum Abschluß eines entsprechenden Kaufvertrags und aller damit zusammenhängenden weiteren Rechtsgeschäfte.

2. Erteilung der Vollmacht

Die Vollmachtserteilung ist eine einseitige empfangsbedürftige Willenserklärung. Die Vollmacht kann gemäß § 167 Abs. 1 (lesen!) erteilt werden
• gegenüber dem zu Bevollmächtigenden („**Innenvollmacht**") oder
• gegenüber dem Dritten („**Außenvollmacht**").

Lernhinweis: Diese Unterscheidung ist wichtig im Hinblick auf den Widerruf und die Fortdauer der Vollmacht. Die Außenvollmacht hat einen Bestandsschutz nach §§ 170 f. bis zu ihrem in gleicher Weise wie die Erteilung erfolgenden Widerruf.

3. Abstraktheit der Vollmacht

Die Vollmacht ist unabhängig von dem ihr zugrundeliegenden Rechtsgeschäft (dem Innenverhältnis). Die Vollmacht ist also „abstrakt". Das bedeutet: Die Fehlerhaftigkeit des Innenverhältnisses ist unerheblich für das Außenverhältnis. Auf der anderen Seite liegt praktisch jeder Vollmachtserteilung ein bestimmter Zweck zugrunde. Verknüpft sind Innen- und Außenverhältnis insoweit, als sich nach § 168 BGB (dazu unten 7.) das Erlöschen der Vollmacht nach dem Innenverhältnis bestimmt.

4. Form der Vollmachtserteilung

a) Grundsatz

Die Erteilung der Vollmacht ist **grundsätzlich formlos** möglich. Nach § 167 Abs. 2 BGB bedarf die Bevollmächtigung nicht der Form, welche für das Rechtsgeschäft bestimmt ist, auf das sich die Vollmacht bezieht.

Beispiel: Grundstücksveräußerungsverträge sind nach § 313 BGB notariell zu beurkunden. Die Bevollmächtigung zur Grundstücksveräußerung ist dagegen auch formlos wirksam.

b) Ausnahmen

Ausnahmsweise ist die Einhaltung einer bestimmten Form für die Bevollmächtigung notwendig:
• in gesetzlichen Fällen: Prozeßvollmacht (§ 80 ZPO), Grundbuchanträge (§§ 29 f. GBO), Erbschaftsausschlagung (§ 1945 Abs. 3 BGB), im Gesellschaftsrecht nach § 2 Abs. 2 GmbHG sowie §§ 134 Abs. 3, 135 AktG;
• wo Sinn und Zweck dies erfordern.

Schulfall: Eine unwiderrufliche Bevollmächtigung zur Grundstücksveräußerung würde bereits eine tatsächlich bindende Vorwegnahme des Veräußerungsvertrages bedeuten. Damit wäre der Schutzzweck der Formvorschrift des § 313, nämlich der Übereilungsschutz, vereitelt. Daher erfordert schon die unwiderrufliche Bevollmächtigung notarielle Beurkundung.

5. Widerruf der Vollmacht

Nach § 168 S. 2 BGB (lesen!) ist die Vollmacht **jederzeit widerruflich**. Es handelt sich dabei aber um eine dispositive Vorschrift. Die Parteien können etwas anderes vereinbaren.

Lernhinweis: Im übrigen hindert die Erteilung der Vollmacht den Vollmachtgeber nicht, selbst das Rechtsgeschäft mit einem anderen vorzunehmen, auch wenn eine unwiderrufliche Vollmacht erteilt wurde. Eine „verdrängende Vollmacht" kennt das BGB nicht; sie wäre nach § 137 BGB als rechtsgeschäftliches Veräußerungsverbot nichtig (siehe oben § 13 II).

6. Arten der Vollmacht

a) Einzel- und Generalvollmacht

Nach dem Umfang der erteilten Vollmacht kennen wir

- die **Spezialvollmacht** (die Vollmacht bezieht sich auf ein einzelnes Rechtsgeschäft),
- die **Artvollmacht** (die Vollmacht bezieht sich auf eine ganze Gruppe bestimmter Rechtsgeschäfte) sowie
- die **Generalvollmacht** (die Vollmacht bezieht sich auf alle in Betracht kommenden Rechtsgeschäfte des Vollmachtgebers).

Lernhinweis: Die drei vorstehend genannten Erscheinungsformen umschreibt das HGB beim Handlungsbevollmächtigten in § 54 HGB (lesen!).

b) Einzel- und Gesamtvollmacht

Oft werden mehrere in der Form bevollmächtigt, daß **nur alle gemeinschaftlich zur Vertretung berechtigt** sind. Man spricht dann von **„Gesamtvollmacht"** (Kollektivvollmacht).

Sie dient der Sicherheit und gegenseitigen Kontrolle („vier Augen sehen mehr als zwei"). Oft finden wir die Gesamtvollmacht im Handels- und Gesellschaftsrecht.

Beispiele: Gesamtprokura (§ 48 Abs. 2 HGB), Vertretungsregelung bei der BGB-Gesellschaft (§ 714 i. V. m. § 709 BGB); weiteres dazu im Gesellschaftsrecht.

c) Haupt- und Untervollmacht

Die Hauptvollmacht wird vom Vertretenen, die Untervollmacht vom Vertreter erteilt. Ob der Hauptbevollmächtigte zur Erteilung der Untervollmacht berechtigt ist, bestimmt sich nach dem Innenverhältnis zwischen Geschäftsherr und Hauptbevollmächtigtem (vgl. das Schaubild *Untervollmacht*.)

Untervollmacht

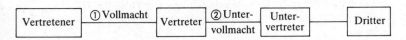

Der Unterbevollmächtigte ist Vertreter des Geschäftsherrn, nicht des Hauptbevollmächtigten. Seine Erklärungen gelten also für und gegen den Geschäftsherrn. Denkbar ist allerdings auch, daß der Unterbevollmächtigte im Namen des Hauptbevollmächtigten auftritt.

d) Duldungs- und Anscheinsvollmacht

Treu und Glauben erfordern den Schutz des Rechtsverkehrs, wenn aus bestimmten Umständen nach der Verkehrsauffassung auf das Bestehen einer Vollmacht zu schließen ist. Im einzelnen ist zwischen der Duldungs- und der Anscheinsvollmacht zu unterscheiden.

aa) Duldungsvollmacht

Sie liegt vor, wenn der Geschäftsherr **wissentlich zuläßt**, daß ein anderer für ihn wie ein Vertreter auftritt, und der Geschäftsgegner diese Duldung nach Treu und Glauben wie eine Bevollmächtigung verstehen durfte (ständige Rechtsprechung). Bei der Duldungsvollmacht handelt es sich um einen Rechtsscheintatbestand. Im Gegensatz zur konkludent erteilten Vollmacht liegt keine wirkliche Vollmacht vor.

Lernhinweis: Für die Duldungsvollmacht ist kennzeichnend, daß der Geschäftsherr das fremde Auftreten kennt (es also wissentlich duldet). Von der stillschweigend erteilten Vollmacht unterscheidet sich die Duldungsvollmacht dadurch, daß der Geschäftsherr keinen Willen zur Vollmachtserteilung hat.

bb) Anscheinsvollmacht

Anscheinsvollmacht liegt vor, wenn der Geschäftsherr **das Auftreten eines anderen** als Stellvertreter zwar nicht kennt, es aber bei pflichtgemäßer Sorgfalt **hätte erkennen und verhindern können**, und der Geschäftsgegner nach Treu und Glauben annehmen durfte, der Geschäftsherr dulde und billige das Auftreten seines scheinbaren Vertreters.

Lernhinweis: Bei der Anscheinsvollmacht handelt es sich auch nicht um einen rechtsgeschäftlichen Tatbestand, sondern um die Zurechnung eines schuldhaft verursachten Rechtsscheins. Der Unterschied zur Duldungsvollmacht besteht darin, daß der Geschäftsherr bei der Duldungsvollmacht das Auftreten des Scheinvertreters kennt und duldet, wogegen er bei der Anscheinsvollmacht dessen Auftreten nicht positiv kennt, sondern es nur hätte erkennen können.

Da es sich bei der Duldungs- und Anscheinsvollmacht um Anwendungsfälle von „Treu und Glauben" handelt, ist immer nur der gutgläubige Geschäftspartner geschützt.

cc) Anwendungsfälle

Neben der Duldungs- und Anscheinsvollmacht hat sich dabei aus dem Gedanken des Vertrauensschutzes heraus der Grundsatz der Scheinvollmacht kraft Einräumung einer typischerweise mit einer Vollmacht verbundenen tatsächlichen Stellung herausgebildet. Sie hat sich parallel zur Duldungs- und Anscheinsvollmacht entwickelt und geht teilweise über diese hinaus.

Aus dem Katalog der Rechtsprechung zur Anscheins- und Duldungsvollmacht:

- Ein Kraftfahrer, der ein Kraftfahrzeug in Reparatur geben darf, gilt als bevollmächtigt, abweichende Geschäftsbedingungen zu vereinbaren (nicht jedoch einen Haftungsverzicht);
- das selbständige Auftreten eines Kommanditisten für die Gesellschaft müssen Komplementäre möglicherweise aufgrund der Zurechnung über die Duldungsvollmacht hinnehmen;
- einem Arbeitgeber werden verbindliche Erklärungen des Betriebsratsvorsitzenden für ihn in der Regel nicht kraft Duldungs- oder Anscheinsvollmacht zugerechnet;
- die Aushändigung des Kfz-Briefes begründet nicht ohne weiteres eine Anscheinsvollmacht zur Veräußerung des Kraftfahrzeugs;
- im Versicherungsrecht können vom Schadensregulierer vergebene Reparaturaufträge nicht ohne weiteres kraft Anscheinsvollmacht zugerechnet werden.

7. Erlöschen der Vollmacht

a) Erlöschen nach Innenverhältnis

Nach § 168 S. 1 BGB bestimmt sich das Erlöschen der Vollmacht nach dem ihrer Erteilung zugrundeliegenden Rechtsverhältnis. Die Vollmacht erlischt also nach Maßgabe des Innenverhältnisses.

Beispiel: Angestellter A ist bevollmächtigt, ein bestimmtes Geschäft abzuschließen. Die Vollmacht erlischt mit der Erledigung des Auftrags, ansonsten mit all den anderen Umständen, die zu einer Beendigung des Innenverhältnisses führen (z. B. Kündigung des Dienstvertrags zwischen Geschäftsherr und Bevollmächtigtem).

b) Widerruf der Vollmacht

Die Vollmacht erlischt durch Widerruf, selbst wenn das Innenverhältnis bestehenbleibt. Ein Widerruf der Vollmacht ist grundsätzlich jederzeit möglich.

c) Rechtsscheintatbestände

Lernhinweis: Es gibt **grundsätzlich keinen Schutz des guten Glaubens an das Bestehen der Vertretungsmacht!** Das Gesetz kann Gutgläubige nur schützen, wenn auf Grund einer Rechtsscheinsbasis ein Vertrauenstatbestand geschaffen wurde. Die Vollmachtserteilung als solche ist jedoch äußerlich nicht erkennbar. Anderes gilt, wenn durch äußere Umstände ein Vertrauen begründet wird (einprägsamstes Beispiel: Die Eintragung des Prokuristen im Handelsregister begründet einen Vertrauenstatbestand). Auch das BGB kennt solche Ausnahmetatbestände in §§ 170 ff. Gutgläubige Dritte werden geschützt: Ihnen gegenüber bleibt die Vertretungsmacht bestehen

- wenn die Vollmacht durch Erklärung gegenüber einem Dritten erteilt wurde (§ 170 BGB) bis zur Anzeige des Erlöschens;
- bei öffentlicher Bekanntmachung der Vollmachtserteilung (§ 171 BGB) bis zum Widerruf in derselben Weise;
- bei der Aushändigung von Vollmachtsurkunden (§ 172 BGB) bis zur Rückgabe oder Kraftloserklärung (vgl. dazu § 176 BGB) der Urkunde.

Wiederholungsfragen zu § 18

Welche Funktionen erfüllt das Rechtsinstitut der Stellvertretung? (§ 18 I)

Was versteht man unter aktiver, was unter passiver Stellvertretung? (§ 18 II 2)

Welche Arten der Stellvertretung gibt es? (§ 18 III)

Kennt das BGB die indirekte Stellvertretung? (§ 18 III 4)

Welche Unterschiede bestehen zwischen Stellvertreter und Boten? (§ 18 IV 2)

Welches sind die Wirksamkeitsvoraussetzungen für die Stellvertretung? (§ 18 V)

Wie definiert man die Vollmacht? (§ 18 VI)

Welche Arten der Vollmacht kennen Sie? (§ 18 VI 6)

Wann erlischt die Vollmacht? (§ 18 VI 7)

§ 19 Vertretung ohne Vertretungsmacht

Lernhinweis: Handelt ein Vertreter ohne Vertretungsmacht, ergibt sich ein naheliegender Interessenwiderstreit: Das Vertrauensinteresse des Dritten kollidiert mit dem Schutz des Vertretenen. Das Gesetz hat die Interessenkollision sachgemäß gelöst: Sicher kann ein vollmachtsloser Vertreter dem Vertretenen kein Geschäft „aufdrängen"; vielleicht entspricht es aber gerade seinen Interessen. Deshalb ist das Geschäft schwebend unwirksam und bedarf der Genehmigung des Vertretenen (§ 177 BGB). Wird die Genehmigung verweigert, kommt das Geschäft nicht zustande. In diesem Fall kann der Dritte Regreßansprüche gegen den Vertreter geltend machen (§ 179 BGB).

Verdeutlichen Sie sich die Grundkonstellation der Vertretung ohne Vertretungsmacht vorab (und nach Durcharbeiten dieses Abschnitts erneut) anhand des Schaubilds *Vertretung ohne Vertretungsmacht*.

Vertretung ohne Vertretungsmacht

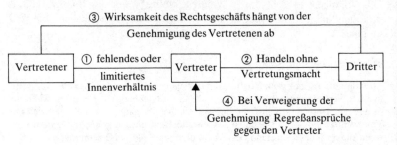

I. Das vom vollmachtlosen Vertreter abgeschlossene Rechtsgeschäft

1. Verträge

Schließt jemand ohne Vertretungsmacht im Namen eines anderen einen Vertrag, so **hängt** nach § 177 Abs. 1 BGB (lesen!) die **Wirksamkeit** des Vertrags **von der Genehmigung des Vertretenen ab**. Auf die Genehmigung findet § 184 BGB Anwendung (zu Einzelheiten vergleichen Sie bitte §§ 177

Abs. 1 und 178 BGB; man erkennt die Parallele zum Minderjährigenrecht in § 108 BGB).

2. Einseitige Rechtsgeschäfte

Bei einseitigen Rechtsgeschäften ist nach § 180 BGB (lesen!) „Vertretung ohne Vertretungsmacht unzulässig"; das Rechtsgeschäft ist also unwirksam, weil für den nur passiv beteiligten Dritten ein Schwebezustand vermieden werden soll. Dies gilt uneingeschränkt für nichtempfangsbedürftige Willenserklärungen. Empfangsbedürftige Willenserklärungen sind dagegen nur dann nicht genehmigungsfähig, wenn der Geschäftsgegner die vom Vertreter behauptete Vertretungsmacht beanstandet hat bzw. nicht damit einverstanden war, daß der Vertreter ohne Vertretungsmacht handelte (vgl. § 180 Satz 2; zur „Passivvertretung" vgl. § 180 Satz 3). Ähnliche Konstellationen finden sich auch in §§ 111 und 174 BGB.

3. Das Fehlen der Vertretungsmacht

§ 177 BGB betrifft den Fall, daß jemand „ohne Vertretungsmacht" handelt. Es besteht jedoch Einigkeit, daß die Regeln über die Vertretung ohne Vertretungsmacht für alle Fälle gelten, in denen ein Vertreter bei fehlender Vertretungsmacht ein Rechtsgeschäft in fremdem Namen vornimmt, unabhängig davon, ob die Vertretungsmacht von Anfang an gefehlt hat, durch Anfechtung oder Widerruf erloschen ist oder der Vertreter die Grenzen seiner Vertretungsmacht überschritten hat.

§§ 177 ff. gelten auch, wenn die Organe juristischer Personen ihre Befugnisse überschreiten.

Lernhinweis: Vertretung ohne Vertretungsmacht ist von der Geschäftsführung ohne Auftrag zu trennen: Die Vertretung ohne Vertretungsmacht betrifft das Außenverhältnis, die Geschäftsführung ohne Auftrag das Innenverhältnis.

II. Haftung des vollmachtlosen Vertreters

Verweigert der Vertretene die Genehmigung, haftet der Vertreter ohne Vertretungsmacht nach § 179 BGB (lesen!).

1. Inhalt des Anspruchs

Der Vertreter haftet, wenn er seine Vertretungsmacht nicht nachweist, dem Geschäftspartner nach dessen Wahl auf Erfüllung oder Schadenersatz. Es handelt sich um einen Fall der sog. „Wahlschuld" (vgl. § 262 BGB, unten § 25).

a) Erfüllungsansprüche

Wählt der Dritte Erfüllung, so wird dadurch der Vertreter zwar nicht Vertragspartei, nimmt aber die Stellung des Vertretenen ein. Er haftet zum Beispiel aus Verzug nach §§ 284, 326 BGB (vgl. dazu unten § 35), wenn er (was zu erwarten ist) nicht rechtzeitig leistet.

b) Schadenersatzansprüche

Der Dritte kann vom Vertreter an Stelle der Erfüllung auch gleich Schadenersatz verlangen.

Lernhinweis: Normalerweise ist der Schadenersatzanspruch nach bürgerlichem Recht zunächst auf Naturalherstellung gerichtet; da dies aber bei § 179 BGB aus der Natur der Sache heraus nicht möglich ist (ein Vertrag zwischen dem Dritten und dem Vertretenen ist nach versagter Genehmigung gescheitert), kann sofort Geldersatz verlangt werden.

2. Einschränkung der Haftung

Die Haftung des Vertreters ohne Vertretungsmacht ist beschränkt bzw. ausgeschlossen in drei Fällen:

a) Unkenntnis des Vertreters

Wenn der Vertreter den Mangel der Vertretungsmacht nicht kannte, muß er nur den sog. Vertrauensschaden ersetzen (lies § 179 Abs. 2 BGB).

b) Kenntnis des Dritten

Der Vertreter ohne Vertretungsmacht haftet nicht, wenn der Dritte den Mangel der Vertretungsmacht kannte oder kennen mußte (§ 179 Abs. 3 S. 1 BGB). Praktischer **Hinweis:** Derartige Enttäuschungen kann man leicht vermeiden, wenn man den Vertreter auffordert, sich zu legitimieren.

c) Minderjährige

Der Vertreter haftet nicht, wenn er in der Geschäftsfähigkeit beschränkt war (§ 179 Abs. 3 S. 2 BGB – lesen!).

Ausnahme: Wenn er mit Zustimmung seines gesetzlichen Vertreters gehandelt hat.

Lernhinweis: Sie haben damit ein weiteres Beispiel für den im BGB stets vorrangigen Minderjährigenschutz. Verständnisfrage: Warum erwähnt § 179 Abs. 3 S. 2 BGB nur die in der Geschäftsfähigkeit beschränkte Person, nicht aber auch den Geschäftsunfähigen? Antwort: Weil Vertretung mindestens beschränkte Geschäftsfähigkeit voraussetzt (vgl. § 165 BGB!).

Wiederholungsfragen zu § 19

Ist ein Vertrag unwirksam, den jemand ohne Vertretungsmacht abgeschlossen hat? (§ 19 I 1)

Was gilt bei einseitigen Rechtsgeschäften? (§ 19 I 2)

Wie haftet der Vertreter ohne Vertretungsmacht? (§ 19 II)

Was gilt, wenn der Vertreter ohne Vertretungsmacht minderjährig ist? (§ 19 II 2 c)

§ 20 Grenzen der Vertretungsmacht

Lernhinweis: Der nachfolgende Abschnitt beschäftigt sich mit den Grenzen der gesetzlichen Vertretung im Minderjährigen- und Vormundschaftsrecht (§§ 1643, 1821, 1822 BGB), mit dem Mißbrauch der Vertretungsmacht und vor allem mit dem sog. „In-sich-Geschäft" nach § 181 BGB. Legen Sie beim Durcharbeiten besonderes Schwergewicht auf § 181 BGB: Sie müssen erkennen, daß es sich dabei um zwei Fälle handelt, und deren Erscheinungsformen beherrschen.

I. Beschränkung der gesetzlichen Vertretungsmacht

1. Vormundschaftsgerichtliche Genehmigung

Die Eltern und der Vormund müssen für bestimmte Rechtsgeschäfte nach §§ 1821, 1822 BGB die Genehmigung des Vormundschaftsgerichts einholen. Darunter fallen die Grundstücksverfügungen und andere gravierende Vorgänge (Erbschaftsausschlagung, Gesellschaftsvertrag zum Betrieb eines Erwerbsgeschäfts u. a. m.). Der Grund ist einleuchtend: Die im Katalog der §§ 1821, 1822 BGB (lesen!) genannten Rechtsgeschäfte sind von so großem Gewicht, daß eine unabhängige Instanz prüfen soll, ob die Interessen des Mündels bzw. des Kindes gewahrt sind.

Lernhinweis: §§ 1821, 1822 BGB sprechen nur von der Genehmigungspflicht für Rechtsgeschäfte des Vormunds; die Bestimmungen gelten aber teilweise für Eltern entsprechend. § 1643 Abs. 1 BGB (lesen!) verweist im Abschnitt „Elterliche Sorge" ausdrücklich auf diese Bestimmungen des Vormundschaftsrechts.

2. Geschäfte mit Familienangehörigen

Im Hinblick auf mögliche Interessenkollisionen schränken die §§ 1629 Abs. 2, 1795 BGB die Vertretungsmacht von Eltern und Vormündern weiter ein: Sie haben keine Vertretungsmacht für Geschäfte, die sie im Namen des Mündels mit ihren Ehegatten und Verwandten tätigen.

Das Bundesverfassungsgericht hat die Vertretungsmacht der Eltern im Rahmen des § 1629 BGB weiter eingeschränkt (BVerfG BB 1986, 1248 ff.): Es ist mit dem allgemeinen Persönlichkeitsrecht Minderjähriger (Art. 2 Abs. 1 i.V.m. Art. 1 Abs. 1 GG) nicht vereinbar, daß Eltern ihre Kinder kraft elterlicher Vertretungsmacht (§ 1629 BGB) bei Fortführung eines ererbten Handelsgeschäfts in ungeteilter Erbengemeinschaft finanziell unbegrenzt verpflichten können.

II. Mißbrauch der Vertretungsmacht

Wegen der Abstraktheit der Vollmacht kann ein Vertreter an sich wirksam Geschäfte tätigen, auch wenn er dabei Pflichten aus dem Innenverhältnis verletzt. Da jedoch jede Rechtsausübung den Anforderungen von Treu und Glauben genügen muß und nicht gegen die guten Sitten verstoßen darf, ist die Wirksamkeit der Vertretungsmacht bei Mißbräuchen eingeschränkt. Diese Grundsätze ergeben sich aus Treu und Glauben und entsprechen der ständigen Rechtsprechung. Die Gerichte haben insbesondere zwei Fälle herausgearbeitet:

1. Kollusion

Es ist unbestritten, daß ein bewußtes, treuwidriges Zusammenspiel zwischen dem Vertreter und dem Dritten zum Nachteil des Geschäftsherrn (Fall der sog. „Kollusion") sittenwidrig ist.

2. Erkennbare Treuwidrigkeit

Vor allem im Handelsrecht ist für die Prokura entwickelt worden, daß sich der Geschäftspartner nicht auf die Unbeschränkbarkeit der Prokura berufen kann, wenn der Prokurist bewußt zum Nachteil des Geschäftsherrn handelt und der Geschäftspartner dies erkennt bzw. infolge Fahrlässigkeit nicht erkennt.

Auf der anderen Seite trägt auch für den Mißbrauch der Vertretungsmacht grundsätzlich der Vertretene das Risiko; eine gesteigerte Prüfungspflicht wird dem Geschäftspartner von der Rechtsprechung nicht generell auferlegt.

Zusammenfassung: Der Vertretene trägt grundsätzlich das Risiko des Vollmachtsmißbrauchs. Er ist aber gegen einen erkennbaren Mißbrauch der Vollmacht im Verhältnis zum Vertragsgegner dann geschützt, wenn der Vertreter von seiner Vertretungsmacht in ersichtlich verdächtiger Weise Gebrauch macht, so daß beim Vertragsgegner begründete Zweifel entstehen müssen, ob nicht ein Treuverstoß des Vertreters gegenüber dem Vertretenen vorliegt (BGH NJW 1966, 1911).

III. Verbot des In-Sich-Geschäfts

Im Hinblick auf mögliche Interessenkollisionen schränkt § 181 BGB für den Vertreter das Selbstkontrahieren sowie die Mehrvertretung ein.

1. Grundkonstellation

a) Selbstkontrahieren

Vom Selbstkontrahieren spricht man, wenn der Vertreter im Namen des Vertretenen mit sich im eigenen Namen ein Rechtsgeschäft tätigt (§ 181 1. Fall).

b) Doppelvertretung

Die Doppelvertretung betrifft den zweiten Fall des § 181 BGB. Sie liegt vor, wenn ein Vertreter im Namen des Vertretenen mit sich als Vertreter eines Dritten ein Rechtsgeschäft vornimmt.

Lernhinweis: § 181 BGB ist eine schwer verständliche Vorschrift. Sie enthält zwei Fälle: Das „Selbstkontrahieren" und die „Mehr"- bzw. „Doppelvertretung"! Vergleichen Sie dazu die entsprechenden Schaubilder *Die beiden Fälle des § 181 BGB.*

Die beiden Fälle des § 181 BGB

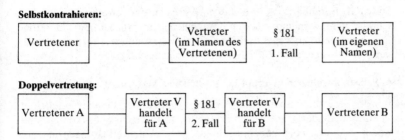

2. Der Gesetzeszweck

§ 181 BGB vermutet mit Recht Interessenkollisionen: Wenn eine Person auf beiden Seiten des Rechtsgeschäfts mitwirkt, liegt die Gefahr eines Interessenkonflikts und somit der Schädigung des einen oder anderen Teils auf der Hand. Auslegung und Anwendung des § 181 BGB wurden von der Rechtsprechung unterschiedlich gehandhabt. Einigkeit besteht darin, daß seine Anwendung nicht einen tatsächlichen Interessenwiderstreit im Einzelfall voraussetzt. § 181 BGB ist zugleich eine formale Ordnungsvorschrift, die der Klarheit und Sicherheit des Rechtsverkehrs dient.

3. Erlaubtes Selbstkontrahieren

§ 181 BGB erlaubt das Selbstkontrahieren in zwei Fällen:

a) Gestattung

Selbstkontrahieren ist gestattet, wenn der Vertretene den Vertreter hierzu ausdrücklich bevollmächtigt (vgl. Sie in § 181 den Satzteil: „. . . soweit nicht ein anderes ihm gestattet ist . . .").

Beispiel: Fast alle Vollmachtsformulare enthalten bereits einen entsprechenden Passus („. . . unter Befreiung von den Beschränkungen des § 181 BGB . . .").

b) Erfüllung einer Verbindlichkeit

Selbstkontrahieren ist weiterhin gestattet, wenn das Rechtsgeschäft „ausschließlich in der Erfüllung einer Verbindlichkeit besteht".

Beispiel: Der Vater kann das Kind bei der Auflassung mit sich selbst vertreten, wenn diese in Erfüllung eines Schenkungsversprechens des Vaters erfolgt.

4. Einschränkung des § 181 durch die Rechtsprechung

Der Bundesgerichtshof hat im Wege einer „teleologischen Reduktion" die Anwendung des § 181 eingeschränkt (und damit die Zulässigkeit des Selbstkontrahierens ausgedehnt!). Selbstkontrahieren ist danach zulässig, wenn keine Interessenkollision vorliegen kann und auch Belange Dritter nicht berührt sind (BGHZ 56, 97). Insbesondere findet § 181 BGB keine Anwendung auf Rechtsgeschäfte, die dem Vertretenen lediglich einen rechtlichen Vorteil im Sinne von § 107 BGB (s. o.) bringen (BGHZ 59, 236).

5. Rechtsfolgen des verbotenen Selbstkontrahierens

Das BGB formuliert in § 181, daß ein Vertreter das betreffende Rechtsgeschäft „nicht vornehmen kann". Entgegen dem Wortlaut sind derartige Rechtsgeschäfte aber nicht schlechthin nichtig, sondern **schwebend unwirksam** und entsprechend § 177 BGB genehmigungsfähig.

6. Selbstkontrahierungsverbot bei gesetzlicher Vertretung

Bei der gesetzlichen Vertretung ergeben sich zusätzliche Schwierigkeiten: Wenn ein Minderjähriger vertreten wird, kann er ein Selbstkontrahieren weder gestatten noch genehmigen, da seine Willenserklärungen mangels Geschäftsfähigkeit nicht wirksam sind. Hier bedarf es eines Brückenschlages zum Familienrecht. Dort ist diese Situation ausdrücklich geregelt: Ist der gesetzliche Vertreter an der Ausübung der Vertretung verhindert, so muß nach § 1909 BGB ein Pfleger bestellt werden (Fall der **„Ergänzungspflegschaft"**). Auf die Rechtsstellung des Pflegers finden die Vorschriften über den Vormund Anwendung. Für das betreffende Geschäft wird der Minderjährige durch den Pfleger vertreten, der mit dem gesetzlichen Vertreter als Vertragspartei abschließt.

Beispiel: Die Eltern wollen ihren minderjährigen Sohn als Gesellschafter in eine bestehende OHG aufnehmen und ihm einen entsprechenden Gesellschaftsanteil schenken. Dieses Rechtsgeschäft bringt für den Minderjährigen wegen der persönlichen Haftung des Gesellschafters (§ 128 HGB – lesen!) nicht lediglich einen rechtlichen Vorteil. Der Gesellschaftsvertrag muß deshalb für den Minderjährigen von einem Pfleger abgeschlossen werden.

Wiederholungsfragen zu § 20

In welchen Fällen und aus welchen Gründen ist eine vormundschaftsgerichtliche Genehmigung erforderlich? (§ 20 I 1)

Was gilt beim Mißbrauch der Vertretungsmacht? (§ 20 II)

Was ist die Grundkonstellation des § 181 BGB und wieviele Fälle enthält er? (§ 20 III 1, 2)

Wann ist Selbstkontrahieren erlaubt? (§ 20 III 3)

Welche Probleme ergeben sich aus dem Selbstkontrahierungsverbot bei der gesetzlichen Vertretung? (§ 20 III 6)

Teil III: BGB – Allgemeines Schuldrecht

§ 21 Funktionen und Systematik des Schuldrechts

I. Der Regelungsbereich des Schuldrechts

Das im zweiten Buch des BGB geregelte „Recht der Schuldverhältnisse" ist ein **Teilbereich des Vermögensrechts**. Als Schwerpunkt enthält es die Rechtsgrundlagen für den rechtsgeschäftlichen Güterverkehr.

Lernhinweis: Vor dem Durcharbeiten des nachfolgenden Abschnitts ist es zweckmäßig, zunächst im Inhaltsverzeichnis zum BGB die einzelnen Abschnitte des Schuldrechts sorgsam durchzugehen. Man ersieht daraus die Systematik des Gesetzes und erhält insoweit einen Leitfaden für die Erarbeitung der nachfolgenden Materie (vergleichen Sie dazu auch die Übersicht *Recht der Schuldverhältnisse*).

1. Das Schuldrecht als Rechtsgrundlage für den rechtsgeschäftlichen Güterverkehr

Der Schwerpunkt des Schuldrechts liegt in der Bereitstellung einer – weitgehend dispositiven – Rechtsordnung für die Begründung, den Inhalt, die Abwicklung und die Beendigung von Schuldverhältnissen. Dabei bringt das Gesetz zunächst allgemeine Vorschriften für alle Schuldverhältnisse und schließt im siebten Abschnitt, den man als „Besonderes Schuldrecht" bezeichnet, eine Auflistung der wichtigsten Schuldverhältnisse an.

Damit liefert der Gesetzgeber die wesentlichen Vorschriften für den Warenaustausch sowie alle sonstigen Lieferungen und Leistungen. Ergänzt wird das Schuldrecht durch Partien des Allgemeinen Teils und des Sachenrechts, die ebenfalls vermögensrechtliche Fragen regeln. Die im Allgemeinen Teil des BGB normierten allgemeinen Lehren gelten naturgemäß auch für die Schuldverhältnisse; im Sachenrecht ist der Teil des Vermögensrechts enthalten, der sich mit der Güterzuordnung, insbesondere den Übereignungsvorgängen und dinglichen Rechtspositionen, befaßt. Daneben greifen Spezialgesetze ein, wie z. B. das HGB oder das Versicherungsvertragsgesetz; sie regeln Rechtsverhältnisse, die im Besonderen Schuldrecht nicht erfaßt sind, z. B. das Speditions-, Lager-, Fracht- und Kommissionsgeschäft sowie die Versicherungsverträge.

Während das Schuldrecht die auf Leistungsaustausch und Güterumsatz gerichteten wirtschaftlichen Vorgänge regelt, sich also auf Änderungen des status quo bezieht, steht im Sachenrecht die Erhaltung der bestehenden Güterzuordnung im Vordergrund. Man sagt: Das **Schuldrecht** ist **dynamisch**, das **Sachenrecht** ist **statisch**. Freilich gelten diese Aussagen jeweils nur mit Einschränkungen und Ausnahmen.

Die im Schuldrecht vor allem geregelten Leistungsbeziehungen bestehen im Rahmen eines „Schuldverhältnisses". Darunter versteht man das Rechtsverhältnis zwischen „Gläubiger" und „Schuldner", kraft dessen der Gläubiger vom Schuldner eine Leistung fordern kann. Im Gegensatz zur Laiensprache muß jedoch gleich hier betont werden, daß der Begriff des „Gläubigers" umfassender ist als in der Umgangssprache, die gelegentlich als Gläubiger nur den „Darlehensgläubiger" und als „Schuldner" nur denjenigen, der Geld zu leisten hat, bezeichnet. „Gläubiger" ist jeder, der von einem anderen kraft eines Schuldverhältnisses etwas fordern kann; Schuldner ist derjenige, der diese Forderung erfüllen muß (§ 241). Die Leistungsbeziehung kann deshalb den Güteraustausch betreffen (Ware gegen Geld oder Ware gegen Ware), genauso aber auch die (zeitweilige) Gebrauchsüberlassung sowie Dienstleistungen und viele andere Dinge mehr. Dabei kann angesichts der Vertragsfreiheit und der Dynamik wirtschaftlicher und technischer Entwicklungen eine Vielzahl oft neuartiger Formen des Güterumsatzes entstehen, an die der Gesetzgeber zum Teil gar nicht gedacht hat (vgl. „Leasingverträge", „Factoring", „Franchising" u. a. m.).

2. Das Schuldrecht als Rechtsgrundlage für den Personen- und Güterschutz

Das Schuldrecht regelt neben den rechtsgeschäftlichen (insbesondere vertraglichen) Leistungsbeziehungen auch die Rechtsfolgen von Handlungen, die zum Schadenersatz führen. Es enthält damit im Recht der **„unerlaubten Handlungen"** (§§ 823–853 BGB) die Rechts- und Anspruchsgrundlagen, die bei Personen- und Güterverletzungen in Betracht kommen. Durch den Eingriff in solche Schutzpositionen entsteht ein gesetzliches Schuldverhältnis, gerichtet auf Schadenersatz. Die §§ 823 ff. BGB enthalten dabei im wesentlichen die Anspruchsgrundlagen („wann entsteht ein Schuldverhältnis aus unerlaubter Handlung?").

Einzelne Fragen des Schadenersatzes (etwa: „in welchem Umfang und wie wird Schadenersatz geleistet?") werden im Allgemeinen Schuldrecht in den §§ 249 ff. BGB behandelt. Diese Vorschriften gelten ebenso für die Regulierung der Schadensfolgen bei der Verletzung von Pflichten aus vertraglichen Schuldverhältnissen.

3. Das Schuldrecht als Ausgleichsordnung für unberechtigte Vermögensverschiebungen

Das Schuldrecht regelt schließlich die Voraussetzungen und den Umfang des Ausgleichsanspruchs aus sog. **„ungerechtfertigter Bereicherung"** nach §§ 812 ff. BGB. Um es hier schon zu betonen: Es handelt sich dabei nicht um eine Generalklausel zur vermögensrechtlichen Beseitigung wie auch immer gelagerter „Ungerechtigkeiten". Vielmehr enthalten die §§ 812 ff. Rückabwicklungsvorschriften für den Fall, daß jemand einen Vermögensvorteil „ohne rechtlichen Grund" erlangt. Als Hauptfall ist die „Leistungskondiktion" zu nennen, die sich als Konsequenz des im deutschen Recht geltenden „Abstraktionsprinzips" ergibt: Die Erfüllung einer Leistungsverpflichtung (z. B. die Übereignung einer Sache) ist nicht automatisch deshalb unwirksam, weil das zugrundeliegende schuldrechtliche Rechtsgeschäft (z. B. der Kaufvertrag) aus bestimmten Gründen nichtig ist. Da aber eine solche Vermögensverschiebung „unerträglich" ist, weil sie „unberechtigt", „ungerechtfertigt" erfolgte, muß sie rückabgewickelt werden. Dies geschieht über die ungerechtfertigte Bereicherung nach §§ 812 ff. BGB. Im einzelnen sei auf die späteren Ausführungen verwiesen.

4. Das Schuldrecht als Rechtsgrundlage für den Zusammenschluß mehrerer zur gemeinsamen Zweckverfolgung

Schließlich enthält das Schuldrecht noch die Rechtsgrundlage für den Prototyp der Personengesellschaft. In §§ 705 ff. BGB ist die „Gesellschaft" geregelt.

Lernhinweis: Weil es im BGB nur eine „Gesellschaft" gibt, erübrigen sich insofern die sonst im Gesellschaftsrecht üblichen Bezeichnungen „BGB-Gesellschaft" bzw. „Gesellschaft bürgerlichen Rechts".

Das Handelsrecht verweist bei der offenen Handelsgesellschaft (entsprechend auch bei der Kommanditgesellschaft) ausdrücklich auf die Vorschriften der BGB-Gesellschaft. In den Schuldrechtsvorlesungen wird das Recht der BGB-Gesellschaft in der Regel ausgegrenzt und im Rahmen der gesellschaftsrechtlichen Vorlesungen abgehandelt. Hierauf wird verwiesen.

5. Schuldrechtliche Beziehungen außerhalb des Schuldrechts

Schuldrechtliche Beziehungen findet man auch außerhalb des 2. Buches des BGB. Beispielsweise besteht zwischen dem Eigentümer einer Sache und dem Nießbraucher ein gesetzliches Schuldverhältnis aufgrund eines sachenrechtlichen Tatbestandes. Ein weiteres Beispiel ist das gesetzliche Schuldverhältnis zwischen Finder und Verlierer. Und schließlich kennen wir im Erbrecht zahlreiche Rechtsbeziehungen mit schuldrechtlichem Zuschnitt (das Vermächtnis z. B. begründet eine Forderung gegenüber dem Erben). Auch außerhalb des BGB sind viele schuldrechtliche Beziehungen anzutreffen. Stets ist auf die allgemeinen Vorschriften des Schuldrechts zurückzugreifen, soweit nicht im einzelnen Spezialvorschriften die dortigen Regelungen verdrängen.

II. Die Gesetzessystematik

Das Schuldrecht besteht aus **zwei Teilen**: dem Allgemeinen Schuldrecht (§§ 241–432) und dem Besonderen Schuldrecht (§§ 433–853). Das Gesetz selbst hat diese Einteilung nicht ausdrücklich vorgenommen. Das Allgemeine Schuldrecht findet sich in den ersten sechs Abschnitten des zweiten Buches, das Besondere Schuldrecht umfaßt den 7. Abschnitt mit den, wie das Gesetz sagt, „einzelnen Schuldverhältnissen". Das Allgemeine Schuldrecht enthält Vorschriften für alle Arten von Schuldverhältnissen (es gilt auch für die vorerwähnten schuldrechtlichen Beziehungen auf anderen Gebieten des Bürgerlichen Gesetzbuches, wie etwa im Sachen-, Familien-, Erbrecht und auch außerhalb des Bürgerlichen Gesetzbuches).

Die Materie des Schuldrechts ist weitgehend dispositiv. Aufgrund der Vertragsfreiheit haben es Gläubiger und Schuldner in der Hand, vom Gesetz abweichende Regelungen zu treffen. Der Gesetzgeber liefert insoweit nur „Konfektionsgröße", die sich an der von ihm als interessengerecht gedachten Normallage orientiert.

Die Gesetzessystematik ist wohl durchdacht. Der Gesetzgeber bewegt sich in der Regel vom Allgemeinen zum Speziellen. Das ergibt sich schon daraus, daß er zunächst Vorschriften für alle Schuldverhältnisse normiert

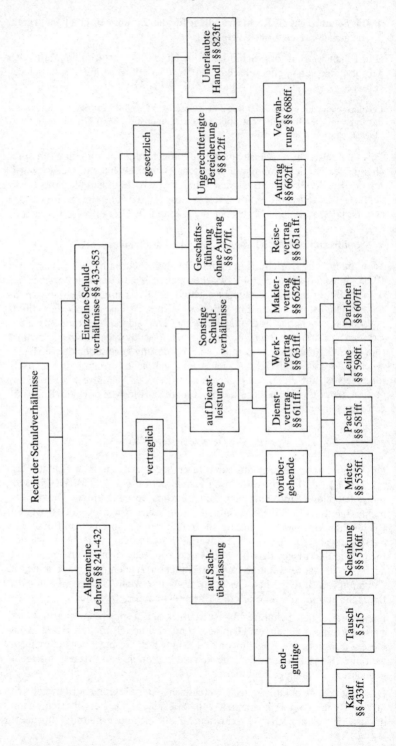

und daran anschließend die wichtigsten Schuldvertragstypen herausgreift und (wiederum dispositiv) regelt.

Lernhinweis: Den Gesetzesaufbau und die dort enthaltene Materie vergegenwärtigen Sie sich am besten, wenn Sie anhand der Übersicht *Recht der Schuldverhältnisse* jeweils die ersten Abschnitte und Bestimmungen aufschlagen und schon einmal vorab zur Kenntnis nehmen.

Wiederholungsfragen zu § 21

Welche Rechtsgebiete sind im zweiten Buch des BGB geregelt? (§ 21 I)

Wie läßt sich in einer Kurzformel der Unterschied zwischen dem Schuldrecht und dem Sachenrecht kennzeichnen? (§ 21 I 1)

Was ist außer dem Güterumsatz im Schuldrecht noch geregelt? (§ 21 I 2,3,4)

1. Kapitel: Begriff und Arten des Schuldverhältnisses

§ 22 Das Wesen des Schuldverhältnisses

I. Begriff

Der Begriff „Schuldverhältnis" wird in zweifacher Weise verwendet:

1. Das Schuldverhältnis als Gesamtheit von Rechtsbeziehungen

Das Bürgerliche Gesetzbuch spricht vom „Schuldverhältnis" zunächst dann, wenn es die Gesamtheit der Rechtsbeziehungen zwischen Gläubiger und Schuldner meint.

Beispiele:

- Der Kaufvertrag ist ein Rechtsverhältnis zwischen Verkäufer und Käufer, das sowohl für die eine wie auch für die andere Seite Rechte und Pflichten begründet.
- Beim Zurückbehaltungsrecht (§ 273 Abs. 1) und in den Fällen der §§ 292 Abs. 1, 425 Abs. 1 spricht das Gesetz ebenso wie in zahlreichen Überschriften des Allgemeinen Schuldrechts vom „Schuldverhältnis" in diesem Sinne. Man spricht auch vom „Schuldverhältnis im weiteren Sinn".

2. Das Schuldverhältnis im engeren Sinne

Häufiger wird der Begriff des Schuldverhältnisses so verstanden, wie ihn das Gesetz in § 241 BGB definiert: „Kraft des Schuldverhältnisses ist der Gläubiger berechtigt, von dem Schuldner eine Leistung zu fordern." Dabei kann die Leistung sowohl in einem positiven Tun als auch in einem Unterlassen bestehen (§ 241 Satz 2 BGB).

Beispiel: V verpflichtet sich gegenüber K, termingemäß einen Posten bestimmter Güter zu liefern (positives Tun);

X verpflichtet sich Y gegenüber, auf Wettbewerb zu verzichten (Unterlassen).

Den Leistungsberechtigten bezeichnet das Gesetz als „Gläubiger", den zur Leistung Verpflichteten als „Schuldner". Das Recht des Gläubigers gegenüber dem Schuldner bezeichnet man als „Forderung"; diese korrespondiert mit der entsprechenden Verpflichtung des Schuldners. Vergleichen Sie dazu das Schaubild *Schuldverhältnis*.

Schuldverhältnis

3. Die Relativität schuldrechtlicher Beziehungen

Aus der Definition des Schuldverhältnisses als Gläubiger-/Schuldnerbeziehung folgt, daß die Berechtigungen und Verpflichtungen im Schuldverhältnis **immer nur zwischen bestimmten Personen** bestehen. Dritte Personen sind davon grundsätzlich nicht erfaßt. Man bezeichnet dies als die Relativität schuldrechtlicher Beziehungen. Der Gläubiger hat einen Anspruch lediglich gegenüber dem Schuldner, nicht dagegen gegenüber dritten Personen.

Beispiel: Der Mieter hat nur gegenüber dem Vermieter einen Anspruch auf Überlassung des Gebrauchs der Mietsache.

Lernhinweis: Diese Relativität der Berechtigung gegenüber dem jeweiligen Schuldner unterscheidet das Schuldrecht grundlegend vom Sachenrecht: Das Sachenrecht begründet Rechte an Sachen, die gegenüber jedermann ausgeübt werden können (Herrschaftsrechte, absolute Rechte). So kann beispielsweise der Eigentümer bei Besitzentzug von jedermann Herausgabe und bei Besitzstörung Unterlassung verlangen.

Das Schuldverhältnis ist dagegen ein „juris vinculum" (Rechtsfessel). Leistungs- und ggf. Schadenersatzansprüche bei Leistungsstörungen kommen grundsätzlich nur zwischen Gläubiger und Schuldner in Betracht.

4. Gegenseitige Leistungsverpflichtungen

In aller Regel bestehen in einem Schuldverhältnis gegenseitige Verpflichtungen und Berechtigungen. Dies folgt daraus, daß Güterumsätze nicht altruistisch und einseitig, sondern im Hinblick auf Gegenleistungen getätigt werden. Man spricht auch vom **„Synallagma"**.

Beispiel: Der Verkäufer verpflichtet sich zu der Übereignung der Ware im Hinblick auf die Zahlung des Kaufpreises. Insofern ist der Verkäufer Schuldner hinsichtlich der Übereignung. Er ist aber zugleich auch Gläubiger hinsichtlich der Kaufpreiszahlung, zu der sich der Käufer als Schuldner verpflichtet hat. Vergleichen Sie dazu das Schaubild *Gegenseitige Leistungsverpflichtungen*.

Gegenseitige Leistungsverpflichtungen

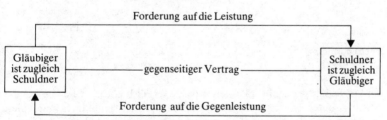

In diesem Fall sprechen wir von „gegenseitigen Verträgen". Dies wird uns noch im Recht der Leistungsstörungen beschäftigen, denn die Störung der Leistung auf der einen Seite kann nicht ohne Auswirkung auf die Verpflichtung der anderen Seite bleiben (dazu unten).

5. Dauerschuldverhältnisse

Ein Schuldverhältnis kann auf einmaligen Leistungsaustausch gerichtet sein.

Beispiele: Kauf, Tausch.

Denkbar ist aber auch, daß sich der Schuldner zu einem dauernden Verhalten verpflichtet oder die geschuldete Leistung in wiederkehrenden, über einen längeren Zeitraum hinwegreichenden Einzelleistungen besteht.

Beispiele: Miete, Pacht, Leihe, Darlehen sowie vor allem der Arbeits- und Dienstvertrag. Auch die „Sukzessivlieferungsverträge" (z. B. Bierlieferungsvertrag) können Dauerschuldverhältnisse sein.

Für Dauerschuldverhältnisse gelten besondere Regeln:

- Durch die Dauerhaftigkeit der schuldrechtlichen Beziehung ist eine stärkere Rücksichts- und Loyalitätspflicht anzunehmen;
- Dauerschuldverhältnisse werden in der Regel **nicht** durch **Rücktritt, sondern** durch **Kündigung** aufgelöst, weil die in der Vergangenheit tatsächlich erbrachten Leistungen schlecht oder überhaupt nicht rückgängig gemacht werden können.

II. Schuld und Haftung

Man unterscheidet zwischen der Schuld und der Haftung:

- Unter Schuld versteht man die Verpflichtung des Schuldners, die geschuldete Leistung zu erbringen.
- Unter der Haftung ist das Phänomen zu verstehen, daß der Gläubiger durch Zwang die Forderung durchsetzen kann. Dies erfolgt in der Regel durch staatliche Vollstreckung nach den Vorschriften des Zwangsvollstreckungsrechtes.

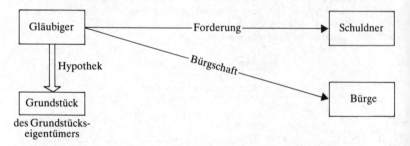

Unter Schuld versteht man also das „**Verpflichtetsein**" (die Leistungspflicht), unter Haftung das „**Unterworfensein**" des Schuldners unter den zwangsweisen Zugriff des Gläubigers. Hier unterscheiden sich die in der Privatrechtsdogmatik verwendeten Begriffe von der Laiensprache (dort versteht man unter „Haftung" ja auch gelegentlich das Einstehenmüssen für entstandene Schäden, wenn es etwa heißt: „Eltern haften für ihre Kinder").

1. Arten der Haftung

Das geltende Recht geht grundsätzlich von der unbeschränkten **Vermögenshaftung** des Schuldners aus.

Die **Personalhaftung** (früher warf man den Schuldner in den „Schuldturm") kennt das Gesetz nicht mehr (Ausnahme: Zwangshaft zur Erzwingung bestimmter Handlungen nach §§ 888, 890, 901 ff. ZPO). In bestimmten Fällen beschränkt sich die Haftung auf abgesonderte Vermögensmassen (so beispielsweise im Falle der Vermögensübernahme nach § 419 BGB sowie im Erbrecht, wenn der Schuldner durch bestimmte Akte die Haftung auf den übernommenen Nachlaß beschränkt).

2. Haftung ohne Schuld

Es gibt Fälle, in denen gehaftet wird, ohne daß jemanden eine Leistungsverpflichtung trifft. Diese Fälle kennen wir im Recht der Realsicherheiten:

Beispiel: Der nicht mit dem Schuldner identische Verpfänder oder Eigentümer haftet für den Anspruch, den sich der Gläubiger durch Bestellung eines Pfandrechts oder einer Hypothek sichern ließ.

3. Schuld ohne Haftung

Es gibt umgekehrt Fälle, in denen eine Leistungspflicht (also eine Schuld) besteht, diese aber nicht durchgesetzt werden kann.

Man spricht in diesem Zusammenhang auch von **unvollkommenen Verbindlichkeiten** („Naturalobligationen"). Im einzelnen sind allerdings unterschiedliche Sachverhalte angesprochen.

a) Verjährte Forderungen

Wir haben gesehen, daß die Verjährung zu einem Leistungsverweigerungsrecht des Schuldners führt (s. o. § 5). Wenn sich der Schuldner auf die Einrede der Verjährung beruft, ist die Klage abzuweisen. Der Anspruch kann dann insoweit nicht durchgesetzt werden.

b) Spiel, Wette und Ehemäklerlohn

Bei bestimmten Rechtsinstituten bestimmt das Gesetz, daß überhaupt keine Schuld entsteht, vgl. §§ 762, 656: Aus Spiel und Wette „wird eine Verbindlichkeit nicht begründet". Andererseits kann das Geleistete nicht zurückgefordert werden (§§ 762 Abs. 1 Satz 2, 656 Abs. 1 Satz 2). Spiel, Wette und Ehemäklerlohn begründen keine Verbindlichkeit im Rechtssinne, bilden aber einen Erwerbsgrund für das Behaltendürfen der trotzdem erlangten Leistung (damit sind bereicherungsrechtliche Rückforderungsansprüche ausgeschlossen).

III. Gefälligkeitsverhältnisse

Nicht jede Abrede begründet ein Schuldverhältnis. Vorausgesetzt ist der Wille, eine Rechtsbindung einzugehen. Dieser fehlt bei freundschaftlichen Absprachen, Übereinkünften im Geselligkeitsbereich, auf dem Gebiete des Anstands und der Ehre.

Beispiele: Der Nachbar im Zugabteil will ein Nickerchen machen und bittet den Mitreisenden, ihn bei der nächsten Station zu wecken. Weil dieser das versäumt, entgeht dem schlafenden Nachbarn ein wichtiges Geschäft. Er erleidet erhebliche Vermögenseinbußen. Hier wurde kein Schuldverhältnis begründet. Schadenersatzansprüche scheiden deshalb aus. Bei der sogenannten Gefälligkeitsfahrt wird in der Regel ebenfalls der Abschluß eines Beförderungsvertrages zu verneinen sein. Es kommt jedoch eine Haftung aus unerlaubter Handlung nach §§ 823 ff. in Betracht, wenn es während der Gefälligkeitsfahrt durch einen Unfall zu Schädigungen des Mitgenommenen kommt.

IV. Anbahnung rechtsgeschäftlicher Schuldverhältnisse durch sozialen Kontakt

Lernhinweis: Im nachfolgenden werden kurz die Grundsätze der **„culpa in contrahendo"** (Verschulden bei Vertragsabschluß) umschrieben. Es handelt sich hierbei um ein nicht im Gesetz geregeltes Rechtsinstitut, das aber mittlerweile längst gewohnheitsrechtlich anerkannt ist. Im Recht der Leistungsstörungen finden Sie dazu die Einzelheiten. Die culpa in contrahendo ist aber so wichtig, daß Sie schon hier die grundsätzlichen Dinge begreifen und behalten sollten.

1. Dogmatische Grundlagen

Es ist heute anerkannt, daß der in § 242 BGB zum Ausdruck gekommene Grundsatz von Treu und Glauben u. a. auch ein gesetzliches Schuldverhältnis begründen kann, insbesondere ein Schuldverhältnis, das durch die Anbahnung von Vertragsverhandlungen, wie auch bei andauernder Geschäftsverbindung, entsteht.

Schon das BGB enthält einzelne Vorschriften, die Schadenersatzleistungen bei der Anbahnung von Vertragsverhandlungen vorsehen.

Beispiele:
- Wer nach § 119 BGB anficht (und damit die Wirksamkeit eines Rechtsgeschäfts verhindert), muß nach § 122 BGB (lesen!) Schadenersatz leisten;
- wer beim Abschluß eines Vertrags, der auf eine unmögliche Leistung gerichtet ist (was nach § 306 BGB zur Nichtigkeit des Vertrags führt), die Unmöglichkeit der Leistung kannte oder kennen mußte, ist nach § 307 BGB zum Schadenersatz verpflichtet.

Im Wege der Rechtsfortbildung haben Lehre und Rechtsprechung den Grundsatz aufgestellt, daß bereits die Anbahnung eines rechtsgeschäftlichen Schuldverhältnisses durch Aufnahme von Vertragsverhandlungen oder ähnlichen geschäftlichen bzw. sozialen Kontakten ein vertragsähnliches Vertrauensverhältnis entstehen läßt, welches die Partner zu besonderer Sorgfalt verpflichtet.

2. Rechtsfolgen

Das besondere Vertrauensverhältnis begründet für die Beteiligten besondere Rechtspflichten. Ihre Verletzung macht schadenersatzpflichtig. Man spricht vom Verschulden beim Vertragsabschluß („culpa in contrahendo").

Es entstehen zwar keine primären Leistungspflichten, wohl jedoch die Pflichten zur gegenseitigen Rücksichtnahme, Fürsorge und Loyalität (Obhuts-, Aufklärungs-, Sorgfalts-, Mitteilungspflichten usw.).

Schulbeispiel: Ein Kaufinteressent betritt das Kaufhaus und interessiert sich für Bodenbeläge. Der im Kaufhaus angestellte Verkäufer hantiert so ungeschickt mit einer Linoleumrolle, daß diese dem Kunden auf den Kopf fällt und ihn verletzt („Linoleumfall" des Reichsgerichts). Durch das Betreten des Kaufhauses entsteht schon vor Vertragsabschluß ein gesetzliches Schuldverhältnis, das eine besondere Sorgfaltspflicht gegenüber dem Kunden begründet. Bei dessen Verletzung steht dem Kunden ein vertraglicher Schadenersatzanspruch gegenüber dem Inhaber des Kaufhauses zu.

Die **rechtspolitische Bedeutung** der culpa in contrahendo liegt darin, daß sie quasivertragliche Beziehungen schafft und damit insbesondere die Anwendung des § 278 BGB (Haftung für den Erfüllungsgehilfen, s. u.) ermöglicht.

Lernhinweis: Gerade diesen Punkt müssen Sie sich einprägen: Ein vertraglicher Schadenersatzanspruch ist für den Geschädigten u. U. wertvoller als ein bloß deliktischer nach §§ 823 ff. BGB: Bei vertraglichen Beziehungen haftet der Vertragspartner für das Verschulden seiner (eingeschalteten) Erfüllungsgehilfen (z. B. Arbeitnehmer) nach § 278 BGB. Fehlt es an vertraglichen Beziehungen, kommt in diesen Fällen nur ein Schadenersatzanspruch nach § 831 BGB (Haftung des Geschäftsherrn bei Schädigungen durch den Verrichtungsgehilfen) in Betracht. Der Geschäftsherr kann sich aber nach § 831 Abs. 1 S. 2 BGB (lesen!) exkulpieren. Er haftet nicht, wenn er den Verrichtungsgehilfen ordentlich ausgewählt und überwacht hat. Möglicherweise bleibt dann der Geschädigte auf seinem Schaden sitzen; denn der unstreitig dem Geschädigten gegenüber dem Schädiger zustehende Schadenersatzanspruch nach § 823 Abs. 1 BGB steht oft bloß auf dem Papier (beim Arbeitnehmer ist meist „nichts zu holen").

Wiederholungsfragen zu § 22

Wie wird das Schuldverhältnis definiert? (§ 22 I 1, 2)

Was versteht man unter der Relativität schuldrechtlicher Beziehungen? (§ 22 I 3)

Was versteht man unter einem Dauerschuldverhältnis? (§ 22 I 5)

Gibt es eine Schuld ohne Haftung und eine Haftung ohne Schuld? (§ 22 II)

Was versteht man unter der culpa in contrahendo? (§ 22 IV)

§ 23 Arten der Schuldverhältnisse

Lernhinweis: Herkömmlicherweise teilt man Schuldverhältnisse nach ihrer Entstehungsart ein in **gesetzliche** und **rechtsgeschäftliche** Schuldverhältnisse. Bei gesetzlichen Schuldverhältnissen ergibt sich das Pflichtenverhältnis zwischen Gläubiger und Schuldner ohne rechtsgeschäftliches Zutun allein durch die Verwirklichung eines gesetzlich umschriebenen Tatbestandes. Rechtsgeschäftliche Schuldverhältnisse setzen regelmäßig einen Vertrag voraus. Zwischen den beiden Erscheinungsformen liegen Sonderfälle. Insbesondere kann es bei der Anbahnung von Verträgen bereits zu „Sonderverbindungen zwischen Gläubiger und Schuldner" kommen, deren Intensität an die rechtsgeschäftliche Qualität herankommt. Diese Sonderverbindungen werden im Schadenersatzrecht den rechtsgeschäftlichen Schuldverhältnissen gleichgestellt. Im folgenden Abschnitt geht es zunächst um Terminologie und Katalogisierung. Diese Dinge sind wegen ihrer Grundsätzlichkeit besonders wichtig für das

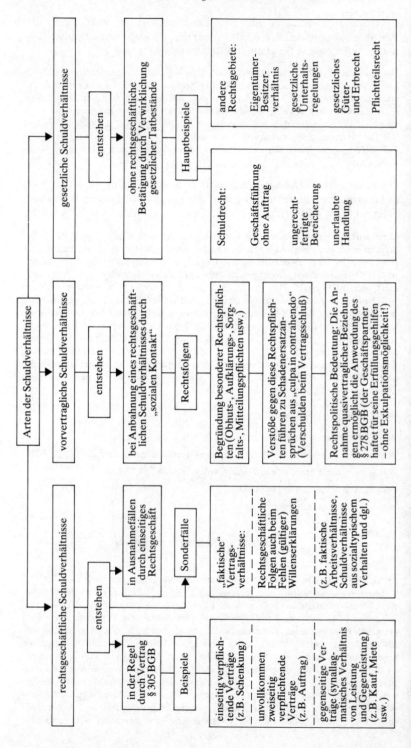

Arten der Schuldverhältnisse

gesetzliche Schuldverhältnisse

entstehen

ohne rechtsgeschäftliche Betätigung durch Verwirklichung gesetzlicher Tatbestände

Hauptbeispiele

andere Rechtsgebiete:

Eigentümer-Besitzer-verhältnis

gesetzliche Unterhalts-regelungen

gesetzliches Güter- und Erbrecht
Pflichtteilsrecht

Schuldrecht:

Geschäftsführung ohne Auftrag

ungerecht-fertigte Bereicherung

unerlaubte Handlung

vorvertragliche Schuldverhältnisse

entstehen

bei Anbahnung eines rechtsgeschäft-lichen Schuldverhältnisses durch „sozialen Kontakt"

Rechtsfolgen

Begründung besonderer Rechtspflich-ten (Obhuts-, Aufklärungs-, Sorg-falts-, Mitteilungspflichten usw.)

Verstöße gegen diese Rechtspflich-ten führen zu Schadenersatzan-sprüchen aus „culpa in contrahendo" (Verschulden beim Vertragsschluß)

Rechtspolitische Bedeutung: Die An-nahme quasivertraglicher Beziehun-gen ermöglicht die Anwendung des § 278 BGB (der Geschäftspartner haftet für seine Erfüllungsgehilfen – ohne Exkulpationsmöglichkeit!)

rechtsgeschäftliche Schuldverhältnisse

entstehen

in der Regel durch Vertrag § 305 BGB

in Ausnahmefällen durch einseitiges Rechtsgeschäft

Sonderfälle

„faktische" Vertrags-verhältnisse:

Rechtsgeschäftliche Folgen auch beim Fehlen (gültiger) Willenserklärungen

(z.B. faktische Arbeitsverhältnisse, Schuldverhältnisse aus sozialtypischem Verhalten und dgl.)

Beispiele

einseitig verpflich-tende Ver-träge (z.B. Schenkung)

unvollkommen zweiseitig verpflichtende Verträge (z.B. Auftrag)

gegenseitige Ver-träge (synallag-matisches Verhältnis von Leistung und Gegenleistung) (z.B. Kauf, Miete usw.)

Verständnis der nachfolgenden Kapitel. Prägen Sie sich deshalb die Ausführungen besonders gut ein, und verdeutlichen Sie sich die Materie (vorab zum Einstieg und hinterher als Repetition) anhand der Übersicht *Arten der Schuldverhältnisse.*

Wichtig ist, sich jetzt schon zu vergegenwärtigen, daß ein Anspruch auf mehrere Anspruchsgrundlagen gestützt werden kann. Dies ergibt sich daraus, daß gesetzliche und vertragliche Schuldverhältnisse gleichzeitig vorliegen können, wenn eine vertragliche Abrede bestand und zugleich die das gesetzliche Schuldverhältnis begründenden Tatbestandsmerkmale gegeben sind.

I. Gesetzliche Schuldverhältnisse

Gesetzliche Schuldverhältnisse entstehen unmittelbar kraft Gesetzes ohne rechtsgeschäftliche Betätigung durch Verwirklichung der (zur Anspruchsbegründung normierten) gesetzlichen Tatbestandsvoraussetzungen.

Solche Schuldverhältnisse finden wir im Schuldrecht, aber auch in anderen Bereichen. Für jedes gesetzliche Schuldverhältnis normiert der Gesetzgeber gesonderte Tatbestandsmerkmale. Es gibt also insofern im Gegensatz zum vertraglichen Schuldverhältnis keine gemeinsamen Entstehungsvoraussetzungen.

1. Im Schuldrecht geregelte gesetzliche Schuldverhältnisse

Die drei wichtigen Gruppen gesetzlicher Schuldverhältnisse sind die unerlaubte Handlung, die ungerechtfertigte Bereicherung und die Geschäftsführung ohne Auftrag.

a) Unerlaubte Handlung

Nach §§ 823 ff. BGB (lesen!) kann der Geschädigte (als Gläubiger) vom Schädiger (als Schuldner) Schadenersatz verlangen, wenn die dort genannten Rechtsgüter rechtswidrig und schuldhaft verletzt wurden.

Beispiel: Ein Radfahrer bringt durch verkehrswidriges Verhalten in der Fußgängerzone eine Passantin zu Fall, die sich schwer verletzt. Die Beteiligten kennen sich nicht (und haben auch keinen Vertrag abgeschlossen). Allein die Verletzung von Leib, Leben und Gesundheit begründet ein Schuldverhältnis zwischen der Passantin und dem Radfahrer mit der Verpflichtung zum Schadenersatz nach § 823 Abs. 1 und 2 BGB.

b) Ungerechtfertigte Bereicherung

Nach §§ 812 ff. können „ungerechtfertigte" Vermögensverschiebungen rückgängig gemacht werden. Nähere Einzelheiten siehe unten.

c) Geschäftsführung ohne Auftrag

Wer einen anderen ausdrücklich beauftragt, begründet ein vertragliches Schuldverhältnis. Wird jemand aber ohne Auftrag tätig, können Rechte und Pflichten nur entstehen, wenn und soweit das Gesetz dies regelt. Dies hat der Gesetzgeber im Abschnitt „Geschäftsführung ohne Auftrag", §§ 677 ff. BGB (lesen!), getan.

Beispiel: Der Nachbar eines ortsabwesenden Anliegers bemerkt im Nachbarhaus einen Rohrbruch. Er beauftragt (ohne Auftrag, aber im Interesse des Anliegers) eine Installationsfirma, um weiteren Schaden zu vermeiden. Hier entsteht kraft Gesetzes (weil der Gesetzgeber dies sinnvollerweise so geregelt hat) ein Schuldverhältnis zwischen den Beteiligten. Danach kann der tätig gewordene Nachbar Aufwendungsersatz verlangen.

2. Gesetzliche Schuldverhältnisse außerhalb des Schuldrechts

Schuldrechtliche Beziehungen können auch auf anderen Rechtsgebieten entstehen:

Beispiele:

- Eigentümer-Besitzer-Verhältnis (vgl. §§ 987 ff. BGB – welche Ansprüche bestehen, wenn jemand die Sache eines anderen ohne vertragliche Rechtsgrundlage nutzt?);
- Unterhaltsansprüche (vgl. z. B. §§ 1601 ff.; Unterhaltspflicht der in gerader Linie Verwandten – allein diese Tatsache begründet den Unterhaltsanspruch);
- Güter- und erbrechtliche Ansprüche (vgl. z. B. §§ 2303 ff. BGB – die Enterbung bestimmter Personen ist Tatbestandsvoraussetzung für das Entstehen von Pflichtteilsansprüchen).

II. Rechtsgeschäftliche Schuldverhältnisse

1. Einseitige und zweiseitige Rechtsgeschäfte

Das Schuldrecht ist das Recht des Güteraustausches. Die Begründung rechtsgeschäftlicher Schuldverhältnisse ist in einer marktwirtschaftlich orientierten Gesellschaftsordnung das quantitativ dominierende Mittel zur Regelung von Leistungsbeziehungen. In erster Linie handelt es sich dabei um Verträge, nur in Ausnahmefällen um einseitige Rechtsgeschäfte. Güterumsätze erfordern zwei Beteiligte, eine einseitig auferlegte Leistungspflicht ist selten. § 305 BGB bestimmt ausdrücklich: Zur Begründung eines Schuldverhältnisses durch Rechtsgeschäft ist ein Vertrag zwischen den Beteiligten erforderlich, soweit das Gesetz nicht ein anderes vorschreibt. Einseitige Rechtsgeschäfte sind demzufolge die Ausnahme.

Beispiele:

- **Auslobung** (Versprechen einer Belohnung für die Vornahme einer Handlung durch öffentliche Bekanntmachung), §§ 657 ff. (lesen!) – „Wer mir meine verlorenen Fahrzeugpapiere zurückbringt, erhält 100,– DM";
- **Vermächtnis** (nach §§ 1939, 2174 BGB – lesen! – wird durch einseitige testamentarische Anordnung des Erblassers ein Schuldverhältnis begründet, wonach der Vermächtnisnehmer vom Erben die Leistung des vermachten Gegenstandes fordern kann) – „Ich setze E zum Alleinerben ein (= Erbeinsetzung), V erhält meine Briefmarkensammlung (= Vermächtnis)".

2. Einteilung der vertraglichen Schuldverhältnisse nach dem Grade der gegenseitigen Verpflichtungsabhängigkeit

Man unterscheidet:

a) Einseitig verpflichtende Verträge

Durch sie wird nur eine Vertragspartei zur Leistung verpflichtet.

Beispiele:

- **Die Schenkung** (§§ 516 ff. BGB – lesen!) ist zwar ein Vertrag, das Schenkungsversprechen verpflichtet aber nur den Versprechenden.
- **Die Bürgschaft** (§§ 765 ff. – lesen!). Durch den Bürgschaftsvertrag (!) wird der Bürge (einseitig) verpflichtet, für die Erfüllung einer einem anderen obliegenden Verbindlichkeit einzustehen.

b) Unvollkommen zweiseitig verpflichtende Verträge

Bei ihnen ist typisch, daß nicht nur für einen Vertragspartner Leistungspflichten entstehen, sondern auch der andere Vertragsteil Verpflichtungen hat, diese aber nicht in einem Gegenseitigkeitsverhältnis („Leistung um Gegenleistung") stehen.

Beispiele:

- **Der Auftrag** (§ 662 – lesen!) ist definitorisch das unentgeltliche Tätigwerden für einen anderen. Der Beauftragte verpflichtet sich zum Tätigwerden, der Auftraggeber muß zwar nicht vergüten (**Lernhinweis:** sonst läge ein Dienst- oder Werkvertrag vor!), er muß jedoch die Aufwendungen des Beauftragten ersetzen (§ 670 – lesen!).
- **Die Leihe** (§§ 598 ff. BGB – lesen!). Sie verpflichtet zur unentgeltlichen Gebrauchsüberlassung (**Lernhinweis:** Die entgeltliche Gebrauchsüberlassung wird durch Miet- oder Pachtvertrag begründet). Den Entleiher trifft die Pflicht, für die gewöhnlichen Erhaltungskosten aufzukommen sowie die entliehene Sache nach Ablauf der Leihfrist zurückzugeben (§§ 601, 604 BGB).

c) Gegenseitige Verträge

Typisch für die daraus resultierenden Verpflichtungen ist, daß die Leistung um der Gegenleistung willen erfolgt. Man spricht auch von **„synallagmatischen Verträgen"**.

Beispiele: Kauf, Miete, Dienstvertrag.

Der Käufer bezahlt, weil er die Ware erhält, der Verkäufer liefert im Hinblick auf den Kaufpreis.

Da die menschliche Tätigkeit im allgemeinen auf den eigenen Vorteil abzielt und aus Gründen der Bedürfnisbefriedigung erfolgt, sind vertragliche Schuldverhältnisse, soweit sie den Güterumsatz bezwecken, zugleich auch gegenseitige Verträge.

3. Faktische Vertragsverhältnisse

Hierbei geht es um unterschiedliche Fallgruppen. Die Figur des faktischen Vertragsverhältnisses wurde geschaffen, um die rechtsgeschäftlichen Folgen auch beim Fehlen gültiger Willenserklärungen anzuwenden. Es kann nicht unbeachtet bleiben, daß trotz Nichtigkeit eines Rechtsgeschäfts (Schulfall: Anfechtung) ein Leistungsaustausch stattgefunden hat. Im Grunde ist dies eine Thematik der Rechtsgeschäftslehre (siehe dort).

Wiederholungsfragen zu § 23

Welche gesetzlichen Schuldverhältnisse kennen Sie? (§ 23 I)

Was versteht man unter einem einseitigen, was unter einem zweiseitigen Rechtsgeschäft? (§ 23 II 1)

Können Sie Beispiele nennen für einseitig verpflichtende, unvollkommen zweiseitig verpflichtende und gegenseitige Verträge? (§ 23 II 2)

2. Kapitel: Inhalt des Schuldverhältnisses

Lernhinweis: Im nachfolgenden Abschnitt geht es um die Frage, was alles Inhalt und Gegenstand des Schuldverhältnisses sein kann (was, wo, wann und an wen muß der Schuldner leisten?). Die Vielfältigkeit des privaten und gewerblichen Lebens spiegelt sich wider im großen Spektrum möglicher Ausgestaltungen von Schuldverhältnissen. Das Gesetz konnte diese Dinge wegen der Vielfältigkeit des tatsächlichen Bereiches nicht in einen homogenen systematischen Zusammenhang bringen.

Unabhängig davon ist der Grundsatz der Vertragsfreiheit zu beachten: Was Inhalt einer Gläubiger-Schuldner-Beziehung sein kann, entscheidet sich immer zuerst nach der individuellen Absprache der Parteien. Deshalb ist das Gesetz in diesem Bereich durchweg dispositiv.

§ 24 Die Leistungspflicht

Lernhinweis: Nach seiner Definition handelt es sich bei einem Schuldverhältnis um Rechtsbeziehungen zwischen zwei Personen, kraft deren der Gläubiger vom Schuldner eine Leistung zu fordern berechtigt ist. Die Leistungspflicht ergibt sich entweder aus Gesetz oder aus Rechtsgeschäft. Man unterscheidet zwischen Primär- und Sekundärpflichten. Sie sollten sich jetzt schon einprägen, daß sich aus dem Grundsatz von Treu und Glauben zusätzliche Pflichten ergeben. Diesen Ansatzpunkt brauchen wir wieder, wenn im Recht der Leistungsstörungen die positive Vertragsverletzung behandelt wird (vgl. unten § 36).

I. Pflichten im Schuldverhältnis

1. Die allgemeine Leistungspflicht

§ 241 BGB bestimmt, daß kraft des Schuldverhältnisses der Gläubiger berechtigt ist, von dem Schuldner „eine Leistung zu fordern". Im gegenseitigen Vertrag (s. o.) ist jede Partei zugleich Gläubiger und Schuldner, so daß der vom Gläubiger in Anspruch genommene Schuldner auch seinerseits als Gläubiger wieder vom „Gläubiger" eine Leistung verlangen kann (der „Gläubiger" ist in Bezug auf diese Leistung Schuldner!). Was zu leisten ist, ergibt sich aus der jeweiligen Fallgestaltung. Die Rechtsgrundlagen sind entweder aus dem Gesetz selbst oder aus einer individuellen Parteiabrede zu entnehmen. Ganz allgemein ergibt sich aus § 241 S. 2 BGB, daß die Leistung sowohl in einem positiven Tun (z. B. Zahlung, Gebrauchsüberlassung, Übereignung) als auch in einem Unterlassen (z. B. Verzicht auf Wettbewerb) bestehen kann.

2. Leistung nach Treu und Glauben

Nach § 242 BGB ist der Schuldner verpflichtet, die Leistung so zu bewirken, wie es „Treu und Glauben mit Rücksicht auf die Verkehrssitte" erfordern. Die Bedeutung dieses „königlichen Paragraphen" ist überragend. In diesem Zusammenhang interessiert besonders, daß § 242 BGB die primären Leistungspflichten durch Nebenpflichten ergänzt. Jeder Partei erwachsen aus dem Schuldverhältnis Treu-, Schutz-, Mitwirkungs- und Aufklärungspflichten, auch wenn diese im Vertrag nicht besonders erwähnt sind.

Lernhinweis: Die Verletzung von Nebenpflichten führt zum Schadenersatzanspruch. Dabei ist § 242 BGB selbst keine Anspruchsgrundlage, sondern nur deren Ergänzung. Die Verletzung vertraglicher Nebenpflichten führt zu einem Schadenersatzanspruch aus positiver Vertragsverletzung. Deren Anspruchsgrundlage lautet: §§ 280, 286 bzw. §§ 325, 326 analog i.V.m. § 242 (näheres dazu unten im Abschnitt Leistungsstörungen). Der nachstehend erwähnte Katalog von Nebenpflichten mit Beispielen aus der Rechtsprechung soll die besondere Wichtigkeit der Materie unterstreichen.

a) Treupflichten

Die Vertragspartner müssen alles tun, was den Vertragszweck begünstigt, und alles unterlassen, was den Leistungserfolg beeinträchtigen oder vereiteln würde.

Beispiele:

- Der Verkäufer (z. B. einer Arztpraxis) darf dem Käufer nicht selbst Konkurrenz machen.
- Der Handelsvertreter darf nicht gleichzeitig für die Konkurrenzfirma tätig werden.
- Der Vermieter muß nach Umzug des gewerblichen Mieters für angemessene Zeit noch ein auf die neue Adresse hindeutendes Hinweisschild dulden.

b) Schutzpflichten

Die Vertragsparteien müssen das Schuldverhältnis so abwickeln, daß Rechtsgutsverletzungen des anderen Teils vermieden werden. Die Rechtsprechung hat immer wieder betont, daß „jede Partei die gebotene Sorgfalt für die Gesundheit und das Eigentum des anderen Teils beachten muß".

Beispiele:

- Haftung des Gastwirts gegenüber Gästen;
- Haftung des Betreibers einer Sportanlage gegenüber den Besuchern (Tribüneneinsturz, mangelhafte Absperrung);
- Haftung des Vermieters gegenüber dem Mieter für den sicheren Treppenzugang;
- Haftung des Friseurs gegenüber der Kundin bei unsachgemäßem Gebrauch von Haartrocknern und Färbemitteln.

c) Mitwirkungspflichten

Beide Vertragspartner müssen alles tun, um den Vertragszweck auch wirklich zu erreichen.

Beispiele:

- Bei genehmigungspflichtigen Rechtsgeschäften müssen sich beide Partner um die Genehmigung bemühen.
- Wenn die Genehmigung nur unter Auflagen erteilt wird, sind die Partner im Rahmen des Zumutbaren verpflichtet, den Vertrag entsprechend abzuändern.

d) Aufklärungspflichten

Treu und Glauben begründen für das Schuldverhältnis über die primäre Leistungspflicht hinausgehende Anzeige-, Hinweis- und Offenbarungspflichten.

Beispiele:

• Die ärztliche Aufklärungspflicht muß so weit gehen, daß dem Patienten die Tragweite des bevorstehenden Eingriffs deutlich wird.

• Eine Bank muß Kunden bei steuerbegünstigten Sparverträgen über steuerschädliche Verfügungen belehren.

Lernhinweis: Bei der Verletzung derartiger Nebenpflichten handelt es sich um die Verletzung vertraglicher Pflichten. Dies führt zu der Anwendung von § 278 BGB (es wurde schon mehrfach darauf hingewiesen, daß vertragliche Schadenersatzansprüche in der arbeitsteiligen Wirtschaft für den Geschädigten günstiger sind, da sich der Vertragspartner für Schädigungen nicht exkulpieren kann, die von einem beigezogenen Erfüllungsgehilfen schuldhaft verursacht werden).

e) Wegfall der Geschäftsgrundlage

Unter dem Gesichtspunkt von Treu und Glauben kann es nicht ohne Einfluß auf die Leistungspflicht bleiben, wenn sich die beim Abschluß des Rechtsgeschäfts bestehenden wirtschaftlichen oder tatsächlichen Verhältnisse in völlig unvorhersehbarer Weise grundsätzlich ändern.

Lernhinweis: Nicht jede Änderung des vorhersehbaren Verlaufes und dessen Fehleinschätzung berechtigen den Schuldner zur Leistungsverweigerung.

In wenigen Ausnahmefällen hat die Rechtsprechung mit dem Rechtsinstitut des „Wegfalls der Geschäftsgrundlage" unter Heranziehung von § 242 BGB eine Korrektur der vertraglichen Verpflichtungen vorgenommen. Es ist sicher bezeichnend, daß die hierzu ergangenen Entscheidungen des Reichsgerichts in die Zeit der Inflation nach dem Ersten Weltkrieg und die dadurch hervorgerufene Störung zwischen Leistung und Gegenleistung fallen. Merke jedoch: Die „normale Geldentwertung" fällt nicht unter den Wegfall der Geschäftsgrundlage.

Beispiel: Grundeigentümer G hatte im Jahre 1901 der Bergbaugesellschaft B das Recht eingeräumt, auf seinem Grundstück Kali zu gewinnen. Als Entschädigung wurde dabei eine nach der Fördermenge bemessene Vergütung vereinbart. Als sich im Jahre 1963 der Geldwert auf ⅓ vermindert hatte, klagte G auf Anpassung der Vergütung. Der Bundesgerichtshof hat die Klage abgewiesen, weil die Geschäftsgrundlage noch nicht weggefallen sei (BGH NJW 1966, 105 – „Kali-Fall").

Auf der anderen Seite ist eine Tendenz der Rechtsprechung erkennbar, bei Leistungen, die einem Versorgungszweck dienen (Ruhegeldzusagen), aus der erheblichen Steigerung der Lebenshaltungskosten einen Anspruch auf Anpassung zuzubilligen (BAG NJW 1973, 959; BGHZ 61, 31 ff.). Durch das Gesetz zur Verbesserung der betrieblichen Altersversorgung von 1974 wurde für diesen Bereich eine Überprüfungs- und Anpassungspflicht eingeführt.

3. Obliegenheiten

Von den Leistungspflichten sind die sog. „Obliegenheiten" zu unterscheiden. Darunter versteht man Gebote, deren Nichterfüllung zwar zu rechtlichen Nachteilen führt, die aber nicht einklagbar sind.

Beispiel: Der Versicherungsvertrag begründet eine Reihe von Obliegenheiten, die dem Versicherungsnehmer auferlegen, wie er sich in bestimmten Situationen, insbesondere im Schadensfalle, zu verhalten hat. Verletzt er diese Gebote, riskiert er seinen Versicherungsschutz. Obliegenheiten begründen deshalb weder einen Erfüllungsanspruch noch bei Verletzung eine Schadenersatzforderung.

Beispiel aus dem Handelsrecht: Beim Handelskauf muß der Käufer nach § 377 Abs. 1 HGB (lesen!) die Ware unverzüglich untersuchen und bei Feststellung von Mängeln rügen. Versäumt er dies, verliert er die Gewährleistungsrechte des Kaufrechts (vgl. § 377 Abs. 2 HGB). Der Verkäufer hat aber keinen Anspruch darauf, daß der Käufer die Untersuchung auch vornimmt.

II. Bestimmung des Leistungsinhalts

Lernhinweis: Die vertragliche Abrede wird in der Regel alle oder doch die wesentlichen Punkte des Leistungsaustausches erfassen. Der Gegenstand der Ware, ihr Preis, der Liefertermin und alle sonstigen Modalitäten werden in der Regel fixiert nach den Gesetzen von Angebot und Nachfrage. Es ist aber denkbar, daß z. B. die Höhe der Gegenleistung von der vertraglichen Abrede nicht erfaßt ist. Auch kann es Fälle geben, wo die Leistungsbestimmung entweder einer Vertragspartei oder dritten Personen bewußt überlassen worden ist. Der Gesetzgeber stand vor der Frage, ob und inwieweit er derartige Leistungsbestimmungen zuläßt und was im Zweifel (also in Ermangelung einer konkreten Absprache) zu gelten hat.

1. Der Normalfall

a) Bestimmbarkeit der Leistung

In der Regel wird der Leistungsinhalt durch die Abrede zwischen dem Gläubiger und dem Schuldner bestimmt. Es ist das ureigene Anliegen beider Vertragspartner, ihnen relevant erscheinende Umstände und Konditionen durch ausdrückliche Vereinbarung festzulegen. Die Leistung des Schuldners muß im Vertrag bestimmt oder mindestens bestimmbar vereinbart sein, damit überhaupt ein Schuldverhältnis nach der Definition des § 241 BGB vorliegt.

b) Orientierung an der „Üblichkeit"

Im Dienst- und Werkleistungsbereich kommt es öfter vor, daß zwar Gegenstand und Umfang der Dienst- bzw. Werkleistung feststehen, über die Gegenleistung (Lohn bzw. Werklohn) eine Abrede jedoch fehlt.

Beispiel: Ein Handwerker wird bestellt, um verschiedene Reparaturen an einem Haus vorzunehmen; man holt zuvor keinen Kostenvoranschlag ein und wartet auf die Handwerkerrechnung im Vertrauen darauf, daß „alles schon seine Ordnung haben wird".

Das Gesetz bestimmt: Wenn die Höhe der Vergütung beim **Dienstvertrag** nicht fixiert ist, bemißt sich diese gem. § 612 Abs. 2 BGB

- bei bestehenden Gebührenordnungen nach den dortigen Vergütungssätzen („Taxen");

  Beispiele: Gebühren für Ärzte, Zahnärzte, Schornsteinfeger, Personenbeförderungen;

• bei fehlenden Taxen nach der „üblichen Vergütung".

Dasselbe gilt für den Werkvertrag nach § 632 Abs. 2 BGB.

Beispiel: Kraftfahrzeuge werden zur Reparatur oder Wartung bei einer Autowerkstätte abgegeben, ohne vorher den genauen Unternehmerlohn festgelegt oder gar ausgehandelt zu haben. Man vertraut auf die „Üblichkeit", die in Richtlinien, Arbeitseinheiten und dergleichen, welche von den Kfz.-Herstellern festgelegt werden, ihre Berücksichtigung gefunden hat (bei Unterzeichnung eines Reparaturauftrags wird jedoch diese „Vergütungsordnung" regelmäßig durch Bezugnahme Vertragsbestandteil!).

2. Leistungsbestimmung durch eine Vertragspartei

Das Gesetz läßt es zu, daß die Leistung durch einen der Vertragspartner bestimmt wird (vgl. § 315 Abs. 1 BGB-lesen!).

Lernhinweis: Wir haben es also hier mit dem Fall zu tun, daß die Parteien einen (und zwar wesentlichen!) Punkt der zu treffenden Abrede offen gelassen haben. Wer sich an den Allgemeinen Teil erinnert, weiß, daß nach § 154 BGB ein „offener Dissens" vorliegt, wenn sich die Parteien nicht über alle Punkte geeinigt haben, über die nach dem Willen wenigstens einer der Vertragsbeteiligten eine Einigung hätte erzielt werden müssen. Dennoch liegt im Falle des § 315 BGB kein Einigungsmangel vor, weil sich die Parteien gerade darin einig sind, daß die Ergänzung durch den Vertragspartner vorgenommen werden soll. Nur wenn sich die Parteien die spätere Einigung als solche vorbehalten, liegt noch kein Vertragsschluß und damit ein offener Dissens nach § 154 BGB vor.

a) Die Bestimmung nach billigem Ermessen

Ist die Festlegung des Leistungsinhalts einer der Vertragsparteien überlassen, so hat sie im Zweifel nach „billigem Ermessen" zu erfolgen.

b) Die Leistungsbestimmung

Die Bestimmung der Leistung erfolgt durch Erklärung gegenüber der anderen Vertragspartei (§ 315 Abs. 2) und ist insofern rechtsgestaltende Willenserklärung.

Sie hat nach billigem Ermessen zu erfolgen. Der Streit hierüber ist durch Urteil zu entscheiden.

3. Bestimmung der Gegenleistung

Für den Fall des gegenseitigen Vertrags („Leistung um Gegenleistung") regelt § 316 BGB einen wichtigen Sonderfall: Ist der Umfang der Gegenleistung nicht bestimmt, so kann im Zweifel der **Gläubiger** (der Gegenleistung) die Bestimmung vornehmen.

Beispiel: Ein Handwerker erbringt Leistungen, die genau festgelegt sind, deren Preis jedoch offen geblieben ist. Das Offenlassen des Umfangs der Gegenleistung ist in der Praxis relativ häufig. Ein offener Dissens liegt nicht vor, weil die Vertragsparteien eine endgültige Bindung beabsichtigen.

Der Handwerker ist also berechtigt, die Höhe der Werklohnforderung zu bestimmen (freilich unter Berücksichtigung von § 632 Abs. 2 BGB).

Weitere Schulbeispiele: Erstattung von Gutachten; Schuldverhältnisse, bei denen im Hinblick auf ein bestehendes Vertrauensverhältnis zwischen langjährigen Vertragspartnern die Festlegung der Gegenleistung unterblieben ist.

4. Leistungsbestimmung durch Dritte

§ 317 BGB erlaubt auch die Bestimmung der Leistung durch einen Dritten. Auch dabei soll im Zweifel die Leistungsbestimmung nach billigem Ermessen erfolgen.

Hier handelt es sich um einen Fall des Schiedsvertrags:

Der Dritte soll im Wege der Vertragsergänzung den Leistungsinhalt (etwa wegen seiner besonderen Sachkunde) festlegen.

Lernhinweis: § 317 BGB ist von großer praktischer Bedeutung bei Wertsicherungsklauseln, die keine automatische Anpassung vorsehen, sondern (nach erfolglosen Anpassungsverhandlungen der Vertragspartner) die Festlegung dritten Personen überlassen.

Wiederholungsfragen zu § 24

Wie wird die Aussage des BGB, wonach der Schuldner nach Treu und Glauben zu leisten hat, konkretisiert? (§ 24 I 2)

Was versteht man unter einer Obliegenheit? (§ 24 I 3)

Welche Regeln gelten, wenn die Bestimmung der Leistung durch eine Vertragspartei oder durch Dritte erfolgen soll? (§ 24 II 2, 3, 4)

§ 25 Der Leistungsgegenstand

Lernhinweis: Im nachfolgenden Abschnitt geht es um die Art der geschuldeten Leistung. Für das Verständnis besonders wichtig ist die Unterscheidung der Leistung nach Stück- und Gattungsschulden. Sie müssen nach Durcharbeiten dieses Abschnitts unbedingt in der Lage sein, die jeweilige schuldnerische Verpflichtung danach zu beurteilen, ob eine Stück- oder Gattungsschuld vorliegt. Sie müssen wissen, was man unter der Konzentration versteht; und insbesondere sollten Sie jetzt schon gedanklich notieren, welche (wichtigen) unterschiedlichen Rechtsfolgen bei Leistungsstörungen eintreten, je nachdem, ob eine Stück- oder eine Gattungsschuld vorliegt.

Ausgangspunkt ist die Überlegung, daß der Leistungsgegenstand, den der Schuldner zu leisten sich verpflichtet hat, entweder genau individuell bestimmt ist oder, wie in den meisten Fällen, vom Gläubiger lediglich eine bestimmte Menge eines nur art(gattungs-)mäßig beschriebenen Gegenstandes gefordert werden kann.

I. Stück- und Gattungsschulden

1. Die Stückschuld

Eine Stückschuld liegt vor, wenn der Schuldner eine nach **individuellen Merkmalen** bestimmte Sache zu leisten hat.

Beispiele: Kauf eines berühmten Gemäldes, einer chinesischen Vase aus der Ming-Dynastie, eines ganz konkret bestimmten (besichtigten) Pkws.

Die Leistungsverpflichtung erfaßt also einen konkret-individuellen Leistungsgegenstand.

2. Die Gattungsschuld

a) Begriff

Eine Gattungsschuld (Genusschuld) liegt vor, wenn der Schuldner nur „**der Gattung nach**" bestimmte Sachen schuldet.

Beispiele: Kauf von 100 Zentner Winterweizen, 10 Sack Kartoffeln, 30 t Briketts, Bestellung von (in Massenproduktion gefertigten) Gebrauchsartikeln nach Katalog.

Kennzeichen der Gattungsschuld ist demnach, daß sie nicht konkret individualisiert ist, sondern nur nach **allgemeinen Merkmalen** der jeweiligen Gattung bezeichnet wird. Dem Gläubiger kommt es dabei nicht darauf an, bestimmte Stücke, sondern die gewünschten Maß- und Recheneinheiten des Leistungsgegenstandes zu erhalten (wenn der Gläubiger 10 Kilo Kartoffeln bestellt, will er Kartoffeln schlechthin und nicht 50 bis 60 ganz konkrete Exemplare dieses Erzeugnisses).

Ob eine Gattungs- oder Stückschuld vorliegt, ist eine Frage der jeweiligen Parteivereinbarung. Wenn die zu leistenden Gegenstände „vertretbare Sachen" im Sinne von § 91 BGB sind (Repetition: Sachen, die man „im Verkehr nach Maß, Zahl und Gewicht bestimmt"), liegt die Annahme einer Gattungsschuld nahe. Es können aber auch unvertretbare Sachen Gegenstand einer Gattungsschuld, vertretbare Sachen Gegenstand einer Stückschuld sein.

b) Die beschränkte Gattungsschuld

Von einer beschränkten Gattungsschuld spricht man, wenn zwar der Gattung nach bestimmte Sachen geschuldet sind, die Leistung aber aus einem bestimmten Vorrat erfolgen soll (man spricht deshalb auch von „**Vorratsschuld**").

Beispiele: 10 Fl. Wein eines bestimmten Jahrgangs aus dem Keller eines Weinguts, Kohlen aus einer bestimmten Zeche, Holz von einem bestimmten Lagerplatz.

Die beschränkte Gattungsschuld ist der häufigste Fall der Gattungsschuld.

Lernhinweis: Der Unterschied zwischen allgemeiner Gattungsschuld und beschränkter Gattungsschuld ist wichtig im Hinblick auf die Anwendung von § 279 BGB bei den Leistungsstörungen!

c) Leistungspflicht bei Gattungsschulden

Der Schuldner einer Gattungsschuld muß Sachen „von mittlerer Art und Güte" leisten (§ 243 Abs. 1 BGB – lesen!). Dem entspricht die in § 360 HGB für den Kaufmann aufgestellte Verpflichtung, daß dieser bei Gattungsschulden „Handelsgut mittlerer Art und Güte" zu leisten hat. Der Schuldner kann also die betreffenden Sachen auswählen. Für die Qualität der zu liefernden Sache ist auf einen Durchschnittsmaßstab abzustellen. Er braucht nicht besonders herausragende Qualität zu liefern, bei unterdurchschnittlicher Qualität erfüllt er dagegen seine Lieferverpflichtungen nicht.

Solange mittlere Art und Güte geleistet wird, erfüllt der Schuldner seine Lieferungsverpflichtung korrekt.

d) Die Konkretisierung der Gattungsschuld

Lernhinweis: Gattungsschulden sind für den Schuldner insofern risikohaft, als er nach § 279 BGB (lesen!) zur Leistung verpflichtet bleibt, solange Leistung aus der Gattung überhaupt möglich ist. Der Schuldner kann sich also im Einzelfall nicht darauf berufen, daß ihm persönlich die Leistung nicht möglich ist, solange es den zu leistenden Gegenstand überhaupt gibt.

Anderes gilt, wenn eine Stückschuld vorliegt (vgl. dazu unten im Recht der Leistungsstörungen). Obwohl im privaten und gewerblichen Bereich weithin Gattungsschulden vereinbart werden, ist dieses enorme Risiko für den Schuldner dennoch überschaubar. Der Grund liegt darin, daß aus der vereinbarten Gattungsschuld durch Vornahme bestimmter Handlungen eine Stückschuld wird.

aa) Die Konzentration

Beim Übergang einer Gattungsschuld in eine Stückschuld spricht man von „Konzentration" (= Konkretisierung). Die Umwandlung der Gattungsschuld in eine Stückschuld tritt ein, wenn „der Schuldner das zur Leistung einer solchen Sache seinerseits Erforderliche getan hat" (§ 243 Abs. 2 BGB – lesen!).

Welche Leistungshandlungen im Einzelfall erforderlich sind, hängt von der Leistungsverpflichtung ab. Auswahl und Ausscheidung der bestimmten Menge geschuldeter Sachen aus der Gattung genügt im allgemeinen nicht. Die Konkretisierung tritt erst dann ein, wenn der Schuldner die ausgeschiedenen Sachen so angeboten hat, „daß es nur noch am Gläubiger liegt, ob dieser die Sache in Empfang nimmt oder nicht".

Damit wird deutlich, daß die Konkretisierung vom Pflichtenumfang des Schuldners abhängt.

Beispiele: Bei der Lieferung von Waren ist also zu prüfen, welche Verpflichtung der Verkäufer (als Schuldner) gegenüber dem Käufer (als Gläubiger der zu fordernden Ware) übernommen hat. Soll der Verkäufer die Ware nur bereithalten? Muß er sie frei Haus liefern? Hat er bestimmte Zusatzverpflichtungen, wie Verpackung und Versendung, übernommen?

bb) Hol-, Bring- und Schickschulden

Die vom Schuldner geforderte Leistungshandlung ist unterschiedlich, je nachdem, ob es sich um Bringschulden, Holschulden oder Schickschulden handelt (dazu unten).

Bei Holschulden genügt es, wenn der Verkäufer die Sachen aussondert, bereitstellt und den Käufer zur Abholung (wörtlich) auffordert. Bei Bringschulden ist ein tatsächliches Angebot am Wohnort des Gläubigers notwendig (Lieferung frei Haus). Bei Schickschulden tritt die Konzentration durch Aussonderung und (insofern zusätzlich) Absendung ein.

e) Folgen der Konzentration

Mit der Konzentration **beschränkt** sich die **Leistungsverpflichtung** des Schuldners **auf die konkretisierten Gegenstände.**

Lernhinweis: Es ist dann beim Untergang nicht mehr § 279 BGB, sondern § 275 BGB anzuwenden mit der Folge, daß der Schuldner von der Leistungspflicht wie bei der Stückschuld frei wird. Außerdem bindet die Konkretisierung den Schuldner. Er hat im Regelfall kein Recht mehr, die ausgewählten Sachen auszuwechseln.

II. Die Wahlschuld

1. Begriff

Eine Wahlschuld (Alternativobligation) liegt vor, wenn mehrere Leistungen in der Weise geschuldet werden, daß nur die eine **oder** die andere zu bewirken ist (vgl. § 262 BGB – lesen!). Wie bei der Gattungsschuld handelt es sich also auch hier um eine Schuld mit zunächst noch unbestimmter, aber bestimmbarer Leistung. Es werden von vornherein mehrere verschiedene Leistungen geschuldet, es muß aber nur eine erbracht werden. Konkretisierung auf eine bestimmte Leistung erfolgt durch die Wahl. Diese liegt nach § 262 BGB im Zweifel beim Schuldner.

2. Anwendungsfälle

Wahlschulden sind selten. Sie können rechtsgeschäftlich vereinbart sein:

- Man verpflichtet sich, eines von zwei Bildern zu veräußern.
- Der Erblasser setzt ein Wahlvermächtnis aus.

Wahlschulden können auch kraft Gesetzes entstehen. Ein Schulbeispiel kennt das Vertretungsrecht: Der Vertreter ohne Vertretungsmacht ist dem Dritten gegenüber nach § 179 Abs. 1 „nach dessen Wahl" entweder zum Schadenersatz oder zur Erfüllung verpflichtet.

III. Die Ersetzungsbefugnis

Bei der Ersetzungsbefugnis (facultas alternativa) muß man zwei Fälle unterscheiden:

1. Ersetzungsbefugnis des Gläubigers

Bei der Ersetzungsbefugnis des Gläubigers wird nur eine Leistung geschuldet, der Gläubiger kann aber eine andere verlangen. Ein Schulbeispiel kennen wir aus dem Schadenersatzrecht: Eigentlich geht nach § 249 S. 1 BGB (lesen!) der Schadenersatzanspruch auf Herstellung des Zustandes, der ohne das schädigende Ereignis bestehen würde. Nach § 249 S. 2 kann aber im Falle der Personenverletzung und der Sachbeschädigung der Gläubiger statt der Herstellung auch den dazu erforderlichen Geldbetrag verlangen (also Schadenersatz in Geld).

2. Ersetzungsbefugnis des Schuldners

Bei der Ersetzungsbefugnis des Schuldners hat dieser das Recht zu einer anderen Leistung als Erfüllungsersatz. Schulbeispiel aus dem Schadenersatzrecht: Der Ersatzpflichtige kann nach § 251 Abs. 2 BGB (lesen!) den Gläubiger in Geld entschädigen, wenn die Herstellung nur mit unverhältnismäßigen Aufwendungen möglich ist.

IV. Die Geldschuld

Lernhinweis: Für den Wirtschaftswissenschaftler ist der Begriff und die Funktion des Geldes zentrales Thema in vielen Vorlesungen. Demgegenüber nehmen diese Fragen in den juristischen Vorlesungen relativ geringen Raum ein, obwohl die Geldschuld Gegenstand der meisten Schuldverhältnisse ist (als Konsequenz daraus, daß in einer Geldwirtschaft beim Güterumsatz die Gegenleistung einer Seite regelmäßig auf Geld als Tauschmittel zum Erwerb anderer Güter gerichtet ist). Auch das Gesetz enthält nur spärliche Regelungen über die Geldschuld (vgl. §§ 244–248, 270, 272, 288, 301 BGB). Die mit dem Zahlungsverkehr zusammenhängenden Fragen werden üblicherweise in den handelsrechtlichen Vorlesungen erörtert. Darauf wird verwiesen.

1. Begriffsbestimmungen

Geld ist zunächst ein allgemeines Tauschmittel. Es ist gleichzeitig Ausdrucksmittel für den Wert von Gütern und Leistungen. Geld wird in Recheneinheiten ausgedrückt, deren Verkörperung durch Geldzeichen erfolgt. Dieser vielfältigen Erscheinungsform entspricht der unterschiedliche Ansatz bei der rechtlichen Begriffsbestimmung.

a) Geldsummenschulden

Die Geldschuld ist in der Regel eine Geldsummenschuld. Hierunter versteht man die Verpflichtung des Schuldners, dem Gläubiger die Verfügungsmöglichkeit über einen durch den Nennbetrag der Schuld bezifferten Geldbetrag zu verschaffen. Der Käufer muß beispielsweise 5000 DM bezahlen.

b) Geldsortenschulden

Eine Geldsortenschuld liegt vor, wenn sich der Schuldner verpflichtet hat, eine bestimmte Menge einer speziellen Geldsorte zu leisten.

Beispiel: Kauf von 10 Krüger-Rand-Goldmünzen am Bankschalter.

Insofern liegt eine normale Gattungsschuld vor.

c) Geldwertschulden

Die Geldschuld als Geldsummenschuld ist Wertschuld: Es wird eine rechnerische Größe, nämlich der bestimmte Geldbetrag, geschuldet, also nicht eine entsprechende Anzahl von Stücken der Sorte, sondern deren Wert.

Beispiel: Der Schuldner muß 5000 DM Schadenersatz leisten oder monatlich 1000 DM Unterhalt zahlen.

d) Fremdwährungsschulden

Für sie ist kennzeichnend, daß der vom Schuldner zu leistende Geldbetrag in einer ausländischen Währung ausgedrückt wird. Hierzu bestimmt § 244 BGB, daß die Zahlung im Zweifel auch in inländischer Währung erfolgen kann und bei der Umrechnung der Kurswert maßgebend ist, der zur Zeit der Zahlung für den Zahlungsort gilt. Allerdings ist auf § 3 WährG und § 49 Außenwirtschaftsgesetz hinzuweisen: Fremdwährungsschulden sind genehmigungspflichtig.

e) Geldstückschulden

Die Geldschuld kann auch einmal eine Stückschuld sein; und zwar dann, wenn sich der Schuldner, insbesondere in Sammlerkreisen, zur Lieferung einer bestimmten Geldmünze verpflichtet.

Beispiel: Gedenkmünzen.

f) Buchgeld

Im modernen Wirtschaftsleben wird die Bedeutung des Bargelds vom Buchgeld weit übertroffen. Buchgeld besteht aus Bankguthaben, rechtlich also aus Forderungen des Kontoinhabers gegenüber seiner Bank. Beim bargeldlosen Zahlungsverkehr wird die Geldschuld dadurch erfüllt, daß der Schuldner seinem Gläubiger bei dessen Bank ein der Geldschuld entsprechendes Bankguthaben verschafft. Technisch wird dies durch Banküberweisung oder mittels anderer Einrichtungen des bargeldlosen Zahlungsverkehrs bewirkt.

2. Wertsicherung von Geldschulden

Bei langfristigen Zahlungsverpflichtungen begünstigt die Geldentwertung den Schuldner. Dies ist eine Folge der Geldsummenschuld: Der Schuldner muß lediglich die geschuldete Summe an Rechnungseinheiten begleichen, auch wenn die durch die Geldsumme verkörperte Kaufkraft sinkt. Auf der anderen Seite bestehen volkswirtschaftliche Bedenken gegen eine uneingeschränkte Koppelung zwischen Geldleistung und Inflation: Automatische Erhöhungen der schuldnerischen Leistungspflicht entsprechend der Kaufkraftentwertung würden ihrerseits wieder exponentiell die Inflation beschleunigen. Deshalb ist die Vereinbarung von Wertsicherungsklauseln nur in engen Grenzen möglich.

Zulässig sind solche Klauseln, die keine automatische Anpassung der schuldnerischen Zahlungsverpflichtung an einen Kaufkraftindex vorsehen. Genehmigungsbedürftig sind dagegen die Indexklauseln (§ 3 WährG). Nach den von der Deutschen Bundesbank herausgegebenen Richtlinien werden sie von den Landeszentralbanken genehmigt, wenn bestimmte Voraussetzungen vorliegen. Wichtigster Punkt: Der Vertrag muß über eine Laufzeit von **mindestens 10 Jahren** abgeschlossen werden. Vergleichen Sie im einzelnen die Übersicht *Wertsicherungsklauseln*, aus der sich alles Wissenswerte ergibt.

V. Die Zinsschuld

Unter Zinsen versteht man die für die Kapitalüberlassung zu entrichtende Vergütung.

1. Die Zinszahlungspflicht

Das BGB kennt keine allgemeine Verzinsungspflicht. Sie kann aber im Rahmen der Vertragsfreiheit vereinbart werden (Musterbeispiel: Darlehen) oder auf gesetzlicher Regelung beruhen (Schulbeispiele: Verzug,

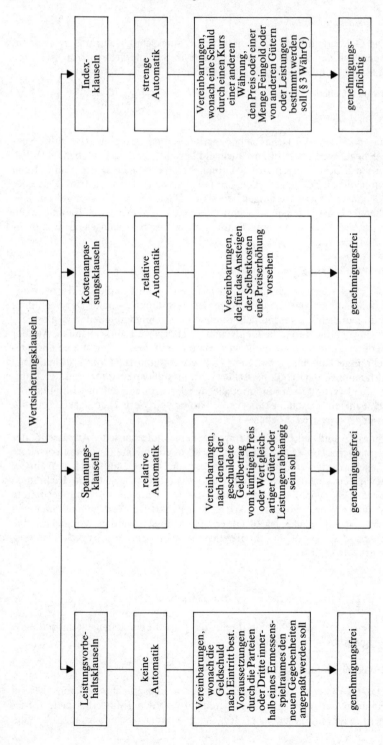

§ 288; Rechtshängigkeit, § 291 BGB; Zinspflicht unter Kaufleuten, § 353 HGB).

2. Der Zinssatz

Der vertragliche Zinssatz unterliegt der Vertragsfreiheit und wird begrenzt durch das allgemeine Verbot des Wuchers nach § 138 Abs. 2 BGB (vgl. dazu oben).

Der gesetzliche Zinssatz ist für heutige Verhältnisse relativ niedrig. Er beträgt im BGB 4 Prozent, im HGB 5 Prozent (vgl. §§ 246 BGB, 352 HGB).

Lernhinweis: Der Gläubiger kann aber vom säumigen Schuldner einen darüber hinausgehenden Zinssatz im Wege des Verzugsschadens liquidieren (lies § 288 Abs. 2 BGB).

Beispiel: S schuldet G 10 000 DM und ist seit 1. Januar im Verzug. G mußte infolgedessen Bankkredit in Anspruch nehmen zu einem Zinssatz von 10 Prozent. G kann von S verlangen: 4% aus 10 000 DM nach § 288 Abs. 1 BGB; 6% aus 10 000 DM als weiteren Verzugsschaden nach § 288 Abs. 2 i.V.m. § 286 Abs. 1 BGB.

Wiederholungsfragen zu § 25

Was versteht man unter einer Stückschuld, was unter einer Gattungsschuld? (§ 25 I 1,2)

Was versteht man unter einer beschränkten Gattungsschuld? (§ 25 I 2 b)

Was versteht man unter der Konkretisierung einer Gattungsschuld und welche Konsequenzen hat dies? (§ 25 I 2 d)

Was ist eine Wahlschuld? (§ 25 II)

Welche Arten der Geldschuld kennen Sie? (§ 25 IV)

Inwieweit kann man Geldschulden durch Wertsicherungsklauseln sichern? (§ 25 IV 2)

§ 26 Zeit und Ort der Leistung

Wann und wo der Schuldner zu leisten hat, wird regelmäßig vertraglich festgehalten. Sofern dies nicht der Fall ist, greift das BGB mit ergänzenden Bestimmungen ein.

I. Die Leistungszeit

Lernhinweis: Bei der Leistungszeit sind zwei Begriffe zu unterscheiden: die **„Fälligkeit"** und die **„Erfüllbarkeit"**. Unter der Fälligkeit ist der Zeitpunkt zu verstehen, von dem an der Gläubiger die Leistung verlangen kann. Unter Erfüllbarkeit versteht man den Zeitpunkt, von dem ab der Schuldner zur Leistung berechtigt ist (und der Gläubiger dann die Leistung auch annehmen muß, will er nicht in Gläubigerverzug kommen). In der Regel fallen Fälligkeit und Erfüllbarkeit zusammen.

1. Die regelmäßige Leistungszeit

a) Grundsatz

Nach § 271 BGB (lesen!) ist für die Leistungszeit zunächst die Parteivereinbarung maßgebend. Fehlt eine solche und ist die Zeit auch nicht „aus den Umständen zu entnehmen", so gilt nach § 271 Abs. 1: Der **Gläubiger kann** die Leistung **sofort verlangen**, der **Schuldner kann** sie **sofort bewirken**.

Ist eine Zeit bestimmt, so kann nach § 271 Abs. 2 BGB (lesen!) im Zweifel der Gläubiger die Leistung nicht vorzeitig verlangen, der Schuldner sie jedoch vorher bewirken. Das Hinausschieben der Leistungszeit wirkt also nur zugunsten des Schuldners.

Hinweis: § 271 Abs. 2 BGB findet keine Anwendung, wenn der Gläubiger durch die vorzeitige Leistung ein vertragliches Recht verliert oder in seinen geschützten Interessen beeinträchtigt wird.

Schulbeispiel: G gewährt S am 1. Februar ein Darlehen verzinsbar mit 20% über eine Laufzeit von 5 Monaten. Später erhält S ein wesentlich günstigeres Angebot. Kann er vorzeitig tilgen? Antwort: Nein. Bei der vorzeitigen Rückzahlung eines verzinslichen Darlehens würde der Gläubiger einen Zinsverlust erleiden.

b) Gesetzliche Sonderregeln

In Einzelfällen hat der Gesetzgeber die Leistungszeit abweichend geregelt.

Beispiele: Miete und Pacht (§§ 551, 584 BGB), Leihe (§ 604 BGB), Darlehen (§§ 608 ff. BGB), Dienst- und Werkvertrag (§§ 614, 641 BGB), Unterhaltsrecht (§§ 1361 Abs. 4, 1585 Abs. 1, 1612 Abs. 3 BGB).

2. Rechtsfolgen bei Nichteinhaltung der Leistungszeit

a) Verzug

Leistet der Schuldner nicht rechtzeitig, kommt er in Verzug (zu dessen Voraussetzungen vgl. §§ 284 ff. BGB sowie unten § 35). Der Gläubiger kann dann u. a. Schadenersatz verlangen.

b) Fixgeschäfte

Es ist denkbar, daß ein Geschäft mit Einhaltung der Leistungszeit „steht und fällt". Dann spricht man von einem „Fixgeschäft". Dabei sind zwei Fälle zu unterscheiden:

aa) Das absolute Fixgeschäft

Von einem absoluten Fixgeschäft spricht man, wenn die Leistungszeit derart wichtig ist, daß ihre **Nichteinhaltung die Leistung unmöglich macht**. Eine spätere Leistung ist dann keine Erfüllung mehr.

Beispiele: Miete eines Fensterplatzes anläßlich des Krönungszuges der Königin; Bestellung eines Taxis, um rechtzeitig einen Sonderzug zu erreichen.

Beim absoluten Fixgeschäft führt die Nichteinhaltung der Leistungszeit zu dauernder Unmöglichkeit und den dann eintretenden Konsequenzen (vgl. §§ 275, 279, 323 ff. und unten § 34).

bb) Das relative Fixgeschäft

Beim relativen Fixgeschäft ist die Zeit auch wesentlich (es geht also über die bloße Erwähnung des Fälligkeitstermines hinaus). Ihre Versäumung macht das Geschäft jedoch nicht hinfällig und damit auch nicht unmöglich.

Nach § 361 BGB (lesen!) (Lernhinweis: Das Gesetz hat das absolute Fixgeschäft gar nicht, das relative Fixgeschäft im Abschnitt „Rücktrittsrecht" geregelt) kann der **Gläubiger vom Vertrag zurücktreten**.

Lernhinweis: Normalerweise setzt der Rücktritt bei Verzug Verschulden des Schuldners und (im gegenseitigen Vertrag) Nachfristsetzung durch den Gläubiger voraus (vgl. § 326 BGB); auf beides wird in § 361 BGB verzichtet. Schadenersatz kann dagegen nur unter den allgemeinen Voraussetzungen des § 326 BGB verlangt werden (insbesondere muß Verschulden vorliegen).

II. Der Leistungsort

1. Begriff des Erfüllungsorts

Zur ordnungsgemäßen Leistung gehört, daß der Schuldner am richtigen Ort leistet. Nur dann hat er „das seinerseits Erforderliche" getan. Wo dies erfolgen muß, hängt vom „Leistungsort" ab. In der Regel wird bei der Begründung des Schuldverhältnisses auch eine Aussage über den Erfüllungsort getroffen: So kann z. B. der Verkäufer einer Möbeleinrichtung sich verpflichten, „frei Haus" zu liefern; der auswärtige Lieferant „Sendung bahnlagernd" vereinbaren oder der Export-Import-Kaufmann akzeptieren, daß er Überseeware von der Niederlassung seines Lieferanten im Freihafen Hamburg abholen muß.

Lernhinweis: Als „Leistungsort" bezeichnet man den Ort, an dem der Schuldner die Leistungshandlung zu erbringen hat. Davon ist zu trennen der Ort, an dem der Leistungserfolg eintritt (man spricht auch vom „Erfolgsort"). Der Gesetzgeber bezeichnet den Leistungsort teilweise auch als „Erfüllungsort" (so z. B. in § 447 Abs. 1). Dies ist insofern ungeschickt, als unter der Erfüllung nicht die Vornahme einer Leistungshandlung, sondern die Herbeiführung des Leistungserfolges zu verstehen ist. Lassen Sie sich also vom Begriff „Erfüllungsort" nicht irritieren. **Erfüllungs-**

ort ist der Ort, an dem der Schuldner die versprochene Leistung vorzunehmen hat.
Man unterscheidet nachfolgende Leistungsmodalitäten:

a) Holschulden

Liegt der **Erfüllungsort am Ort des Schuldners**, so spricht man von Holschulden. Der Schuldner nimmt die Leistungshandlung an seinem Wohnsitz vor, dort tritt auch die Erfüllungswirkung und damit der Leistungserfolg ein. Vergleichen Sie dazu das Schaubild *Holschulden.*

Holschulden

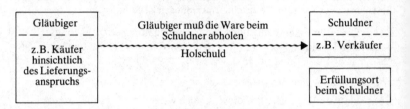

Der Begriff „Holschuld" verdeutlicht, daß der Schuldner seine Leistungshandlungen an seinem Ort erbringen darf und der Gläubiger die Ware „bei ihm holen muß". Merken Sie sich schon hier: Nach § 269 Abs. 1 BGB (lesen!) liegt im Zweifel eine Holschuld vor.

b) Bringschulden

Liegt der **Erfüllungsort am Ort des Gläubigers**, spricht man von Bringschulden. Der Wohnsitz des Gläubigers ist also sowohl Leistungs- als auch Erfolgsort. Vergleichen Sie dazu das Schaubild *Bringschulden.*

Bringschulden

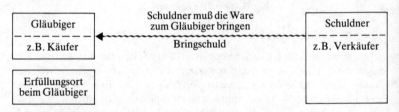

Mit dem Begriff Bringschuld wird verdeutlicht, daß der Schuldner dem Gläubiger „die Ware bringen muß" und somit das seinerseits Erforderliche erst getan hat, wenn die Leistung am Ort des Gläubigers bewirkt wird.

c) Schickschulden

Die Schickschuld ist eine Besonderheit. Auch bei Schickschulden liegt der Erfüllungsort am Wohnsitz des Schuldners (insofern liegt eigentlich eine Holschuld vor).

Als Besonderheit kommt hinzu, daß sich bei Schickschulden der Schuldner zur Absendung des Gutes an den Gläubiger verpflichtet hat (der Schuldner muß das Gut „verschicken"). Vergleichen Sie dazu das Schaubild *Schick-schulden*. Die Schickschuld ist ein Beispiel dafür, daß Erfüllungsort (Leistungsort) und Erfolgsort auseinanderfallen können: Der Erfüllungsort liegt beim Schuldner; der Leistungserfolg tritt hingegen erst ein, wenn das betreffende Gut beim Gläubiger eingetroffen ist.

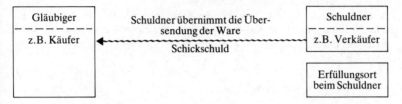

2. Festlegung des Erfüllungsorts

§ 269 BGB enthält Regelungen für die Bestimmung des Erfüllungsorts.

a) Parteivereinbarung

In aller Regel wird eine ausdrückliche oder stillschweigende Festlegung des Erfüllungsorts durch die Parteien erfolgen. Dabei muß der Ort der Leistungshandlung als solcher festgelegt werden. Abmachungen über die Versendungskosten allein ändern den Erfüllungsort nicht (dann liegen in der Regel bloße Schickschulden vor).

b) Sonstige Indizien

Fehlt eine Abmachung, so ist nach § 269 Abs. 1 der Erfüllungsort „aus den Umständen, insbesondere aus der Natur des Schuldverhältnisses", zu entnehmen. Dazu sind auch die Verkehrssitte und (im Handelsrecht) der Handelsbrauch heranzuziehen.

Beispiele:

- Bei **Ladengeschäften** des täglichen Lebens ist für beide Parteien das Ladenlokal zugleich der Leistungsort.
- Verpflichtet sich der Verkäufer bei normalen Geschäften des Alltags (Heizöl, Kohle, Kartoffeln usw.) zur **Anlieferung der Ware**, liegt regelmäßig eine Bringschuld vor (Erfüllungsort ist die Wohnung des Käufers als Gläubiger).
- Bei **Warenschulden im Handelsverkehr** wird im Zweifel eine Schickschuld angenommen (Leistungsort bleibt also der Sitz des Verkäufers).

c) Gegenseitige Verträge

Bei gegenseitigen Verträgen stellt sich die Frage nach dem Erfüllungsort sowohl für den Leistungs- wie auch für den Gegenleistungsanspruch. Die Leistungsorte für die gegenseitigen Verpflichtungen sind nicht notwendigerweise einheitlich. Bei Kaufverträgen sind in der Regel getrennte Leistungsorte anzunehmen. Die Rechtsprechung neigt dazu, den Ort, an dem die „vertragscharakteristische Leistung zu erbringen ist", als Schwerpunkt des Schuldverhältnisses und damit als Erfüllungsort für beide Verpflichtungen anzusehen.

Beispiele: Ort der Arbeitsstätte beim Arbeitsvertrag, Ort der Werkstatt bei Kfz-Reparaturen.

d) Gesetzliche Auslegungsregel

Ist der Erfüllungsort weder bestimmt noch aus den Umständen zu entnehmen, so entscheidet der **Wohnsitz des Schuldners** (§ 269 Abs. 1 BGB). Ist eine Verbindlichkeit im Gewerbebetriebe des Schuldners entstanden, ist Erfüllungsort der Ort der **gewerblichen Niederlassung** des Schuldners (§ 269 Abs. 2 BGB).

e) Gesetzliche Sonderregeln

In Einzelfällen hat das Gesetz den Leistungsort besonders bestimmt.

Beispiele: §§ 261 Abs. 1, 374, 697, 700, 1194 BGB, Art. 2 Abs. 2 ScheckG, Art. 2 Abs. 3, 75 Nr. 4, 76 Abs. 3 WG (kurz nachschlagen und überfliegen!).

3. Bedeutung des Erfüllungsorts

a) Verzug

Der Erfüllungsort entscheidet mit darüber, ob der Schuldner ordnungsgemäß (nämlich am richtigen Ort) leistet. Tut er es nicht, kommt er (wenn die sonstigen Voraussetzungen vorliegen) in **Schuldnerverzug**. Leistet er richtig, nimmt der Gläubiger jedoch nicht an, kommt dieser in **Annahmeverzug**.

b) Konkretisierung

Nach § 243 Abs. 2 BGB (lesen!) konkretisiert sich das Schuldverhältnis, wenn der Schuldner das seinerseits Erforderliche getan hat, was wiederum mit vom Erfüllungsort abhängt.

Beispiel: Liegt eine Bringschuld vor, genügt es nicht, daß der Schuldner die Ware bereitstellt und avisiert.

c) Gerichtsstand

Der Erfüllungsort ist nach § 29 ZPO zugleich auch (ein möglicher) Gerichtsstand, also der Ort, an dem der Schuldner verklagt werden kann.

d) Gefahrtragung

Die Frage des Erfüllungsortes ist außerordentlich wichtig im Zusammenhang mit der Gefahrtragung des Kaufrechts (dazu unten). Hier nur soviel: Mit Übergabe der Sache vom Verkäufer an den Käufer geht auch die Gefahr des zufälligen Untergangs auf diesen über (§ 446 Abs. 1 BGB). Wenn der Käufer die Ware erhält, sie aber 5 Minuten später durch Blitzeinschlag bei ihm vernichtet wird, muß er trotzdem den Kaufpreis bezahlen. Diese Gefahr ist vorverlagert in § 447 Abs. 1 BGB (vorab lesen!): Übersendet der Verkäufer die verkaufte Sache auf Verlangen des

Käufers an einen anderen als den Erfüllungsort, geht die Gefahr schon in dem Zeitpunkt über, in dem die Sache an die Transportperson ausgehändigt wird. Wenn durch Blitzeinschlag mit dem Lkw des Frachtführers auch die verkaufte Ware verbrennt, muß der Käufer trotzdem bezahlen, obwohl er leer ausgeht.

Wiederholungsfragen zu § 26

Wann kann der Gläubiger die Leistung verlangen, wann kann der Schuldner die Leistung bewirken, wenn keine Leistungszeit vereinbart wurde? (§ 26 I 1 a)

Was versteht man unter einem Fixgeschäft? (§ 26 I 2 b)

Was versteht man unter Holschulden, Bringschulden, Schickschulden? (§ 26 II 1)

Wo liegt der Erfüllungsort, wenn er vertraglich nicht festgelegt wurde? (§ 26 II 2)

Welche weiteren Rechtsfolgen sind vom Erfüllungsort abzuleiten? (§ 26 II 3)

§ 27 Leistung durch Dritte

Lernhinweis: Das Schuldverhältnis ist eine Rechtsbeziehung zwischen Gläubiger und Schuldner, wonach der Schuldner eine bestimmte Leistung zu erbringen hat. Das Gesetz regelt aber auch den Fall, daß die Leistung durch Dritte bewirkt wird. Dabei ist zu fragen, ob dies zulässig ist, ob der Gläubiger die Leistung durch den Dritten ablehnen kann und welche Konsequenzen sich aus einer Drittleistung ergeben.

I. Die Zulässigkeit der Leistung durch Dritte

1. Grundsatz

Das Schuldrecht betrifft den Güterumsatz, der in seiner Mehrzahl nicht personenbezogen ist, so daß für den Gläubiger die Person des Leistenden in der Regel von sekundärer Bedeutung sein wird. Deshalb läßt § 267 BGB (lesen!) die Leistungsbewirkung durch einen Dritten dem Grundsatz nach zu. Eine Einwilligung des Schuldners ist dazu nicht erforderlich (vgl. aber § 267 Abs. 2, dazu unten 3.).

2. Ausnahmen

Nicht zulässig ist die Leistung durch Dritte, wenn der Schuldner in Person zu leisten hat. Hier ist es für den Gläubiger nicht gleichgültig, wer die versprochene Leistung erbringt. Eine persönliche Leistungsverpflichtung besteht
a) bei vertraglicher Vereinbarung;
b) in bestimmten Fällen kraft gesetzlicher Auslegungsregel:
  • nach § 613 BGB für den Dienstleistungsverpflichteten,
  • nach § 664 BGB für den Beauftragten,
  • nach § 713 BGB für den geschäftsführenden Gesellschafter bei Personengesellschaften,
  • nach § 691 BGB für den Verwahrer.

3. Der Widerspruch des Schuldners

Der Schuldner kann der Drittleistung widersprechen. Dies bewirkt aber nicht, daß die Leistungserbringung nicht zulässig wäre. Vielmehr hat der Gläubiger dann das Recht, die Leistung abzulehnen (vgl. § 267 Abs. 2 BGB).

4. Rechtspolitische Würdigung

§ 267 BGB ist eine Vorschrift, die für den lebensnah Denkenden Zweifel an der Wirklichkeitsnähe des Gesetzgebers nährt: Es wird schon nicht häufig vorkommen, daß ein Dritter für den Schuldner einspringen wird. Und welcher Schuldner wird widersprechen, wenn sich ein Dritter bereit erklärt hat, für ihn zu zahlen? Schließlich werden die Gläubiger dünn gesät sein, welche beim Vorliegen eines Widerspruchs gegen die beabsichtigte Drittleistung die Empfangnahme der Leistung ablehnen werden.

5. Bereicherungsrechtliche Konsequenzen

Leistet der Dritte mit befreiender Wirkung an den Gläubiger, kann er sich nunmehr an den Schuldner halten. Mit der Tilgung der fremden Schuld erlischt die Forderung. Das Gesetz sieht zwar keinen gesetzlichen Forderungsübergang vor, doch ist der Schuldner durch die mit Zahlung eintretende Befreiung von seiner Verbindlichkeit bereichert, so daß der Dritte gegen den Schuldner einen Bereicherungsanspruch geltend machen kann (im einzelnen ist freilich vieles strittig). Als Anspruchsgrundlage kommen ebenso in Betracht: Auftrag, Geschäftsführung ohne Auftrag sowie gesellschaftsrechtliche Regreßansprüche.

II. Ablösungsrecht nach § 268 BGB

1. Grundsatz

Einen für die Praxis bedeutenden Fall möglicher Drittleistungen regelt § 268 BGB (lesen!). Er betrifft den Bereich der Realsicherheit. Betreibt der Gläubiger die Zwangsvollstreckung in einen dem Schuldner gehörenden Gegenstand, so ist jeder, der Gefahr läuft, durch die Zwangsvollstreckung ein Recht an dem Gegenstand zu verlieren, berechtigt, den Gläubiger zu befriedigen.

Schulbeispiel: Der hypothekarisch gesicherte Gläubiger betreibt die Zwangsversteigerung eines Grundstücks. Nachrangige Gläubiger laufen Gefahr, ihre Grundpfandrechte zu verlieren.

2. Rechtsfolgen

Der nachrangige Gläubiger ist berechtigt, die Zahlung zu bewirken. Er erwirbt dann nach § 268 Abs. 3, soweit er den Gläubiger befriedigt, die Forderung. Dasselbe gilt für den Mieter, der im Falle der Zwangsversteigerung befürchten muß, daß das Mietverhältnis gekündigt und er zur Räumung gezwungen wird (der Besitzverlust ist nach § 268 Abs. 1 S. 2 BGB dem allgemeinen Rechtsverlust ausdrücklich gleichgestellt).

Wiederholungsfragen zu § 27

Ist es zulässig, daß an Stelle des Schuldners ein Dritter leistet? Gibt es hiervon Ausnahmen? (§ 27 I 1, 2)

Welche Konsequenzen hat es, wenn ein Dritter mit befreiender Wirkung an den Gläubiger leistet? (§ 27 I 5)

Welche Möglichkeit hat ein nachrangiger Hypothekengläubiger, wenn das sichernde Grundstück versteigert wird? (§ 27 II 1)

§ 28 Leistung an Dritte

Lernhinweis: Der Schuldner hat an den Gläubiger zu leisten und an niemanden sonst. Deshalb kann die Leistung an einen Dritten, also an einen Nichtgläubiger, nicht befreien. Davon gibt es eine Reihe von Ausnahmen.

I. Zustimmung zur Leistung an Dritte

Der Gläubiger kann bezüglich einer Leistung an dritte Personen seine Einwilligung erteilen (sog. „Empfangsermächtigung") oder die Leistung (nachträglich) genehmigen. Das ergibt sich aus § 362 Abs. 2, der ausdrücklich auf § 185 verweist.

II. Schuldnerschutzbestimmungen

Das Gesetz schützt in vielen Fällen den guten Glauben an das Bestehen eines Vertrauenstatbestandes. Einige Fälle davon liegen im Recht der Leistungsbewirkung:

1. Quittung

Der Überbringer einer Quittung gilt nach § 370 BGB (lesen!) als ermächtigt, die Leistung zu empfangen.

Dies gilt allerdings nur, wenn eine **echte** Quittung vorliegt. Bei Fälschungen greift der Schuldnerschutz nicht ein (oder nur dann, wenn man dem Gläubiger nach Treu und Glauben den Vorwurf machen kann, er habe die Quittungsformulare nicht sorgfältig aufbewahrt oder die Fälschung auf andere Weise ermöglicht).

2. Schutz bei der Forderungsabtretung

Durch die Abtretung einer Forderung nach § 398 BGB tritt an die Stelle des alten Gläubigers der neue Gläubiger. Der alte Gläubiger ist nicht mehr Inhaber der Forderung und deshalb nicht Berechtigter. Zahlt der Schuldner an ihn, leistet er an einen „Dritten". Wenn der Schuldner aber von der Abtretung keine Kenntnis hat (wie dies insbesondere bei der stillen Zession der Fall ist), muß ihn das Gesetz schützen: Nach § 407 BGB befreit die in Unkenntnis der Abtretung an den alten Gläubiger erfolgende Leistung.

3. Erbschein

Der Erbschein ist ein Legitimationspapier: Wer mit dem im Erbschein Ausgewiesenen Geschäfte tätigt, wird in seinem Vertrauen geschützt (vgl. §§ 2365 ff. BGB). Zahlungen an den Erbscheininhaber wirken deshalb ebenfalls befreiend, auch wenn sich nachher herausstellt, daß der im Erbschein Genannte in Wirklichkeit gar nicht Erbe geworden ist.

Lernhinweis: Entsprechendes gilt auch bei anderen Legitimationspapieren, vgl. §§ 793 Abs. 1 Satz 2, 807, 808 Abs. 1 Satz 1 BGB.

Wiederholungsfragen zu § 28

Wann wird die nicht an den Gläubiger, sondern an einen Dritten erfolgende Leistung wirksam? (§ 28 I)

Unter welchen Voraussetzungen ist der Schuldner geschützt, wenn er an den Überbringer einer Quittung leistet? (§ 28 II 1)

Welche weiteren Fälle kennen Sie, bei denen die Leistung an einen Nichtberechtigten wirksam ist? (§ 28 II 2, 3)

§ 29 Der Vertrag zugunsten Dritter

Lernhinweis: Das Schuldverhältnis ist ein Rechtsverhältnis zwischen zwei Personen, so daß in der Regel die Vertragsschließenden gegenseitig Gläubiger und Schuldner der durch das Schuldverhältnis begründeten Leistungsverpflichtungen sind. Durch die Rechtsfigur des Vertrages zugunsten Dritter können die Vertragspartner vereinbaren, daß die vereinbarte Leistung nicht dem Gläubiger, sondern einem Dritten zusteht.

Der Vertrag zugunsten Dritter ist aber kein eigenständiger Vertragstypus wie etwa Kauf, Miete, Darlehen, Werk- oder Dienstvertrag. Er kann vielmehr für alle Vertragstypen vereinbart werden, wo immer die Leistung an einen Dritten gewünscht wird. Dies ist auch der Grund, weshalb der Vertrag zugunsten Dritter nicht im Abschnitt „Besonderes Schuldrecht" unter den dort genannten Schuldverhältnissen eingereiht ist, sondern im Allgemeinen Schuldrecht seine gesetzliche Regelung gefunden hat.

I. Der Begriff des Vertrags zugunsten Dritter

1. Die beteiligten Personen

Durch den Vertrag zugunsten Dritter wird eine Leistung an einen Dritten mit der Wirkung bedungen, daß **der Dritte unmittelbar das Recht erwirbt, die Leistung zu fordern** (§ 328 BGB – lesen!). Derjenige, der die Leistung erbringen soll, heißt „Versprechender". Er hat sich zu der Leistung verpflichtet, ist also Schuldner.

Denjenigen, dem die Leistung versprochen wird, nennt das Gesetz „Versprechensempfänger". Und denjenigen, an den die Leistung zu erfolgen hat, nennt das Gesetz den „Dritten". Vergleichen Sie dazu das Schaubild *Vertrag zugunsten Dritter.*

Vertrag zugunsten Dritter

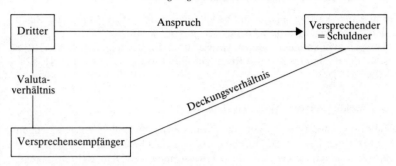

2. Die Rechtsbeziehungen der Beteiligten

Bei den Rechtsbeziehungen unter den Beteiligten muß man unterscheiden:

a) Deckungsverhältnis

Das Rechtsverhältnis zwischen dem Versprechenden und dem Versprechensempfänger nennt man „Deckungsverhältnis". Dies ist kein gesetzlicher Begriff. Er ist so zu verstehen, daß der Versprechende für die Leistung, die er erbringen muß, „eine Deckung haben soll" (als Gegenwert für seine Leistung).

Beispiel: Wenn sich bei der Lebensversicherung eine Versicherungsgesellschaft verpflichtet, an den hinterbliebenen Ehegatten eine bestimmte Summe zu zahlen, liegt der Grund für die Auszahlung der Versicherungssumme (die Deckung) in dem abgeschlossenen Versicherungsvertrag zwischen dem Versprechenden (der Versicherungsgesellschaft) und dem Versprechensempfänger (der die Versicherung zugunsten seiner Hinterbliebenen abgeschlossen hat).

b) Valutaverhältnis

Das Rechtsverhältnis zwischen dem Versprechensempfänger und dem Dritten nennt man „Zuwendungs- oder Valutaverhältnis". Dieses Rechtsverhältnis gibt Aufschluß darüber, warum der Versprechensempfänger dem Dritten mittelbar etwas zuwendet.

Beispiele: Es kann sich um eine Schenkung, um die Erfüllung einer gesetzlichen Unterhaltspflicht u. dgl. handeln. Im Verhältnis zwischen dem Versprechenden und dem Dritten fehlt es an einem Vertrag. Nicht selten wird der Dritte von der ganzen Angelegenheit vor Leistungsbewirkung gar nichts wissen. Durch den Vertrag zugunsten Dritter wird aber dem Dritten ein direkter Anspruch auf die Leistung eingeräumt.

II. Echter und unechter Vertrag zugunsten Dritter

Entscheidend für die Abgrenzung zwischen dem echten und dem sog. „unechten" Vertrag zugunsten Dritter ist, ob der Dritte aus dem Vertrag unmittelbar ein Recht erwirbt, also die Leistung an sich verlangen kann.

1. Echter Vertrag zugunsten Dritter

Ein echter Vertrag zugunsten Dritter (man spricht auch vom „berechtigenden" Vertrag zugunsten Dritter) liegt vor, wenn der Dritte gegen den Versprechenden einen **eigenen Anspruch** auf die Leistung hat: Dem Dritten steht dann „unmittelbar das Recht zu, die Leistung zu fordern" (vgl. § 328 Abs. 1 BGB).

2. Unechter Vertrag zugunsten Dritter

Beim unechten (man spricht auch vom „ermächtigenden") Vertrag zugunsten Dritter besteht die **Verpflichtung** des Schuldners, an den Dritten zu leisten, **nur gegenüber dem Versprechensempfänger**. Dem Dritten dagegen steht selbst kein Forderungsrecht gegenüber dem Schuldner zu. In diesem Fall kann dann auch der Dritte beim Ausbleiben der Leistung nicht aus eigenem Recht gegen den Schuldner klagen, sondern nur der Versprechensempfänger.

3. Abgrenzungskriterien

Ob ein echter und damit berechtigender Vertrag zugunsten Dritter vorliegt, ist nach § 328 Abs. 2 BGB „aus den Umständen, insbesondere aus dem Zweck des Vertrags, zu entnehmen". Danach entscheidet sich auch die Frage, ob das Recht des Dritten sofort oder nur unter gewissen Voraussetzungen entstehen und ob den Vertragsschließenden die Befugnis vorbehalten sein soll, das Recht des Dritten ohne dessen Zustimmung aufzuheben oder zu ändern.

4. Die Erfüllungsübernahme

Es kommt vor, daß sich jemand vertraglich zur Befriedigung des Gläubigers eines anderen verpflichtet, **ohne** allerdings **die Schuld zu übernehmen**. Hier stellt sich die Frage, ob der Gläubiger berechtigt ist, direkt Befriedigung vom Übernehmenden zu fordern. § 329 BGB (lesen!) enthält hierzu eine gesetzliche Auslegungsregel: Im Fall der bloßen „Erfüllungsübernahme" kann der Gläubiger im Zweifel keine unmittelbare Befriedigung vom „Erfüllungsübernehmer" verlangen. Vergleichen Sie dazu das Schaubild *Erfüllungsübernahme*.

Erfüllungsübernahme

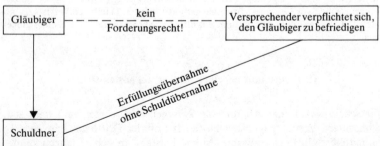

Beispiel: Die Vereinbarung, wonach eine Partei die Kosten des von der anderen Partei beauftragten Anwalts übernimmt, ist in der Regel bloße Erfüllungsübernahme.

Konsequenz: Der beauftragte Rechtsanwalt kann sich nur an die Partei A halten, die ihn beauftragt hat, nicht jedoch an die Gegenseite (Partei B); Partei A aber hat einen Anspruch auf Befreiung von dieser Verbindlichkeit gegenüber der kostenübernehmenden Partei B.

III. Rechte, Pflichten und Einwendungen beim Vertrag zugunsten Dritter

1. Die Rechtsstellung des Dritten

Mit dem Vertrag zugunsten Dritter erwirbt der Dritte das Recht auf die Leistung unmittelbar. Unerheblich ist, ob er Kenntnis vom Vertragsschluß hat; unbeachtlich ist auch seine Geschäftsfähigkeit. Das Gesetz gibt ihm allerdings die Möglichkeit (vgl. § 333 BGB), das Recht zurückzuweisen.

2. Rechtsstellung des Versprechensempfängers

Der Versprechensempfänger kann im Zweifel (neben dem Dritten) die Leistung an den Dritten verlangen (§ 335 BGB).

Beispiel: Bei Abschluß einer Ausbildungsversicherung zugunsten der heranwachsenden Kinder können auch die Erziehungsberechtigten als Vertragspartner selbst Leistungsklage erheben.

Für den (unwahrscheinlichen) Fall, daß der Dritte die Leistung zurückweist, stellt sich die Frage, ob der Versprechensempfänger dann Leistung an sich selbst verlangen kann. Dies ist nach dem jeweiligen Einzelfall zu entscheiden. So steht beispielsweise bei Kapitalversicherungen zugunsten eines Dritten dem Versicherungsnehmer nach § 168 VVG im Zweifel das Recht zu, Leistung an sich selbst zu verlangen.

3. Rechtsstellung des Versprechenden

Der Versprechende leistet an den Dritten im Hinblick auf das mit dem Versprechensempfänger bestehende Deckungsverhältnis. Daraus folgt, daß er Einwendungen, die ihm auf Grund der Abrede im Deckungsverhältnis gegenüber dem Versprechensempfänger zustehen, auch dem Dritten entgegenhalten kann. § 334 BGB bestimmt ausdrücklich: „Einwendungen aus dem Vertrag stehen dem Versprechenden auch gegenüber dem Dritten zu". Dies leuchtet auch ohne weiteres ein. Denn der Vertrag zugunsten Dritter weist nur die Besonderheit auf, daß die versprochene Leistung nicht an den Versprechensempfänger selbst, sondern an einen Dritten erbracht werden soll. Auf der anderen Seite stehen dem Schuldner aber keine Einreden zu, die sich aus dem Verhältnis zwischen dem Versprechensempfänger und dem Dritten (also dem Valutaverhältnis) ergeben.

4. Unzulässige Vertragsgestaltungen

Die Konstruktion des Vertrags zugunsten Dritter ist nicht zulässig in nachfolgenden Fällen:

a) Verfügungsverträge zugunsten Dritter

Ein Vertrag zugunsten Dritter kann nur eingesetzt werden, um dem Dritten eine schuldrechtliche Forderung zuzuwenden. Die Zuwendung dinglicher Rechte ist dagegen nicht möglich (h. M.).

Beachten Sie: Dies bedeutet aber nicht, daß keine **Verpflichtungen** eingegangen werden dürfen, dingliche Rechte zu übertragen.

b) Verträge zu Lasten Dritter

Verträge zu Lasten Dritter (also der umgekehrte Fall), mit denen **gegen** den Dritten ein Anspruch begründet wird, sind unzulässig. Ohne Mitwirkung des Dritten kann eine Forderung gegen ihn nicht begründet werden.

IV. Der Vertrag mit Schutzwirkung zugunsten Dritter

Lernhinweis: Im BGB selbst ist nur der Vertrag zugunsten Dritter geregelt. Die Rechtsfigur des „Vertrages mit Schutzwirkung zugunsten Dritter" wurde von der Rechtsprechung entwickelt. Der Grund für seine Schaffung ist die im Deliktsrecht anzutreffende Unzulänglichkeit, daß bei der Gehilfenhaftung nach § 831 BGB der Exkulpationsbeweis geführt werden kann (vgl. dazu unten). Bei der Verletzung vertraglicher Verpflichtungen steht der Geschädigte in der Regel durch die Anwendung des § 278 BGB wesentlich günstiger (dort gibt es keine Exkulpation!). Über die Konstruktion eines Vertrags mit Schutzwirkung zugunsten Dritter wird erreicht, daß andere Personen in den vertraglichen Schutzbereich einbezogen werden und deshalb der Versprechende auch ihnen gegenüber das Verschulden seiner Gehilfen wie eigenes Verschulden zu vertreten hat.

1. Wesen des Vertrags mit Schutzwirkung zugunsten Dritter

Beim Vertrag mit Schutzwirkung zugunsten Dritter steht der Anspruch auf die geschuldete Leistung zwar dem Gläubiger zu, dritte Personen sind jedoch in der Weise in die vertraglichen Sorgfalts- und Obhutspflichten einbezogen, daß sie bei deren Verletzung **vertragliche** Schadenersatzansprü-

Vertrag mit Schutzwirkung zugunsten Dritter

che geltend machen können. Dies gilt insbesondere bei Rechtsbeziehungen mit „personenrechtlichem Einschlag" (z. B. bei familien-, arbeits- und mietrechtlichen Beziehungen), aber auch schon dann, wenn die Leistung nach dem Vertragsinhalt „bestimmungsgemäß" Dritten zugute kommen soll. Vergleichen Sie dazu das Schaubild *Vertrag mit Schutzwirkung zugunsten Dritter*.

2. Rechtsgrundlage

Rechtsgrundlage des Vertrags mit Schutzwirkung zugunsten Dritter ist nach Auffassung der Rechtsprechung eine ergänzende Vertragsauslegung; die Literatur nimmt eine auf Treu und Glauben gestützte Rechtsfortbildung an; im Ergebnis spielen diese Differenzierungen keine Rolle.

3. Anwendungsfälle

a) Mietverträge

Wenn der Familienvater einen Mietvertrag mit dem Vermieter abschließt, wird nur er oder ggf. der mitunterzeichnende Ehegatte Vertragspartner. Die Kinder und andere Familienangehörige, die für den Vermieter ersichtlich zum Benutzerkreis der Wohnung gehören, werden aber in den Schutzbereich miteinbezogen. Der Vermieter schuldet auch ihnen gegenüber Obhut und Sorgfalt. So muß beispielsweise dafür gesorgt werden, daß der Mieter ordnungsgemäß über die Treppe zur Wohnung gelangen kann. Wenn sich durch nicht behobene Schäden bei der Treppenbeleuchtung oder mangelhafte Säuberung der Gemeinschaftsanlagen ein Unfall ereignet, hat der Mieter einen vertraglichen Schadenersatzanspruch aus positiver Forderungsverletzung des Mietvertrages, weil der Vermieter insofern seine Nebenpflicht nicht ordnungsgemäß erfüllt hat. Hat sich der Vermieter zur Erfüllung seiner Verpflichtungen dritter Personen (Putzfrau, Hausmeister) bedient, so ist ihm deren Verschulden nach § 278 BGB wie eigenes Verschulden zuzurechnen. Dieser Pflichtenbereich besteht auch gegenüber den Familienangehörigen. Kommen diese auf der Treppe zu Fall, haben auch sie einen vertraglichen Schadenersatzanspruch gegenüber dem Vermieter. Er kann sich dann bei Heranziehung dritter Personen nicht exkulpieren (was der Fall wäre, wenn kein vertraglicher Anspruch bestünde und die Haftung nur aus § 831 BGB abzuleiten wäre).

b) Weitere Fälle

Die große praktische Bedeutung des Vertrages mit Schutzwirkung zugunsten Dritter wird deutlich angesichts des breiten Spektrums in der Rechtsprechung. Unter den Schutzbereich fallen beim

- Anwaltsvertrag: die Kinder des Mandanten, wenn ihnen durch eine Scheidungsvereinbarung Vermögenswerte übertragen werden sollen;
- Arzt- bzw. Krankenhausvertrag: der nasciturus, der Ehegatte bei der Sterilisation bzw. Behandlung der Schwangeren;
- Bankgeschäft: der Überweisende und Überweisungsempfänger;
- Beförderungsvertrag: mitbeförderte Begleitpersonen;
- Touristikgeschäft: die Gäste beim Vertrag zwischen Reiseveranstalter und Hotelier.

c) Produzentenhaftung

Aus dem Vertrag zwischen dem Produzenten und dem Händler kann dagegen keine besondere Schutzpflicht zugunsten des Endverbrauchers abgeleitet werden. Deshalb läßt sich die Problematik der „Produzentenhaftung" nicht über die Konstruktion eines Vertrags mit Schutzwirkung zugunsten Dritter lösen.

Lernhinweis: Die Rechtsprechung hilft dem geschädigten Konsumenten durch eine Beweiserleichterung bei der Darlegung des Verschuldens im Rahmen des § 823 Abs. 1 BGB. Vergleichen Sie dazu die Ausführungen im Schadenersatzrecht unten unter § 57 VI.

Wiederholungsfragen zu § 29

Wie nennt man die am Vertrag zugunsten Dritter beteiligten Personen? (§ 29 I 1)

Können Sie ein Schulbeispiel für den Vertrag zugunsten Dritter nennen? (§ 29 I 2)

Was versteht man unter der Erfüllungsübernahme? (§ 29 II 4)

Was versteht man unter einem Vertrag mit Schutzwirkung zugunsten Dritter? Welches rechtspolitische Bedürfnis besteht, auf diese Rechtsfigur zurückzugreifen? (§ 29 IV)

§ 30 Die Zurückbehaltung der Leistung

Lernhinweis: Wenn die Voraussetzungen für den Leistungsanspruch des Gläubigers erfüllt sind und der Schuldner keine Hinderungsgründe geltend machen kann, ist jede Leistungsverzögerung unberechtigt. Der Schuldner kommt in Verzug. Dennoch ist im Ausnahmefall denkbar, daß der Schuldner seine Leistung zurückhalten darf, weil umgekehrt der Gläubiger seinen Verpflichtungen nicht nachkommt. Es würde dem Grundsatz von Treu und Glauben grob widersprechen, einen Teil in der möglicherweise sicheren Erkenntnis vorleisten zu lassen, daß er gegenüber seinem Vertragspartner mit der Durchsetzung der eigenen Ansprüche ins Hintertreffen gerät. Diese Situation hat der Gesetzgeber im Auge, wenn er in Ausnahmefällen ein Zurückbehaltungsrecht einräumt. Zu unterscheiden ist zwischen dem allgemeinen Zurückbehaltungsrecht nach § 273 BGB und dem besonderen Fall der Leistungsverweigerung eines Teils beim gegenseitigen Vertrag nach § 320 BGB. Im Handelsrecht ist das besondere kaufmännische Zurückbehaltungsrecht in §§ 369 ff. HGB geregelt (vgl. dort).

I. Das allgemeine Zurückbehaltungsrecht

1. Wesen und Bedeutung des Zurückbehaltungsrechts

a) Begriff

Das Zurückbehaltungsrecht nach § 273 BGB (lesen!) gewährt dem Schuldner das Recht, seine Leistung zu verweigern, bis die ihm gebührende Leistung bewirkt wird.

Das Gesetz nennt die wesentlichen Tatbestandsmerkmale: „Hat der Schuldner aus **demselben rechtlichen Verhältnis**, auf dem seine Verpflichtung beruht, einen **fälligen Anspruch** gegen den Gläubiger, so kann er, sofern nicht aus dem Schuldverhältnis sich ein anderes ergibt, die geschuldete Leistung verweigern, bis die ihm gebührende Leistung bewirkt wird (Zurückbehaltungsrecht)". Es handelt sich um ein weiteres Beispiel einer Legaldefinition (des in Klammern gesetzten Begriffes). Im Grunde folgt der Gedanke bereits aus dem Grundsatz von Treu und Glauben: Derjenige handelt treuwidrig, der aus einem einheitlichen Rechtsverhältnis die ihm zustehende Leistung fordert, ohne dabei die ihm abverlangte Gegenleistung zu erbringen. Vergleichen Sie dazu das Schaubild *Zurückbehaltungsrecht.*

Zurückbehaltungsrecht

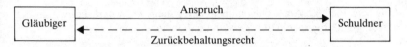

b) Bedeutung

§ 273 BGB ist grundsätzlich auf alle Schuldverhältnisse jedweder Art anzuwenden, also auch auf solche, die außerschuldrechtliche (z. B. familienrechtliche oder erbrechtliche) Entstehungstatbestände haben.

Beispiele: Briefmarkensammler B beauftragt seinen Geschäftsfreund G mit dem Erwerb einer wertvollen Marke auf einer Auktion. Nach § 667 BGB (lesen!) hat der Auftraggeber Anspruch auf Herausgabe des Erlangten, nach § 670 BGB (lesen!) der Beauftragte Anspruch auf Ersatz seiner Aufwendungen. G muß die Briefmarke nur herausgeben, wenn ihm B die entstandenen Aufwendungen ersetzt (Zurückbehaltungsrecht gegenüber einem schuldrechtlichen Anspruch). Tierliebhaber T gibt seinen Hund Bello für die Dauer einer Urlaubsreise in das Tierheim. Nach Rückkehr steht dem Tierheim gegenüber dem Eigentumsherausgabeanspruch des Tiereigentümers ein Zurückbehaltungsrecht zu, solange der Eigentümer des Hundes nicht die Verpflegungskosten ersetzt (Zurückbehaltungsrecht gegenüber einem dinglichen Herausgabeanspruch).

2. Die Voraussetzungen des Zurückbehaltungsrechts

Lernhinweis: Merken Sie sich die Kurzformel, daß zur Ausübung des Zurückbehaltungsrechts **drei Punkte** zutreffen müssen: Gegenseitigkeit, Fälligkeit, Konnexität; außerdem darf die Ausübung des Zurückbehaltungsrechts im Einzelfall nicht unzulässig sein.

a) Gegenseitigkeit

Ein Zurückbehaltungsrecht kann nur zwischen Personen bestehen, von denen jeweils die eine einen Anspruch gegen die andere hat. Welche Qualität die Ansprüche haben, ist belanglos. Sie können sich aus Vertrag oder Gesetz ergeben, schuldrechtlicher oder dinglicher Natur sein und brauchen insbesondere (insoweit im Gegensatz zur Aufrechnung!) nicht gleichartig zu sein.

Lernhinweis: Wenn es sich um gleichartige Forderungen handelt (Geld gegen Geld), kann der Schuldner ja durch Aufrechnung das Schuldverhältnis zum Erlöschen bringen; er braucht nicht von der weniger weitreichenden Möglichkeit der Zurückbehaltung Gebrauch zu machen. Das Zurückbehaltungsrecht ist also immer dort zu prüfen, wo mangels Gleichartigkeit die Aufrechnung ausscheidet!

b) Fälligkeit

Das Zurückbehaltungsrecht setzt voraus, daß der **Anspruch des Schuldners** fällig ist (Merke: Es muß also der Gegenanspruch fällig sein!). Ist sein Gegenanspruch noch nicht fällig, kann der Schuldner auch nicht zurückbehalten. Er muß dann eben später, zum Zeitpunkt der Fälligkeit, seinen Anspruch geltend machen und notfalls eine selbständige Klage einreichen. Auf der anderen Seite muß natürlich auch der Anspruch des Gläubigers fällig sein, weil sonst seine Klage als verfrüht (und damit zur Zeit unbegründet) abgewiesen wird. Der Schuldner brauchte sich insofern gar nicht erst auf ein bestehendes Zurückbehaltungsrecht zu berufen.

Für die Fälligkeit des Gegenanspruchs genügt es, wenn dieser mit der Erfüllung der geschuldeten Leistung fällig wird.

Beispiel: Der Gläubiger verlangt Zahlung, will aber dem zahlungsbereiten Schuldner keine Quittung erteilen oder den Schuldschein nicht zurückgeben, auf den jeder Schuldner nach § 371 BGB einen Anspruch hat.

c) Konnexität

Zwischen den gegenseitigen Ansprüchen muß „Konnexität" bestehen. Darunter versteht man das Erfordernis, daß der Anspruch des Gläubigers und der Gegenanspruch des Schuldners auf „demselben rechtlichen Verhältnis" beruhen müssen. Das Erfordernis der Konnexität schränkt den Anwendungsbereich des Zurückbehaltungsrechts ein.

Die Leistung soll nicht wegen Gegenansprüchen, die mit der Leistungspflicht nichts zu tun haben, zurückgehalten werden dürfen. Rechtsprechung und Lehre stellen jedoch an das Erfordernis der Konnexität geringe Anforderungen. Es genügt demnach, wenn ein **„einheitlicher Lebensvorgang"** vorliegt, also die beiden Ansprüche in einem „inneren, natürlichen bzw. wirtschaftlichen Zusammenhang" stehen.

Beispiele:

Konnexität wurde bejaht:
- zwischen dem Grundbuchberichtigungsanspruch und dem Anspruch auf Ersatz inzwischen vom Schuldner aufgewendeter Hypothekenzinsen;
- zwischen dem Schadenersatzanspruch wegen Lieferung eines aliuds und dem Auskunftsanspruch hinsichtlich der Verwertung des gelieferten aliuds;
- zwischen vermögensrechtlichen Ansprüchen aus der Ehe.

Konnexität wurde verneint:
- zwischen Ansprüchen aus dem Gesellschaftsverhältnis und Verbindlichkeiten, die der Gesellschafter als Kunde der Gesellschaft (Bank) eingegangen ist;
- zwischen dem Anspruch auf Zustimmung zur Löschung einer Eigentümergrundschuld und dem Gegenanspruch aus Verwendungen auf das Grundstück.

d) Zulässigkeit

Negativ setzt die Berufung auf das Zurückbehaltungsrecht voraus, daß dieses nicht vertraglich oder gesetzlich ausgeschlossen sein darf. Dies ergibt sich aus der Einschränkung in § 273 Abs. 1 („... sofern sich nicht aus dem Schuldverhältnis ein anderes ergibt ...").

Beispiele:

- Das Zurückbehaltungsrecht ist ausgeschlossen, wenn die Aufrechnung nicht zulässig ist (weil sonst eine „verschleierte Aufrechnung" vorliegen würde);
- § 175 BGB verbietet die Zurückhaltung der Vollmachtsurkunde (sie muß nach Erlöschen der Vollmacht stets zurückgegeben werden);
- §§ 556 Abs. 2, 580, 581 Abs. 2 BGB verbieten dem Mieter oder Pächter ein Zurückbehaltungsrecht gegen den auf Rückgabe seines Grundstücks klagenden Vermieter (weil bei Grundstücksmiet- oder -pachtverträgen der Gegenanspruch des Mieters in keinem Verhältnis zum Wert der Mietsache steht; anders daher bei sonstigen Mietverträgen!);
- nach Gesellschaftsrecht steht dem GmbH-Gesellschafter kein Zurückbehaltungsrecht gegenüber der von der GmbH verlangten Einzahlung der Stammeinlage zu (§ 19 Abs. 2 GmbHG).
- Ein Zurückbehaltungsrecht kann auch nach der Natur des Schuldverhältnisses ausgeschlossen sein.

3. Die Wirkung des Zurückbehaltungsrechts

a) Einrede

Das Zurückbehaltungsrecht gewährt dem Schuldner eine aufschiebende **Einrede zur Leistungsverweigerung**.

Lernhinweis: Beachte demgegenüber, daß das kaufmännische Zurückbehaltungsrecht nach § 371 HGB nicht nur ein Leistungsverweigerungsrecht, sondern ein Befriedigungsrecht gewährt!

b) Verurteilung Zug-um-Zug

Die Geltendmachung des Zurückbehaltungsrechts im Prozeß durch den Schuldner führt nicht etwa zur Klagabweisung, sondern zur Verurteilung „Zug um Zug" (§ 274 BGB – lesen!).

Beispiel: Der Beklagte wird verurteilt, den Schäferhund „Bello" an den Kläger Zug um Zug gegen Zahlung von 200 DM Futterkosten herauszugeben.

II. Die Einrede des nicht erfüllten Vertrages

Lernhinweis: Für den gegenseitigen Vertrag enthalten §§ 320 ff. BGB eine Reihe von Besonderheiten. Unter anderem auch für das Leistungsverweigerungsrecht.

1. Voraussetzungen

a) Gegenseitiger Vertrag

Es muß sich um einen gegenseitigen Vertrag handeln („Leistung um Gegenleistung").

Beispiele: Kauf, Miete, Dienstvertrag, Werkvertrag

b) Synallagma

Die geschuldeten Leistungen müssen in einem „synallagmatischen Verhältnis" stehen (die Leistung muß „um der Gegenleistung willen" erfolgen).

Beispiele: Beim Kauf hinsichtlich der Übereignungspflicht des Verkäufers und der Kaufpreiszahlungspflicht des Käufers; beim Pachtvertrag hinsichtlich der Gebrauchsüberlassung durch den Verpächter und der Pachtzahlung durch den Pächter, nicht aber hinsichtlich der Pachtzinszahlung einerseits und der Pflicht zum Ersatz von Aufwendungen oder Rückgabe der Pachtsache nach Ablauf des Vertrags andererseits. Im letzteren Fall könnte der Pächter lediglich (wenn die Voraussetzungen vorliegen) ein allgemeines Zurückbehaltungsrecht nach § 273 geltend machen.

c) Fälligkeit

Auch bei der Einrede des nicht erfüllten Vertrags muß die Gegenleistung fällig sein.

d) Keine Vorleistungspflicht

Ausgeschlossen ist die Einrede des nicht erfüllten Vertrages, wenn der Schuldner vorleistungspflichtig ist (vgl. den Wortlaut am Ende von § 320 Abs. 1 Satz 1 BGB).

2. Wirkungen der Einrede des nicht erfüllten Vertrages

Beruft sich der Schuldner im Prozeß auf das Zurückbehaltungsrecht, führt dieses nicht etwa zur Klagabweisung, sondern zur **Verurteilung Zug um Zug.** Außerdem kommt der Schuldner solange nicht in Verzug, als er sich auf die Einrede des nicht erfüllten Vertrages berufen kann (wegen der engen Verknüpfung von Leistung und Gegenleistung schließt bereits das Bestehen der Einrede den Verzug aus). In Verzug kommt der Schuldner erst, wenn der Gläubiger die Leistung anmahnt und gleichzeitig bereit und in der Lage ist, die eigene Leistung Zug um Zug zu bewirken.

Wiederholungsfragen zu § 30

Welches sind die Voraussetzungen des Zurückbehaltungsrechts? (§ 30 I 2)

In welchen Fällen ist die Geltendmachung eines Zurückbehaltungsrechts ausgeschlossen? (§ 30 I 2 d)

Welche Wirkung hat das Zurückbehaltungsrecht? (§ 30 I 3)

Welche Besonderheiten gelten für das Zurückbehaltungsrecht bei gegenseitigen Verträgen? (§ 30 II)

§ 31 Schadenersatz

Lernhinweis: Schadenersatzforderungen sind mit Abstand der häufigste Gegenstand von Zivilprozessen und damit ein Schwerpunkt bei der Frage, welchen Inhalt ein Schuldverhältnis haben kann. Der Student läuft Gefahr, sich bei der Lehre vom Schadenersatz in einem Gestrüpp von Rechtsprechung und verstreuten Gesetzesbestimmungen zu verlieren. Machen Sie sich deshalb klar: Schadenersatzansprüche findet man an vielen Stellen innerhalb und außerhalb des BGB (Grobeinteilung: Vertragliche Schadenersatzansprüche einerseits und deliktische Ansprüche andererseits). Inhalt, Art und Umfang des Schadenersatzes sind im Allgemeinen Schuldrecht in den §§ 249 ff. BGB geregelt. Diese Vorschriften sind aber selbst keine Anspruchsgrundlagen! Bei Schadenersatzfällen geht es stets um folgende Fragen: Liegt ein

Schaden vor? Welche Anspruchsgrundlage kommt in Betracht? Hat der Beklagte das schädigende Ereignis „zu vertreten"? Welche Schadensfolgen sind zu ersetzen? Wichtig ist, daß Sie trennen: zwischen den Schadenersatzansprüchen aus Vertrag, die insbes. im Kapitel über die Leistungsstörungen behandelt werden, und den Schadenersatzansprüchen aus Delikt, die sich als Rechtsfolge im Anschluß an die Verwirklichung eines gesetzlich normierten Tatbestands ergeben, mit dem der Gesetzgeber bestimmte Rechtsgüter schützt (vgl. §§ 823 ff. sowie unten im Besonderen Schuldrecht § 57).

I. Schadenersatz als Opferausgleich

Die Funktion des Schadenersatzrechts liegt im Opferausgleich. Das Gesetz beschreibt die Voraussetzungen für die Entschädigungspflicht. Dabei geht unser Recht **grundsätzlich** vom **Verschuldensprinzip** aus. Der Rechtsgrund für das Einstehenmüssen des Schädigers ist seine rechtswidrige und schuldhafte Handlung, mit der er den Schaden verursacht hat. Die Gefährdungshaftung setzt dagegen kein Verschulden voraus.

Beispiele: § 833 S. 1 BGB sowie außerhalb des BGB: Straßenverkehrsgesetz, Luftverkehrsgesetz, Wasserhaushaltsgesetz u. a. Die dort erfaßten Anlagen sind von ihrer Natur her so „gefährlich", daß bei ihrem Betrieb mit Schadensfolgen zu rechnen ist.

Freilich führt der Verzicht auf das Verschulden zu nicht kalkulierbaren Risiken des Betreibers. Diese Gefahr hat der Gesetzgeber erkannt und durch die Einführung von Zwangsversicherungen und Haftungshöchstbeträgen begrenzt.

Beispiel: Zulassungsvoraussetzung für den Betrieb eines Kraftfahrzeugs ist der Abschluß einer Pflichtversicherung.

Das Schadenersatzrecht im BGB wird durch ein umfassendes System kollektiver Sicherungen überlagert. Im Endergebnis tritt für den verursachten Schaden dann doch nicht der Schädiger, sondern eine Solidargemeinschaft ein.

Beispiele: Bei Kraftfahrzeugunfällen zahlt letztlich nicht der Kfz-Halter, sondern seine Haftpflichtversicherung. Bei Arbeitsunfällen tritt für den Arbeitgeber die Berufsgenossenschaft ein.

Hinzu kommt, daß häufig auch der Geschädigte im Rahmen der Risikovorsorge gegen etwaige Mißliebigkeiten und Schicksalsschläge gesichert ist.

Beispiele: Krankenversicherung, Lohnfortzahlung, private Unfallversicherung.

Das BGB „tut immer noch so", als gäbe es diese Überlagerung nicht: Das Schadenersatzrecht reduziert sich auf die Beziehung zwischen dem Geschädigten und dem Schädiger. Im Rahmen des vielfältigen kollektiven Sicherungssystems ist dann die Rechtslage nach bürgerlichem Recht dafür maßgebend, ob und in welchem Umfang der jeweilige Versicherungsträger des Geschädigten sich beim Schädiger im Wege des Regresses schadlos halten kann.

Beispiele: Nach § 4 Lohnfortzahlungsgesetz geht der Anspruch des Arbeitnehmers auf Ersatz des Verdienstausfalles gegen den Schädiger auf den Arbeitgeber über; entsprechendes gilt für die Krankenversicherung. Begründung: Sonst würde die Risikoabsicherung letztlich zugunsten des Schädigers erfolgen.

Lernhinweis: Gerade dem Anfänger muß man immer wieder sagen, daß das Schadenersatzrecht keinen poenalen Charakter hat. Vielmehr beabsichtigt das Zivilrecht die „Wiedergutmachung" angerichteter Schäden, die mit dem staatlichen Strafanspruch nichts zu tun hat. Ob eine schädigende Handlung zusätzlich strafrechtlich relevant ist, beurteilt sich nach dem Strafrecht. Im StGB hat der Gesetzgeber dazu einen Katalog des kriminellen Unrechts geschaffen. Nulla poena sine lege! Deshalb auch hier die Ermahnung zu terminologischer Sauberkeit: Im Zivilprozeß heißt es nicht: „Angeklagter", sondern „Beklagter". Die zivilrechtliche Seite kümmert sich um den Opferausgleich nach dem Schadenersatzrecht, auf strafrechtlicher Seite wird der Täter wegen der möglicherweise gleichzeitig begangenen Straftaten verurteilt.

II. Die haftungsbegründenden Tatbestände

Die Geltendmachung von Schadenersatzansprüchen setzt entsprechende Anspruchsgrundlagen voraus. Solche ergeben sich innerhalb bestehender Schuldverhältnisse, vor allem bei den Leistungsstörungen und sonstigen Pflichtverletzungen. Dem stehen Schadenersatzansprüche „aus Gesetz" gegenüber, in erster Linie die deliktischen Ansprüche im Recht der unerlaubten Handlungen (§§ 823 ff.). Schadenersatzansprüche ohne Verschulden sind im BGB relativ selten. Wir kennen sie im Falle der Erklärungshaftung (§§ 122, 179, 307 BGB) sowie bei den Tatbeständen der Gefährdungshaftung. Letztere sind überwiegend in Spezialgesetzen geregelt. Vergleichen Sie im einzelnen dazu die Übersicht *Haftungsbegründende Tatbestände.*

Haftungsbegründende Tatbestände

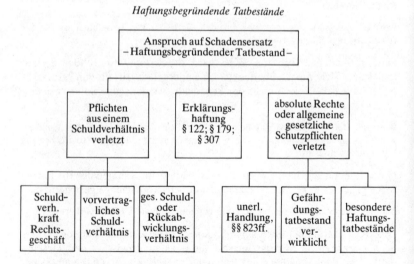

III. Inhalt, Art und Umfang des Schadenersatzanspruches

1. Begriff des Schadens

Das BGB sagt nicht ausdrücklich, was es unter „Schaden" versteht. Die Rechtsprechung definiert den Schaden als „jeden **Nachteil, den jemand** durch ein bestimmtes Ereignis an **seinem Vermögen oder** an seinen sonstigen **rechtlich geschützten Gütern erleidet**". Was aber genau versteht man darunter? Für die Feststellung, ob und in welcher Höhe ein Schaden vorliegt, wird nach der sogenannten **„Differenzhypothese"** der Unterschied zwischen zwei Güterlagen ermittelt: Der Schaden ist die Differenz zwischen der tatsächlichen Lage, die infolge des schädigenden Ereignisses besteht, und der hypothetischen, die bestehen würde, wenn das schädigende Ereignis nicht eingetreten wäre.

Beispiel: Bei einem Verkehrsunfall wird das Kraftfahrzeug des Kfz-Halters K beschädigt. Es fallen Reparaturkosten an (tatsächliche Lage). Hätte sich der auf ein fahrlässiges Fremdverhalten zurückzuführende Unfall nicht ereignet, wären die Reparaturkosten nicht entstanden (hypothetische Lage). Der Schaden besteht also in den Reparaturkosten.

2. Kausalität

Die Schadenersatzpflicht setzt weiterhin Kausalität voraus: Der Schaden muß durch das zum Schadenersatz verpflichtende Ereignis verursacht worden sein. Nach der im bürgerlichen Recht geltenden **„Adäquanztheorie"** ist jede Bedingung kausal, die mit dem eingetretenen Erfolg in einem adäquaten Zusammenhang steht. Mit anderen Worten: Das Ereignis muß geeignet sein, einen Erfolg dieser Art herbeizuführen.

Man unterscheidet bei der Kausalität:
– die *haftungsbegründende Kausalität*: Hier geht es um die Ursächlichkeit der schädigenden Handlung für die Rechtsgutverletzung sowie
– die *haftungsausfüllende Kausalität*: Sie betrifft den Kausalzusammenhang zwischen der Rechtsgutverletzung und dem eingetretenen Schaden.

3. Die Art des Schadens

a) Unmittelbarer und mittelbarer Schaden

Als unmittelbaren Schaden bezeichnet man die Einbuße, die am verletzten Rechtsgut selbst entsteht.

Beispiel: Bei einem Verkehrsunfall wird das nagelneue Kraftfahrzeug beschädigt; die Reparaturkosten betragen 3000 DM.

Unter dem mittelbaren Schaden versteht man den Folgeschaden.

Beispiel: Eine Person wird bei einem Verkehrsunfall verletzt und erleidet einen Verdienstausfall. Der entgangene Gewinn ist mittelbarer Schaden.

Das BGB sieht sowohl den Ersatz des unmittelbaren als auch den des mittelbaren Schadens vor.

Lernhinweis: Verwechseln Sie nicht die beiden Begriffspaare „unmittelbarer und mittelbarer Schaden" einerseits sowie „unmittelbar und mittelbar Geschädigter" andererseits. Ersatzberechtigt ist nur der unmittelbar Geschädigte. Ein Dritter, der durch einen anderweitigen Schadensfall mittelbar geschädigt wird, kann nach dem BGB vom Schädiger keinen Ersatz verlangen, Ausnahmen: §§ 844, 845 BGB – die Verletzung des Unterhaltpflichtigen begründet einen Schadenersatzanspruch der mittelbar geschädigten Unterhaltsberechtigten.

b) Vermögensschaden und Nichtvermögensschaden

Unter Vermögensschaden **(materieller Schaden)** versteht man „jede in Geld bewertbare Einbuße, die jemand an seinem Vermögen erleidet". Nichtvermögensschaden (**immaterieller Schaden**) liegt vor, wenn jemand Einbußen an immateriellen Gütern erleidet.

Beispiele: Schmerz, Wohlbefinden, Freiheit und Ehre.

Lernhinweis: Das Gesetz differenziert zwischen immateriellem und materiellem Schaden: Nach § 253 BGB kann wegen immaterieller Schäden **Geld**entschädigung nur in den vom Gesetz bestimmten Ausnahmefällen verlangt werden (Beispiel: Schmerzensgeld nach § 847 BGB).

Beachten Sie: Die Einschränkung gilt nur für den Schadenersatz in Geld, nicht aber für die Naturalherstellung!

c) Erfüllungs- und Vertrauensschaden

Beim Umfang der Schadenersatzpflicht unterscheidet das Gesetz zwischen dem Erfüllungsschaden (man spricht auch vom Erfüllungsinteresse oder **„positiven Interesse"**) und dem Vertrauensschaden (Vertrauensinteresse oder **„negatives Interesse"**).

* Als positives Interesse bezeichnet man den Schaden, der infolge der Nichterfüllung entsteht. Der Geschädigte hat einen Anspruch, so gestellt zu werden, als sei das Geschäft tatsächlich abgewickelt, also erfüllt worden.

  Beispiel: Bei Verzug und Unmöglichkeit geht der Schadenersatzanspruch nach §§ 325, 326 BGB auf das Erfüllungsinteresse.

* Beim negativen Interesse beschränkt sich der Schadenersatz auf den Schaden, den der Geschäftspartner dadurch erlitten hat, daß er auf die Gültigkeit des Rechtsgeschäfts vertraut hat.

  Beispiel: Wer anficht, muß nach § 122 BGB dem Anfechtungsgegner den Schaden ersetzen, den er im Vertrauen auf die Gültigkeit der angefochtenen Erklärung erlitten hat (z. B. Ersatz der nutzlos gewordenen Aufwendungen).

d) Drittschaden

Schadenersatz kann nur der Geschädigte verlangen. Oft aber treten Schadensfolgen nicht nur beim unmittelbar Geschädigten, sondern auch bei Dritten ein.

Beispiel: Ein beauftragter Taxifahrer wird verletzt, dem wartenden Fahrgast entgeht ein lukratives Geschäft.

Die Ausdehnung der Schadenersatzpflicht auf mittelbar Geschädigte würde zu unkalkulierbaren Risiken führen. Deshalb ist schadenersatzberechtigt
* bei Verträgen nur der Vertragspartner,
* bei unerlaubten Handlungen nur der verletzte Rechtsgutinhaber.

Nicht ersatzberechtigt ist der mittelbar Geschädigte (Terminologie beachten, vgl. oben).

Ausnahmsweise wird der Drittschaden in bestimmten Fällen ersetzt:
* Schädigung von Unterhaltsverpflichteten nach §§ 844, 845 BGB: Unterhaltsberechtigte können vom Schädiger Ersatz verlangen, wenn dieser für die Verletzung oder Tötung des Unterhaltsverpflichteten verantwortlich ist.

• Schadensliquidation im Drittinteresse: Ausnahmsweise können Dritt-
schäden „liquidiert" werden, wenn eine Gefahrentlastung zugunsten des
Schädigers unbillig wäre. Wir kennen dies vor allem beim Versendungskauf und bei der mittelbaren Stellvertretung (vgl. dazu unten).
• Beim Vertrag mit Schutzwirkung zugunsten Dritter (vgl. oben § 29 IV).

4. Umfang des Schadenersatzanspruches

a) Grundsatz der Naturalrestitution

Wer Schadenersatz leisten muß, ist nach bürgerlichem Recht zur „Naturalrestitution" verpflichtet. Der Schädiger muß den Zustand herstellen, **der
bestehen würde,** wenn der zum Ersatz verpflichtende Umstand nicht eingetreten wäre (§ 249 Satz 1 BGB – lesen!).
Hinweis: Achten Sie auf den genauen Wortlaut des Gesetzes! Danach ist
nicht der „frühere Zustand wiederherzustellen", vielmehr ein solcher Zustand, der wirtschaftlich der hypothetischen Lage entspricht, die beim
Ausbleiben des schädigenden Ereignisses vorläge. Eine bloße Wiederherstellung wird regelmäßig schon daran scheitern, daß dies gar nicht mehr
möglich ist.

Beispiele: Naturalrestitution bedeutet
• bei Sachschäden Reparatur der beschädigten Sachen,
• bei Ehrverletzungen Widerruf der ehrenrührigen Äußerungen.

b) Schadenersatz in Geld

Die Systematik des Gesetzes geht davon aus, daß der Schädiger grundsätzlich zur tatsächlichen Naturalherstellung verpflichtet ist. Stattdessen kann
aber in bestimmten Fällen der Gläubiger Geldersatz verlangen und der
Schuldner die Schadenersatzpflicht durch Geldzahlungen erfüllen. Nach
§§ 249 ff. gilt:

aa) Geldersatz bei Personen- und Sachschäden

Nach § 249 Satz 2 BGB (lesen!) kann der Gläubiger statt der Naturalrestitution den dazu erforderlichen Geldbetrag verlangen, wenn wegen der
Verletzung einer Person oder wegen der Beschädigung einer Sache Schadenersatz zu leisten ist.

Beispiel: Bei einem Unfall mit Personen- und Sachschäden kann der Geschädigte
dem Schädiger die Reparaturrechnung schicken und Ersatz der Krankenhauskosten
verlangen.

bb) Geldersatz nach Fristsetzung

Nach § 250 Satz 1 BGB (lesen!) kann der Geschädigte zur Naturalrestitution eine angemessene Frist setzen und dabei erklären, daß er nach Frist-
ablauf die Naturalherstellung ablehne. Danach kann er Schadenersatz in
Geld verlangen.

cc) Geldersatz bei Unmöglichkeit der Naturalherstellung

Häufig wird die Naturalherstellung gar nicht möglich oder nicht genügend
sein. In diesem Fall kann der Geschädigte nach § 251 Abs. 1 BGB (lesen!)
Geldersatz verlangen.

Schulbeispiel: Bei einem Unfall mit Totalschaden hat der Geschädigte Anspruch auf Geldersatz in Höhe des Wiederbeschaffungswerts.

dd) Geldersatz bei unverhältnismäßiger Naturalherstellung

Der Schädiger hat seinerseits das Recht, den Geschädigten in Geld zu entschädigen, wenn die Herstellung nur mit unverhältnismäßigen Aufwendungen möglich ist (vgl. § 251 Abs. 2 BGB – lesen!).

Beispiel: § 251 Abs. 2 BGB hat große praktische Bedeutung im Rahmen der Unfallregulierung bei Totalschäden von Gebrauchtwagen. Lohnt es sich und ist es dem Schuldner zuzumuten, die hohen Reparaturkosten für einen „klapprigen Uralt-VW" zu tragen, wenn diese wesentlich höher liegen als der Zeitwert des Gebrauchtwagens? Nach der Rechtsprechung greift § 251 Abs. 2 bei „unverhältnismäßigen Aufwendungen" ein. Wenn die bei der Reparatur zu zahlende Entschädigung wesentlich (Richtschnur: 30 Prozent) über dem Sachwert liegt, kann der Schuldner die Pflicht zur Zahlung der Reparaturkosten durch Geldleistung in Höhe des Sachwerts abwenden. Er kann den Schaden statt durch Reparatur auch durch Beschaffung einer gleichwertigen Ersatzsache ausgleichen.

c) Einzelfälle der Schadensberechnung

aa) Entgangener Gewinn

Nach § 252 BGB (lesen!) umfaßt der Schadenersatz auch den entgangenen Gewinn. Dieser wird definiert als „der Gewinn, welcher nach dem gewöhnlichen Lauf der Dinge oder nach den besonderen Umständen, insbesondere nach den getroffenen Anstalten und Vorkehrungen, mit Wahrscheinlichkeit erwartet werden konnte".

Beispiel: Der verletzte Klaviervirtuose liegt im Krankenhaus und muß eine bereits geplante Konzertreise absagen. Die Agentur bezahlt kein Honorar. Die Ersatzpflicht des Schädigers schließt nach § 252 BGB den Verdienstausfall ein.

bb) Fehlgeschlagene Aufwendungen

Der Schaden kann auch darin liegen, daß der Geschädigte Aufwendungen gemacht hat, die durch den Schadensfall nutzlos wurden.

Beispiel: Der Geschäftspartner hat im Hinblick auf ein abgeschlossenes Geschäft Telefon-, Porto- und sonstige Auslagen gehabt, die infolge der Anfechtung nutzlos werden. Der Schadenersatzanspruch nach § 122 BGB erfaßt auch solche fehlgeschlagenen Aufwendungen.

cc) Entgangene Gebrauchsvorteile

Ob der Verlust von Gebrauchsvorteilen einer Sache als Schaden angesehen werden kann, ist umstritten. Bejaht wird dies für das Kraftfahrzeug. Es entspricht ständiger Rechtsprechung, daß der Eigentümer eines privat genutzten Kraftfahrzeugs, das bei einem Verkehrsunfall beschädigt wurde, wegen der ihm entgehenden Gebrauchsvorteile Schadenersatz verlangen kann, auch wenn er kein Ersatzfahrzeug anmietet. Hinsichtlich der Höhe werden die Mietwagenkosten, vermindert um die Gewinnspanne des Vermieters und der ersparten Eigenkosten, zugrunde gelegt (ca. 30 bis 40 Prozent der üblichen Miete bzw. 250 bis 350 Prozent der Vorhaltekosten). Ob darüber hinaus auch beim Verlust von Gebrauchsvorteilen anderer Sachen ein Schadenersatzanspruch wegen entgangener Gebrauchsvorteile besteht, ist strittig. Die Rechtsprechung ist restriktiv und verwirrend. Kein

Schadenersatzanspruch wurde beispielsweise zuerkannt: bei der Vorenthaltung eines Pelzmantels, bei der Nichtbenutzbarkeit einer Schwimmhalle, bei der Beschädigung eines Motorboots, bei der Nichtbenutzbarkeit von Autotelefon und Fernseher sowie beim Ausfall eines Reitpferdes. Eine Wende könnte sich abzeichnen mit der Entscheidung BGHZ (GrS) 98, 212, wonach die Nutzungsstörung auch über den Fall des Kraftfahrzeugs hinaus als Vermögensschaden für solche Sachen in Betracht kommen kann. Die Untergerichte werden in Zukunft zu prüfen haben, ob die Güter, deren Eigennutzung gestört wurde, typischerweise zur eigenwirtschaftlichen Lebensführung gehören.

dd) Verlust der Freizeit

Der bloße Verlust von Freizeit ist an sich kein Vermögensschaden. Ausnahme: Der Urlaub wird nach heutiger Auffassung als Vermögensgut angesehen. Bei seiner Beeinträchtigung liegt daher ein Vermögensschaden vor.

Wenn die sonstigen Voraussetzungen zutreffen, kann nach § 651 f Abs. 2 (Sie merken: Die Bestimmung wurde im Zeitalter des Massentourismus nachträglich eingefügt!) der Reisende bei Vereitelung oder erheblicher Beeinträchtigung der Reise auch wegen nutzlos aufgewendeter Urlaubszeit eine angemessene Entschädigung in Geld verlangen.

ee) Verlust der Arbeitskraft

Sowohl die bloße abstrakte Minderung der Erwerbsfähigkeit als auch der bloße Ausfall der Arbeitskraft als solcher stellt noch keinen Vermögensschaden dar, da die Arbeitskraft eine Eigenschaft der Person, nicht aber ein Vermögensgut ist. Davon ist aber die konkrete Einbuße infolge einer Verletzung der Arbeitskraft zu unterscheiden: Kann der Geschädigte wegen des Unfalls ein bestimmtes Geschäft nicht abschließen und erleidet er dadurch einen Verdienst- oder Gewinnausfall, ist Schadenersatz nach § 252 BGB zu leisten.

ff) Anteilige Kosten der Schadensvorsorge

Was gilt, wenn der Geschädigte in weiser Voraussicht, daß es zu Schäden kommen könnte, Maßnahmen der Schadensvorsorge ergreift? Kann man diese Kosten anteilsmäßig auf den Schädiger abwälzen?

Schulbeispiel: Kann der Ladenbesitzer vom ertappten Ladendieb einen Anteil an den Vorbeugekosten verlangen (z. B. Hausdetektiv, technische Sicherungseinrichtungen)? Die Rechtsprechung hat dies verneint (vgl. BGHZ 75, 237), billigt aber den Ersatz einer (sich auf den konkreten Diebstahl beziehenden) Fangprämie bis 50 DM zu (z. B. LG Berlin DB 1984, 1029).

Auf der anderen Seite hat der Bundesgerichtshof bei der Verletzung von Urheberrechten der GEMA einen Anspruch auf anteiligen Ersatz der Kosten für die Kontrollorganisation zugesprochen.

Lernhinweis: Sie können anhand der vorerwähnten Konstellationen erkennen, daß die meisten Fragen des Schadenersatzrechts im Gesetz nicht oder nur andeutungsweise geklärt sind und viele Fragen der praktischen Schadensregulierung von den Gerichten tagtäglich aufs Neue – oft im Wege der Rechtsfortbildung – zu entscheiden sind.

gg) *Vorteilsausgleich*

(1) Grundsatz

Das Schadenersatzrecht hat die Funktion des Opferausgleichs. Der Geschädigte darf keinen Nachteil erleiden, er soll aber auch nicht bessergestellt werden. Deshalb sind Vorteile bei der Schadensberechnung zu berücksichtigen. Die Ersatzpflicht beschränkt sich dann auf die Differenz zwischen Schaden und Vorteil. Außerordentlich strittig ist, welcher Vorteil anrechnungspflichtig ist. Im Grundsatz gilt: Keine Vorteilsausgleichung bei Leistungen Dritter im Rahmen der sozialen Sicherung! Lohnfortzahlungsansprüche, Versicherungsleistungen sind nicht anzurechnen. Sie mildern zwar den Schaden, sollen aber dem Schädiger nicht zugute kommen. Ganz im Gegenteil: Leistet ein Dritter, erwirbt dieser Regreßansprüche gegen den Schädiger.

(2) Neu für Alt

Wird eine Sache zerstört, bemißt sich der Schaden in der Regel nach den Kosten für die Wiederbeschaffung einer wirtschaftlich gleichwertigen Sache.

Beispiel: Bei Totalschaden eines Kraftfahrzeugs muß der Schädiger ein gleichwertiges Gebrauchtfahrzeug beschaffen. Es kann aber sein, daß gleichwertige gebrauchte Sachen nicht mehr auf dem Markt sind. Auch ist denkbar, daß die Ersatzbeschaffung aus anderen Gründen, z. B. wegen Unzumutbarkeit, ausscheidet. Dann kann der Schaden nur durch Beschaffung neuer Sachen wiedergutgemacht werden. Regelmäßig führt dies zu einer Bevorzugung des Geschädigten: Er erhält anstelle der alten Sache eine neue. Die Vorteilsausgleichung wird dadurch bewirkt, daß der Schädiger einen Abzug „neu für alt" machen kann.

IV. Verantwortlichkeit des Schädigers

Lernhinweis: Das bürgerliche Recht geht grundsätzlich von der Verschuldenshaftung aus. Nur ausnahmsweise muß der Schädiger auch ohne Schuldvorwurf für die von ihm verursachten Folgen einstehen.

Lernhinweis: Beachten Sie die Terminologie! Das BGB benutzt den Oberbegriff „**Vertretenmüssen**".

Zu vertreten hat der Schuldner nicht nur eigenes und gegebenenfalls fremdes Verschulden, sondern in Ausnahmefällen auch solche Ereignisse, die ohne sein Verschulden eintreten. Das Gesetz spricht dann vom „**Zufall**". Besonders im Recht der Leistungsstörungen wird uns dies beschäftigen. Sie werden dann sehen, daß diese Abweichung vom Verschuldensprinzip nicht unbillig ist. Die Haftung für den Zufall ermöglicht bei bestimmten Sachverhalten einen gerechten Interessenausgleich.

1. Haftung für eigenes Verschulden

Nach § 276 Abs. 1 Satz 1 BGB hat der Schuldner, wenn keine weitergehende Haftung eingreift, Vorsatz und Fahrlässigkeit zu vertreten.

Vorsatz ist **Wissen und Wollen der Tat**, Fahrlässigkeit wird in § 276 Abs. 1 Satz 2 BGB definiert: Fahrlässig handelt, **wer die im Verkehr erforderliche Sorgfalt außer acht läßt** (Legaldefinition, deshalb zu wissen!).

Beachten Sie: Das Gesetz spricht von „im Verkehr erforderlicher Sorgfalt".
Gemeint ist also nicht die „im Verkehr ‚übliche' Sorgfalt" (die – wie z. B.
im Straßenverkehr – erheblich unter der erforderlichen Sorgfalt liegen
kann).

2. Haftung für fremdes Verschulden

Nach § 278 BGB (lesen!) hat der Schuldner das Verschulden seines gesetzlichen Vertreters und (vor allen Dingen!) der „Personen, deren er sich zur
Erfüllung seiner Verbindlichkeit bedient", in gleichem Umfang zu vertreten wie eigenes Verschulden. Diese Hilfspersonen nennt man „**Erfüllungsgehilfen**".

Beispiel: Der Geselle ist Erfüllungsgehilfe, wenn ihn der Meister einen Reparaturauftrag durchführen läßt, bei dem der Vertragspartner geschädigt wird.

Beachten Sie: Erfüllungsgehilfen sind nur die Personen, die „zur Erfüllung
einer bestimmten Verbindlichkeit" eingesetzt werden. Mit anderen Worten: Es muß eine Vertragsbeziehung (oder – im Fall der culpa in contrahendo – wenigstens eine vorvertragliche Beziehung) vorliegen. Dann wird
das Verschulden der Hilfsperson dem Vertragspartner zugerechnet. § 278
BGB ist aber **keine selbständige Anspruchsgrundlage**, sondern deren Ergänzung. § 278 betrifft die Haftung für fremdes Verschulden.

Lernhinweis: Die „Hilfsperson" muß (im Gegensatz zum Verrichtungsgehilfen in
§ 831) nicht in einem bestimmten „sozialen Abhängigkeitsverhältnis" stehen. Auch
die bei einem Reparaturauftrag von der Kfz-Werkstätte eingeschaltete Lackiererei ist
Erfüllungsgehilfe, wenn die Werkstatt das Fahrzeug zur Durchführung von Lackier-
arbeiten außer Haus gibt.

Haftung für Gehilfen

	Erfüllungsgehilfe (§ 278)	Verrichtungsgehilfe (§ 831)
Anwendungsgebiet	Schädigung durch Ver-tragsverletzung oder Ver-letzung eines sonstigen Schuldverhältnisses	Schädigung durch Delikt (§§ 823 ff.), gleich, ob innerhalb oder außerhalb eines Schuldverhältnisses
Wesen	Haftungszurechnung für fremdes Verschulden, daher ist § 278 nicht selb-ständige Anspruchsgrund-lage	Haftung für eigenes Ver-schulden bei der Überwa-chung usw., daher ist § 831 selbständige Anspruchsgrundlage
Gehilfe	Jeder, der mit Wissen und Wollen für den Schuldner tätig wird	Jeder, der weisungs-gebunden im Abhängig-keitsverhältnis zum Geschäftsherrn steht
Exkulpation	Entlastungsbeweis natur-gemäß nicht möglich	Verschulden bei der Überwachung wird ver-mutet, aber Entlastungs-beweis möglich

Die **rechtspolitische Bedeutung** des § 278 BGB ist weitreichend: Im Rahmen der arbeitsteiligen Wirtschaft ist die Einschaltung von Erfüllungsgehilfen die Regel. Viele Vertragspartner versprechen ein „Leistungspaket", zu dessen Erfüllung es vieler Sub-Aufträge bedarf. Die Stärke des § 278 BGB liegt darin, daß sich der Geschäftsherr nicht „mit Ausreden" seiner Haftung entziehen kann: Im Gegensatz zur Haftung für den Verrichtungsgehilfen gibt es bei § 278 BGB keine Exkulpationsmöglichkeit.

Lernhinweis: Vergleichen Sie die Situation des Erfüllungsgehilfen mit der des Verrichtungsgehilfen anhand der gegenüberstellenden Übersicht _Haftung für Gehilfen_ und den Ausführungen im Besonderen Schuldrecht unten § 57 V.

V. Mitverschulden

Oft ist nicht nur dem Schädiger, sondern auch dem Geschädigten ein Vorwurf bezüglich der Entstehung des Schadens zu machen. Dies kann nicht außer acht bleiben. Mitverschulden führt zu einer Herabsetzung des Schadenersatzanspruchs, möglicherweise sogar zu dessen Ausschluß. Hat bei der Entstehung des Schadens ein Verschulden des Geschädigten mitgewirkt, so hängt nach § 254 BGB (lesen!) die Verpflichtung zum Ersatz sowie der Umfang des zu leistenden Ersatzes „von den Umständen, insbesondere davon ab, inwieweit der Schaden vorwiegend von dem einen oder dem anderen Teil verursacht worden ist".

Lernhinweis: § 254 BGB ist insoweit eine Ausnahmevorschrift, als sie von dem sonst geltenden „alles-oder-nichts-Prinzip" abweicht: Das Gericht kann dem Kläger (nur) entweder Recht geben oder die Klage abweisen. Es kann aber (abgesehen von einer Streitbeilegung durch Vergleich) nicht als Schlichter und Vermittler auftreten. Im Rahmen des § 254 dagegen kann das Gericht die besonderen Tatumstände des Einzelfalls würdigen und die Höhe des Ersatzanspruchs daran bemessen.

Beispiel: Der Antiquitäten suchende S läßt sich im Antiquitätengeschäft des A eine wertvolle Porzellanvase (Wert: 1000 DM) zeigen. Aus Unachtsamkeit (somit „fahrlässig") stößt S sie vom Ladentisch, wodurch sie völlig zerstört wird. Allerdings hatte A die Vase unglücklicherweise direkt auf die Tischkante gestellt. Darin kann man ein Mitverschulden i. S. § 254 BGB sehen. Ob A von S jetzt (aus § 823 Abs. 1 BGB) 900, 800 oder 635 DM verlangen kann, hängt davon ab, wie hoch das Mitverschulden zu bewerten ist. Das Gericht hat dabei einen weiten Entscheidungsspielraum.

Lernhinweis: Hat ein Angestellter des A die Vase auf die Tischkante gestellt, ist dessen fahrlässiges Verhalten gem. § 254 Abs. 2 Satz 2 i. V. m. § 278 BGB dem A zuzurechnen (entgegen der redaktionellen Stellung ist § 254 Abs. 2 Satz 2 als „Absatz 3" zu lesen, bezieht sich also auch auf § 254 Abs. 1 BGB!).

Wiederholungsfragen zu § 31

Welche haftungsbegründenden Tatbestände für den Schadenersatzanspruch kennen Sie? (§ 31 II)

Wie wird festgestellt, daß überhaupt ein Schaden entstanden ist? (§ 31 III 1)

Was versteht man unter unmittelbarem, was unter mittelbarem Schaden? (§ 31 III 3 a)

Was versteht man unter einem Nichtvermögensschaden? (§ 31 III 3 b)

Wie unterscheidet sich das positive vom negativen Interesse? (§ 31 III 3 c)

Wird im Bürgerlichen Gesetzbuch der Drittschaden ersetzt? (§ 31 III 3 d)

Was versteht man unter dem Grundsatz der Naturalrestitution? (§ 31 III 4 a)

Wann kann Schadenersatz in Geld verlangt werden? (§ 31 III 4 b)

Wie definiert das Gesetz den Begriff der Fahrlässigkeit? (§ 31 IV 1)

Inwiefern hat der Schädiger auch fremdes Verschulden zu vertreten? (§ 31 IV 2)

Wird ein etwaiges Mitverschulden des Geschädigten berücksichtigt? (§ 31 V)

3. Kapitel: Beendigung des Schuldverhältnisses

Lernhinweis: Ein auf Güterumsatz gerichtetes Schuldverhältnis hat seinen Zweck erfüllt, wenn die versprochenen Leistungen ausgetauscht sind und die Vertragspartner ihre Schuldigkeit getan haben. Deshalb ist die Erfüllung der normale und häufigste Erlöschensgrund für ein Schuldverhältnis. Daneben gibt es eine Reihe weiterer Tatbestände, die ebenfalls zum Erlöschen des Schuldverhältnisses führen. Hierzu gehören die Aufrechnung, die Hinterlegung, der Erlaß u. a.

Vergleichen Sie zunächst die Übersicht *Beendigung des Schuldverhältnisses* über die verschiedenen Erfüllungstatbestände und prägen Sie sich vorab die stichwortartigen Begriffsbestimmungen der genannten Erscheinungsformen ein.

§ 32 Die Erfüllung

Ein Schuldverhältnis begründet Rechte und Pflichten. Erfüllt der Schuldner seine Verpflichtungen, hat er das „seinerseits Erforderliche" getan, so erlischt das Schuldverhältnis. Wichtig ist dabei, daß der Schuldner auch tatsächlich die Leistung so bewirkt, wie sie versprochen ist. Deshalb sind im nachfolgenden der Begriff der Erfüllung, seine Abgrenzung zu Tatbeständen, die nicht als volle Erfüllung gelten und schließlich einige Verteilungs- und Beweisfragen zu klären.

I. Leistungsbewirkung

1. Begriff der Erfüllung

Das Schuldverhältnis erlischt, wenn der Schuldner die geschuldete Leistung an den Gläubiger bewirkt (§ 362 Abs. 1 BGB – lesen!). Erfüllung ist demnach die Leistungsbewirkung, mit der der Schuldner das seinerseits Erforderliche getan hat, indem er
- die richtige Leistung
- in der richtigen Art und Weise
- am richtigen Ort
- zur rechten Zeit
erbringt.

Beispiele: Der Verkäufer übereignet die verkaufte Sache und verschafft dem Käufer den Besitz an ihr; der Käufer zahlt den Kaufpreis; der Werkunternehmer stellt das versprochene Werk her, z. B. das schlüsselfertige Bürohaus.

Wie also die Leistungsbewirkung zu erfolgen hat, ergibt sich jeweils aus dem einzelnen Vertrag bzw. aus den gesetzlichen Bestimmungen.

Man sagt: „Die Erfüllung ist der **natürliche Tod des Schuldverhältnisses**".

Lernhinweis: In der Regel muß der Schuldner an den Gläubiger leisten. Das versteht sich eigentlich von selbst. Eine Leistung an andere Personen kann nicht als Erfüllung

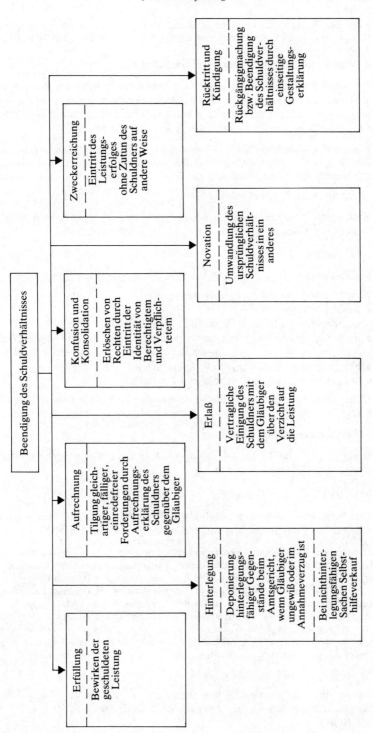

Beendigung des Schuldverhältnisses

Erfüllung

Bewirken der geschuldeten Leistung

Hinterlegung

Deponierung hinterlegungsfähiger Gegenstände beim Amtsgericht, wenn Gläubiger ungewiß oder im Annahmeverzug ist

Bei nichthinterlegungsfähigen Sachen Selbsthilfeverkauf

Aufrechnung

Tilgung gleichartiger, fälliger, einredefreier Forderungen durch Aufrechnungserklärung des Schuldners gegenüber dem Gläubiger

Erlaß

Vertragliche Einigung des Schuldners mit dem Gläubiger über den Verzicht auf die Leistung

Konfusion und Konsolidation

Erlöschen von Rechten durch Eintritt der Identität von Berechtigtem und Verpflichtetem

Novation

Umwandlung des ursprünglichen Schuldverhältnisses in ein anderes

Zweckerreichung

Eintritt des Leistungserfolges ohne Zutun des Schuldners auf andere Weise

Rücktritt und Kündigung

Rückgängigmachung bzw. Beendigung des Schuldverhältnisses durch einseitige Gestaltungserklärung

angesehen werden. Zu beachten ist aber, daß der Gläubiger der Leistung des Schuldners an einen Dritten zustimmen kann (§ 362 Abs. 2 i.V.m. § 185 BGB; s. o.).

2. Verrechnung bei mehreren Schuldverhältnissen

Ist der Schuldner dem Gläubiger aus mehreren Schuldverhältnissen zu gleichartigen Leistungen (z. B. zur Zahlung) verpflichtet und reicht das von ihm Geleistete nicht zur Tilgung sämtlicher Schulden aus, so stellt sich die Frage, welches Schuldverhältnis durch die Zahlung erlischt.

Beispiel: Kaufmann K hat von der Firma V mehrere Lieferungen erhalten. Sämtliche Rechnungen sind noch nicht bezahlt. Außerdem schuldet er noch die Miete für ein von V gemietetes Geschäftslokal.

a) Bestimmung durch den Schuldner

Nach § 366 Abs. 1 BGB hat der Schuldner ein einseitiges Bestimmungsrecht, welche Schuld durch die Leistung beglichen werden soll.

b) Gesetzliche Tilgungsregel

Fehlt es daran, so greift nach § 366 Abs. 2 folgende Tilgungsregel ein:

Es wird durch die Zahlung getilgt die

- zunächst fällige Schuld,
- unter mehreren fälligen die weniger sichere Schuld,
- unter mehreren gleich sicheren die dem Schuldner lästigere Schuld (Beispiel: bei mehreren Darlehensschulden die mit dem höheren Zinssatz),
- bei mehreren gleich lästigen die ältere Schuld und
- bei gleichem Alter jede Schuld verhältnismäßig.

Daher auch die Merkregel: „Fällig, sicher, aber lästig ist das ältere Verhältnis".

3. Verpflichtungen des Gläubigers

Bewirkt der Schuldner die Leistung so, wie sie von ihm verlangt wird, treffen den Gläubiger zwei Pflichten:

a) Ausstellung einer Quittung

Der Schuldner kann vom Gläubiger gegen Erbringung der Leistung ein schriftliches Empfangsbekenntnis verlangen (§ 368 Satz 1 BGB).

Lernhinweis: Hier haben Sie einen weiteren Fall einer Legaldefinition: Ein vom Gesetzgeber in Klammern gesetzter Begriff wird vorstehend definiert (Quittung = schriftliches Empfangsbekenntnis). Die Quittung hat Legitimationsfunktion. Nach § 370 BGB ist der Überbringer einer Quittung ermächtigt, die Leistung in Empfang zu nehmen. Allerdings gilt dies **nur für** den Überbringer einer **„echten" Quittung.** Wer bei Vorlage gefälschter Quittungen zahlt, handelt auf eigenes Risiko. Die Rechtsprechung hilft dabei in Ausnahmefällen: Bei nachlässiger Verwahrung von Quittungsformularen, die den Mißbrauch erst ermöglicht hat, besteht ein Gegenanspruch aus positiver Vertragsverletzung, mit dem aufgerechnet werden kann.

b) Rückgabe von Schuldscheinen

Wurde über die Forderung ein Schuldschein ausgestellt, so kann der Schuldner mit Erfüllung die Rückgabe des Schuldscheins verlangen (§ 371 S. 1 BGB).

Was gilt, wenn der Gläubiger behauptet, er sei zur Rückgabe nicht in der Lage – wenn er z. B. den Schuldschein verlegt hat? Hier hat nach § 371 Satz 2 BGB der Schuldner einen Anspruch auf Erteilung eines öffentlich beglaubigten Anerkenntnisses, daß die Schuld erloschen sei. Die Kosten für die Erteilung des beglaubigten Anerkenntnisses (Notariatsgebühren!) trägt der Gläubiger.

II. Leistung an Erfüllungs Statt

Denkbar ist, daß der Schuldner die versprochene Leistung nicht erbringen kann oder nicht erbringen will, dem Gläubiger aber eine andere Leistung anbietet.

Beispiel: Eine im Import/Export tätige Firma kann zur Zeit nicht zahlen und bietet deshalb ihrem Geschäftspartner einen größeren Posten frisch bezogener Importware an.

Es dürfte einleuchten, daß „Ersatzleistungen" nicht ohne weiteres als Erfüllung gelten können, andererseits kann es durchaus sein, daß derartige Angebote dem Gläubiger zusagen. Man unterscheidet zwischen der Annahme an „Erfüllungs Statt" und der Annahme „erfüllungshalber":

1. Annahme an Erfüllungs Statt

Eine Annahme an Erfüllungs Statt liegt vor, wenn der Gläubiger **eine andere** als die geschuldete **Leistung als Erfüllung annimmt**. In diesem Fall **erlischt** nach § 364 Abs. 1 BGB (lesen!) das Schuldverhältnis. Weist die an Erfüllungs Statt gegebene Sache Mängel auf, so hat der Gläubiger die Rechtsstellung eines Käufers. Er kann also nach Kaufrecht wegen Rechts- und Sachmängeln nach §§ 440 ff. bzw. §§ 462, 463 vorgehen.

2. Annahme erfüllungshalber

a) Definition

Keine Annahme an Erfüllungs Statt, sondern eine „Annahme erfüllungs- halber" liegt vor, wenn der Gläubiger eine andere als die geschuldete Leistung annimmt, das **Schuldverhältnis dadurch aber** noch **nicht erlischt**. Erfüllung tritt erst ein, wenn sich der Gläubiger aus dem Ersatzgegenstand für seine ursprüngliche Forderung in der geschuldeten Höhe befriedigt hat.

b) Auslegung

Nach § 364 Abs. 2 BGB (lesen!) besteht eine gesetzliche Auslegungsregel: Übernimmt der Schuldner zum Zwecke der Befriedigung des Gläubigers eine neue Verbindlichkeit, so ist im Zweifel **nicht** anzunehmen, daß er die Verbindlichkeit an Erfüllungs Statt übernimmt. Das heißt: Diese Ersatzlei- stung bringt das Schuldverhältnis noch nicht zum Erlöschen.

Schulbeispiel: Der Käufer kann den Kaufpreis nicht bezahlen und akzeptiert einen Wechsel. In diesen Fällen muß im Zweifel angenommen werden, daß der Verkäufer seine Kaufpreisforderung behält, er nimmt den Wechsel nur erfüllungshalber entge- gen. Erst wenn er bei Fälligkeit des Wechsels zu seinem Geld kommt, erlischt das

Schuldverhältnis. Beachten Sie hier schon die Funktion des Wechsels: Der Verkäufer stundet den Kaufpreis bis zur Fälligkeit, kann aber den Wechsel schon vor Fälligkeit übertragen (z.B. an eine Bank) und erhält dadurch sein Geld (abzüglich der Diskontgebühren).

Wiederholungsfragen zu § 32

Was muß der Schuldner tun, um ordnungsgemäß zu erfüllen? (§ 32 I 1)

Welche Konsequenzen hat die Erfüllung? (§ 32 I)

Kann der Schuldner vom Gläubiger bei Erfüllung eine Quittung verlangen? (§ 32 I 3 a)

Was versteht man unter der Leistung an Erfüllungs Statt? (§ 32 II 1)

In welchen Fällen liegt eine Leistung erfüllungshalber vor? (§ 32 II 2)

Erlischt das Schuldverhältnis, wenn der Schuldner statt der ursprünglichen Verpflichtung eine neue Verbindlichkeit eingeht? (§ 32 II 2 b)

§ 33 Erfüllungssurrogate

Lernhinweis: Werfen Sie noch einmal einen Blick auf das Schaubild *,,Beendigung des Schuldverhältnisses''*. Sie ersehen daraus, daß außer der eigentlichen Leistungsbewirkung auch andere Tatbestände zur Beendigung des Schuldverhältnisses führen.

I. Die Hinterlegung

1. Begriff

Mit der Hinterlegung gibt das Gesetz dem Schuldner die Möglichkeit, sich von einer Verbindlichkeit zu befreien, wenn er dazu aus Gründen, die im Bereich des Gläubigers liegen, sonst nicht in der Lage wäre.

Lernhinweis: Von „Hinterlegung" spricht das Gesetz auch in anderen Fällen: Hinterlegung der geschuldeten Leistung nach §§ 432 Abs. 1, 660 Abs. 2, 1281 S. 2, 2039 S. 2 BGB; Hinterlegung zu Sicherungszwecken nach §§ 232 ff. BGB; Hinterlegung bei einem Notar (§ 23 BNotO). Diese Fälle sind von der nachfolgend zu besprechenden Hinterlegung nach §§ 372 ff. BGB zu unterscheiden.

2. Voraussetzungen der Hinterlegung

Hinterlegt werden kann gem. § 372 BGB (lesen!) unter **zwei Voraussetzungen:** Die Ware muß hinterlegungsfähig sein, und es muß ein Hinterlegungsgrund vorliegen. Hinterlegungsstelle ist das örtlich zuständige Amtsgericht.

a) Hinterlegungsgründe

Der Schuldner kann hinterlegen in **3 Fällen:**

aa) Gläubigerverzug

Der Schuldner kann hinterlegen, wenn sich der **Gläubiger in Annahmeverzug** befindet. Dies beurteilt sich nach §§ 293 ff. BGB. Der Schuldner muß also die Ware am richtigen Ort, in der richtigen Weise und zur richtigen Zeit angeboten haben.

Beispiel: Gläubiger G verweigert die Annahme einer Barzahlung im Hinblick auf eine übermorgen erwartete Währungsreform.

bb) Sonstige Gründe in der Person des Gläubigers

Hinterlegt werden kann auch, wenn der Schuldner „aus einem anderen in der Person des Gläubigers liegenden Grunde" seine Verbindlichkeit nicht oder nicht mit Sicherheit erfüllen kann.

Beispiele: Unbekannter Aufenthalt, Verschollenheit oder Geschäftsunfähigkeit des Gläubigers.

cc) Gläubigerungewißheit

Schließlich kann der Schuldner hinterlegen bei einer „nicht auf Fahrlässigkeit beruhenden Ungewißheit über die Person des Gläubigers".

Beispiele: Der ursprüngliche Gläubiger ist gestorben, über die Erbfolge besteht Streit. Der Schuldner weiß nicht mit Sicherheit, wer von mehreren ihn verklagenden Gläubigern Inhaber der geltend gemachten Forderung ist.

b) Hinterlegungsfähigkeit

Nach § 372 BGB sind nur **bestimmte bewegliche** Sachen hinterlegungsfähig:
- Geld,
- Wertpapiere und sonstige Urkunden sowie
- Kostbarkeiten („großer Wert auf kleinem Raum"). Beispiele: Gold, Edelsteine, Schmuck, Kunstwerke, nicht aber ein Pelzmantel.

Lernhinweis: Was geschieht mit nicht hinterlegungsfähigen Sachen? Diese Frage ist besonders wichtig beim Gläubigerverzug: Der Gläubiger nimmt die Warenlieferung nicht an. Hier hilft der **Selbsthilfeverkauf** nach § 383 BGB (lesen!): Nicht hinterlegungsfähige Sachen kann der Schuldner versteigern lassen und sich dann von seiner Verbindlichkeit ebenfalls durch Hinterlegung, nunmehr des Erlöses, befreien. Beachte den genauen Wortlaut von § 383 BGB: Beim Annahmeverzug ist der Selbsthilfeverkauf auf jeden Fall zulässig, bei den beiden anderen Hinterlegungsgründen dagegen nur bei „drohendem Verderb" (es herrscht Ungewißheit über die Person des Gläubigers einer größeren Lieferung verderblicher Ware) oder „unverhältnismäßigen Aufbewahrungskosten". Normalerweise ist aber eine Versteigerung erst zulässig, wenn sie zuvor dem Gläubiger angedroht worden ist (vgl. § 384 BGB).

Handelsrechtlicher Hinweis: Beim Handelskauf ist die Hinterlegungsfähigkeit generell gegeben und die Möglichkeit des Selbsthilfeverkaufes erweitert (vgl. § 373 HGB).

3. Wirkungen der Hinterlegung

Durch die Hinterlegung wird der Schuldner nach § 378 BGB (lesen!) von seiner Verbindlichkeit in gleicher Weise befreit, als ob er zur Zeit der Hinterlegung an den Gläubiger geleistet hätte. Das gilt allerdings nur, wenn er bei Hinterlegung auf das ihm an sich nach § 376 BGB zustehende Recht, die hinterlegte Sache zurückzunehmen, verzichtet. Tut er dies nicht, so hat er nach § 379 BGB ein Leistungsverweigerungsrecht (er kann den Gläubiger auf die hinterlegte Sache verweisen).

II. Die Aufrechnung

1. Sinn der Aufrechnung

Die Aufrechnung ist ein Erfüllungssurrogat, mit dem ein sinnloses Hin- und Herzahlen vermieden und damit die Tilgung von Forderungen erleichtert wird.

Beispiel: Käufer K schuldet seinem Verkäufer V aus Kaufvertrag 10 000 DM. V unterhält ein Geschäftslokal, das er von K gemietet hat. Zum Zeitpunkt der Kaufpreisfälligkeit ist eine Mietzahlung in Höhe von 3000 DM offen. Soll nun K 10 000 DM überweisen und V 3000 DM zurücküberweisen? Am einfachsten ist es, die Forderungen gegeneinander aufzurechnen. Vergleichen Sie dazu das Schaubild *Aufrechnung*.

Aufrechnung

2. Voraussetzungen der Aufrechnung

Lernhinweis: Merken Sie sich als Kurzformel, daß die Aufrechnung nur zulässig ist, wenn folgende 5 Voraussetzungen vorliegen: Gegenseitigkeit, Gleichartigkeit, Fälligkeit, Einredefreiheit und Zulässigkeit.

a) Gegenseitigkeit der Forderungen

Die Aufrechnung ist nur zulässig, wenn Forderung und Gegenforderung zwischen denselben Personen bestehen (§ 387 BGB: „Schulden zwei Personen einander Leistungen, ..."). Man spricht auch von **„Haupt- und Gegenforderung"**.

Nicht zulässig ist die Aufrechnung mit einer Forderung, die einem anderen gegenüber besteht.

Beispiel: Der Schuldner will mit einer Forderung aufrechnen, die ihm gegen den Ehepartner des Gläubigers zusteht.

b) Gleichartigkeit der Forderungen

§ 387 BGB verlangt, daß Leistungen geschuldet werden, die „ihrem Gegenstand nach gleichartig sind".

Beispiel: Geldforderung gegen Geldforderung. Nicht aber Geldanspruch gegen Herausgabeanspruch.

Lernhinweis: Gleichartigkeit bedeutet nicht, daß die Forderungen „gleich hoch" sein müssen; Gleichartigkeit bedeutet auch nicht, daß ein rechtlicher Zusammenhang zwischen den beiden Forderungen bestehen muß oder sie der gleichen Gattung von Forderung zugerechnet werden (Kaufpreisforderung gegen Kaufpreisforderung, Schadenersatzforderung gegen Schadenersatzforderung). Es bleibt dabei: Geldforderung gegen Geldforderung genügt für die Gleichartigkeit.

c) Fälligkeit der Gegenforderung

Aufgerechnet werden kann nur mit einer Forderung, die ihrerseits fällig ist (§ 387 BGB: „sobald er die ihm gebührende Leistung fordern ... kann").

Ergänzung: Hinzukommen muß, daß die Hauptforderung (also die Forderung, gegen die aufgerechnet wird) erfüllbar ist (§ 387 a. E. BGB: „die ihm obliegende Leistung bewirken kann").

Beispiel: S schuldet G aus einem zu 10% verzinslichen Darlehen 1000 DM, fällig am 1. Oktober. Am 30. September hat G bei S Waren im Werte von 10 000 DM gekauft. S will aufrechnen. Der Aufrechnung steht nichts im Wege: Gegenseitigkeit, Gleichartigkeit sowie Fälligkeit der Forderung und Erfüllbarkeit der Hauptforderung liegen vor. Angenommen, S hätte die Kaufpreisforderung bis zum 1. Dezember gestundet, wäre der Fälligkeitstermin hinausgeschoben und die Aufrechnung unzulässig. Begründung: Auch die Aufrechnung darf nicht zu einer vorzeitigen Befriedigung führen (G müßte ja erst am 1. Dezember und nicht schon – über die Aufrechnung – am 1. Oktober zahlen).

d) Einredefreiheit der Gegenforderung

Nach § 390 BGB (lesen!) kann eine Forderung, der eine Einrede entgegensteht, nicht aufgerechnet werden. Dies ist an sich einleuchtend: Wer eine Forderung nicht klageweise geltend machen kann, darf sich auch nicht auf dem Umweg über die Aufrechnung befriedigen.

Davon gibt es eine **wichtige Ausnahme:** Nach § 390 S. 2 BGB (lesen!) kann auch mit einer verjährten Forderung aufgerechnet werden, sofern die verjährte Forderung zu der Zeit, zu welcher sie gegen die andere Forderung aufgerechnet werden konnte, noch nicht verjährt war.

Beispiel: Malermeister S schuldet G aus einem am 1. 11. 1983 abgeschlossenen Kaufvertrag über die Lieferung einer Waschmaschine 5000 DM. Die Rechnung ist noch offen. Im Dezember 1985 führt S im Haus des G Malerarbeiten über 7000 DM aus. Als S im Januar 1986 G seine Rechnung schickt, erklärt dieser am 1. Februar 1986, er rechne in Höhe von 5000 DM mit seiner Kaufpreisforderung aus dem Jahre 1983 auf. Rechtslage? Beim privaten Kauf einer Waschmaschine handelt es sich um ein „Geschäft des täglichen Lebens". Ansprüche daraus verjähren nach § 196 Abs. 1 Nr. 1 BGB in 2 Jahren. Verjährungsbeginn nach § 201 BGB: 1. 1. 1984. Eintritt der Verjährung: 31. 12. 1985. G hat am 1. 2. 1986 aufgerechnet. Danach war die Verjährung schon eingetreten. Nach § 390 S. 2 BGB ist dennoch Aufrechnung zulässig, da sich die Forderungen im Dezember 1985 noch nicht verjährt gegenüberstanden.

Der Gesetzgeber stellt hier also ausnahmsweise nicht auf den Zeitpunkt der Aufrechnungserklärung, sondern auf die Aufrechnungslage ab. Die Vorschrift beruht auf der Rückwirkung der Aufrechnung (§ 389). Zudem soll der Schuldner nicht dafür „bestraft" werden, daß er mit der Geltendmachung seiner Forderung so lange zugewartet und nicht die Gerichte mit der Einreichung einer Klage „belästigt" hat.

e) Zulässigkeit der Aufrechnung

In bestimmten Fällen ist eine Aufrechnung unzulässig:

aa) Parteivereinbarung

§§ 387 ff. BGB sind dispositives Recht. Durch Parteivereinbarung kann die Aufrechnung ausgeschlossen werden.

Beispiel: In vielen Mietverträgen ist vereinbart, daß gegen die Mietzinsforderung nicht mit Gegenansprüchen aufgerechnet werden kann. Dem Vermieter ist damit der Mieteingang garantiert; der Mieter ist gezwungen, seine Ansprüche aktiv durch Klage geltend zu machen. Bei Formularverträgen ist aber § 11 Nr. 3 AGBG zu beachten.

bb) Gesetzliche Aufrechnungsverbote

Unzulässig ist die Aufrechnung kraft Gesetzes z. B.

* gegen unpfändbare Forderungen (§ 394 BGB),
* gegen Forderungen des Fiskus (§ 395 BGB) sowie
* gegen Forderungen aus einer vorsätzlich begangenen unerlaubten Handlung (§ 393 BGB).

Beispiel: S ist ein hartnäckiger Schuldner, der seinen Gläubiger G fast zur Verzweiflung bringt. Trotz vieler Mahnungen zahlt S nicht die noch ausstehenden 2000 DM. Wenn G daraufhin die Schaufensterscheiben des S einschlägt, hat S gegen G einen Anspruch auf Schadenersatz nach § 823 Abs. 1 BGB. G kann aber wegen § 393 BGB **gegen** den Anspruch des S nicht mit seiner Forderung aufrechnen. **Hinweis:** Die Aufrechnung **mit** einer Schadenersatzforderung wäre dagegen möglich. Deshalb könnte sehr wohl S gegenüber G aufrechnen.

3. Die Wirkung der Aufrechnung

Nach § 389 BGB erlöschen die Forderungen, soweit sie sich decken.

Merke: Die Aufrechnung **wirkt zurück** (ex tunc).

Konsequenzen: Wegen der Rückwirkung der Aufrechnung können gegen den Schuldner der Hauptforderung keine Ansprüche erhoben werden, die nach dem Zeitpunkt der ersten Aufrechenbarkeit aus dem Schuldverhältnis entstanden sind. Beispiele: Von da an brauchen keine Zinsen mehr entrichtet zu werden; ein Leistungsverzug gilt von dem genannten Zeitpunkt an als „geheilt".

4. Die Aufrechnungserklärung

Die Aufrechnung ist eine **empfangsbedürftige Willenserklärung** (vgl. § 388 BGB: „durch Erklärung gegenüber dem anderen Teile"). Die Erklärung selbst ist bedingungsfeindlich (§ 388 S. 2 BGB).

Lernhinweis: Zulässig dagegen ist die sogenannte **„Eventualaufrechnung"** im Prozeß. Der Beklagte bestreitet zunächst das Bestehen der Forderung, für den Fall jedoch (Bedingung?), daß das Gericht zu einem anderen Ergebnis kommt, rechnet er hilfsweise mit einer entsprechenden Gegenforderung auf.

5. Privilegierung der Aufrechnung

Beachten Sie, daß die Rechtsstellung des Forderungsinhabers bei der Aufrechnung oft günstiger ist als bei aktiver Einklagung.

Beispiel: Im Konkurs des Gemeinschuldners wird der „normale" Gläubiger, wenn er nicht bevorrechtigt ist, auf die Konkursquote verwiesen. Ist er jedoch zugleich

Schuldner des Gemeinschuldners, kann er gegenüber der von seiten des Konkursver-
walters geltend gemachten Forderung in voller Höhe aufrechnen (§ 53 KO). Es wäre
unbillig, den Gläubiger hinsichtlich seiner eigenen Verpflichtung zahlen zu lassen,
ihn hinsichtlich seiner Forderung aber auf die Konkursquote zu verweisen. Ein
weiteres Beispiel hatten wir oben bei der Erörterung des § 390 S. 2 BGB behandelt.

III. Konfusion und Konsolidation

Das Schuldverhältnis setzt begrifflich zwei Parteien voraus; Gläubiger und
Schuldner müssen verschiedene Personen sein. Fallen beide zusammen,
erlischt das Schuldverhältnis. Das Zusammenfallen von Gläubiger und
Schuldner bezeichnet man **im Schuldrecht** als „Konfusion". Die Paralleler-
scheinung **im Sachenrecht** nennt man „Konsolidation". Dort sind aber im
Hinblick auf eine etwaige Rangsicherung Ausnahmen zu beachten (z. B.
§§ 1177, 1163 Abs. 1 S. 2).

Beispiel: Senior S gewährt seinem Junior J ein Darlehen, vor dessen Rückzahlung
wird S von J beerbt. Das Schuldverhältnis erlischt.

IV. Erlaß

1. Erlaßvertrag

Das Schuldverhältnis erlischt, wenn der Gläubiger dem Schuldner die
Schuld erläßt. Dies setzt nach § 397 Abs. 1 BGB (lesen!) einen Vertrag
voraus. Ein einseitiger Verzicht auf schuldrechtliche Forderungen genügt
somit nicht.

Lernhinweis: Der Erlaß ist dogmatisch ein Verzicht auf die Forderung. Der Aufhe-
bungsvertrag dagegen bringt das Schuldverhältnis im weiteren Sinne zum Erlöschen.

2. Negatives Schuldanerkenntnis

Nach § 397 Abs. 2 BGB (lesen!) erlischt das Schuldverhältnis ebenfalls,
wenn der Gläubiger durch Vertrag mit dem Schuldner „anerkennt, daß das
Schuldverhältnis nicht bestehe". Man spricht von einem „negativen Schuldanerkenntnis".

Praktischer Hinweis: Beachten Sie, daß bei unverzichtbaren Ansprüchen
Erlaß und negatives Schuldanerkenntnis unwirksam sind. Verzichtsverbote
enthalten vor allen Dingen das Arbeitsrecht (vgl. z. B. § 4 Abs. 4 TVG, § 9
LohnfortzahlungsG) und das Gesellschaftsrecht (vgl. §§ 50, 66 AktG; 9 b,
19, 25, 43 GmbHG). Die bei Beendigung eines Arbeitsverhältnisses land-
läufige **„Ausgleichsquittung"** ist in der Regel ein negatives Schuldanerkenntnis.

3. Die Novation

Unter Novation versteht man die Aufhebung des alten in Verbindung mit
der Begründung eines neuen Schuldverhältnisses.

Beispiel: Gläubiger und Schuldner einigen sich, daß die noch offene Kaufpreisforderung in ein langfristiges Darlehen umgewandelt wird (vgl. § 607 Abs. 2 BGB).

Damit wird das ursprüngliche Schuldverhältnis in ein anderes umgewandelt. Die Zulässigkeit derartiger Abreden ergibt sich aus der Vertragsfreiheit.

Praktisches Beispiel aus dem Bankrecht: In der Anerkennung des Kontokorrentsaldos liegt nach ständiger Rechtsprechung eine Novation (Umwandlung einzelner Schuldverhältnisse im Rahmen des Bankvertrags in ein Darlehensverhältnis bezüglich des Kontokorrentsaldos). Beachten Sie aber: Mit der Übersendung von Tagesauszügen ist jedoch noch keine Saldoanerkennung verbunden.

V. Rücktritt und Kündigung

Rücktritt und Kündigung sind einseitige Gestaltungsrechte mit dem Ziel, das Schuldverhältnis zu beendigen.

Merke: Mit dem Rücktritt wird ein Vertrag in ein Rückabwicklungsverhältnis umgestaltet; die Kündigung beendet das Schuldverhältnis für die Zukunft.

1. Der Rücktritt

a) Rücktrittsgründe

Das Rücktrittsrecht kann sich ergeben aus Parteivereinbarung oder aus dem Gesetz.

Beispiele: Man einigt sich in einem Kauf-, Werk- oder Mietvertrag bereits über alle Details und „hält die Sache einmal fest", räumt aber ein Rücktrittsrecht ein. Kraft Gesetzes ist der Gläubiger unter anderem zum Rücktritt berechtigt beim Eintritt von Leistungsstörungen (vgl. dazu unten).

b) Wirkung des Rücktritts

Nach § 346 BGB (lesen!) verpflichtet der Rücktritt die beiden Parteien, „einander die empfangenen Leistungen zurückzugewähren".

2. Die Kündigung

Die Kündigung ist regelmäßig erforderlich zur Beendigung von Dauerschuldverhältnissen (Miet-, Pacht-, Arbeitsverträge). Im Unterschied zum Rücktritt beendet die Kündigung das Schuldverhältnis für die Zukunft. In aller Regel enthält das Gesetz bei den einzelnen Schuldverhältnissen spezifizierte Regelungen für die Abwicklung nach Kündigung.

Lernhinweis: Bei alledem ist stets zuvor die Zulässigkeit der Kündigung zu prüfen. Man unterscheidet zwischen der ordentlichen („normalen") und der außerordentlichen Kündigung, die einen „wichtigen Grund" voraussetzt (vgl. z. B. § 626 BGB).

VI. Vergleich

1. Begriff

Der Vergleich ist gesetzlich definiert in § 779 Abs. 1 BGB. Man versteht darunter einen „Vertrag, durch den der Streit und die Ungewißheit der Parteien über ein Rechtsverhältnis im Wege des gegenseitigen Nachgebens beseitigt wird".

2. Rechtsfolge

In einem Vergleich sind mehrere Dinge enthalten: Zunächst stellt er in der Regel Inhalt und Höhe sowie Fälligkeit bestehender Verpflichtungen fest („außer Streit") und enthält (im Wege des Nachgebens) einen Erlaß bzw. ein negatives Schuldanerkenntnis (s. o.).

Lernhinweis: § 779 Abs. 1 BGB (letzten Satzteil noch einmal lesen!) behandelt den Irrtum über die Vergleichsbasis. Ein Vergleich ist unwirksam, wenn die Parteien gemeinsam von der falschen Vergleichsbasis ausgegangen sind. Beachten Sie aber den genauen Wortlaut des Gesetzes und nehmen Sie zur Kenntnis: Ein Irrtum über die Punkte, über die sich die Parteien streiten, ist unschädlich.

Beispiel: Die testamentarisch eingesetzten Miterben A und B liegen sich in den Haaren über die Auslegung des sie begünstigenden Testaments. Schließlich legen sie ihren Streit bei, indem A das Grundstück und das Kapitalvermögen übernimmt und an B eine Ausgleichszahlung in Höhe von 100 000 DM leistet. Damit ist der Streit „aus der Welt". A kann die Zahlung nicht verweigern mit der Begründung, das Grundstück sei eigentlich viel weniger wert und er sei deshalb zu einer geringeren Ausgleichszahlung verpflichtet. Wird aber später ein jüngeres Testament aufgefunden, in dem A als Alleinerbe eingesetzt ist (damit ist das ältere Testament nichtig), greift § 779 BGB ein: Die Parteien haben sich über die feststehende Vergleichsgrundlage (testamentarische Einsetzung als Miterben) geirrt. Der Vergleich ist unwirksam. B hat an A keine Ansprüche zu stellen.

VII. Zweckerreichung

Die Verpflichtung zur Leistung erlischt auch, wenn der Leistungserfolg ohne Zutun des Schuldners auf andere Weise eintritt. Dies ist an sich eine Selbstverständlichkeit. Im übrigen ist gerade bei diesem Begriff im Gegensatz zu seiner geringen praktischen Bedeutung vieles umstritten.

Lernhinweis: Bei den oben unter III.–VII. angeführten Rechtsinstituten handelt es sich (wie auch aus den Ausführungen ersichtlich ist) teilweise um über die Erfüllungssurrogate hinausgehende Beendigungsgründe. Erfüllungssurrogate im eigentlichen Sinne sind die Aufrechnung und die Hinterlegung. Bei III.–V. wird das gesamte Schuldverhältnis i.w.S. umgestaltet, nicht eine einzelne Schuld (Schuldverhältnis i.e.S.) surrogiert. Bei VI. besteht Streit über eine einzelne Forderung; Surrogation setzt jedoch voraus, daß diese besteht bzw. die Parteien dies zumindest annehmen. Im Fall VII. ist das Schuldverhältnis i.w.S. gemeint.

Wiederholungsfragen zu § 33

Welche Erfüllungssurrogate kennen Sie? (§ 33 I–VII)

Unter welchen Voraussetzungen kann hinterlegt werden und welche Rechtsfolgen hat dies? (§ 33 I)

Wann kann der Schuldner aufrechnen? (§ 33 II 2)

Kann mit einer verjährten Forderung aufgerechnet werden? (§ 33 II 2 d)

Kann der Gläubiger ohne Zustimmung des Schuldners auf seine Forderung verzichten? (§ 33 IV 1)

Was versteht man unter einem negativen Schuldanerkenntnis? (§ 33 IV 2)

Was versteht man unter der Novation? (§ 33 IV 3)

4. Kapitel: Leistungsstörungen im Schuldverhältnis

Lernhinweis: Im Normalfall kommt der Schuldner seiner durch das Schuldverhältnis begründeten Verpflichtung nach, indem er die versprochene Leistung ordnungsgemäß erbringt. Deshalb hatten wir oben gesagt, die Erfüllung sei der „natürliche Tod" des Schuldverhältnisses. Was aber gilt, wenn die Leistung nicht (oder nicht mehr) erbracht werden kann? Was gilt, wenn nicht rechtzeitig geleistet wird? Welche Folgen hat die mangelhafte Erfüllung? Was ist, wenn der Gläubiger sich weigert, die Leistung anzunehmen? In diesen Fällen spricht man von „Leistungsstörungen". Das Gesetz verwendet diesen Ausdruck selbst nicht. Die einzelnen Fragenkomplexe sind im BGB an unterschiedlichen Stellen geregelt. Einen wichtigen Fall, nämlich die positive Vertragsverletzung, hat der Gesetzgeber übersehen.

Prägen Sie sich vorab nachfolgende Erscheinungsformen der Leistungsstörung ein:

(1.) Unmöglichkeit: Nichterbringbarkeit der Leistung. Der Schuldner leistet nicht, weil ihm die Leistung „unmöglich" ist.

Beispiel: Das Gebäude, dessen Teilflächen vermietet wurden, brennt bis auf die Grundmauern ab.

(2.) Schuldnerverzug: Leistungsverzögerung. Der Schuldner leistet verspätet.

Beispiel: V verpflichtet sich zur Lieferung von Geschenkartikeln „Eingang 15. November". Die Waren erreichen K erst am 15. Dezember.

(3.) Positive Vertragsverletzung: Schlechtleistung. Der Schuldner erfüllt seine Verpflichtung schlecht bzw. verletzt Nebenpflichten. Beim Gläubiger führt dies zu Folge- und Begleitschäden.

Beispiel: Schönheitschirurg S verpflichtet sich vertraglich gegenüber der Patientin P zur Durchführung einer Operation. Bei Erfüllung dieses Vertrages unterläuft S ein Kunstfehler, wodurch P einen Schaden erleidet.

(4.) Gläubigerverzug: Der Gläubiger nimmt die ordnungsgemäß angebotene Leistung des Schuldners nicht an.

Beispiele: Darlehensgläubiger G verweigert im Hinblick auf einen erwarteten Währungsschnitt die Annahme der bar angebotenen Darlehensrückzahlung. Importeur I lehnt die Übernahme des Exportguts ab Freihafen Hamburg ab.

Besonders geregelte Leistungsstörungen finden wir im Rahmen des Gewährleistungsrechts beim Kauf-, Miet-, Dienst-, Werk- und Reisevertrag (auch das Handelsrecht enthält Sonderregeln für die Leistungsstörung). Prägen Sie sich die Ausgangskonstellationen anhand der Übersicht *Leistungsstörungen* gut ein.

Erfahrungsgemäß tut sich der junge Student beim erstmaligen Durcharbeiten dieses Gebiets deshalb schwer, weil der Gesetzgeber die Leistungsstörung unter verschiedenen Blickwinkeln erörtert: Zunächst werden Unmög-

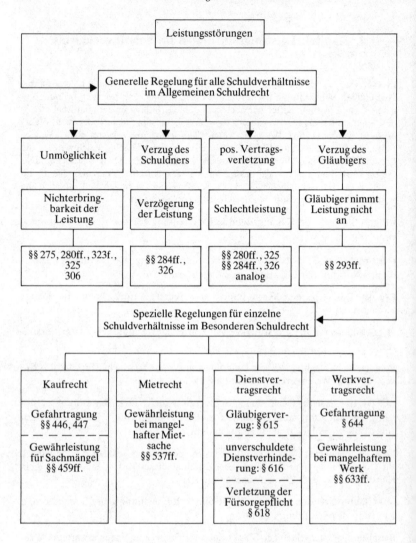

lichkeit und Verzug in §§ 275, 284 ff. BGB aus der Sicht des zur Leistung verpflichteten Schuldners abgehandelt. Zusätzlich mußte der Gesetzgeber berücksichtigen, daß in der Regel jede Leistung im Hinblick auf eine Gegenleistung erfolgt (also ein gegenseitiger Vertrag vorliegt). Deshalb mußte er als nächstes die Frage entscheiden, welche Besonderheiten bei gegenseitigen Verträgen gelten: Muß z. B. der Vertragspartner bezahlen, wenn er die Ware infolge Unmöglichkeit gar nicht erhält? Im folgenden wird zunächst die Unmöglichkeit dargestellt, die wegen ihrer vielfältigen Verästelungen dem Studenten besondere Schwierigkeiten macht. Dann folgen Schuldner- und Gläubigerverzug sowie die positive Vertragsverletzung. Aus didaktischen Gründen wird in diesem Zusammenhang auch das Verschulden beim Vertragsschluß (§ 37 unten) abgehandelt. Da es sich bei den Leistungsstörungen um einen sowohl theoretisch als auch praktisch herausragenden Kernbereich des Allgemeinen Schuldrechts handelt, ist es wohl überflüssig zu betonen, daß der Student dieses Gebiet mit besonderer Sorgfalt bearbeiten muß.

§ 34 Die Unmöglichkeit

Lernhinweis: Das BGB definiert den Begriff der Unmöglichkeit nicht, sondern setzt ihn als bekannt voraus. Von „Unmöglichkeit" spricht man, wenn der Schuldner eine Leistung aus tatsächlichen oder rechtlichen Gründen nicht erbringen kann. Bevor wir Einzelheiten besprechen, ist es aus didaktischen Gründen notwendig, die verschiedenen Erscheinungsformen der Unmöglichkeit zu katalogisieren. Beachten Sie **drei Fragestellungen:**

(1.) Wann ist der zur Unmöglichkeit führende Umstand eingetreten?
Bestand die Unmöglichkeit bereits zum Zeitpunkt der Begründung des Schuldverhältnisses, sprechen wir von „ursprünglicher" Unmöglichkeit (oder „anfänglicher" Unmöglichkeit).

Beispiel: Die vermietete Lagerhalle war in der Nacht vor Vertragsabschluß abgebrannt.

Trat die Unmöglichkeit erst nach der Begründung des Schuldverhältnisses ein, spricht man von „nachträglicher" Unmöglichkeit.

Beispiel: Erst nach Vertragsabschluß brannte die Lagerhalle bis auf das Fundament ab.

(2.) Wer kann die Leistung nicht erbringen?
Ist die Unmöglichkeit so gelagert, daß die Leistung von niemandem erbracht werden kann, sprechen wir von „objektiver" Unmöglichkeit.

Beispiele: Die verkaufte Sache ist explodiert; die Herstellung der versprochenen technischen Leistung widerspricht unwiderlegbaren physikalischen Gesetzmäßigkeiten (vertragliche Verpflichtung zur Erfindung des „perpetuum mobile").

Wenn die Leistung an sich (insbesondere durch Dritte) möglich ist, der Schuldner dazu allerdings nicht in der Lage ist, spricht man von „subjektiver" Unmöglichkeit. Das Gesetz bezeichnet diese Form der Unmöglichkeit als „Unvermögen" (vgl. Sie § 275 Abs. 2 BGB!).

Beispiel: V schließt mit K einen Kaufvertrag ab und verpflichtet sich zur Veräußerung einer im Eigentum des E stehenden Sache. Wenn E nicht „mitmacht", kann V nicht erfüllen.

(3.) Wer hat die zur Unmöglichkeit führenden Umstände zu vertreten?
Denkbar ist, daß diese Umstände niemand zu vertreten hat, daß insbesondere weder dem Schuldner noch dem Gläubiger ein Verschulden zur Last fällt. Das Gesetz spricht dann von „Zufall".

Beispiel: Der verkaufte Gegenstand wird durch Blitzschlag zerstört.

Genau so denkbar ist aber auch, daß der zur Unmöglichkeit führende Umstand vom Schuldner (häufig!) oder (in Ausnahmefällen vielleicht auch) vom Gläubiger zu vertreten ist.

Beispiele: Die von V an K verkaufte Sache wird vor Übergabe zerstört, weil V bzw. dessen Erfüllungsgehilfen elementare Sicherheitsbestimmungen verletzen und eine Explosion verursachen. In diesem Fall hat der Schuldner die Unmöglichkeit zu vertreten. Lag der Fall dagegen so, daß nach Vertragsabschluß, aber noch vor Übereignung, K bzw. dessen Leute zu Testzwecken mit der betreffenden Sache hantierten und ihrerseits schuldhaft die Explosion verursachten, liegt eine „vom Gläubiger zu vertretende" Unmöglichkeit vor.

Wenn Sie sich diese verschiedenen Ausgangspunkte klargemacht haben, können Sie leicht erkennen, daß verschiedene Kombinationsmöglichkeiten bestehen. Im folgenden müssen wir vor allem **drei Begriffspaare** abhandeln:
- Ursprüngliche objektive sowie ursprüngliche subjektive Unmöglichkeit;
- nachträgliche objektive sowie nachträgliche subjektive Unmöglichkeit;
- vom Schuldner nicht zu vertretende bzw. zu vertretende Unmöglichkeit.

Machen Sie sich die Ausgangssituation noch einmal anhand der Übersicht *Systematik der Unmöglichkeit* deutlich, in der die grundsätzlichen Aussagen über die Rechtsfolgen bereits enthalten sind.

I. Ursprüngliche Unmöglichkeit

War das Schuldverhältnis von Anfang an auf die Erbringung einer unmöglichen Leistung gerichtet, lag also die Unmöglichkeit bereits im Zeitpunkt des Vertragsabschlusses vor, sprechen wir von ursprünglicher bzw. anfänglicher Unmöglichkeit. Sowohl begrifflich als auch hinsichtlich der Rechtsfolgen müssen wir zwischen der ursprünglichen objektiven und der ursprünglichen subjektiven Unmöglichkeit unterscheiden.

1. Ursprüngliche objektive Unmöglichkeit

a) Begriff

War die Leistung von Anfang an für jedermann unmöglich, liegt ein Fall der ursprünglichen objektiven Unmöglichkeit vor.

Beispiele: Die verkaufte Sache war bereits vor Vertragsabschluß explodiert (faktische Unmöglichkeit); die Transaktion von Wertpapieren oder Münzen scheitert daran, daß kurz zuvor staatliche Erlasse derartige Transferierungen verboten haben (rechtliche Unmöglichkeit).

b) Rechtsfolgen

Ein auf eine ursprünglich objektiv unmögliche Leistung gerichteter Vertrag ist nach § 306 BGB (lesen!) **nichtig.**

Lernhinweis: § 306 spricht nur von der „unmöglichen Leistung", die Worte, „anfänglich, objektiv" muß man als Ergebnis einer systematischen Auslegung hinzufügen! Das ergibt ein Vergleich mit § 275 Abs. 1 BGB (der die nachträgliche Unmöglichkeit regelt) sowie § 275 Abs. 2, der die subjektive Unmöglichkeit gesondert erfaßt. Also bleibt für § 306 nur die ursprüngliche objektive Unmöglichkeit übrig.

Das BGB vertritt damit die Auffassung, daß man zu nichts Unmöglichem verpflichtet werden könne („impossibilium nulla est obligatio"). Gleichwohl ist § 306 rechtspolitisch wenig befriedigend, da nicht nur die Lei-

Systematik der Unmöglichkeit

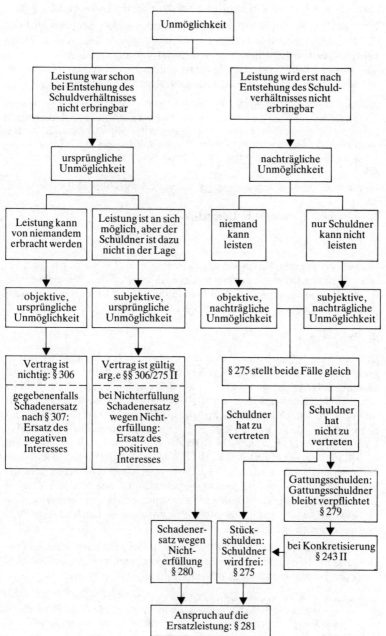

stungsverpflichtung entfällt, sondern infolge der Nichtigkeit des Vertrags auch keine Schadenersatzansprüche auf das positive Interesse bestehen.

§ 307 BGB versucht zu helfen: Wer bei Vertragsschluß die Unmöglichkeit der Leistung kennt oder kennen muß (somit gem. § 122 Abs. 2 infolge Fahrlässigkeit nicht kennt), ist zum Schadenersatz verpflichtet, der sich allerdings auf das negative Interesse (das „Vertrauensinteresse") beschränkt (§ 307 ist insoweit ein Fall der Haftung für Verschulden).

Beispiele: War einem der beiden Partner bei Vertragsabschluß mehr oder weniger ein Hinderungsgrund für die Geschäftsabwicklung bekannt, kommt Fahrlässigkeit in Betracht (das Bauprojekt scheitert an planungsrechtlichen Vorgaben; die Wertpapiertransaktion widerspricht zwangswirtschaftlichen Erlassen u. dgl.). Dann hat der auf den Leistungsaustausch vertrauende Partner Anspruch auf Ersatz seiner Auslagen.

Lernhinweis: Fälle der ursprünglichen objektiven Unmöglichkeit sind relativ selten.

2. Ursprüngliche subjektive Unmöglichkeit

a) Begriff

Ist die Leistung bei Vertragsabschluß lediglich dem Schuldner nicht möglich, spricht man von subjektiver Unmöglichkeit. Diese bezeichnet das Gesetz als **„Unvermögen"** (so die Formulierung des BGB bei der nachträglichen Unmöglichkeit, lies § 275 Abs. 2 BGB).

b) Rechtsfolgen

Der auf eine lediglich dem Schuldner ursprünglich unmögliche Leistung gerichtete Vertrag ist **gültig**! Zu diesem Ergebnis kommt man aufgrund nachfolgender Überlegung: Das Gesetz hat das Unvermögen des Schuldners bei der ursprünglichen Unmöglichkeit in § 306 nicht gesondert erwähnt, wohl jedoch bei der nachträglichen Unmöglichkeit (lesen Sie noch einmal § 275 Abs. 1 und 2 BGB und vergleichen Sie damit § 306 BGB). Wenn der Gesetzgeber in § 275 BGB das nachträgliche Unvermögen der nachträglichen Unmöglichkeit ausdrücklich gleichgestellt, dies in § 306 bei der ursprünglichen Unmöglichkeit aber unterlassen hat, bleibt nur der methodische Weg eines argumentum e contrario (siehe oben § 3): Der auf eine ursprünglich objektiv unmögliche Leistung gerichtete Vertrag ist nichtig, der auf eine ursprünglich subjektiv unmögliche Leistung gerichtete Vertrag dagegen gültig!

Mit seinem Leistungsversprechen übernimmt der Schuldner insoweit eine Garantie für sein Leistungsvermögen. Er läuft damit Gefahr, bei Nichtleistung auf Schadenersatz wegen Nichterfüllung verklagt zu werden.

Lernhinweis: Fälle der ursprünglichen subjektiven Unmöglichkeit sind relativ häufig! Machen Sie sich nur klar, daß in der Absatzwirtschaft in zahlreichen Fällen Dinge verkauft werden, die man selbst erst noch beim Vorlieferanten beziehen muß.

Schärfen Sie dabei aber auch Ihr Ohr für die korrekte Terminologie: Es geht darum, ob der die Verpflichtungen begründende Vertrag gültig ist. Die Erfüllung ist davon zu trennen. Wie entscheiden Sie demgemäß die in der Vorlesung oft gestellte Frage des Dozenten, ob er die auf der Nase des Kommilitonen K_1 sitzende Brille an den Kommilitonen K_2 verkaufen könne?

Antwort: Der Vertrag ist gültig, es liegt lediglich anfängliches Unvermögen vor. Wenn der Kommilitone K_1 gegen entsprechende Bezahlung mitmacht, kann der Dozent sogar erfüllen.

3. Sonderregelungen

Zu beachten ist, daß die eben erwähnten Grundsätze vom BGB in einer Reihe von Sonderfällen ergänzt werden:

- Beim Forderungskauf haftet der Verkäufer einer nicht bestehenden Forderung gem. § 437 für deren Bestand.

- Bei der Rechtsmängelhaftung des Kaufrechts haftet der Verkäufer im Falle des anfänglichen Unvermögens gemäß §§ 440, 325 BGB (§ 440 enthält eine Rechtsfolgenverweisung auf § 325!).

II. Nachträgliche Unmöglichkeit

1. Begriff

Nachträgliche Unmöglichkeit liegt vor, wenn die Leistung aufgrund eines nach Begründung des Schuldverhältnisses eintretenden Umstandes von niemandem, also weder vom Schuldner noch von einem Dritten, erbracht werden kann.

Beispiel: Das verkaufte Rennpferd verendet, kurz nachdem sich Verkäufer und Käufer über den Kaufvertrag einig geworden sind.

2. Gleichstellung von objektiver und subjektiver Unmöglichkeit

Das Gesetz stellt in § 275 Abs. 2 der nach Entstehung des Schuldverhältnisses eintretenden Unmöglichkeit das nachträglich eintretende Unvermögen des Schuldners (also die subjektive Unmöglichkeit zur Leistung) gleich.

Beispiele:
(1.) Die auf einer Spezialitäten-Automobilausstellung angebotene Sonderversion eines Sportwagens wird durch den Sprengsatz von Attentätern zerstört (objektive Unmöglichkeit).

(2.) Im Stammhaus des Verkäufers wird besagter Sportwagen verkauft, der bereits auf der Automobilausstellung an einen Kaufinteressenten veräußert worden ist (subjektive Unmöglichkeit).

Lernhinweis: Bei der nachträglichen Unmöglichkeit müssen Sie aber wegen der unterschiedlichen Rechtsfolgen danach differenzieren, ob der Schuldner die zur Unmöglichkeit führenden Umstände zu vertreten hat oder nicht (vgl. dazu unten 3. und 4.).

3. Vom Schuldner nicht zu vertretende Unmöglichkeit

Wird die Leistung infolge eines nachträglich eintretenden Umstandes unmöglich, den der **Schuldner** nicht zu vertreten hat, **wird** dieser nach § 275 BGB (lesen und behalten!) von der Verpflichtung zur Leistung **frei**! Das heißt im Klartext: Die Leistungspflicht des Schuldners erlischt, der Gläubiger hat keine Ansprüche gegen den Schuldner (das kann für ihn hart sein, weil er möglicherweise genau so viel verliert wie der Schuldner). Repetition: Was der Schuldner „zu vertreten" hat, richtet sich nach §§ 276 ff.: Der

Schuldner hat also insbesondere eigenes Verschulden und das seiner Erfüllungsgehilfen zu vertreten.

Beispiel: Die von Vermieter V an Mieter M mit Mietvertrag vom 1. März vermietete Lagerhalle brennt am 2. März infolge Blitzschlags ab. Der Vermieter wird von seiner Gebrauchsüberlassungspflicht aus dem Mietvertrag befreit, Mieter M kann V weder auf Leistung noch auf Schadenersatz wegen anderweitig höherer Mietausgaben verklagen.

Beachten Sie, daß § 275 Abs. 1 wie folgt zu lesen ist: Bei nachträglicher Unmöglichkeit wird der Schuldner von seiner Primärleistungspflicht frei; auch muß er keinen Schadenersatz leisten, wenn er den zur Unmöglichkeit führenden Umstand nicht zu vertreten hat. Hier liegt der Unterschied zu § 280: Auch bei zu vertretender Unmöglichkeit kann der Schuldner die Leistung nicht mehr erbringen, er muß jedoch Schadenersatz leisten.

Lernhinweis: Unterscheiden Sie schärfstens die Frage, ob der Schuldner von seiner Leistungspflicht frei wird (insoweit spricht man von der „Leistungsgefahr"), von der Frage, ob er (nunmehr als Gläubiger) seinen Gegenanspruch behält (insoweit spricht man von der „Gegenleistungs-" oder im Falle des Kaufrechts von der „Preisgefahr"). **§ 275 betrifft lediglich die Leistungsgefahr.** Gefahr definiert man als das Risiko des zufälligen Untergangs. Wer diese beiden Dinge nicht von Anfang an auseinanderhält, wird bei jedem einfachen Fall, der mit der Unmöglichkeit zu tun hat, Schwierigkeiten haben.

4. Vom Schuldner zu vertretende Unmöglichkeit

a) Stückschulden

Nach § 280 Abs. 1 BGB (lesen!) hat der Schuldner dem Gläubiger den durch die Nichterfüllung entstehenden Schaden zu ersetzen, wenn die Leistung durch einen vom Schuldner zu vertretenden Umstand unmöglich wird.

Beachten Sie: Da die Leistung ja unmöglich geworden ist, kann der Gläubiger auch hier nicht mehr Erfüllung verlangen. Die primäre Leistungspflicht wandelt sich aber in eine sekundäre Leistungspflicht um.

Beispiel: V verkauft an K ein Kraftfahrzeug, in das nach Vertragsabschluß vor Auslieferung noch ein Autoradio eingebaut werden soll. In der Werkstatt des V wird entgegen feuerpolizeilicher Bestimmungen geraucht, durch ausströmende Benzindünste kommt es zu einer Explosion. Das Fahrzeug wird völlig zerstört. Die Unmöglichkeit ist von V (er ist hinsichtlich der Leistungspflicht Schuldner) zu vertreten, da er für das Verschulden seiner Erfüllungsgehilfen nach § 278 haftet. Käufer K kann (als Gläubiger) von V Schadenersatz verlangen. Dieser geht auf das positive Interesse; d. h. der Gläubiger kann verlangen, so gestellt zu werden, wie bei ordentlicher Erfüllung stehen würde.
Halten Sie die Voraussetzungen des § 280 Abs. 1 im einzelnen fest: Nachträgliche, endgültige Unmöglichkeit und Vertretenmüssen nach §§ 276 ff. BGB.

Praktischer Hinweis: Ist streitig, ob die Unmöglichkeit der Leistung die Folge eines vom Schuldner zu vertretenden Umstandes ist, so trifft nach § 282 BGB die **Beweislast** den Schuldner! Das heißt: Nicht der Gläubiger muß dem Schuldner die Verletzung der Sorgfaltspflicht nachweisen, vielmehr wird diese solange vermutet, bis dem Schuldner der Entlastungsbeweis gelingt! Die Regelung ist einleuchtend: Der Gläubiger kann den Verantwortungsbereich des Schuldners nicht überblicken, einen Schuldvorwurf könnte er deshalb in den meisten Fällen gar nicht durch Tatsachen erhärten.

b) Gattungsschulden

Für Gattungsschulden gilt eine Besonderheit: Nach § 279 BGB (lesen!) hat der Schuldner sein Unvermögen auch dann zu vertreten, wenn ihm ein Verschulden nicht zur Last fällt. Dies gilt allerdings nur, solange die Leistung aus der Gattung überhaupt möglich ist. Wer also Gegenstände schuldet, die nur der Gattung nach bestimmt sind, übernimmt die Gewähr für die Beschaffungsmöglichkeit und damit das Beschaffungsrisiko. Insoweit liegt eine schuldunabhängige Einstandspflicht vor.

Lernhinweis: § 279 BGB ist eine strittige und zum Teil verunglückte Vorschrift. Merken Sie sich folgendes:

Bei der sog. „Vorratsschuld" (vgl. oben § 25 I 2 b) wird der Schuldner wie bei der Stückschuld von der Leistung frei, wenn der gesamte Vorrat untergegangen ist (Beispiel: Vereinbarung über die Lieferung von Weizen aus einem bestimmten Anbaugebiet, wobei die gesamte Ernte des betreffenden Gebiets abbrennt).

Nach Konkretisierung der Gattungsschuld (vgl. oben § 25 I 2 d) finden die Regeln über die Stückschuld Anwendung!

Ist die Leistung objektiv unmöglich, finden §§ 275, 280 und nicht § 279 Anwendung. Lediglich die subjektive Unmöglichkeit hat der Schuldner nach § 279 BGB stets zu vertreten.

5. Der Anspruch auf die Ersatzleistung

Denkbar ist, daß der Schuldner infolge des zur Unmöglichkeit führenden Umstands für den geschuldeten Gegenstand einen Ersatz oder Ersatzanspruch erlangt.

Beispiel: Das verkaufte (und nach Vertragsabschluß verbrannte) Gemälde war hoch versichert. Der Verkäufer erlangt gegen die Versicherung einen Anspruch auf Auszahlung der Versicherungssumme.

Es wäre unbillig, den Schuldner gem. § 275 BGB von seiner Leistungspflicht zu befreien und den Gläubiger „leer" ausgehen zu lassen. Aus diesem Grunde bestimmt § 281 Abs. 1 BGB (lesen!), daß der Gläubiger die Herausgabe des als Ersatz Empfangenen oder Abtretung des Ersatzanspruchs (man spricht vom **„stellvertretenden commodum"**) verlangen kann.

Beispiel: Käufer K kann vom Verkäufer V statt der Übereignung der Kaufsache die Versicherungssumme verlangen.

Lernhinweis: Wir merken uns hier vorab, daß dann auch der Käufer zu der Gegenleistung (Kaufpreiszahlung) verpflichtet ist. Ob er von § 281 BGB Gebrauch macht, hängt von der jeweiligen Konstellation ab: Ist die Versicherungssumme höher als der Kaufpreis, kommt der Käufer günstiger weg.

Unter § 281 BGB fällt auch das vom Schuldner durch Rechtsgeschäft erzielte Entgelt (das sog. „commodum ex negotiatione").

Beispiel: Der Verkäufer verkauft das Objekt zweimal und erzielt beim zweiten Verkauf einen höheren Kaufpreis als beim ersten Mal.

III. Unmöglichkeit im gegenseitigen Vertrag

Lernhinweis: Bei den vorstehenden Ausführungen hatten wir nur geprüft, wie sich die Unmöglichkeit auf die Leistungspflicht des Schuldners auswirkt. Nunmehr müssen wir untersuchen, welche Folgen die Unmöglichkeit im gegenseitigen Vertrag hat. Regelmäßig erfolgt eine Leistung um der Gegenleistung willen: Der Käufer bezahlt, damit er die Ware erhält; der Vermieter stellt den Gebrauch der Mietsache zur Verfügung und beansprucht die Miete usw.

Diese Fragen sind in §§ 323 ff. BGB behandelt. Sie regeln nur die Gegenleistung! Es geht dabei um **vier Kategorien**, die Sie sich anhand des Schaubildes *Nachträgliche Unmöglichkeit im gegenseitigen Vertrag* als „Eckdaten" einprägen sollten. §§ 323 ff. BGB enthalten Ergänzungen, z. T. auch Abänderungen, der allgemeinen Vorschriften über die Unmöglichkeit nach §§ 275, 279–283. Schon der Gesetzeswortlaut zeigt, daß nur die nachträgliche Unmöglichkeit angesprochen ist; für die ursprüngliche Unmöglichkeit verbleibt es bei dem zu § 306 BGB Gesagten.

Merken Sie sich: §§ 323–325 BGB differenzieren danach, von wem die Unmöglichkeit zu vertreten ist. Im gegenseitigen Vertrag ist jeder Teil sowohl Gläubiger als auch Schuldner (siehe oben § 23 II). Deshalb benutzt der Gesetzgeber nicht die Worte „Gläubiger" und „Schuldner", er spricht vielmehr vom „einen Teil" und vom „anderen Teil". Mit dem „einen Teil" meint das Gesetz den Schuldner, den Gläubiger bezeichnet es als den „anderen Teil". Vielleicht ist es zweckmäßig, wenn Sie in Ihrem Gesetzestext in §§ 323 ff. BGB jeweils die Worte „Schuldner" und „Gläubiger" über die Begriffe „ein Teil" und „anderer Teil" schreiben!

Nachträgliche Unmöglichkeit im gegenseitigen Vertrag

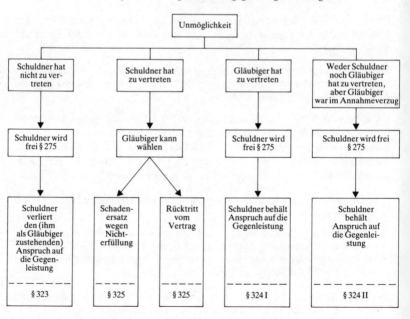

1. Von niemandem zu vertretende Unmöglichkeit

a) Kein Anspruch auf die Gegenleistung

Wird dem Schuldner die Leistung infolge eines Umstandes unmöglich, den er nicht zu vertreten hat, so wird er, wie wir gesehen haben, nach § 275 BGB von der Leistungspflicht frei. Was geschieht dann mit der Gegenleistung? Diese Frage wird von § 323 Abs. 1 beantwortet: Der Schuldner verliert dann auch den Anspruch auf die Gegenleistung. Dies ist die jedermann einleuchtende Konsequenz aus dem gegenseitigen Abhängigkeitsverhältnis von Leistung und Gegenleistung: Wenn man selbst nicht zu leisten hat, kann man billigerweise auch nicht verlangen, daß der Vertragspartner die Gegenleistung erbringt.

Beispiel: Die von V an M vermietete Lagerhalle brennt durch Blitzschlag ab. M kann V gem. § 275 weder auf Leistung noch auf Schadenersatz in Anspruch nehmen; V hat aber nach § 323 Abs. 1 auch keinen Anspruch auf die Zahlung des Mietpreises.

Lernhinweis: Wir sprechen im Falle des § 275 von der „Leistungsgefahr" und bei § 323 von der „Gegenleistungs-" oder „Preisgefahr". Unter „Gefahr" versteht man das Risiko des zufälligen (also von niemandem zu vertretenden) Untergangs. Beachten Sie aber, daß in bestimmten Fällen § 323 durch Sonderregelungen ersetzt wird: Beim Versendungskauf geht nach § 447 BGB die Preisgefahr (also das Risiko, den Kaufpreis zahlen zu müssen, obwohl man die Ware nicht erhält) bereits in dem Augenblick auf den Käufer über, in dem die wunschgemäß zu versendende Ware der Transportperson übergeben wird.

b) Gegenleistungsverpflichtung bei Anspruch aus § 281 BGB

Wir hatten gesehen, daß der Gläubiger im Fall des § 275 nach § 281 vom (freiwerdenden) Schuldner die Herausgabe der Ersatzleistung verlangen kann. Tut er dies, bleibt er seinerseits auch zur Leistung verpflichtet (lies § 323 Abs. 2 BGB).

Beispiel: V verkauft an K ein Kraftfahrzeug, das nach Kaufvertragsabschluß von dritter Seite zerstört wird. Für das Kraftfahrzeug war eine Vollkasko-Versicherung abgeschlossen. V wird von seiner Pflicht zur Übereignung und Übergabe des Kraftfahrzeugs nach § 275 befreit. K kann aber nach § 281 Herausgabe der Versicherungssumme verlangen. Tut er dies, muß er nach § 323 Abs. 2 auch den Kaufpreis bezahlen.

2. Vom Schuldner zu vertretende Unmöglichkeit

Oben hatten wir festgestellt, daß nach § 280 BGB der Schuldner schadenersatzpflichtig ist, wenn er die nachträgliche Unmöglichkeit zu vertreten hat. Diese Vorschrift wird durch § 325 ersetzt. Danach hat der Gläubiger folgende Möglichkeiten:

a) Der Gläubiger kann nach § 325 Abs. 1 S. 1 1. Alt. vom Schuldner Schadenersatz wegen Nichterfüllung verlangen.

b) Der Gläubiger kann aber auch vom Vertrag zurücktreten (§ 325 Abs. 1 Satz 1 2. Alternative).

c) Schließlich kann er statt Schadenersatz oder Rücktritt auch die Rechte aus § 323 geltend machen, also

• selbst die Gegenleistung nicht erbringen oder

• Herausgabe einer vom Schuldner erlangten Ersatzleistung beanspruchen (dann allerdings mit der Konsequenz, selbst leisten zu müssen).

3. Vom Gläubiger zu vertretende Unmöglichkeit

Hat der Gläubiger in einem gegenseitigen Vertrag die Unmöglichkeit zu vertreten, behält der Schuldner den Anspruch auf die Gegenleistung (§ 324 Abs. 1).

Beispiele: Der Käufer zerstört vor Übergabe die gekaufte Sache; der Arbeitgeber verschuldet die Arbeitsunfähigkeit des Arbeitnehmers.

4. Von niemandem zu vertretende Unmöglichkeit bei Gläubigerverzug

Ein weiterer Fall ist zu nennen: Denkbar ist, daß die Unmöglichkeit weder vom Schuldner noch vom Gläubiger zu vertreten ist, der Gläubiger aber mit der Annahme der Leistung im Verzug war. Hätte er die Leistung angenommen, wäre damit die Gefahr auf ihn übergegangen (jeder trägt das allgemeine Risiko für die ihm gehörenden Sachen). Es wäre unbillig, auch in diesem Fall § 323 BGB anzuwenden. Hier greift § 324 Abs. 2 (lesen!) ein: Wenn die dem einen Teil (Schuldner) obliegende Leistung infolge eines von ihm nicht zu vertretenden Umstands zu einer Zeit unmöglich wird, zu welchem der andere Teil (Gläubiger) im Verzug der Annahme ist, behält er den Anspruch auf die Gegenleistung.

Beispiel: Das verkaufte Kraftfahrzeug war zur Abholung bereitgestellt. Trotz eindeutiger Pflicht des Käufers zur Abholung zu einem bestimmten Zeitpunkt erscheint dieser nicht. Er kommt in Annahmeverzug. Nach einigen Tagen wird das Kraftfahrzeug bei einem Einbruch gestohlen und kurz darauf zu Schrott gefahren. Obwohl die nachträgliche Unmöglichkeit weder V noch K zu vertreten haben, behält V den Gegenleistungsanspruch auf Kaufpreiszahlung, da K in Annahmeverzug war.

Lernhinweis: Beachten Sie, daß die im Allgemeinen Schuldrecht enthaltenen generellen Regelungen über die Unmöglichkeit im Besonderen Schuldrecht durch spezielle Regelungen der „Gefahrtragung" durchbrochen werden:
• Kaufrecht: §§ 446, 447 BGB;
• Arbeitsrecht: §§ 616 BGB, 63 HGB, 1 LohnfortzahlG;
• Werkvertragsrecht: §§ 644 ff. BGB.

Wiederholungsfragen zu § 34

Wann liegt eine ursprüngliche objektive Unmöglichkeit vor und welche Rechtsfolgen gelten? (§ 34 I 1)

Führt die ursprüngliche subjektive Unmöglichkeit zur Nichtigkeit eines Vertrags? (§ 34 I 2)

Was versteht man unter dem nachträglichen Unvermögen des Schuldners? (§ 34 II 2)

Welche Rechtsfolgen gelten, wenn der Schuldner die nachträgliche Unmöglichkeit zu vertreten hat, welche, wenn er sie nicht zu vertreten hat? (§ 34 II 3, 4)

Welche Konsequenzen hat die Konkretisierung der Gattungsschuld für die nachträgliche Unmöglichkeit? (§ 34 II 4 b)

Wem gebührt die Ersatzleistung, die der Schuldner infolge der Unmöglichkeit erlangt? (§ 34 II 5)

Wie wirkt sich die nachträgliche Unmöglichkeit im gegenseitigen Vertrag aus? (§ 34 III)

§ 35 Der Verzug des Schuldners

Lernhinweis: Wenn der Schuldner die Leistung nicht termingemäß erbringt, spricht man von Verzug, geregelt in §§ 284 ff. BGB. Diese Bestimmungen betreffen aber nur die einseitige Leistungspflicht des Schuldners. Hinzu kommt bei gegenseitigen Verträgen § 326 BGB. Halten Sie als Kurzformel fest: Der Gläubiger kann Ersatz des Verzögerungsschadens verlangen (§ 286 Abs. 1 BGB); er kann aber auch – wenn er kein Interesse an der Leistung mehr hat – nach § 286 Abs. 2 statt der Leistung Schadenersatz wegen Nichterfüllung verlangen. Für gegenseitige Verträge greift § 326 BGB als Sondervorschrift ein: Der Gläubiger muß eine Nachfrist (mit Ablehnungsandrohung) setzen und kann nach deren Ablauf entweder vom Vertrag zurücktreten oder Schadenersatz wegen Nichterfüllung verlangen.

I. Begriff des Schuldnerverzugs

Schuldnerverzug ist **die vom Schuldner zu vertretende Verzögerung der fälligen und in der Regel angemahnten Leistung.**

Im Unterschied zur Unmöglichkeit ist aber die Leistung nachholbar. **Merke:** Unmöglichkeit und Verzug sind voneinander danach abzugrenzen, ob die Leistung überhaupt noch erbracht werden kann. Beim absoluten Fixgeschäft (vgl. oben § 26 I 2 b aa) begründet die Nichteinhaltung der Leistungszeit deshalb Unmöglichkeit (die nur zu dem genau bestimmten Zeitpunkt zu erbringende Leistung ist zu einem späteren Zeitpunkt sinnlos).

Lernhinweis: Schuldnerverzug und Gläubigerverzug unterscheiden sich darin, daß beim Schuldnerverzug der Schuldner seiner rechtlichen Verpflichtung nicht nachkommt, während beim Gläubigerverzug der Gläubiger durch die Nichtannahme lediglich gegen ein Gebot des eigenen Interesses verstößt (er ist zur Annahme der Leistung berechtigt, aber nicht verpflichtet, durch die Nichtannahme kommt er nicht in Schuldnerverzug, weil die Annahme der Leistung für ihn keine Hauptpflicht darstellt). Anders ist es jedoch, wenn der Gläubiger zusätzliche Handlungspflichten hat. Beispiel: § 640 Abs. 1 BGB. Durch die Nichtabnahme der Leistung gerät der Gläubiger beim Werkvertrag dann sowohl in Annahme- als auch in Schuldnerverzug.

II. Voraussetzungen des Schuldnerverzugs

Leistet der Schuldner auf eine nach dem Eintritt der Fälligkeit erfolgende Mahnung des Gläubigers nicht, so kommt er durch die Mahnung in Verzug (§ 284 Abs. 1 S. 1 BGB – lesen!)

1. Fälligkeit

Erste Voraussetzung des Verzugs ist der Eintritt der Fälligkeit. Diese bemißt sich nach der Leistungszeit (vgl. § 271 sowie oben § 26 I). Der Leistungsanspruch muß weiterhin „vollwirksam" sein: Steht dem Leistungsbegehren des Gläubigers eine Einrede entgegen, kommt der Schuldner nicht in Verzug.

Beispiel: K schuldet V noch die Zahlung des Kaufpreises aus einem vor Jahren getätigten Geschäft. Der Kaufpreisanspruch ist mittlerweile verjährt. K kommt nicht in Verzug, wenn V die Zahlung anmahnt. Die Einrede der Verjährung schließt den Eintritt des Verzugs aus.

2. Mahnung

a) Grundsatz

Die Fälligkeit allein führt noch nicht zum Schuldnerverzug. Hierzu bedarf es zusätzlich einer Mahnung. Diese ist eine einseitige, empfangsbedürftige Erklärung und enthält die dringliche Leistungsaufforderung an den Schuldner. Dadurch soll dem Schuldner deutlich gemacht werden, daß die weitere Leistungsverzögerung für ihn nachteilige Konsequenzen haben kann. Gleichgestellt sind der Mahnung die Erhebung der Leistungsklage sowie die Zustellung eines Mahnbescheids im Mahnverfahren (§ 284 Abs. 1 S. 2 BGB). In beiden Fällen handelt es sich um besonders eindrucksvolle Zahlungsaufforderungen.

b) Ausnahmen

In bestimmten Fällen kommt der Schuldner auch ohne Mahnung in Verzug.

aa) Kalenderzeit

Ist für die Leistung eine Zeit nach dem Kalender bestimmt, so kommt der Schuldner nach § 284 Abs. 2 S. 1 BGB (lesen!) ohne Mahnung in Verzug, wenn er nicht zu der bestimmten Zeit leistet. Man sagt: „dies interpellat pro homine".

bb) Kündigung

Eine Mahnung ist ebenfalls nicht erforderlich, wenn der Leistung eine Kündigung vorausgeht und sich die Leistungszeit ab Kündigung nach dem Kalender berechnen läßt (§ 284 Abs. 2 S. 2 BGB).

Beispiel: Bei der Gewährung eines Darlehens wird als Rückzahlungsklausel „drei Monate nach Kündigung" festgelegt. Wenn der Darlehensgläubiger (zulässigerweise) gekündigt hat, kommt der Darlehensnehmer nach Ablauf von 3 Monaten in Verzug.

cc) Treu und Glauben

Auf eine Mahnung kann verzichtet werden, wenn der Schuldner vor oder nach Fälligkeit ernsthaft und endgültig erklärt hat, er werde die Leistung verweigern. In diesem Fall wäre eine Mahnung sinnlos.

3. Vertretenmüssen des Schuldners

Nach § 285 BGB kommt der Schuldner nicht in Verzug, solange die Leistung infolge eines Umstandes unterbleibt, den er nicht zu vertreten hat.

Lernhinweis: Durch die Negativformulierung in § 285 wird die Beweislast umgedreht. Es wird vermutet, daß der Schuldner die Verzögerung zu vertreten hat. Es liegt an ihm, dies zu entkräften. Der Gläubiger braucht also im Prozeß lediglich die Nichtleistung, Fälligkeit und Mahnung zu beweisen, nicht aber ein etwaiges Verschulden des Schuldners. Begründung: Der Gläubiger kennt nicht die Interna der Leistungsverzögerung; für den Schuldner ist es einfacher, sich zu exkulpieren, als für den Gläubiger, dem Schuldner ein Fehlverhalten nachzuweisen.

III. Rechtsfolgen des Schuldnerverzugs

1. Verzögerungsschaden

Der Schuldner hat nach § 286 Abs. 1 BGB (lesen!) dem Gläubiger den durch den Verzug entstehenden Schaden zu ersetzen. Man spricht vom Verspätungs- oder Verzögerungsschaden. Der Gläubiger ist so zu stellen, wie er bei rechtzeitiger Leistung des Schuldners stehen würde.

Beispiele: Als Verzögerungsschaden sind zu ersetzen
- die Kosten der Rechtsverfolgung,
- Kosten für die Inanspruchnahme eines Inkassobüros (im Hinblick auf § 254 jedoch begrenzt in Höhe der Anwaltskosten),
- Mietzahlungen für eine Ersatzwohnung bei verspäteter Herstellung des Wohnhauses,
- der entgangene Gewinn, wenn ein Wiederverkauf infolge Lieferungsverzögerung scheitert.

2. Verzugszinsen

Nach § 288 Abs. 1 BGB ist eine Geldschuld während des Verzugs mit 4 Prozent jährlich zu verzinsen. Insoweit handelt es sich um einen (fiktiven) Mindestschaden. Nicht ausgeschlossen ist die Geltendmachung eines weitergehenden Schadens nach § 288 Abs. 2 BGB (lesen!).

Beispiel: K bezieht von V Waren im Wert von 10 000 DM, zahlbar am 1. März. V kann zu diesem Zeitpunkt den Eingang der Zahlung nicht feststellen. K kommt in Verzug und bezahlt erst am 1. September. Für den Zeitraum von 6 Monaten kann V nach § 288 Abs. 1 BGB ohne weiteren Schadensnachweis 4 Prozent Zinsen verlangen. Hat er jedoch nachweislich einen Bankkredit in Anspruch genommen, den er zu 10 Prozent zu verzinsen hatte, kann er die Zinsdifferenz (von 6%) als weiteren Schaden geltend machen. Vergleichen Sie dazu das Schaubild *Liquidierung von Zinsen, die den gesetzlichen Zinssatz übersteigen.*

Liquidierung von Zinsen, die den gesetzlichen Zinssatz übersteigen

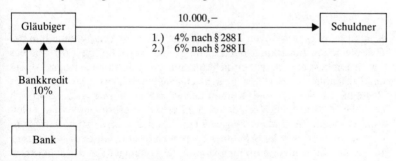

3. Schadenersatz wegen Nichterfüllung

Es kann sein, daß der Gläubiger wegen des Verzugs kein Interesse mehr an der Leistung hat. Dann kann er nach § 286 Abs. 2 BGB die Annahme der Leistung ablehnen und Schadenersatz wegen Nichterfüllung verlangen.

Beispiele: Lieferung von Saisonartikeln; ungewöhnliche Preiserhöhungen beim Lieferanten des Gläubigers.

4. Verschärfte Haftung

Mit dem Eintritt des Schuldnerverzugs wird die Haftung des Schuldners nach § 287 BGB (lesen!) erweitert:

a) Haftung für jede Fahrlässigkeit

Während des Schuldnerverzugs hat der Schuldner jede Fahrlässigkeit zu vertreten.

Lernhinweis: In manchen Fällen ist die Haftung gesetzlich erleichtert; z. B. haftet der Schenker nur für Vorsatz und grobe Fahrlässigkeit. Nach Eintritt des Verzugs gilt für den Schuldner auch in diesen Fällen die generelle Haftung für jede Fahrlässigkeit.

b) Haftung für Zufall

Mit Eintritt des Verzugs haftet der Schuldner nach § 287 S. 2 BGB auch für die durch Zufall eintretende Unmöglichkeit!

Beispiel: K hat bei V ein Kraftfahrzeug gekauft, das trotz Fälligkeit und Mahnung von V bislang nicht ausgeliefert wurde, obwohl dem nichts entgegengestanden hätte (womit Verzug vorliegt). Bei einer krawallartigen Demonstration werden die Schaufensterscheiben bei V eingeschlagen, und das dort noch als Ausstellungsstück befindliche Kraftfahrzeug wird durch einen Molotowcocktail vollständig zerstört. V war in Verzug, gemäß § 325 i.V.m. § 287 S. 2 hat er auch den durch Zufall eingetretenen Schaden zu ersetzen.

IV. Schuldnerverzug im gegenseitigen Vertrag

Lernhinweis: Schärfen Sie sich noch einmal ein, daß auch beim Schuldnerverzug hinsichtlich der Voraussetzungen wie hinsichtlich der Rechtsfolgen Besonderheiten gelten, wenn ein gegenseitiger Vertrag vorliegt und der Schuldner mit einer Hauptpflicht in Verzug kommt. Einschlägig ist § 326 BGB (lesen!).

1. Voraussetzungen

Kommt beim gegenseitigen Vertrag der Schuldner in Verzug, muß ihm der Gläubiger zur Bewirkung der Leistung eine angemessene Frist mit der Erklärung bestimmen, daß er die Annahme der Leistung nach dem Ablauf der Frist ablehne (**Nachfrist** plus **Ablehnungsandrohung**). Der Sinn dieser Regelung ist einleuchtend: Kommt der Schuldner in Verzug, befindet sich der Gläubiger bezüglich seiner von ihm selbst zu erbringenden Gegenleistung in einem Zustand der Ungewißheit. Er muß seine Leistung vorhalten, weil möglicherweise der Schuldner doch noch leistet. Mit der Nachfristsetzung und Ablehnungsandrohung kommt der Gläubiger aus der ungewissen Lage in angemessener Zeit heraus. **Praktischer Hinweis:** Nachfristsetzung und Ablehnungsandrohung können nach st. Rspr. zusammen mit der Mahnung erfolgen.

2. Rechtsfolgen

Läuft die Nachfrist erfolglos ab, hat der Gläubiger nach § 326 Abs. 1 S. 2 ein **Wahlrecht**:

- Er kann entweder **Schadenersatz wegen Nichterfüllung** verlangen oder
- **vom Vertrag zurücktreten.**

Der Anspruch auf Erfüllung ist dann allerdings ausgeschlossen.

Beispiel: Käufer K hat im Möbelhaus V einen Bauernschrank gekauft, der ihm aber nicht zum vereinbarten Zeitpunkt geliefert wird. V kommt (mit seiner Verpflichtung aus § 433 Abs. 1 Satz 1) in Verzug. Setzt K dem V eine Nachfrist mit Ablehnungsandrohung, muß er damit rechnen, daß die Frist abläuft, ohne daß V liefert. Mit Ablauf der Frist könnte K wählen zwischen Schadenersatz wegen Nichterfüllung (d. h. er könnte z. B. den Betrag fordern, um den der gleiche Schrank bei einem anderen Möbelgeschäft, bei dem sich K nun Ersatz beschafft, teurer ist) und Rücktritt. Ein Erfüllungsanspruch ist dann aber ausgeschlossen. Handelte es sich bei dem Schrank um ein besonderes Liebhaberstück, kann dies den Interessen des K widersprechen. Für diesen Fall würde er besser keine Nachfrist setzen, sondern den Erfüllungsanspruch einklagen.

Lernhinweis: Repetieren Sie den ganzen Abschnitt noch einmal anhand der Übersicht *Schuldnerverzug.*

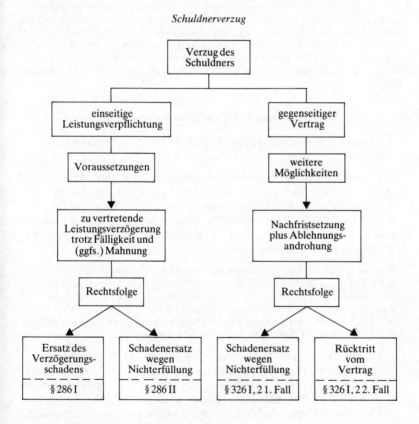

Schuldnerverzug

Wiederholungsfragen zu § 35

Was versteht man unter dem Schuldnerverzug? (§ 35 I)

In welchen Fällen setzt der Eintritt des Schuldnerverzugs eine Mahnung nicht voraus? (§ 35 II 2 b)

Wer ist beim Schuldnerverzug beweispflichtig dafür, daß der Schuldner die Leistungsverzögerung zu vertreten hat? (§ 35 II 3)

Welche Rechtsfolgen hat der Schuldnerverzug? (§ 35 III)

Welche Besonderheiten gelten für den Schuldnerverzug im gegenseitigen Vertrag? (§ 35 IV)

§ 36 Die positive Vertragsverletzung

Lernhinweis: Repetieren Sie zunächst oben § 24. Dort wurde darauf hingewiesen, daß der Schuldner nicht nur schlechthin leisten muß, sondern so, wie es Treu und Glauben erfordern. Bei Verletzung der insoweit bestehenden Nebenpflichten ergeben sich Schadenersatzansprüche aus positiver Vertragsverletzung. Sie tritt als gesetzlich nicht geregelter, aber seit Jahrzehnten anerkannter und damit kraft Gewohnheitsrecht akzeptierter dritter Fall der Leistungsstörung auf. Zur Terminologie: Der Begriff „positive Vertragsverletzung" hat sich eingebürgert, obwohl er nicht ganz korrekt ist. „Positiv" ist insofern ungenau, als auch ein Unterlassen den Tatbestand der positiven Vertragsverletzung erfüllen kann; „Vertrags"-Verletzung ist insoweit zu eng, als auch Pflichtverletzungen aus gesetzlichen Schuldverhältnissen den Haftungtatbestand erfüllen können. Gebraucht werden deshalb auch die Begriffe „positive Forderungsverletzung" oder „sonstige Forderungsverletzung". Der Tradition verpflichtet sprechen wir im nachfolgenden weiterhin von der positiven Vertragsverletzung.

I. Voraussetzungen der positiven Vertragsverletzung

1. Die positive Vertragsverletzung als Auffangtatbestand der Leistungsstörung

Die Verfasser des Bürgerlichen Gesetzbuches waren irrtümlich der Meinung, mit dem Abschnitt über die Unmöglichkeit und den Verzug sowie den gesetzlichen Gewährleistungsvorschriften bei einzelnen Schuldverhältnissen (Kauf, Miete, Werkvertrag) alle Fälle denkbarer Leistungsstörungen erfaßt zu haben. Bereits im Jahre 1904 wurde dies widerlegt (vgl. Staub, Die positiven Vertragsverletzungen).

Klassisches Beispiel: Der Verkäufer liefert kranke Tiere, wodurch der Viehbestand des Käufers angesteckt wird. Es liegt weder Unmöglichkeit noch Verzug vor (der Schuldner hat ja geleistet – und auch rechtzeitig), die Gewährleistungsrechte im Kaufrecht bieten in diesem Fall nur Wandelung (Rückgängigmachung des Kaufvertrags) oder Minderung (Herabsetzung des Kaufpreises), nicht aber den gewünschten Schadenersatz hinsichtlich des Begleit- und Folgeschadens.

Aus heute anerkannter Sicht fallen unter die positive Vertragsverletzung alle Pflichtverletzungen im Rahmen eines bestehenden Schuldverhältnisses, die weder Unmöglichkeit noch Verzug sind und deren Schadensfolgen nicht über gesetzliche Gewährleistungsansprüche und vertragliche Zusicherungen (Garantiehaftung) liquidiert werden können. Insoweit ist die positive Vertragsverletzung der Grund- und Auffangtatbestand der Leistungsstörung.

2. Vertretenmüssen

Wie bei allen Leistungsstörungen, so ist auch bei der positiven Vertragsverletzung erforderlich, daß der Schuldner die Pflichtverletzung „zu vertreten" hat. In der Regel muß also Vorsatz oder Fahrlässigkeit gegeben sein. Dabei ist wie bei Verzug und Unmöglichkeit die Beweislast umgekehrt: Nicht der Gläubiger hat das Verschulden nachzuweisen. Vielmehr obliegt es dem Schuldner, sich zu entlasten (§ 282 BGB analog).

3. Rechtsgrundlagen

Die positive Vertragsverletzung ist mittlerweile gewohnheitsrechtlich anerkannt.

Lernhinweis: Trotzdem müssen Sie für die Fallösung die entsprechenden Paragraphen heranziehen! Das Reichsgericht hatte die Grundlage für die Haftung aus § 276 BGB abgeleitet mit der Begründung, daß diese Bestimmung, wonach der Schuldner Vorsatz und Fahrlässigkeit zu vertreten habe, zugleich den Schuldner bei Vertragsverletzungen zum Schadenersatz verpflichte. Dem kann man entgegenhalten, daß § 276 nur den Haftungsmaßstab, nicht aber die Rechtsfolge nennt.

Heute ist man sich einig, daß im BGB hinsichtlich der positiven Vertragsverletzung eine Regelungslücke besteht, die durch rechtsanaloge Anwendung der Vorschriften über den Verzug und die Unmöglichkeit geschlossen wird.

Lernhinweis: Rechtsgrundlage für Ansprüche aus positiver Vertragsverletzung ist demzufolge die analoge Anwendung der §§ 280, 286 (bzw. beim gegenseitigen Vertrag §§ 325, 326) in Verbindung mit § 242 BGB. Die Nennung der letzteren Bestimmung verdeutlicht, daß es sich um die Verletzung sonstiger, aus Treu und Glauben folgender Pflichten handelt.

II. Erscheinungsformen der positiven Vertragsverletzung

Hauptfälle der positiven Vertragsverletzung sind die Schlechtleistung sowie die Verletzung von Nebenpflichten. Nachfolgend sind einige typische Fälle der Rechtsprechung genannt, die der besonderen Aufmerksamkeit anempfohlen werden.

1. Schlechtleistung

Lernhinweis: Die positive Vertragsverletzung ist Anspruchsgrundlage für die Geltendmachung von **Folge- und Begleitschäden**. Uneingeschränkt gilt dies bei Schuldverhältnissen ohne detaillierte Regelung der Gewährleistung. Aber auch dort, wo (z. B. im Kauf-, Miet- und Werkvertragsrecht) der Gesetzgeber ausdrücklich geregelt hat, was bei mangelhafter Lieferung gelten soll, ist die positive Vertragsverletzung Anspruchsgrundlage für solche Schäden, die über den unmittelbaren Lieferungs- und Mangelschaden hinausgehen.

Beispiele: Ein Anspruch aus positiver Vertragsverletzung besteht bei
- schuldhaft falscher Behandlung durch einen Arzt;
- schuldhaft unrichtiger Beratung oder Prozeßführung durch einen Rechtsanwalt;
- Lieferungsbegleitschäden (das gelieferte Propangas explodiert infolge eines mangelhaften Behälterverschlusses);

- Mangelfolgeschäden (Lieferung von verdorbenem Viehfutter, wodurch die Zuchttiere des Käufers eingehen);
- unsachgemäßer Versendung von Batterien, die einen Brandschaden beim Empfänger auslösen.

2. Verletzung von Nebenpflichten

Die Leistung nach Treu und Glauben begründet für den Schuldner Nebenpflichten. Als typische Beispiele sind zu nennen:

a) Aufklärungs- und Auskunftspflichten

Beispiele: Schadenersatzansprüche aus positiver Vertragsverletzung wurden von der Rechtsprechung bejaht, wenn
- der Architekt aufgrund seiner besseren Sachkenntnis Falschberechnungen des Statikers erkennt und nicht mitteilt;
- die Bank den Kunden bei steuerbegünstigten Sparverträgen über steuerschädliche Verfügungen nicht belehrt;
- der Handelsvertreter den Unternehmer nicht über Bedenken gegen die Kreditwürdigkeit eines Geschäftspartners unterrichtet;
- der Vertragspartner über offensichtliche Konkurrenzveranstaltungen nicht aufgeklärt wird.

b) Schutzpflichten

Beispiele: Schadenersatzansprüche aus positiver Vertragsverletzung wurden von der Rechtsprechung bejaht, wenn
- bei der Anlieferung von Heizöl durch unvorsichtiges Hantieren das Erdreich des Empfängers verseucht wird;
- die Kundin beim Legen einer Dauerwelle durch falsche Gerätebedienung Verbrennungen erleidet;
- generell bei einer Verrichtung Eigentum und sonstige Rechtsgüter des Vertragspartners (Auftraggeber, Besteller usw.) schuldhaft verletzt werden.

c) Leistungstreupflichten

Nach Treu und Glauben hat der Schuldner generell die Pflicht, alles zu tun, was den Vertragszweck fördert, und alles zu unterlassen, was den Leistungserfolg gefährdet oder beeinträchtigt.

Beispiele: Schadenersatzansprüche aus positiver Vertragsverletzung wurden von der Rechtsprechung bejaht bei
- unberechtigter Kündigung (z. B. im Mietrecht durch Vorschieben eines in Wahrheit nicht bestehenden Eigenbedarfs);
- unberechtigter Versagung des Versicherungsschutzes.

III. Rechtsfolgen bei positiver Vertragsverletzung

1. Schadenersatz

Liegt eine positive Vertragsverletzung des Schuldners vor, kann der Gläubiger Schadenersatz verlangen. Anspruchsgrundlage hierfür ist die entsprechende Anwendung der §§ 280, 286 in Verbindung mit § 242 BGB.

2. Gegenseitiger Vertrag

Handelt es sich um eine Pflichtverletzung innerhalb eines gegenseitigen Vertrags (quantitativ die Regel), so bestimmen sich die Rechtsfolgen zudem nach §§ 325, 326 BGB (analog) in Verbindung mit § 242 BGB. Danach hat der Gläubiger (wenn er sich nicht für die Erfüllung und den Ersatz des durch die Vertragsverletzung zugefügten Schadens entscheidet) ein **Wahlrecht**:

• Er kann **Schadenersatz wegen Nichterfüllung** verlangen oder
• vom Vertrag **zurücktreten**.

Für den Rücktritt verlangt die Rechtsprechung jedoch zusätzlich, daß dem Gläubiger ein Festhalten am Vertrag nicht zugemutet werden kann (es muß sich um schwerwiegende Fälle handeln. Beispiel: Lieferung eines fabrikneuen Pkw, in den alte Ersatzteile eingebaut wurden).

Bei Dauerschuldverhältnissen tritt an die Stelle des Rücktritts die Kündigung aus wichtigem Grund.

Wiederholungsfragen zu § 36

Was versteht man unter der positiven Vertragsverletzung? (§ 36 I 1)

Welche Rechtsgrundlagen werden für die positive Vertragsverletzung herangezogen? (§ 36 I 3)

Welche Formen der positiven Vertragsverletzung kennen Sie? (§ 36 II 1, 2)

Welches sind die Rechtsfolgen bei positiver Vertragsverletzung? (§ 36 III)

§ 37 Verschulden beim Vertragsschluß (culpa in contrahendo)

Lernhinweis: Vergegenwärtigen Sie sich noch einmal die Grundzüge der positiven Vertragsverletzung. Sie ist die Haftungsgrundlage für die Geltendmachung von Schadenersatzansprüchen bei sonstigen Pflichtverletzungen, die entweder der Schuldner selbst oder seine Erfüllungsgehilfen zu vertreten haben. Vorausgesetzt ist aber, daß bereits ein Schuldverhältnis besteht. Fehlt es daran, kann der Schädiger nur im Rahmen des Deliktsrechts zur Verantwortung gezogen werden. Bei der unerlaubten Handlung gibt es zwar auch eine Haftung für den Verrichtungsgehilfen (§ 831 BGB), jedoch kann sich der Geschäftsherr exkulpieren. Die bereits mehrfach betonte Schwäche des Deliktsrechts bei der Gehilfenhaftung ist rechtspolitisches Motiv für Versuche, bei bestimmter Intensität des Kontakts bereits „vertragsähnliche Verhältnisse" anzunehmen, was dann zur Anwendbarkeit von § 278 BGB führt (Haftung für den Erfüllungsgehilfen – ohne Exkulpationsmöglichkeit).

I. Haftungsgrundlagen

Das Gesetz kennt an verschiedenen Stellen einzelne Schadenersatzansprüche, die sich auf das Stadium der Vertragsverhandlungen beziehen (vgl. §§ 122, 179, 307, 309, 463, Satz 2, 523 Abs. 1, 524 Abs. 1, 600, 663, 694 – lesen!). Darüber hinaus ist mittlerweile gewohnheitsrechtlich anerkannt, daß bereits durch die Aufnahme von Vertragsverhandlungen ein gesetzliches Schuldverhältnis entsteht, das die Parteien zur gegenseitigen Rücksichtnahme, Fürsorge und Treue verpflichtet. Vergleichen Sie dazu die

Ausführungen oben § 22 IV. Der Grundsatz von Treu und Glauben begründet bei der Aufnahme von Vertragsverhandlungen ebenso wie bei andauernder Geschäftsverbindung für beide Teile Zusatz- und Nebenpflichten, deren schuldhafte Verletzung schadenersatzpflichtig macht.

Lernhinweis: Aus didaktischen Gründen ist es vorteilhaft, die culpa in contrahendo im Anschluß an die positive Vertragsverletzung darzustellen oder doch erneut aufzugreifen. Der Student erkennt daraus die Parallelität: Pflichtverletzungen, die aus demselben Gesichtspunkt nach Vertragsabschluß Schadenersatzansprüche aus positiver Vertragsverletzung begründen, führen im Stadium vor Vertragsschluß zur Haftung aus culpa in contrahendo.

II. Erscheinungsformen

Die Rechtsprechung hat typische Fallgruppen gebildet:

1. Verletzung von Obhuts- und Sorgfaltspflichten

Oft ergeben sich aus dem geschäftlichen Kontakt bzw. den Vertragsverhandlungen Verhaltenspflichten, deren Verletzung schadenersatzpflichtig macht. Dabei genügt auch das Verschulden eines Gehilfen, dessen sich der Haftpflichtige bedient (vgl. § 278, s. u.).

Beispiele:

• Noch vor Kaufabschluß rutscht Kundin K im Kaufhaus auf einer Bananenschale aus, die der Hausmeister nicht weggeräumt hat.
• Durch Unachtsamkeit einer Angestellten fällt der Kundin im Kaufhaus beim Aussuchen von Waren eine Linoleumrolle auf den Kopf.

Aber: Nicht einbezogen ist dagegen der Passant, der im Winter das Kaufhaus lediglich in der Absicht betritt, sich aufzuwärmen. Hier fehlt es am konkreten geschäftlichen Kontakt.

Beachte: Durch die Verhaltenspflichten können auch Dritte geschützt sein: So hat die Tochter der Kundin einen eigenen Anspruch aus culpa in contrahendo, wenn sie durch die Verletzung von Verhaltenspflichten einen Schaden erleidet (vgl. dazu oben § 29 IV).

2. Grundloser Abbruch von Vertragsverhandlungen

Wenn Vertragsverhandlungen scheitern, hat dies im Normalfall keine Konsequenzen. Insoweit trägt jeder Einzelne das Risiko im Rahmen der freien Marktwirtschaft. Ein Schadenersatzanspruch aus culpa in contrahendo kommt jedoch in Betracht, wenn eine Partei schuldhaft bei der anderen Partei das Vertrauen auf den Geschäftsabschluß erweckt und die Verhandlungen anschließend grundlos abbricht.

Dasselbe gilt, wenn eine Partei die Verhandlungen bewußt verzögert, durch entsprechende Beschwichtigungen den anderen Teil davon abbringt, ein anderweitiges Geschäft zu tätigen, und schließlich ablehnt.

3. Formnichtige Verträge

Scheitert ein Geschäft mangels Formgültigkeit, kann ein Schadenersatzanspruch aus culpa in contrahendo in Betracht kommen, wenn die andere Partei den Unwirksamkeitsgrund zu vertreten hat.

4. Unredliche Einwirkung auf den Verhandlungspartner

Ansprüche aus culpa in contrahendo kommen in Betracht, wenn der Geschäftspartner durch Verletzung der Aufklärungspflicht, Täuschung oder unlauteren Wettbewerb zum Vertragsschluß veranlaßt wurde.

Beispiele:

- Ein Makler darf nicht die Voraussetzungen für den Baubeginn bejahen, wenn weder Bebauungsplan noch Baugenehmigung vorliegen.
- Die Gründer einer Publikums-KG haften für die von ihnen zu vertretenden falschen Prospektangaben.
- Ein Weiterbildungsinstitut haftet aus culpa in contrahendo, wenn es Interessenten für die Umschulung als EDV-Programmierer nicht über die schwierigen beruflichen Anforderungen und Aussichten informiert.
- Ein Versicherungsunternehmen haftet aus culpa in contrahendo, wenn die Versicherungsleistungen, entgegen dem ausdrücklichen Wunsch des Versicherungsnehmers nach umfassender Sicherung, wesentliche Risiken nicht abdecken.

III. Rechtsfolgen

1. Schadenersatz

Verschulden beim Vertragsabschluß gewährt dem Geschädigten einen Schadenersatzanspruch.

Lernhinweis: Es genügt, wenn Sie als Anspruchsgrundlage formulieren: „In Betracht kommt ein Schadenersatzanspruch aus culpa in contrahendo".

Der Umfang des Schadenersatzanspruchs bestimmt sich nach § 249 BGB. Nach der Differenzhypothese ist der Geschädigte so zu stellen, wie er ohne das schädigende Verhalten des Schädigers stehen würde. In der Regel wird dies zum Ersatz des Vertrauensschadens verpflichten. Wäre es aber ohne das Verschulden beim Vertragsabschluß zum wirksamen Geschäftsabschluß gekommen, erstreckt sich der Schadenersatzanspruch auf das Erfüllungsinteresse.

2. Haftung für den Erfüllungsgehilfen

Als ganz besonders wichtige Konsequenz für das Schadenersatzrecht ist festzuhalten: Der Geschädigte kann wegen eines Verschuldens beim Vertragsabschluß, das einem Erfüllungsgehilfen zur Last gelegt wird, den Geschäftspartner in Anspruch nehmen. Dieser hat nach § 278 im Rahmen der culpa in contrahendo das Verschulden seiner Erfüllungsgehilfen gleichfalls wie eigenes Verschulden zu vertreten.

Lernhinweis: Lesen Sie nun noch einmal oben das zu § 22 IV Gesagte durch.

Wiederholungsfragen zu § 37

Was versteht man unter der culpa in contrahendo? (§ 37 I)

Welche typischen Erscheinungsformen der culpa in contrahendo kennen Sie? (§ 37 II)

Welche Rechtsfolgen gelten im Falle des Verschuldens beim Vertragsabschluß? (§ 37 III 1)

Können Sie die rechtspolitische Bedeutung der culpa in contrahendo im Zusammenhang mit dem § 278 BGB darstellen? (§ 37 III 2)

§ 38 Der Gläubigerverzug

Lernhinweis: Bislang war die Rede von Leistungsstörungen, deren Ursachen im Verhalten des Schuldners liegen. Umgekehrt ist auch denkbar, daß die Erfüllung durch Gründe aus dem Verantwortungsbereich des Gläubigers gestört wird: Sei es, daß der Gläubiger die vom Schuldner angebotene Leistung nicht annimmt, sei es, daß er die zur Erfüllung erforderliche Mitwirkung unterläßt. Nachfolgend werden zunächst die Voraussetzungen des Gläubigerverzugs erörtert (Merke dazu vorab: Im Gegensatz zum Schuldnerverzug ist ein Verschulden des Gläubigers nicht erforderlich!); anschließend werden die Rechtsfolgen des Gläubigerverzugs dargestellt (Merke dazu vorab: Der Gläubigerverzug führt nicht zur Befreiung von der Leistung, der Schuldner bleibt nach wie vor verpflichtet!).

I. Voraussetzungen

Nach § 293 BGB (lesen!) kommt der Gläubiger in Verzug, wenn er die ihm angebotene Leistung nicht annimmt. Im einzelnen setzt dies voraus:

1. Ordnungsgemäßes Angebot

Der Gläubiger kommt nur dann in Verzug, wenn der Schuldner die Leistung ordnungsgemäß, d. h. am rechten Ort, zur rechten Zeit und in der richtigen Weise anbietet. Im Klartext: Die Leistung muß dem Gläubiger so, wie sie zu bewirken ist, tatsächlich angeboten werden (§ 294 BGB). Ein wörtliches Angebot ist gem. § 295 ausnahmsweise ausreichend,

- wenn der Gläubiger dem Schuldner erklärt hat, er werde die Leistung nicht annehmen oder
- wenn zur Erfüllung eine Handlung des Gläubigers erforderlich ist (Beispiel: Lieferung von Getreide in Säcken, die der Gläubiger bereitzustellen hat).

2. Erfüllbarkeit und Möglichkeit der Leistung

Der Gläubiger kommt nur in Annahmeverzug, wenn der Schuldner zur Leistung (schon) berechtigt ist (vgl. § 271 Abs. 2 BGB sowie oben § 26). Außerdem muß der Schuldner in der Lage sein, die Leistung auch tatsächlich zu erbringen (§ 297 BGB).

Lernhinweis: Liegt ein Fall der Unmöglichkeit vor, kommt der Gläubiger nicht in Annahmeverzug. Die betreffende Rechtslage entscheidet sich dann nach den Vorschriften über die Unmöglichkeit.

3. Nichtannahme der geschuldeten Leistung

Der Gläubiger kommt alleine durch die Nichtannahme der ordnungsgemäß angebotenen Leistung in Verzug. Verschulden wird nicht vorausgesetzt.

Beim gegenseitigen Vertrag kommt der Gläubiger auch dann in Verzug, wenn er zwar bereit ist, die angebotene Leistung anzunehmen, die verlangte Gegenleistung aber selbst nicht anbietet (vgl. §§ 298, 320). Beim gegenseitigen Vertrag muß somit auch der Gläubiger seinerseits die ihm obliegende Leistung ordnungsgemäß anbieten (§ 298).

Beispiel: V verkauft an K ein gebrauchtes Kraftfahrzeug für DM 5000,-. K ist Gläubiger hinsichtlich des Anspruchs aus § 433 Abs. 1 Satz 1 (gerichtet auf Übereignung und Übergabe) und gleichzeitig Schuldner des Kaufpreises. V bietet K das Kraftfahrzeug an und verlangt gleichzeitig den Kaufpreis. Wenn K nun, obwohl er das Kraftfahrzeug gerne annehmen möchte, nicht seinerseits den Kaufpreis anbietet, kommt er in Gläubigerverzug (also auch dann, wenn er die ordnungsgemäß von V angebotene Leistung annehmen wollte).

II. Rechtsfolgen des Gläubigerverzugs

Beachten Sie, daß der **Gläubigerverzug** als solcher **noch nicht zur Befreiung des Schuldners** führt. Dazu müßte der Schuldner hinterlegen (Repetition: Der Annahmeverzug des Gläubigers ist ein Fall, der den Schuldner zur Hinterlegung berechtigt, vgl. § 372 i.V. mit §§ 378, 379).

1. Haftungserleichterungen

Für die Zeit des Gläubigerverzugs hat der Schuldner nur noch Vorsatz und grobe Fahrlässigkeit zu vertreten (§ 300 Abs. 1 BGB – lesen!). Wird der zu liefernde Gegenstand in dieser Zeit durch Umstände beschädigt, die man dem Schuldner nur als leichte Fahrlässigkeit zur Last legen kann, trägt dieses Risiko der Gläubiger. Dasselbe gilt für die Unmöglichkeit: Leicht fahrlässiges Verhalten des Schuldners befreit ihn entsprechend § 275 BGB von der Leistungspflicht, wenn infolgedessen der Gegenstand untergeht.

Beispiel: V hatte das dem K angebotene Kraftfahrzeug wieder mitgenommen (K war im Annahmeverzug, weil er zwar annehmen, nicht dagegen Zug um Zug auch den Kaufpreis zahlen wollte). Bei der Heimfahrt verursacht V infolge leichter Fahrlässigkeit einen Unfall, bei dem das Kraftfahrzeug total zerstört wird. V ist von seiner (grundsätzlich trotz Annahmeverzug des K bestehenden) Leistungspflicht gem. §§ 275 Abs. 1, 300 Abs. 1 BGB frei geworden.

2. Gefahrübergang bei Gattungsschulden

Spätestens mit dem Annahmeverzug des Gläubigers geht auch bei Gattungsschulden die Leistungsgefahr auf den Gläubiger über (§ 300 Abs. 2 BGB – lesen!). Repetition: Bei Gattungsschulden trägt nach § 279 BGB der Schuldner die Leistungsgefahr, solange die Lieferung aus der Gattung möglich ist. § 275 BGB ist insoweit ersetzt. Nach Annahmeverzug wird der Schuldner von der Leistung gemäß § 300 Abs. 2 BGB auch bei Gattungsschulden frei.

Lernhinweis: Diese Bestimmung macht erfahrungsgemäß jedem jungen Studenten Schwierigkeiten. Vergegenwärtigen Sie sich zunächst, daß es bei § 300 Abs. 2 um die Leistungsgefahr geht! Machen Sie sich daran anschließend klar, daß seine Bedeutung außerordentlich gering ist. Warum? Antwort: § 300 Abs. 2 greift nur ein, wenn der Gläubiger im Annahmeverzug ist. Dies setzt voraus, daß der Schuldner die Leistung ordnungsgemäß (so „wie sie zu bewirken ist, tatsächlich") anbietet. Welche Konsequenzen hat die Vornahme der dazu erforderlichen Handlungen? Antwort: Der Schuldner hat damit gleichzeitig das seinerseits Erforderliche getan! Dies führt aber bei Gattungsschulden in der Regel dazu, daß nach § 243 Abs. 2 Konkretisierung eintritt und sich damit die Gattungsschuld in eine Stückschuld umwandelt. § 300 Abs. 2 behält also nur für die **Fälle** Bedeutung, **bei denen** der **Gläubiger in Annahmeverzug** gerät, **ohne daß** zuvor eine **Konkretisierung eingetreten** ist.

Schulbeispiel: V verpflichtet sich K gegenüber zur Lieferung von 50 t Sommerweizen frei Haus, und zwar in Säcken, die von K vor Liefertermin rechtzeitig bei V abzuliefern sind. Es liegt eine Bringschuld vor. K erklärt kurz vor Liefertermin kategorisch, er werde die Leistung nicht annehmen. V bietet wörtlich an (§ 295). Die Gefahr des zufälligen Untergangs geht damit gem. § 300 Abs. 2 über. Es liegt immer noch eine Gattungsschuld vor, weil die zur Konkretisierung erforderlichen Handlungen (Abfüllen in die vom Gläubiger bereitzustellenden Säcke) noch nicht vorgenommen wurden.

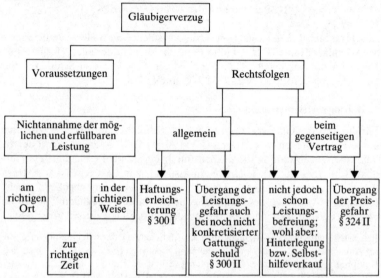

3. Übergang der Preisgefahr bei gegenseitigen Verträgen

Eine Konsequenz des Gläubigerverzugs hatten wir bei den Rechtsfolgen der Unmöglichkeit bei gegenseitigen Verträgen bereits kennengelernt: Nach § 324 Abs. 2 behält ein Partner des Vertrags (der Schuldner) den Anspruch auf die Gegenleistung, wenn seine Leistung durch einen von ihm nicht zu vertretenden Umstand zu einer Zeit unmöglich wird, zu welcher der andere Teil (der Gläubiger) im Annahmeverzug ist.

Repetition: Hier geht es nicht um die Leistungsgefahr, sondern um die Gegenleistungs-(also Preis-)gefahr! Vergleichen Sie noch einmal oben § 34 III 4. Wiederholen Sie nunmehr die eben dargelegten Regeln anhand des Schaubildes *Gläubigerverzug.*

Wiederholungsfragen zu § 38

Welches sind die Voraussetzungen des Gläubigerverzugs? (§ 38 I)

Zu welchen Haftungserleichterungen führt der Gläubigerverzug? (§ 38 II 1)

Was gilt für den Gefahrübergang bei Gattungsschulden? (§ 38 II 2)

Wer trägt die Preisgefahr im Falle des Gläubigerverzugs? (§ 38 II 3)

5. Kapitel: Mehrheit von Schuldnern und Gläubigern im Schuldverhältnis

Lernhinweis: Bislang hatten wir beim Schuldverhältnis in der Regel nur von der Rechtsbeziehung zwischen „dem Gläubiger" und „dem Schuldner" gesprochen. Als Gläubiger und Schuldner können aber auch mehrere Personen auftreten. Denkbar ist es, daß mehrere Personen auf der Schuldnerseite dem (Einzel-)gläubiger gegenüberstehen oder mehrere Personen auf der Gläubigerseite Ansprüche gegen einen Schuldner erheben, und natürlich ist auch denkbar, daß sowohl auf der Gläubiger- als auch auf der Schuldnerseite jeweils mehrere Personen stehen. In allen Fällen stellt sich die Frage, wie und von wem die Leistung gefordert werden kann (nur von allen gemeinsam oder auch von einem Gläubiger allein) und wie die Leistung erbracht werden muß (von jedem Schuldner anteilig oder in gesamter Höhe). Dann muß auch die Frage entschieden werden, wie die Leistung eines einzelnen für die Schuldnermehrheit oder die Leistung an einen einzelnen Gläubiger für die Gläubigermehrheit wirkt. Im Prinzip gibt es **drei Möglichkeiten:**

- Wenn Gläubiger oder Schuldner anteilsmäßig berechtigt oder verpflichtet sind, spricht man von Teilgläubiger und Teilschuldner.
- Wenn jeder Gläubiger oder Schuldner auf das Ganze berechtigt oder verpflichtet ist, spricht man von Gesamtgläubigern und Gesamtschuldnern.
- Wenn alle Gläubiger und Schuldner in ihrer Gesamtheit berechtigt oder verpflichtet sind, spricht man von Gesamthandsgläubigern und Gesamthandsschuldnern.

§ 39 Gläubigermehrheit

Das Bürgerliche Gesetzbuch kennt drei Arten der Gläubigermehrheit: Teilgläubiger, Gesamtgläubiger und Gesamthandsgläubiger. Gläubigermehrheiten können durch unterschiedliche Tatbestände entstehen (vergleichen Sie dazu die Skizzen *Teilgläubiger, Gesamtgläubiger, Gesamthandsgläubiger*):

- Mehrere Personen treten auf der Gläubigerseite als Vertragspartner auf (K1 und K2 kaufen zusammen ein Auto und klagen beide auf Lieferung).
- Ein bereits vorhandenes „Kollektiv" (z. B. BGB-Gesellschaft) tritt gemeinschaftlich auf und tätigt ein Rechtsgeschäft (eine Bürogemeinschaft mietet ein Geschäftslokal).
- Der Anspruch eines einzelnen Gläubigers geht im Wege der Rechtsnachfolge auf mehrere Personen über (Erblasser E wird von seinen Kindern beerbt).

I. Teilgläubiger

1. Begriff

Teilgläubigerschaft liegt vor, wenn mehrere eine teilbare Leistung zu fordern haben (vgl. § 420 1. Hs. 2. Fall BGB – lesen!). Teilbar ist eine

Teil-, Gesamt-, Gesamthandsgläubiger

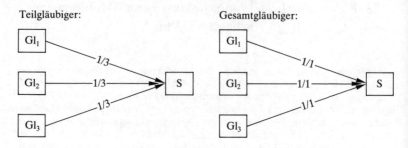

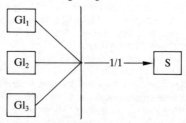

Leistung, wenn sie ohne Wertminderung und ohne Beeinträchtigung des Leistungszwecks in Teilleistungen zerlegt werden kann.

Beispiel: Geld und andere vertretbare Sachen.

2. Rechtsfolgen

Bei Teilgläubigerschaft ist nach der Auslegungsregel des § 420 BGB jeder Gläubiger nur zu einem gleichen Anteil berechtigt.

Beispiel: K1 und K2 kaufen zwei Kisten Sekt einer gängigen Marke mit der Maßgabe, daß jeder die Hälfte abholt. Sowohl K1 als auch K2 können jeweils eine Kiste Sekt verlangen.

II. Gesamtgläubiger

1. Begriff

Gesamtgläubigerschaft liegt nach § 428 BGB (lesen!) vor, wenn mehrere eine Leistung in der Weise zu fordern berechtigt sind, daß „jeder die ganze Leistung fordern kann, der Schuldner aber die Leistung nur einmal zu bewirken verpflichtet ist". Eine Gesamtgläubigerschaft entsteht entweder durch Vertrag (Beispiel: „Oder-Konten" mehrerer Inhaber) oder kraft gesetzlicher Anordnung (so im Vermächtnisrecht: § 2151 Abs. 3 BGB).

2. Rechtsfolgen

Wenn eine Gesamtgläubigerschaft vorliegt, kann der Schuldner nach § 428 Satz 1 a.E. „nach seinem Belieben an jeden der Gläubiger leisten".

Konsequenz: Die Gesamtgläubigerschaft ist für den Schuldner bequem, für den Gläubiger riskant. Der Schuldner wird durch die Leistung an einen beliebigen Gesamtgläubiger frei, möglicherweise scheitert ein Ausgleich unter den Gesamtgläubigern an der Unseriosität des Leistungsempfängers.

III. Gesamthandsgläubiger

1. Begriff

Eine Gesamthandsgläubigerschaft liegt vor (vgl. § 432 Abs. 1 S. 1), wenn mehrere Gläubiger die Leistung nur an alle fordern können.

Beispiele: Gesellschafter bzgl. der zum Gesellschaftsvermögen gehörenden Forderungen, Miterben bzgl. des ungeteilten Nachlasses. Nach § 432 Abs. 1 S. 1 liegt Gesamthandsgläubigerschaft vor, wenn eine unteilbare Leistung gefordert wird.

2. Rechtsfolgen

Bei der Gesamthandsgläubigerschaft ist typisch, daß zwar jeder Gläubiger ein Forderungsrecht hat, aber nicht Leistung an sich, sondern nur an alle verlangen kann.

Beispiel: A, B und C sind Gesellschafter der A-OHG. Gegen S besteht eine Forderung in Höhe von 10 000 DM aus einem zwischen der OHG und S getätigten Handelskauf. A kann von S Zahlung verlangen, jedoch nur an die OHG, nicht an sich selbst.

Konsequenzen: Die Gesamthandsgläubigerschaft ist für den Schuldner günstig (er muß nur einmal leisten und trägt kein Risiko hinsichtlich der Verteilung des Leistungsgegenstands). Sie ist aber auch günstig für den Gläubiger: Durch die Leistung an alle Gläubiger wird die Gefahr der einfachen Gesamtgläubigerschaft vermieden (s. o.), die darin besteht, daß durch Leistung an einen einzelnen unseriösen Gläubiger die anderen Gläubiger nicht auch in den Genuß der Erfüllung kommen.

Wiederholungsfragen zu § 39

Was versteht man unter Teilgläubigerschaft, welche Rechtsfolgen gelten? (§ 39 I 1, 2)

Wann entsteht eine Gesamtgläubigerschaft? (§ 39 II)

Was versteht man unter einem Gesamthandsgläubiger? (§ 39 III)

Welche Form der Gläubigerschaft ist für den Schuldner, welche für den Gläubiger vorteilhaft bzw. riskant? (§ 39 II 2, III 2)

§ 40 Schuldnermehrheit

Lernhinweis: Bei der Schuldnermehrheit geht es um die schon bei der Gläubigermehrheit aufgezeigten Regelungskomplexe, allerdings seitenverkehrt.

I. Teilschuldner

1. Begriff

Teilschuldnerschaft liegt nach § 420 BGB vor, wenn mehrere eine teilbare Leistung schulden.

Lernhinweis: § 420 ist lediglich eine Auslegungsregel, sie wird aber ihrerseits durch die Auslegungsregel in § 427 (s. u.) in der Praxis weitgehend verdrängt.

2. Rechtsfolgen

Bei der Teilschuld ist jeder Schuldner nur zu einem gleichen Anteil verpflichtet.

II. Gesamtschuldnerschaft

1. Begriff

Eine Gesamtschuld liegt vor, wenn mehrere eine Leistung in der Weise schulden, daß jeder die ganze Leistung zu bewirken verpflichtet ist, der Gläubiger allerdings die Leistung nur einmal zu fordern berechtigt ist (vgl. die Legaldefinition in § 421 BGB). Vergleichen Sie zum besseren Verständnis die Skizze *Teilschuldner und Gesamtschuldner*.

Teilschuldner und Gesamtschuldner

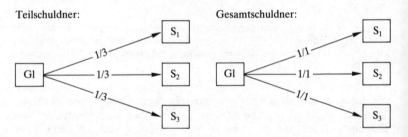

2. Anwendungsfälle

Gesamtschulden entstehen in 3 Fällen:

a) Unteilbare Leistung

Nach § 431 BGB (lesen!) liegt eine Gesamtschuld vor, wenn mehrere eine unteilbare Leistung schulden.

Beispiele: Herausgabe einer bestimmten Sache; Verpflichtung zur Herstellung eines Werkes nach Werkvertragsrecht; Verpflichtung zur Übereignung.

b) Gesetzliche Regelung

In einer Reihe von Fällen ordnet das Gesetz gesamtschuldnerische Haftung an (überfliegen Sie die §§ 42 Abs. 2, 419 Abs. 1, 556 Abs. 3, 769, 830, 840, 1357 Abs. 1 S. 2, 2058 BGB; 128 HGB).

Beispiel: Gustav wird von S1, S2 und S3 zusammengeschlagen. Nach §§ 830, 840 BGB haften mehrere Deliktschuldner als Gesamtschuldner. Gustav kann seinen Schadenersatzanspruch in voller Höhe bei jedem einzelnen Schädiger einklagen.

c) Gemeinschaftliche Leistungsverpflichtung

§ 427 BGB bringt eine außerordentlich wichtige und folgenreiche Auslegungsregel: Verpflichten sich mehrere durch Vertrag gemeinschaftlich zu einer teilbaren Leistung, so haften sie im Zweifel als Gesamtschuldner. Damit ist die ursprüngliche Auslegungsregel des § 420 (wonach eigentlich bei teilbarer Leistung eine Teilschuldnerschaft entsteht) praktisch außer Kraft gesetzt.

Beispiel: Ehegatten E1 und E2 unterschreiben beide einen Mietvertrag über die gemeinsame eheliche Wohnung. Sie haften damit als Gesamtschuldner. Der Vermieter kann sich wegen der Mietzinsforderung in voller Höhe an die Ehefrau oder an den Ehemann halten (in den üblichen Formularverträgen ist dies ausdrücklich so vorgesehen).

3. Strukturelemente der Gesamtschuld

Beim Gesamtschuldverhältnis liegen mehrere einzelne Forderungen (bzw. Schulden) vor, die über die Konstruktion der Gesamtschuld zusammengefaßt werden. Dabei ist im einzelnen vieles strittig. Die Rechtsprechung verlangt als Mindestvoraussetzungen unter anderem:

- Die Pflichten der Gesamtschuldner müssen sich auf dasselbe Leistungsinteresse beziehen (nicht vorausgesetzt ist dagegen derselbe Entstehungsgrund).
- Dabei muß eine innere Verbundenheit der Forderungen bestehen. Die Rechtsprechung sieht diese in einer – objektiv vorhandenen – „Zweckgemeinschaft" (in Schadensfällen ist die verantwortliche Mitverursachung dafür ausreichend). Bei weitgehend gleichem Ergebnis stellt die Lehre auf den Begriff der „Gleichstufigkeit" (Gleichrangigkeit) der Verpflichtungen ab.

Für den Wirtschafts- und Sozialwissenschaftler dürften diese Dinge den normalen Rahmen sprengen; bei Hausarbeiten wäre dies ein klassischer Fall für die Heranziehung von weiterführender Kommentarliteratur.

Beispiele: Gesamtschuldner sind
- Architekt und Bauunternehmer hinsichtlich der von ihnen gemeinsam zu verantwortenden Baumängel (nicht dagegen hinsichtlich der Errichtung des Bauwerks);
- Vertragspartner (vertraglicher Anspruch) und Erfüllungsgehilfe (deliktischer Anspruch aus § 823 BGB);
- Straßenbahn-AG und Kfz-Halter bezüglich der Gefährdungshaftung;
- Pkw-Fahrer und die für den Unfall mitverantwortlichen (weil ihre Aufsichtspflicht verletzenden) Eltern gegenüber dem bei einem Unfall geschädigten Kind.

4. Rechtsfolgen

a) Stellung des Gläubigers

Liegt ein Gesamtschuldverhältnis vor, ist der Gläubiger ein **„juristischer Pascha"**: Er kann die gesamte Leistung nach seinem Belieben von jedem der Schuldner verlangen. Leistet einer der Schuldner, werden die anderen Schuldner nach § 422 ebenfalls befreit. **Konsequenz:** Die Gesamtschuld ist **für den Gläubiger die sicherste** und bequemste **Rechtsposition**. Er kann den zahlungskräftigsten Schuldner „herauspicken" und vermeidet das Risiko, daß einer der Schuldner mangels Bonität ausfällt.

b) Schuldnerstellung

aa) Veränderungen der Gesamtschuld

Erfüllt ein Gesamtschuldner, wirkt dies nach § 422 BGB auch für die übrigen Schuldner.

Dasselbe gilt für die Leistung an Erfüllungs Statt, die Hinterlegung, die Aufrechnung, den Erlaß sowie den Gläubigerverzug.

Andere als die vorgenannten Tatsachen wirken nur für und gegen den jeweiligen Gesamtschuldner (vgl. im einzelnen §§ 422 bis 425 BGB).

bb) Ausgleichsansprüche

Wird ein Gesamtschuldner vom Gläubiger in Anspruch genommen und zahlt er daraufhin, so gilt § 426 BGB (lesen!).

Lernhinweis: Beachten Sie, daß § 426 zwei verschiedene Absätze mit zwei grundverschiedenen Aussagen enthält!

Gesamtschuldner sind im Verhältnis zueinander im Zweifel zu gleichen Anteilen verpflichtet (§ 426 Abs. 1).

Soweit ein Gesamtschuldner den Gläubiger befriedigt, geht die Forderung des Gläubigers gegen die übrigen Schuldner auf ihn über, § 426 Abs. 2 (Beispiel einer „cessio legis", gesetzlicher Forderungsübergang). Nach § 412 finden die §§ 398 ff. entsprechende Anwendung mit der Folge, daß z. B. die Sicherungsrechte mit übergehen. Vergleichen Sie dazu das Schaubild *Regreß bei Gesamtschuldnerschaft.*

Regreß bei Gesamtschuldnerschaft

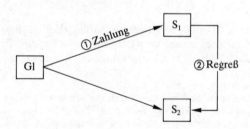

Wiederholungsfragen zu § 40

Wann liegt Teilschuldnerschaft vor und welche Rechtsfolgen gelten? (§ 40 I 1, 2)

Was versteht man unter einer Gesamtschuld? (§ 40 II)

Inwiefern ist der Gläubiger bei der Gesamtschuld ein „juristischer Pascha"? (§ 40 II 4)

An wen kann sich ein einzelner Gesamtschuldner halten, wenn er vom Gläubiger in Anspruch genommen wurde? (§ 40 II 4 b)

6. Kapitel: Gläubiger- und Schuldnerwechsel

Lernhinweis: Das BGB enthält Regeln, wie die Rechtsstellung des Schuldners und des Gläubigers übertragen werden kann: Der Wechsel auf der Gläubigerseite erfolgt durch Forderungsabtretung („Zession") gemäß §§ 398 ff., der Wechsel auf der Schuldnerseite erfolgt durch Schuldübernahme nach §§ 414 ff. BGB. Nach Durcharbeitung des nachfolgenden Kapitels müssen Sie wissen, wie, unter welchen Voraussetzungen und mit welchen Konsequenzen die Zession bzw. die Schuldübernahme erfolgt und vor allem, wie nicht beteiligte Personen geschützt sind. Merken Sie sich schon vorab: Der Wechsel auf der Gläubigerseite erfolgt ohne Mitwirkung des Schuldners; der Wechsel auf der Schuldnerseite dagegen setzt die Beteiligung des Gläubigers voraus (Begründung siehe unten).

§ 41 Die Forderungsübertragung

I. Wirtschaftliche Bedeutung

Das praktische Gewicht der Forderungsabtretung im Wirtschaftsleben ist groß. Sie tritt in dreifacher Weise in Erscheinung:

1. Rechtsgeschäftlicher Forderungsübergang

a) Die Zession als Erfüllung eines Kausalgeschäfts

Durch vertragliche Abtretung der Forderung wird ein entsprechendes Kausalgeschäft erfüllt. Dabei kann es sich etwa um eine Schenkung handeln (Beispiel: Aus erbschaftsteuerlichen Erwägungen schenkt der Senior im Wege der vorweggenommenen Erbfolge dem Junior eine unterhalb des Freibetrags liegende Kapitalforderung).

Vielfach wird der Forderungsabtretung ein Kaufvertrag zugrunde liegen (Beispiel: Das Factoring-Geschäft. Der Verkauf von Außenständen gegen einen Kosten- und Bonitätsabschlag sichert eine Mindestliquidität). Besonderheiten gelten bei der Übertragung von Wechseln (frühzeitige Liquiditätsgewinnung durch Weitergabe vor Fälligkeit unter Abzug des Wechseldiskonts).

b) Die Zession als Kreditgeschäft

Große Bedeutung hat die Forderungsabtretung im Bereich des Kreditgeschäfts: Die Sicherungsabtretung einer Forderung hat gegenüber der Forderungsverpfändung den Vorteil, daß sie keine bonitätsschädliche Anzeige an den Drittschuldner erfordert.

Wir unterscheiden:
- die **offene Zession**: Der Schuldner wird von der Zession benachrichtigt;
- die **stille Zession**: Die Zession wird verheimlicht;
- die **Globalzession**: Der Gläubiger tritt sämtliche ihm zustehende Ansprüche ab;

- die **Mantelzession**: Der Gläubiger (Abtretender) verpflichtet sich, Forderungen in bestimmter oder variabler Höhe abzutreten und übergibt dem Zessionar (Abtretungsempfänger) dazu zu bestimmten Terminen eine Liste der abgetretenen Forderungen;
- die **Blankozession**: Der Gläubiger stellt eine Abtretungsurkunde aus, bei der der Empfänger sich selbst oder einen Dritten als Zessionar bestimmen darf;
- die **Inkassozession**: Der Gläubiger tritt die Forderung nur treuhänderisch zur Einziehung ab.

2. Gesetzlicher Forderungsübergang

Nicht selten sieht das Gesetz automatisch einen Forderungsübergang vor. Man spricht von der „cessio legis".

Beispiele: Hat der Bürge gezahlt, geht die Forderung des Gläubigers gegen den Hauptschuldner gem. § 774 Abs. 1 BGB auf ihn über; dasselbe gilt bei Gesamtschuldnern nach § 426 Abs. 2 sowie in vielen Fällen des Versicherungsrechts (der Versicherer zahlt und macht daraufhin den Schadenersatzanspruch des Geschädigten gegen den Schädiger geltend). Weitere Beispiele: §§ 268 Abs. 3, 1143 Abs. 1, 1225, 1607 Abs. 2 S. 2 BGB.

3. Forderungsübertragung durch Hoheitsakt

Bei der Zwangsvollstreckung in Forderungen erwirbt der Gläubiger die gepfändete Forderung mit der Zustellung des Überweisungsbeschlusses (der Drittschuldner kann dann nur noch an den Pfändungsgläubiger befreiend zahlen). Wichtigster Fall: die Lohnpfändung.

II. Voraussetzungen der Forderungsabtretung

1. Der Abtretungsvertrag

Nach § 398 BGB (lesen!) werden Forderungen durch Vertrag zwischen Altgläubiger und Neugläubiger übertragen. Den alten Gläubiger nennt man **Zedenten**, den neuen Gläubiger **Zessionar**, die Forderungsabtretung **Zession**.

Mit dem Abschluß des Vertrags tritt der neue Gläubiger an die Stelle des bisherigen (§ 398 S. 2 BGB). Ein **Zutun des Schuldners**, insbesondere seine Kenntnis oder gar Zustimmung, ist **nicht erforderlich**. Vergleichen Sie dazu das Schaubild *Forderungsabtretung*.

Forderungsabtretung

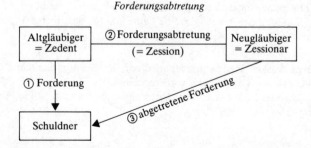

2. Die abzutretende Forderung

a) Kein gutgläubiger Erwerb

Die Zession setzt das Bestehen einer Forderung voraus. **Merke:** Der gute Glaube an das Bestehen einer in Wirklichkeit nicht vorliegenden Forderung ist nicht geschützt.

Verständnisfrage: Warum? Antwort: Weil kein Rechtsschein begründet wird; eine Forderung als solche sieht man nicht! Anders ist es bei „verbrieften Forderungen" (vgl. hierzu das Wertpapierrecht).

Die Zession ist unzulässig:
• bei unpfändbaren Forderungen (vgl. § 400 BGB),
• wenn die Abtretung vertraglich ausgeschlossen war (§ 399 BGB) sowie
• in bestimmten gesetzlichen Fällen (z. B. § 717 BGB: Bestimmte Gesellschafterrechte sind nicht übertragbar).

b) Künftige Forderungen

Das Gesetz selbst enthält keine Aussage darüber, ob auch schon künftige Forderungen übertragbar sind. Die Rechtsprechung läßt dies zu, wenn und soweit die abzutretenden Forderungen „bestimmbar" sind. Spätestens zur Zeit ihrer Entstehung muß aber über Inhalt und Höhe der Forderungen sowie über die Person des Schuldners Klarheit bestehen.

Lernhinweis: Die Frage der Bestimmbarkeit von Forderungen hat große Bedeutung bei der Globalzession und bei der Abtretung künftiger Forderungen im Rahmen des verlängerten Eigentumsvorbehalts (vgl. dazu unten § 66).

III. Übergang von Sicherungsrechten

Mit der abgetretenen Forderung gehen nach § 401 BGB (lesen!) die für sie bestehenden akzessorischen Sicherungsrechte über.

Beispiel: Für die Darlehensschuld des S verbürgt sich Bürge B. Gläubiger G tritt die Forderung an seine Bank ab. Wenn S der nunmehr gegenüber der Bank als neuem Gläubiger bestehenden Verpflichtung nicht nachkommt, kann sich diese aus der Bürgschaft befriedigen. Vergleichen Sie dazu das Schaubild *Übergang von Sicherungsrechten bei der Zession.*

Der Grund für diese Regelung liegt darin, daß der Bürge auch nach der Zession für dieselbe Person einsteht, deren Bonität ihm bekannt sein mußte. Freilich wird sich die Situation möglicherweise faktisch zu seinem Nachteil ändern, wenn der neue Gläubiger wesentlich „aggressiver" vorgeht, als er dies von dem alten Gläubiger erwarten durfte.

IV. Schuldnerschutz

Lernhinweis: Der Schuldner ist bei der Abtretung nicht beteiligt; deshalb darf sich durch die Zession seine Rechtsstellung nicht zum Nachteil verändern. Das Gesetz erreicht dies auf folgende Weise:

Übergang von Sicherungsrechten bei der Zession

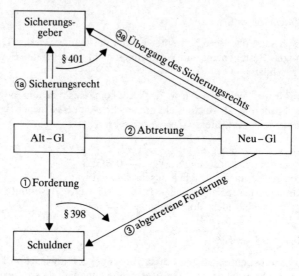

1. Einwendungserhalt

Nach § 404 BGB (lesen!) kann der Schuldner dem neuen Gläubiger alle Einwendungen und Einreden entgegensetzen, die zur Zeit der Abtretung der Forderung gegen den bisherigen Gläubiger begründet waren. Vergleichen Sie dazu das Schaubild *Einwendungen bei der Zession.*

Einwendungen bei der Zession

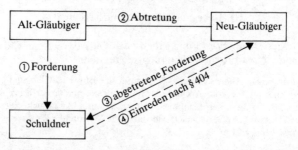

Beispiel: V tritt die ihm gegen K zustehende Kaufpreisforderung in Höhe von 5000 DM an Erfüllung Statt an seinen Gläubiger Gierig ab. Gierig verlangt von K Zahlung. Dieser bringt unstreitig vor, die verkaufte Ware sei mangelhaft, weshalb er nach § 462 BGB mindere. Nach § 404 BGB kann K die Gewährleistungsrechte des Kaufrechts auch dem neuen Gläubiger entgegenhalten.

2. Befreiende Zahlung

a) Schuldnerschutz

Wenn der Schuldner von der Abtretung nichts erfährt, läuft er Gefahr, an den alten Gläubiger und damit an einen Nichtberechtigten zu leisten. Hier greift § 407 BGB (lesen!) ein: Der neue Gläubiger muß eine Leistung, die der Schuldner nach Abtretung an den bisherigen Gläubiger in Unkenntnis der Abtretung bewirkt, gegen sich gelten lassen. Dasselbe gilt für jedes andere Rechtsgeschäft, das nach Abtretung zwischen dem Schuldner und dem bisherigen Gläubiger hinsichtlich der Forderung getätigt wird.

Entscheidende Voraussetzung: Der Schuldner darf von der Abtretung nichts wissen. Vergleichen Sie dazu das Schaubild *Leistung an den Altgläubiger nach Zession.*

Leistung an den Altgläubiger nach Zession

Beispiel: K bezahlt die noch offenen 5000 DM an V; dieser hatte die Forderung zuvor schon an Gierig abgetreten, K aber nicht benachrichtigt. Nach § 407 BGB wird K befreit.

b) Bereicherungsausgleich

Die befreiende Zahlung an einen Nichtberechtigten führt zu einer typischen Bereicherungssituation: Der alte Gläubiger erlangt etwas, was an sich dem neuen Gläubiger zusteht. Wegen § 407 BGB ist die Zahlung des Schuldners an den Nichtberechtigten wirksam. Hier greift § 816 Abs. 2 BGB ein: Der Nichtberechtigte muß das Erlangte dem neuen Gläubiger herausgeben (zu den Einzelheiten vgl. unten im Bereicherungsrecht § 56 III 3).

Praktische Überlegung: Wer derartige Fälle vermeiden will, muß die Zession offenlegen. Dadurch wird der „gute Glaube" des Schuldners zerstört. Auf der anderen Seite ist die stille Zession nicht selten gerade beabsichtigt: Die Offenlegung der Forderungsabtretung kann sich verheerend auf die Beurteilung der Bonität des Zedenten auswirken. Darüber hinaus ist die Zahlung des Schuldners an den Zedenten gewollt: Zahlt der Schuldner an den alten Gläubiger, dann tut er oft nur das, was nach der Interessenlage der Parteien erwünscht ist. Die stille Zession soll ihre Wirkung nur im „Fall X" entfalten, insbesondere im Konkurs des Zedenten. Dann kann der Zessionar (regelmäßig die Bank) aus- bzw. absondern (vgl. dazu das Vollstrekkungsrecht) und damit seine Forderungen „vor dem Konkurs retten".

3. Aufrechnungsanwartschaften

Nach § 406 BGB kann der Schuldner mit Forderungen, die er dem bisherigen Gläubiger gegenüber hatte, unter bestimmten Umständen auch dem neuen Gläubiger gegenüber aufrechnen.

Wiederholungsfragen zu § 41

Welche Fälle der Forderungsübertragung kennen Sie? (§ 41 I)

Bedarf die Forderungsabtretung der Zustimmung des Schuldners? (§ 41 II 1)

Gibt es bei der Forderungsabtretung einen gutgläubigen Erwerb? (§ 41 II 2 a)

Inwiefern ist der Schuldner bei der Forderungsabtretung geschützt? (§ 41 IV)

§ 42 Die Schuldübernahme

I. Begriff und Erscheinungsformen

Die Auswechslung des Schuldners erfolgt durch die sog. Schuldübernahme nach §§ 414 ff. BGB. Durch Vertrag wird die Schuld auf einen neuen Schuldner übertragen.

Lernhinweis: Man muß die Terminologie auseinanderhalten. In §§ 414 ff. BGB ist die sogenannte **„befreiende Schuldübernahme"** gemeint (auch „privative Schuldübernahme" oder „Schuldeintritt" genannt). Nur unter den dortigen Voraussetzungen tritt ein neuer Schuldner an die Stelle des alten. Daneben kennen wir die **„kumulative Schuldübernahme"** (auch „Schuldbeitritt" oder „Schuldmitübernahme" genannt): Es wird vertraglich bestimmt, daß jemand eine bestehende Schuld neben dem bisherigen Schuldner übernimmt (Schuldner und Mitübernehmer werden Gesamtschuldner).

Schließlich ist von der Schuldübernahme noch die **Erfüllungsübernahme** (s. o. § 29) zu unterscheiden: Letztere liegt vor, wenn ein Dritter sich gegenüber dem Schuldner verpflichtet, dessen Schuld zu erfüllen (§ 329 BGB). Sie gibt nur dem Schuldner einen (internen) Anspruch auf Befreiung von der Schuld. Der Gläubiger behält dagegen seinen Schuldner; er erwirbt keinen Anspruch gegen den Dritten.

II. Zustandekommen der Schuldübernahme

Die Schuldübernahme setzt die Beteiligung des Gläubigers voraus. (Begründung: Ihm ist die Bonität des Schuldners nicht gleichgültig!). Dies kann auf zweifache Weise geschehen:

1. Vertrag zwischen Gläubiger und Übernehmer

Nach § 414 BGB kann die Schuldübernahme bewirkt werden durch einen Vertrag zwischen dem Gläubiger und Übernehmer als Neu-Schuldner (das Gesetz bezeichnet diesen als „Dritten").

2. Vertrag zwischen Alt- und Neuschuldner

a) Grundsatz

Die Schuldübernahme kann auch durch Vertrag zwischen Altschuldner und Neuschuldner begründet werden. In diesem Fall hängt aber ihre Wirksamkeit nach § 415 (lesen!) von der Genehmigung des Gläubigers ab. Vergleichen sie jetzt das Schaubild *Schuldübernahme*.

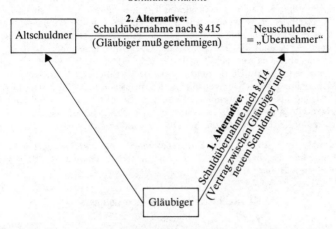

b) Übernahme einer Hypothekenschuld

Besonderes gilt nach § 416 BGB, wenn der Erwerber eines Grundstücks durch Vertrag mit dem Veräußerer eine Schuld übernimmt, für die eine Hypothek an dem Grundstück besteht. Dies ist das tägliche Brot der Bank- und Bausparkassenpraxis: In aller Regel übernimmt der Käufer das bestehende Grundpfandrecht unter Anrechnung auf den Kaufpreis.

Beispiel: V veräußert an K ein Grundstück im Werte von 500 000 DM, das mit einer Hypothek, derzeit valutiert in Höhe von 100 000 DM, belastet ist. Die Hypothek

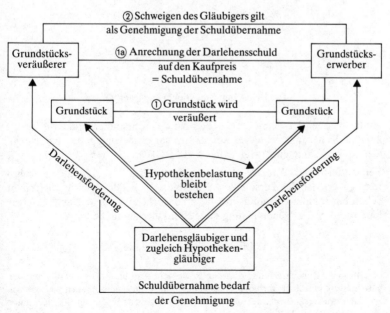

lastet auf dem Grundstück unabhängig von der Veräußerung. Es wäre nicht interessengemäß, wenn K den vollen Kaufpreis bezahlen und V einen Teil davon zur Tilgung des Darlehens verwenden würde. Möglicherweise müßte K seinerseits einen Kredit zu vielleicht schlechteren Bedingungen aufnehmen. Der Einfachheit halber übernimmt der Käufer die Darlehensschuld unter Anrechnung auf den Kaufpreis. Damit findet aber eine Auswechslung des Schuldners statt, die der Genehmigung des Gläubigers bedarf. § 416 BGB erleichtert diesen Vorgang: Der Veräußerer teilt die Schuldübernahme dem Gläubiger mit; nach Ablauf von sechs Monaten gilt deren Genehmigung als erteilt, wenn der Gläubiger sie nicht vorher verweigert hat. Schweigen gilt in diesem Fall ausnahmsweise als Zustimmung. Vergleichen sie zu diesem komplizierten Vorgang das Schaubild *Hypothekenübernahme*.

Lernhinweis: § 416 Abs. 1 S. 1 BGB ist redaktionell mißglückt. Das dort enthaltene Wörtchen „nur" ist überflüssig und hätte bei der „Endredaktion" des BGB gestrichen werden müssen.

III. Rechtsstellung des Übernehmers

Der Übernehmer kann nach § 417 BGB (lesen!) dem Gläubiger die Einwendungen entgegenhalten, die sich aus dem Rechtsverhältnis zwischen dem Gläubiger und dem bisherigen Schuldner ergeben. Vergleichen sie dazu das Schaubild *Einwendungen des Schuldübernehmers*.

Einwendungen des Schuldübernehmers

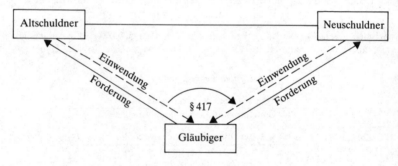

IV. Erlöschen von Sicherungsrechten

Anders als bei der Zession erlöschen bei der Schuldübernahme die bestehenden Sicherungsrechte, es sei denn, der Sicherungsgeber hat in die Schuldübernahme eingewilligt (lies § 418 BGB!).

Verständnisfrage: Warum? Antwort: Dem Bürgen und anderen Sicherungsgebern ist die Person des Schuldners nicht gleichgültig; für einen Schuldner minderer Bonität möchte man nicht einstehen! Der Gläubiger muß dies bei der Genehmigung der Schuldübernahme bedenken.

V. Die Vermögensübernahme

Lernhinweis: Zunächst muß klargestellt werden, daß im „Normalfall" bei der Veräußerung einzelner Vermögensgegenstände nicht automatisch auch ein Teil der Schulden des Veräußerers auf den Erwerber übergehen. Überträgt der Schuldner aber sein gesamtes Vermögen auf einen anderen, ist die Benachteiligung der bisherigen Gläubiger mit Händen zu greifen. Den Gläubigern wird der „Haftungsstock" des Schuldners entzogen. In diesem Fall ordnet § 419 BGB (lesen!) die Haftung des Erwerbers an. Es handelt sich dabei um einen gesetzlichen Schuldbeitritt.

1. Tatbestand der Vermögensübernahme

Übernimmt jemand durch Vertrag das Vermögen eines anderen, so können dessen Gläubiger vom Abschluß des Vertrags an ihre zu dieser Zeit bestehenden Ansprüche auch gegen den Übernehmer geltend machen. Vergleichen Sie dazu das Schaubild *Vermögensübernahme*. Obwohl es sich dabei lediglich um einen „vermögensumschichtenden Vorgang" handelt, bleibt die Gegenleistung außer Betracht!

Vermögensübernahme

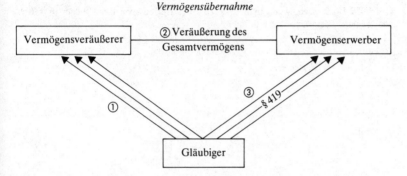

Hinweis: Die Haftung des bisherigen Schuldners dauert fort. Es liegt also ein Schuldbeitritt vor.

Lernhinweis: Einen ähnlichen Fall kennen wir im Handelsrecht. Nach § 25 HGB haftet der Übernehmer bei Firmenfortführung.

2. Haftungsbeschränkungen

Der Übernehmer haftet im Grundsatz unbeschränkt, kann die Haftung aber auf das übernommene Vermögen und die Ansprüche aus dem Übernahmevertrag beschränken (vgl. § 419 Abs. 2 BGB).

3. Haftung bei Einzelgegenständen

Die Rechtsprechung hat § 419 BGB auch angewandt, wenn nur ein einzelner Vermögensgegenstand veräußert wird, dieser aber praktisch das gesamte Vermögen darstellt (Schulbeispiel: Veräußerung eines Grundstücks; der Veräußerer hat daneben nur noch wertlose Fahrnis).

Dies gefährdet jedoch die Rechtssicherheit. Deshalb hat die Rechtsprechung den von ihr selbst aufgestellten Grundsatz weitergeführt: Der Erwerber haftet nicht, wenn er in Unkenntnis darüber war, daß es sich bei dem erworbenen Gegenstand um praktisch das gesamte Vermögen des Veräußerers handelte.

Hinweis: Dies ist der Grund, weshalb die Notare den Veräußerer im Kaufvertrag regelmäßig versichern lassen, daß er „noch über weiteres Vermögen verfügt".

Wiederholungsfragen zu § 42

Was versteht man unter der Schuldübernahme und welche Erscheinungsformen kennen Sie? (§ 42 I)

Ist bei der Schuldübernahme sowohl die Mitwirkung des Gläubigers als auch die des Schuldners erforderlich? (§ 42 II)

Welche Besonderheiten gelten für die Übernahme einer Hypothekenschuld? (§ 42 II 2 b)

Welche Rechtsstellung hat der Übernehmer einer Schuld gegenüber dem Gläubiger? (§ 42 III)

Bleiben bei der Schuldübernahme, wie bei der Forderungsabtretung, bestehende Sicherungsrechte erhalten? (§ 42 IV, § 41 III)

Was versteht man unter der Vermögensübernahme? (§ 42 V)

Gilt § 419 BGB auch, wenn beim Erwerb eines Einzelgegenstands dieser praktisch das gesamte Vermögen darstellt? (§ 42 V 3)

Teil IV: BGB – Besonderes Schuldrecht

§ 43 Funktion und Systematik des Besonderen Schuldrechts

I. Der Regelungsbereich des Besonderen Schuldrechts

Wir hatten oben zwischen dem Allgemeinen und dem Besonderen Teil des Schuldrechts unterschieden, obwohl der Gesetzgeber diese Einteilung nicht ausdrücklich vornimmt. Sie ergibt sich aber aus der Systematik: §§ 241–432 BGB enthalten in den Abschnitten 1–6 die allgemeinen Regeln für alle oder doch wenigstens mehrere Schuldverhältnisse. Die Vorschriften über das Entstehen der Schuldverhältnisse, ihre Erfüllung, die auftretenden Leistungsstörungen, die Abtretung von Forderungen sowie die Übernahme von Verpflichtungen u. a. sind unabhängig von der konkreten Erscheinungsform des Schuldverhältnisses (nicht zuletzt aus ökonomischen Gründen) vorangestellt. Die im 7. Abschnitt in §§ 433–853 BGB enthaltenen Vorschriften beziehen sich auf einzelne Schuldverhältnisse. Dabei bemühte sich der Gesetzgeber in pragmatischer Weise, die wichtigsten und häufigsten schuldrechtlichen Beziehungen vorsorglich für den Fall zu regeln, daß die Parteien keine speziellen Vereinbarungen treffen. Keineswegs wollte er seine – für den Normalfall interessengerecht gedachten – Regelungen aufdrängen. Halten Sie daher stets fest: Die Vorschriften des BGB für vertragliche Schuldverhältnisse sind **weitestgehend dispositiv!** Die einzelnen Schuldverhältnisse lassen sich einteilen in rechtsgeschäftliche (in der Regel vertragliche) und gesetzliche Schuldverhältnisse. **Merke:** Gesetzliche Schuldverhältnisse entstehen („kraft Gesetzes"), sobald die rein tatsächlichen Voraussetzungen bestimmter Tatbestandsmerkmale erfüllt werden; rechtsgeschäftliche Schuldverhältnisse dagegen beruhen auf einer Willensäußerung bzw. Willensübereinstimmung der Parteien.

Als gesetzliche Schuldverhältnisse finden wir im Schuldrecht die „Geschäftsführung ohne Auftrag", die „ungerechtfertigte Bereicherung" sowie die „unerlaubte Handlung".

Schuldverhältnisse finden wir jedoch nicht nur im Schuldrecht. Auch an anderen Stellen des Privatrechts (sowohl in den weiteren Büchern des BGB wie auch außerhalb des Bürgerlichen Gesetzbuches) sind schuldrechtliche Beziehungen (zwischen Gläubiger und Schuldner) geregelt.

Beispiele: Im Sachenrecht die Ansprüche des Finders gegen den Eigentümer, im Familienrecht die Unterhaltsansprüche nach §§ 1601 ff. oder die Zugewinnausgleichsansprüche eines Ehegatten gegen den anderen, im Erbrecht das Rechtsverhältnis zwischen Erbe und Vermächtnisnehmer bzw. den Pflichtteilsberechtigten. Außerhalb des BGB entstehen schuldrechtliche Beziehungen bei Handelsgeschäften, im Rahmen von Gesellschaftsverträgen, im Wechsel- und Scheckrecht, Versicherungsrecht, Verlagsrecht u.a.m.

II. Vertragliche Schuldverhältnisse

1. Die Typologie des Gesetzgebers

Das Besondere Schuldrecht enthält zunächst eine dispositive Regelung der wichtigsten und häufigsten Schuldverträge, insbesondere die Veräußerung (Kauf, Tausch, Schenkung), die Gebrauchsüberlassung (Miete, Pacht, Leihe, Darlehen) und die Dienstleistung (Auftrag, Dienstvertrag, Werkvertrag).

2. Vertragsfreiheit im Schuldrecht

Im Schuldrecht besteht weitgehende Vertragsfreiheit.

Die Vertragsparteien können von der gesetzlichen Regelung abweichende Vereinbarungen treffen. Ihre Schranke findet die Vertragsfreiheit in den allgemeinen Vorschriften (§§ 134, 138 BGB).

Im übrigen aber gilt: Die Vertragspartner können von gesetzlich geregelten Vertragstypen abweichen, sie kombinieren oder neue Vertragstypen einführen.

a) Gemischte Verträge

Nicht selten erfüllt der Leistungsaustausch die Wesensmerkmale mehrerer gesetzlicher Schuldvertragstypen. Man spricht dann von „gemischten Verträgen".

Beispiele:

- Der **Beherbergungsvertrag** enthält Elemente der Miete, der Dienstleistung, des Werk-, möglicherweise auch des Kaufvertrags.
- Der **Parkplatzvertrag** enthält hinsichtlich der Platzreservierung mietrechtliche, hinsichtlich der Bewachung dienstleistungsrechtliche Elemente.
- Der **Automatenaufstellvertrag** kombiniert miet-, gesellschafts- und darlehensrechtliche Elemente.
- Der **Bierlieferungsvertrag** verpflichtet zum langfristigen, ausschließlichen Bezug, meist kombiniert mit der Vergabe von Darlehen oder Einräumung sonstiger Vergünstigungen.
- Der **Hausmeistervertrag** kombiniert Miet- und Dienstvertrag.

Welche Vorschriften auf gemischte Verträge Anwendung finden, richtet sich zunächst nach der individuellen Vereinbarung. Bei dispositiver Anwendung gesetzlicher Bestimmungen ist vom Einzelfall her zu entscheiden. Dabei spielt eine Rolle, ob eine Rangordnung zwischen Haupt- und Nebenleistung besteht. Mehrere Hauptverpflichtungen beurteilen sich nach dem jeweils für sie geltenden Rechtsgebiet.

b) Verträge eigener Art

Das ehrwürdige Bürgerliche Gesetzbuch konnte nicht alle Entwicklungen voraussehen. Im modernen Wirtschaftsverkehr haben sich neue typische Leistungsbeziehungen herauskristallisiert. Einige davon sind durch Novellierungen geregelt worden (Beispiele: Abzahlungskauf, Reisevertrag).

Als wichtige Verträge „sui generis" sind zu nennen:

- der **Leasingvertrag**: entgeltliche Gebrauchsüberlassung, in der Regel kombiniert mit der Einräumung einer Erwerbsoption;
- der **Factoring-Vertrag**: Ankauf von Forderungen gegen Gewinn-, Kosten- und Bonitätsabschlag;
- das **Franchising**: Benutzungsüberlassung eines Warenzeichens in Verbindung mit Lizenzen oder know-how;
- der **Baubetreuungsvertrag** umfaßt (und konzentriert bei der Erstellung von Eigentumswohnungen) die einem Bauherren zufallenden Dienstleistungen.

Als allgemeine Vertragstypen eigener Art kennen wir den im BGB nicht speziell geregelten **„Vorvertrag"** sowie den **„Garantievertrag"**.

1. Kapitel: Veräußerungsverträge

Lernhinweis: Kauf, Tausch und Schenkung sind privatrechtliche Schuldverhältnisse, durch die sich jemand zur dauerhaften und endgültigen Übertragung eines Wirtschaftsguts verpflichtet. Beachten Sie stets den terminologischen Unterschied: Durch den Kaufvertrag (entsprechendes gilt für Tausch und Schenkung) wird lediglich die Verpflichtung zur Übertragung des Wirtschaftsgutes begründet, die Übertragung selbst erfolgt in einem davon getrennten Rechtsvorgang (Sachen werden nach den Modalitäten des Sachenrechts übereignet, Rechte werden übertragen nach den jeweils für sie geltenden Vorschriften, z. B. durch Zession). Von Veräußerung spricht man, wenn man den gesamten Vorgang einschließlich der Rechtsübertragung meint.

Die Wesensmerkmale der einzelnen Veräußerungsverträge sind dem Rechts- und Wirtschaftswissenschaftler geläufig anhand der Kurzformeln „Ware gegen Geld" (Kauf), „Ware gegen Ware" (Tausch) sowie „Ware ohne Geld" (Schenkung). Der Kaufvertrag ist das mit Abstand wichtigste Schuldverhältnis und die quantitativ dominierende Rechtsgrundlage für den Güterumsatz. Deshalb wird im nachfolgenden der Kauf als Schwerpunkt behandelt. Tauschverträge kommen heute nur noch in Ausnahmefällen vor, gelegentlich im Bereich des Grundstücksverkehrs. Ansonsten verbinden sich mit dem Tauschvertrag und der Tauschwirtschaft historische Reminiszenzen (in „schlechten Zeiten" wird auch dem wirtschaftswissenschaftlichen Laien die Funktion des Geldes zur Abkürzung des Güteraustausches schmerzhaft bewußt). Das BGB enthält für das Tauschrecht nur eine Vorschrift: Nach § 515 finden auf den Tausch die Vorschriften über den Kauf entsprechende Anwendung. Vergleichen Sie vorab die Übersicht *Veräußerungsverträge*.

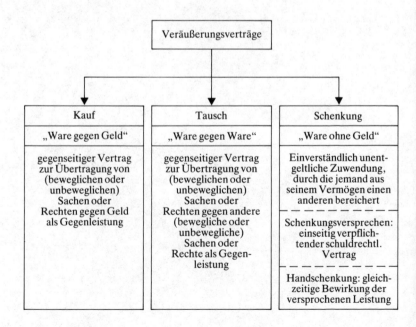

§ 44 Der Kauf

Lernhinweis: Die im nachfolgenden dargestellten Regelungsbereiche (Wesensmerkmale und Erscheinungsformen des Kaufes; die Pflichten der Vertragsparteien, insbesondere die Gewährleistungspflicht des Verkäufers; die Leistungsstörungen, insbesondere die Gefahrtragung im Kaufrecht) müssen nach Durcharbeiten des nun folgenden Abschnitts sicherer Bestandteil Ihrer Rechtskenntnisse sein.

Aus didaktischen Gründen wird unter I. eine Kurzinformation über die Kernaussagen des Kaufrechts vorangestellt.

I. Allgemeines zum Kaufvertrag

1. Wesensmerkmale

a) Gegenseitiger Vertrag

Der Kaufvertrag gehört zu den gegenseitigen Verträgen. Die Leistungsbeziehungen stehen in einem synallagmatischen Verhältnis („Leistung um Gegenleistung", vgl. oben § 22 I 4 sowie § 23 II 2 c): Der Verkäufer verpflichtet sich beim Kaufvertrag über eine Sache zur Übereignung und Übergabe, beim Kaufvertrag über ein Recht zur Übertragung des Rechts; der Käufer verpflichtet sich zur Zahlung des Kaufpreises als Gegenleistung (§ 433 BGB – lesen!).

Lernhinweis: § 433 BGB enthält zwei Absätze mit zwei selbständigen Aussagen; es handelt sich um **zwei Anspruchsgrundlagen.** Wenn Sie den Prüfer nicht verärgern wollen, dürfen Sie als Antwort auf die Frage nach der Anspruchsgrundlage beim Kauf nicht nur § 433 nennen, sondern Sie müssen genau Abs. 1 oder 2 zitieren! Darüber hinaus sei ein für allemal gesagt: § 433 BGB ist eine Norm, die man im Kopf haben muß und nicht erst durch Nachblättern im Gesetzestext suchen darf!

b) Der Kaufvertrag als Verpflichtungsgeschäft

Der Kaufvertrag ist ein schuldrechtliches Verpflichtungsgeschäft (repetieren Sie dazu oben § 9 II 4). Durch den Kaufvertrag als solchen wird also weder die Sache bereits übereignet noch das Recht übertragen! Der Grund, weshalb dem Laien dies nicht geläufig ist, liegt darin, daß in vielen Fällen des täglichen Lebens Barkäufe getätigt werden, bei denen mit dem Abschluß des Kaufvertrags gegen Barzahlung zugleich die Übereignung erfolgt. Gleichwohl sind die einzelnen Rechtsgeschäfte streng zu trennen. **Merke also:** Der Kaufvertrag läßt die rechtliche, insbesondere die sachenrechtliche Zuordnung des Kaufgegenstandes unberührt!

Konsequenzen hat dies z. B. bei anderweitigen Veräußerungen der Sache durch den Verkäufer nach Abschluß des Kaufvertrags.

Beispiel: V schließt mit K einen Kaufvertrag über ein gebrauchtes Fahrzeug zum Preise von 8000 DM. Vor Übergabe bietet ihm D für dasselbe Fahrzeug 10 000 DM. D bezahlt bar und nimmt das Fahrzeug mit. Beide Kaufverträge sind gültig! Es liegt (was Anfänger leicht verwirrt) insbesondere kein Fall der anfänglichen Unmöglichkeit vor (siehe oben § 34 I). V kann allerdings nur einmal übereignen. Allein durch den Kaufvertrag wurde K nicht Eigentümer. Dagegen wurde D deshalb Eigentümer, weil mit ihm nicht nur ein Kaufvertrag abgeschlossen, sondern die Sache anschließend auch gleich an D übereignet wurde. Da K nicht Eigentümer ist, kann er von D auch nicht Herausgabe des Fahrzeugs verlangen. Seine Rechtsstellung beschränkt sich auf Ansprüche gegen V. V kann nicht erfüllen, es liegt nachträgliches, von ihm zu vertretendes Unvermögen vor (§ 325 BGB). K kann gegen V insbesondere Schadenersatzansprüche geltend machen.

c) Der Kauf als Kausalgeschäft

Wir haben eben gesehen, daß der Kaufvertrag ein schuldrechtliches Verpflichtungsgeschäft darstellt, von dem die in der Übereignung bzw. Übertragung des Rechts liegende Erfüllung streng zu trennen ist. Die Erfüllung gehört zu den abstrakten Rechtsgeschäften (repetieren Sie oben § 9 II 5). Der Kaufvertrag enthält den Rechtsgrund für die getrennt davon erfolgende Vermögensübertragung (es wird „solvendi causa" geleistet). Es gilt das **Abstraktionsprinzip**: Ist das Kausalgeschäft nichtig, so erstreckt sich die Nichtigkeit nicht automatisch auf das Erfüllungsgeschäft. Mit anderen Worten: Trotz Nichtigkeit des Kaufvertrages kann die Übereignung gültig sein (sofern keine Ausnahmetatbestände eingreifen, vgl. § 59 III). Da jedoch in solchen Fällen die Vermögensübertragung wegen der Nichtigkeit des Kaufvertrags ohne Rechtsgrund erfolgte, greift die Rechtsfigur der ungerechtfertigten Bereicherung Platz: Der Verkäufer hat gegen den Käufer einen Bereicherungsanspruch nach § 812 Abs. 1 Satz 1 Variante 1 BGB und kann die Rückübereignung der Sache verlangen. Entsprechend kann der Käufer, wenn er den Kaufpreis bezahlt hat, bei Nichtigkeit des Kaufvertrags den Kaufpreis nach § 812 Abs. 1 BGB zurückverlangen.

Lernhinweis: Bei nichtigem, aber bereits erfülltem Kaufvertrag hat somit der Verkäufer keinen Eigentumsherausgabeanspruch nach § 985, sondern lediglich einen Bereicherungsanspruch. Ebensowenig wie der Kaufvertrag bereits zur Übertragung des Eigentums führt, bewirkt die Nichtigkeit des Kaufvertrags „automatisch", daß der Käufer das Eigentum wiederum verliert, wenn dieses in Erfüllung des Kaufvertrags bereits übertragen worden war. Der Verkäufer muß vielmehr einen Bereicherungsanspruch geltend machen. Beides ist eine Folge des Abstraktionsprinzips.

d) Anwendung der allgemeinen Vorschriften

Auf das Kaufrecht finden die allgemeinen Vorschriften Anwendung. Das heißt: Es gelten die Vorschriften des Allgemeinen Teils, z. B. über die Willenserklärungen, die Geschäftsfähigkeit, die Vertretung usw., und es gelten die generellen Vorschriften des Allgemeinen Schuldrechts (z. B. die Bestimmungen über den Leistungsinhalt und die Erfüllung). **Beachte:** In einigen Fällen wird das Allgemeine Schuldrecht durch besondere kaufrechtliche Normen modifiziert.

Beispiele:

• Die generellen Vorschriften über die Leistungsstörung (§§ 320 ff.) werden beim gewöhnlichen Kauf durch § 446 und beim Versendungskauf durch § 447 BGB modifiziert.

• Die Gewährleistungsrechte des Käufers unterliegen der speziellen (kürzeren) Verjährung gem. § 477 BGB.

e) Formvorschriften

Grundsätzlich gilt für den Abschluß des Kaufvertrags die Formfreiheit. Aus naheliegenden Überlegungen heraus hat der Gesetzgeber jedoch für be-

stimmte Fälle die notarielle Beurkundung vorgesehen (Schutz vor Übereilung, Aufklärung durch den Notar sowie Beweissicherung):

- Verpflichtung zum **Erwerb** oder zur **Veräußerung** eines **Grundstücks**, § 313 BGB;
- **Kaufvertrag** zwischen gesetzlichen Erben **über** den **Nachlaß eines noch lebenden Dritten**, § 312 Abs. 2 BGB;
- **Erbschaftskauf**, § 2371 BGB.

2. Grundaussagen des Kaufrechts

Lernhinweis: Aus didaktischen Gründen empfiehlt es sich, nunmehr vorab kurz zusammenfassend die wesentlichen Aussagen des Kaufrechts zu erwähnen. Blättern Sie im Gesetz den Abschnitt Kauf durch, und studieren Sie insbesondere die nachfolgend genannten Paragraphen aufmerksam.

Der Kaufvertrag begründet nach § 433 Abs. 1 BGB für den Käufer einer Sache den Anspruch auf Eigentumsverschaffung und Übergabe der Sache und für den Käufer eines Rechts den Anspruch auf Übertragung des Rechts. Umgekehrt hat der Verkäufer gegen den Käufer einen Anspruch auf Zahlung des Kaufpreises und Abnahme der gekauften Sache (dabei haben wir – wie in der Klausur regelmäßig notwendig – den Gesetzestext „vom Kopf auf die Beine gestellt": Der Verpflichtung des Verkäufers entspricht der Anspruch des Käufers und umgekehrt). Bei der Haftung des Verkäufers ist zwischen Rechtsmängeln (§§ 434 bis 443) und Sachmängeln (§§ 459 ff.) zu unterscheiden.

Für **Rechtsmängel** gilt: Der Verkäufer ist verpflichtet, dem Käufer den verkauften Gegenstand frei von Rechten Dritter zu verschaffen. Beim Verkauf von Grundstücken oder Grundstücksrechten ist er verpflichtet, im Grundbuch eingetragene Rechte, die nicht bestehen, auf seine Kosten löschen zu lassen. Der Verkäufer einer Forderung oder eines sonstigen Rechts haftet für den rechtlichen Bestand der Forderung oder des Rechts. Erfüllt der Verkäufer die ihm obliegenden Pflichten nicht, so hat der Käufer gem. § 440 Abs. 1 die allgemeinen Rechte gem. §§ 320–327 BGB.

Beim Verkauf von Sachen bestimmen sich die Rechte des Käufers wegen **Sachmängeln** nach §§ 459 ff. Danach haftet der Verkäufer einer Sache dem Käufer dafür, daß sie **zur Zeit des Gefahrübergangs** nicht mit Fehlern behaftet ist, die den Wert oder die Tauglichkeit zum gewöhnlichen oder vertragsgemäßen Gebrauch aufheben oder mindern. Der Verkäufer haftet auch für zugesicherte Eigenschaften. Welche Rechte dem Käufer zustehen, wenn Sachmängel vorliegen, bestimmt sich nach §§ 462 ff. BGB. Danach hat der Käufer „im Normalfall" zwei Möglichkeiten: Das Recht auf Wandelung (Rückgängigmachung des Kaufvertrags) oder (alternativ!) das Recht auf Minderung (Herabsetzung des Kaufpreises). Wichtiger Hinweis: Ein Verschulden des Verkäufers braucht nicht vorzuliegen, es handelt sich insofern um eine Garantiehaftung. Über den Normalfall hinaus kann der Käufer Schadenersatz in zwei Fällen geltend machen (§ 463 BGB): wenn der verkauften Sache eine zugesicherte Eigenschaft fehlt oder der Verkäufer einen Fehler arglistig verschwiegen hat. Die Rechtsprechung hat noch einen dritten Fall gleichgestellt: Schadenersatzansprüche bestehen auch, wenn der Verkäufer eine Eigenschaft arglistig vorgespiegelt hat, ohne sie ausdrücklich zuzusichern. Diesen Rechten des Käufers kann der Verkäufer – sofern er nicht den Mangel arglistig verschwiegen bzw. Mangelfreiheit arglistig vorgespiegelt hat – nach Ablauf der Gewährleistungsfrist (sie beträgt nach § 477 BGB bei beweglichen Sachen 6 Monate, bei Grundstükken 1 Jahr) die Verjährungseinrede entgegenhalten.

Für den **Gattungskauf** bestimmt § 480 darüber hinaus, daß der Käufer statt der Wandelung oder der Minderung auch die Lieferung einer mangelfreien Sache verlangen kann. Beim **Stückkauf** beschränken sich die Rechte des Käufers dagegen im Normalfall auf Wandelung oder Minderung (ein „Nachbesserungsrecht", „Umtausch" oder dergleichen ist vom Gesetz nicht vorgesehen. Gleichwohl wird in der Praxis im Wege der Kulanz auch beim Stückkauf vom Verkäufer nicht selten die Rücknahme der mangelhaften Sache gegen den Umtausch in eine mangelfreie akzeptiert). Hinsichtlich der Gefahrtragung gilt folgendes: für die Leistungsgefahr, also die Verpflichtung des Verkäufers zur Lieferung, bleibt es bei den Regelungen des Allgemeinen Schuldrechts (Anwendung von § 275 BGB). Lediglich für die Gegenleistungsgefahr (also die sog. „Preisgefahr") enthalten die §§ 446 und 447 BGB Sondervorschriften.

Sie betreffen die Frage, ob der Käufer bei zufälligem Untergang der Sache trotzdem zahlen muß. Grundsätzlich bestimmt § 446, daß mit der Übergabe der verkauften Sache die Gefahr auf den Käufer übergeht. Dies ist für den Barkauf einleuchtend: Bei ihm wird der Käufer mit der Übergabe auch Eigentümer. Daß der Eigentümer die Gefahr für den Untergang oder die Verschlechterung seiner eigenen Sachen trägt, bedarf keiner näheren Erläuterung (casus sentit dominus). Aber auch wenn der Käufer nicht durch zeitgleiche Übereignung Eigentümer wird, trägt er die Gefahr ab dem Zeitpunkt, zu dem die Sache ihm übergeben wird. Er muß den Kaufpreis bezahlen, obwohl er „von dem Kauf nichts hatte". Verständlich ist die gesetzliche Regelung aber insofern, als dem Käufer vom Zeitpunkt der Übergabe an gemäß § 446 Abs. 1 Satz 2 BGB die Nutzungen zustehen („wer den Nutzen hat, soll auch die Gefahr tragen").

Noch weiter geht § 447 BGB für den „Versendungskauf". Darunter versteht man folgendes: Die Versendung der verkauften Sache durch den Verkäufer auf Verlangen des Käufers an einen anderen Ort als den Erfüllungsort. In diesem Fall geht die Gefahr auf den Käufer über, sobald der Verkäufer die Sache dem Spediteur, dem Frachtführer oder einer sonstigen Transportperson übergeben hat. **Merken Sie sich:** §§ 446, 447 sind eine Ausnahme von § 323. Der Verkäufer wird nach § 275 BGB wegen nicht zu vertretender Unmöglichkeit frei; für die Gegenleistung gilt aber nicht § 323 Abs. 1 (Freiwerden des anderen Teils, also des Käufers, von der Kaufpreiszahlung); vielmehr muß der Käufer in diesem Fall trotzdem die Gegenleistung erbringen (also den Kaufpreis bezahlen).

Lernhinweis: Wenn Sie sich diese Grundlinien gut eingeprägt haben, sollten Sie im Gesetz das Kaufrecht noch einmal durchblättern (jeder schließt Kaufverträge, man sollte sich schon aus diesem Grunde im Kaufrecht auskennen).

II. Typen des Kaufvertrags und verwandte Erscheinungsformen

Lernhinweis: Der Güterumsatz als die wichtigste Form des Leistungsaustausches kann sich in den verschiedensten Modalitäten abspielen. Nachfolgend werden die verschiedenartigsten Typen des Kaufes und verwandte Erscheinungsformen vorgestellt.

1. Sach- und Rechtskauf

Gegenstand des Kaufvertrags kann eine Sache oder ein Recht sein (vgl. § 433 Abs. 1 BGB).

Der Sachkauf bezieht sich auf körperliche Gegenstände jedes Aggregatzustandes im Sinne von § 90 BGB.

Beispiel: Kauf eines Fernsehapparats.

Der Rechtskauf bezieht sich auf Rechte aller Art.

Beispiele: Kauf von Forderungen, Patenten, Lizenzen, Gesellschaftsanteilen.

Anmerkung: Der Gesetzestext ist extensiv auszulegen. Gegenstand des Güterumsatzes können alle **verkehrsfähigen Güter** sein. Beispiele: Verkauf des „Kundenstammes", „good will", „know-how".

2. Stück- und Gattungskauf

Beim Stückkauf („Specieskauf") ist die gekaufte Sache individuell konkretisiert.

Beispiele: Kauf des Gemäldes eines berühmten Malers; Kauf einer Flasche Wein, die aus dem Regal genommen wurde.

Beim Gattungskauf („Genuskauf") sind die gekauften Sachen lediglich nach Artmerkmalen bestimmt.

Beispiele: Lieferung von 100 000 Litern Heizöl; Einkauf von 1000 für den Übersee-Export gefertigten oberbayrischen Madonnenfiguren.

3. Grundstücks- und Fahrniskauf

Der Fahrniskauf bezieht sich auf bewegliche Sachen (Fahrnis = fahrende Habe; „Fahrnis ist, was die Fackel zehrt").

Der wirksame Abschluß eines Grundstückskaufvertrags setzt nach § 313 BGB notarielle Beurkundung voraus. Grundstücks- und Fahrnisgeschäfte sind auch bei der Erfüllung im Hinblick auf die unterschiedlichen Arten der Eigentumsübertragung zu unterscheiden.

Beachte: Für den Verkauf einer Eigentumswohnung gelten dieselben Grundsätze wie für den Grundstückskauf (vgl. § 4 WEG).

4. Kauf von Sach- und Rechtsgesamtheiten

Durch den Kaufvertrag kann nicht nur die Verpflichtung zur Übertragung einer einzelnen Sache, sondern auch vollständiger Sach- und Rechtsgesamtheiten, begründet werden.

Beispiele: Erbschaftskauf, Praxiskauf, Unternehmenskauf. Beim Unternehmenskauf handelt es sich um die Verpflichtung zur Veräußerung der Gesamtheit persönlicher und sachlicher Mittel einschließlich aller dazugehörenden Güter (Kundenstamm, Geschäftsgeheimnisse, good will, Warenzeichen, Patente usw.).

Beachte jedoch: Die Erfüllung des Kaufvertrags kann nicht global erfolgen, sondern (wegen des im Sachenrecht geltenden **Spezialitätsprinzips**, vgl. unten § 59 I sowie oben § 6 II) nur durch Übertragung jedes einzelnen Gegenstandes in der jeweiligen Rechtsform (Sachen werden übereignet; Rechte werden übertragen, z. B. durch Zession).

5. Kauf zukünftiger Gegenstände

Zulässig sind auch Kaufverträge über Sachen und Rechte, die noch gar nicht entstanden sind. Dabei kommen zwei Möglichkeiten in Betracht.

Wenn die künftige Sache als solche Kaufobjekt ist, liegt ein aufschiebend (durch die Entstehung der Sache) bedingter Kaufvertrag vor.

Beispiel: Kauf des ungeborenen Fohlens eines Rennpferdes.

Ist Kaufobjekt dagegen die Chance auf Entstehung des Kaufgegenstands, liegt ein unbedingter Kaufvertrag vor.

Beispiel: Kauf einer Gewinnaussicht.

6. Mantelkauf

Der „Mantelkauf" spielt eine Rolle im Kapitalgesellschaftsrecht. Dort kommt er in Ausnahmefällen als Alternative zur Gesellschaftsgründung in Betracht.

Man versteht darunter den Erwerb sämtlicher Anteile einer vermögenslos gewordenen Kapitalgesellschaft mit dem Ziel, dadurch den „Unternehmensmantel" für einen anderen Unternehmenszweck zu verwenden.

7. Bar- und Kreditgeschäft

Beim Barkauf („Handkauf") wird der Kaufpreis bar bezahlt. Beim Kreditgeschäft ist die Kaufpreiszahlung gestundet. Dabei kann die gesamte Kaufsumme kreditiert sein, vielfach liegt aber auch ein Ratenkauf (**„Abzahlungsgeschäft"**) vor.

Wird bei einem Abzahlungskauf der Zahlungsaufschub einem Verbraucher zu privaten Zwecken gewährt, sind beim Vertragsschluß und bei der Vertragsabwicklung unter Umständen neben den §§ 433 ff. BGB die Vorschriften des **Gesetzes über Verbraucherkredite** vom 17. 12. 1990 zu beachten, die an die Stelle des Abzahlungsgesetzes vom 16. 5. 1894 getreten sind. Das Gesetz über Verbraucherkredite findet beim Abzahlungskauf Anwendung, wenn folgende Voraussetzungen erfüllt sind:

(1) Der Verkäufer gewährt dem Käufer einen **entgeltlichen Kredit in Form eines Zahlungsaufschubs** für die Kaufpreiszahlung (§ 1 Abs. 2 VerbrKrG).

(2) Der Verkäufer (= Kreditgeber) gewährt diesen Kredit **in Ausübung seiner gewerblichen oder beruflichen Tätigkeit** (§ 1 Abs. 1 VerbrKrG).

(3) Beim Käufer handelt es sich um einen sog. **Verbraucher;** d. h. um eine natürliche Person, die den Kredit nicht im Zusammenhang mit einer

bereits ausgeübten gewerblichen oder selbständigen beruflichen Tätigkeit in Anspruch nimmt (§ 1 Abs. 1 VerbrKrG).

(4) Der Barzahlungspreis für die Kaufsache **übersteigt vierhundert Deutsche Mark;** ist der Kredit **für die Aufnahme** einer gewerblichen oder selbständigen beruflichen Tätigkeit bestimmt, darf der Barzahlungspreis 100 000 Deutsche Mark nicht übersteigen (§ 3 Abs. 1 Nr. 1 und 2 VerbrKrG).

(5) Es wird ein **Zahlungsaufschub von mehr als drei Monaten** eingeräumt (§ 3 Abs. 1 Nr. 3 VerbrKrG).

(6) In § 3 Abs. 1 Nr. 4 und Abs. 2 VerbrKrG wird die Anwendbarkeit des Verbraucherkreditgesetzes für besondere Fälle ausgeschlossen.

Ist das Verbraucherkreditgesetz demnach anwendbar, gelten für den Abzahlungskauf u. a. folgende Besonderheiten, die auch durch vertragliche Vereinbarung nicht zu Lasten des Verbrauchers ausgeschlossen werden können (vgl. § 18 VerbrKrG):

(1) Die Wirksamkeit des Vertrages ist an die Beachtung der **Formvorschriften** des § 4 Abs. 1 Satz 1 und Satz 2 Nr. 2 VerbrKrG gebunden; bei Formmängeln besteht die besondere Heilungsmöglichkeit des § 6 VerbrKrG.

(2) Dem Verbraucher steht ein **Widerrufsrecht** zu, das er binnen einer Woche ausüben kann (§ 7 Abs. 1 VerbrKrG). Er ist vom Verkäufer über dieses Widerrufsrecht schriftlich zu belehren. Fehlt es an einer solchen vom Verbraucher unterschriebenen Belehrung, erlischt das Widerrufsrecht erst nach vollständiger Erbringung der vertraglich vereinbarten Leistungen durch beide Vertragspartner, spätestens nach Ablauf eines Jahres seit Abgabe der Willenserklärung durch den Verbraucher (§ 7 Abs. 2 VerbrKrG).

(3) Die §§ 404 und 406 BGB können im Anwendungsbereich des Verbraucherkreditgesetzes nicht zu Lasten des Verbrauchers vertraglich abbedungen werden (§ 10 Abs. 1 VerbrKrG: **Unwirksamkeit eines Einwendungsverzichts** des Verbrauchers).

(4) Dem Kreditgeber ist es ferner untersagt, sich vom Verbraucher zur Sicherung der Kaufpreisforderung einen Wechsel oder Scheck ausstellen zu lassen (§ 10 Abs. 2 VerbrKrG: **Wechsel- und Scheckverbot**).

(5) Kommt der Verbraucher in Zahlungsverzug gem. § 284 BGB, kann der Kreditgeber in Ergänzung zu §§ 286, 288 BGB einen **pauschalierten Verzugsschaden** in Höhe von 5% über dem jeweiligen Bundesbankdiskontsatz geltend machen, sofern er oder der Verbraucher nicht nachweist, daß tatsächlich ein anderer Verzugsschaden eingetreten ist (§ 11 Abs. 1 VerbrKrG).

(6) Bei Zahlungsverzug des Käufers hat der Verkäufer i. d. R. die Möglichkeit, unter den Voraussetzungen des § 326 BGB den Rücktritt vom Vertrag zu erklären; häufig werden die Parteien für diesen Fall auch ein vertragliches Rücktrittsrecht vereinbart haben (vgl. etwa die Vermutung des § 455 BGB). Nach § 13 Abs. 1 VerbrKrG kann der Kreditgeber von seinem gesetzlichen oder vertraglich vereinbarten Rücktrittsrecht jedoch nur dann Gebrauch machen, wenn zusätzlich die **besonderen Rücktrittsvoraussetzungen** des § 12 Abs. 1 Satz 1 Nr. 1 und 2 VerbrKrG erfüllt sind:

- Ganz oder teilweiser Zahlungsverzug des Verbrauchers
- mit mindestens zwei aufeinanderfolgenden Raten,
- die mindestens 10% des gesamten Kaufpreises ausmachen (5%, sofern eine Laufzeit des Kreditvertrages über drei Jahre vereinbart worden ist),
- nachdem vom Kreditgeber erfolglos eine zweiwöchige Zahlungsfrist gesetzt worden ist und
- er bei Fristsetzung erklärt hat, daß er im Falle der Nichtzahlung vom Kaufvertrag zurücktreten werde.

(7) In diesem Zusammenhang ist auch die gesetzliche Fiktion des § 13 Abs. 3 VerbrKrG zu beachten: Nimmt der Kreditgeber die auf Grund des Kaufvertrages gelieferte Sache wieder an sich, gilt dies in der Regel als Ausübung eines Rücktrittsrechtes mit der Folge, daß die gegenseitig erbrachten Leistungen nach §§ 346 ff. BGB rückabzuwickeln sind. Ohne Bedeutung ist hierbei, aus welchem Grund der Kreditgeber die Kaufsache wieder an sich nimmt; maßgeblich ist allein, daß der Verbraucher den Besitz an der Sache verliert. Durch diese **Rücktrittsfiktion** wird verhindert, daß der Käufer weiterhin zur Ratenzahlung verpflichtet ist, obwohl er die Kaufsache nicht mehr nutzen kann.

(8) Schließlich vermindert sich bei vorzeitiger Vertragserfüllung durch den Käufer der Teilzahlungspreis kraft Gesetzes um die Zinsen und sonstigen laufzeitabhängigen Kosten, die bei staffelmäßiger Berechnung auf die Zeit nach der vorzeitigen Erfüllung entfallen (§ 14 VerbrKrG: **Abzinsung**).

Beim **„finanzierten Abzahlungskauf"** wird der Kaufpreis durch die Einschaltung einer Finanzierungsbank „fremdfinanziert". Beim sog. „B-Geschäft" schließt der Käufer mit dem Verkäufer nicht nur einen Kaufvertrag ab, er stellt zeitgleich – in der Regel vermittelt durch den Verkäufer – bei einer Bank einen Antrag auf Gewährung eines Darlehens zur Finanzierung des Restkaufpreises. Die Bank zahlt das Darlehen aber nicht an den Käufer, sondern an den Verkäufer, wohingegen der Käufer die „Teilzahlungsraten" später an die Bank zur Tilgung des Darlehens leistet. Damit ist objektiv kein Ratenkaufvertrag abgeschlossen, weil der Verkäufer den ganzen Kaufpreis sofort erhält. Vergleichen Sie dazu die Skizze *Finanzierter Abzahlungskauf.* Der Käufer schließt also zwei Verträge ab: den Kaufvertrag mit dem Verkäufer und einen Darlehensvertrag mit der Bank.

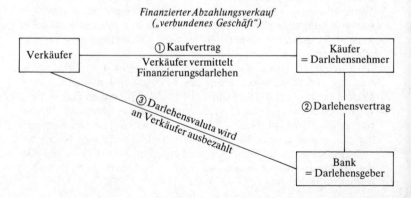

Finanzierter Abzahlungsverkauf
(„verbundenes Geschäft")

Bei dieser Sachlage steht der Käufer zwei Vertragspartnern gegenüber, dem Verkäufer und der Finanzierungsbank. Die Gerichte haben sich jedoch im Interesse des Käuferschutzes über die Aufspaltung der beiden Vorgänge in zwei Rechtsgeschäfte hinweggesetzt, wenn es sich bei dem Gesamtgeschäft um eine **„wirtschaftliche Einheit"** handelte. Der Gesetzgeber hat diesen Ansatz der Rechtsprechung aufgegriffen und den finanzierten Abzahlungskauf unter der Bezeichnung **„verbundene Geschäfte"** in § 9 VerbrKrG geregelt. Bei der Ausgestaltung der verbundenen Geschäfte hat er sich hierbei eng an die von der Rechtsprechung entwickelten Grundsätze gehalten; die Rechtsprechung behält darüber hinaus ihre Bedeutung für jene finanzierten Abzahlungsgeschäfte, die nicht in den Anwendungsbereich des Verbraucherkreditgesetzes fallen.

Von einer „wirtschaftlichen Einheit" im oben genannten Sinne kann ausgegangen werden, wenn – für alle beteiligten Vertragsparteien ersichtlich – zwischen beiden Rechtsgeschäften in der Weise ein innerer Zusammenhang besteht, daß das eine Geschäft nicht ohne das andere abgeschlossen worden wäre; erforderlich ist demnach, daß **objektiv** zwischen dem Kauf- und dem Darlehensvertrag **Verbindungselemente** bestehen, die beim Käufer **subjektiv** den Eindruck erwecken, daß ihm Verkäufer und Darlehensgeber als **einheitlicher Vertragspartner** gegenüberstehen.

Als solche objektiven Verbindungselemente kommen in Betracht:

- eine Zweckbindung des Darlehens an den Kaufvertrag,
- der Umstand, daß Kauf- und Darlehensvertrag gleichzeitig bzw. nach gemeinsamer Vertragsverhandlung abgeschlossen werden,
- eine erkennbare Verbindung zwischen Verkäufer und Darlehensgeber (z. B. Vermittlung des Darlehensvertrages durch den Verkäufer; mehrfache Zusammenarbeit zwischen Verkäufer und Bank; Vereinbarung, daß die Darlehensvaluta direkt an den Verkäufer ausgezahlt werden soll).

Ist nach diesen Kriterien von einem finanzierten Abzahlungskauf auszugehen, so hat dies für einen Verbraucher i. S. d. § 1 VerbrKrG mehrere bedeutsame Konsequenzen:

(1) Die auf den Abschluß des verbundenen Kaufvertrages gerichtete Willenserklärung des Verbrauchers wird erst wirksam, wenn er seine auf den Abschluß des Darlehensvertrages gerichtete Willenserklärung nicht widerruft (§ 9 Abs. 2 VerbrKrG); das **Widerrufsrecht** des Verbrauchers bestimmt sich nach § 7 VerbrKrG (vgl. hierzu die Ausführungen oben beim Abzahlungskauf).

(2) Zugunsten des Käufers besteht ein sog. **Einwendungsdurchgriff.** Dies bedeutet, daß der Käufer die Rückzahlung des Darlehens i. d. R. verweigern darf, soweit er aufgrund von Einwendungen aus dem verbundenen Kaufvertrag (z. B. nach §§ 320 ff., 459 ff. BGB) gegenüber dem Verkäufer berechtigt wäre, die Kaufpreiszahlung zu verweigern (§ 9 Abs. 3 Satz 1 VerbrKrG).

Ist der Kaufvertrag nichtig (z. B. aufgrund einer Anfechtung oder eines

Gesetzes- bzw. Sittenverstoßes), hat der Käufer das Recht, nicht nur die weitere Ratenzahlung zu verweigern, sondern auch die Rückerstattung bereits gezahlter Raten zu verlangen (§ 812 BGB).

(3) Auch im Rahmen der verbundenen Geschäfte i. S. d. § 9 VerbrKrG gilt die sog. **Rücktrittsfiktion** (§ 13 Abs. 3 Satz 2 VerbrKrG): Entzieht der Darlehensgeber dem Verbraucher den Besitz an der Kaufsache, so gilt dies als Ausübung eines Rücktrittsrechtes mit der Folge, daß der Verbraucher weitere Ratenzahlungen verweigern und bereits erbrachte Leistungen nach § 346 BGB herausverlangen kann.

(4) Ein **pflichtwidriges Verhalten des Verkäufers** beim Vertragsschluß wird i. d. R. **dem Darlehensgeber zugerechnet.** Beruht etwa der Vertragsschluß auf einer arglistigen Täuschung des Käufers durch den Verkäufer, so kann der Käufer das Finanzierungsgeschäft nach § 123 Abs. 1 BGB anfechten oder gegenüber der Bank Ansprüche aus culpa in contrahendo geltend machen (vgl. § 278 BGB).

(5) In bezug auf den Darlehensvertrag sind ferner auch die übrigen Vorschriften des Verbraucherkreditgesetzes zu beachten (z. B. Formvorschriften, besondere Kündigungsvoraussetzungen; vgl. hierzu unten § 47 III 6).

8. Kauf unter Eigentumsvorbehalt

Der Eigentumsvorbehalt ist das Kreditsicherungsmittel des Warenkreditgebers. Das Kreditgeschäft führt zur Vorleistung (der Verkäufer liefert sofort, der Käufer zahlt später). Die Übereignung erfolgt jedoch erst mit Bezahlung des Kaufpreises bzw. der letzten Kaufpreisrate.

Nach § 455 BGB (lesen!) gilt folgende Auslegungsregel:
Wenn der Verkäufer sich bis zur Zahlung des Kaufpreises das Eigentum vorbehalten hat, erfolgt die Übertragung des Eigentums unter der **aufschiebenden Bedingung** vollständiger Zahlung des Kaufpreises. Der Verkäufer wird mittelbarer Eigenbesitzer, der Käufer (als Besitzmittler) unmittelbarer Fremdbesitzer (zu den besitzrechtlichen Begriffen vgl. unten § 60).

Eigentumsvorbehalt

Vorbehaltsverkäufer	schuldrechtlich: §§ 433, 455 Kaufvertrag unbedingt	Vorbehaltskäufer
verliert unmittelbaren Besitz, bleibt aber Eigentümer	**sachenrechtlich:** §§ 929, 158 I Übereignung aufschiebend bedingt	wird unmittelbarer Besitzer und erwirbt Anwartschaftsrecht

Mit Zahlung der letzten Kaufpreisrate erwirbt der Besitzer das Eigentum, zuvor hat er lediglich ein „**Anwartschaftsrecht**" an der Sache. Dieses ist als „wesensgleiches Minus" wie das Eigentum übertrag- und verwertbar, erstarkt aber erst mit Bedingungseintritt zum Vollrecht. Darüber hinaus gilt nach § 455 eine zweite Auslegungsregel. Der Verkäufer ist **zum Rücktritt** vom Vertrag **berechtigt**, wenn der Käufer mit der Zahlung in Verzug kommt.

Frage: Welchen Unterschied stellen Sie fest, wenn Sie § 455 mit § 326 vergleichen? **Antwort:** Nach § 455 kann der Verkäufer (also der Gläubiger) im Falle des Zahlungsverzugs zurücktreten, wobei es der in § 326 BGB genannten Nachfristsetzung mit Ablehnungsandrohung nicht bedarf.

Lernhinweis: Diese Form der Sicherung des Verkäufers ist nur bei beweglichen Sachen möglich. Die Übereignung von Grundstücken ist bedingungsfeindlich (vgl. § 925 Abs. 2 BGB). Beim Grundstücksgeschäft löst sich das Problem auf andere Weise: Der Verkäufer erklärt die Auflassung nur Zug um Zug gegen Kaufpreiszahlung (möglicherweise auf ein Notar-Ander-Konto), um sicher zu sein, daß er als Gegenleistung für die Übereignung auch tatsächlich den Kaufpreis erhält. Das hierdurch dringlich gewordene Sicherungsbedürfnis des Käufers wird durch die Eintragung einer Auflassungsvormerkung befriedigt, die den Käufer vor zuwiderlaufenden Verfügungen des Verkäufers nach Abschluß des Kaufvertrags schützt (vgl. unten Sachenrecht § 62 I 2 c).

9. Der Vorkauf

Unter dem Vorkaufsrecht versteht man das Recht, einen Gegenstand durch Kauf zu erwerben, sobald der Vorkaufsverpflichtete diesen an einen Dritten verkauft; vgl. §§ 504, 505 BGB (lesen!). Vergleichen Sie dazu die Skizze *Vorkaufsrecht*.

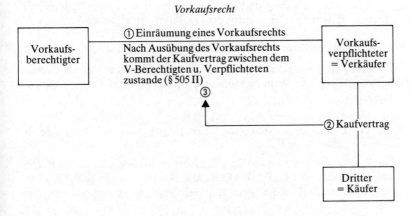

Vorkaufsrecht

Vorkaufsrechte ergeben sich zum einen kraft Gesetzes (Beispiele: das Vorkaufsrecht der Gemeinden nach § 24 Baugesetzbuch; das Vorkaufsrecht der Miterben bei der Veräußerung eines Erbanteils nach § 2034 BGB); zum anderen können Vorkaufsrechte aber auch rechtsgeschäftlich begründet werden. Im letzteren Fall ist zwischen dem schuldrechtlichen und dem dinglichen (im Grundbuch eingetragenen) Vorkaufsrecht zu unterscheiden. Nur das im Grundbuch eingetragene Vorkaufsrecht wirkt gegenüber dem gutgläubigen Grundstückserwerber (vgl. § 1098 Abs. 2).

10. Der Wiederkauf

Beim Wiederkauf wird ein Rückkaufsrecht eingeräumt. Man versteht darunter die Vereinbarung in einem Kaufvertrag, mit der sich der Käufer verpflichtet, den Kaufgegenstand aufgrund einer Erklärung des Verkäufers zurückzuübertragen (vgl. §§ 497 ff. BGB). Es liegt somit eine aufschiebend bedingte Rückübertragungsverpflichtung des Käufers vor. Motiv für derartige Vertragsgestaltungen ist häufig das Bestreben, eine **Zweckbindung** des verkauften Gegenstandes zu erreichen (z. B. im Falle der Übertragung von Grundstücken an bedürftige Bevölkerungskreise zur Eigennutzung). Mit der Einräumung eines Wiederkaufrechts kann darüber hinaus wirtschaftlich dasselbe erreicht werden wie mit einem Faustpfandrecht oder der Sicherungsübereignung (= Rückerwerb beim Wegfall des Sicherungsbedarfes).

11. Das Ankaufsrecht

Nicht selten wird zwar noch kein Kaufvertrag abgeschlossen, wohl jedoch dem Käufer ein Ankaufsrecht eingeräumt. Man spricht auch von der „Option", die zudem in anderen Fällen des Leistungsaustausches vorkommt.

Unter einer Option versteht man das Recht, durch einseitige Erklärung einen Kaufvertrag zustande zu bringen. Es handelt sich dabei um ein Gestaltungsrecht: Dem Optionsberechtigten wird in der Regel in einem aufschiebend bedingten Vertrag das Recht eingeräumt, durch Ausübung der Option den Vertrag unbedingt zustande zu bringen. Die Option selbst ist im BGB nicht geregelt, ihre Rechtsfigur z. T. strittig. Denkbar ist auch die Konstruktion, in der Einräumung einer Option ein langfristig bindendes Angebot zu sehen, welches durch die Optionserklärung angenommen wird.

12. Der Weiterverkauf

Im täglichen Sprachgebrauch wird unter „Weiterverkauf" vielerlei verstanden, z. B. auch die Weiterveräußerung bereits gelieferter und erhaltener Ware.

Im engeren Sinne versteht man unter einem Weiterverkauf den Vorgang, daß ein Dritter den Kaufvertrag vom Käufer noch vor Erfüllung des Vertrags „übernimmt".

Die Rechte und Pflichten aus dem Kaufvertrag werden dann durch Rechtsübertragung nach §§ 398 ff., 413 BGB sowie im Wege der Schuldübernahme nach §§ 414 ff. BGB übertragen. Vergleichen Sie dazu die Skizze *Weiterverkauf*.

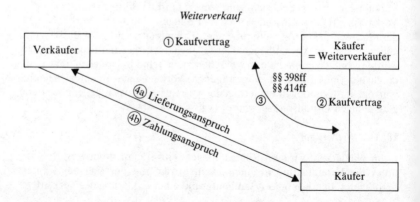

Weiterverkauf

13. Das Streckengeschäft

Vom Streckengeschäft („**Kettenhandel**") spricht man, wenn dieselben Waren vom Käufer (möglicherweise über Zwischenhändler) an den Letztabnehmer weiterverkauft werden, ohne daß der Käufer die Ware selbst auf Lager nimmt.

14. Versendungskauf

Ein Versendungskauf liegt vor, wenn die gekaufte Sache vom Verkäufer auf Verlangen des Käufers an einen anderen Ort als den Erfüllungsort versendet wird. In diesem Fall geht nach § 447 BGB die Preisgefahr bereits zum Zeitpunkt der Übergabe an die Transportperson auf den Käufer über (vgl. dazu unten IV).

15. Der Probekauf

Beim Probekauf kennen wir verschiedene Erscheinungsformen:

Beim **Kauf nach Probe** wird gem. § 494 BGB (lesen!) die Beschreibung der Ware durch ein Muster ersetzt.
Eigenschaften der Probe bzw. des Musters gelten in diesem Fall als zugesichert (beachten Sie den Zusammenhang mit §§ 459 Abs. 2, 463).

Beim **Kauf auf Probe** liegt nach § 495 BGB (lesen!) ein aufschiebend bedingter Kaufvertrag insoweit vor, als die Billigung der Kaufsache in das Belieben des Käufers gestellt ist.

Der Probekauf ist abzugrenzen von anderen Erscheinungsformen:

Beim **Kauf zur Probe** handelt es sich um einen gewöhnlichen Kauf, bei dem der Käufer unverbindlich in Aussicht stellt (namentlich im Falle der Zufriedenheit mit der Lieferung), weitere Kaufabschlüsse zu tätigen.

Beim **Kauf mit Umtauschrecht** handelt es sich um einen unbedingten Kauf, der jedoch dem Käufer das Recht einräumt, eine andere gleichwertige Ware im Wege des Umtausches zu beziehen.

16. Das Konditionsgeschäft

In der Textilbranche und im Sortimentbuchhandel sowie im Zeitschriften- und Zeitungshandel werden Güterumsätze häufig im Wege des „Konditionsgeschäfts" getätigt (dort spricht man auch kurz, jedoch fälschlich, von „Kommission"). Beim Konditionskauf liegt ein (aufschiebend oder auflösend) **bedingter Kauf** vor: Dem Käufer wird ein Auswahl- oder Rückgaberecht eingeräumt. Der Käufer darf also die Ware zurückgeben, wenn er sie nicht bis zu einem bestimmten Zeitpunkt verkauft haben sollte.

17. Der Lieferungskauf

Eine Verbindungslinie zwischen Kauf- und Werkvertragsrecht finden wir beim Werklieferungsvertrag (Lieferungskauf). Nach § 651 BGB (lesen!) findet auf einen Werkvertrag, bei dem sich der Unternehmer verpflichtet, das Werk aus von ihm zu beschaffenden (vertretbaren) Sachen herzustellen, Kaufrecht Anwendung.

18. Sukzessivlieferungsverhältnisse

Ein Sukzessivlieferungsvertrag liegt vor, wenn eine in der Regel von vornherein festgelegte Warenmenge in Teilraten geliefert wird.

Beispiel: Ein Heizwerk kauft eine Million Liter Heizöl, lieferbar in monatlichen Teilraten zu je 100 000 Liter.

Der Sukzessivlieferungsvertrag ist ein einheitlicher Vertrag. Er ist abzugrenzen von einer ähnlichen Erscheinungsform:

Beim **Wiederkehrschuldverhältnis** liegen jeweils getrennte, selbständige Neuabschlüsse gleichen Inhalts vor (Beispiel: Die Abnahme von Gas, Wasser und Strom durch Kleinabnehmer wird von der Rechtsprechung als jeweils für nachfolgende Abrechnungsperioden neubegründetes Wiederkehrschuldverhältnis angesehen). Kein Sukzessivlieferungsvertrag wird begründet, wenn lediglich tatsächliche Teilleistungen erbracht werden. Dann liegt ein gewöhnlicher Kauf vor.

Die Unterscheidung ist wichtig bei den Leistungsstörungen: Beim Sukzessivlieferungsvertrag hat der Käufer bei Leistungsstörungen die sich aus dem Allgemeinen Schuldrecht ergebenden Rechte nicht nur hinsichtlich der Teillieferung, sondern für den gesamten Vertrag, wenn die Fortsetzung des Sukzessivlieferungsvertrags nicht mehr zumutbar ist.

19. Der Handelskauf

Für den Handelskauf gelten nach §§ 373 ff. HGB Besonderheiten. Ein Handelskauf liegt vor bei einem Handelsgeschäft (ein- oder beiderseitig) über den Verkauf von Waren oder Wertpapieren.

Beim Spezifikationskauf ist vereinbart, daß die nähere Bestimmung des Kaufgegenstands offenbleibt. Wird sie vom Käufer nicht vorgenommen, kann nach § 375 Abs. 2 HGB der Verkäufer die Spezifikation vornehmen.

Beim Fixhandelskauf ist die Leistungszeit genau bestimmt. Ist sie überschritten, kann der Käufer nach § 376 Abs. 1 HGB vom Vertrag zurücktreten oder Schadenersatz verlangen (im Gegensatz zu den allgemeinen Vorschriften gilt u. a., daß der Käufer als Gläubiger nicht, wie in § 326 BGB vorgesehen, eine Nachfrist mit Ablehnungsandrohung setzen muß).

20. Der Viehkauf

Für den Kauf bestimmter landwirtschaftlich wichtiger Tiere greifen die §§ 481 ff. BGB sowie die Viehmängelverordnung ein. Besonderheiten gelten insbesondere hinsichtlich der Gewährleistung:

- Der Verkäufer haftet nur beim Vorliegen von „Hauptmängeln" (sie sind in der Viehmängelverordnung im einzelnen für jedes Tier aufgeführt).
- Die Geltendmachung der Gewährleistungsrechte ist an (kürzere) Fristen gebunden.
- Der Käufer hat lediglich das Recht der Wandelung, nicht aber auch das der Minderung. Beim Gattungskauf kann der Käufer allerdings auch Lieferung eines mangelfreien Tieres verlangen.

21. Factoring

Beim Factoring überträgt ein Unternehmer sämtliche oder einen Teil seiner Forderungen, die er gegen seine Kunden hat, im Wege der Global- oder Mantelzession auf eine Bank (den Factor). Vergleichen sie dazu die Skizze *Factoring*.

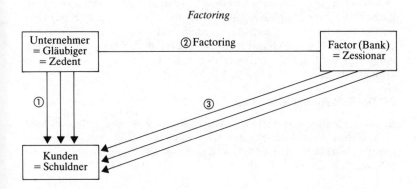

Factoring

Nach Entstehung der Forderung zahlt die Bank dem Unternehmer den Gegenwert der Forderung (abzüglich eines Einbehalts) aus und macht die Forderung dem Kunden gegenüber geltend. Bei der Rechtsnatur des Factoring ist zwischen dem „echten" und dem „unechten" Factoring zu unterscheiden.

a) Beim echten Factoring werden die Forderungen (vollständig und endgültig) in der Weise übertragen, daß die Bank das **„Delcredere-Risiko"** trägt. Darunter versteht man das Risiko, daß die Forderung wegen Zahlungsunfähigkeit des Kunden uneinbringlich ist. In diesem Fall liegt der Forderungsabtretung ein **Kaufvertrag** zugrunde.

b) Beim unechten Factoring bleibt das Delcredere-Risiko weiterhin beim Unternehmer.

In diesem Fall handelt es sich lediglich um ein **Kreditgeschäft**, bei dem die Forderungsabtretung der Kreditsicherung dient.

22. Der Lizenzvertrag

Durch den Lizenzvertrag werden gewerbliche Schutzrechte übertragen (z. B. Patente). Dies kann in Form der Nutzung oder der endgültigen Vollübertragung geschehen. Bei bloßer Nutzungsgestattung liegt Pacht vor, bei der endgültigen Vollübertragung handelt es sich um einen Rechtskauf.

23. Der Mietkauf

Der Mietkauf kombiniert Miete und Kauf dergestalt, daß dem Mieter das Recht eingeräumt wird, die Mietsache unter Anrechnung der bis dahin gezahlten Mieten auf den Kaufpreis zu erwerben. Abzugrenzen ist der Mietkauf vom Leasing.

Beim Leasing stellt der Leasinggeber dem Leasingnehmer eine Sache gegen Entgelt zur Nutzung zur Verfügung. Näheres dazu unter § 46 VI im Abschnitt Gebrauchsüberlassungsverträge.

24. Der Schwarzkauf

Von einem „Schwarzkauf" spricht man im folgenden Fall der Grundstücksveräußerung: Um Grunderwerbsteuer zu sparen, wird zuweilen ein niedrigerer als der vereinbarte Kaufpreis beurkundet. Der vor dem Notar beurkundete Kaufvertrag ist als Scheingeschäft nach § 117 Abs. 1 BGB nichtig, der wirklich gewollte Kaufvertrag scheitert an der mangelnden Form. Allerdings wird der Formmangel durch die Eintragung des Käufers im Grundbuch geheilt (vgl. oben § 14 II 2).

25. Der Schluß- und Ausverkauf

Besondere wettbewerbsrechtliche Vorschriften gelten für den Saisonschlußverkauf bzw. das Ausverkaufswesen (Jubiläum, Umbau, Geschäftsaufgabe). Einschlägig sind §§ 7 ff. UWG sowie die Verordnung über den Saisonschlußverkauf.

26. Der Selbsthilfeverkauf

Den Selbsthilfeverkauf kennen wir aus dem Recht des Gläubigerverzugs: Ist der Gläubiger im Verzug, so kann der Schuldner die Leistung hinterlegen. Dies gilt aber nur für hinterlegungsfähige Gegenstände. Bei nicht hinterlegungsfähigen Waren dagegen kann der Schuldner einen Selbsthilfeverkauf vornehmen (vgl. §§ 383 BGB, 373 HGB).

27. Der Pfandverkauf

Die Befriedigung des Pfandgläubigers geschieht nach §§ 1228, 1233 BGB durch den „Pfandverkauf". Dieser erfolgt nach § 1235 im Wege öffentlicher Versteigerung.

28. Der Deckungskauf

Der „Deckungskauf" ist ein Begriff aus dem Schadenersatzrecht. Man versteht darunter die durch die Nichterfüllung des Kaufvertrags notwendig gewordene Ersatzbeschaffung. Die dadurch entstandenen Mehrkosten (Differenz zwischen vereinbartem Kaufpreis und dem infolge des Deckungskaufes entstandenen Anschaffungspreis) können im Wege konkreter Schadensberechnung geltend gemacht werden.

III. Pflichten der Kaufvertragsparteien

Lernhinweis: Der Kaufvertrag begründet für beide Seiten Rechte und Pflichten. Dabei müssen Sie jeweils zwischen Haupt- und Nebenpflichten unterscheiden und außerdem auf der Seite des Verkäufers danach differenzieren, ob ein Sach- oder Rechtskauf vorliegt. Nebenpflichten ergeben sich entweder aus dem Gesetz oder im Wege der (ergänzenden) Vertragsauslegung unter Heranziehung der Grundsätze von Treu und Glauben (so wie dies oben bei der Darstellung der positiven Vertragsverlet-

Pflichten der Kaufvertragsparteien

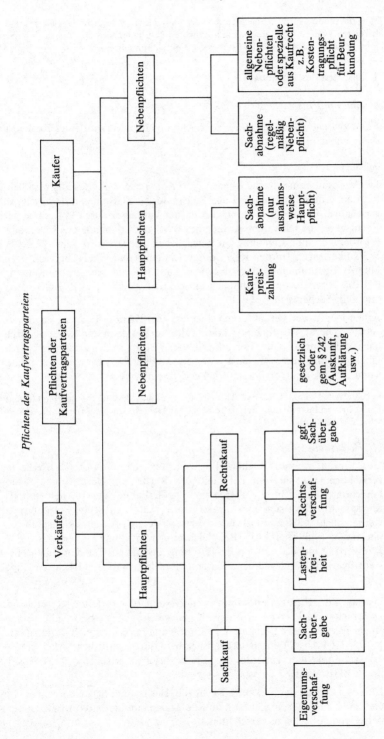

Pflichten der Kaufvertragsparteien

Verkäufer

Hauptpflichten
- Sachkauf
  - Eigentumsverschaffung
  - Sachübergabe
- Lastenfreiheit
- Rechtskauf
  - Rechtsverschaffung
  - ggf. Sachübergabe

Nebenpflichten
- gesetzlich oder gem. § 242 (Auskunft, Aufklärung usw.)

Käufer

Hauptpflichten
- Kaufpreiszahlung
- Sachabnahme (nur ausnahmsweise Hauptpflicht)

Nebenpflichten
- Sachabnahme (regelmäßig Nebenpflicht)
- allgemeine Nebenpflichten oder spezielle aus Kaufrecht z.B. Kostentragungspflicht für Beurkundung

zung begründet wurde). Beachten Sie aber, daß durch vertragliche (Zusatz-)Vereinbarungen weitere bzw. abweichende Pflichten begründet werden können. Vgl. Sie jetzt zunächst die Übersicht *Pflichten der Kaufvertragsparteien.*

1. Pflichten des Verkäufers

a) Hauptpflichten

Es ist zwischen dem Verkauf einer Sache und dem Verkauf eines Rechts zu unterscheiden:

aa) Sachkauf

Der Verkäufer einer Sache ist nach § 433 Abs. 1 S. 1 BGB (lesen!) verpflichtet, dem Käufer die **Sache** zu **übergeben** und das **Eigentum** an der Sache **zu verschaffen.** Diese Verpflichtung erfüllt der Verkäufer durch Vornahme der Rechtsakte, die nach dem 3. Buch des BGB zur Erlangung des Eigentums erforderlich sind. Eigentum an beweglichen Sachen wird gem. §§ 929 ff. BGB übertragen (in der Regel durch Einigung und Übergabe, vgl. dazu unten); Eigentum an Grundstücken wird durch Auflassung und Eintragung des Erwerbers in das Grundbuch verschafft (vgl. §§ 873, 925 BGB sowie unten im Sachenrecht).

Außerdem ist der Verkäufer verpflichtet, dem Käufer die Sache zu „übergeben". Dieser Verpflichtung kommt der Verkäufer in der Regel dadurch nach, daß er dem Käufer den unmittelbaren Besitz an der Sache verschafft. Übergabesurrogate (vgl. dazu unten im Sachenrecht) genügen nur dann, wenn dies im Kaufvertrag ausdrücklich vereinbart ist.

Lernhinweis: Beim „Handkauf" fällt also die Erfüllung der (ansonsten gesonderten) Übergabeverpflichtung mit der als Teilstück zur Übereignung gehörenden Besitzverschaffung zusammen.

bb) Rechtskauf

Der Verkäufer eines Rechts ist verpflichtet, dem Käufer das **Recht zu verschaffen** und, für den Fall, daß das Recht zum Besitz einer Sache berechtigt, die Sache zu übergeben. Die Erfüllung der Rechtsverschaffungspflicht richtet sich nach der Art des verkauften Rechts. Forderungen werden nach §§ 398 ff. BGB durch Vertrag zwischen Alt- und Neugläubiger übertragen (vgl. oben § 41). Bei gleichzeitiger Erfüllung fällt praktisch der Kaufvertrag mit der Forderungsabtretung zusammen (für den Laien entsteht insoweit der fälschliche Eindruck, es liege nur ein Rechtsgeschäft vor).

Beachte: Zur Abtretung bestimmter (insbesondere verbriefter) Rechte sind zusätzliche Rechtsakte erforderlich. Beispiele: Die Übertragung einer Buchhypothek setzt Einigung und Eintragung im Grundbuch voraus (vgl. §§ 873, 1154 Abs. 3), die Briefhypothek wird durch schriftliche Abtretungserklärung und Übergabe des Hypothekenbriefs übertragen (§ 1154 Abs. 1 und 2 BGB lesen!).

Denkbar ist, daß das verkaufte Recht zum Besitz einer Sache berechtigt. In diesem Fall hat der Verkäufer dem Käufer den unmittelbaren Besitz an der betreffenden Sache zu verschaffen.

Beispiele: Erbbaurecht, Nießbrauch, Wohnrecht, pfandgesicherte Forderung (wer eine Forderung verkauft, die durch ein Pfandrecht gesichert ist (§§ 401, 1251 BGB), muß dem Käufer auch das Pfand verschaffen).

cc) Pflicht zur lastenfreien Verschaffung

Nach § 434 BGB (lesen!) ist der Verkäufer verpflichtet, dem Käufer den verkauften Gegenstand (Lernhinweis: Das Gesetz spricht nicht von „Sache" oder „Recht", sondern vom Oberbegriff „Gegenstand" und meint damit sowohl den Sach- als auch den Rechtskauf) **frei von Rechten** zu verschaffen, die von **Dritten** gegen den Käufer geltend gemacht werden können. Insoweit werden die in § 433 Abs. 1 genannten Pflichten des Verkäufers ergänzt. Mit anderen Worten: Der Käufer hat nicht nur einen Anspruch darauf, die Sache oder das Recht überhaupt zu erhalten, sondern so, daß er darüber nach Belieben verfügen kann, ohne durch Rechte Dritter beschränkt zu sein.

Beispiele: Rechtsmängel i. S. des § 434 BGB können sein
- dingliche Rechte (Pfandrechte, Nießbrauch, Grunddienstbarkeiten);
- obligatorische Rechte (z. B. schuldrechtliche Nutzungsbefugnisse an dem verkauften Gegenstand infolge von Miet- oder Pachtrechten, die nach §§ 571, 581 Abs. 2 auch dem Erwerber gegenüber ausgeübt werden können – „Kauf bricht nicht Miete"!).

Öffentlich-rechtliche Beschränkungen können unter § 434 BGB fallen, müssen es aber nicht. Der Verkäufer haftet nicht für ein etwa bestehendes Bauverbot (dies kann aber möglicherweise einen Sachmangel begründen). Als Rechtsmängel sind von der Rechtsprechung aber Zwangsauflagen i. S. des § 6 Wohnungsbindungsgesetz sowie gesetzliche oder behördliche Verfügungsverbote angesehen worden. § 436 BGB (lesen!) stellt klar, daß der Verkäufer eines Grundstücks nicht für die Freiheit von öffentlichen Abgaben oder anderen öffentlichen Lasten haftet, die zur Eintragung in das Grundbuch nicht geeignet sind (Schulbeispiel: der Verkäufer haftet nicht dafür, daß das verkaufte Grundstück zu Erschließungsbeiträgen herangezogen wird).

Hinweis: Der Verkäufer haftet nicht für Rechtsmängel, die der Käufer kennt (§ 439 BGB – lesen!). Zudem werden in aller Regel, namentlich bei Grundstücksveräußerungen, diese Fragen durch ausdrückliche Vereinbarung im Kaufvertrag klargestellt. Liegt jedoch – entweder kraft Gesetzes oder kraft Vertrages – ein Fall des § 434 BGB vor, hat der Käufer einen Anspruch gegen den Verkäufer auf Beseitigung der betreffenden Last (unbeschadet seiner Rechte aus §§ 440, 320 ff.).

b) Nebenpflichten

Nebenpflichten des Verkäufers ergeben sich entweder aus dem Gesetz, aus besonderer Vereinbarung oder aus ergänzender Vertragsauslegung unter Berücksichtigung von Treu und Glauben und der Verkehrssitte (§ 242 BGB).

Einzelne Fälle hat das Gesetz (dispositiv) in §§ 444, 448 BGB geregelt: Der Verkäufer ist zur Auskunft über die den Gegenstand betreffenden rechtlichen Verhältnisse verpflichtet (insbesondere beim Grundstücksverkauf). Außerdem trägt er die Vermessungskosten. Darüber hinaus bestehen nach

Treu und Glauben Aufklärungs-, Hinweis-, Schutz- und Unterlassungspflichten. Die Verletzung dieser Pflichten kann, wenn sie vom Verkäufer zu vertreten ist, zu Schadenersatzansprüchen aus positiver Vertragsverletzung führen (vgl. oben § 36).

2. Pflichten des Käufers

a) Hauptpflichten

Der Käufer ist nach § 433 Abs. 2 BGB verpflichtet, den vereinbarten **Kaufpreis zu zahlen** und die gekaufte **Sache abzunehmen**. Höhe sowie Art und Weise der Kaufpreiszahlung ergeben sich regelmäßig aus der konkreten Vertragsabrede.

Mit der Pflicht des Käufers zur Abnahme wollte der Gesetzgeber dem Verkäufer die Last zur Bereitstellung und Aufbewahrung der Kaufsache abnehmen. Unter Abnahme versteht man den tatsächlichen Vorgang, durch den der Verkäufer vom Besitz der Sache befreit wird. Daraus ergibt sich, daß es regelmäßig derselbe Vorgang ist, mit dem der Verkäufer seine Übergabepflicht erfüllt. Die Abnahmeverpflichtung ist in der Regel nur eine Nebenpflicht des Käufers. Sie steht also nicht im Gegenleistungsverhältnis zur Pflicht des Verkäufers. Daraus folgt, daß dem Verkäufer bei Verletzung der Abnahmepflicht lediglich die Rechte aus §§ 280, 286 BGB, nicht aber die dem Gläubiger im gegenseitigen Vertrag zustehenden weitergehenden Rechte nach §§ 325, 326 BGB (Rücktritt vom Vertrag!) zustehen. Durch Vertrag kann aber die Abnahmeverpflichtung auch zur Hauptpflicht gemacht werden.

Beispiele: Beim Verkauf großer Warenmengen mit dem für den Käufer erkennbaren Zweck der Lagerräumung ist davon auszugehen, daß dabei die Parteien stillschweigend die Abnahme zur Hauptpflicht des Käufers gemacht haben. Dasselbe kann beim Verkauf von Abfallmaterial oder leicht verderblicher Ware der Fall sein. Oder: Verkauf eines Hauses zum Abriß; der Käufer muß räumen, wenn der Verkäufer ein besonderes Interesse an einem geräumten Grundstück hat.

b) Nebenpflichten

Sofern dies dem Käufer nicht schon als Hauptpflicht obliegt, gehört es zu seinen Nebenpflichten, die gekaufte Sache abzunehmen. Darüber hinaus erwachsen auch dem Käufer eine Reihe (dispositiv geregelter) gesetzlicher sowie sonstiger, im Wege der ergänzenden Vertragsauslegung unter Heranziehung von Treu und Glauben zu begründender Nebenpflichten:

- Kostentragungspflicht für Abnahme, Versendung, Beurkundung und Grundbucheintragung (§§ 448, 449 BGB);
- Ersatzpflicht für bestimmte Verwendungen (§ 450 BGB);
- Verzinsung des Kaufpreises ab Gefahrübergang (§ 452 BGB).

IV. Leistungsstörungen

Lernhinweis: Das außerordentlich wichtige Recht der Leistungsstörungen wurde zusammenhängend im Allgemeinen Schuldrecht (oben Teil III, 4. Kapitel) dargestellt. Machen Sie sich unbedingt noch einmal mit den Begriffen und Rechtsfolgen bei Unmöglichkeit, Schuldner- bzw. Gläubigerverzug sowie positiver Vertragsverletzung vertraut. Wegen der besonderen Bedeutung des Kaufvertrags für den Güterumsatz empfiehlt es sich, daran noch einmal anzuknüpfen.

Wie bei jedem anderen Schuldverhältnis, so können auch beim Kaufvertrag Leistungsstörungen dadurch auftreten, daß die Vertragsparteien die ihnen obliegenden Verpflichtungen

- nicht (Stichwort: „Unmöglichkeit"),
- nicht rechtzeitig (Stichwort: „Verzug") oder
- nicht ordnungsgemäß (Stichwort: „positive Vertragsverletzung") erfüllen.

Merken Sie sich für die rechtliche Erfassung der „Störungsfälle" im Kaufrecht die wichtige **„Scharnier-Funktion"** des **§ 440 BGB** (lesen!): Erfüllt der Verkäufer die ihm nach §§ 433–437, 439 BGB obliegenden Verpflichtungen (zuvor oben III dargestellt – notfalls noch einmal repetieren!), nicht, kann der Käufer nach §§ 320–327 BGB vorgehen. Es ist somit hinsichtlich der dem Käufer bei Unmöglichkeit, Verzug und positiver Vertragsverletzung zustehenden Ansprüche auf die allgemeinen Vorschriften des gegenseitigen Vertrages verwiesen!

Beachten Sie aber, daß **Teilbereiche der Leistungsstörungen im Kaufrecht speziell geregelt** sind:

- Bei der nachträglichen Unmöglichkeit sind für den Sachkauf die besonderen Regeln der Gefahrtragung zu beachten (§§ 446, 447 BGB – dazu unten IV 2 a) bb).
- Bei der ursprünglichen Unmöglichkeit geht für den Rechtskauf § 437 BGB der allgemeinen Regel nach § 306 BGB vor.
- Für die Schlechtleistung durch den Verkäufer einer Sache ist das Sachmängelrecht (§§ 459 ff. – dazu unten V) zu beachten (halten Sie hier schon fest: Die Gewährleistungsansprüche wegen Sachmängeln nach §§ 459 ff. setzen kein Verschulden des Verkäufers voraus! Anders ist es bei den Folge- und Begleitschäden, deren Ersatz über die positive Vertragsverletzung nur unter der Voraussetzung verlangt werden kann, daß der Verkäufer die Leistungsstörung zu vertreten hat).

Schließlich ist zu beachten, daß es sich beim Kauf um einen gegenseitigen Vertrag handelt. Deshalb ist jeweils die Verpflichtung des Verkäufers von der des Käufers zu trennen und danach zu differenzieren, ob eine Störung auf der Verkäufer- oder Käuferseite vorliegt. Aus der Tatsache, daß nach § 433 BGB der Käufer (nur) zur Zahlung und Abnahme verpflichtet ist, dem Verkäufer (dagegen) die Verschaffung einer Sache oder eines Rechts obliegt, folgt, daß die „Störungsanfälligkeit" auf seiten des Verkäufers größer und die Rechtslage komplizierter ist als auf seiten des Käufers.

1. Leistungsstörungen auf seiten des Käufers

Der Käufer hat nach § 433 Abs. 2 BGB zwei Pflichten: Er muß den Kaufpreis bezahlen, und er muß die gekaufte Sache abnehmen. Im ersten Fall handelt es sich stets um eine Hauptpflicht, im zweiten Fall liegt regelmäßig eine Nebenpflicht und nur ausnahmsweise eine Hauptpflicht vor (diese Differenzierung ist für die Rechtsfolgen bei der Verletzung der Abnahmeverpflichtung wichtig!).

a) Verletzung der Zahlungspflicht

aa) Einrede des nichterfüllten Vertrags

Der Verkäufer ist nach § 320 BGB (lesen!) nur verpflichtet, Zug um Zug zu leisten. Er kann deshalb bis zur Kaufpreiszahlung seine eigene Leistung verweigern (Einrede des nichterfüllten Vertrags gem. § 320 BGB), vorausgesetzt, er ist nach der individuellen Absprache nicht vorleistungspflichtig.

bb) Erfüllungsanspruch

Dessen ungeachtet hat der Verkäufer gegen den Käufer einen klagbaren Anspruch auf Erfüllung. Anspruchsgrundlage dafür ist § 433 Abs. 2 BGB.

cc) Ersatz des Verzögerungsschadens

Kommt der Käufer mit der Zahlung in Verzug, kann der Verkäufer Ersatz des durch die Verzögerung entstandenen Schadens nach § 286 Abs. 1 BGB verlangen.

Beispiel: V liefert an K eine Maschine am 1. Oktober mit Zahlungsziel 15. Oktober. K zahlt erst am 30. November. V hatte in dieser Zeit einen Bankkredit zu 10 Prozent in Anspruch genommen. Er kann gem. §§ 286, 288 Ersatz der Zinslasten verlangen, die durch das Ausbleiben des rechtzeitigen Zahlungseingangs entstanden sind.

dd) Schadenersatz wegen Nichterfüllung und Rücktritt

Der Verkäufer kann unter den zusätzlichen Voraussetzungen des § 326 BGB (Nachfristsetzung und Ablehnungsandrohung!, vgl. oben § 35 IV) auch Schadenersatz wegen Nichterfüllung verlangen oder vom Vertrag zurücktreten.

b) Verletzung der Abnahmeverpflichtung

aa) Erfüllungsanspruch

Kommt der Käufer seiner Abnahmeverpflichtung nicht nach, kann ihn der Verkäufer auf Abnahme verklagen. Anspruchsgrundlage ist § 433 Abs. 2 BGB.

bb) Ersatz des Verzögerungsschadens

Wenn dem Verkäufer durch die Nichtabnahme zusätzliche Kosten entstehen, kann er diese nach § 286 Abs. 1 als Verzugsschaden ersetzt verlangen.

Beispiel: K nimmt die gelieferte und bereitgestellte Maschine nicht rechtzeitig ab, V entstehen zusätzliche Lagerkosten.

cc) Schadenersatz wegen Nichterfüllung und Rücktritt vom Vertrag

Dies kann der Verkäufer nur verlangen, wenn die Abnahmeverpflichtung für den Käufer eine Hauptpflicht darstellt. Nur dann ist § 326 BGB anwendbar.

Beispiele: K kauft bei V ein „Haus auf Abbruch" oder „Holz auf dem Stamm" oder Waren mit dem erkennbaren Anliegen des Verkäufers auf Lagerräumung. In diesen Fällen hat V ein gesteigertes Interesse an rechtzeitiger Abnahme, die für K Hauptpflicht ist. Kommt K mit der Abnahme in Verzug, kann V nach § 326 BGB eine Nachfrist mit der Bestimmung setzen, nach deren Ablauf werde er die Abnahme ablehnen und vom Vertrag zurücktreten oder Schadenersatz verlangen.

dd) Gläubigerverzug

Eben wurde dargestellt, daß der Schuldner durch Nichtabnahme in Schuldnerverzug kommt; darüber hinaus kann auch Gläubigerverzug eintreten (§§ 293 ff. BGB, vgl. oben § 38). Dieser führt zur Haftungserleichterung nach § 300 Abs. 1 BGB und beim Gattungskauf zum Gefahrübergang nach § 300 Abs. 2 BGB. Repetieren Sie die Regelung des § 324 Abs. 2 BGB: Kommt der Käufer in Annahmeverzug, muß er den Kaufpreis selbst im Falle des zufälligen Untergangs der Kaufsache bezahlen (die Preisgefahr geht vom Verkäufer auf den Käufer über!).

2. Leistungsstörungen auf seiten des Verkäufers

Bei den Verpflichtungen des Verkäufers müssen wir zwischen Sach- und Rechtskauf unterscheiden (vgl. oben). Leistet der Verkäufer nicht, kann der Käufer auf Erfüllung klagen bzw. bis zur Zug-um-Zug-Leistung nach § 320 BGB die Einrede des nichterfüllten Vertrags erheben (insofern ergeben sich keine Besonderheiten zu den oben beim Käufer dargestellten Fragen). Auch für den Verzug des Verkäufers gelten die allgemeinen Vorschriften der §§ 284 ff. sowie § 326 BGB. Kaufrechtliche Besonderheiten sind aber für den Fall der Unmöglichkeit und der Schlechtleistung festzuhalten.

Lernhinweis: Verschaffen Sie sich zunächst einen Überblick anhand der Übersicht *Leistungsstörungen auf seiten des Verkäufers.*

a) Unmöglichkeit

Vergegenwärtigen Sie sich noch einmal die Scharnierfunktion des § 440 BGB: Bei Leistungsstörungen auf seiten des Verkäufers hat der Käufer die Rechte nach §§ 320 ff.!

aa) Ursprüngliche Unmöglichkeit

Bei der ursprünglichen Unmöglichkeit ist zwischen Sach- und Rechtskauf zu differenzieren.

(1.) Sachkauf

Für den Kauf einer Sache gilt § 306 BGB: Bestand die Unmöglichkeit bereits bei Vertragsabschluß, ist der Vertrag nichtig, wenn objektiv ursprüngliche Unmöglichkeit vorliegt. Der Kaufvertrag ist dagegen gültig, wenn es sich um einen Fall der subjektiven Unmöglichkeit handelt (zur Begründung repetieren Sie bitte oben § 34 I 2).

(2.) Rechtskauf

Für den Rechtskauf bringt § 437 BGB (lesen!) eine **Besonderheit**: Danach **haftet** der **Verkäufer für den rechtlichen Bestand der Forderung** oder des Rechts. Der Gesetzestext muß jedoch differenziert ausgelegt werden:

Wurde ein Recht verkauft, das überhaupt nicht existieren kann, gilt auch beim Rechtskauf § 306 BGB: Der Vertrag ist nichtig.

Beispiel: Verkauf eines Gebrauchsmusters, das nicht die Voraussetzungen des Gebrauchsmustergesetzes erfüllt. So ein Fall aus der Rechtsprechung des Reichsgerichts: Das Registergericht hatte eine falsche Entscheidung getroffen und zugunsten

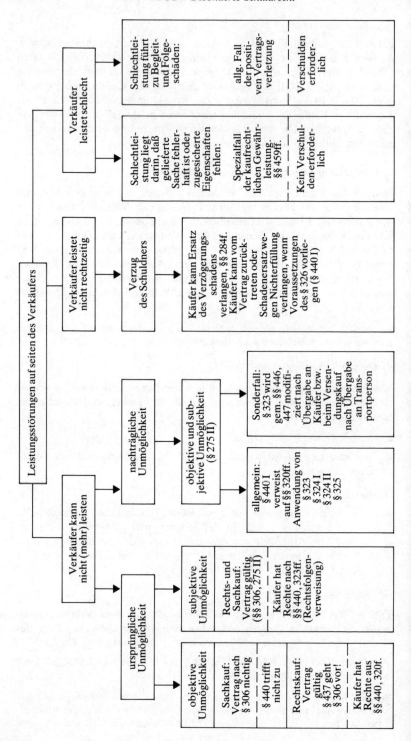

des Verkäufers einen mit Werbung und Anzeigen versehenen Briefumschlag als Gebrauchsmuster eintragen lassen. Der Verkäufer hatte dieses „Recht" anschließend verkauft. Da es sich nicht um einen gebrauchsmusterfähigen Bereich handelt, konnte ein derartiges Recht nicht entstehen und auch nicht verkauft werden. Der Kaufvertrag war nichtig.

Wird aber ein Recht verkauft, das zwar nicht besteht, das aber bestehen könnte, ist der Vertrag nach § 437 im Gegensatz zu § 306 gültig. Sinn des § 437 ist es, den Käufer eines Rechts stärker zu schützen, da er im Gegensatz zum Käufer einer Sache aufgrund der Unsichtbarkeit des Rechts eine schwache Position innehat und sich deshalb auf die Angaben des Verkäufers verlassen können muß.

Beispiel: V verkauft an K eine (von ihm behauptete) Forderung gegenüber S. Diese besteht nicht bzw. nicht mehr (sei es, daß sie gar nicht begründet wurde, sei es, daß sie schon abgetreten war, sei es, daß S bereits erfüllt hatte und das Schuldverhältnis dadurch erloschen ist). Der Vertrag ist nach § 437 gültig!

Zu beachten ist aber, daß der Verkäufer nur für den rechtlichen Bestand, nicht jedoch auch für die Durchsetzbarkeit der Forderung haftet. Dies ergibt sich aus dem Wortlaut des § 437 („Bestand") sowie aus der Klarstellung des § 438 BGB (lesen!), wonach der Verkäufer bei der Übernahme der Haftung für die Zahlungsfähigkeit des Schuldners im Zweifel nur für die Zahlungsfähigkeit zur Zeit der Abtretung haftet. **Kurzformel:** Der Verkäufer eines Rechts haftet lediglich für die **„Verität"**, **nicht** dagegen für die **„Bonität"**.

Aus der Gültigkeit des Vertrags ergeben sich folgende Konsequenzen: Der Käufer hat gegen den Verkäufer beim Rechtskauf die im § 440 Abs. 1 BGB genannten Ansprüche (dort ist auf § 437 ausdrücklich mit verwiesen). Er kann somit nach § 325 BGB entweder Schadenersatz wegen Nichterfüllung verlangen oder vom Vertrag zurücktreten. **Hinweis:** Normalerweise setzt die Haftung für Unmöglichkeit voraus, daß diese vom Schuldner zu vertreten ist; wegen der Garantiehaftung nach § 437 entfällt jedoch für den Rechtskauf dieses Erfordernis! § 440 Abs. 1 enthält eine reine Rechtsfolgenverweisung. Es ist deshalb unbeachtlich, daß sich die §§ 323 ff., auf die verwiesen wird, mit der nachträglichen Unmöglichkeit befassen. Deshalb kann der Käufer Schadenersatz wegen Nichterfüllung oder Rücktritt auch dann geltend machen, wenn den Verkäufer kein Verschulden trifft.

bb) Nachträgliche Unmöglichkeit

Wird dem Verkäufer die Leistung nach Abschluß des Kaufvertrags unmöglich (liegt also nachträgliche Unmöglichkeit vor), so verweist § 440 Abs. 1 (sowohl bei der objektiven als bei der subjektiven Unmöglichkeit – vgl. § 275 Abs. 2) auf die Vorschriften des gegenseitigen Vertrags, insbesondere auf §§ 323, 324, 325 BGB. Diese Regelung wird durch die Spezialvorschriften bei der kaufrechtlichen Gefahrtragung nach §§ 446, 447 modifiziert. Vergleichen Sie vorab die Übersicht *Nachträgliche Unmöglichkeit beim Sachkauf.* Trennen Sie immer scharf zwischen der Leistungs- und der Preisgefahr!

Nachträgliche Unmöglichkeit beim Sachkauf

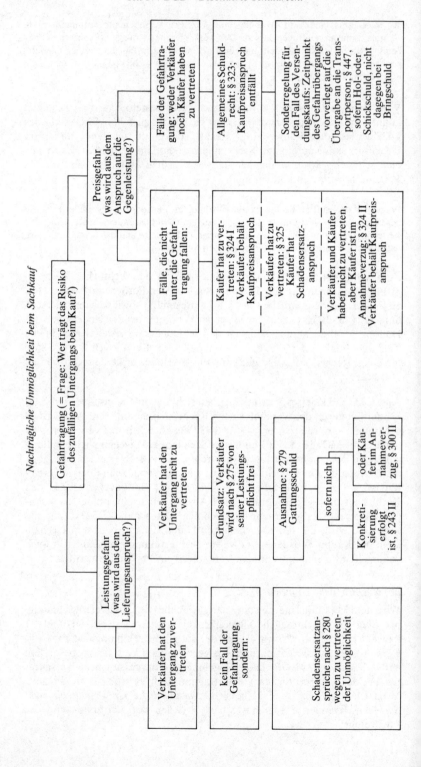

(1.) Gefahrübergang im Normalfall

Bei der Gefahrtragung geht es um die **Frage, wer das Risiko des zufälligen Untergangs trägt**. Normalerweise ist der Eigentümer für seine Sache verantwortlich. Was aber gilt, wenn nach Vertragsabschluß, jedoch vor dessen Erfüllung, die Sache untergeht? **Zwei Fragen** stellen sich:

- Ist der Verkäufer weiterhin zur Lieferung verpflichtet (insoweit spricht man von der **„Leistungsgefahr"**)?
- Ist der Käufer ggf. trotz Nichtleistung des Verkäufers verpflichtet, den Kaufpreis zu bezahlen (insofern spricht man von der **„Gegenleistungs-"** oder **„Preisgefahr"**)?

Beachten Sie, daß das Kaufrecht keine Sonderregelungen hinsichtlich der Leistungsgefahr enthält. Es bleibt bei § 275 BGB: Der Verkäufer wird frei, wenn die Leistung infolge eines Umstands unmöglich wird, den er nicht zu vertreten hat.

Repetition: Entgegen der Regel in § 276 Abs. 1 Satz 1 BGB hat der Schuldner einer Gattungsschuld gemäß § 279 BGB sein Unvermögen auch dann zu vertreten, wenn ihm ein Verschulden nicht zur Last fällt. Dies gilt aber dann nicht mehr, wenn bereits nach § 243 Abs. 2 BGB die Konkretisierung eingetreten ist bzw. die Gefahr im Falle des Annahmeverzugs nach § 300 Abs. 2 BGB auf den Käufer übergegangen ist.

Die Konsequenz des § 275 BGB ergibt sich aus § 323 BGB: Wer von seiner Leistungspflicht nach § 275 BGB frei wird, verliert den Anspruch auf die Gegenleistung nach § 323 BGB. Diese Regelung wird durch §§ 446, 447 BGB modifiziert. Nach § 446 BGB gilt: **Mit der Übergabe** der verkauften Sache **geht die Gefahr** des zufälligen Untergangs und einer zufälligen Verschlechterung **auf den Käufer über**.

Der Sinn dieser Regelung ist einleuchtend: Der Verkäufer hat ab Übergabe keine Möglichkeit mehr, Vorkehrungen gegen eine Gefährdung der Sache zu treffen. Dies obliegt nunmehr dem Käufer. Außerdem stehen dem Käufer ab der Übergabe die Nutzungen zu – er soll dann auch das Risiko für Verschlechterungen tragen.

Beispiel: Käufer K kauft beim Autohändler V einen Gebrauchtwagen unter Eigentumsvorbehalt. Die Übergabe erfolgt am 1. März. Der Kaufpreis ist noch nicht bezahlt. Zwei Tage später wird das Fahrzeug auf einem Parkplatz durch einen umstürzenden Baum zerstört. Mit der Übergabe des Fahrzeugs war am 1. März nach § 446 BGB die Gefahr des zufälligen Untergangs von V auf K übergegangen. Deshalb wird V nach § 275 BGB von seiner Leistungspflicht, nämlich dem K das Eigentum am Gebrauchtwagen zu verschaffen (bisher war wegen des Eigentumsvorbehalts noch kein Eigentum übergegangen), befreit. Trotzdem muß K entgegen der Regelung in § 323 Abs. 1 BGB den Kaufpreis bezahlen. Aus dem Beispiel wird ersichtlich, daß dieses Ergebnis auch billig ist: Schließlich konnte allein K das Fahrzeug benutzen und einen entsprechenden Parkplatz auswählen.

Lernhinweis: Sie ersehen aus dem Beispiel, daß die Regelung der Preisgefahr in § 446 BGB von praktischer Bedeutung nur für solche Gefahrenfälle ist, die sich zwischen Abschluß des Vertrages und vollständiger Erfüllung ereignen.

(2.) Gefahrtragung beim Versendungskauf

Besonderes gilt nach § 447 für den sog. **Versendungskauf**: Versendet der Verkäufer auf Verlangen des Käufers die verkaufte Sache nach einem anderen Ort als dem Erfüllungsort, so geht die **Gefahr** nicht erst mit der Übergabe an den Käufer **über**, sondern **sobald der Verkäufer die Sache** dem Spediteur, Frachtführer oder einer sonstigen zur Ausführung der Versendung bestimmten Person **ausgeliefert** hat.

Diese Regelung berücksichtigt, daß die Versendung vom Käufer selbst gewünscht ist und in seinem Interesse liegt.

Beispiel: Der in Tübingen wohnende Käufer K kauft beim Antiquitätenhändler V in Stuttgart eine wertvolle griechische Statue zum Preis von 100 000 DM. Auf Wunsch von K erklärt sich V bereit, unter Einschaltung eines hierfür spezialisierten Frachtführers F die Statue nach Tübingen zu schicken. Auf der Fahrt von Stuttgart nach Tübingen kommt es zu einem schweren Verkehrsunfall, weil der wegen Unfallflucht später nicht haftbar zu machende Sportwagenfahrer S riskant überholt und F von der Fahrbahn abdrängt. Die Statue wird vollständig zerstört. Muß K bezahlen?

Es handelt sich um den klassischen Fall eines Versendungskaufs: Erfüllungsort ist nach der Auslegungsregel des § 269 BGB der Ort des Schuldners, also der des Verkäufers V (Stuttgart). V hat sich auf Bitten des Käufers (Gläubiger) bereit erklärt, die verkaufte Sache an einen anderen als den Erfüllungsort, nämlich den Wohnort des Käufers, also nach Tübingen, zu übersenden. In diesem Fall geht nach § 447 BGB die Preisgefahr mit der Übergabe der Sache an die Transportperson auf den Käufer über. Im Verhältnis V zu K handelt es sich um einen zufälligen Untergang, da weder den Verkäufer noch den Käufer eine Schuld am Unfall trifft und somit V den Untergang nicht zu vertreten hat. V behält nach § 447 entgegen § 323 Abs. 1 den Anspruch auf Bezahlung des Kaufpreises gegen K. Umgekehrt wird V von seiner Verpflichtung nach § 433 Abs. 1, das Eigentum zu verschaffen, befreit, weil er die nachträgliche Unmöglichkeit nicht zu vertreten hat (§ 275 BGB).

Lernhinweis: Beachten Sie, daß beim Versendungskauf die in § 447 BGB genannten Beförderungspersonen nicht Erfüllungsgehilfen des Verkäufers sind. Begründung: Es liegt eine Holschuld vor, so daß der Verkäufer die Versendung gerade nicht schuldet und sich mit der Einschaltung einer Transportperson nicht eines anderen zur Erfüllung seiner Verbindlichkeit bedient.

Weiterführender Hinweis: Nach allgemeiner Auffassung findet § 447 BGB jedoch auch dann Anwendung, wenn der Verkäufer die Versendung selbst ausführt bzw. **eigene Leute** damit betraut. Im letzteren Fall wendet dann die Rechtsprechung § 278 BGB an. Das heißt: Trifft die eigenen Leute des Versenders kein Verschulden, bleibt es bei § 447 BGB. Haben diese aber beispielsweise fahrlässig gehandelt, so haftet der Verkäufer nach §§ 325, 278 BGB.
Bei der Versendung durch eigene Leute des Verkäufers ist jedoch stets sorgfältig zu prüfen, ob nicht doch eine Bringschuld vorliegt und § 447 BGB schon aus diesem Grunde entfällt.

Weiterführung des Falles: Als Anspruchsgrundlage gegen den Sportwagenfahrer S kommt § 823 Abs. 1 BGB in Betracht. Dies setzt voraus, daß S rechtswidrig und mindestens fahrlässig das Eigentum eines anderen verletzt hat. Eigentümer der Statue im Zeitpunkt des Unfalls war (noch) V, da noch keine Übergabe stattgefunden hatte. S hat also das Eigentum von V verletzt. Jedoch ist V dadurch kein Schaden entstanden, weil mittlerweile die Preisgefahr auf K übergegangen war und V den Kaufpreisanspruch gegenüber K behält. Sein Vermögen ist nach der Differenzmethode vor und nach dem schädigenden Ereignis gleich geblieben. Geschädigt wurde dagegen K. Dieser aber kann einen Schadenersatzanspruch nach § 823 Abs. 1 deshalb nicht geltend machen, weil er zum Zeitpunkt der Schädigung noch nicht Eigentümer der Statue war. Aus dieser unbefriedigenden Situation heraus wurde die Lehre von der **„Schadensliquidation im Drittinteresse"** entwickelt: Dem Schädiger darf aus dem frühzeitigen Gefahrübergang beim Versendungskauf kein ungerechtfertigter Vorteil erwachsen. Deshalb verlangt ("liquidiert") der Verkäufer vom Schädiger Ersatz für den Käufer.

Dazu ist allerdings stets die wichtige Vorentscheidung zu treffen: Liegt eine Versendung "nach einem anderen Orte als dem Erfüllungsorte" vor? Nur dann erbringt der Verkäufer zusätzliche Leistungen, zu denen er nicht verpflichtet ist. Deshalb muß jeweils festgestellt werden, wo im konkreten Fall der Erfüllungsort liegt. Repetieren Sie dazu oben § 26 II. Ist nichts Abweichendes vereinbart, greift die gesetzliche Auslegungsregel des § 269 BGB ein: Der Erfüllungsort liegt beim Schuldner, hinsichtlich der Verschaffungspflicht somit beim Verkäufer. Deshalb liegt in der Regel ein Versendungskauf vor, wenn auf Veranlassung des Käufers die Sache dem Käufer zugesandt wird. Nur bei Bringschulden verhält es sich anders.

Hinweis: § 447 BGB findet auch Anwendung bei der Versendung innerhalb einer Ortschaft (sog. "Platzkauf"). Begründung: Erfüllungsort ist die Wohnung bzw. die Niederlassung des Verkäufers!

b) Verzug

Kommt der Verkäufer mit seinen Verpflichtungen in Verzug, so gilt Allgemeines Schuldrecht.

aa) Ersatz des Verzögerungsschadens

Der Käufer kann vom Verkäufer den durch die verspätete Leistung entstandenen Schaden nach § 286 Abs. 1 BGB ersetzt verlangen.

Beispiel: V liefert trotz vertraglicher Terminzusage die zum 1. Dezember versprochenen Waren nicht. Die Lieferung trifft erst am 20. Dezember ein. Dem Käufer entgeht ein wesentlicher Teil des Weihnachtsgeschäfts. Den ihm dadurch entgangenen Gewinn kann er von V nach § 286 Abs. 1 BGB ersetzt verlangen.

bb) Schadenersatz wegen Nichterfüllung und Rücktritt

Unter den weiteren Voraussetzungen des § 326 BGB kann der Käufer vom Verkäufer im Falle des Lieferungsverzugs Schadenersatz wegen Nichterfüllung verlangen oder vom Vertrag zurücktreten (repetieren Sie zum wiederholten Male: § 326 BGB verlangt zusätzlich die Nachfristsetzung mit Ablehnungsandrohung).

Handelsrechtlicher Hinweis: Beim Fixhandelskauf nach § 376 HGB wird auf das Erfordernis der Nachfristsetzung verzichtet (Einzelheiten im Handelsrecht).

c) Schlechtleistung des Verkäufers

Pflichtverletzungen, die nicht Unmöglichkeit oder Verzug darstellen, haben wir oben im Allgemeinen Schuldrecht (§ 36) unter dem Sammelbegriff der positiven Vertragsverletzung erfaßt. Auch beim Kaufvertrag ist es denkbar, daß vor allem der Verkäufer "schlechtleistet", sei es, daß er Nebenpflichten verletzt, sei es, daß die Art und Weise seiner Erfüllung zu Begleit- oder Folgeschäden führt. Der erstgenannte Fall ist dem Grundsatz nach unproblematisch. Verletzt der Verkäufer eine über die bloße Lieferung hinausgehende Verhaltenspflicht (z. B. mangelhafte Beratung und Aufklärung über die gelieferte Sache) und führt dies zu Schäden beim Käufer, kann dieser Schadenersatz aus positiver Vertragsverletzung verlangen.

Liegt die Schlechtleistung aber „lediglich" darin, daß der gelieferte Gegenstand fehlerhaft ist oder eine zugesicherte Eigenschaft fehlt, sind die kaufrechtlichen Sondervorschriften über die Gewährleistungspflicht des Verkäufers nach §§ 459 ff., 439–443 zu beachten. Diese Vorschriften gehen als leges speciales dem Allgemeinen Schuldrecht vor.

V. Die Sachmängelhaftung des Verkäufers

Lernhinweis: Auch vom Absolventen eines „Grundkurses" kann man mit Fug und Recht erwarten, daß er die Grundzüge der Sachmängelhaftung beherrscht. Er muß wissen, unter welchen Voraussetzungen der Verkäufer bei einer mangelhaften Lieferung haftet und welche Rechte dann dem Käufer zustehen. Es ist zweckmäßig, daß Sie zunächst im Gesetz die §§ 459 ff. durchlesen.

Merken Sie sich als „Grobraster": Der Verkäufer haftet für „Sachmängel". Solche liegen in zwei Fällen vor:

(1.) Die Sache ist mit Fehlern behaftet.
(2.) Der Sache fehlen zugesicherte Eigenschaften.

Der Käufer kann bei Sachmängeln alternativ folgende Rechte geltend machen:
• im Normalfall Wandelung oder Minderung, § 462 BGB;
• wenn eine zugesicherte Eigenschaft fehlt, ein Fehler arglistig verschwiegen wurde oder eine nicht vorhandene Eigenschaft arglistig vorgespiegelt wurde, kann er auch Schadenersatz wegen Nichterfüllung verlangen, §§ 463, 480 Abs. 2 BGB;
• bei der Gattungsschuld hat der Käufer statt der Wandelung oder Minderung auch Anspruch auf Lieferung einer mangelfreien Sache, § 480 Abs. 1 BGB.

Die Rechte des Käufers verjähren bei beweglichen Sachen nach Ablauf von 6 Monaten seit Ablieferung, bei Grundstücken ein Jahr nach der Übergabe (§ 477 BGB).

Diese wenigen Merksätze müssen Sie mit Details auffüllen.

Lernhinweis: §§ 459 ff. BGB greifen nur ein, wenn Sachmängel vorliegen. Im übrigen muß es sich bei der vom Verkäufer gelieferten Sache aber tatsächlich um die geschuldete, wenngleich mangelhafte Sache handeln. Liefert der Verkäufer eine andere als die geschuldete Sache, liegt ein Fall der Nichterfüllung vor. Dann hat der Käufer die allgemeinen Rechte nach §§ 320 ff. BGB. Der Verkäufer hat noch gar nicht erfüllt, der Käufer kann also weiter auf Erfüllung bestehen und nach §§ 320 ff. gegebenenfalls Schadenersatz verlangen oder vom Vertrag zurücktreten. Man spricht in diesen Fällen auch von der „Falschlieferung" (Lieferung eines „aliud"). Die Lieferung einer anderen als der geschuldeten Sache ist also nicht als Lieferung einer mangelhaften Sache anzusehen (Beispiel: Wenn der Käufer ein Fernsehgerät bestellt und einen Video-Recorder erhält, ist der gelieferte Video-Recorder nicht ein mangelhafter Fernsehapparat; der Käufer ist nicht auf Wandelung oder Minderung verwiesen, vielmehr kann er weiterhin auf Lieferung des Fernsehapparats bestehen).

1. Haftung des Verkäufers für Fehler der Kaufsache

Nach § 459 Abs. 1 haftet der Verkäufer einer Sache dem Käufer dafür, daß die Kaufsache zu der Zeit, zu welcher die Gefahr auf den Käufer übergeht (im Normalfall ist dies nach § 446 die Übergabe), nicht mit Fehlern behaftet ist.

Das Gesetz definiert den Fehler nicht. Es spricht nur davon, daß es sich um solche Fehler handeln muß, die den Wert oder die Tauglichkeit zu dem gewöhnlichen oder vertraglich vorausgesetzten Gebrauch aufheben oder mindern, wobei eine unerhebliche Minderung des Werts oder der Tauglichkeit nicht in Betracht kommt.

a) Objektiver Fehler

Ein Sachmangel liegt somit zunächst dann vor, wenn die gekaufte Sache von der **typischen Normalbeschaffenheit abweicht**.

Beispiele: Die gekaufte Vase hat einen Sprung. Die abgepackten Lebensmittel sind schimmelig. Das neue Kraftfahrzeug hat technische Mängel. Das Gebäude ist von Hausschwamm, Holzbock oder der Salpeterfäule befallen.

b) Subjektiver Fehler

Ein Sachmangel liegt auch dann vor, wenn die gekaufte Sache zwar objektiv fehlerfrei ist, der **vertraglich vorausgesetzte Gebrauch** aber ausgeschlossen oder **beeinträchtigt** ist.

Schulbeispiel: Das als Bauland verkaufte Grundstück kann wegen öffentlich-rechtlicher Bauvorschriften nicht bebaut werden.

„Fehler" ist somit **jede von der Sollbeschaffenheit abweichende Istbeschaffenheit**, die sich wert- oder tauglichkeitsmindernd auswirkt, wobei es entscheidend auf die Vorstellung der Kaufvertragsparteien ankommt (es gilt der „subjektive Fehlerbegriff").

2. Die Haftung des Verkäufers beim Fehlen zugesicherter Eigenschaften

Nach § 459 Abs. 2 BGB (lesen!) haftet der Verkäufer auch dafür, daß die Sache die zugesicherten Eigenschaften hat. Das heißt: die Sachmängelhaftung greift auch dann ein, wenn der gekauften Sache eine zugesicherte Eigenschaft fehlt.

Zugesichert ist eine Eigenschaft, wenn der Verkäufer entweder ausdrücklich oder stillschweigend dem Käufer zu erkennen gibt, daß er für den Bestand der betreffenden Eigenschaft verschuldensunabhängig einstehen will. Keine Zusicherung liegt vor bei „bloßen Anpreisungen" oder unverbindlichen Beschreibungen und Bewertungen (Beispiel: Reklame).

Unter „Eigenschaften" versteht man alle tatsächlichen und rechtlichen Verhältnisse einer Sache, die wegen ihrer Art und Dauer nach der Verkehrsanschauung für ihre Wertschätzung von Bedeutung sind. Dabei kann es sich sowohl um solche Umstände handeln, die der Sache selbst anhaften (Beispiel: die Echtheit eines Gemäldes), als auch um darüber hinausgehende Eigenschaften (Beispiel: Verwendungsfähigkeit der Sache für bestimmte Zwecke).

Beispiele: Als zugesicherte Eigenschaften wurden von der Rechtsprechung angesehen:

- das Baujahr eines Kraftfahrzeugs, die Bezeichnung „werkstattgeprüft", „fahrbereit" oder „unfallfrei";
- die Haltbarkeitsdaten von Waren;
- die Bezeichnung „fabrikneu" bedeutet bei Maschinen und Geräten, daß diese aus neuem Material hergestellt und ungebraucht sind;
- bei Kunstwerken und Sammelobjekten sind die Echtheit, ihre Herkunft aus Privatbesitz, die Zuordnung als Werk eines bestimmten Künstlers durch Sachverständige, bei Briefmarken die Original- und Nachgummierung sowie der Katalogwert einer Sammlung als zugesicherte Eigenschaften angesehen worden;
- beim Unternehmenskauf wurden die Ertragsfähigkeit, die Höhe der Verbindlichkeiten, der zurückliegende Jahresumsatz (z. B. die Belege des jährlichen Bierausschanks), der Reinertrag und die Richtigkeit der Bilanz als Eigenschaften i. S. des § 459 Abs. 2 angesehen.

3. Ausschluß der Verkäuferhaftung

Die Haftung des Verkäufers für Sachmängel ist in drei Fällen ausgeschlossen:

a) Kenntnis des Mangels

Nach § 460 Satz 1 BGB haftet der Verkäufer nicht, wenn der Käufer den Mangel beim Abschluß des Kaufvertrags kennt. Bei grober Fahrlässigkeit gilt § 460 S. 2. In diesen Fällen verdient er auch keinen Schutz. Nimmt der Käufer eine mangelhafte Sache an, obwohl er den Mangel kennt, hat er die Gewährleistungsrechte nur, wenn er sich diese bei der Annahme vorbehält (vgl. § 464 BGB).

b) Öffentliche Versteigerung

Bei öffentlichen Versteigerungen kann dem Verkäufer die Sachmängelhaftung nicht zugemutet werden. Deshalb hat er nach § 461 BGB einen Mangel nicht zu vertreten, wenn die Sache aufgrund eines Pfandrechts in öffentlicher Versteigerung unter der Bezeichnung als Pfand verkauft wird.

c) Vertragliche Abweichungen

Das Kaufrecht ist dispositiv, die Sachmängelhaftung kann deshalb durch Vertrag abweichend geregelt werden. Namentlich bei Verwendung Allgemeiner Geschäftsbedingungen werden die Gewährleistungsansprüche häufig (durch sog. „Freizeichnungsklauseln") ausgeschlossen. Dabei ist aber das Gesetz über die Allgemeinen Geschäftsbedingungen zu beachten (vgl. oben § 10 III): Der gänzliche Ausschluß der Verkäuferhaftung kann nach §§ 138, 242 BGB sowie §§ 9 ff. AGBG nichtig sein. Insbesondere ist auf § 11 Nr. 10 AGBG (lesen!) hinzuweisen.

Häufiger Fall: Im Gebrauchtwarenhandel (insbesondere bei Kraftfahrzeugen und Maschinen) und im Immobilienhandel ist der Ausschluß jeglicher Haftung (auch der ersatzweisen Nachbesserung) weit verbreitet. Die dabei gängige Klausel „gekauft wie besehen und probegefahren" schließt bei Fahrzeugen die Gewährleistung für solche technischen Mängel aus, welche die Fahrtüchtigkeit und Betriebssicherheit betreffen, jedenfalls soweit sie ohne Hilfe eines Sachverständigen hätten wahrgenommen werden können. **Hinweis:** Der Verkäufer haftet dennoch, wenn er einen Mangel arglistig verschweigt, vgl. § 476 BGB. Dasselbe gilt nach der Rechtsprechung, wenn er trotz des Haftungsausschlusses eine Eigenschaft zusichert.

4. Die Rechte des Käufers

Lag der Sachmangel bereits bei Gefahrübergang, also in der Regel bei Übergabe der Sache, vor, kann der Käufer nach §§ 462, 463 entweder Wandelung, Minderung oder (unter weiteren Voraussetzungen auch) Schadenersatz wegen Nichterfüllung geltend machen.

Lernhinweis: Ein Anspruch auf Nachbesserung, Garantie (kostenlose Reparatur), Umtausch und dgl. ist im Gesetz beim Stückkauf nicht vorgesehen. In der Praxis wird jedoch häufig der Käufer als Kunde entweder durch vorherige vertragliche Regelung oder im konkreten Zeitpunkt der Geltendmachung von Sachmängeln, nicht zuletzt auf dem Kulanzwege, durch Nachbesserung oder Umtausch zufriedengestellt. Wenn dies seinen Interessen entspricht, er z. B. keine weiteren Scherereien wünscht, ist damit der Fall erledigt. Der Käufer muß sich damit aber nicht „abspeisen lassen". Das Gesetz gibt ihm mit der Wandelung eine scharfe Waffe in die Hand: Er kann die Rückgängigmachung des Vertrags verlangen, weil er möglicherweise das Vertrauen in die Leistungsfähigkeit des Verkäufers verloren hat.

a) Wandelung

Unter Wandelung versteht man die **Rückgängigmachung des Kaufvertrags**, vgl. § 462 BGB. Die Frage, wie die Wandelung im einzelnen vollzogen wird, ist in der Theorie strittig, braucht aber hier nicht vertieft zu werden („Vertragstheorie": Der Käufer hat einen Anspruch gegen den Verkäufer auf Abschluß eines Vertrags, durch den die Wandelung vollzogen wird, so der Wortlaut des § 465; „Herstellungstheorie": Der Käufer hat ein Gestaltungsrecht auf Wandelung, mit dessen Ausübung er auf Rückzahlung des Kaufpreises klagen kann).

Die Praxis läßt jedenfalls die sofortige Klage auf Rückgewähr der Kaufsache zu, ohne daß zuvor die Einverständniserklärung zur Wandelung gerichtlich erstritten werden müßte.

b) Minderung

Unter Minderung versteht man die **Herabsetzung des Kaufpreises** (vgl. § 462 BGB). Dazu muß der vereinbarte Preis in dem Verhältnis herabgesetzt werden, „in welchem z. Zt. des Verkaufs der Wert der Sache in mangelfreiem Zustande zu dem wirklichen Werte gestanden haben würde" (vgl. § 472 Abs. 1 BGB). Man hat daraus folgende Gleichung entwickelt: „Vereinbarter Kaufpreis : geminderter Preis = Wert ohne Mangel : Wert mit Mangel". Damit ergibt sich für die Ermittlung des geminderten Preises die Formel:

$$\text{Geminderter Preis} = \frac{\text{Wert mit Mangel X Vereinbarter Kaufpreis}}{\text{Wert ohne Mangel}}$$

Beispiel: K hat von V ein Fahrrad zum Preis von DM 200 gekauft. Es stellt sich heraus, daß die Gangschaltung defekt ist. Ein Sachverständiger schätzt den Wert des Fahrrads auf lediglich 75 DM, seinen Wert in mangelfreiem Zustand dagegen auf 100 DM. K will mindern. Nun kann er aber nicht etwa von V DM 125 (200 − 75) verlangen. Der geminderte Preis beträgt nach § 472 Abs. 1 BGB (75 x 200 : 100 =) DM 150, so daß K von V lediglich (200 − 150 =) DM 50 fordern kann. Ein Teil des Erfolges seiner Geschäftstüchtigkeit bleibt also dem Verkäufer erhalten (anders wäre es, wenn K gewandelt hätte; in diesem Fall hätte V den gesamten Kaufpreis gegen Rückgabe des minderwertigen Fahrrads zurückgeben müssen).

c) Schadenersatz wegen Nichterfüllung

Nach § 463 kann der Käufer statt Wandelung oder Minderung auch Schadenersatz wegen Nichterfüllung verlangen, wenn der verkauften Sache eine zugesicherte Eigenschaft fehlt. Das gleiche gilt, wenn der Verkäufer einen Fehler arglistig verschwiegen hat (lesen Sie § 463 S. 1 u. 2 BGB). Die Rechtsprechung hat einen dritten Fall gleichgestellt: Schadenersatz wegen Nichterfüllung kann der Käufer auch dann verlangen, wenn der Verkäufer eine nicht vorhandene Eigenschaft arglistig vorgespiegelt hat.

Beispiele: Der Verkäufer eines Gebrauchtwagens
- erklärt dem Käufer ausdrücklich, der Wagen sei noch nicht mehr als 40 000 km gelaufen, was aber nicht zutrifft (zugesicherte Eigenschaft);
- weist den Käufer, um den Vertrag überhaupt zu ermöglichen, nicht darauf hin, daß der Wagen bereits mehrere Unfälle hinter sich hat (arglistiges Verschweigen);
- „tut gegenüber dem Käufer so", als sei erst vor kurzem ein neuer Austauschmotor eingebaut worden, was aber nicht stimmt (arglistiges Vorspiegeln).

Begleit- und Mangelfolgeschäden fallen in der Regel nicht unter § 463 BGB. Ihr Ersatz kann jedoch unter den Voraussetzungen der positiven Vertragsverletzung geltend gemacht werden (dies allerdings setzt Verschulden des Verkäufers voraus!).

Im einzelnen ist freilich vieles strittig.

d) Besonderheit bei Gattungsschulden

Beim Gattungskauf sind die **Rechte des Käufers erweitert:**

aa) Nachlieferung

Der Käufer kann (zunächst wie beim Stückkauf) Wandelung oder Minderung verlangen. Er kann aber auch auf Lieferung einer mangelfreien Sache bestehen (§ 480 Abs. 1 – lesen!)

Beispiel: Käufer K kauft bei Verkäufer V 10 Rollen Rauhfasertapete. Zu Hause stellt er fest, daß die Tapeten wegen schlechter Lagerung bei V teilweise angeschimmelt sind. Es liegt ein Sachmangel vor. K hat bei diesem Gattungskauf nicht nur das Recht, den Kauf rückgängig zu machen oder einen Teil des Kaufpreises zurückzuverlangen. Er kann von V alternativ auch die Lieferung neuer einwandfreier Tapeten (mittlerer Art und Güte) verlangen.

bb) Schadenersatz

Nach § 480 Abs. 2 BGB (lesen!) kann der Käufer aber statt Wandelung, Minderung oder Ersatzlieferung auch Schadenersatz wegen Nichterfüllung verlangen, wenn der Sache eine zugesicherte Eigenschaft fehlt oder der

Verkäufer einen Fehler arglistig verschwiegen (bzw. Fehlerfreiheit vorgespiegelt) hat.

Hinweis: § 480 Abs. 2 ist insoweit keine Besonderheit bei Gattungsschulden, als § 463 dasselbe für Stückschulden vorsieht. Unterschiedlich ist
allerdings der maßgebliche Zeitpunkt (§ 463: „zur Zeit des Kaufes", § 480
Abs. 2: „Zeit, zu welcher die Gefahr... übergeht").

5. Verjährung der Gewährleistungsansprüche

Die Ansprüche des Käufers auf Wandelung, Minderung oder Schadenersatz unterliegen **kurzen Verjährungsfristen**.

Nach § 477 Abs. 1 Satz 1 BGB (lesen!) verjähren diese Rechte beim Kauf
beweglicher Sachen in **6 Monaten** von der Ablieferung an, beim Kauf von
Grundstücken in **einem Jahr** seit der Übergabe. Der gesetzliche Zweck ist
einleuchtend: Zum einen ist der Käufer nach Ablieferung bzw. Übergabe in
der Lage, die Kaufsache zu untersuchen und Mängel festzustellen, zum
anderen würde eine Erweiterung der Gewährleistungsfristen zu Beweisschwierigkeiten führen und Absatz und Produktion unerträglich belasten
und verunsichern. Problematisch wird die kurze Verjährungsfrist bei **„versteckten Mängeln"**, die sich erst nach Ablauf von 6 Monaten zeigen. Dieses
Problem hat der Gesetzgeber nicht erkannt. Im Schrifttum wird versucht,
die gesetzliche Regelungslücke durch eine sinngemäße Anwendung des in
§ 852 Abs. 1 zum Ausdruck kommenden Rechtsgedankens zu schließen:
Die Verjährungsfrist würde dann erst mit Erkennbarkeit des Mangels
beginnen. Die Rechtsprechung lehnt diese Lösung jedoch ab, kommt
schlußendlich aber zu ähnlichen Ergebnissen: Die Erhebung der Verjährungseinrede wird in bestimmten Fällen als mißbräuchlich angesehen.

Die Verjährungsfrist wird durch den Antrag auf ein Beweissicherungsver-
fahren unterbrochen (§ 477 Abs. 2 BGB). Näheres bestimmt die ZPO
(§§ 485 ff. ZPO). Außerdem kann sich der Käufer, sofern er den Mangel
rechtzeitig angezeigt und den Kaufpreis noch nicht bezahlt hat, gegenüber
dem Kaufpreisanspruch auf die Mängeleinrede nach § 478 BGB berufen.
Hat der Verkäufer den Mangel arglistig verschwiegen (bzw. die Mangelfreiheit arglistig vorgespiegelt), greift die 30jährige allgemeine Verjährungsfrist
des § 195 BGB ein (vgl. § 477 Abs. 1 – lesen!). Bei Arglist verdient der
Verkäufer keinen Schutz.

6. Konkurrenz der Gewährleistungsansprüche mit anderen Rechten

a) Irrtumsanfechtung

Bei der Lieferung einer mangelhaften Sache wäre es nicht abwegig, einen
Fall der Irrtumsanfechtung zu konstruieren: Der Käufer hat auf eine
mangelfreie Sache vertraut; liegt ein Fehler vor, irrt er sich regelmäßig über
„verkehrswesentliche Eigenschaften" i. S. von § 119 Abs. 2 BGB.

Trotzdem muß nach einhelliger Auffassung die Irrtumsanfechtung ausscheiden, soweit die Sachmängelhaftung des Verkäufers eingreift. Der Grund ist
einleuchtend: Die Gewährleistungsansprüche des Käufers unterliegen der
kurzen Verjährungsfrist (bei beweglichen Sachen 6 Monate), die Anfech-

tung einer Willenserklärung wegen Irrtums ist theoretisch im Rahmen der allgemeinen Verjährungsfrist von 30 Jahren möglich (sofern diese gemäß § 121 Abs.1 BGB »unverzüglich« nach Entdeckung des Irrtums erklärt wird). Im Interesse der Klarheit über den rechtlichen Bestand des Güterumsatzes kann eine derartige Ausdehnung der „Stornierungsfrist" für die häufigste Leistungsbeziehung nicht gewollt sein.

Hinweis: Die Anfechtung aus anderen Gründen (Erklärungsirrtum, arglistige Täuschung, rechtswidrige Drohung) wird dagegen durch die Sachmängelhaftung nicht ausgeschlossen.

b) Schadenersatz aus positiver Vertragsverletzung

Wenn der Käufer unter den Voraussetzungen des § 463 BGB Schadenersatz verlangt, ist zu differenzieren: Die Rechtsprechung unterscheidet zwischen dem Mangelschaden (= unmittelbarer Schaden) und dem Mangelfolgeschaden (= mittelbarer Schaden). Der Schadenersatzanspruch nach § 463 BGB erfaßt nach ihrer Auffassung nur den Mangelschaden als solchen (also die Einbuße, die der Sache wegen der Unbrauchbarkeit oder Minderwertigkeit unmittelbar anhaftet) sowie den entgangenen Gewinn.

Der Ersatz des Mangelfolgeschadens (ein Schaden also, der als Folge des Mangels an den sonstigen Rechtsgütern des Käufers als Personen- oder Sachschaden entsteht) kann dagegen nur unter den weiteren Voraussetzungen der positiven Vertragsverletzung verlangt werden. Die Sachmängelhaftung schließt die positive Vertragsverletzung jedenfalls insoweit nicht aus, als es sich um Folge- und Begleitschäden handelt.

Beispiel: Das gelieferte Impfserum ist vergiftet, die geimpfte Herde des Käufers verendet.

Vorausgesetzt wird jedoch, daß der Verkäufer dies zu vertreten hat (durch eigenes oder fremdes Verschulden, §§ 276, 278 BGB).

Wiederholungsfragen zu § 44

Wird durch den Abschluß des Kaufvertrags bereits das Eigentum an einer gekauften Sache erworben? (§ 44 I 1 b)

Ist es möglich, das „know how" eines Unternehmens zu kaufen? (§ 44 II 1)

Was versteht man unter dem Mantelkauf? (§ 44 II 6)

Welche Rechtsbeziehungen bestehen zwischen den Beteiligten beim „verbundenen Geschäft"? (§ 44 II 7)

Welche Rechtskonstruktion liegt dem Kauf unter Eigentumsvorbehalt zugrunde? (§ 44 II 8)

Welche Rechtsstellung hat ein Vorkaufsberechtigter? (§ 44 II 9)

Was versteht man unter einem Sukzessivlieferungsverhältnis? (§ 44 II 18)

Ist das Factoring als Kauf oder als Kreditgeschäft einzuordnen? (§ 44 II 21)

Was ist typisch beim Mietkauf? (§ 44 II 23)

Welche Pflichten hat der Verkäufer beim Sachkauf bzw. beim Rechtskauf? (§ 44 III 1)

Ist die Abnahmeverpflichtung für den Käufer eine Haupt- oder eine Nebenpflicht? (§ 44 IV 1 b)

Welche Besonderheiten gelten für die ursprüngliche Unmöglichkeit im Falle des Rechtskaufs? (§ 44 IV 2 a aa (2))

In welchem Zeitpunkt geht beim Sachkauf die Preisgefahr auf den Käufer über und welche Besonderheiten gelten für den Versendungskauf? (§ 44 IV 2 a bb)

In welchem Umfang haftet der Verkäufer für Sachmängel? (§ 44 V)

Welche Rechte hat der Käufer im Rahmen der Gewährleistung des Verkäufers? (§ 44 V 4)

Welche Besonderheiten gelten bei der Verkäuferhaftung im Fall der Gattungsschuld? (§ 44 V 4 d)

Wann verjähren die Gewährleistungsansprüche im Kaufrecht? (§ 44 V 5)

§ 45 Die Schenkung

Lernhinweis: Wichtigstes Kennzeichen der Schenkung (§§ 516 ff. BGB) ist die Unentgeltlichkeit der mit ihr verfolgten Vermögenszuwendung. Das Bürgerliche Gesetzbuch kennt außer der Schenkung weitere unentgeltliche Rechtsgeschäfte:

• die Leihe (unentgeltliche Gebrauchsüberlassung);
• den Auftrag (unentgeltliche Geschäftsbesorgung) sowie
• die unentgeltliche Verwahrung.

Die Unentgeltlichkeit ist der Grund dafür, daß in einigen Fällen die Rechtsstellung des Beschenkten schwächer ist als die eines entgeltlichen Erwerbers:

• Dies zeigt sich zunächst im Schenkungsrecht selbst angesichts des Rückforderungsrechts gegenüber dem Beschenkten bei Verarmung des Schenkers und grober Undankbarkeit des Beschenkten.
• Bei der ungerechtfertigten Bereicherung (§§ 816 Abs. 1 Satz 2, 822 – lesen!).
• Im Konkursfall muß der Beschenkte dem Konkursverwalter dasjenige herausgeben, was er im letzten Jahr vor der Konkurseröffnung vom Schenker als dem späteren Gemeinschuldner erhielt (bei Ehegatten beträgt diese Frist sogar 2 Jahre).

Schenkungen sind naturgemäß typische Rechtsgeschäfte im Familienbereich. Wirtschaftliche Bedeutung haben sie vor allem aus **steuerrechtlichen Gründen**. Bei der Einkommensteuer wird durch die unentgeltliche Übertragung einer Einkunftsquelle auf einen Familienangehörigen, der ansonsten keine oder nur geringe Einkünfte erzielt, ein progressionsmindernder Effekt erzielt. Um Erbschaft- bzw. Schenkungsteuer zu sparen, können im Rahmen der Freibeträge Vermögenswerte durch Schenkungen unter Lebenden steuerfrei übertragen werden (deren Erträge sich zudem nicht mehr substanzerhöhend beim Schenker auswirken). Wichtig ist allerdings, daß die Finanzrechtsprechung Rechtsgeschäfte zwischen Familienangehörigen nur unter zwei Voraussetzungen steuerrechtlich anerkennt:

• Es müssen die bürgerlich-rechtlichen Formen und Genehmigungserfordernisse beachtet werden (notarielle Beurkundung, vormundschaftsgerichtliche Genehmigungen bzw. im Falle des Selbstkontrahierens die Bestellung von Pflegschaften).
• Außerdem muß die Schenkung eine wirkliche Entäußerung aus dem Vermögen des Schenkers, also eine tatsächliche Übertragung der Einkunftsquelle, bewirken. Dies ist bei Schenkungen, die unter einem Wi-

derrufsvorbehalt erfolgen, problematisch. Die unentgeltliche Einräumung eines Nießbrauchs, gekoppelt mit einem jederzeitigen Widerrufsvorbehalt, genügt diesen Anforderungen nicht.

Obwohl das Recht der Schenkung nicht zum Schwerpunkt der Privatrechtsausbildung gehört, sollten Rechts- und Wirtschaftswissenschaftler doch bei der Schenkung den Begriff, die Arten, die Formbedürftigkeit, die Heilung des Formmangels und die Grundzüge der Rechtsbeziehungen zwischen Schenker und Beschenktem kennen.

I. Begriff und Wesensmerkmale der Schenkung

1. Begriff

Die Schenkung ist nach § 516 Abs. 1 BGB (lesen!) eine Zuwendung, durch die jemand aus seinem Vermögen einen anderen bereichert, wenn beide Teile darüber einig sind, daß die Zuwendung unentgeltlich erfolgt.

Als Zuwendung kommt jede Verschaffung eines Vermögensvorteils in Betracht (Sachen, Forderungen, Rechte, Schulderlaß), sofern sie das Vermögen des Zuwendenden vermindern. Keine Schenkung liegt nach § 517 BGB vor, wenn jemand zugunsten eines anderen einen Vermögenserwerb unterläßt, auf ein angefallenes oder nicht endgültig erworbenes Recht verzichtet, eine Erbschaft oder ein Vermächtnis ausschlägt.

Die Zuwendung muß auf seiten des Beschenkten zu einer Bereicherung führen. Dies ist nicht der Fall, wenn der Zuwendungsempfänger das Erhaltene mit der Auflage erhält, es zu mildtätigen oder gemeinnützigen Zwecken zu verwenden.

Die Bereicherung muß unentgeltlich erfolgen, es darf also keine Verbindung mit einer Gegenleistung vorliegen. Deshalb sind Trinkgelder, Gratifikationen oder übertarifliche Löhne keine Schenkungen.

2. Wesensmerkmale

Die Schenkung ist ein **Vertrag** (beachten Sie das Tatbestandsmerkmal „wenn beide Teile darüber einig sind" in § 516 Abs. 1 BGB!).

Lernhinweis: Gerade dem Anfänger macht diese Selbstverständlichkeit oft Schwierigkeiten. Aus der Tatsache, daß bei der Schenkung nur eine Seite eine Leistung erbringt, folgern manche irrtümlich, es handle sich um ein „einseitiges Rechtsgeschäft". Man verwechselt dann den Begriff des „einseitigen Rechtsgeschäfts" mit dem des „einseitig verpflichtenden Vertrags". Da die Schenkung ein Vertrag ist, setzt sie die Annahme durch den Beschenkten voraus: Niemand muß sich einseitig ein Geschenk „aufdrängen" lassen.

II. Arten

1. Das Schenkungsversprechen

Das Schenkungsversprechen ist ein einseitig verpflichtender Vertrag, durch den der Schenker einem anderen eine unentgeltliche Leistung verspricht.

2. Handschenkung

Von einer Hand- oder Realschenkung spricht man, wenn ohne ein vorange-
hendes Schenkungsversprechen die Leistung dem Beschenkten sofort verschafft wird. Dem Beschenkten wird eine Sache sofort übereignet, ein
Recht sofort übertragen (Lernhinweis: Sie erkennen die Parallele zum
„Handkauf").

3. Die gemischte Schenkung

Für sie ist typisch, daß ein entgeltliches Geschäft (z. B. ein Kauf) mit einer
Schenkung kombiniert wird. Zum Beispiel wird ein Grundstück weit unter
Wert an einen Familienangehörigen verkauft in der übereinstimmenden
Absicht, den über dem Kaufpreis liegenden Wert als Schenkung zuzuwen-
den. In diesen Fällen stellt sich die Frage: Findet Schenkungsrecht oder
Kaufrecht Anwendung? Wenn die Leistung teilbar ist, liegen zwei vonein-
ander unabhängige Verträge vor, das Problem der gemischten Schenkung
taucht gar nicht auf. Ist die Leistung unteilbar, fehlt es an einer gesetzlichen
Regelung und an einer einheitlichen Rechtspraxis. Bedeutung hat diese
Rechtsfrage vor allem bei der Formbedürftigkeit, den Gewährleistungsan-
sprüchen und im Falle des Rückforderungsverlangens durch den Schenker.

Wegen des Schutzes vor Übereilung wird man bei der gemischten Schenkung die Einhaltung der für das Schenkungsversprechen geltenden Form
verlangen müssen. Im übrigen ist darauf abzustellen, ob der entgeltliche
oder unentgeltliche Charakter bei der gemischten Schenkung überwiegt. Je
nachdem finden die Vorschriften über das Kaufrecht oder über das Schenkungsrecht Anwendung.

4. Schenkung von Todes wegen

Im Erbrecht kennen wir das Schenkungsversprechen, welches unter der
Bedingung erteilt wird, daß der Beschenkte den Schenker überlebt. Nach
§ 2301 BGB finden auf eine derartige „Schenkung von Todes wegen" die
erbrechtlichen Formvorschriften Anwendung. Wird die Schenkung von
Todes wegen aber bereits zu Lebzeiten des Erblassers vollzogen, gelten die
Vorschriften über die Schenkungen unter Lebenden (dies hat vor allem
Bedeutung für die Heilung eines etwaigen Formmangels durch den Vollzug
des Versprechens).

5. Die Schenkung unter Auflage

Mit der Schenkung unter einer Auflage wird auch der Beschenkte zu einer
Leistung verpflichtet. Nach § 525 BGB kann der Schenker die Vollziehung
der Auflage verlangen, wenn er seinerseits geleistet hat. Unterbleibt die
Vollziehung der Auflage, kann der Schenker nach § 527 die Herausgabe
des Geschenkes verlangen. Keine Schenkung unter Auflage ist die sog.
„Zweckschenkung". Sie liegt vor, wenn nach dem Inhalt der Vereinbarung
vom Schenker mit der Zuwendung ein für den Beschenkten erkennbarer
Zweck verfolgt wird, die Vollziehung jedoch nicht verlangt werden kann.

III. Die Form der Schenkung

1. Notarielle Beurkundung

Zur Gültigkeit des Schenkungsversprechens ist nach § 518 BGB notarielle Beurkundung erforderlich.

Lernhinweis: Beachten Sie, daß lediglich die Willenserklärung des Schenkers, nicht dagegen auch die Annahmeerklärung des Beschenkten dem Formzwang unterliegt. Welchen Zweck verfolgt die Formvorschrift? Antwort: Zunächst einmal will der Gesetzgeber vor leichtfertig abgegebenen Schenkungsversprechen schützen, daneben versucht die notarielle Beurkundung auch der Aushöhlung der erbrechtlichen Formvorschriften vorzubeugen.

2. Heilung des Formmangels

Die Nichteinhaltung der Form führt nach § 125 BGB grundsätzlich zur Nichtigkeit der Erklärung. Nach § 518 Abs. 2 BGB wird jedoch der Mangel der Form durch die Bewirkung der versprochenen Leistung geheilt. Dasselbe gilt im Fall der Handschenkung.

Die Schenkung ist vollzogen, wenn der Schenker die versprochene Leistung nach § 362 Abs. 1 bewirkt hat (also Erfüllung vorliegt). Ob dies der Fall ist, hängt davon ab, welcher Gegenstand geschenkt und nach welchen Vorschriften er zu übertragen ist. Bei beweglichen Sachen müssen die §§ 929 ff. BGB, bei Grundstücken und dinglichen Rechten an Grundstücken die §§ 873, 925 BGB beachtet werden; Forderungen und Rechte müssen nach §§ 398 ff. abgetreten werden.

Beispiele aus der Rechtsprechung:

• Eine bloße Einziehungsermächtigung ist kein Vollzug der Forderungsabtretung.
• Beim Scheck genügt die Einlösung.
• Bei Schenkung von Geld ist die Übertragung mit Ausführung des Überweisungsauftrags durch die Bank vollzogen.
• Die Errichtung eines Bank- oder Sparguthabens durch Vertrag zugunsten Dritter auf den Namen des Beschenkten genügt.

Ein bedingter oder befristeter Vollzug genügt, jedoch muß das Vollzugsgeschäft als solches wirksam sein (eine unwirksame Forderungsabtretung kann den Mangel der Form nicht heilen).

IV. Das Rechtsverhältnis zwischen Schenker und Beschenktem

Die Unentgeltlichkeit der Leistung ist der Grund, daß das Pflichtenverhältnis der Vertragsparteien im Vergleich zum entgeltlichen Rechtsgeschäft modifiziert ist.

1. Geminderte Haftung des Schenkers

a) Haftungsmaßstab

Der Schenker hat nach § 521 BGB lediglich Vorsatz und grobe Fahrlässigkeit zu vertreten. Er haftet also im Gegensatz zu § 276 BGB bei allen

Leistungsstörungen nicht für einfache Fahrlässigkeit. Außerdem entfällt nach § 522 BGB beim Verzug die Pflicht zur Zahlung von Verzugszinsen.

b) Gewährleistungsrechte

Der Schenker haftet grundsätzlich nicht für Rechts- und Sachmängel (dies ergibt sich als Umkehrschluß aus §§ 523, 524 BGB: „Einem geschenkten Gaul schaut man nicht ins Maul"). Er muß lediglich Schadenersatz leisten bei arglistigem Verschweigen eines Mangels.

2. Rückforderung der Schenkung

a) Notbedarf

Soweit der Schenker nach Vollziehung der Schenkung außerstande ist, seinen angemessenen Unterhalt zu bestreiten, kann er nach § 528 BGB vom Beschenkten die Herausgabe des Geschenkes verlangen. Vor Vollzug der Schenkung hat der Schenker nach § 519 BGB (lesen!) unter denselben Voraussetzungen die „Notbedarfseinrede".

b) Grober Undank

Eine Schenkung kann nach § 530 BGB (lesen!) widerrufen werden, wenn sich der Beschenkte des „groben Undanks" schuldig macht. Darunter versteht man eine schwere Verfehlung gegen den Schenker oder einen nahen Angehörigen. Typische Fälle: Körperverletzungen, schwere Beleidigungen, Ehebruch, grundloser Entmündigungsantrag. Wie im Fall des § 528 ist auch hier zu beachten, daß sich die Rückgabepflicht nach den Vorschriften über die Herausgabe einer ungerechtfertigten Bereicherung bestimmt. Das bedeutet: Die Schenkung ist insoweit herauszugeben, als der Beschenkte noch bereichert ist (vgl. §§ 818, 819 BGB).

Wiederholungsfragen zu § 45

Ist die Schenkung ein einseitiges oder zweiseitiges Rechtsgeschäft? (§ 45 I 2)

Was versteht man unter einer Handschenkung? (§ 45 II 2)

Welche Vorschriften finden auf die gemischte Schenkung Anwendung? (§ 45 II 3)

Ist die Schenkung formbedürftig; kann die mangelnde Form geheilt werden? (§ 45 III)

Unter welchen Voraussetzungen kann ein geschenkter Gegenstand zurückgefordert werden? (§ 45 IV 2)

2. Kapitel: Gebrauchsüberlassungsverträge

Lernhinweis: Im Unterschied zu den im vorangegangenen Kapitel behandelten Veräußerungsverträgen werden im nachfolgenden die Rechtsformen der vorübergehenden Gebrauchsüberlassung dargestellt. Das BGB bietet hierzu verschiedene Rechtsinstitute an, die weitgehend dispositiver Natur sind: Miete, Pacht, Leihe, Darlehen. Dabei ist in der Praxis zunächst unter betriebswirtschaftlichen Gesichtspunkten die Vorfrage zu entscheiden, ob im konkreten Fall die bloße Gebrauchsüberlassung günstiger ist als der Eigentumserwerb („mieten statt kaufen"). Die Grundausbildung in der Rechtswissenschaft hat sicher nicht das Ziel, den Studenten zum Mietrechtsspezialisten auszubilden. Als Minimum wird jedoch verlangt, daß er wenigstens die Wesensmerkmale der einzelnen Rechtsinstitute für die Gebrauchsüberlassung und die grundlegenden Pflichten kennt, die sich aus dem betreffenden Rechtsverhältnis ergeben. Nehmen Sie als „Kompaß" zunächst die Übersicht *„Gebrauchsüberlassung"* zur Hand, und halten Sie vorab die unterschiedlichen Wesensmerkmale fest:

- Die Miete bezieht sich nur auf Sachen.
- Die Pacht bezieht sich auf „Gegenstände", somit Sachen und Rechte.
- Miete beinhaltet nur die Gebrauchsüberlassung.
- Die Pacht berechtigt zugleich zur Fruchtziehung.
- Miete und Pacht sind Formen der entgeltlichen Gebrauchsüberlassung.
- Leihe ist die unentgeltliche Gebrauchsüberlassung von Sachen.
- Beim Darlehen liegt ein besonderer Fall der Gebrauchsüberlassung vor: Es werden Geld oder andere vertretbare Sachen übereignet mit der Verpflichtung, nach Darlehensende Sachen von gleicher Art, Güte und Menge zurückzuerstatten. Beim Darlehen werden Sachen eben nicht nur zum Gebrauch, sondern auch zum Verbrauch überlassen.

Kein Mietvertrag, sondern ein Verwahrungsvertrag liegt bei eingebrachten Sachen vor, wenn nicht (nur) die Überlassung des notwendigen Raumes zur Aufbewahrung, sondern auch die Obhut für diese Sachen übernommen wird. Beispiel: Ein Kraftfahrzeug wird auf einem bewachten Parkplatz abgestellt. Die Gebrauchsüberlassung der Parkfläche tritt hinter dem eigentlichen Zweck, der Obhut für das eingestellte Fahrzeug, zurück. Die Unterscheidung ist insofern wichtig, als der Verwahrer bei der unentgeltlichen Verwahrung nur haftet, wenn er die Sorgfalt außer acht läßt, die er in eigener Angelegenheit anzuwenden pflegt (§§ 690, 277 BGB).

Vergleichen Sie zur Systematik und Begriffsklärung vorab die Übersicht *Gebrauchsüberlassung*.

Miete, Pacht und Leihe gehören zu den Dauerschuldverhältnissen (typisch dafür ist, daß die geschuldete Leistung in einem dauernden Verhalten oder in wiederkehrenden, sich über eine längere Zeitspanne erstreckenden Einzelleistungen besteht); auch das Darlehen ist hierzu zu rechnen (dies ist allerdings umstritten).

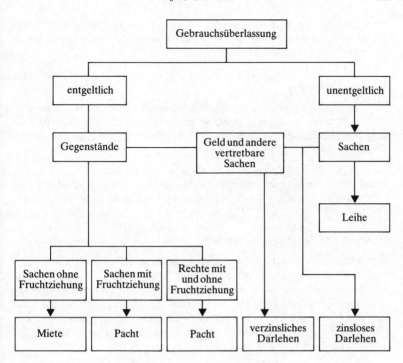

§ 46 Die Miete

I. Begriff und Erscheinungsformen

1. Wesensmerkmale

Beim Mietvertrag handelt es sich um einen gegenseitigen Vertrag über die entgeltliche Gebrauchsüberlassung von Sachen: Nach § 535 S. 1 BGB ist der Vermieter verpflichtet, dem Mieter den Gebrauch der vermieteten Sache während der Mietzeit zu gewähren; der Mieter ist nach § 535 S. 2 verpflichtet, dem Vermieter den vereinbarten Mietzins zu entrichten. Als Entgelt wird regelmäßig eine Geldzahlung vereinbart, an ihre Stelle können aber auch (teilweise) Sach- oder Dienstleistungen treten (Schulbeispiel: die Dienste des Hausmeisters bei der Überlassung einer Werkswohnung).

2. Der Mietvertrag

a) Zustandekommen

Das Mietverhältnis wird durch Abschluß eines Mietvertrags begründet. Dieser ist grundsätzlich formfrei; in vielen Fällen wird im Hinblick auf die Rechtsklarheit Schriftform vereinbart.

Nach § 566 BGB bedarf ein Mietvertrag über ein Grundstück der Schriftform, wenn er mit einer Laufzeit von über einem Jahr abgeschlossen wird (beachten Sie die Rechtsfolgen des Formverstoßes in diesem Fall: § 566 Satz 2 BGB – lesen!). Diese Bestimmung gilt nach § 580 auch für die Miete von Wohn- und Geschäftsräumen.

b) Vertragsfreiheit

Für den Mietvertrag gilt grundsätzlich Vertragsfreiheit. Es läßt sich aber nicht verkennen, daß wichtige Regelungsbereiche der Gebrauchsüberlassung von Wohnräumen durch das „soziale Mietrecht" zwingend ausgestaltet sind.

Lernhinweis: Achten Sie deshalb bei der Anwendung mietrechtlicher Normen immer darauf, ob es sich um eine Vorschrift für die „normale" Raummiete oder für die Wohnungsmiete handelt (lesen Sie als Beispiele für zwingende Vorschriften §§ 537, 550 b, 556 a BGB).

c) Allgemeine Geschäftsbedingungen

Weitgehend üblich ist die Verwendung vorgefertigter Klauseln in Formularverträgen („Deutscher Einheitsmietvertrag"), die im Rahmen des dispositiven Rechts die gesetzliche Regelung nicht selten zu Lasten des Mieters verändern. Beispiele: In Mietvertragsformularen wird regelmäßig die Zahlung des Mietzinses im voraus (anders § 551 Abs. 1 Satz 1 BGB) und die Übernahme von Schönheitsreparaturen durch den Mieter (anders § 536 BGB) vereinbart.

3. Erscheinungsformen

Miete ist definitionsgemäß die Gebrauchsüberlassung von Sachen. In Betracht kommen Grundstücke, Räume sowie bewegliche Sachen. Auch Sachgesamtheiten können Gegenstand eines Mietvertrags sein (häufiger wird allerdings dann Pacht vorliegen). Auch Teile einer Sache können Gegenstand eines Mietvertrags sein, z. B. die Gebäudefassade zu Reklamezwecken.

Für den Aufbau und die Anwendung des Gesetzes ist es wichtig zu erkennen, daß im Mietrecht nicht für alle Mietgegenstände die gleichen Regelungen gelten. Teilweise spricht der Gesetzgeber von der „vermieteten Sache", dann wiederum vom Mietverhältnis über „Grundstücke", „Räume" und „Wohnraum"; in § 580 BGB ist dann für die Miete von Wohnräumen und anderen Räumen auf die Vorschriften über die Miete von Grundstücken verwiesen. Es sind also zu unterscheiden:

- die Miete beweglicher Sachen,
- die Grundstücksmiete,
- die Raummiete (insbesondere gewerbliche Räume) sowie
- die Wohnraummiete.

II. Rechte und Pflichten der Mietvertragsparteien

1. Pflichten des Vermieters

a) Gebrauchsüberlassung

Die Hauptpflicht des Vermieters besteht darin, dem Mieter den Gebrauch der vermieteten Sache zu überlassen. Der Mieter hat insoweit nach § 535 Satz 1 BGB einen Erfüllungsanspruch.

b) Instandsetzungspflicht

Nach § 536 BGB (lesen!) ist der Vermieter verpflichtet, die vermietete Sache über die Mietzeit hinweg in einem ordnungsgemäßen, dem Gebrauchszweck entsprechenden Zustand zu erhalten.

Beispiele: Der Vermieter ist verpflichtet, Reparaturen und Renovierungen bei Beschädigungen und Abnutzungen auf seine Kosten vornehmen zu lassen (tropfende Wasserhähne und dgl.).

Praktischer Hinweis: In zahlreichen Mietverträgen ist die Instandhaltungspflicht des Vermieters zu Lasten des Mieters abbedungen. So trägt letzterer durchweg die Kosten der sog. „Schönheitsreparaturen"; von der Rechtsprechung sind auch Klauseln für zulässig erklärt worden, die darüber hinausgehend eine Beteiligung des Mieters an Reparaturen – insbesondere bei sog. Bagatellschäden – vorsehen. Unzulässig sind jedoch Klauseln, die eine Gesamthaftung aller Mieter für Schäden mit ungeklärter Ursache anordnen.

c) Gebrauchserhaltungspflicht

Aus der Gebrauchserhaltungspflicht folgt, daß der Vermieter den vertragsgemäßen Gebrauch nicht stören darf und Störungen Dritter abwehren muß.

aa) Konkurrenzverbot

Bei der Vermietung von Geschäftsräumen taucht die Frage auf, inwieweit der Vermieter einem Konkurrenzverbot unterliegt.

Beispiel: Sind Geschäftsräume vermietet, in denen ein bestimmtes Gewerbe mit speziellem Zuschnitt betrieben wird, darf der Vermieter nicht im gleichen Haus selbst ein Konkurrenzgeschäft eröffnen oder an einen Konkurrenten vermieten (ständige Rechtsprechung, vgl. z. B. RGZ 131, 274).

bb) Störungsabwehr

Vor allem bei der Vermietung von Wohnräumen kann die Gebrauchserhaltungspflicht den Vermieter zwingen, andere Mietparteien im Haus in ihre mietvertraglichen Schranken zu verweisen.

Beispiel: Ein Mitbewohner im Haus belästigt die anderen Mietparteien übermäßig durch Lärm u. dgl.

d) Verwendungsersatz

Der Vermieter muß nach § 547 Abs. 1 BGB dem Mieter die auf die Sache gemachten notwendigen Verwendungen ersetzen (darunter versteht man solche, die auch der Eigentümer hätte machen müssen).

Beispiel: Das Dach des vermieteten Hauses ist leck, so daß es hereintropft; die Glühbirnen im Treppenhaus sind durchgebrannt. Der Mieter beauftragt einen Handwerker. Die vom Mieter bezahlte Reparaturrechnung muß der Vermieter ersetzen (sofern mietvertraglich keine abweichende Kostentragungspflicht vereinbart ist).

e) Allgemeine Treupflichten

Darüber hinaus ergeben sich aus dem Grundsatz von Treu und Glauben auch im Mietverhältnis, namentlich für den Vermieter, weitere Sorgfalts-, Schutz- und Rücksichtspflichten, deren Verletzung aus dem Gesichtspunkt der positiven Vertragsverletzung schadenersatzpflichtig macht (vgl. dazu oben im Allg. Schuldrecht, § 24 I 2).

2. Pflichten des Mieters

a) Mietzahlung

Hauptpflicht des Mieters ist, den vereinbarten Mietzins zu bezahlen. Das Gesetz sichert die Forderungen des Vermieters gegen den Mieter durch ein gesetzliches Pfandrecht an den eingebrachten Sachen des Mieters (vgl. § 559 BGB – lesen!).

Lernhinweis: Sie haben hier den Fall eines gesetzlichen Pfandrechts. Es erfaßt jedoch nur Sachen, die dem Mieter gehören. **Problem:** Im gewerblichen Bereich geht das Vermieterpfandrecht „ins Leere", wenn die Maschinen oder Waren an den Mieter unter Eigentumsvorbehalt geliefert wurden. Auch aus diesem Grund werden bei Miet- und Pachtverträgen oft Sicherheitsleistungen gefordert. Bei der Wohnraummiete bestehen dafür nach § 550 b Besonderheiten (maximal drei Monatsmieten, Verzinsungspflicht, getrennte Anlage vom sonstigen Vermögen).

Für den Bereich der Wohnungsmiete gelten Sondervorschriften:

- Bei öffentlich geförderten Sozialwohnungen ist die Miethöhe durch die Kostenmiete limitiert.
- Ansonsten ist das Mieterhöhungsverlangen des Vermieters nach dem Gesetz zur Regelung der Miethöhe von 1974 allgemein eingeschränkt (Anpassung an die „örtliche Vergleichsmiete").

Bei der langfristigen Vermietung gewerblicher Räume werden häufig Wertsicherungsklauseln vereinbart, die eine automatische Anpassung an den gestiegenen Lebenshaltungskostenindex vorsehen. Derartige Klauseln sind genehmigungspflichtig (repetieren Sie dazu oben § 25 IV 2).

b) Nebenpflichten

aa) Beschränkung auf vertragsgemäßen Gebrauch

Der Mieter darf von der Mietsache nur den vertragsgemäßen Gebrauch machen. Nähere Einzelheiten ergeben sich aus §§ 548–550 BGB.

Beispiel: Der Mieter darf ohne Zustimmung des Vermieters in Wohnräumen keinen Gewerbebetrieb eröffnen.

Im übrigen werden die näheren Einzelheiten des vertragsgemäßen Gebrauchs regelmäßig durch die Hausordnung festgeschrieben.

bb) Sonstige Nebenpflichten

Der Mieter hat darüber hinaus Obhuts-, Sorgfalts- und Anzeigepflichten (vgl. § 545 BGB).

cc) Duldungspflichten

Nach §§ 541 a, 541 b muß der Mieter Instandhaltungs- und Verbesserungsmaßnahmen dulden.

dd) Verbot der Untervermietung

Nach § 549 Abs. 1 Satz 1 BGB darf der Mieter den Gebrauch der Mietsache nicht ohne Erlaubnis des Vermieters einem Dritten überlassen.

III. Leistungsstörungen

Lernhinweis: Begriff und Rechtsfolgen der Leistungsstörungen wurden im Allgemeinen Schuldrecht dargestellt (vgl. oben 4. Kap.). Wir haben schon im Kaufrecht gesehen, daß diese Grundsätze bei den einzelnen Schuldverhältnissen teilweise variiert werden. So auch im Mietrecht. Vergegenwärtigen Sie sich zunächst noch einmal die Grundzüge von Unmöglichkeit, Verzug und positiver Vertragsverletzung und repetieren Sie im Zweifel lieber noch einmal die einschlägigen Abschnitte im Allgemeinen Schuldrecht!

1. Leistungsstörungen auf seiten des Vermieters

Das BGB regelt in §§ 537 ff. die Haftung des Vermieters wegen Sach- bzw. Rechtsmängeln. Dabei handelt es sich um Spezialvorschriften, die den allgemeinen Bestimmungen über Leistungsstörungen vorgehen. Mit anderen Worten: Beruht die Leistungsstörung auf Rechts- bzw. Sachmängeln, bestimmen sich die Rechte des Mieters ausschließlich nach §§ 537 ff.; die §§ 275 ff., 323 ff. BGB sind insoweit verdrängt und kommen nur bei darüber hinausgehenden Pflichtverletzungen zur Anwendung.

Im einzelnen gilt:

a) Gleichstellung von Rechts- und Sachmängeln

Im Gegensatz zum Kaufrecht sind im Mietrecht die Rechtsfolgen bei Sach- und Rechtsmängeln der Mietsache gleich (vgl. § 541 BGB – lesen!).

aa) Sachmängel

Ein Sachmangel setzt voraus, daß die Mietsache mit einem Fehler behaftet ist, der ihre Tauglichkeit zum vertragsgemäßen Gebrauch aufhebt oder mindert (es gilt wie beim Kaufrecht der subjektive Fehlerbegriff).

Beispiele: Die vermietete Wohnung ist infolge von Baumängeln feucht; das vermietete Kraftfahrzeug ist nicht verkehrssicher.

Ein Sachmangel liegt nach § 537 Abs. 2 Satz 1 auch vor, wenn zugesicherte Eigenschaften fehlen oder später wegfallen.

bb) Rechtsmängel

Der Vermieter haftet dem Mieter auch dafür, daß ihm der vertragsgemäße Gebrauch nicht durch Rechte Dritter ganz oder teilweise entzogen wird (§ 541 BGB).

Beispiel: V vermietet nach Abschluß eines Mietvertrags mit M die Wohnung noch einmal an den Dritten D, der vor M einzieht.

b) Rechtsfolgen

aa) Minderung

Der Mieter kann nach § 537 Abs. 1 BGB entsprechend der Gebrauchsminderung den Mietzins herabsetzen. Wenn der Mangel die Tauglichkeit der Mietsache zur vertragsgemäßen Nutzung aufhebt, ist der Mieter von der Entrichtung des Mietzinses befreit.

bb) Schadenersatz

Der Mieter kann gem. § 538 Abs. 1 in drei Fällen Schadenersatz wegen Nichterfüllung verlangen:

(1.) wenn der Mangel bereits beim Abschluß des Mietvertrags vorlag,

(2.) wenn der Mangel erst später entstand, sofern der Vermieter diesen Mangel zu vertreten hat oder

(3.) wenn der Vermieter mit der Beseitigung eines Mangels in Verzug kommt (diese Variante kommt dann zur Anwendung, wenn ein Mangel, den der Vermieter nicht zu vertreten hat, nach Vertragsabschluß vorliegt).

Lernhinweis: Beachten Sie dabei, daß der Schadenersatzanspruch unterschiedliche Anspruchsvoraussetzungen aufweist! Im ersten Fall (die Mietsache war schon bei Vertragsabschluß mangelhaft) handelt es sich um eine Garantiehaftung des Vermieters (sein Verschulden ist nicht erforderlich). Im zweiten Fall (Mietsache wird erst später mangelhaft) handelt es sich um einen Fall der Verschuldenshaftung (es ist dann zu prüfen, ob der Vermieter den Mangel „zu vertreten" hat, dies wiederum bestimmt sich nach §§ 276–278). Zwar kommt es im dritten Fall nicht darauf an, ob der Vermieter den Mangel zu vertreten hat, doch setzt Verzug gemäß § 285 BGB Verschulden voraus, so daß insofern auch hier eine Verschuldenshaftung vorliegt.

Beispiel: V vermietet an M eine Wohnung. Ist die Wohnung schon bei Vertragsabschluß mangelhaft, etwa weil durch schlecht schließende Fenster ständig Wasser in die Wohnung dringt, muß V verschuldensunabhängig Schadenersatz wegen Nichterfüllung leisten, also für Wasserschäden an Möbeln aufkommen, die bei ordnungsgemäßer Erfüllung des Mietvertrages nicht entstanden wären. Werden die Fenster hingegen erst nach Vertragsabschluß z. B. infolge eines Erdbebens so verspannt, daß sie sich nur noch schlecht schließen lassen, so haftet V – mangels „Vertreten müssen" – nicht nach § 538 BGB. Gerät V aber mit der ihm nunmehr nach § 536 BGB obliegenden Reparaturpflicht in Verzug, so muß er doch Schadenersatz wegen Nichterfüllung leisten.

cc) Mängelbeseitigung

Gerät der Vermieter mit der Mängelbeseitigung in Verzug, so ist der Mieter nach § 538 Abs. 2 BGB berechtigt, die Mängel selbst zu beseitigen und die dazu erforderlichen Aufwendungen vom Vermieter zu verlangen.

dd) Fristlose Kündigung

Unter den Voraussetzungen des § 542 BGB (insbesondere Fristsetzung) steht dem Mieter das Recht zu, ohne Einhaltung einer Kündigungsfrist zu kündigen.

2. Leistungsstörungen auf seiten des Mieters

Auch für den Mieter gelten zunächst die allgemeinen Vorschriften über die Leistungsstörungen. Darüber hinaus greifen mietrechtliche Besonderheiten ein:

a) Zahlungsverzug

Kommt der Mieter mit den Mietzinszahlungen in Verzug, kann der Vermieter (nicht wie im Allgemeinen Schuldrecht nach § 326 BGB vom Vertrag zurücktreten, sondern) das Mietverhältnis unter den weiteren Voraussetzungen des § 554 BGB kündigen.

b) Vertragswidriger Gebrauch

Überschreitet der Mieter den vertragsgemäßen Gebrauch, hat der Vermieter gegebenenfalls Schadenersatzansprüche aus positiver Vertragsverletzung. Darüber hinaus kann er nach § 550 BGB auf Unterlassung klagen und unter den Voraussetzungen des § 553 BGB kündigen.

c) Verzögerte Rückgabe

Nach Beendigung des Mietverhältnisses muß der Mieter die vermietete Sache zurückgeben. Kommt er dieser Verpflichtung verspätet nach, hat der Vermieter nach § 557 BGB für die Dauer der Vorenthaltung Anspruch auf Zahlung einer Entschädigung in Höhe des zuvor vereinbarten Mietzinses (bei Mietverhältnissen über Räume alternativ auch die ortsübliche Miete). Darüber hinausgehende Schadenersatzansprüche setzen nach § 557 Abs. 2 BGB voraus, daß der Mieter die verspätete Rückgabe zu vertreten hat.

IV. Veräußerung der Mietsache

Lernhinweis: Auch eine vermietete Sache kann veräußert werden! Das Gesetz schützt sowohl den Mieter von beweglichen Sachen wie auch von Grundstücken vor Rechtsnachteilen durch die Veräußerung.

1. Veräußerung eines vermieteten Grundstücks

Wird ein Grundstück nach der Überlassung an den Mieter vom Vermieter an einen Dritten veräußert, tritt nach § 571 BGB (lesen!) der Erwerber an Stelle des Vermieters kraft Gesetzes als Rechtsnachfolger in das Mietverhältnis ein. Man sagt: **„Kauf bricht nicht Miete";** korrekt müßte es heißen: „Übereignung bricht nicht Mietbesitzrecht". Vergleichen Sie dazu die Skizze *Veräußerung eines vermieteten Grundstücks.*

2. Veräußerung von beweglichen Sachen

Der eben geschilderte Grundsatz gilt nur für Grundstücke (gleichgestellt sind Eigentumswohnungen). Wird eine vermietete bewegliche Sache veräußert, ergibt sich jedoch ein für den Mieter ähnlicher Schutzeffekt: Die Veräußerung erfolgt nach § 931 BGB durch Abtretung des Herausgabean-

Veräußerung eines vermieteten Grundstücks

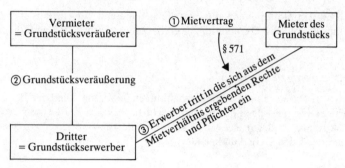

spruchs (vgl. dazu unten im Sachenrecht). Diesem gegenüber kann der Mieter nach §§ 404, 986 Abs. 2 alle Einwendungen entgegensetzen, die er gegen den Veräußerer hatte (insbesondere sein aus dem Mietvertrag folgendes Recht zum Besitz). Vergleichen Sie dazu die Skizze *Veräußerung einer vermieteten beweglichen Sache*.

Veräußerung einer vermieteten beweglichen Sache

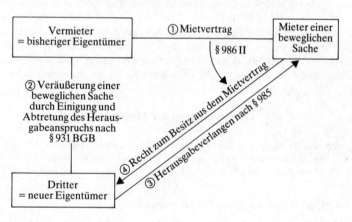

V. Beendigung des Mietverhältnisses

Das Mietverhältnis endet (vgl. § 564 BGB) entweder mit dem Ablauf der vereinbarten Festmietzeit oder durch Kündigung. Die Kündigung kann entweder fristgemäß (ordentliche Kündigung) oder – unter bestimmten Voraussetzungen – fristlos (außerordentliche Kündigung) erfolgen. Dabei greifen für die Wohnraummiete weitgehend zwingende Vorschriften des sozialen Mietrechts ein, dessen Darstellung den Rahmen dieses Grundrisses sprengen würde. Insoweit sei auf die Lektüre des Gesetzes verwiesen (vgl. insbesondere §§ 556a ff., 564a ff.).

VI. Das Leasing

Große wirtschaftliche Bedeutung hat die Überlassung von Wirtschaftsgütern in der Form des sog. „Leasing" (to lease = mieten). Die Praxis hat vielfältige Erscheinungsformen entwickelt; vieles ist zivil- und steuerrechtlich strittig.

Betriebswirtschaftliche Vorteile: Für den Leasingnehmer erleichterte Finanzierung, Vermeidung von Investitionsrisiken sowie indirekte Bilanz- und Steuervorteile; für den Leasinggeber günstige Kapitalnutzung; für den Lieferanten (Hersteller bzw. Händler) Umsatzsteigerung.

1. Wesen des Leasings

Beim Leasingvertrag überläßt der Leasinggeber Wirtschaftsgüter dem Leasingnehmer gegen entsprechende Leasingraten zur Nutzung. Die Gefahr oder Haftung für Instandsetzung, Sachmängel sowie Untergang und Beschädigung der Sache trifft allein den Leasingnehmer. Der Leasinggeber tritt dem Leasingnehmer die Ansprüche ab, die er gegen Dritte (den Lieferanten) hat. Vergleichen Sie dazu die Skizze *Leasing*.

Leasing

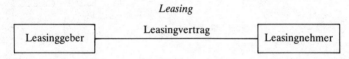

2. Der Leasingvertrag

Der Leasingvertrag wird von der h. M. im Zivilrecht als **Mietvertrag** angesehen.

3. Arten des Leasing

Unter dem Sammelbegriff „Leasing" finden sich in der Praxis vielfältige Erscheinungsformen mit unterschiedlichen Vertragsgestaltungen. Halten Sie fest:

a) *Operating-Leasing*

Beim Operating-Leasing werden Wirtschaftsgüter entweder für eine vorbestimmte kurze Laufzeit oder bei unbestimmter Zeit mit der Möglichkeit der jederzeitigen Kündigung (zumindest nach Ablauf einer kurzen Grundmietzeit) überlassen.

Vorteile: Dem Leasingnehmer wird das **Innovationsrisiko abgenommen.** Diese Vertragsgestaltung ist für ihn günstig, wenn er nicht weiß, wie lange er das Wirtschaftsgut benötigt und ob er es käuflich erwerben soll.

Von **„Hersteller-Leasing"** spricht man, wenn der Lieferant (Hersteller oder Händler) mit dem Leasinggeber identisch ist. Es fehlt dann das für den Leasingvertrag typische Dreiecksverhältnis (Hersteller, Leasinggeber, Leasingnehmer).

b) *Finanzierungs-Leasing*

Häufiger ist das Finanzierungsleasing: Der **Leasinggeber** ist **selbst Käufer,** der dem Leasingnehmer nutzbare Güter (Kraftfahrzeuge, Maschinen, Investitionsgüter usf.) gegen Entgelt zum Gebrauch überläßt, wobei der Leasingnehmer zuvor das Wirtschaftsgut beim Lieferanten bzw. Hersteller ausgesucht hat. Beim Finanzierungs-Leasing wird eine längere Grundmietzeit vereinbart (ca. 3 bis 7 Jahre). Während dieser vergütet der Leasingnehmer in Form der Leasingraten dem Leasinggeber den Kaufpreis zuzüglich eines Aufwands für Kosten, Zinsen, Kreditrisiko und Gewinn.

Die Sach- und Preisgefahr trägt der Leasingnehmer; an Stelle der Gewährleistungspflicht tritt der Leasinggeber seine Ansprüche gegen den Hersteller bzw. Lieferanten ab. Vergleichen Sie dazu die Skizze *Finanzierungs-Leasing*.

Finanzierungsleasing

Beim Finanzierungs-Leasing handelt es sich um einen Kreditvertrag i. S. d. § 1 Abs. 2 Verbraucherkreditgesetz, wenn der Leasinggeber das Leasing im Rahmen seiner gewerblichen oder beruflichen Tätigkeit gewährt und der Leasingnehmer das Leasing zu privaten Zwecken in Anspruch nimmt. Gemäß §§ 1 Abs. 2, 3 Abs. 2 Nr. 1 VerbrKrG gelten die Vorschriften des Verbraucherkreditgesetzes für Verträge dieser Art mit einigen Abstrichen. Von Bedeutung für den Vertragsschluß und die Vertragsabwicklung sind hierbei insbesondere das Schriftformerfordernis (§ 4 Abs. 1 Satz 1 VerbrKrG), das einwöchige Widerrufsrecht des Leasingnehmers (§ 7 VerbrKrG) und die besonderen Kündigungsvoraussetzungen nach § 12 VerbrKrG.

Wiederholungsfragen zu § 46

Wer trägt nach dem BGB die Kosten für die sog. Schönheitsreparaturen? (§ 46 II 1 b)

Hat der Mieter gegenüber dem Vermieter Ansprüche, wenn ein Mitbewohner ungebührlichen Lärm verursacht? (§ 46 II 1 c bb)

Kann der Mieter vom Vermieter die Kosten für eine vorausgelegte Rechnung verlangen, wenn durch einen Sturm Dachziegel abgedeckt wurden und es in die darunter liegende Wohnung des betroffenen Mieters hereinregnet und der Mieter einen Dachdecker beauftragt hatte? (§ 46 II 1 d)

Darf der Mieter die gemieteten Räume untervermieten? (§ 46 II 2 b dd)

Regelt das Gesetz die Rechtsfolgen bei Sach- bzw. Rechtsmängeln der Mietsache unterschiedlich? (§ 46 III 1 a)

Welche Rechte hat der Mieter, wenn die Mietsache mangelhaft ist? (§ 46 III 1 b)

Unter welchen Voraussetzungen kann er Schadenersatz verlangen? (§ 46 III 1 b)

Muß der Mieter im Falle der Veräußerung der gemieteten Sache diese an den Erwerber herausgeben? (§ 46 IV)

§ 47 Sonstige Gebrauchsüberlassungsverhältnisse

I. Die Pacht

1. Wesensmerkmale

Die Pacht ist ein gegenseitiger Vertrag, durch den sich der Verpächter verpflichtet, dem Pächter gegen Entgelt den Gebrauch des verpachteten Gegenstandes samt Fruchtziehung zu gewähren (vgl. § 581 Abs. 1 BGB – lesen!).

Von der Miete unterscheidet sich die Pacht somit durch den Inhalt der Nutzung (der Mietvertrag gestattet nur den Gebrauch, die Pacht auch die Fruchtziehung) und hinsichtlich des Objekts (Miete bezieht sich laut Gesetzestext nur auf Sachen; die Pacht dagegen auch auf Rechte; vgl. in § 581 BGB die Wortwahl „Gegenstand": dieser umfaßt nach der Gesetzessprache als Oberbegriff auch die Rechte, arg. § 90 BGB!).

2. Erscheinungsformen

a) Allgemeines

Verpachtet werden können: Grundstücke, Räume, Unternehmen, Jagd-, Fischerei- und sonstige Rechte u. v. a. m. Schon daraus erkennt man, daß dem Pachtrecht im Wirtschaftsleben durchaus Bedeutung zukommt.

b) Einzelfälle

aa) Lizenzvertrag

Der Lizenzvertrag ist ein Vertrag, durch den ein gewerbliches Schutzrecht einem anderen zur Benutzung überlassen wird.

Beispiel: Der Erfinder gestattet die Fertigung eines Produkts nach seinen patentierten Methoden. **Hinweis:** Allerdings greifen dabei die Besonderheiten des Patentrechts bzw. Gebrauchsmusterrechts ein.

bb) Know-how-Vertrag

Auch der sog. „know-how-Vertrag" ist eine Sonderform des Pachtvertrags: Es handelt sich dabei um die entgeltliche Nutzungsüberlassung von Rechten, die entweder (noch) nicht patentiert oder nicht patent- (bzw. sonst schutzrechts-) fähig sind.

Beispiel: Übernahme bestimmter Produktions- bzw. Vertriebsverfahren.

cc) Franchise-Vertrag

Beim sog. „Franchising" handelt es sich um ein Rechtsverhältnis, durch das eine bestimmte Marke, insbesondere ein Warenzeichen, in Verbindung mit Lizenzen und entsprechendem know-how gegen Entgelt einem anderen zur Benutzung überlassen wird.

Beispiele: In einem „Franchise"-System sind verbunden: „Coca-Cola", „McDonald's", „Holiday Inn".

3. Pflichten der Vertragsparteien

Die Rechte und Pflichten der am Pachtverhältnis Beteiligten (und damit die entsprechenden Anspruchsgrundlagen) ergeben sich aus § 581 Abs. 1 BGB (lesen!): Der Verpächter ist verpflichtet, den Gebrauch des verpachteten Gegenstandes und den Genuß der Früchte, soweit sie nach den Regeln einer ordnungsgemäßen Wirtschaft als Ertrag anzusehen sind, während der Pachtzeit zu gewähren; der Pächter ist zur Zahlung des vereinbarten Pachtzinses verpflichtet.

4. Rechtsgrundlagen

Nach § 581 Abs. 2 BGB (lesen!) finden auf die Pacht zunächst die Vorschriften über die Miete entsprechende Anwendung. Darüber hinaus gelten die in §§ 582 bis 584 b genannten Sondervorschriften, insbesondere für die Grundstückspacht. Für spezielle Pachtgegenstände greifen Sondervorschriften ein (im BGB z. B. finden sich in den §§ 585 ff. Sonderregelungen bezüglich der sog. „Landpacht").

II. Die Leihe

1. Wesensmerkmale

Partner des Leihvertrags sind der „Verleiher" und der „Entleiher". Bei der Leihe handelt es sich um einen unvollkommen zweiseitig verpflichtenden Vertrag: Der Verleiher einer Sache wird verpflichtet, dem Entleiher den Gebrauch der Sache **unentgeltlich** zu gestatten (§ 598 BGB – lesen!).

Lernhinweis: Die Umgangssprache verwendet oft das Wort „Leihe", obwohl Miete gemeint ist („Leihwagen", „Ski-Verleih"). Leihe i. S. des BGB ist nur die unentgeltliche Gebrauchsüberlassung!

2. Rechte und Pflichten

a) Pflichten des Verleihers

Der Verleiher ist zur unentgeltlichen Gestattung des Gebrauchs verpflichtet. Er hat nach § 599 BGB lediglich Vorsatz und grobe Fahrlässigkeit zu vertreten und haftet für Sach- und Rechtsmängel nach § 600 BGB nur dann, wenn der Mangel arglistig verschwiegen wurde.

Lernhinweis: Die Haftungsbeschränkung rechtfertigt sich im Hinblick auf die Unentgeltlichkeit der Leistung und ist vergleichbar mit der Haftung des Schenkers.

b) Pflichten des Entleihers

Die Pflichten entsprechen, von der Mietzahlung abgesehen, weitgehend denen des Mieters. Anders als im Mietrecht hat jedoch nach § 601 BGB der Entleiher die gewöhnlichen Erhaltungskosten der geliehenen Sache zu tragen.

III. Das Darlehen

Lernhinweis: Für die Regelung des Darlehens hat das Bürgerliche Gesetzbuch nur wenige Paragraphen übrig (§§ 607 bis 610 BGB), was in einem krassen Mißverhältnis zu seiner großen wirtschaftlichen Bedeutung in der Bank- und Finanzierungspraxis steht.

1. Begriff

a) Wesensmerkmale

Aus § 607 Abs. 1 BGB lassen sich die Wesensmerkmale des Darlehens ableiten: Danach handelt es sich um einen Vertrag, bei dem der Darlehensgeber (das Gesetz spricht z. T. vom „Gläubiger", z. T. vom „Darleiher") Geld oder andere vertretbare Sachen einem anderen mit der Verpflichtung überläßt, ihm „das Empfangene in Sachen von gleicher Art, Güte und Menge" zurückzuerstatten.

b) Überlassung zum Verbrauch

Obwohl das Gesetz Darlehensverhältnisse auch über andere vertretbare Sachen vorsieht (Beispiel: Kohlen, Weizen, Futterrüben), steht von der Bedeutung her das Gelddarlehen im Vordergrund.

Im Gegensatz zu Miete und Leihe ist für das Darlehen der Verbrauch (und nicht nur der Gebrauch) typisch. Rechtstechnisch wird dies dadurch bewerkstelligt, daß über die Darlehenshingabe dem Darlehensnehmer das Eigentum an den betreffenden Sachen verschafft wird.

c) Zinsen

Nach § 608 BGB ist das Darlehen nur zu verzinsen, wenn dies (wenigstens stillschweigend) vereinbart wurde.

Handelsrechtlicher Hinweis: Für Kaufleute folgt die Pflicht zur Zahlung von Zinsen bereits aus §§ 353, 354 HGB!

2. Erscheinungsformen

a) Vereinbarungsdarlehen

Darunter versteht man nach § 607 Abs. 2 die Abrede, daß eine bisherige Zahlungsverpflichtung nunmehr als Darlehen behandelt wird.

Beispiel: K schuldet V 10 000 DM aus Kaufvertrag. Sie verständigen sich dahin, daß die Kaufpreisschuld im Wege der Schuldumschaffung in ein Darlehen umgewandelt wird und K diese Summe langfristig in bestimmten Zins- und Tilgungsbeträgen „abstottert".

b) Typische Erscheinungsformen der Finanzierungspraxis

aa) **Baudarlehen** bzw. Bauspardarlehen (Gelder werden zum Neu-, Um- oder Ausbau eines Gebäudes gegeben)

bb) **Brauereidarlehen** (eine Brauerei koppelt die Darlehensgewährung an eine Bierbezugsverpflichtung) cc) **Arbeitgeberdarlehen** (Darlehensgewährung durch Arbeitgeber im Hinblick auf ein bestehendes Arbeitsverhältnis; Rückzahlung durch Verrechnung mit Lohnforderungen)

dd) **Partiarisches Darlehen** (statt eines Festzinses wird eine Gewinnbeteiligung vereinbart)

ee) **Personalkredit** (das Darlehen wird allein durch die Person des Darlehensnehmers, Bürgen oder Mitschuldners gesichert)

ff) **Bodenkredit** (die Absicherung des Darlehens erfolgt durch Bestellung von Grundpfandrechten)

gg) **Lombardkredit** (das Darlehen wird durch die Verpfändung beweglicher Sachen, insbesondere von Wertpapieren, gesichert)

hh) **Akzeptkredit** (das Kreditinstitut akzeptiert einen Wechsel, um dem Kunden einen Kredit dadurch zu verschaffen, daß dieser den Wechsel von einem Dritten diskontieren läßt)

ii) **Rembourskredit** (eine inländische Bank verschafft ihrem Kunden einen Valutakredit bei einer ausländischen Bank)

jj) **Avalkredit** (eine Bank übernimmt die Haftung für eine Warenverbindlichkeit ihres Kunden durch Bürgschaft, Garantieversprechen oder Kreditauftrag)

3. Abschluß des Darlehensvertrags

Über das Wesen des Darlehensvertrags gibt es zwei Theorien:

a) Realvertrag

Eine Meinung sieht im Darlehensvertrag einen sog. Realvertrag: Danach kommt der Vertrag zustande, wenn der Darlehensgegenstand tatsächlich übergeben wird. Diese Theorie stützt sich auf den Wortlaut des § 607 („wer Geld... als Darlehen empfangen hat, ist verpflichtet...").

b) Konsensualvertrag

Nach moderner Auffassung ist der Darlehensvertrag ein Konsensualvertrag: Bereits die übereinstimmenden Willenserklärungen beider Vertragspartner bringen den Darlehensvertrag zustande. Dabei stehen sich dann die Pflicht des Darlehensgebers, dem Darlehensnehmer das Darlehen zu überlassen, und die Pflicht des Darlehensnehmers, dem Darlehensgeber die Zinsen zu zahlen, synallagmatisch gegenüber.

Lernhinweis: Sie sollten namentlich in der mündlichen Prüfung sagen können, was man unter einem „Realvertrag" versteht und dabei auf das Darlehen verweisen. Im Endergebnis spielt die Unterscheidung freilich keine Rolle: Auch wenn man das Darlehen als Konsensualvertrag ansieht, ist der Darlehensnehmer nach dieser Auffassung zur Rückzahlung nur verpflichtet, wenn er zuvor das Darlehen auch tatsächlich erhalten hat. Auch für die Frage, ob eine Verpflichtung zur Darlehensauszahlung besteht, läuft die Unterscheidung auf dasselbe Ergebnis hinaus: Sie wird von der Ansicht, die den Darlehensvertrag als Realvertrag ansieht, aus der Annahme eines „Vorvertrags" (arg. e § 610 BGB) abgeleitet.

4. Das Darlehensversprechen

In der Regel geht der Darlehensgewährung ein **Darlehensvertrag** voraus. Das BGB hat dafür in § 610 die sog. „clausula rebus sic stantibus" aufgestellt: Das Darlehensversprechen kann widerrufen werden, wenn sich die Vermögensverhältnisse des Darlehensnehmers wesentlich verschlechtern.

5. Die Kündigung des Darlehens

a) Das Kündigungsrecht beider Vertragsparteien

Ist von den Vertragsparteien kein bestimmter Zeitpunkt für die Rückzahlung des Darlehens vereinbart, so hängt die Fälligkeit des Rückerstattungsanspruchs und das Ende der Verzinsungspflicht davon ab, daß der Gläubiger oder der Schuldner kündigt.

Die gesetzliche Kündigungsfrist beträgt bei Darlehen von mehr als 300 DM drei Monate, bei Darlehen von geringerem Betrag einen Monat (§ 609 BGB). Die Parteien können aber auch andere Kündigungsfristen vereinbaren.

b) Das spezielle Kündigungsrecht des Schuldners

Eine zwingende Regelung des Kündigungsrechtes des Schuldners findet sich seit dem 1.1.1987 in § 609a BGB (§ 609a BGB ist an die Stelle des aufgehobenen § 247 BGB getreten). Danach ist zu differenzieren:

- Kredite mit einem **variablen Zinssatz** können nach § 609a Abs. 2 BGB jederzeit mit einer Kündigungsfrist von drei Monaten gekündigt werden;
- Kredite mit einem **festen Zinssatz** können nur unter den eingeschränkten Voraussetzungen des § 609a Abs. 1 BGB, in jedem Fall aber spätestens nach Ablauf von zehn Jahren gekündigt werden.

Eine Kündigung durch den Schuldner nach § 609a Abs. 1 oder Abs. 2 BGB gilt jedoch als nicht erfolgt, wenn er den geschuldeten Betrag nicht binnen zweier Wochen nach Wirksamwerden der Kündigung zurückzahlt (§ 609a Abs. 3 BGB).

6. Besonderheiten beim Verbraucherdarlehen

Ein Darlehensvertrag birgt häufig die Gefahr in sich, daß der Darlehensnehmer für möglicherweise nicht absehbare Zeit einen großen Teil seiner wirtschaftlichen Bewegungsfreiheit verliert und in eine sog. „Schuldenspirale" gerät. Der Gesetzgeber hat insbesondere zum Schutz geschäftlich unerfahrener Bevölkerungsgruppen mit Einführung des **Gesetzes über Verbraucherkredite** vom 17.12.1990 Regelungen getroffen, die darauf abzielen, den Darlehensnehmer vor den Risiken eines Kredites zu warnen, ihm eine Bedenkzeit einzuräumen und die Rechtsfolgen des Schuldnerverzuges abzumildern.

Fällt ein Darlehensvertrag in den Anwendungsbereich des Verbraucherkreditgesetzes (vgl. §§ 1, 3, 5 VerbrKrG), ist folgendes zu beachten:

(1) die besonderen **Form- und Heilungsvorschriften** (§ 4 Abs. 1 Satz 1 und 2 Nr. 1 sowie § 6 VerbrKrG),

(2) das **Widerrufsrecht** des Darlehensnehmers (§ 7 VerbrKrG),

(3) der **Einwendungsdurchgriff** bei Vorliegen eines sog. finanzierten Abzahlungskaufes (§ 9 Abs. 3 VerbrKrG),

(4) die **Unwirksamkeit eines Verzichts** des Darlehensnehmers auf die Einwendungen der §§ 404, 406 BGB (§ 10 Abs. 1 VerbrKrG),

(5) das **Wechsel- und Scheckverbot** (§ 10 Abs. 2 VerbrKrG),

(6) die Möglichkeit für den Darlehensgeber, beim Zahlungsverzug des Schuldners einen **pauschalierten Verzugsschaden** i. H. v. 5% über dem jeweiligen Diskontsatz der Deutschen Bundesbank geltend zu machen (§ 11 VerbrKrG),

(7) die **besonderen Voraussetzungen für die Ausübung eines** vertraglich vereinbarten oder gesetzlichen **Kündigungsrechtes** bei Zahlungsverzug des Darlehensnehmers (§ 12 VerbrKrG).

Hinsichtlich der Einzelheiten vgl. Sie bitte oben die Darstellung zum Abzahlungskauf (§ 44 II 7).

Wiederholungsfragen zu § 47

Wie unterscheiden sich Miete und Pacht? (§ 47 I 1)

Was versteht man unter einem Franchise-Vertrag? (§ 47 I 2 b cc)

Was ist das Wesensmerkmal der Leihe? (§ 47 II 1)

Ist das Darlehen ein Real- oder Konsensualvertrag? (§ 47 III 1 a, 3)

3. Kapitel: Dienstleistungen

Lernhinweis: Das nachfolgende Kapitel beschäftigt sich mit dem weiten Bereich der Dienstleistungsverhältnisse, insbesondere mit dem Dienst- und Werkvertragsrecht. Das BGB hat diese Materie nicht immer ganz übersichtlich und beim Dienstvertrag zudem außerordentlich stiefmütterlich behandelt. Für den Bereich der abhängigen Arbeit greift das Arbeitsrecht mit seinen zahlreichen Sondergesetzen ein (das BGB enthält in §§ 611–630 nur „wenige Tröpfchen sozialen Öls"). Wer das Personalwesen als Vertiefungsrichtung wählt, kommt nicht daran vorbei, sich spezieller in das Arbeitsrecht einzuarbeiten. Im Rahmen dieses Grundrisses kann es nur darum gehen, die Wesensmerkmale der einzelnen im Dienstleistungsbereich anzutreffenden Rechtsinstitute zu beschreiben und die grundsätzlichen Rechte und Pflichten der Beteiligten vorzustellen.

Verschaffen Sie sich zunächst einen Überblick anhand der Übersicht *„Dienstleistungen"*. Sie sehen, daß das Gesetz zunächst zwischen dem entgeltlichen und dem unentgeltlichen Tätigwerden unterscheidet. Die unentgeltlichen Dienstleistungen werden unter dem Typus „Auftrag" erfaßt, bei den Formen des entgeltlichen Tätigwerdens unterscheidet der Gesetzgeber zwischen dem Dienst- und dem Werkvertrag. Ob ein Dienst- oder Werkvertrag vorliegt, richtet sich danach, ob lediglich eine Tätigkeit oder ein darüber hinausgehender Erfolg geschuldet ist.

Merken Sie sich die **Faustregel:** Beim **Dienstvertrag** schuldet man „**die Tätigkeit als solche**", das „Wirken", also eine (regelmäßig in Zeiteinheiten ausgedrückte) „bestimmte Arbeitsmenge"; beim **Werkvertrag** schuldet man dagegen **den „Erfolg"**, das „Werk", also ein „bestimmtes Arbeitsziel".

Das Gesetz geht davon aus, daß beim Werkvertrag der Unternehmer das Werk aus dem vom Besteller gelieferten Stoff herstellt. Liefert der Unternehmer den Stoff selber (ist also Lieferung plus Werkherstellung geschuldet), liegt nach § 651 BGB ein „Werklieferungsvertrag" vor. Werden dabei vertretbare Sachen (§ 91 BGB) hergestellt, findet Kaufrecht Anwendung, bei nicht vertretbaren Sachen dagegen modifiziertes Werkvertragsrecht. §§ 611 ff. BGB sind durch das Arbeitsrecht überlagert. Ob lediglich das Dienstvertragsrecht des BGB oder auch die Sondernormen für die abhängige Arbeit Anwendung finden, entscheidet sich danach, ob die Tätigkeit im Rahmen einer weisungsgebundenen sozialen Abhängigkeit erbracht wird.

Typisierte Dienstleistungen haben im Handelsrecht eine Sonderregelung gefunden (Kommission, Spedition, Frachtgeschäft und Lagerhaltung, vgl. §§ 383 ff. HGB).

Das BGB regelt neben dem eigentlichen Werkvertrag noch den im Zuge der steigenden Bedeutung des Tourismus ins Gesetz gekommenen Reisevertrag (§§ 651a–651k) sowie den Mäklervertrag, die Verwahrung (einschließlich der Haftung des Herbergswirts für eingebrachte Sachen), darüber hinaus (als einseitiges Rechtsgeschäft systemwidrig) die Auslobung und (als gesetzliches Schuldverhältnis am falschen Standort) die Geschäftsführung ohne Auftrag.

Für Dienst- und Werkverträge, die eine „Geschäftsbesorgung" zum Gegenstand haben, enthält das Auftragsrecht in § 675 BGB eine Verweisungsnorm.

In praktischer Hinsicht ist zu beachten, daß sich im Wege der Allgemeinen Geschäftsbedingungen auf verschiedenen Dienstleistungssektoren „Ersatzrechtsordnungen" herausgebildet haben (Allgemeine Geschäftsbedingungen der Banken, Allgemeine Deutsche Spediteurbedingungen, Verdingungsordnung für das Baugewerbe), die das dispositive Gesetz weitgehend verdrängen.

Vergleichen Sie nun zunächst die Übersicht *Dienstleistungen.*

Dienstleistungen

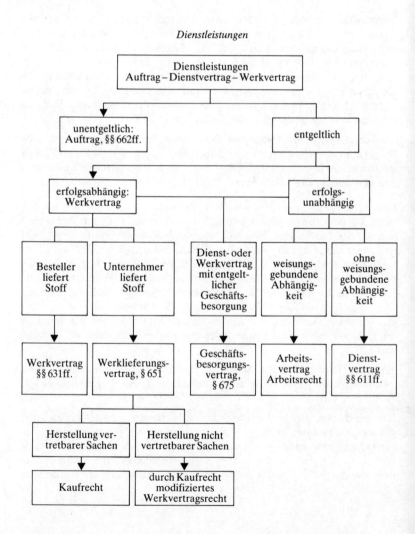

§ 48 Der Dienstvertrag

I. Begriff

1. Wesensmerkmale

Nach § 611 BGB (lesen!) wird durch den Dienstvertrag derjenige, welcher Dienste zusagt, zur Leistung der versprochenen Dienste, der andere Teil zur Gewährung der vereinbarten Vergütung verpflichtet.

Durch den Dienstvertrag wird somit ein auf die Leistung von Diensten gegen Entgelt gerichtetes Rechtsverhältnis begründet. Das BGB bezeichnet die jeweiligen Vertragsparteien als „Dienstberechtigten" und „zur Dienstleistung Verpflichteten". Bei späteren Novellierungen hat der Gesetzgeber auch die Begriffe „Arbeitgeber" und „Arbeitnehmer" verwendet (vgl. z. B. § 611 a BGB). Gegenstand des Dienstvertrags können nach § 611 Abs. 2 „Dienste jeder Art" sein.

2. Regelungsbereich der §§ 611 ff. BGB

Aus der Tatsache, daß die Existenz des überwiegenden Teils der Erwerbstätigen auf Dienstleistungsverhältnissen im weitesten Sinne beruht und die Einkünfte daraus unter die Kategorie der „nichtselbständigen Arbeit" fallen, wird deutlich, daß Dienst- und Arbeitsverhältnisse von Zahl und Bedeutung her einen überragenden Stellenwert einnehmen. Dem wird die Darstellung des Dienstvertragsrechts im BGB nicht gerecht.

Lernhinweis: Für das Recht der **abhängigen Arbeit** gelten zunächst die Spezialvorschriften des Arbeitsrechts (typisch für den Arbeitsvertrag ist, daß der Dienstverpflichtete dem Weisungsrecht des Arbeitgebers unterliegt). Das BGB findet insoweit nur ergänzend Anwendung.

Die §§ 611 ff. BGB erfassen somit folgende Dienstverhältnisse:

- die sog. „freien Dienstverträge" (Beispiele: Arzt, Rechtsanwalt, Steuerberater),
- die Dienstverhältnisse der „Leitenden" (Beschäftigungsverhältnisse der Geschäftsführer einer GmbH sowie anderer Organe juristischer Personen) sowie
- die gelegentlichen Dienstleistungen ohne Weisungsbefugnisse und Eingliederung in den Bereich des Dienstberechtigten (Beispiele: Schuhputzer, Klavierlehrer, Babysitter).

3. Abgrenzungsfragen

Nicht immer ist die rechtliche Einordnung eines Dienstleistungsverhältnisses eindeutig. Abzugrenzen ist der Dienstvertrag vom Werkvertrag und vom Geschäftsbesorgungsvertrag.

a) Selbständige Dienstleistungen

Da bei unselbständig-weisungsgebundener, abhängiger Dienstleistung ein Arbeitsverhältnis begründet wird, liegt ein Dienstvertrag dann vor, wenn Dienste (ohne Verpflichtung zur Herstellung des Erfolgs) in wirtschaftlicher und sozialer Selbständigkeit und Unabhängigkeit geleistet werden. Dies gilt vor allem für die freien Berufe. Aber auch hier kommt es immer auf den Einzelfall und das jeweilige „Leistungspaket" an.

Beispiele:

• **Arztvertrag:** Im Verhältnis zum Patienten ist regelmäßig ein Dienstvertrag anzunehmen. Im Verhältnis zum anstellenden Krankenhaus liegt ein Arbeitsvertrag vor.

• **Tätigkeit des Rechtsanwalts:** Auch hier ist zu differenzieren. Die Dienstleistung kann sowohl einen Dienstvertrag (ständige Beratung des Mandanten), einen Geschäftsbesorgungsvertrag (das „gewöhnliche Mandat" im Rahmen der Prozeßführung) wie auch einen Werkvertrag (Gutachten oder Rechtsauskunft über eine Einzelfrage) begründen.

b) Geschäftsbesorgungsverhältnisse

Liegt einem Dienst- oder Werkvertrag eine Geschäftsbesorgung zugrunde, so handelt es sich nach § 675 BGB um einen Geschäftsbesorgungsvertrag, auf den weitgehend das Auftragsrecht (§§ 662 ff. BGB) Anwendung findet. Der Unterschied zum Dienstvertrag besteht darin, daß Gegenstand der Geschäftsbesorgung eine „ursprünglich dem Dienstberechtigten obliegende, selbständige wirtschaftliche Tätigkeit, insbesondere die Wahrnehmung bestimmter Vermögensinteressen", ist.

Schulbeispiele: Prozeßvertretung, Bankgeschäfte, Baubetreuung.

Halten wir fest: Eine Geschäftsbesorgung ist „die auf einen Dritten übertragene selbständige Tätigkeit wirtschaftlicher Art, die für einen anderen und in dessen Interesse vorgenommen wird."

II. Rechte und Pflichten im Dienstvertrag

Bei den gegenseitigen Verpflichtungen aus dem Dienstvertrag wird die Lückenhaftigkeit des BGB zur interessengerechten Regelung von Arbeitsverhältnissen besonders deutlich. Zum Schutz des Arbeitnehmers gelten daher die Sondergesetze des individuellen und kollektiven Arbeitsrechts. Nachfolgend sollen lediglich stichwortartig die im BGB enthaltenen Verpflichtungen genannt werden.

1. Pflichten des Dienstpflichtigen

a) Dienstleistung

Nach § 611 Abs. 1 1. Halbsatz muß der Dienstverpflichtete die versprochenen Dienste leisten. Die Dienste sind nach § 613 BGB im Zweifel persönlich zu erbringen (damit korrespondierend: Der Anspruch auf die Dienste ist nicht übertragbar).

b) Nebenpflichten

Aus dem regelmäßig mit einer Dienstleistung verbundenen stärkeren sozialen Kontakt zwischen den Vertragsbeteiligten folgt, daß sich, dem Grundsatz von Treu und Glauben entsprechend, gerade aus dem Dienstvertrag eine Reihe von Nebenpflichten ergeben (Schutz-, Fürsorge- und Treupflichten).

Lernhinweis: Namentlich im Arbeitsrecht finden Sie unter dem Stichwort „Treupflicht des Arbeitnehmers" und damit korrespondierend „Fürsorgepflicht des Arbeitgebers" einen umfassenden Katalog zusätzlicher Verpflichtungen für Arbeitnehmer und Arbeitgeber. Die Verletzung dieser Nebenpflichten macht schadenersatzpflichtig; die Verletzung der Treupflicht durch den Arbeitnehmer kann darüber hinaus als Kündigungsgrund relevant werden. Das ist deshalb von besonderer Bedeutung, weil im Arbeitsrecht unter der Geltung des Kündigungsschutzgesetzes (vgl. § 1 KSchG) nur die „sozial gerechtfertigte" Kündigung zulässig ist. Sie setzt u. a. voraus, daß Gründe „im Verhalten des Arbeitnehmers" vorliegen, die ihm zum Vorwurf gemacht werden können (z. B. die Verletzung von Treupflichten).

2. Pflichten des Dienstberechtigten

a) Vergütungspflicht

Der Dienstberechtigte ist nach § 611 Abs. 1 2. Halbsatz verpflichtet, die vereinbarte Vergütung zu zahlen. Nach § 614 ist die Vergütung im Zweifel nach Erbringung der Dienste zu entrichten; mit anderen Worten: Der Dienstverpflichtete ist vorleistungspflichtig.

b) Nebenpflichten

Zunächst gilt entsprechend dem oben Gesagten, daß der Grundsatz von Treu und Glauben auch dem Dienstberechtigten eine Reihe von Nebenpflichten auferlegt. Besonders hervorzuheben ist die Fürsorgepflicht. Sie ist im BGB in §§ 617, 618, 619 angesprochen und im Arbeitsrecht generell anerkannt. Wird sie verletzt, kann der Dienstverpflichtete vom Dienstberechtigten Schadenersatz verlangen (Anspruchsgrundlage im BGB ist die positive Vertragsverletzung i. V. m. § 618 Abs. 3, im Arbeitsrecht generell die Verletzung der „Fürsorgepflicht") oder gegebenenfalls den Dienstvertrag fristlos aus wichtigem Grund kündigen.

Hinweis: Die Schadenersatzpflicht des Arbeitgebers erfährt durch die Reichsversicherungsordnung eine wichtige Einschränkung. Nach § 636 RVO haftet der Arbeitgeber für Personenschäden infolge eines Arbeitsunfalles nur dann, wenn er diesen vorsätzlich herbeigeführt hat. Dies ist insbesondere im Hinblick auf Schmerzensgeldansprüche bedeutsam, die ja vom Sozialversicherungsträger nicht abgedeckt werden. Ratio legis: Der Arbeitgeber hat für die an die Berufsgenossenschaft zu zahlenden Beiträge aufzukommen.

III. Leistungsstörungen

1. Unmöglichkeit

Zunächst gelten die §§ 275, 323 BGB (vgl. dazu oben im Allgemeinen Schuldrecht).

Für den Fall der vom Dienstverpflichteten nicht zu vertretenden Unmöglichkeit enthält das Dienstvertragsrecht des BGB in § 616 (lesen!) eine Besonderheit: Im Allgemeinen Schuldrecht gilt der Grundsatz, daß der

Gegenleistungsanspruch nach § 323 BGB entfällt, wenn der Schuldner nach § 275 bei nicht zu vertretender Unmöglichkeit von seiner Leistung frei wird. Beim Dienstvertrag gilt § 616 BGB: Der Verpflichtete verliert nicht den Vergütungsanspruch, wenn er „für eine verhältnismäßig nicht erhebliche Zeit durch einen in seiner Person liegenden Grund ohne sein Verschulden an der Dienstleistung verhindert wird." Der wichtigste Fall ist die Dienstverhinderung infolge von Krankheit. Hier definiert der Gesetzgeber auch den Begriff der „verhältnismäßig nicht erheblichen Zeit": Nach § 616 Abs. 2 Satz 2 gilt eine Zeit von 6 Wochen als verhältnismäßig nicht erheblich. Der Arbeitnehmer behält so lange seinen Vergütungsanspruch.

Lernhinweis: § 616 BGB gilt nur für den Angestellten; dieselbe Regelung finden Sie aber auch in § 1 Lohnfortzahlungsgesetz für den Arbeiter. Insoweit sind im Arbeitsrecht, was die volle Lohnfortzahlung für die Dauer von 6 Wochen anbelangt, Angestellte und Arbeiter gleichgestellt (merkliche rechtliche Unterschiede zwischen Arbeitern und Angestellten bestehen heute kaum noch).

2. Gläubigerverzug

Kommt der Dienstberechtigte mit der Annahme der Dienste in Verzug, kann der Dienstverpflichtete nach § 615 Satz 1 BGB (lesen!) für die aufgrund des Verzugs nicht erbrachten Dienste unter Beachtung von § 615 Satz 2 gleichwohl die Vergütung verlangen, und zwar **ohne zur Nachleistung verpflichtet** zu sein.

3. Arbeitsrechtliche Besonderheiten

Für den Fall, daß es zu Betriebsstörungen kommt, in deren Folge nicht gearbeitet werden kann, gelten arbeitsrechtliche Besonderheiten. Die zunächst von der Rechtsprechung entwickelte „Sphärentheorie" unterschied danach, in welcher Sphäre die Ursache für die Nichterbringbarkeit der Leistung lag. Das Bundesarbeitsgericht hat die „Lehre vom Betriebsrisiko" entwickelt: Der Arbeitgeber trägt grundsätzlich das Betriebsrisiko, mit Ausnahme der Faktoren, die auf das Verhalten der Arbeitnehmer zurückzuführen sind. Deshalb behält der Arbeitnehmer den Vergütungsanspruch bei Betriebsstörungen, die zurückzuführen sind auf Auftragsmangel, technische Störungen im Produktionsablauf und dergleichen. Der Arbeitnehmer verliert den Lohnanspruch, wenn infolge Teilstreiks im selben Betrieb oder wegen Streiks in Zweigwerken, Zulieferbetrieben oder Energieversorgungsunternehmen nicht gearbeitet werden kann (insoweit kann § 615 BGB keine Anwendung finden: Gläubigerverzug setzt voraus, daß die Leistung möglich ist).

4. Positive Vertragsverletzung

Wir haben im Allgemeinen Schuldrecht gesehen, daß der Gläubiger im Falle der Schlechtleistung Schadenersatzansprüche aus positiver Vertragsverletzung gegen den Schuldner geltend machen kann. Dieser Grundsatz wird im Arbeitsrecht durch die von der Rechtsprechung aufgestellten Grundsätze der **„gefahrengeneigten Arbeit"** eingeschränkt. Gefahrengeneigte Arbeit, man spricht auch von „schadensgeneigter Arbeit", liegt vor, wenn die vom Arbeitnehmer zu leistende Arbeit wegen ihrer Eigenart eine besonders hohe Wahrscheinlichkeit mit sich bringt, daß dem Arbeitnehmer gelegentlich einmal ein Versehen unterläuft, auch wenn er im allgemeinen die erforderliche Sorgfalt anwendet.

Schulbeispiele: Berufskraftfahrer, Maschinenmeister, Lokführer sowie stark überlastete Arbeitnehmer.

Die Einschränkung besteht darin, daß ein Arbeitnehmer bei schadensgeneigter Arbeit entgegen § 276 nicht für jedes Verschulden haftet. Ein Schaden, den ein Arbeitnehmer in Ausübung gefahrengeneigter Arbeit weder vorsätzlich noch grob fahrlässig verursacht hat, gehört zum Betriebsrisiko des Arbeitgebers und ist daher von ihm allein zu tragen. Gerechtfertigt wird dies durch die dem Arbeitgeber gegenüber dem Arbeitnehmer obliegende Fürsorgepflicht bzw. aus der Verteilung des Betriebsrisikos: Es wäre unbillig, müßte der Arbeitnehmer für jede auch noch so geringe Fahrlässigkeit vollen Schadenersatz leisten, wenn man berücksichtigt, daß er in vielen typischen Gefahrensituationen einem hohen Schadensrisiko ausgesetzt ist.

Wird bei gefahrengeneigter Arbeit ein betriebsfremder Dritter geschädigt, der den Arbeitnehmer auf Schadenersatz in Anspruch nehmen könnte, hat der Arbeitnehmer in Anwendung der Grundsätze über die gefahrengeneigte Arbeit einen Freistellungsanspruch gegenüber seinem Arbeitgeber (dann muß der Arbeitgeber die Schadenersatzforderung des Dritten befriedigen).

Lernhinweis: Die Grundsätze der gefahrengeneigten Arbeit gelten jedoch nur für die abhängige Arbeit, also für Arbeitsverhältnisse. Die Rechtsprechung hat es abgelehnt, diese Grundsätze auf Dienstverhältnisse selbständiger und „höherer" Art zu übertragen (Beispiel: Keine Haftungsminderung, wenn dem Justitiar bei der Abfassung eines Vertragstextes ein Fehler unterläuft und die Firma dadurch einen Schaden erleidet).

IV. Beendigung des Dienstverhältnisses

Der Dienstvertrag begründet ein Dauerschuldverhältnis. Dieses endet entweder mit dem Ablauf der Zeit, für die es eingegangen ist (§ 620 BGB) oder durch Kündigung.

1. Ordentliche Kündigung

Dabei sind vor allem die gesetzlichen Kündigungsfristen (§§ 621 ff. BGB) sowie der arbeitsrechtliche Kündigungsschutz zu beachten.

2. Außerordentliche Kündigung

Die außerordentliche Kündigung setzt nach § 626 BGB einen „**wichtigen Grund**" voraus. Ein wichtiger Grund liegt vor, wenn dem Kündigenden „unter Berücksichtigung aller Umstände des Einzelfalles und unter Abwägung der Interessen beider Vertragsteile die Fortsetzung des Dienstverhältnisses bis zum Ablauf der Kündigungsfrist... nicht zugemutet werden kann".

Beispiel: Strafbare Handlungen gegen den Dienstberechtigten oder andere schwere Pflichtverletzungen.

3. Anfechtung

Bei der Rechtsgeschäftslehre haben wir gesehen, daß Willenserklärungen angefochten werden können und damit von Anfang an als nichtig anzusehen sind. Bei Dauerschuldverhältnissen stellt sich ein zusätzliches Problem: Die infolge des Dienstverhältnisses bereits erbrachten Leistungen können nicht rückwirkend durch Anfechtung aus der Welt geschafft werden. Gleichwohl läßt die Arbeitsrechtsprechung die Anfechtung von Arbeitsverhältnissen (innerhalb bestimmter Grenzen) zu; allerdings mit der Besonderheit, daß infolge der Anfechtung das Arbeitsverhältnis lediglich für die Zukunft vernichtet wird. Die Anfechtung steht deshalb hinsichtlich ihrer Wirkung der Kündigung gleich.

Rechtspolitischer Hinweis: Die Anfechtung eines Arbeitsvertrages ist vor allem in den Fällen von großer Bedeutung, in denen infolge arbeitsrechtlicher Kündigungsschutzbestimmungen (Mutterschutzgesetz, Kündigungsschutz für Betriebsratsmitglieder) eine (ordentliche) Kündigung gar nicht möglich ist.

4. Zeugnispflicht

Nach § 630 BGB kann der Verpflichtete vom anderen Teil ein schriftliches Zeugnis über das Dienstverhältnis und dessen Dauer fordern (**„einfaches Zeugnis"**). Es ist auf Verlangen auf die Leistungen und die Führung im Dienst zu erstrecken (**„qualifiziertes Zeugnis"**).

Lernhinweis: Das Zeugnis muß der Wahrheit entsprechen. Es darf also nicht „geschönt" sein (in diesem Fall kann ein Schadenersatzanspruch des nachfolgenden Arbeitgebers gegenüber dem zeugniserteilenden Arbeitgeber in Betracht kommen). Entgegen einer landläufigen Meinung dürfen also auch weniger vorteilhafte Dinge vermerkt sein. Aus der nachwirkenden Fürsorgepflicht ergibt sich jedoch, daß durch das Zeugnis das Fortkommen des Arbeitnehmers nicht unbillig erschwert werden darf. Negative Dinge werden deshalb regelmäßig durch entsprechende Formulierungen (neutral, aber für den Eingeweihten erkennbar) zum Ausdruck gebracht.

Wiederholungsfragen zu § 48

Enthält das BGB im Abschnitt Dienstvertrag eine umfassende Regelung der abhängigen Arbeit? (§ 48 I 2)

Sind Ansprüche aus dem Dienstvertrag übertragbar? (§ 48 II 1 a)

Welche Abweichungen vom grundsätzlichen Recht der Leistungsstörungen enthält das Dienstvertragsrecht bei unverschuldeter Verhinderung des Dienstverpflichteten? (§ 48 III 1)

Welche Besonderheiten bringt § 615 BGB im Vergleich zum allgemeinen Recht der Leistungsstörung? (§ 48 III 2)

Was versteht man unter gefahrengeneigter Arbeit, welche Besonderheiten gelten hierfür? (§ 48 III 4)

Unter welchen Voraussetzungen kann eine außerordentliche Kündigung erfolgen? (§ 48 IV)

§ 49 Der Werkvertrag

I. Begriff

1. Wesensmerkmale

Die Parteien des Werkvertrags sind auf der einen Seite der „Besteller", auf der anderen Seite der „Unternehmer" (mit dieser Bezeichnung sind keinerlei betriebswirtschaftliche oder wirtschaftsrechtliche Kategorien verbunden). Der Werkvertrag ist ein gegenseitiger Vertrag, durch den sich der Unternehmer zur Herstellung des versprochenen Werkes, der Besteller zur Entrichtung der vereinbarten Vergütung verpflichtet (§ 631 Abs. 1 – lesen!). Typisch ist demzufolge, daß nicht lediglich das bloße Tätigwerden sondern auch ein darüber hinausgehender **Erfolg geschuldet** wird.

Im einzelnen kann es sich dabei um die verschiedenartigsten Dinge handeln. § 631 Abs. 2 nennt dazu zwei Kategorien:

- **„Sachwerke":** die Herstellung oder Veränderung von Sachen.

  Beispiele: Errichtung eines Gebäudes, Reparatur eines Kraftfahrzeugs.

- **„Tätigkeitswerke":** andere durch Arbeit oder Dienstleistung herbeizuführende Erfolge.

  Beispiele: Transport von Personen oder Sachen, Anfertigung von Expertisen.

2. Problematische Einzelfälle

Bei zahlreichen Dienstleistungen ist es fraglich, ob ein Dienst- oder Werkvertrag vorliegt. Dabei ist stets zu prüfen, welches „Leistungspaket" versprochen wurde. Es kommt immer auf die Umstände des Einzelfalls an. Verdeutlichen Sie sich dies anhand nachfolgender Vertragsverhältnisse:

a) Architektenvertrag

In der Regel liegt ein Werkvertrag vor, weil das im Bauplan verkörperte geistige Werk (letztlich ein mangelfreies Bauwerk) geschuldet ist. Der Bundesgerichtshof nimmt auch dann einen Werkvertrag an, wenn dem Architekten nicht Vorentwurf, Entwurf und Bauvorlagen, sondern nur die sonstigen Architektenleistungen oder nur die Bauleitung übertragen sind.

b) Auskunfteivertrag

Ist er auf Beschaffung bestimmter Informationen gerichtet, liegt ein Werkvertrag vor, bei ständiger Beratung dagegen ist Dienstvertrag anzunehmen.

c) Bauvertrag

Der Bauvertrag ist ein klassischer Fall des Werkvertrags.

d) Beförderungsvertrag

Die Beförderung von Personen oder Gütern ist regelmäßig Werkvertrag.

e) EDV-Programme

Die Aufstellung von Programmen im Bereich der elektronischen Datenverarbeitung fällt unter das Werkvertragsrecht.

f) Fertighausvertrag

Wenn damit zugleich die Verpflichtung zur Errichtung des Fertighauses verbunden ist, liegt ein Werkvertrag vor; bei bloßer Anlieferung von Fertigteilen handelt es sich dagegen um einen Kaufvertrag.

g) Gutachten

Die Erstellung von Gutachten fällt unter das Werkvertragsrecht.

h) Ingenieurvertrag

Die von sog. Fachingenieuren bei Bauvorhaben aufzustellenden Pläne für die Vergabe von Sanitär-, Heizungs- und Elektroarbeiten sind regelmäßig Gegenstand eines Werkvertrags.

i) Lieferung mit Montage

In der Investitionsgüterindustrie werden regelmäßig die zu liefernden Anlagen von der Herstellerseite montiert. Es liegt dann meist ein Kaufvertrag mit untergeordneter Werkleistung vor. Erfordert die Montage spezielle Kenntnisse, ist sowohl Kauf- als auch Werkvertragsrecht anzuwenden.

j) Steuerberatung

Regelmäßig handelt es sich um einen Geschäftsbesorgungsvertrag mit Dienstvertragscharakter, insbesondere bei ständiger Beratung und Wahrnehmung aller steuerlichen Belange. Werkvertragsrecht kommt nur zur Anwendung, wenn spezielle Einzelleistungen versprochen sind (Gutachten und Beratung im individuellen Fall).

k) Energielieferungsvertrag

Es findet Kaufrecht Anwendung.

l) Kfz-Inspektion

Es liegt ein Werkvertrag vor.

II. Rechte und Pflichten aus dem Werkvertrag

1. Pflichten des Unternehmers

a) Hauptpflichten

Nach § 631 Abs. 1 BGB ist der Unternehmer zur Herstellung des versprochenen Werks verpflichtet. Anders als beim Dienstvertrag sieht das Gesetz beim Werkvertrag nicht vor, daß die Leistung vom Unternehmer persönlich erbracht werden muß.

Lernhinweis: Beachten Sie, daß die Hauptpflicht des Unternehmers beim Werkvertrag auf die **mangelfreie Herstellung** des Werks gerichtet ist. Konsequenz: Der Besteller kommt nicht in Annahmeverzug, wenn er ein mangelhaftes Werk nicht abnimmt.

b) Nebenpflichten

Wie bei allen Schuldverhältnissen ergeben sich auch beim Werkvertrag Nebenpflichten aus Treu und Glauben.

Beispiel: § 650 BGB (lesen!) ist eine gesetzliche Ausformung des allgemeinen Grundsatzes der Pflicht zur Schadensabwehr gegenüber dem Vertragspartner. Die drohende erhebliche Überschreitung von Kostenvoranschlägen hat der Unternehmer dem Besteller unverzüglich mitzuteilen.

2. Pflichten des Bestellers

a) Vergütungspflicht

Nach § 632 BGB gilt eine Vergütung als stillschweigend vereinbart, wenn die Herstellung des Werks den Umständen nach nur gegen Entgelt zu erwarten ist. Im Zweifel ist die „übliche" Vergütung geschuldet. Nach § 641 BGB ist die Vergütung bei Abnahme des Werks zu bezahlen. Das Gesetz sichert den Vergütungsanspruch des Unternehmers. § 647 BGB räumt ihm für seine Forderungen ein **gesetzliches Pfandrecht** ein. Es rechtfertigt sich aus der Tatsache, daß der Unternehmer regelmäßig eine Vorleistung erbringt. Bauhandwerker können nach § 648 BGB für ihre Forderungen die Einräumung einer **Sicherungshypothek** an dem Baugrundstück des Bestellers verlangen.

b) Abnahmepflicht

Der Besteller ist nach § 640 BGB (lesen!) verpflichtet, das vertragsgemäß hergestellte Werk abzunehmen. Es handelt sich dabei um eine **Hauptpflicht** des Bestellers. Unter Abnahme versteht man die „körperliche Entgegennahme im Wege der Besitzübertragung verbunden mit der Erklärung, daß der Besteller die Leistung als vertragsgemäß anerkennt". **Kurzformel:** Abnahme ist **Entgegennahme und Billigung.**

Beispiel: Der Bauunternehmer „übergibt" im Wege einer Begehung des Bauwerks das Gebäude an den Bauherrn.

Lernhinweis: Die Abnahme ist für den Besteller ein entscheidender Vorgang und **einschneidender Zeitpunkt!** Das Gesetz knüpft eine Reihe von Rechtsfolgen an die erfolgte Abnahme:

• Fälligkeit der Vergütung,
• Beginn der Verjährungsfrist für Mängelansprüche und
• Übergang der Preisgefahr vom Unternehmer auf den Besteller!

c) Nebenpflichten

Auch für den Besteller können sich aus dem Gesichtspunkt von Treu und Glauben weitergehende Pflichten ergeben.

Beispiel: Ist das Werk in den Räumen und mit den Gerätschaften des Bestellers zu erbringen, müssen diese in entsprechender Anwendung von § 618 BGB so beschaffen sein, daß gesundheitliche Gefahren für den Unternehmer auszuschließen sind.

III. Leistungsstörungen

1. Unmöglichkeit

a) Gefahrübergang bei Abnahme

Lernhinweis: Bereits im Kaufrecht hatten wir eine besondere Regelung der Gefahrtragung kennengelernt. Ähnliches gilt im Werkvertragsrecht: § 644 regelt die Preisgefahr abweichend von § 323 BGB. Sie erinnern sich: Die Gefahrtragung spielt nur eine Rolle im Falle der nicht zu vertretenden Unmöglichkeit. Nach § 275 BGB wird der Schuldner frei, verliert aber nach § 323 BGB den Anspruch auf die Gegenleistung. Im Kaufrecht behält der Verkäufer den Kaufpreisanspruch, wenn die Sache nach Übergabe untergeht. Von der Übergabe an trägt somit der Käufer die Preisgefahr. Im Werkvertragsrecht ist der maßgebliche Zeitpunkt für den Übergang der Preisgefahr die Abnahme!

Nach § 644 Abs. 1 Satz 1 (lesen!) trägt der Unternehmer die Gefahr bis zur Abnahme, von da an trägt sie der Besteller.

Beispiel: Bauherr B hat im Wege der Einzelvergabe die zur Errichtung seines Einfamilienhauses erforderlichen Installationsarbeiten an den Installateur U vergeben. Die Abnahme der Installationsarbeiten findet statt am 1. Juni. Dabei wird festgestellt, daß in der Nacht zuvor von unbekannten Tätern zwei Waschbecken entwendet, ein Spiegel zertrümmert und eine Badewanne zerkratzt wurden. Die Gefahr dafür trägt nach § 644 Abs. 1 der Installateur: B braucht insoweit nicht zu bezahlen. Ereignen sich diese Vorgänge in der Nacht vom 2. auf den 3. Juni, somit nach Abnahme, muß B die volle Vergütung entrichten.

b) Gefahrübergang bei Annahmeverzug

Kommt der Besteller in Gläubigerverzug, geht die Gefahr nach § 644 Abs. 1 Satz 2 auf ihn über.

c) Gefahrübergang bei Versendung

Schon im Kaufrecht hatten wir gesehen, daß im Falle des Versendungskaufs die Gefahr bereits zu dem Zeitpunkt übergeht, zu dem die Übergabe auf die Transportperson erfolgt. Dasselbe gilt im Werkvertragsrecht: § 644 Abs. 2 verweist auf § 447.

Beispiel: B bestellt bei U eine nach besonderen Konstruktionsplänen anzufertigende Maschine. Laut Vertrag befindet sich der Erfüllungsort am Sitz von U. Da B im Moment nicht über Transportkapazitäten verfügt, bittet er U, die Maschine zu versenden. Nach Verladung auf einen Spezialtransporter wird diese unterwegs durch Blitzschlag zerstört. U wird von seiner Leistungspflicht befreit, er behält aber nach § 644 Abs. 2 in Verbindung mit § 447 BGB den Vergütungsanspruch.

d) Vollendung statt Abnahme

Ist nach der Beschaffenheit des Werkes die Abnahme ausgeschlossen, so tritt nach § 646 BGB (lesen!) an die Stelle der Abnahme die Vollendung des Werks. Dies gilt auch für den Gefahrübergang.

Beispiele: Theateraufführung, Personenbeförderung.

2. Verzug des Unternehmers

Der Unternehmer ist zur rechtzeitigen Herstellung des Werks verpflichtet. Kommt er in Verzug, hat der Besteller folgende Rechte:

a) Erfüllungsanspruch

Der Besteller kann auf Herstellung des Werkes klagen.

b) Rechte nach §§ 286, 326 BGB

Nach § 636 Abs. 1 Satz 2 kann der Besteller im Falle des Verzugs des Unternehmers auch die allgemein dem Gläubiger beim Schuldnerverzug zustehenden Rechte geltend machen.

c) Rücktritt vom Vertrag

Nach § 636 Abs. 1 Satz 1 kann der Besteller vom Vertrag zurücktreten, wenn der Unternehmer das Werk nicht rechtzeitig herstellt. Dies gilt auch für den Fall, daß der Unternehmer nicht im Verzug ist (also den zur Leistungsverzögerung führenden Umstand nicht zu vertreten hat).

Beispiel: U kann die von B bestellte Maschine nicht termingemäß liefern, weil seine Werkhalle durch einen Brandanschlag Dritter nicht benutzbar war. B kann dennoch zurücktreten – möglicherweise kommt ihm das gerade recht, weil seine Auftragslage die zusätzliche Anschaffung weiterer Maschinen nicht erforderlich macht. Hier bedarf es dann keiner Nachfristsetzung und Ablehnungsandrohung gemäß § 634 Abs. 1 BGB, auf den § 636 Abs. 1 Satz 1 verweist, wenn die Lieferung unmöglich geworden ist oder eine der sonstigen Varianten des § 634 Abs. 2 BGB eingreift.

3. Haftung des Unternehmers für Mängel

a) Umfang der Gewährleistungshaftung

Nach § 633 BGB (lesen!) ist der Unternehmer verpflichtet, das Werk so herzustellen, daß es die zugesicherten Eigenschaften hat und nicht mit Fehlern behaftet ist, die den Wert oder die Tauglichkeit zum gewöhnlichen oder vertragsgemäß vorausgesetzten Gebrauch aufheben oder mindern. Mit anderen Worten: Der Begriff des Mangels im Werkvertragsrecht ist identisch mit dem im Kaufrecht (vgl. oben § 44 V) und die Mangelfreiheit des Werkes ist Vertragsinhalt. Dabei ist § 640 Abs. 2 zu beachten: Die **vorbehaltlose Abnahme trotz Kenntnis** der Mängel wird als vereinbarter **Verzicht auf die Gewährleistungsrechte** angesehen (wie auch schon im Kaufrecht, vgl. § 464 BGB).

b) Rechte des Bestellers

aa) Erfüllungsanspruch

Da der Unternehmer zur Herstellung eines mangelfreien Werks verpflichtet ist, braucht der Besteller das mangelhafte Werk nicht abzunehmen. Er behält seinen Erfüllungsanspruch auf Lieferung eines mangelfreien Werks.

bb) Nachbesserungsanspruch

Der Besteller hat nach § 633 Abs. 2 Satz 1 BGB (lesen!) einen Nachbesserungsanspruch, wenn das hergestellte Werk nicht mangelfrei ist.

Lernhinweis: Halten Sie also fest, daß der Besteller beim Werkvertrag – anders als der Käufer beim Kaufvertrag – einen Anspruch auf Mängelbeseitigung hat! Kommt der Unternehmer mit der Beseitigung in Verzug, kann der Besteller nach § 633 Abs. 3 den Mangel selbst beseitigen und Aufwendungsersatz verlangen.

cc) Wandelung oder Minderung

Nach § 634 BGB (lesen!) kann der Besteller dem Unternehmer zur Nachbesserung eine Frist mit der Erklärung setzen, daß er die Beseitigung des Mangels nach Ablauf der Frist ablehne. Danach kann er entweder wandeln oder mindern (die Begriffe kennen Sie bereits aus dem Kaufrecht).

dd) Schadenersatz

Nach § 635 BGB (lesen!) kann der Besteller statt Wandelung oder Minderung Schadenersatz wegen Nichterfüllung verlangen, wenn der Mangel vom Unternehmer zu vertreten ist (also entweder ihm oder seinem Erfüllungsgehilfen Verschulden zur Last fällt).

Lernhinweis: Wenn Sie das Kaufrecht und das Werkvertragsrecht vergleichen, stellen Sie in diesem Punkt einen Unterschied fest: § 463 BGB spricht nicht vom „Verschulden" des Verkäufers, sondern nennt einzelne Tatbestände (zugesicherte Eigenschaft, arglistiges Verschweigen von Mängeln). § 635 BGB dagegen stellt allgemein darauf ab, ob der Unternehmer den Mangel „zu vertreten" hat. Dabei ist wie im Kaufrecht nach dem Umfang des Schadenersatzes zu fragen: „Mangelschäden" (Schäden, die dem Werk selbst anhaften, einschließlich der Kosten für die Mängelbeseitigung und der entgangenen Gewinne; dazu werden auch Schäden an anderen Sachen in enger räumlicher Beziehung zum Werk gerechnet) fallen nach der Rechtsprechung unter § 635, „weitere Mangelfolgeschäden" (das heißt Nachteile, die der Besteller außerhalb des Werks an anderen Rechtsgütern erleidet) dagegen sind zu ersetzen, wenn die Voraussetzungen der positiven Vertragsverletzung vorliegen. Konsequenzen hat dies bei der Verjährung: Schadenersatzansprüche aus § 635 BGB unterliegen § 638 BGB, Ansprüche aus positiver Vertragsverletzung dagegen fallen unter die allgemeinen Verjährungsfristen (§ 195 BGB: 30 Jahre!).

Beachten Sie aber im Kaufrecht: Dort werden die kurzen Verjährungsfristen des § 477 auch auf Mangelfolgeschäden aus positiver Vertragsverletzung angewendet, wenn der Schaden auf der Mangelhaftigkeit der Kaufsache selbst beruht.

ee) Verjährung

Die Gewährleistungsansprüche des Bestellers gegen den Unternehmer unterliegen nach § 638 BGB einer verkürzten Verjährungsfrist. Sie beträgt

- grundsätzlich **6 Monate,**
- bei Arbeiten an einem Grundstück **ein Jahr,**
- bei Bauwerken **fünf Jahre.**

Praktischer Hinweis: Beachten Sie, daß die **VOB** die Gewährleistungsfristen auf **2 Jahre** verkürzt.

Wiederholungsfragen zu § 49

Was ist das Typische am Werkvertrag? (§ 49 I 1)

Ist der Architektenvertrag ein Dienst- oder Werkvertrag? (§ 49 I 2 a)

Welche Konsequenz hat es, daß die Mangelfreiheit der Werkherstellung zur Hauptpflicht des Unternehmers gehört? (§ 49 II 1 a)

Was versteht man unter einer Bauhandwerkerhypothek? (§ 49 II 2 a)

Was versteht man unter der Abnahme beim Werkvertrag? (§ 49 II 2 b)

Zu welchem Zeitpunkt geht die Gefahr des zufälligen Untergangs auf den Besteller über? (§ 49 III 1)

Welche Rechte hat der Besteller, wenn das Werk mangelhaft ist? (§ 49 III 3 b)

§ 50 Sonstige Dienstleistungsverhältnisse

I. Der Auftrag

1. Begriff

Der Auftrag ist nach § 662 BGB (lesen!) ein Vertrag, durch den sich jemand zum **unentgeltlichen Tätigwerden** verpflichtet. Das Gesetz bezeichnet die eine Vertragspartei als „Beauftragten", die andere als „Auftraggeber". Es handelt sich um einen unvollkommen zweiseitig verpflichtenden Vertrag. Wie wir § 662 entnehmen, ist Gegenstand des Auftrags die unentgeltliche **Besorgung eines Geschäfts.** Darunter versteht man **„jede fremdbezogene Tätigkeit gleich welcher Art".**

Dieser Begriff wird weit ausgelegt; auch nicht rechtsgeschäftliche Tätigkeiten können Gegenstand eines Auftragsverhältnisses sein.

Lernhinweis: Die Umgangssprache verwendet den Begriff „Auftrag" in einem anderen Sinne (wenn etwa ein Geschäftsmann sagt, er habe „einen Auftrag erhalten", meint er damit die Übernahme einer entgeltlichen Tätigkeit). Halten Sie also fest, daß Auftrag i. S. des Bürgerlichen Gesetzbuches lediglich das unentgeltliche Tätigwerden für einen anderen bedeutet.

2. Bedeutung des Auftragsrechts

Das Auftragsrecht ist insofern bedeutsam, als das Gesetz an anderen Stellen oft auf die beim Auftrag bestehenden Rechte und Pflichten verweist.

Beispiel: Nach § 2218 BGB finden auf das Rechtsverhältnis zwischen dem Testamentsvollstrecker und dem Erben bestimmte für das Auftragsrecht geltende Vorschriften entsprechende Anwendung; ähnliches gilt in anderen Fällen der Wahrnehmung fremder Vermögensinteressen (Vormund, Pfleger, Organe juristischer Personen, Konkursverwalter).

Auf diesem Wege gelangt man z. B. zu der praktisch wichtigen Auskunfts- und Rechenschaftspflicht gemäß § 666 BGB.

3. Rechte und Pflichten aus dem Auftrag

a) Pflichten des Beauftragten

aa) Pflicht zum Tätigwerden

Dem Beauftragten obliegt als Hauptpflicht, das von ihm übernommene Geschäft auszuführen (Anspruchsgrundlage: § 662 BGB). Nach § 664 BGB handelt es sich dabei um eine persönliche Verpflichtung.

bb) Herausgabepflicht

Nach § 667 BGB (lesen!) ist der Beauftragte verpflichtet, dem Auftraggeber alles herauszugeben, was er aus der Geschäftsbesorgung erlangt.

Beispiel: A beauftragt B, bei einer Auktion ein bestimmtes Gemälde zu erwerben. B ist nach § 667 BGB verpflichtet, im Falle des Zuschlags das ersteigerte Gemälde an A herauszugeben.

b) Pflicht des Auftraggebers zum Aufwendungsersatz

Wegen der Unentgeltlichkeit des Auftrags entfällt eine Vergütungspflicht. Jedoch besteht nach § 670 die Pflicht, dem Beauftragten die bei der Ausführung des Auftrags entstandenen Aufwendungen zu ersetzen.

Beispiel: B kann von A den Ersatz der bei der Auktion getätigten Aufwendungen verlangen, z. B. die Fahrtkosten und gegebenenfalls den von ihm vorgestreckten Auktionspreis.

Obwohl Aufwendungen im linguistischen Sinne als **„freiwillige Vermögensopfer"** definiert werden, legt die Rechtsprechung den Aufwendungsbegriff weit aus. Der Beauftragte kann auch den Ersatz von Schäden (unfreiwillige Vermögensopfer) ersetzt verlangen, die auf tätigkeitsspezifischen Risiken beruhen.

Beispiele: Hundebiß, Verkehrsunfall bei Ausführung des Auftrags.

Lernhinweis: Merken Sie sich für das Auftragsrecht die beiden wichtigen Anspruchsgrundlagen:

- gemäß § 667 BGB hat der Auftraggeber gegen den Beauftragten einen Anspruch auf Herausgabe des Erlangten;
- gemäß § 670 BGB hat der Beauftragte gegen den Auftraggeber einen Anspruch auf Aufwendungsersatz.

II. Die entgeltliche Geschäftsbesorgung

Nach § 675 BGB (lesen!) findet auf einen Dienst- oder Werkvertrag, der eine Geschäftsbesorgung zum Gegenstand hat, in weiten Teilen das Auftragsrecht entsprechende Anwendung. Die Vorschrift ist mißverständlich: Der Begriff „Geschäftsbesorgung" in § 675 BGB ist nämlich enger auszulegen als die Umschreibung „Geschäft... zu besorgen" in § 662 BGB.

Einschränkend ist erforderlich, daß es sich um eine **selbständige Tätigkeit wirtschaftlichen Charakters im Interesse eines anderen** handelt, die innerhalb einer fremden wirtschaftlichen Interessensphäre wahrgenommen wird".

Beispiele: das Mandat des Rechtsanwalts oder Steuerberaters, die Dienstleistungen einer Bank (z. B. bei der Banküberweisung).

Würde man diese Einschränkung nicht machen, wäre bei jedem Dienst- oder Werkvertrag auch Auftragsrecht anzuwenden.

III. Die Verwahrung

1. Grundtypus

Die Parteien des Verwahrungsvertrags sind auf der einen Seite der „Verwahrer", auf der anderen Seite der „Hinterleger". Durch den Verwahrungsvertrag wird nach § 688 BGB der Verwahrer verpflichtet, eine ihm vom Hinterleger übergebene bewegliche Sache aufzubewahren.

Wie der Wortlaut zum Ausdruck bringt, können nur bewegliche Sachen Gegenstand der Verwahrung sein. Verpflichtet sich jemand, ein Grundstück „in Verwahrung zu nehmen", liegt in der Regel ein auf Bewachung abzielender Dienst- oder Werkvertrag vor.

Im **Handelsrecht** ist die entgeltliche Verwahrung als **„Lagergeschäft"** besonders geregelt (vgl. §§ 416–424 HGB).

Verwahren Banken für ihre Kunden Wertpapiere in sog. Wertpapierdepots, gelten die Vorschriften des Depotgesetzes.

2. Unregelmäßige Verwahrung

Nach § 700 BGB (lesen!) versteht man darunter folgendes: Es werden vertretbare Sachen so hinterlegt, daß das Eigentum auf den Verwahrer übergehen und dieser verpflichtet sein soll, Sachen von gleicher Art, Güte und Menge zurückzugewähren. In diesem Fall findet Darlehensrecht Anwendung. Der Unterschied zum Darlehen liegt jedoch in der Interessenlage: Beim Darlehen erfolgt die Hingabe überwiegend im Interesse des Darlehensnehmers, bei der Verwahrung im Interesse des Hinterlegers.

IV. Der Mäklervertrag

Lernhinweis: Die Tätigkeit des Maklers hat im Handelsrecht große Bedeutung. Handelsmakler ist aber nur, wer Verträge vermittelt über die in § 93 HGB genannten Objekte. Insofern bleibt für den in §§ 652 ff. BGB geregelten „Zivilmakler" als wichtigste Form nur der Grundstücksmakler übrig. Das Gesetz spricht im BGB nicht vom Makler, sondern vom „Mäkler".

1. Wesensmerkmale

a) Gegenstand des Mäklervertrags

Gegenstand des Mäklervertrags ist die Vermittlung von Verträgen jeder Art. Dabei kann sich die Tätigkeit des Maklers nach § 652 beziehen

- auf den bloßen Nachweis der Gelegenheit eines Vertragsabschlusses oder
- auf die eigentliche Vermittlung des Vertragsabschlusses.

b) Abgrenzungsfragen

Der Mäklervertrag unterscheidet sich

- vom Auftrag durch seine Entgeltlichkeit;
- vom Dienstvertrag dadurch, daß eine Pflicht zum Tätigwerden nicht besteht (ist dies vertraglich gewollt, liegt ein sog. „Maklerdienstvertrag" vor);
- vom Werkvertrag dadurch, daß keine Verpflichtung zur Herbeiführung eines bestimmten Erfolgs besteht (wird dies vereinbart, liegt ein auf eine Geschäftsbesorgung gerichteter sog. „Maklerwerkvertrag" vor, der jedoch grundsätzlich Maklervertrag bleibt).

2. Rechte und Pflichten

a) Mäklerlohn

Der Makler erhält die Vergütung (das Gesetz spricht vom „Mäklerlohn"), wenn der Vertrag infolge des Nachweises oder infolge der Vermittlung zustande kommt.

Eine Vergütung gilt nach § 653 Abs. 1 als stillschweigend vereinbart; die Höhe bestimmt sich im Zweifel gem. § 653 Abs. 2 (wie beim Dienstvertrag) nach der Üblichkeit (sofern nicht Gebührenordnungen oder Taxen bestehen).

b) Besonderheiten beim Ehemäklerlohn

Für die Heiratsvermittlung gelten nach § 656 BGB Besonderheiten: Der Ehemäklerlohn ist nicht einklagbar, wohl aber erfüllbar. Vergleichen Sie dazu das oben im Allgemeinen Schuldrecht unter § 22 II zu den Begriffen „Schuld und Haftung" Ausgeführte.

c) Besonderheiten beim Kreditvermittler

Um den Verbraucher als Darlehenssuchenden besser zu schützen, sieht das Verbraucherkreditgesetz einen eigenen Abschnitt für Kreditvermittler vor (§§ 15 ff. VerbrKrG).

Darin sind insbesondere unabdingbare Mindestbestimmungen über Inhalt und Schriftform der Kreditvermittlungsverträge und über Vergütungsvereinbarungen der Mäkler festgesetzt worden.

Wiederholungsfragen zu § 50

Wie definiert das BGB den Auftrag? (§ 50 I 1)

Welches ist die Anspruchsgrundlage für den Aufwendungsersatz des Beauftragten bzw. den Herausgabeanspruch des Auftraggebers? (§ 50 I 3)

Was versteht man unter einem entgeltlichen Geschäftsbesorgungsvertrag und welche Voraussetzungen müssen hierfür vorliegen? (§ 50 II)

Was versteht man unter der unregelmäßigen Verwahrung? (§ 50 III 2)

Wie unterscheidet sich der Handelsmakler vom Makler nach BGB? (§ 50 IV)

4. Kapitel: Sonstige Leistungsversprechen

Lernhinweis: Im nachfolgenden Kapitel werden die im Gesetz gesondert normierten Leistungsinhalte dargestellt. Ihre wirtschaftliche Bedeutung ist unterschiedlich. Es handelt sich um Rechtsgeschäfte, die folgende Zwecke verfolgen:

- Sicherung von Verbindlichkeiten (Bürgschaft);
- Außerstreitstellung von Verbindlichkeiten (Vergleich);
- Klarstellung von Verpflichtungen (Schuldversprechen und Schuldanerkenntnis);
- Verträge, denen ein Wagnis zugrunde liegt (Spiel, Wette, Auslobung) sowie
- wertpapierrechtliche Grundformen von Verbindlichkeiten (Inhaberschuldverschreibung und Anweisung).

Es kann im nachfolgenden nicht darum gehen, alle Einzelheiten erschöpfend darzulegen; jedoch sollten im Rahmen der Grundausbildung im Privatrecht wenigstens jeweils die Grundelemente der betreffenden Rechtsgeschäfte vermittelt werden.

§ 51 Die Bürgschaft

Lernhinweis: Die Bürgschaft ist eine Form des sog. Personalkredits. Wir kennen

- die **Kulanzbürgschaft** (für den Schuldner verbürgt sich ein Bekannter oder Familienangehöriger);
- die **Ausfallbürgschaft** (ihr kommt vor allem beim Exportgeschäft überragende Bedeutung zu: bei Lieferung in „Krisengebiete" übernimmt häufig der Staat das im ungewissen Zahlungseingang liegende Gläubigerrisiko);
- die **Bürgschaft als Mittel der Sicherheitsleistung** zur Ermöglichung der Zwangsvollstreckung (auch aus einem noch nicht rechtskräftigen Urteil kann der Gläubiger bereits vollstrecken, allerdings nur gegen Sicherheitsleistung; dies kann durch Beibringung einer Bankbürgschaft erfolgen).

Stellt man auf die Art des gesicherten Anspruchs ab, kann man vielfältige Erscheinungsformen feststellen (Kontokorrentbürgschaft, Gewährleistungsbürgschaft u. a.).

I. Begriff

1. Definition

Die Bürgschaft ist ein Vertrag, durch den sich der Bürge gegenüber dem Gläubiger eines Dritten verpflichtet, für die Erfüllung der Verbindlichkeit des Dritten einzustehen, vgl. § 765 Abs. 1 BGB (lesen!). Am „Bürgschaftsgeschäft" sind somit drei Personen beteiligt: der Gläubiger, der Bürge (dieser ist dem Gläubiger gegenüber Schuldner aus der Bürgschaft) und der Schuldner der gesicherten Forderung (für den sich der Bürge verbürgt). Letzterer ist der „Hauptschuldner". Vergleichen Sie dazu die Skizze *Bürgschaft*. Dem Rechtsverhältnis zwischen Hauptschuldner und Bürgen liegt regelmäßig ein Auftrag bzw. eine Geschäftsbesorgung zugrunde.

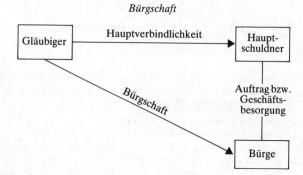

2. Erscheinungsformen und Abgrenzungsfragen

Außer der Bürgschaft kennt die Kredit- und Wirtschaftspraxis weitere Schuldverstärkungen, deren Abgrenzung im Einzelfall schwierig sein kann. In Betracht kommt vor allem der sog. **Schuldbeitritt** (Schuldmitübernahme, kumulative Schuldübernahme, vgl. oben § 42).

Beim Schuldbeitritt tritt der Mitübernehmer zusätzlich neben dem bisherigen Schuldner in das Schuldverhältnis ein (wodurch eine Gesamtschuld begründet wird). Im Privatrecht kennen wir den Schuldbeitritt nur in einigen gesetzlichen Fällen (z. B. §§ 419 BGB, 25, 28, 130 HGB). Der rechtsgeschäftliche Schuldbeitritt ist im BGB nicht geregelt, wohl jedoch im Rahmen der Vertragsfreiheit nach § 305 möglich.

Zwischen Bürgschaft und Schuldbeitritt besteht u. a. der wesentliche Unterschied, daß der **Bürge** lediglich **akzessorisch** für die fremde Schuld **haftet**, der **Schuldbeitritt** dagegen eine **eigene Verbindlichkeit gegen den Beitretenden** begründet.

Außerdem ist der Schuldbeitritt formfrei, die Bürgschaft unterliegt der Schriftform.

Für die Frage, was im Einzelfall gewollt ist, gilt: Ein formfreier Schuldbeitritt ist nur anzunehmen, **wenn besondere Gründe** dies rechtfertigen. Für den Regelfall ist anzunehmen, daß die formbedürftige Bürgschaft das normale, gesetzlich geregelte Mittel des Personalkredits ist. Das Reichsgericht nahm die Abgrenzung so vor: Ein Schuldbeitritt ist anzunehmen, wenn der Beitretende ein **eigenes, wirtschaftliches Interesse** an der Erfüllung der Hauptverbindlichkeit hat. Die neuere Rechtsprechung schwächt ab, sieht jedoch in dem eigenen sachlichen Interesse des Übernehmers ein gewichtiges Argument für das Vorliegen eines Schuldbeitritts.

3. Spezielle Erscheinungsformen

a) Nachbürgschaft

Bei der Nachbürgschaft verbürgt sich der Bürge für die Bürgschaftsschuld eines anderen Bürgen. Insofern bestehen Rechtsbeziehungen nur zwischen dem Nachbürgen und dem Gläubiger der Hauptschuld, die relevant werden für den Fall, daß der erste Bürge (Vor- bzw. Hauptbürge) nicht zahlen kann. Vergleichen Sie dazu die Skizze *Nachbürgschaft.*

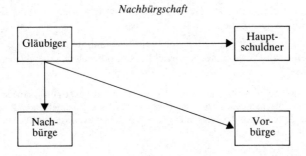

Nachbürgschaft

b) *Die Rückbürgschaft*

Mit der Rückbürgschaft sichert sich der Hauptbürge hinsichtlich seiner Regreßforderung gegenüber dem Schuldner. Der Bürgschaftsvertrag wird also nicht zwischen Gläubiger und Rückbürge, sondern zwischen Hauptbürge und Rückbürge abgeschlossen. Vergleichen Sie dazu die Skizze *Rückbürgschaft*. Der Rückbürge steht dem Bürgen für die Erfüllung der Verbindlichkeit des Schuldners aus dem Innenverhältnis (Bürge – Schuldner) ein.

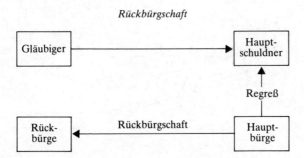

Rückbürgschaft

4. Der Bürgschaftsvertrag

Die Bürgschaft ist ein einseitig verpflichtendes Schuldverhältnis; für den Abschluß des Bürgschaftsvertrags gelten die allgemeinen Vorschriften über das Rechtsgeschäft. Die Bürgschaft**serklärung** (und nur diese!) bedarf nach § 766 BGB der Schriftform (Warnfunktion); soweit der Bürge allerdings die Hauptverbindlichkeit erfüllt, wird der Mangel der Form gem. § 766 Satz 2 BGB geheilt.

Handelsrechtlicher Hinweis: Beachten Sie, daß nach Handelsrecht die Bürgschaftserklärung von Vollkaufleuten vom Erfordernis der Schriftform ausgenommen ist (§ 350 HGB).

II. Die Rechtsstellung des Bürgen

Die Bürgschaft gehört zu den **akzessorischen Rechtsgeschäften**. Das heißt: Entstehung, Bestand und Umfang der Bürgschaft sind von der Hauptverbindlichkeit abhängig (lesen Sie dazu § 765 sowie § 767 – im einen Fall ist die Akzessorietät für den Bestand, im zweiten für den Umfang der Verpflichtung angesprochen).

Demzufolge hat der Bürge bei der Inanspruchnahme durch den Gläubiger eine Reihe von Verteidigungsmöglichkeiten, die sich aus der Akzessorietät ergeben.

Lernhinweis: Selbstverständlich kann der Bürge auch darüber hinausgehende Einreden geltend machen, wie sie jedem Schuldner zustehen: Nichtigkeits- oder Anfechtungsgründe bezüglich der Begründung des Bürgschaftsvertrags, Aufrechnungsmöglichkeiten u. a.

1. Bürgeneinreden

a) Einreden des Hauptschuldners

Der Bürge kann nach § 768 Abs. 1 Satz 1 die dem Hauptschuldner zustehenden Einreden geltend machen.

Beispiel: B verbürgt sich für eine Kaufpreisforderung des G gegen S. Der Kaufpreisanspruch ist verjährt. Verlangt G von B Zahlung aus der Bürgschaft, kann dieser nach § 768 Abs. 1 S. 1 i. V. m. § 222 die Einrede der Verjährung geltend machen und die Leistung verweigern. Vergleichen Sie dazu die Skizze *Bürgeneinreden.*

Bürgeneinreden

b) Leistungsverweigerung bei Anfechtungs- bzw. Aufrechnungsmöglichkeit des Hauptschuldners

Die Inanspruchnahme des Bürgen wäre unbillig, wenn sich der Hauptschuldner durch Anfechtung oder Aufrechnung befreien könnte. Eine Einwendung im rechtstechnischen Sinn liegt jedoch (noch) nicht vor: Dazu wäre eine entsprechende Aufrechnungs- bzw. Anfechtungserklärung des Hauptschuldners erforderlich (vgl. §§ 143, 388 BGB). Auch wenn sich der Hauptschuldner – aus welchen Gründen auch immer – dazu nicht entschließt, kann der Bürge gem. § 770 BGB (lesen!) die Befriedigung des Gläubigers verweigern, solange der Hauptschuldner anfechten oder aufrechnen könnte.

c) Einrede der Vorausklage

Der Bürge hat die sog. „Einrede der Vorausklage" nach § 771 BGB: Er kann die Befriedigung des Gläubigers verweigern, solange dieser nicht eine Zwangsvollstreckung gegen den Hauptschuldner ohne Erfolg versucht hat. Dieser Grundsatz bringt die Subsidiarität der Bürgschaftsverpflichtung zum

Ausdruck: Der Bürge soll erst haften, wenn beim Hauptschuldner „nichts mehr zu holen ist". Dies mindert auf der anderen Seite den Wert der Bürgschaft für den Gläubiger (bedenken Sie, wie mühselig und zeitraubend es sein kann, den Hauptschuldner erst zu verklagen, um ein Urteil zu erlangen und Vollstreckungsmaßnahmen einzuleiten). Deshalb bestehen die Gläubiger in der Kreditpraxis regelmäßig auf den Verzicht dieser Einrede. Man spricht dann von der **„selbstschuldnerischen Bürgschaft"**. Die Einrede der Vorausklage ist darüber hinaus nach § 773 BGB in den Fällen ausgeschlossen, in denen von vornherein offensichtlich ist, daß beim Schuldner „nichts mehr zu holen sein wird" (vgl. § 773 Abs. 1 Nr. 2–4 BGB).

Handelsrechtlicher Hinweis: Die Einrede der Vorausklage entfällt bei Bürgschaftserklärungen von Vollkaufleuten (vgl. § 349 HGB).

2. Regreßansprüche

Soweit der Bürge den Gläubiger befriedigt, geht dessen Forderung gegen den Hauptschuldner auf ihn über (§ 774 Abs. 1 Satz 1 BGB – lesen!). Es handelt sich um einen Fall des gesetzlichen Forderungsübergangs. Sicher ist dieser Regreßanspruch gegen den Hauptschuldner in den meisten Fällen wertlos: Der Gläubiger hätte den Bürgen wohl nicht in Anspruch genommen, wenn der Hauptschuldner zahlungsfähig gewesen wäre. Vergleichen Sie dazu die Skizze *Regreßanspruch des Bürgen*.

Regreßanspruch des Bürgen

Wiederholungsfragen zu § 51

Wie nennt man die Beteiligten bei der Bürgschaft? (§ 51 I 1)

Was versteht man unter einer Nachbürgschaft, was unter einer Rückbürgschaft? (§ 51 I 3)

Welche Rechtsstellung hat der Bürge bei Inanspruchnahme durch den Gläubiger? (§ 51 II 1)

Kann der Bürge beim Hauptschuldner Regreß nehmen, ist er damit im allgemeinen erfolgreich? (§ 51 II 2)

§ 52 Schuldverhältnisse zur Klarstellung von Verbindlichkeiten

I. Der Vergleich

Lernhinweis: Die vergleichsweise Beilegung von Streitigkeiten hat große praktische Bedeutung, und sie ist in nicht wenigen Fällen nachdrücklich zu empfehlen: „Der Spatz in der Hand ist mehr wert als die Taube auf dem Dach". Ob und in welchem Umfang man vor Gericht Recht bekommt, weiß niemand mit Sicherheit im voraus. Das Gesetz hat den Vergleich weitgehend der Vertragsfreiheit überlassen und nur den Begriff und einen Spezialaspekt in § 779 BGB geregelt.

1. Begriff

a) Definition

Der Vergleich ist ein gegenseitiger Vertrag, durch den der **Streit oder die Ungewißheit** der Parteien über ein Rechtsverhältnis **im Wege des** gegenseitigen **Nachgebens beseitigt** wird (so die Legaldefinition in § 779 Abs. 1 BGB – lesen!).

b) Voraussetzungen

Durch den Vergleich wollen die Parteien tatsächliche oder rechtliche Ungewißheiten beilegen. Voraussetzung ist, daß diese Unklarheiten im Wege des gegenseitigen Nachgebens bereinigt werden (man „trifft sich in der Mitte").

Im übrigen gelten für den Vergleich die allgemeinen Vorschriften über das Rechtsgeschäft. Für den Prozeßvergleich kommen darüber hinaus die besonderen Regeln des Prozeßrechts zur Anwendung. Auch bei beschrittenem Rechtsweg ist es nie zu spät für eine vergleichsweise Beilegung des Streits.

2. Rechtsfolgen

a) Außerstreitstellung

Durch den Vergleich werden die bisher strittigen Rechtsbeziehungen neu geregelt; das Streitige wird außer Streit gestellt: Der Rückgriff auf frühere Einwendungen und Einreden ist deshalb ausgeschlossen.

Beispiel: Die Parteien regeln die Ersatzansprüche im Zusammenhang mit einem Verkehrsunfall. Die gegnerische Versicherung verpflichtet sich zur Zahlung einer bestimmten Geldsumme. Die vergleichsweise Einigung erfolgte, weil die Umstände des Tatgeschehens, insbesondere bezüglich der Vermeidbarkeit des Unfalls und/oder einer etwaigen Vorwerfbarkeit, noch nicht oder nicht mehr eindeutig geklärt werden konnten. Nach Vergleichsabschluß kann die Frage, wen nun eigentlich das Verschulden am Unfall trifft, nicht erneut aufgegriffen werden.

b) Vergleich und früheres Schuldverhältnis

Der Vergleich ist eine selbständige Anspruchsgrundlage. Ob daneben das alte Schuldverhältnis erlischt und nunmehr der Vergleich als einzige Rechtsgrundlage an seine Stelle tritt, ist durch Auslegung zu ermitteln.

Regelmäßig wird davon auszugehen sein, daß die Parteien das alte Schuldverhältnis neben dem Vergleich bestehen lassen wollen. Das hat Konsequenzen für den Fall, daß für das alte Schuldverhältnis Sicherheiten bestellt waren (z. B. eine Bürgschaft). In der Regel kann deshalb der Schuldner gegenüber dem Anspruch aus dem Vergleich Einwendungen aus dem ursprünglichen Schuldverhältnis erheben, allerdings mit der Einschränkung, daß es sich nicht um solche handeln darf, die gerade durch den Vergleich erledigt sind.

c) Irrtum über die Vergleichsgrundlage

§ 779 Abs. 1 BGB besagt, daß ein Vergleich **nichtig** ist, wenn „der nach dem Inhalte des Vertrags als feststehend zugrunde gelegte Sachverhalt der Wirklichkeit nicht entspricht und der Streit oder die Ungewißheit bei Kenntnis der Sachlage nicht entstanden sein würde." Mit anderen Worten: Der beiderseitige Irrtum über die Vergleichsgrundlage führt zur Nichtigkeit des Vergleichs (Lernhinweis: Es handelt sich insoweit um den seltenen Fall eines beachtlichen Motivirrtums).

d) Irrtum über streitige Umstände

Der Irrtum über die streitigen oder ungewissen Umstände hat jedoch keinen Einfluß auf die Wirksamkeit des Vergleichs. Es ist ja gerade Zweck der vergleichsweisen Beilegung, diese Ungewißheiten ein für allemal zu beenden.

Beispiel: Bei den vergleichsweise beigelegten Schadenersatzverpflichtungen aus einem Unfall kommt später ein Sachverständiger unwiderlegbar zu dem Ergebnis, daß denjenigen, der im Vergleich drei Viertel des Schadens übernommen hatte, aufgrund lokaler technischer Gegebenheiten allenfalls ein hälftiges Mitverschulden treffen kann. Trotzdem bleibt der Vergleich gültig.

II. Schuldversprechen und Schuldanerkenntnis

Lernhinweis: In § 780 BGB ist vom „Schuldversprechen", in § 781 vom „Schuldanerkenntnis" die Rede. In beiden Fällen handelt es sich um Rechtsgeschäfte, die der Klarstellung dienen. Der Unterschied ist rein terminologisch; Differenzierungen bei den rechtlichen Voraussetzungen bzw. Folgen bestehen nicht. Beim Schuldversprechen heißt es: „Ich verpflichte mich, DM 1000 zu bezahlen"; ein entsprechendes Schuldanerkenntnis lautet: „Ich anerkenne, DM 1000 zu schulden".

Derartige Rechtsgeschäfte verstärken die Rechtsposition des Gläubigers und erleichtern wegen ihrer Unabhängigkeit von dem zugrunde liegenden Kausalgeschäft die Beweislage bei der Durchsetzung des Anspruchs.

1. Wesensmerkmale

a) Begriff

Abstrakte Schuldversprechen und Schuldanerkenntnisse sind einseitig verpflichtende Verträge, durch die jemand gegenüber dem Gläubiger eine vom Schuldgrund unabhängige Leistung verspricht bzw. anerkennt.

b) Abstraktheit der Verpflichtung

§§ 780, 781 BGB betreffen nur das **abstrakte** Schuldversprechen bzw. Schuldanerkenntnis, also solche Rechtsgeschäfte, die unabhängig von dem ihnen zugrunde liegenden Verpflichtungsgrund (Kausalgeschäft) begründet werden. Im Unterschied dazu schafft das **kausale** Schuldanerkenntnis kein neues, vom bisherigen losgelöstes Schuldverhältnis.

Durch das abstrakte Schuldverhältnis wird der Gläubiger insoweit besser gestellt, als er nunmehr seinen Anspruch auf dieses Leistungsversprechen stützen kann. Dem Schuldner sind wegen der Abstraktheit des Versprechens Einwendungen aus dem alten Rechtsverhältnis verwehrt. Zu Unrecht erteilte Schuldanerkenntnisse können jedoch nach § 812 BGB als ungerechtfertigte Bereicherung herausverlangt werden.

In der Praxis ist es oft schwierig, den Rechtscharakter eines abgegebenen Schuldanerkenntnisses zu ermitteln. Ob ein abstraktes oder kausales Schuldanerkenntnis vorliegt, ist aufgrund des Parteiwillens zu ermitteln. Wird in der Erklärung ausdrücklich auf den Schuldgrund Bezug genommen („hiermit bestätige ich, aus dem Kaufvertrag vom ... DM 5000 zu schulden"), spricht viel für ein kausales Schuldanerkenntnis.

Nicht selten liegt lediglich ein einfaches „Schuldbekenntnis" vor: Bei Erklärungen am Unfallort werden zuweilen (unter der Drohung, daß sonst die Polizei gerufen wird) Erklärungen abgegeben, die für den Unfallhergang Feststellungen enthalten („ich anerkenne, an dem Unfall die Alleinschuld zu tragen"). Derartige Schuldbekenntnisse sind in aller Regel rein deklaratorischer Natur. Ihre Wirksamkeit ist nach der Rechtsprechung eingeschränkt (Fehleinschätzungen infolge einer Panikreaktion). Nach versicherungsrechtlichen Gesichtspunkten verletzt ein Kraftfahrer mit solchen Erklärungen u. U. seine Obliegenheiten aus dem Versicherungsvertrag.

2. Schriftform

Zur Gültigkeit abstrakter Schuldversprechen bzw. -anerkenntnisse bedarf es der Schriftform (§§ 780, 781 BGB; Beweis- und Warnfunktion!). Davon gibt es zwei Ausnahmen: Formfreiheit besteht bei Erklärungen im Wege des Vergleichs oder einer Abrechnung (§ 782 BGB – lesen!) sowie im Handelsrecht für Schuldanerkenntnisse und -versprechen von Vollkaufleuten (§ 350 HGB).

Wiederholungsfragen zu § 52

Wie definiert das Gesetz den Vergleich? (§ 52 I 1 a)

Welche Rechtsfolgen hat der Abschluß eines Vergleichs? (§ 52 I 2)

In welchem Umfang ist der Irrtum beim Abschluß eines Vergleichs beachtlich? (§ 52 I 2 c, d)

Was versteht man unter einem abstrakten Schuldversprechen bzw. Schuldanerkenntnis? (§ 52 II 1 a)

§ 53 Gewagte Verträge

Lernhinweis: Das Bürgerliche Gesetzbuch enthält eine Reihe von Schuldverhältnissen, die man als „Risikoverträge" oder „gewagte Verträge" bezeichnet.

I. Spiel und Wette

Spiel und Wette gehören zu den sog. „unvollkommenen Verbindlichkeiten". Nach § 762 BGB wird **durch Spiel oder Wette „eine Verbindlichkeit nicht begründet".** Das aufgrund des Spiels oder der Wette Geleistete kann aber nicht deshalb zurückgefordert werden, weil eine Verbindlichkeit nicht bestanden hat. Typisch für die Wette ist, daß sie zur Bekräftigung einer Behauptung abgeschlossen wird; typisch für das Spiel ist die Verabredung zu bestimmten Leistungen unter entgegengesetzten Bedingungen.

Besonderheiten gelten für den staatlichen Bereich (insbesondere Lotterie): Der Gewinner hat nach § 763 BGB einen verbindlichen Rechtsanspruch auf Auszahlung des Gewinns.

Besonders geregelt hat der Gesetzgeber das sog. **„Differenzgeschäft":** Wird ein auf Lieferung von Waren oder Wertpapieren lautender Vertrag in der Absicht geschlossen, daß der Unterschied zwischen dem vereinbarten Preis und dem Börsen- oder Marktpreis zur Lieferungszeit von dem Verlierer an den Gewinner gezahlt werden soll, so ist dies nach § 764 BGB als „Spiel" anzusehen. Das Differenzgeschäft ist somit ein Spekulationsgeschäft, das in Wirklichkeit keinen Güterumsatz zum Gegenstand hat und nur äußerlich auf die Lieferung von Waren oder Wertpapieren gerichtet ist.

Besonderheiten gelten für das Differenzgeschäft bei Börsentermingeschäften (Einzelheiten dazu in §§ 50–70 Börsengesetz).

II. Auslobung

Unter der Auslobung versteht man das öffentliche Versprechen einer Belohnung für die Vornahme einer Handlung, insbesondere für die Herbeiführung eines Erfolges (§ 657 BGB – lesen!). Wer ein solches Versprechen macht, ist verpflichtet, die Belohnung demjenigen zu entrichten, welcher die Handlung vorgenommen hat, auch wenn dieser nicht mit Rücksicht auf die Auslobung gehandelt hat.

Beispiel: Inserat in einer Tageszeitung: „Wer meinen entlaufenen Rassehund... zurückbringt, erhält 500 DM".

Die Auslobung ist ein einseitiges, nicht empfangsbedürftiges Rechtsgeschäft (also kein Vertrag). Sie kann nach § 658 BGB widerrufen werden.

Lernhinweis: Sie haben hier ein Schulbeispiel für eine Ausnahme von § 305 BGB, wonach ein Schuldverhältnis grundsätzlich nur durch einen Vertrag begründet werden kann.

Wiederholungsfragen zu § 53

Welche Besonderheiten gelten im BGB für Spiel und Wette? (§ 53 I)

Was versteht man unter der Auslobung? (§ 53 II)

§ 54 Wertpapierrechtliche Grundformen

Lernhinweis: Das Wertpapierrecht ist Gegenstand der Handelsrechts-Vorlesungen. Im BGB sind mit der Anweisung (§§ 783 ff.) sowie der Schuldverschreibung auf den Inhaber (§§ 793 ff. BGB) Grundformen wertpapierrechtlicher Verpflichtungen geregelt.

Es ist hier nicht der Ort, das Wertpapierrecht darzustellen; deshalb werden lediglich die Wesensmerkmale dieser beiden Erscheinungsformen beschrieben.

I. Die Anweisung

Die Anweisung stellt eine Einzugsermächtigung, verbunden mit einem Schuldanerkenntnis dar. Sie ist die Aufforderung und Ermächtigung an einen anderen, für Rechnung des Anweisenden an einen Dritten zu leisten. Bei der Anweisung sind also drei Personen beteiligt. Vergleichen Sie dazu die Skizze *Anweisung*.

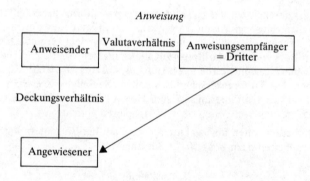

Anweisung

§ 783 BGB umschreibt das Wesen der Anweisung: Jemand händigt eine Urkunde, in der er einen anderen anweist, z. B. Geld an einen Dritten zu leisten, dem Dritten aus. Die Rechtsfolge daraus ist eine Doppelermächtigung: Der Dritte ist ermächtigt, die Leistung beim Angewiesenen im eigenen Namen zu verlangen; der Angewiesene ist ermächtigt, für Rechnung des Anweisenden an den Anweisungsempfänger zu leisten. Die Bedeutung der Anweisung ist gering; sie ist im Zahlungsverkehr durch Wechsel, Scheck oder Kreditbrief verdrängt.

Beachte: Die Anweisung allein begründet für den Angewiesenen lediglich die Ermächtigung, an den Anweisungsempfänger zu leisten. Eine Leistungsverpflichtung wird für ihn erst durch die Annahme der Anweisung nach § 784 BGB (lesen!) begründet. Damit wird die wechsel- bzw. scheckrechtliche Grundkonstellation deutlich. Zu Einzelheiten vgl. §§ 783 ff. sowie das Wertpapierrecht.

II. Schuldverschreibung auf den Inhaber

Die in §§ 793 ff. BGB (überfliegen!) geregelte Schuldverschreibung auf den Inhaber ist ein Wertpapier, in dem der Aussteller eine Leistung an den berechtigten Inhaber verspricht (vgl. § 793 BGB): Jemand stellt eine Urkunde aus, in der er dem Inhaber der Urkunde eine Leistung verspricht. Damit haben wir das typische Element des Wertpapierrechts: Die Verpflichtung wird nicht gegenüber einer bestimmten Einzelperson, sondern gegenüber dem jeweiligen Inhaber der Urkunde eingegangen („das Recht **aus dem Papier** folgt dem Recht **am Papier**"). Die Urkunde wird zum Legitimationspapier. Der in Anspruch genommene Schuldner wird durch Leistung an den Inhaber befreit. Hauptfälle: Pfandbriefe und Kommunalobligationen.

5. Kapitel: Gesetzliche Schuldverhältnisse

Lernhinweis: Repetieren Sie zunächst, was oben zu Beginn der Darstellung des Allgemeinen Schuldrechts in § 21 über Funktionen und Systematik des Schuldrechts und in § 23 über die Arten der Schuldverhältnisse ausgeführt wurde. Wir haben dabei festgestellt, daß gesetzliche Schuldverhältnisse unmittelbar kraft Gesetzes, also ohne rechtsgeschäftliche Betätigung, durch Verwirklichung der zur Anspruchsbegründung normierten gesetzlichen Tatbestandsvoraussetzungen entstehen. Im nachfolgenden werden die drei wichtigsten gesetzlichen Schuldverhältnisse besprochen: Geschäftsführung ohne Auftrag (§§ 677–687 BGB), ungerechtfertigte Bereicherung (§§ 812–822 BGB), unerlaubte Handlung (§§ 823–853 BGB).

Charakteristisch für die genannten Rechtsinstitute ist die Tatsache, daß außerhalb rechtsgeschäftlicher Verpflichtungen in fremde rechtliche Interessensphären eingegriffen wird, worauf das Gesetz reagieren muß. Bei der Geschäftsführung ohne Auftrag geht es u. a. um den Aufwendungsersatz und die Herausgabe erlangter Vorteile, wenn jemand ohne rechtsgeschäftliche Verpflichtung für einen anderen tätig wird. Über die ungerechtfertigte Bereicherung soll ein nicht gerechtfertigter Vermögenszuwachs abgeschöpft werden. Bei unerlaubten Handlungen gewährt das Gesetz einen Schadensausgleich für die Verletzung fremder Rechtsgüter.

Geschäftsführung ohne Auftrag, ungerechtfertigte Bereicherung und unerlaubte Handlung sind beliebte Prüfungsgebiete.

§ 55 Die Geschäftsführung ohne Auftrag (GoA)

Lernhinweis: Typisch für die „Geschäftsführung ohne Auftrag" ist, daß jemand für einen anderen tätig wird, ohne beauftragt zu sein. Der Ausdruck „Geschäftsführung ohne Auftrag" (im folgenden abgekürzt „GoA") ist allerdings mißverständlich: Es fehlt nämlich nicht nur an einem Auftragsverhältnis, sondern darüber hinaus an jedem rechtsgeschäftlich begründeten Rechtsverhältnis. Die GoA gehört somit zu den gesetzlichen Schuldverhältnissen! Das BGB behandelt sie allerdings wegen des Sachzusammenhangs im Anschluß an das Auftragsrecht in §§ 677 ff. (gemeinsames Kennzeichen: Geschäftsbesorgung für einen anderen). Die GoA ist, wie der Auftrag selbst, ein unvollkommen zweiseitiges Schuldverhältnis. Pflichten werden in erster Linie für den Geschäftsführer begründet. Soweit auch der Geschäftsherr verpflichtet ist, besteht zwischen beiden Pflichten kein synallagmatisches Verhältnis. Beachten Sie: Das Recht der GoA ist über den im Schuldrecht anzutreffenden Regelungsbereich deshalb hinaus bedeutsam, weil das Gesetz an verschiedenen Stellen für die Rechte und Pflichten der Beteiligten ausdrücklich auf die Geschäftsführung ohne Auftrag verweist (schlagen Sie dazu auf: §§ 450 Abs. 2, 547 Abs. 2, 601 Abs. 2 S. 1, 994 Abs. 2, 1049 Abs. 1, 1216 S. 1, 1959 Abs. 1, 1978 Abs. 1 S. 2, 1991 Abs. 1, 2125 Abs. 1).

Problem: Was gilt, wenn außer den Voraussetzungen der GoA auch diejenigen eines anderen Schuldverhältnisses erfüllt sind? Merken Sie sich dazu folgende Grundregeln:

- **Gesetzliche Sonderregelungen** gehen §§ 677 ff. vor. (Beispiel: Das Rechtsverhältnis zwischen Finder und Eigentümer bestimmt sich nicht nach der GoA, sondern nach der Sonderregelung in §§ 965 ff.);
- **Ansprüche aus ungerechtfertigter Bereicherung** scheiden aus, wenn es sich um eine berechtigte Geschäftsführung ohne Auftrag handelt (diese bildet insoweit den Rechtsgrund für Leistungen und Eingriffe);
- **Ansprüche aus unerlaubter Handlung** nach §§ 823 ff. können bei berechtigter Geschäftsführung ohne Auftrag nicht entstehen, da insoweit kein rechtswidriger Eingriff gegeben ist.

Merke aber: Die Vorschriften über die ungerechtfertigte Bereicherung und die unerlaubten Handlungen sind anwendbar, wenn eine unberechtigte oder unechte Geschäftsführung vorliegt!

I. Begriff und Wesen der Geschäftsführung ohne Auftrag

1. Wesensmerkmale

Die GoA tritt in verschiedenen Tatbeständen in Erscheinung. Typisch ist, daß jemand Geschäfte tätigt, die in die Rechtssphäre eines anderen gehören (es kümmert sich jemand ungefragt um fremde Dinge, was aus der Sicht des anderen – z.B. bei Tätigkeiten im Wege der nachbarschaftlichen Solidarität oder praktischen Nächstenhilfe – durchaus erwünscht sein kann).

Lernhinweis: Vom bloßen Gefälligkeitsverhältnis unterscheidet sich die GoA als echtes Schuldverhältnis durch den Geschäftsübernahmewillen. Merken Sie sich als **Kurzformel:** Kennzeichen der Geschäftsführung ohne Auftrag ist die **ungebetene Wahrnehmung fremder Interessen.**

2. Abgrenzung

Analysiert man das ungefragte Tätigwerden für einen anderen genauer, lassen sich verschiedene Typen herausarbeiten. Entscheidend ist dabei die Frage, ob jemand wirklich das Geschäft für einen anderen führt. Dabei läßt sich die „echte" von der „unechten" GoA trennen. Im letzteren Fall glaubt der Geschäftsführer entweder irrtümlich, es liege ein eigenes Geschäft vor, obwohl er ein fremdes Geschäft tätigt (Fall der „Eigengeschäftsführung"), oder er weiß sogar, daß er ein fremdes Geschäft als eigenes behandelt (Fall der „Geschäftsanmaßung"). Die echte Geschäftsführung ohne Auftrag unterscheidet zwischen der „berechtigten" und der „unberechtigten" Geschäftsführung. Berechtigt ist die ungebetene Wahrnehmung fremder Interessen, wenn sie dem Interesse und dem wirklichen oder mutmaßlichen Willen des Geschäftsherrn oder der Erfüllung einer im öffentlichen Interesse liegenden Pflicht bzw. einer gesetzlichen Unterhaltspflicht entspricht (§§ 677, 679, 683). Unberechtigt ist die Geschäftsführung, wenn die ungebetene Wahrnehmung dem Interesse und dem Willen des Geschäftsherrn widerspricht.

Lernhinweis: Vergleichen Sie dazu die Übersicht *Geschäftsführung ohne Auftrag,* und prägen Sie sich zunächst die verschiedenen Fallgruppen ein.

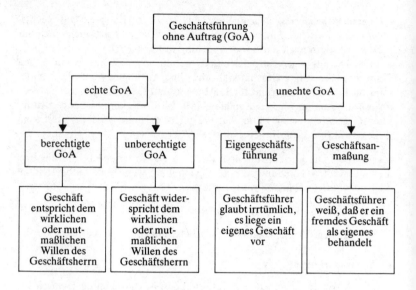

3. Regelungsbereich

Bei der GoA muß der Gesetzgeber die Interessen des Geschäftsherrn und die des Geschäftsführers berücksichtigen. Dem Grundsatz nach gilt:

- Die Interessen des Geschäftsführers sind in §§ 683 bis 686 geregelt (insbesondere Anspruch auf Aufwendungsersatz).
- Die Interessen des Geschäftsherrn sind in §§ 677 bis 681 geregelt (Schutz vor aufdringlichen oder eigennützigen Eingriffen, z. B. Schadenersatzansprüche gegen den Geschäftsführer).
- Bei der unberechtigten Geschäftsführung hat der Geschäftsführer weitergehende Pflichten (vgl. §§ 678, 684 Satz 1, 812 ff., 823 ff.).
- Bei der Eigengeschäftsführung und bei der Geschäftsanmaßung gilt § 687 BGB.

II. Die berechtigte Geschäftsführung ohne Auftrag

1. Voraussetzungen

Eine berechtigte Geschäftsführung ohne Auftrag liegt vor, wenn jemand ein Geschäft für einen anderen besorgt, ohne von ihm beauftragt oder ihm gegenüber sonst dazu legitimiert zu sein, aber einer der in den §§ 677 ff. genannten Berechtigungsgründe vorliegt (vgl. den Wortlaut des § 677 BGB).

Beispiele:

- G bemerkt, daß es im Haus des ortsabwesenden Nachbarn N zu einem Wasserrohrbruch gekommen ist. Er dringt über das Kellerfenster ein, schließt den Hauptwasserhahn und veranlaßt den Klempner K, den Schaden zu beheben.
- Fußgänger F liegt infolge eines Verkehrsunfalls schwer verletzt auf der Straße. Der entschlossene Passant P veranlaßt Maßnahmen der ersten Hilfe sowie den Abtransport in die Klinik.

Die Geschäftsführung muß berechtigt sein. Dies ist sie **in drei Fällen:**

• wenn die Übernahme der Geschäftsführung dem Interesse und dem wirklichen oder mutmaßlichen Willen des Geschäftsherrn entspricht (vgl. § 683 Satz 1);

• wenn dies zwar nicht der Fall ist, die Geschäftsbesorgung aber einer im öffentlichen Interesse liegenden Pflicht (z. B. Abschleppen eines verkehrsbehindernd geparkten PKWs) oder einer gesetzlichen Unterhaltspflicht entspricht oder (so h. M.) wenn ein entgegenstehender Wille des Geschäftsherrn gegen ein gesetzliches Verbot oder grob gegen die guten Sitten verstößt (Schulbeispiel: A rettet den zum Selbstmord entschlossenen B, obwohl sich dieser dagegen wehrt);

• wenn der Geschäftsherr eine zunächst unberechtigte Geschäftsführung genehmigt (möglich nach § 684 S. 2).

2. Rechtsfolgen

a) Pflichten des Geschäftsführers

aa) Rücksichtnahme

Der Geschäftsführer hat nach § 677 das Geschäft ordnungsgemäß zu führen, so wie es das Interesse des Geschäftsherrn mit Rücksicht auf dessen wirklichen oder mutmaßlichen Willen erfordert.

bb) Nebenpflichten

Nach § 681 hat der Geschäftsführer (wie der Beauftragte bei der Geschäftsbesorgung mit Auftrag) eine Reihe von Nebenpflichten, insbesondere

• die Pflicht zur Anzeige der Geschäftsübernahme,

• Nachrichten-, Auskunfts- und Rechenschaftspflichten sowie

• die Pflicht zur Herausgabe dessen, was er aus der Geschäftsbesorgung erlangt hat.

cc) Schadenersatz

Der Geschäftsführer ist bei Pflichtverletzungen nach allgemeinen Vorschriften zum Schadenersatz verpflichtet.

Nach § 680 BGB ist die Haftung des Geschäftsführers für den Sonderfall erleichtert, daß eine dem Geschäftsherrn drohende dringende Gefahr abgewendet wird. Der Gesetzgeber will damit die Bereitschaft zur Nothilfe fördern.

Beispiel: Im Nachbarhaus ist Feuer ausgebrochen; der Geschäftsführer beschädigt bei Löscharbeiten die im Haus befindliche Gemäldesammlung. Nachträglich gesehen hätte er dies vermeiden können. Da nach § 680 BGB der Geschäftsführer nur Vorsatz und grobe Fahrlässigkeit zu vertreten hat, entfällt insoweit seine Haftung.

b) Pflichten des Geschäftsherrn

Der Geschäftsherr ist dem Geschäftsführer zum Ersatz der von diesem gemachten Aufwendungen verpflichtet (§ 683 Satz 1). Insofern gilt das zu § 670 BGB für den Auftrag Gesagte.

III. Unberechtigte Geschäftsführung ohne Auftrag

1. Kennzeichen

Bei der unberechtigten Geschäftsführung fehlt der Berechtigungsgrund für die Übernahme der Geschäftsführung. Dies trifft zu, wenn sie weder dem wirklichen noch dem mutmaßlichen Willen des Geschäftsherrn entspricht, keiner der Ausnahmefälle des § 679 vorliegt und der Geschäftsherr die unberechtigte Geschäftsführung auch nicht nach § 684 Satz 2 BGB genehmigt hat.

2. Rechtsfolgen

Die §§ 677 ff. sind in erster Linie für die berechtigte GoA gedacht. Fehlt es an der Berechtigung, regelt sich das Rechtsverhältnis zwischen Geschäftsherrn und Geschäftsführer nach den allgemeinen Vorschriften: In Betracht kommen Ansprüche aus ungerechtfertigter Bereicherung und unerlaubter Handlung.

Darüber hinaus gewährt § 678 einen selbständigen Schadenersatzanspruch des Geschäftsherrn gegen den Geschäftsführer. Vorausgesetzt wird dabei allerdings, daß der Geschäftsführer erkennen mußte, daß die Übernahme der Geschäftsführung dem wirklichen oder mutmaßlichen Willen des Geschäftsherrn widerspricht.

Zu beachten ist § 684 S. 1: Der Geschäftsherr muß dem Geschäftsführer bei der unberechtigten Geschäftsführung alles, was er durch die Geschäftsführung erlangt hat, nach den Vorschriften über die Herausgabe einer ungerechtfertigten Bereicherung herausgeben.

Lernhinweis: Es handelt sich um eine bloße Rechtsfolgenverweisung; die Voraussetzungen der §§ 812 ff. selbst müssen also nicht zusätzlich gegeben sein.

Die ratio legis des § 684 ist folgende: Bei der unberechtigten Geschäftsführung erhält der Geschäftsführer keinen Anspruch auf Aufwendungsersatz. Es wäre dann unbillig, dem Geschäftsherrn die „Früchte" der vom Geschäftsführer vorgenommenen Tätigkeit zu belassen.

IV. Eigengeschäftsführung

1. Kennzeichen

Ein Fall der Eigengeschäftsführung liegt gem. § 687 Abs. 1 vor, wenn jemand ein fremdes Geschäft als eigenes führt. Es fehlt an dem Bewußtsein, das Geschäft für einen anderen zu besorgen. Es liegt kein eigentlicher Fall der GoA vor.

Schulbeispiel: Der Erwerber verkauft in gutem Glauben eine Sache mit Gewinn weiter, die zuvor einem anderen gestohlen worden war.

2. Rechtsfolgen

Die Vorschriften der §§ 677 ff. finden keine Anwendung (vgl. § 687 Abs. 1), da es sich ja nicht um einen Fall der „echten" GoA handelt.

Was aber gilt dann? Antwort: Es kommen die allgemeinen Vorschriften zur Anwendung, insbesondere die Vorschriften über die ungerechtfertigte Bereicherung (im obigen Fall ergibt sich die Herausgabepflicht des Erlangten bei der Weiterveräußerung aus § 816 Abs. 1 S. 1 BGB, wenn der frühere Eigentümer die an sich wegen § 935 BGB unwirksame Veräußerung der gestohlenen Sache genehmigt).

V. Die Geschäftsanmaßung

1. Kennzeichen

Bei der Geschäftsanmaßung (§ 687 Abs. 2) wird ein fremdes Geschäft wahrgenommen, und der Geschäftsführer weiß dies auch. Er maßt sich aber an, die Angelegenheit im eigenen Interesse zu führen.

Beispiele: Vorsätzliche Verletzung von Patent- und Urheberrechten, vorsätzlicher Eingriff in fremde Eigentums- und Besitzverhältnisse.

2. Rechtsfolgen

a) *Ansprüche des Geschäftsherrn*

Da die Geschäftsanmaßung die Tatbestandsmerkmale der unerlaubten Handlung bzw. der ungerechtfertigten Bereicherung erfüllt, kann der Geschäftsherr Ansprüche nach §§ 823 ff. bzw. 812 ff. BGB geltend machen. Darüber hinaus gilt § 687 Abs. 2: Der Geschäftsherr kann auch die Rechte geltend machen, die er im Falle einer berechtigten Geschäftsführung haben würde (er kann das Geschäft sozusagen „an sich ziehen").

Beispiel: Der Patentrechtsinhaber verlangt die dem Geschäftsführer infolge der Patentverletzung zugeflossenen Gewinne.

b) *Ansprüche des Geschäftsführers*

Wird er auf Schadenersatz oder aus ungerechtfertigter Bereicherung in Anspruch genommen, entfallen naturgemäß Gegenansprüche. Macht der Geschäftsherr jedoch von der in § 687 Abs. 2 Satz 1 genannten Möglichkeit Gebrauch (findet also das Recht der Geschäftsführung ohne Auftrag Anwendung), so kann der Geschäftsführer den Geschäftsherrn nach § 684 Satz 1 in Anspruch nehmen und somit Aufwendungsersatz bis zur Höhe der Bereicherung verlangen.

Wiederholungsfragen zu § 55

Welches sind die Wesensmerkmale der GoA und welche Fallgruppen lassen sich bilden? (§ 55 I 1, 2)

Was sind die Voraussetzungen für die Annahme einer berechtigten GoA? (§ 55 II 1)

Welche Pflichten hat der Geschäftsführer bei der GoA? (§ 55 II 2 a)

Kann der Geschäftsführer den Ersatz seiner Aufwendungen verlangen? (§ 55 II 2 b)

Was sind die Kennzeichen und Rechtsfolgen der unberechtigten GoA? (§ 55 III 1, 2)

Was versteht man unter einer Eigengeschäftsführung? (§ 55 IV)

Was gilt im Fall der Geschäftsanmaßung? (§ 55 V 2)

§ 56 Die ungerechtfertigte Bereicherung

Lernhinweis: Zweck der in §§ 812 ff. BGB geregelten Ansprüche aus ungerechtfertigter Bereicherung ist es, „ungerechtfertigte" Vermögensverschiebungen rückgängig zu machen. Das könnte auf den ersten Blick mißverstanden werden: Das Gesetz will damit nicht den „groben Hobel" ansetzen, um einen allgemeinen Ausgleich unterschiedlicher und damit möglicherweise (wirtschaftlich, gesellschafts- oder sozialpolitisch) als „ungerecht" empfundener Besitzverhältnisse zu bewerkstelligen. Es geht vielmehr darum, einen Rechtserwerb rückgängig zu machen, der zwar nach der Dogmatik des BGB rechtswirksam vollzogen ist, jedoch im Verhältnis zu demjenigen, der durch die Vermögensverschiebung benachteiligt ist, keine Rechtfertigung besitzt. Dabei kennt das Gesetz keinen einheitlichen Tatbestand der ungerechtfertigten Bereicherung, vielmehr einen Katalog verschiedener Ansprüche mit unterschiedlichen Voraussetzungen, wie Sie aus der nachfolgenden Übersicht ersehen können. Allein in § 812 BGB sind mehrere Bereicherungsfälle enthalten (insoweit wäre es unvollständig und falsch, in einer Klausur als Anspruchsgrundlage lediglich § 812 BGB ohne Präzisierung der jeweiligen Alternative zu nennen). Grundsätzlich unterscheidet man danach, ob die Bereicherung durch eine „Leistung" oder „in sonstiger Weise" erfolgte; im Anschluß an das römische Recht spricht man insoweit von der „Leistungskondiktion" und der „Kondiktion in sonstiger Weise".

Die Tatsache, daß die §§ 812 ff. BGB mit zu den dogmatisch schwierigsten Teilen des Bürgerlichen Gesetzbuchs gehören, kann nicht von der Notwendigkeit befreien, schon im Verlauf des Grundkurses Kenntnisse auf diesem Gebiet zu verlangen. Machen Sie sich zunächst mit der Übersicht „*Herausgabeansprüche aus ungerechtfertigter Bereicherung*" vertraut: Sie ist der graphische Ausdruck dessen, was Sie nach Durcharbeiten der nachfolgenden Seiten als Erfahrungsschatz speichern müssen. Sie müssen die beiden Grundkonstellationen der Kondiktion kennen, die einzelnen Erscheinungsformen durch Beispiele erläutern und dabei die „dogmatischen Vorgaben" des Bereicherungsausgleichs (z. B. das Abstraktionsprinzip oder den Zusammenhang mit dem Rechtsverlust bei gutgläubigem Erwerb) erklären können. Schließlich müssen Ihnen die unterschiedlichen Konstellationen beim Umfang des Herausgabeanspruchs geläufig sein. Vergleichen Sie nunmehr zunächst die Übersicht *Herausgabeansprüche aus ungerechtfertigter Bereicherung.*

I. Überblick

1. Grundelemente des Bereicherungsanspruchs

Aus § 812 Abs. 1 Satz 1 lassen sich die Grundelemente des Bereicherungsanspruchs ersehen: Wer (entweder) durch die „Leistung" eines anderen oder „in sonstiger Weise auf dessen Kosten" etwas ohne rechtlichen Grund erlangt, ist ihm zur Herausgabe (nämlich des Erlangten) verpflichtet. § 812 Abs. 1 S. 2 und § 812 Abs. 2 nennen weitere Erscheinungsformen. Wir ersehen daraus, daß es zwei verschiedene Arten des Bereicherungsanspruchs gibt: die „Leistungskondiktion" und die „Kondiktion in sonstiger Weise" (sie ist stets dann – und nur dann – zu prüfen, wenn die Bereicherung nicht durch eine Leistung erfolgte; da sie regelmäßig mit einem „Eingriff" in fremde Rechtssphären verbunden ist, verwendet man auch den Begriff „Nichtleistungskondiktion oder Eingriffskondiktion im weiteren Sinne"). Sowohl für die Leistungskondiktion als auch für die Eingriffskondiktion wird vorausgesetzt, daß jemand „etwas erlangt hat". In Betracht kommt jeder beliebige Vermögensvorteil.

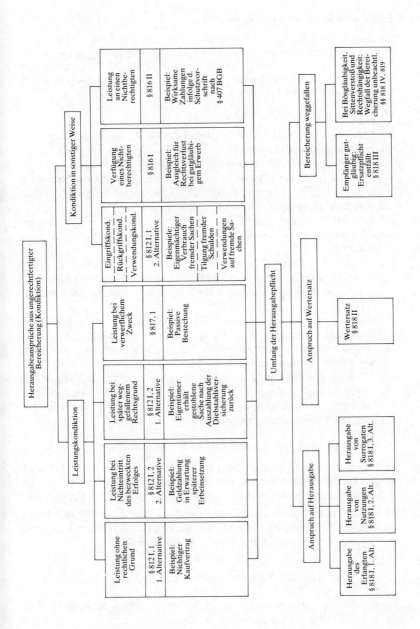

Beispiele: der Erwerb von Rechten (Eigentum, Forderungen und dergl.), die Erlangung des Besitzes, der Vorteilserwerb durch den Gebrauch oder Verbrauch fremder Sachen, die Befreiung von Verbindlichkeiten.

2. Systematik des Bereicherungsrechts

Lernhinweis: Da sich die gesetzliche Systematik für denjenigen, der sich zum ersten Mal mit dem Bereicherungsrecht beschäftigt, nur sehr mühsam aus der Lektüre des Gesetzestextes erschließen läßt, sollten Sie jetzt noch einmal die Übersicht *„Herausgabeansprüche aus ungerechtfertigter Bereicherung"* zur Hand nehmen. Wenn Sie §§ 812 ff. BGB durchlesen, stellen Sie fest:

a) Die verschiedenen Anspruchsgrundlagen

- § 812 Abs. 1 S. 1 enthält einen Grundtatbestand, der freilich zwei verschiedene Alternativen enthält:
  die Leistungskondiktion und die Eingriffskondiktion i. w. S.;
- § 812 Abs. 1 S. 2 betrifft zwei weitere Fälle der Leistungskondiktion: in der 1. Alternative den späteren Wegfall des Rechtsgrunds; in der 2. Alternative den Nichteintritt des mit der Leistung bezweckten Erfolgs.
- § 813 betrifft den Sonderfall der Leistungskondiktion, daß jemand erfüllt, obwohl der bestehende Anspruch mit einer dauernden Einrede behaftet ist.
- § 816 Abs. 1 S. 1 enthält einen Fall der Eingriffskondiktion: Es verfügt jemand wirksam **als** Nichtberechtigter (die wirksame unentgeltliche Verfügung eines Nichtberechtigten ist in § 816 Abs. 1 S. 2 gesondert behandelt).
- § 816 Abs. 2 betrifft ebenfalls einen Fall der Eingriffskondiktion, nämlich die wirksame Leistungsbewirkung **an einen** Nichtberechtigten.
- § 817 Satz 1 betrifft den Spezialfall, daß eine gesetzlich verbotene oder sittenwidrige Leistung erbracht wurde.
- § 822 ist eine Ausformung des allgemeinen Grundsatzes, daß der unentgeltliche Erwerb geringeren Bestandsschutz genießt: Die unentgeltliche Zuwendung des Erlangten an einen Dritten macht diesen nach Bereicherungsgrundsätzen herausgabepflichtig.

b) Ausschluß und Umfang des Bereicherungsanspruchs

§§ 814, 815, 817 S. 2 nennen Tatbestände, bei deren Vorliegen Bereicherungsansprüche ausgeschlossen sind (z. B. wenn der Leistende gewußt hat, daß er zur Leistung nicht verpflichtet war; § 814 BGB).

§§ 818 bis 820 BGB regeln den Umfang des Bereicherungsanspruchs. Dabei wird danach differenziert, ob die Herausgabe in natura möglich bzw. nicht (mehr) möglich bzw. die Bereicherung weggefallen ist.

II. Fälle der Leistungskondiktion

Ansprüche aus ungerechtfertigter Bereicherung setzen im Fall der Leistungskondiktion **drei Dinge** voraus:

- Es muß jemand „etwas erlangt" haben
- durch die „Leistung eines anderen",
- und zwar „ohne rechtlichen Grund".

Einführendes Beispiel: Schuldner S überweist an seinen Gläubiger G einen Geldbetrag zur Begleichung einer nach seiner Ansicht noch offenstehenden Rechnung. Er weiß nicht, daß seine Frau zuvor schon den Betrag bar im Ladengeschäft des G entrichtet hatte. Weil sie die Rechnung zu Hause liegen ließ, wurde die Zahlung darauf nicht vermerkt. G ist durch die Leistung des S ungerechtfertigt bereichert.

1. Die Bereicherung des Schuldners

Erste Voraussetzung für einen Anspruch im Falle der Leistungskondiktion ist, daß derjenige, demgegenüber der Anspruch geltend gemacht wird, „etwas erlangt" hat. Ausreichend hierfür ist **jede Vermögensveränderung,** durch die sich die Vermögenslage des Schuldners verbessert hat. Folgende Fallkategorien sollen dies illustrieren:

a) Erwerb von Rechten

Beispiel: Der Bereicherungsschuldner erlangt das Eigentum oder sonstige dingliche Rechte an Sachen oder wird Inhaber einer Forderung.

b) Erlangung des Besitzes

Beispiel: Der Bereicherungsschuldner erhält die tatsächliche Verfügungsgewalt über eine Sache, ohne Eigentümer zu werden.

c) Erlangung von Gebrauchsvorteilen

Beispiel: Jemand erspart eigene Aufwendungen durch den Ge- oder Verbrauch von Sachen bzw. die Ausnutzung fremder Dienste.

d) Befreiung von Verbindlichkeiten

Beispiel: Jemand bezahlt die Schuld eines Dritten, dessen Vermögenslage sich dadurch verbessert.

Lernhinweis: Die Frage, ob jemand etwas erlangt hat, ist davon zu trennen, ob er das Erlangte noch hat. Letzteres ist nicht bei der Begründung des Anspruchs, sondern erst bei dessen Umfang relevant.

2. Die Leistung des Gläubigers

Ansprüche aus ungerechtfertigter Bereicherung setzen im Fall der Leistungskondiktion weiter voraus, daß der Vermögensvorteil, den der Bereicherte erlangt hat, durch eine „Leistung" desjenigen erfolgte, der den Bereicherungsanspruch geltend macht.

Im Sinne des Bereicherungsrechts versteht man als Leistung **„jede bewußte und zweckgerichtete Vermehrung fremden Vermögens".**

Beispiele: die Zahlung des Kaufpreises für die gekaufte Ware; die Übereignung einer Sache zur Erfüllung eines Kaufvertrags; die Auszahlung des Darlehens usw.

In den meisten Fällen wird es sich bei der Leistung um eine rechtsgeschäftliche Verfügung zum Zwecke der Erfüllung eines Schuldverhältnisses handeln. Aber auch rein tatsächliche Handlungen können eine Leistung beinhalten (Beispiel: die Ausführung von Reparaturen an einem verwechselten Objekt).

Lernhinweis: Weil nur die bewußte und zweckgerichtete Vermehrung eines fremden Vermögens die Voraussetzungen des Leistungsbegriffs erfüllt, fallen solche Zuwendungen nicht unter die Leistungskondiktion, bei denen das Vermögen eines anderen unbewußt oder ohne Leistungszweck vermehrt wird.

Schulbeispiel: Verwendung eigener Sachen für das Vermögen eines Dritten in der irrigen Annahme, die verbrauchten Sachen gehörten ebenfalls dem Dritten (Landwirt L versieht während der Abwesenheit seines Nachbarn N dessen Hof und verfüttert dabei ihm selbst gehörende Feldfrüchte, die von seinem Sohn vorübergehend auf dem Nachbarhof gelagert wurden, von L jedoch irrtümlich als dem N gehörend angesehen werden). In diesen Fällen kommt keine Leistungskondiktion, sondern eine Kondiktion „in sonstiger Weise" in Betracht.

3. Der Mangel des rechtlichen Grundes

Der Bereicherungsanspruch setzt im Fall der Leistungskondiktion schließlich voraus, daß die Leistung „ohne rechtlichen Grund" erfolgte (drei weitere Fälle sind gleichgestellt, vgl. nachfolgend b), c) und d)).

a) Leistung ohne rechtlichen Grund

aa) Anspruchsvoraussetzungen

§ 812 Abs. 1 S. 1 verlangt in der 1. Alternative, daß es für die Vermögensverschiebung an einem objektiv rechtfertigenden Grund fehlt. Dies ist der Fall, wenn die Verbindlichkeit, zu deren Erfüllung die Leistung erfolgte, in Wirklichkeit gar nicht besteht.

Schulbeispiel: Der Verkäufer übereignet eine Sache im Hinblick auf seine kaufvertragliche Verpflichtung. Ist der Kaufvertrag nichtig, bleibt wegen des Abstraktionsprinzips die Übereignung gleichwohl gültig (repetieren Sie oben im Allgemeinen Teil § 9 II). Sie ist jedoch ohne rechtfertigendes Kausalverhältnis, somit „sine causa", erfolgt. Der Käufer muß das Erlangte (nämlich das Eigentum an der Sache) nach § 812 Abs. 1 S. 1 1. Alternative (lesen!) herausgeben.

Auch in den Fällen der irrtümlichen Bezahlung einer nicht bestehenden Schuld fehlt es an dem für die Leistung erforderlichen Rechtsgrund.

Lernhinweis: Eine Leistung ist ohne Rechtsgrund erfolgt, wenn der Leistungsempfänger gegen den Leistenden weder einen rechtsgeschäftlichen noch einen gesetzlichen Anspruch auf diese Leistung hatte.

bb) Ausschluß des Bereicherungsanspruchs

Der Bereicherungsanspruch ist nach § 814 ausgeschlossen, wenn der Leistende gewußt hat, daß er zur Leistung nicht verpflichtet war, oder wenn die Leistung einer sittlichen Pflicht oder „einer auf den Anstand zu nehmenden Rücksicht entsprach" (Beispiel: Ein in der Seitenlinie Verwandter gewährt einem Angehörigen Unterhalt in der Annahme, dazu verpflichtet zu sein, obwohl nur für Verwandte in gerader Linie eine gesetzliche Unterhaltspflicht besteht).

b) Leistung bei Nichteintritt des bezweckten Erfolges

aa) Anspruchsvoraussetzungen

Nach § 812 Abs. 1 Satz 2 2. Alternative (lesen!) kann eine Leistung zurückgefordert werden, wenn „der mit der Leistung nach dem Inhalt des Rechtsgeschäfts bezweckte Erfolg" nicht eintritt. Es liegt also ein Fall vor, daß jemand über die unmittelbare Erfüllung einer Verbindlichkeit hinaus die Erzielung eines weitergehenden Erfolgs beabsichtigt.

Schulbeispiel: Jemand gewährt einem anderen eine bestimmte Summe, damit dieser ihn später als Erben einsetze. Der hier in Betracht kommende „Erfolg" ist nicht die Zahlung der Summe, sondern die erwartete Erbeinsetzung. Wenn der bezweckte Erfolg nicht eintritt (wenn es im Beispielsfall nicht zur Erbeinsetzung kommt), kann die Leistung nach Bereicherungsrecht zurückgefordert werden.

bb) Ausschluß des Bereicherungsanspruchs

Auch für diesen Fall der Leistungskondiktion kennt das Gesetz einen Ausschluß des Bereicherungsanspruchs:

Nach § 815 kann trotz Nichteintritts des bezweckten Erfolges das Geleistete nicht zurückgefordert werden,

- wenn der Eintritt des Erfolgs von Anfang an unmöglich war und der Leistende dies gewußt hat oder
- wenn der Leistende den Eintritt des Erfolgs wider Treu und Glauben verhindert hat.

c) Leistung bei später weggefallenem Rechtsgrund

Der Leistung ohne Rechtsgrund ist nach § 812 Abs. 1 Satz 2 1. Alternative (lesen!) der Fall gleichgestellt, daß ein Rechtsgrund zur Zeit der Leistung zwar vorlag, später jedoch wegfiel.

Schulbeispiel: Die Diebstahlsversicherung zahlt dem Eigentümer eine Entschädigungssumme; später wird die gestohlene Sache unversehrt zurückgegeben. Der Rechtsgrund für das Behaltendürfen der empfangenen Versicherungsleistung ist damit weggefallen.

Weitere Anwendungsfälle ergeben sich durch den Eintritt auflösender Bedingungen oder eines Endtermins für zuvor erbrachte Leistungen.

d) Leistung bei verwerflichem Zweck

aa) Anspruchsvoraussetzungen

Nach § 817 S. 1 BGB (lesen!) ist der Empfänger zur Herausgabe verpflichtet, wenn er durch die Annahme der Leistung gegen ein gesetzliches Verbot oder gegen die guten Sitten verstoßen hat.

Schulbeispiel: Durch passive Bestechung oder Erpressung erlangte Zahlungen.

Lernhinweis: Bei Gesetzes- bzw. Sittenverstößen ist regelmäßig das Kausalgeschäft nichtig und damit schon ein Bereicherungsanspruch nach § 812 Abs. 1 S. 1 (Leistung ohne Rechtsgrund) gegeben. Die Bedeutung des § 817 S. 1 liegt nun darin, daß er Bereicherungsansprüche auch in solchen Fällen gewährt, bei denen der Anspruch nach § 812 wegen §§ 814, 815 (der Leistende weiß, daß er nicht verpflichtet ist) entfallen würde. Natürlich greift § 817 BGB auch dort ein, wo der Gesetzes- bzw.

Sittenverstoß nicht zur Nichtigkeit des Kausalgeschäfts führt und deshalb der allgemeine Bereicherungsanspruch entfällt, weil es nicht am Rechtsgrund fehlt.

bb) Ausschluß des Bereicherungsanspruchs

Nach § 817 S. 2 entfällt der Bereicherungsanspruch, wenn dem Leistenden gleichfalls ein Gesetzes- bzw. Sittenverstoß zur Last fällt. Ratio legis: Wer selbst rechts- oder sittenwidrig handelt, soll sich nicht der Rechtsordnung bedienen können.

Beispiel: Aktive Bestechung (Zahlung von Schmiergeldern in der Erwartung, der Beamte werde unzulässigerweise eine günstige Entscheidung treffen).

Lernhinweis: § 817 S. 2 spricht davon, daß dem Leistenden „gleichfalls" ein solcher Verstoß zur Last fällt, geht also davon aus, daß beide, sowohl der Leistende als auch der Empfänger, gegen die guten Sitten oder das Gesetz verstoßen. Aus dem Sinn des Gesetzes ist jedoch über einen „erst-recht-Schluß" zu folgern, daß der Bereicherungsanspruch ebenfalls entfällt, wenn lediglich den Leistenden, nicht dagegen den Empfänger ein solcher Vorwurf trifft.

Schulbeispiel: Gewährung eines Darlehens zu Wucherzinsen. Dies führt zu weiteren Problemen: Die Darlehensabrede ist infolge Wuchers nach § 138 Abs. 2 nichtig. Als Leistung ist aber nicht die endgültige Gewährung der Darlehenssumme, sondern lediglich deren vorübergehende Nutzung anzusehen. Deshalb kann trotz § 817 S. 2 der Darlehensgeber nach Ablauf der Darlehenszeit vom Darlehensnehmer die Darlehenssumme zurückverlangen. Die Wucherzinsen stehen ihm jedoch nicht zu.

III. Kondiktion in sonstiger Weise

Ungerechtfertigte Vermögensverschiebungen können auch auf andere Weise als durch Leistung eintreten. Weil dabei zumeist ein Eingriff erfolgt, spricht man auch generell von der Eingriffskondiktion, die freilich wiederum in verschiedenen Erscheinungsformen auftritt.

Leistungs- und Eingriffskondiktion schließen sich gegenseitig aus; es gilt der Vorrang der Leistungskondiktion. Das heißt: Jeweils ist zuerst zu prüfen, ob die Bereicherung nicht infolge einer Leistung eingetreten ist.

1. Fälle der Eingriffskondiktion

Obwohl die Terminologie nicht einheitlich ist, unterscheidet man zwischen der Eingriffs-, Rückgriffs- und Verwendungskondiktion.

a) Die Eingriffskondiktion

Typisch für die Eingriffskondiktion (hier im engeren Sinne verstanden) ist, daß die Bereicherung **durch den Eingriff eines Dritten oder ohne menschliches Zutun** (z. B. Naturereignisse) eintritt. Die Bereicherung liegt darin, daß jemand durch den „Eingriff in den Zuweisungsgehalt eines fremden Rechts" etwas erlangt.

Schulbeispiel: Eigenmächtiger Gebrauch oder Verbrauch fremder Sachen oder Rechte.

b) Rückgriffskondiktion

Von der Rückgriffskondiktion spricht man **bei Tilgung von Verbindlichkeiten des Schuldners durch einen Dritten,** wenn dies den Schuldner dem Gläubiger gegenüber befreit. Allerdings bedarf es dann in vielen Fällen nicht des Bereicherungsrechts, da oft (z. B. nach § 268 Abs. 3 BGB) der Anspruch des Gläubigers gegen den Schuldner auf den Dritten bereits kraft Gesetzes übergeht.

c) Verwendungskondiktion

Von Verwendungskondiktion spricht man, wenn **Verwendungen auf fremde Sachen** gemacht werden.

Schulbeispiele: Bau auf fremdem Grundstück; Reparatur von Sachen, die einem anderen gehören.

Lernhinweis: Rechtsfragen, die mit Verwendungen auf fremde Sachen zusammenhängen, hat der Gesetzgeber vielfach speziell geregelt:

- Im Eigentümer-Besitzer-Verhältnis ist in §§ 994 ff. abschließend die Regelung des Verwendungsersatzes entschieden.
- § 951 BGB gewährt einen Bereicherungsanspruch, wenn durch Verbindung, Vermischung oder Verarbeitung jemand das Eigentum an seiner Sache verliert.

Es bleibt deshalb für die Verwendungskondiktion nur der Fall, daß Verwendungen ohne Inanspruchnahme des Besitzes gemacht werden.

Schulbeispiel: Die vom Flugzeug aus durchgeführte Einsaat-, Bewässerungs-, Brand- oder Schädlingsbekämpfungsaktion, die – ohne eine Auftragserteilung durch den Nachbarn – auch zugunsten der Grundstücke des Nachbarn erfolgt.

2. Verfügung eines Nichtberechtigten

Lernhinweis: Im Sachenrecht lernen wir, daß man als Gutgläubiger auch vom Nichtberechtigten Eigentum an Sachen erlangen kann (vgl. § 932 für bewegliche Sachen und § 892 für Grundstücke). Wird durch die Verfügung etwas erlangt, leuchtet es wohl schon dem Laien ein, daß dem Nichtberechtigten dieses Entgelt nicht gebührt. § 816 Abs. 1 gewährt einen entsprechenden Bereicherungsanspruch: Trifft ein Nichtberechtigter über einen Gegenstand eine Verfügung, die dem Berechtigten gegenüber wirksam ist, so ist er dem Berechtigten zur Herausgabe des durch die Verfügung Erlangten verpflichtet.

Schulbeispiel: Eigentümer E vermietet eine ihm gehörende bewegliche Sache dem Mieter M. Dieser veräußert sie (wirksam nach § 932 BGB) an den gutgläubigen G. Die von M über den vermieteten Gegenstand getroffene Verfügung (Eigentumsübertragung) ist dem Eigentümer gegenüber wegen des gutgläubigen Erwerbs wirksam. Der von G an M gezahlte Kaufpreis ist nach § 816 Abs. 1 Satz 1 dem früheren Eigentümer E herauszugeben. Vergleichen Sie dazu die Skizze *Bereicherungsausgleich bei wirksamer Verfügung eines Nichtberechtigten.*

Erfolgt die Verfügung unentgeltlich, greift § 816 Abs. 1 S. 2 ein: Die Herausgabeverpflichtung trifft denjenigen, der aufgrund der Verfügung unmittelbar einen rechtlichen Vorteil erlangt. Dies ist der Beschenkte selbst. Es wäre unbillig, dem Beschenkten die Sache zu überlassen und den

Bereicherungsausgleich bei wirksamer Verfügung eines Nichtberechtigten

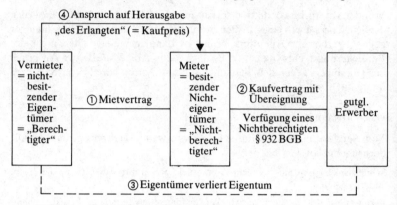

Eigentümer, der wegen der unentgeltlichen Verfügung keinen Anspruch auf Herausgabe eines Erlöses hat, leer ausgehen zu lassen.

3. Leistung an einen Nichtberechtigten

Im Allgemeinen Schuldrecht hatten wir gesehen, daß unter Umständen auch die Leistung an einen Nichtberechtigten befreit (§ 41 IV 2).

Schulbeispiel: Wird dem Schuldner eine Forderungsabtretung nicht mitgeteilt, kann er nach § 407 BGB weiterhin befreiend an den alten Gläubiger zahlen.

Das Ergebnis ist unbefriedigend und muß durch einen Bereicherungsanspruch korrigiert werden: Nach § 816 Abs. 2 ist der Nichtberechtigte dem Berechtigten zur Herausgabe des Geleisteten verpflichtet, wenn an ihn eine Leistung bewirkt wird, die dem Berechtigten gegenüber wirksam ist. Vergleichen Sie dazu die Skizze *Bereicherungsausgleich bei befreiender Leistung an einen Nichtberechtigten.*

Bereicherungsausgleich bei befreiender Leistung an einen Nichtberechtigten

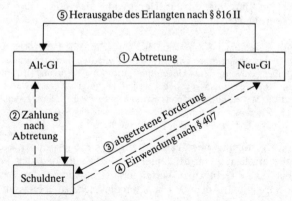

Lernhinweis: Den Zusammenhang von § 816 Abs. 1 BGB mit dem gutgläubigen Erwerb und von § 816 Abs. 2 BGB mit dem Schuldnerschutz bei der Zession muß ein Student schon im Grundkurs erkennen!

IV. Umfang der Herausgabepflicht

In § 812 BGB lesen wir, daß man bei der ungerechtfertigten Bereicherung zur Herausgabe „des Erlangten" verpflichtet ist. §§ 818 ff. geben hierzu nähere Erläuterungen. Im einzelnen gilt:

1. Anspruch auf Herausgabe

a) Herausgabe des Erlangten

In erster Linie ist die Herausgabe dessen geschuldet, was erlangt wurde. Mit anderen Worten: die Herausgabe in natura.

Beispiele: Die vom Verkäufer übereignete Sache ist zurückzuübereignen, die abgetretene Forderung zurückabzutreten.

b) Herausgabe von Nutzungen

Nach § 818 Abs. 1 erstreckt sich die Herausgabeverpflichtung auf die gezogenen **Nutzungen** (Repetition: Nutzungen sind nach § 100 BGB Früchte und Gebrauchsvorteile!).

Beispiele: Das Fohlen der Zuchtstute; die Lizenzgebühr für ein Patent; die Zinsen des empfangenen Kapitals.

c) Herausgabe von Surrogaten

Die Herausgabepflicht erstreckt sich weiter auf die Surrogate. Darunter versteht man die Gegenstände, die anstelle des Erlangten getreten sind.

Beispiel: Der Käufer kann den erworbenen Kunstgegenstand nicht mehr zurückübereignen, weil dieser mittlerweile zerstört wurde. Die an ihn dafür gezahlte Versicherungssumme tritt als Surrogat an die Stelle des entsprechenden Gegenstandes und muß statt dessen dem Verkäufer herausgegeben werden.

2. Anspruch auf Wertersatz

Nicht selten kommt es vor, daß die Herausgabe wegen der Beschaffenheit des Erlangten nicht möglich oder der Empfänger aus einem anderen Grund zur Herausgabe außerstande ist. In diesem Fall hat er nach § 818 Abs. 2 BGB (lesen!) den Wert zu ersetzen.

Beispiel: Bei empfangenen Dienstleistungen geht der Bereicherungsanspruch auf Wertersatz.

Maßgeblich ist der objektive Verkehrswert.

3. Wegfall der Bereicherung

a) Grundsatz

§ 818 Abs. 3 BGB trifft eine weitreichende Entscheidung: Die Verpflichtung zur Herausgabe oder zum Ersatz des Werts ist ausgeschlossen, soweit der Empfänger nicht mehr bereichert ist.

Schulbeispiel: Der Empfänger hat den erhaltenen Geldbetrag sofort sinnlos verpraßt.

Hier zeigt sich ein Grundgedanke des Bereicherungsrechts: Es soll die beim Bereicherten eingetretene Vermögensvermehrung abgeschöpft werden; eine Vermögensminderung des Herausgabepflichtigen soll nicht eintreten (das ist der entscheidende Unterschied zum Schadenersatzrecht).

b) Ersparnis von Aufwendungen

Jeweils ist aber genau zu prüfen, ob nicht doch eine Bereicherung vorliegt, obwohl der Empfänger das Erlangte nicht mehr besitzt. Dies kann insbesondere der Fall sein, wenn der Empfänger durch den Wegfall der Bereicherung selbst Ausgaben erspart hat.

Beispiel: Es werden anderweitige Schulden getilgt oder notwendige Anschaffungen getätigt.

c) Gegenseitiger Vertrag

Wir hatten bislang den Bereicherungsanspruch bei der Leistungskondiktion nur unter dem Blickwinkel des leistenden Gläubigers gegen den bereicherten Schuldner gesehen. Beim gegenseitigen Vertrag (Leistung um der Gegenleistung willen) muß man bedenken, daß auch der Schuldner seinerseits eine Leistung erbracht hat. Die im Gesetz nicht ausdrücklich entschiedene Frage lautet demzufolge: Inwiefern ist beim Wegfall der Bereicherung die Gegenleistung zu berücksichtigen? Dazu gibt es in der Schuldrechtsdogmatik zwei Theorien:

aa) Die Saldotheorie

Nach der in Rechtsprechung und Literatur praktizierten Saldotheorie liegen wirtschaftlich gesehen zwei miteinander eng in Beziehung stehende Leistungen (Leistung und Gegenleistung) vor, so daß von Anfang an nur ein Bereicherungsanspruch besteht, und zwar für denjenigen, zu dessen Gunsten beim Vergleich der beiden Leistungen ein positiver Saldo entsteht.

Beispiel: Das auf Grund eines nichtigen Kaufvertrags übereignete Fahrzeug hatte laut Schätzliste einen Verkaufswert von 17 000 DM. Es wurde zum Preis von 20 000 DM verkauft. Eine reale Rückgewähr ist nicht mehr möglich, weil das Fahrzeug bei einer Demonstration von unerkannten Gewalttätern durch einen Molotow-Cocktail vernichtet wurde. Der Bereicherungsanspruch geht dann von vornherein auf die Differenz in Höhe von DM 3000.

bb) Die Zweikondiktionentheorie

Der Zweikondiktionentheorie liegt die Auffassung zugrunde, daß im gegenseitigen Vertrag jede Partei einen selbständigen Bereicherungsanspruch gegen den anderen Teil hat. Ihre konsequente Anwendung führt aber zu unbilligen Ergebnissen, wenn nur bei einer Partei die Bereicherung weggefallen ist.

Beispiel: Der Verkäufer des verkauften und später zerstörten Fahrzeugs müßte den Kaufpreis zurückzahlen; der Käufer könnte sich infolge des zufälligen Untergangs auf den Wegfall der Bereicherung berufen.

Obwohl grundsätzlich die Saldotheorie gilt, wird in zwei Ausnahmefällen die Zweikondiktionentheorie angewandt:

- wenn der Bereicherungsgläubiger nicht voll geschäftsfähig ist (der Minderjährigenschutz hat auch hier Priorität!) und
- wenn der Gläubiger einen Bereicherungsanspruch hat, weil das Kausalgeschäft nach § 123 BGB wegen arglistiger Täuschung bzw. widerrechtlicher Drohung von ihm angefochten wurde (hier verdient der Bereicherungsschuldner keinen Schutz).

Lernhinweis: Beachten Sie, daß die Saldotheorie nur zur Anwendung kommt, wenn es um den Wegfall der Bereicherung geht. Keineswegs dürfen die vorstehenden Ausführungen dahingehend mißverstanden werden, daß bei noch bestehender Bereicherung von vornherein eine Saldierung eingreift.

d) Verschärfte Bereicherungshaftung

Die Privilegierung des Bereicherungsschuldners durch § 818 Abs. 3 ist in **drei Fällen** unbillig:

- wenn er den Mangel des rechtlichen Grundes kennt oder ihn später erfährt;
- wenn er durch die Leistungsannahme gegen das Gesetz oder die guten Sitten verstößt;
- wenn Rechtshängigkeit eintritt (er also verklagt wird und damit zumindest nicht ausschließen kann, daß er die Leistung wieder zurückgeben muß).

In diesen Fällen kann sich der Empfänger nicht auf den Wegfall der Bereicherung berufen (vgl. §§ 818 IV, 819 BGB).

Lernhinweis: Fassen Sie jetzt noch einmal die Ausführungen mit wenigen, eigenen Worten anhand der Übersichtsskizze über die Herausgabeansprüche wegen ungerechtfertigter Bereicherung zusammen.

Wiederholungsfragen zu § 56

Welche beiden Grundfälle sind im Bereicherungsrecht zu unterscheiden? (§ 56 I)

Welche Tatbestandsmerkmale müssen bei der Leistungskondiktion erfüllt sein? (§ 56 II)

Was alles kommt als Bereicherung des Schuldners in Betracht? (§ 56 II 1)

Wie definiert man die Leistung im Falle der Leistungskondiktion? (§ 56 II 2)

Welche Fälle des mangelnden rechtlichen Grundes gibt es? (§ 56 II 3)

Welche Fälle der Eingriffskondiktion kennen Sie? (§ 56 III 1)

Wie erfolgt der Bereicherungsausgleich bei der Verfügung eines Nichtberechtigten bzw. der Leistung an einen Nichtberechtigten? (§ 56 III 2,3)

Was gilt, wenn die Bereicherung beim Schuldner weggefallen ist? (§ 56 IV 3)

Welche Besonderheiten für den Wegfall der Bereicherung gelten beim gegenseitigen Vertrag? (§ 56 IV 3 c)

Wann greift die verschärfte Bereicherungshaftung ein? (§ 56 IV 3 d)

§ 57 Die unerlaubte Handlung

Lernhinweis: Im nachfolgenden geht es um die Ansprüche aus sog. „unerlaubter Handlung" (vom Lateinischen abgeleitet spricht man auch von „Delikt" bzw. „deliktischen Ansprüchen"). Unerlaubte Handlungen begründen ein gesetzliches Schuldverhältnis. Im Gegensatz zu den rechtsgeschäftlichen Schuldverhältnissen werden keine vertraglichen bzw. quasi-vertraglichen Pflichten eines schon bestehenden Schuldverhältnisses verletzt. Vielmehr begründet erst die Verwirklichung der im Deliktsrecht normierten Tatbestände (insbesondere durch Rechtsgutverletzungen) Ansprüche, die auf Ausgleichung eines durch die Rechtsgutsverletzung verursachten Schadens gerichtet sind. Die in §§ 823 ff. geregelten Tatbestände enthalten durchweg selbständige Anspruchsgrundlagen, gerichtet auf die Zahlung von Schadenersatz. Das Schadenersatzrecht hatten wir vom Grundsatz her bereits im Allgemeinen Schuldrecht kennengelernt (vgl. oben § 31). Dort wurden die Funktion des Schadenersatzrechts als Opferausgleich sowie Inhalt, Art und Umfang des Schadenersatzanspruchs abgehandelt. Die Deliktsfähigkeit als Voraussetzung für die Verantwortlichkeit des Schädigers ist bereits im Allgemeinen Teil des BGB (vgl. oben § 4 II 2 b) vorgestellt worden. Repetieren Sie deshalb unbedingt vorab noch einmal diese Abschnitte. Es wird Ihnen dann noch einmal bewußt, daß sich die verschiedenen Anspruchsgrundlagen für den vertraglichen bzw. deliktischen Schadenersatzanspruch an zahlreichen Stellen im BGB verstreut finden, generelle Gesichtspunkte dagegen – entsprechend der Bemühung des Gesetzgebers, allgemeine Dinge „vor die Klammer zu ziehen" – im Allgemeinen Schuldrecht (§§ 249 ff.) geregelt sind. Im juristischen Studium bildet das Deliktsrecht einen gewissen Schwerpunkt; im Rahmen der Grundausbildung eignet es sich besonders gut, dem Studienanfänger den Aufbau der Rechtsnormen zu erklären und Grundzusammenhänge aufzuzeigen.

Verschaffen Sie sich nunmehr zunächst einen Überblick über die einzelnen Tatbestände des Gesetzes, und benutzen Sie dabei die Übersicht *Schadenersatzansprüche aus unerlaubter Handlung*.

I. Übersicht

1. Die Gesetzessystematik

Das Bürgerliche Gesetzbuch kennt im Gegensatz zu anderen Rechtsordnungen keinen allgemeinen Begriff der unerlaubten Handlung und demzufolge auch keine Generalklausel für sämtliche deliktischen Ansprüche. §§ 823 ff. enthalten vielmehr eine Aneinanderreihung verschiedener Tatbestände, deren Verwirklichung zu Schadenersatzansprüchen aus unerlaubter Handlung führt. Dabei sind einzelne Vorschriften generalklauselartig umschrieben (vgl. § 826 BGB sowie § 823 Abs. 2 BGB), andere wiederum beziehen sich auf konkrete Situationen. In § 823 Abs. 1 BGB (lesen!) hat der Gesetzgeber beide Prinzipien kombiniert: Zunächst werden Fälle der Verletzung verschiedener Rechtsgüter enumerativ genannt, anschließend jedoch „flieht der Gesetzgeber in die Generalklausel" des sog. „sonstigen Rechts".

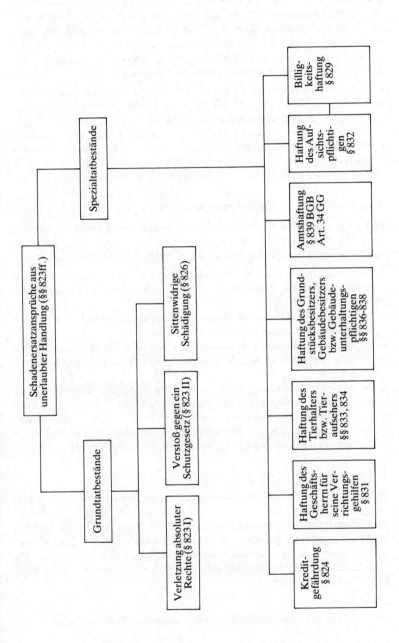

2. Haftpflichttatbestände außerhalb des BGB

Das Recht der unerlaubten Handlungen im BGB ist nur ein Ausschnitt aus dem weiten Bereich des Haftpflichtrechts. In verschiedenen Reichs- bzw. Bundesgesetzen ist vor allem die **Gefährdungshaftung** geregelt. Für sie ist kennzeichnend, daß Ersatzansprüche **kein Verschulden** voraussetzen. Die Darstellung des gesamten Haftpflichtrechts auch außerhalb des BGB würde den hier verfügbaren Rahmen sprengen. Genannt seien nur:

- Halterhaftung nach dem Straßenverkehrsgesetz (vgl. dazu unten VII),
- Haftung für Schienen- und Schwebebahnunfälle sowie die Haftung des Betreibers einer Energieanlage nach dem Haftpflichtgesetz,
- Haftung des Halters von Luftfahrzeugen nach dem Luftverkehrsgesetz,
- Haftung für Verunreinigung von Gewässern nach dem Wasserhaushaltsgesetz,
- Haftung für Schäden aus Reaktoranlagen nach dem Atomgesetz.

3. Grundstruktur des Deliktanspruchs

Wenn Sie die einzelnen Schadenersatzregelungen der §§ 823 ff. analysieren, wird Ihnen der typische Normaufbau ersichtlich. Die Rechtsfolge des Schadenersatzes knüpft regelmäßig an nachfolgende Elemente an:

- Der Schädiger hat eine bestimmte **Handlung** vorgenommen (dabei ist dem positiven Tun ein Unterlassen gleichgestellt, wenn eine Pflicht zum Tätigwerden besteht);
- die Handlung muß **kausal** gewesen sein für die Verletzung fremder Rechtsgüter (**„haftungsbegründende Kausalität"**);
- die Rechtsgutverletzung muß kausal gewesen sein für den eingetretenen Schaden (**„haftungsausfüllende Kausalität"**) – zur Kausalität allgemein vgl. oben § 31);
- die Verletzungshandlung muß **rechtswidrig** sein (die Rechtswidrigkeit wird indiziert, sofern keine Rechtfertigungsgründe eingreifen);
- dem Schädiger muß **Verschulden** zur Last fallen. Dabei werden sowohl Verschuldensfähigkeit (= Deliktsfähigkeit) als auch Vorwerfbarkeit (= Vorsatz oder Fahrlässigkeit, vgl. oben § 31 IV) vorausgesetzt.

4. Anspruchskonkurrenz

Vertragliche und deliktische Schadenersatzansprüche schließen sich gegenseitig **nicht** aus. Erfüllt eine vertragliche Pflichtverletzung zugleich die Tatbestandsvoraussetzungen der §§ 823 ff. BGB, kann der Geschädigte den Schädiger aus beiden Rechtsgrundlagen in Anspruch nehmen. Dies ist auch durchaus sinnvoll: So kann beispielsweise lediglich im Falle der unerlaubten Handlung, nicht jedoch bei der Vertragsverletzung Schmerzensgeld (§ 847 BGB) verlangt werden.

II. Schadenersatzansprüche aus Verletzung absoluter Rechte

Nach § 823 Abs. 1 BGB ist zum Schadenersatz verpflichtet, wer vorsätzlich oder fahrlässig bestimmte Rechtsgüter eines anderen widerrechtlich verletzt.

Lernhinweis: § 823 enthält in Abs. 1 und Abs. 2 zwei voneinander unabhängige, selbständige Anspruchsgrundlagen. Zitieren Sie deshalb immer den jeweiligen Absatz! Es macht einen ausgesprochen schlechten Eindruck, wenn Sie in der mündlichen bzw. schriftlichen Prüfung einen Schadenersatzanspruch „aus § 823 BGB" nennen!

1. Die schädigende Handlung

Der Schadenersatzanspruch nach § 823 Abs. 1 setzt eine widerrechtliche, vorsätzlich oder fahrlässig begangene Verletzung fremder Rechtsgüter voraus.

a) Positives Tun

Die Verletzung wird in der Regel auf eine positive Tätigkeit des Schädigers zurückzuführen sein.

Beispiel: Ein Autofahrer fährt zu schnell in die Kurve, kommt ins Schleudern und kollidiert mit dem Fahrzeug eines anderen Verkehrsteilnehmers.

b) Unterlassen

Die Verletzung kann jedoch auch durch Unterlassen verursacht werden. Nach allgemeinen dogmatischen Grundsätzen wird das Unterlassen dem positiven Tun gleichgestellt, wenn eine Rechtspflicht zum Tätigwerden besteht. Dies ist vor allem bei den sog. **„Verkehrssicherungspflichten"** anerkannt: Die „Eröffnung eines Verkehrs" begründet die Verpflichtung, die damit zusammenhängenden Gefahren zu eliminieren bzw. zu minimieren.

Schulbeispiel: Wer als Betreiber eines Kaufhauses und dgl. auf dem zuführenden Gehsteig nicht streut, so daß Passanten bei Glatteis zu Fall kommen, haftet nach § 823 Abs. 1 den Geschädigten wegen seines Unterlassens auf Schadenersatz.

2. Die geschützten Rechtsgüter

a) Absolute Rechte

§ 823 Abs. 1 nennt zunächst eine Reihe geschützter Rechtsgüter: Leben, Körper, Gesundheit, Freiheit und Eigentum. Wer diese Rechte verletzt, muß den daraus entstehenden Schaden ersetzen.

b) Sonstige Rechte

Die Aufzählung des BGB ist nicht abschließend: Nach § 823 Abs. 1 muß ebenfalls Schadenersatz leisten, wer „ein sonstiges Recht eines anderen" widerrechtlich verletzt. Was darunter zu verstehen ist, sagt das BGB nicht ausdrücklich. Aus der Gleichsetzung mit den vorgenannten Rechten (Leben, Körper, Gesundheit, Freiheit und Eigentum) folgt, daß es sich gleichfalls um absolute, also gegenüber jedermann wirkende Rechte handeln muß. Als sonstige Rechte sind anerkannt:

aa) Sonstige dingliche Rechte

Geschützt sind insbesondere die „beschränkt dinglichen Rechte", z. B. der Nießbrauch, die Pfandrechte, das Anwartschaftsrecht sowie Aneignungsrechte (näheres dazu im Sachenrecht unten Teil V, 3. Kapitel).

Beispiel: Ist an einem bebauten Grundstück dem N der Nießbrauch eingeräumt, kann dieser gegen den Brandstifter B auf Schadenersatz klagen, wenn durch dessen schädigende Handlung das Gebäude zerstört und damit die Nutzungsmöglichkeit für N vereitelt wird.

bb) Der Besitz

Auch der Besitz als bloß tatsächliche Sachherrschaft wird als sonstiges Recht angesehen.

Beispiel: Mieter M kann Schädiger S auf Schadenersatz verklagen, wenn dieser die Mietsache vorenthält bzw. beschädigt.

cc) Immaterialgüterrechte

Deliktischen Schutz genießen auch Patent-, Urheber-, Warenzeichen- und Gebrauchsmusterrechte.

dd) Das allgemeine Persönlichkeitsrecht

Lernhinweis: Das allgemeine Persönlichkeitsrecht wurde bereits oben bei der Erörterung des subjektiven Rechts vorgestellt (repetieren Sie noch einmal § 5 II). Aus der Erkenntnis heraus, daß die Persönlichkeit als solche vom positiven Recht nur in einzelnen Aspekten, nicht jedoch als Gesamtheit geschützt ist, hat die Rechtsprechung (letztlich im Wege der richterlichen Rechtsfortbildung, heute gewohnheitsrechtlich anerkannt) ein „allgemeines Persönlichkeitsrecht" entwickelt, nicht zuletzt im Hinblick auf die verfassungsrechtlich gesicherte Unantastbarkeit der Menschenwürde und der Garantie der freien Entfaltung der Persönlichkeit. Man hat das Persönlichkeitsrecht auch als „Rahmenrecht" bezeichnet, weil sich die Persönlichkeit einer exakten Umschreibung entzieht und die Grenzlinie ihres Schutzbereiches damit nicht immer eindeutig verläuft.

Für die Verletzung des allgemeinen Persönlichkeitsrechts lassen sich nach der Rechtsprechung bestimmte Kategorien bilden:

(1) Ehrverletzungen

Dazu gehört z. B. die Beeinträchtigung der Persönlichkeit durch überzogene Kritik.

Beispiel: Als Verletzung des Persönlichkeitsrechts wurde vom BGH die Kritik an einer Fernsehansagerin angesehen, sie sehe aus „wie eine ausgemolkene Ziege, bei deren Anblick den Zuschauern die Milch sauer wird" (BGHZ 39, 124).

(2) Verletzung der fremden Intimsphäre

Dazu gehören heimliche Ton- und Bildaufnahmen im privaten Bereich. Nach BGHZ 73, 120 war auch die seinerzeit von der Illustrierten „Stern" erfolgte Veröffentlichung eines rechtswidrig abgehörten Telefongesprächs zwischen zwei bekannten Bundespolitikern ein Verstoß gegen das Persönlichkeitsrecht.

(3) Mißbräuchliche Verwendung der Persönlichkeit zu Werbezwecken

Zahlreiche Entscheidungen der Rechtsprechung befassen sich mit der ungefragten Verwendung von Bildern und Namen zu Werbezwecken.

Schulbeispiel: Im sog. Herrenreiterfall (BGHZ 26, 349) wurde das Bild eines dem Reitsport zugetanen Brauereibesitzers als Werbespot für Potenzstärkungsmittel verwendet.

Lernhinweis: Die Verletzung des allgemeinen Persönlichkeitsrechts verpflichtet nach § 823 Abs. 1 BGB zum Ersatz des Vermögensschadens. Der Verletzte kann z. B. die Kosten verlangen, die ihm durch die nötige Abwehr der Persönlichkeitsverletzung entstanden sind (Unterlassungsklage, Beseitigung, Widerruf, Ergänzung und Gegendarstellung).

Darüber hinaus hat die Rechtsprechung (dogmatisch nicht immer ganz sauber) auch einen Anspruch auf Schmerzensgeld entsprechend § 847 BGB (lesen!) zuerkannt (repetieren Sie oben § 31: Schadenersatz in Geld wegen immaterieller Schäden gibt es nach § 253 BGB nur ausnahmsweise!). Dabei sind die hier von der Rechtsprechung zugebilligten Schmerzensgelder – verglichen mit den bei Körperverletzungen gezahlten Summen – außerordentlich hoch (dies wiederum wird gerechtfertigt durch die bei Persönlichkeitsverletzungen erforderliche „Genugtuung", die dem Verletzten geschuldet wird).

c) Das Recht am eingerichteten und ausgeübten Gewerbebetrieb insbesondere

Seit langem anerkennt die Rechtsprechung den Gewerbebetrieb als schützenswertes Rechtsgut. Auch hier handelt es sich um ein „Rahmenrecht", das sich einer exakten Eingrenzung entzieht. Schutzobjekt ist die unternehmerische Tätigkeit, die vor Störungen von außen geschützt werden soll. Beim Recht am eingerichteten und ausgeübten Gewerbebetrieb handelt es sich um einen „Auffangtatbestand", der eine sonst entstehende Lücke im Rechtsschutzsystem, insbesondere im Bereich des gewerblichen Rechtsschutzes schließt. Geschützt ist das Unternehmen in seiner Gesamtheit. Erfaßt werden die Positionen, die den wirtschaftlichen Wert des Betriebs ausmachen: Bestand, Erscheinungsform, Tätigkeitsbereich, Kundenstamm, Außenstände, Geschäftsverbindungen, Warenzeichen u. dgl.

aa) Eingrenzung

In einer auf Wettbewerb ausgerichteten Wirtschaftsordnung ist die Anerkennung eines derart umfassenden Rechts nicht unproblematisch. Die Rechtsprechung hat deshalb Einschränkungen gemacht:

(1) Subsidiarität

Weil das Recht am eingerichteten und ausgeübten Gewerbebetrieb nach der Rechtsprechung lediglich einen Auffangtatbestand darstellt, kommt es nur zur Anwendung, wenn das Unternehmen nicht bereits durch spezielle Tatbestände geschützt ist.

Beispiel: Liegt der Beeinträchtigung des Gewerbebetriebs eine sittenwidrige Wettbewerbshandlung eines anderen zugrunde, geht das UWG als Sonderrecht vor.

(2) Betriebsbezogenheit

Vorausgesetzt ist eine **unmittelbare Beeinträchtigung** des Gewerbebetriebs. Andernfalls würde die Möglichkeit, Schadenersatz zu verlangen, ausufern, sich das Risiko für wirtschaftliche Betätigungen unkalkulierbar erhöhen und letztlich selbst wettbewerbsschädigend auswirken. Kein Eingriff in den Bestand des Gewerbebetriebs liegt vor bei seiner nur mittelbaren Beeinträchtigung durch ein außerhalb des Betriebs eingetretenes, mit seiner Wesenseigentümlichkeit nicht in Beziehung stehendes Schadensereignis.

Schulbeispiel: Ein Baggerführer beschädigt bei Bauarbeiten ein zuführendes Kabel und unterbricht so eine Fernsprechleitung oder die Stromzufuhr. Der betroffene Betriebsinhaber kann daraus keinen Anspruch auf Schadenersatz wegen Verletzung des Rechts am eingerichteten und ausgeübten Gewerbebetrieb verlangen.

Auch die günstigere Beurteilung eines Konkurrenzfabrikats in einem Warentest wurde vom BGH nicht als Eingriff in den eingerichteten und ausgeübten Gewerbebetrieb angesehen, solange der Test neutral, sachkundig und objektiv durchgeführt wurde.

bb) Rechtsprechungsbeispiele

Bejaht wurde eine Verletzung des eingerichteten und ausgeübten Gewerbebetriebs in folgenden Fällen:

* **unberechtigte Verwarnung** vor Schutzrechtsverletzungen im Wettbewerbsrecht (BGHZ 38,205);
* **Blockade** eines Zeitungsunternehmers durch Demonstranten, um die Auslieferung der „Bild"-Zeitung zu verhindern (BGHZ 59,30);
* **Bummelstreik** der Fluglotsen von 1973 (BGHZ 69,128).

d) Das Vermögen

Nicht unter § 823 Abs. 1 fällt das Vermögen als solches! Geschützt ist das Vermögen in § 823 Abs. 1 nur, soweit es in seinen konkreten Ausgestaltungen als absolutes Recht in Erscheinung tritt (Eigentum, sonstige dingliche Rechte, Immaterialgüterrechte usw.). Die insoweit bestehende Rechtsschutzlücke wird einerseits durch § 823 Abs. 2 BGB, andererseits auch durch das eben erwähnte Recht am eingerichteten und ausgeübten Gewerbebetrieb geschlossen.

III. Verstoß gegen Schutzgesetze

Nach § 823 Abs. 2 BGB ist schadenersatzpflichtig, wer gegen ein „den Schutz eines anderen bezweckendes Gesetz" verstößt. Damit erweitert § 823 Abs. 2 den in § 823 Abs. 1 gewährten Rechtsschutz. Seine Bedeutung liegt darin, daß beim Vorliegen seiner Tatbestandsvoraussetzungen Ersatz für Vermögensschädigungen auch dann verlangt werden kann, wenn keines der in § 823 Abs. 1 geschützten absoluten Rechtsgüter verletzt ist.

Beispiel: Betrüger B gibt sich dem Kapitalgeber K gegenüber als Erfinder aus und schwatzt diesem ein gefälschtes Patent auf. K erleidet eine erhebliche Vermögenseinbuße. Ein Schadenersatz nach § 823 Abs. 1 scheidet aus, da K nicht in seinen absoluten Rechten, sondern lediglich an seinem Vermögen geschädigt wurde. Strafrechtlich liegt Betrug nach § 263 StGB vor. Der Betrugstatbestand ist ein Schutzgesetz i. S. von § 823 Abs. 2 BGB. K kann deshalb Schadenersatz nach § 823 Abs. 2 BGB i. V. m. § 263 StGB verlangen.

§ 823 Abs. 2 gewährt den Ersatz des Schadens, den das Schutzgesetz gerade verhüten will. Im einzelnen setzt der Anspruch voraus:

1. Verletzung eines Schutzgesetzes

Dabei muß es sich um ein solches Gesetz handeln, das „den Schutz eines anderen" bezweckt. Nach feststehender Rechtsprechung ist ausreichend, wenn die Norm **wenigstens auch** dazu dienen soll, den einzelnen Rechtsgenossen vor der Verletzung seiner Rechte, Rechtsgüter oder rechtlich geschützten Interessen zu schützen.

Beispiele:

- Die meisten Bestimmungen des Strafgesetzbuches (z. B. Körperverletzung, §§ 223 ff. StGB; Freiheitsberaubung, §§ 234 ff. StGB; Eigentumsdelikte, §§ 242 ff. StGB; Betrug und Untreue, §§ 263 ff. StGB).
- Zahlreiche Vorschriften des Gewerbe- und Arbeitsrechts (Arbeitnehmerschutzbestimmungen).

Keine Schutzgesetze dagegen sind solche Normen, die lediglich dem öffentlichen Interesse dienen (Beispiel: baurechtliche Vorschriften, die aus überörtlichen Gesichtspunkten erlassen wurden).

2. Kausalität

Ein Schadenersatzanspruch aus § 823 Abs. 2 BGB greift nur ein, wenn Kausalität zwischen der Verletzung des Schutzgesetzes und dem eingetretenen Schaden besteht.

3. Rechtswidrigkeit

Auch hier wird die Rechtswidrigkeit bereits durch die Verletzung des Schutzgesetzes indiziert.

4. Verschulden

Dadurch, daß § 823 Abs. 2 BGB auf das verletzte Schutzgesetz Bezug nimmt, ist in der Regel zugleich die Voraussetzung für das Verschulden umschrieben.

Beispiel: Betrug nach § 263 StGB setzt vorsätzliche Tatbegehung voraus.

Denkbar ist aber auch, daß Schutzgesetze keinerlei Verschulden voraussetzen. In diesen Fällen greift § 823 Abs. 2 Satz 2 BGB ein: Ist nach dem Inhalt des (Schutz-)Gesetzes ein Verstoß gegen dieses auch ohne Verschulden möglich, so tritt die Ersatzpflicht nur im Fall des Verschuldens ein. Mit anderen Worten: Trotz der Verweisungstechnik verzichtet das Bürgerliche Gesetzbuch auch in diesem Fall nicht auf das Verschuldensprinzip.

IV. Sittenwidrige Schädigungen

1. Bedeutung des § 826 BGB

Nach § 826 BGB ist zum Schadenersatz verpflichtet, wer „in einer gegen die guten Sitten verstoßenden Weise einem anderen vorsätzlich Schaden zufügt". Wir haben es hierbei mit einer Generalklausel zu tun: Vorausgesetzt ist eine sittenwidrige Handlung des Schädigers, mit der dieser einem anderen vorsätzlich Schaden zufügt. § 826 BGB hat große Bedeutung im

Wirtschaftsleben; er ist nicht auf die Verletzung absoluter Rechte beschränkt, er gewährt vielmehr vor allem dem Vermögen deliktischen Schutz.

2. Sittenwidrigkeit der Schädigung

Anspruchsvoraussetzung ist, daß der Schaden in einer „gegen die guten Sitten verstoßenden Weise" verursacht wurde. Das BGB benutzt diesen Begriff schon im Allgemeinen Teil bei der Rechtsgeschäftslehre. Dort hatten wir gesehen, daß sittenwidrige Rechtsgeschäfte nach § 138 BGB nichtig sind.

Lernhinweis: Repetieren Sie zunächst die entsprechenden Abschnitte oben im Allgemeinen Teil (§ 13 III). Ein Verstoß gegen die guten Sitten liegt vor, wenn das schädigende Handeln „gegen das Anstandsgefühl aller billig und gerecht Denkenden verstößt".

Die Rechtsprechung hat versucht, aus der Generalklausel des § 826 BGB einzelne Fallgruppen zu entwickeln:

a) Verleiten zum Vertragsbruch

Die sittenwidrige Beeinträchtigung fremder schuldrechtlicher Ansprüche verpflichtet regelmäßig zum Schadenersatz nach § 826 BGB. Dazu gehört die Verleitung zum Vertragsbruch ebenso wie das arglistige Zusammenwirken zum Nachteil anderer (kollusives Verhalten).

b) Sittenwidriges Verhalten im Wettbewerb

Nicht jedes aggressive Wettbewerbsverhalten ist zugleich sittenwidrig. Die Rechtsprechung hat jedoch in einigen typischen Fällen Schadenersatzansprüche zugebilligt:

- beim Mißbrauch von Monopolstellungen;
- im Falle des grundlosen Boykotts;
- bei unlauterem Konkurrenzverhalten.

c) Sittenwidriges Verhalten bei Vertragsabschluß

Die arglistige Täuschung, die wir oben bei der Rechtsgeschäftslehre im Rahmen des § 123 BGB als Anfechtungsgrund kennengelernt haben, begründet regelmäßig auch einen Schadenersatzanspruch nach § 826 BGB, wenn es durch sie beim Vertragsgegner zu einer Vermögensschädigung kommt.

V. Die Geschäftsherrnhaftung

In der arbeitsteiligen Wirtschaft werden sowohl im Produktions- als auch im Dienstleistungsbereich in großem Umfang Aufgaben an andere delegiert. Was gilt nun, wenn ein Arbeitnehmer bei der Verrichtung ihm übertragener Aufgaben einen Dritten schädigt? Zunächst bleibt es sicher bei den §§ 823 ff. BGB mit der Folge, daß der betreffende Schädiger dem Geschädigten Schadenersatz zahlen muß. Dabei stößt man jedoch auf zwei Probleme:

(1.) Die Realisierbarkeit eines Schadenersatzanspruchs gegen den Arbeitnehmer ist möglicherweise wegen der nur geringen Bonität des Schuldners fraglich.

(2.) Eigentlich müßte doch der „dahinterstehende Geschäftsherr" belangt werden können. Schließlich wurde der Arbeitnehmer in dessen Interesse und auf dessen Weisung tätig.

Das BGB versucht, diesen Gesichtspunkten in § 831 BGB mit der Haftung für den Verrichtungsgehilfen Rechnung zu tragen.

Lernhinweis: Diese Problematik wurde schon mehrfach angesprochen. Repetieren Sie noch einmal, was oben im Allgemeinen Schuldrecht zum „Erfüllungsgehilfen" ausgeführt wurde (vgl. § 31 IV 2). Bei den Prüfungen im Rahmen des BGB-Grundkurses wird verlangt, daß der Kandidat die tatbestandlichen Voraussetzungen des Erfüllungsgehilfen einerseits und des Verrichtungsgehilfen andererseits beherrscht, an einem Beispiel erläutern und vor allen Dingen die unterschiedlichen Konsequenzen der beiden Vorschriften § 278 BGB und § 831 BGB darlegen kann. Lesen Sie zunächst § 831 Abs. 1 Satz 1 und Satz 2 aufmerksam durch. Zur Terminologie: Als „Geschäftsherr" wird derjenige bezeichnet, der einen anderen zu einer Verrichtung bestellt; „Verrichtungsgehilfe" ist derjenige, der zu einer Verrichtung bestellt wurde und bei deren Ausführung einen Dritten schädigt.

1. Haftungsvoraussetzungen

Die Geschäftsherrnhaftung setzt im einzelnen voraus:

a) Bestellung zu einer Verrichtung

Hierunter fällt jede Tätigkeit, die entgeltlich oder unentgeltlich, vorübergehend oder dauernd für einen anderen erfolgt und nach näherer Maßgabe des § 831 BGB geleistet wird.

Beispiele: der Geselle des Klempnermeisters, der Hausmeister eines Betriebs.

b) Weisungsgebundenheit

Verrichtungsgehilfe ist nur, wer den Weisungen des Geschäftsherrn unterliegt. Dies wird z. T. auch als „soziales Abhängigkeitsverhältnis" bezeichnet.

Beispiele: Die im Betrieb beschäftigten Arbeitnehmer sind Verrichtungsgehilfen des Betriebsinhabers; keine Verrichtungsgehilfen des Auftraggebers sind dagegen Anwälte, Steuerberater usw.

c) Rechtswidrige Schadenszufügung

Der Geschäftsherr haftet für Schäden, die der Verrichtungsgehilfe einem Dritten widerrechtlich zufügt. Nicht ist erforderlich, daß der Verrichtungsgehilfe selbst schuldhaft handelt (obwohl dies in den meisten Fällen so sein wird). § 831 BGB ist eine **Haftungsgrundlage für eigenes Verschulden** (nämlich Auswahl- bzw. Überwachungsverschulden des Geschäftsherrn!).

d) Schadenszufügung in Ausführung der Verrichtung

Die Geschäftsherrnhaftung setzt voraus, daß der Schaden „in Ausführung der Verrichtung" einem Dritten zugefügt wird. Es muß nach ihrer Art und ihrem Zweck ein „**unmittelbarer innerer Zusammenhang** zwischen der dem Gehilfen übertragenen Aufgabe und der schädigenden Handlung bestehen".

Schulbeispiel: Handwerksmeister H haftet nach § 831 BGB für seine Leute, wenn diese bei Ausführung von Arbeiten beim Kunden dessen Mobiliar beschädigen, nicht dagegen, wenn sie dort einen Diebstahl begehen.

2. Haftungsausschluß

Der Geschäftsherr haftet nicht, wenn er sich nach § 831 Abs. 1 S. 2 BGB „**exkulpieren**" kann. Dieser Entlastungsbeweis kann in zweifacher Weise geführt werden:

a) Verschulden

Der Geschäftsherr kann sich durch den Nachweis exkulpieren, daß ihn kein Verschulden trifft

• bei der Auswahl des Gehilfen bzw.
• bei der Gerätebeschaffung bzw.
• bei der Überwachung der Ausführung.

b) Kausalzusammenhang

Der Geschäftsherr kann sich schließlich auch durch den Nachweis exkulpieren, daß der Schaden auch bei Anwendung der erforderlichen Sorgfalt entstanden wäre.

Lernhinweis: Sie sehen, daß die Geschäftsherrnhaftung entfällt, wenn der Geschäftsherr ordentliches Personal eingestellt bzw. ordnungsgemäße Werkzeuge und Gerätschaften zur Verfügung gestellt hat (z. B. bei Bauarbeiten dafür sorgt, daß bei der Baustelle Gerüste, Absperrungsmaßnahmen und Beleuchtung den Vorschriften entsprechend angebracht werden).

Als Folge davon kann der Geschädigte sich nur an den Verrichtungsgehilfen selbst halten (vorausgesetzt, dieser hat schuldhaft gehandelt), nicht dagegen an den wirtschaftlich potenteren („dahinterstehenden") Geschäftsherrn (= Firmeninhaber). Dies ist die **entscheidende Schwäche** eines Schadenersatzanspruchs aus § 831 BGB! Wenn Sie nunmehr § 831 BGB mit § 278 BGB vergleichen, merken Sie, daß die Gehilfenhaftung im Fall des § 278 BGB für den Geschädigten wesentlich günstiger ist (weil dort keine Exkulpationsmöglichkeit besteht). Verdeutlichen Sie sich noch einmal die beiden unterschiedlichen Situationen der Haftung für den Erfüllungsgehilfen nach § 278 BGB einerseits und für den Verrichtungsgehilfen nach § 831 BGB andererseits anhand der beiden Skizzen. Vergessen Sie nicht, daß nur § 831 Abs. 1 Satz 1 eine selbständige Anspruchsgrundlage darstellt, § 278 dagegen eine „Zurechnungsnorm" für fremdes Verschulden ist, im übrigen jedoch einen Schadenersatzanspruch aus Verletzung eines bereits bestehenden Schuldverhältnisses (z. B. Unmöglichkeit, Verzug, positive Vertragsverletzung oder culpa in contrahendo) voraussetzt.

VI. Exkurs: Die Produzentenhaftung

1. Ausgangspunkt

Bei der sog. „Produzentenhaftung" (Produkthaftung) geht es um die Frage, inwieweit ein Hersteller für Schäden haftet, die durch Verwendung seiner Produkte beim Verbraucher eintreten.

Haftungssituation beim Erfüllungsgehilfen

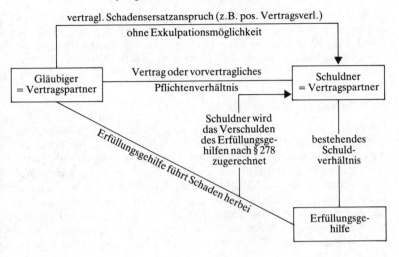

Haftungssituation beim Verrichtungsgehilfen

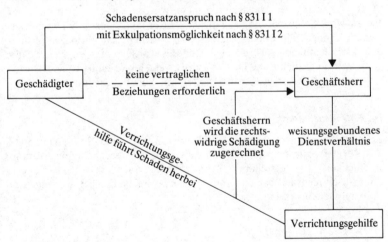

Die Haftungsfrage stellt sich typischerweise

- bei **Konstruktionsfehlern** (Einzelteile von Kraftfahrzeugen einer bestimmten Serie sind mangelhaft montiert, das Herstellerwerk leitet eine „Rückrufaktion" ein);
- bei **Fabrikationsfehlern** (das von einem Chemiehersteller entwickelte Schlafmittel führt bei Neugeborenen zu Mißbildungen);
- bei **Instruktionsfehlern** (der Hersteller eines Präparates weist nicht oder nicht genügend deutlich auf die Unverträglichkeit und Risikofaktoren bei bestimmten Verwendergruppen hin).

2. Haftung nach dem Bürgerlichen Gesetzbuch

Nicht nur dem Wirtschaftswissenschaftler wird die erhebliche Tragweite des aufgezeigten Problems bewußt werden. Haftet der Produzent für die Folgeschäden bei Verwendung seiner fehlerhaften Produkte und – wenn ja – wie ist dies dogmatisch zu begründen? Dazu bietet das BGB mehrere Lösungsansätze:

a) Verletzung vertraglicher Pflichten

Wir haben mehrfach darauf hingewiesen, daß vertragliche Schadenersatzansprüche für den Geschädigten wesentlich günstiger sind als deliktische Ansprüche: Wer aufgrund eines bereits bestehenden Schuldverhältnisses zum Schadenersatz verpflichtet ist, muß für das Verschulden seiner Erfüllungsgehilfen nach § 278 BGB wie für eigenes Verschulden einstehen. Insofern wären vertragliche Ansprüche gegen den Hersteller aus der Sicht des Geschädigten optimal: Die in der arbeitsteiligen Wirtschaft bei der Herstellung eines Produkts im Wege der Delegation beteiligten Dritten (Arbeitnehmer) wären Erfüllungsgehilfen, für die der Vertragspartner einzustehen hätte.

Die Annahme vertraglicher Beziehungen zwischen dem Produzenten und dem Konsumenten ist jedoch, wenn man ehrlich ist, reine Fiktion: Zum Teil wird versucht, zwischen dem Hersteller und dem Konsumenten einen „Garantievertrag" zu konstruieren; auch wird, um das Rechtsinstitut des Vertrags mit Schutzwirkung zugunsten Dritter (vgl. oben § 29 IV) anwenden zu können, die Theorie aufgestellt, zwischen dem Produzenten und dem Zwischenhändler werde zugunsten des Konsumenten ein Vertrag mit Schutzwirkung zugunsten Dritter stillschweigend vereinbart. Die Rechtsprechung hat derartige Konstruktionen mit Recht abgelehnt.

b) Vertrauenshaftung

Zum Teil wurde auch versucht, analog § 122 BGB unter Bezugnahme auf das Rechtsinstitut der culpa in contrahendo (vgl. oben § 37) eine Verantwortlichkeit des Herstellers zu konstruieren. Auch diese Versuche sind dogmatisch nicht haltbar und von der Rechtsprechung nicht als gangbarer Weg angesehen worden.

c) Deliktische Ansprüche

Mit dem BGB vereinbar sind lediglich deliktische Ansprüche. In Betracht kommen die §§ 823 Abs. 1, 823 Abs. 2 sowie § 831 BGB.

aa) Lösung über die Geschäftsherrnhaftung

Den Schadenersatzanspruch auf § 831 BGB zu stützen, ist zwar naheliegend und dogmatisch korrekt, würde jedoch dem Konsumenten „Steine statt Brot" geben: Aufgrund des Entlastungsbeweises nach § 831 Abs. 1 Satz 2 BGB ginge ein solcher Anspruch gegen den Produzenten regelmäßig ins Leere (vgl. dazu das oben unter V. Ausgeführte).

bb) Lösung über § 823 BGB

Das In-den-Verkehr-Bringen fehlerhafter Produkte wird regelmäßig absolute Rechte des Konsumenten (Leib, Leben, Gesundheit, Eigentum) beeinträchtigen oder nach § 823 Abs. 2 solche Bestimmungen verletzen, die wenigstens auch den Konsumenten schützen wollen. Unüberwindliche Schwierigkeiten ergeben sich jedoch beim Verschulden. Der geschädigte Konsument muß nach allgemeinen Grundsätzen als Kläger im Prozeß den Beweis dafür antreten, daß dem Hersteller ein Verschulden zur Last fällt (daß dieser also zumindest fahrlässig gehandelt hat). Wie aber soll er diesen Beweis erbringen, wenn er die speziellen Produktionsverhältnisse gar nicht kennt?

Würde man also auch in diesem Fall am Grundsatz festhalten, daß der Anspruchsteller im Prozeß die Anspruchsvoraussetzungen beweisen muß, wäre § 823 Abs. 1 BGB als Anspruchsgrundlage für die Produkthaftung eine stumpfe Waffe.

cc) Beweislastumkehr

Dies hat die Rechtsprechung nicht verkannt. Der Bundesgerichtshof (BGHZ 51, 91 – eine sehr lesenswerte Entscheidung; es werden die diversen Erscheinungsformen und Möglichkeiten zur dogmatischen Lösung der Produzentenhaftung eingehend erörtert) hat im Interesse des Verbrauchers entschieden:

„Wird bei bestimmungsgemäßer Verwendung eines Industrieerzeugnisses eine Person oder eine Sache dadurch geschädigt, daß das Produkt fehlerhaft hergestellt war, so muß der **Hersteller beweisen, daß ihn hinsichtlich des Fehlers kein Verschulden trifft.** Erbringt der Hersteller diesen Beweis nicht, so haftet er nach Deliktsgrundsätzen". Wir haben es also mit einer (durch die Rechtsprechung wohl im Wege der Rechtsfortbildung eingeführten) „Umkehr der Beweislast" zu tun: Nicht der Konsument muß nachweisen, daß der Produzent die Fabrikations- bzw. Instruktionsfehler schuldhaft verursacht hat; vielmehr muß sich der Produzent entlasten. Der Konsument hat lediglich den Nachweis zu führen, daß es zu einer Schädigung gekommen ist und daß diese durch die Verwendung des fehlerhaften Produkts eingetreten ist.

3. Haftung nach dem Produkthaftungsgesetz

Am 1. 1. 1990 ist das Gesetz über die Haftung für fehlerhafte Produkte (Produkthaftungsgesetz – PHG) in Kraft getreten. Es basiert auf der EG-Richtlinie Produkthaftung vom 25. 7. 1985. Ziel der Regelung ist es, den **Verbraucherschutz** innerhalb der EG zu vereinheitlichen und **Wettbewerbsverzerrungen zu beseitigen**, die dadurch entstanden waren, daß Herstellern von Produkten in den einzelnen EG-Mitgliedsstaaten unterschiedliche Sorgfaltsanforderungen gestellt wurden. Mit dem PHG wird eine **Gefährdungshaftung** eingeführt, die sich im Interesse der Rechtssicherheit vorwiegend an objektiven Kriterien orientiert. Sie tritt neben die – durch kaum noch überschaubare Einzelfallrechtsprechung ausgeformte – verschuldensabhängige Produkthaftung nach §§ 823 ff. BGB (vgl. dazu oben 2.).

a) Der Haftungstatbestand

Wird durch den Fehler eines Produktes jemand getötet, sein Körper oder seine Gesundheit verletzt oder eine Sache beschädigt, so ist der Hersteller verpflichtet, den daraus entstehenden Schaden zu ersetzen. Im Falle der Sachbeschädigung gilt dies nur, wenn eine andere Sache als das fehlerhafte Produkt beschädigt wird und diese andere Sache ihrer Art nach gewöhnlich für den privaten Ge- oder Verbrauch bestimmt und hierzu von dem Geschädigten hauptsächlich verwendet worden ist (§ 1 Abs. 1 PHG).

Haftungsvoraussetzungen sind demnach, daß
- ein **Produktfehler** i. S. d. Legaldefinitionen der §§ 2, 3 PHG vorliegt und
- dieser **ursächlich** ist
- für die **Tötung oder die Verletzung eines Menschen** oder für die **Beschädigung einer Sache** (im letzteren Falle jedoch nur,
  – wenn eine **andere Sache** als das fehlerhafte Produkt selbst beschädigt worden ist – Problem der „weiterfressenden Fehler" –
  – und die beschädigte Sache sowohl nach ihrer objektiven Zweckbestimmung als auch nach ihrer individuellen Verwendung durch den Geschädigten **dem privaten Ge- und Verbrauch diente**).

b) Die Haftpflichtigen

Gemäß § 1 Abs. 1 PHG ist der **„Hersteller"** zum Schadensersatz verpflichtet. § 4 PHG bestimmt, wer als Hersteller anzusehen ist:

Hersteller ist,
- wer das **Endprodukt hergestellt** hat; hierbei ist ohne Bedeutung, ob das gesamte Produkt aus seinem Unternehmen stammt oder ob er nur von anderen geschaffene Grundstoffe bzw. Teilprodukte zum Endprodukt zusammengefügt hat;
- wer einen **Grundstoff oder ein Teilprodukt** des Endprodukts **hergestellt** hat;
- wer sich durch das Anbringen seines Namens, seines Warenzeichens oder eines anderen unterscheidungskräftigen Kennzeichens **als Hersteller ausgibt;**
- wer ein Produkt **zum Zweck** des Verkaufs, der Vermietung, des Leasing oder einer anderen Form **des Vertriebs mit wirtschaftlichem Zweck in den Bereich der EG importiert;**
- jeder **Lieferant.** Der Lieferant haftet im Verhältnis zu den übrigen Herstellern jedoch nur **subsidiär**; er gilt nur dann als Hersteller, wenn er dem Geschädigten – nachdem er von diesem hierzu aufgefordert worden ist – nicht innerhalb eines Monats den Hersteller oder diejenige Person benennt, die das Produkt importiert oder ihm sonst geliefert hat.

Haben mehrere Hersteller den Schaden verursacht, so haften sie dem Geschädigten als Gesamtschuldner. Der Geschädigte kann also wählen, welche(n) von mehreren Herstellern er in Anspruch nimmt. Wird durch einen der Hersteller Schadensersatz geleistet, so sind ihm die übrigen im Verhältnis ihrer Verursachungsbeiträge zum Ausgleich verpflichtet (§ 5 PHG).

Entsprechendes gilt, wenn der Schaden durch einen Dritten mitverursacht wird (§ 6 Abs. 2 PHG).

c) Ausschluß und Minderung der Haftung

Die Ersatzpflicht des Herstellers ist gem. § 1 PHG **ausgeschlossen**, wenn
- er das Produkt **nicht in den Verkehr gebracht** hat;
- nach den Umständen davon auszugehen ist, daß das Produkt den **Fehler**, der den Schaden verursacht hat, **noch nicht hatte**, als der Hersteller es in den Verkehr brachte;
- er das Produkt **weder für den Vertrieb mit wirtschaftlichem Zweck noch im Rahmen seiner beruflichen Tätigkeit** hergestellt oder vertrieben hat;
- der Fehler darauf beruht, daß das Produkt in dem Zeitpunkt, in dem der Hersteller es in den Verkehr brachte, dazu **zwingenden Rechtsvorschriften entsprochen** hat;
- der **Fehler nach dem Stand der Wissenschaft und Technik** in dem Zeitpunkt, in dem der Hersteller das Produkt in den Verkehr brachte, **nicht erkannt werden konnte** oder
- der Hersteller nur ein **Teilprodukt** geschaffen hat und der Fehler ausschließlich auf der Konstruktion des Endproduktes bzw. auf der mangelhaften Anleitung durch den Hersteller des Endproduktes beruht.

Die Haftung des Herstellers wird ferner in dem Maße **vermindert**, in dem ein Verschulden des Geschädigten für die Entstehung des Schadens mitursächlich geworden ist (§ 6 Abs. 1 PHG i. V. m. § 254 BGB). Wurde eine Sache beschädigt, so ist auch das Mitverschulden desjenigen zu berücksichtigen, der die tatsächliche Gewalt über die Sache ausübt.

d) Die Beweislastverteilung

Der **Geschädigte** trägt laut § 1 Abs. 4 PHG im gerichtlichen Verfahren die Beweislast für den **Fehler**, den **Schaden** und den **ursächlichen Zusammenhang** zwischen Fehler und Schaden.

Der **Hersteller** muß dagegen nachweisen, daß seine **Haftung ausgeschlossen bzw. vermindert** ist.

e) Umfang und Art des Ersatzes

Umfang und Art des Schadensersatzes werden durch die §§ 7–11 PHG geregelt. Diese Vorschriften orientieren sich weitgehend an den Regelungen des BGB (vgl. §§ 842 ff. BGB): Bei Körperverletzungen ist eine nach den Bedürfnissen des Geschädigten bemessene Geldrente zu zahlen. Wurde eine unterhaltsleistungspflichtige Person getötet, so können die Unterhaltsberechtigten vom Hersteller Unterhaltszahlungen verlangen. Im übrigen gilt der Grundsatz der Naturalrestitution entsprechend (§§ 249 ff. BGB).

Besonderheiten ergeben sich aus §§ 10 und 11 PHG:
Die Haftung des Herstellers ist – wie typischerweise im Bereich der Gefährdungshaftung – durch einen **Höchstbetrag** (160 Millionen DM) begrenzt. Ist eine Sache beschädigt, so hat der Geschädigte einen **Schaden bis zu einer Höhe von 1125 DM selbst zu tragen**. Der Hersteller haftet somit

nur für die Differenz des Schadensbetrages und des Selbstbeteiligungsanteils des Geschädigten.

f) Verjährung und Erlöschen des Anspruchs

Der Anspruch des Geschädigten gegen den Hersteller aus § 1 PHG **verjährt in drei Jahren** von dem Zeitpunkt an, in dem der Ersatzberechtigte von dem Schaden, dem Fehler und von der Person des Ersatzpflichtigen Kenntnis erlangt hat oder hätte erlangen müssen. Die Verjährung ist jedoch gehemmt, solange der Geschädigte mit dem Hersteller über die Schadensersatzleistung verhandelt (§ 12 PHG).

Unabhängig davon, ob der Geschädigte von dem Schaden, dem Fehler oder dem Hersteller rechtzeitig Kenntnis erlangt, **erlischt** der Schadensersatzanspruch automatisch **nach zehn Jahren**, sofern nicht über den Anspruch ein Rechtsstreit oder ein Mahnverfahren anhängig ist (§ 13 PHG).

g) Unabdingbarkeit

Bei den Vorschriften des PHG handelt es sich um **zwingendes Recht.** Die Ersatzpflicht des Herstellers darf im voraus durch vertragliche Vereinbarung weder ausgeschlossen noch beschränkt werden (§ 14 PHG).

h) Verhältnis zu anderen Haftungstatbeständen

Laut § 15 Abs. 2 PHG wird durch Einführung des PHG die Haftung aufgrund anderer Vorschriften nicht berührt. Selbst wenn also ein Anspruch aus § 1 PHG besteht, ist **immer zu prüfen, ob** der **Hersteller sich auch nach §§ 823 ff. BGB schadensersatzpflichtig gemacht hat.** Diese Frage wird insbesondere dann bedeutsam, wenn

- der Anspruch aus § 1 PHG gemäß § 13 PHG zu erlöschen droht oder
- der Geschädigte Schmerzensgeld verlangt (ein Ersatz für immaterielle Schäden wird nach dem PHG nicht gewährt) oder
- die Gefahr besteht, daß der Geschädigte aufgrund der Begrenzung der Haftung des Herstellers auf einen Höchstbetrag bzw. der nach § 11 PHG angeordneten Selbstbeteiligung nicht seinen gesamten Schaden liquidieren kann.

VII. Spezielle Deliktstatbestände

In den §§ 824 ff. BGB ist eine Reihe spezieller Anspruchsgrundlagen geregelt, deren wirtschaftliche Bedeutung von unterschiedlichem Gewicht ist.

1. Kreditgefährdung

Nach § 824 BGB ist zum Schadenersatz verpflichtet, wer der Wahrheit zuwider Tatsachen behauptet oder verbreitet, die geeignet sind, den Kredit eines anderen zu gefährden oder sonstige Nachteile für dessen Erwerb oder

Fortkommen herbeizuführen. Diese Norm schützt somit die wirtschaftliche Wertschätzung von Personen und Unternehmen. Die Parallele zur üblen Nachrede nach dem Strafgesetzbuch wird deutlich.

Beispiel: Ein Unternehmer wird wahrheitswidrig bei einem Kreditinstitut angeschwärzt, „er stehe kurz vor dem Konkurs". Wenn dadurch Kredite verweigert bzw. gekündigt werden und das Unternehmen dann deshalb tatsächlich zusammenbricht, könnte ein Schadenersatzanspruch u. a. auch auf § 824 BGB gestützt werden.

2. Haftung für Tiere

a) Allgemeine Tierhalterhaftung

Nach § 833 S. 1 haftet der Tierhalter für Schäden, die durch ein Tier verursacht werden. Dabei handelt es sich um einen Fall der **Gefährdungshaftung:** Auf ein Verschulden des Tierhalters kommt es nicht an. Der Schaden muß lediglich durch eine „typische Tiergefahr" entstanden sein.

Beispiele: Das Pferd scheut, der Hund beißt.

b) Haftung für Nutztiere

Nach § 833 Satz 2 BGB gelten Besonderheiten für Haustiere, die „dem Beruf, der Erwerbstätigkeit oder dem Unterhalt des Tierhalters zu dienen bestimmt" sind.

Beispiele: Nutzvieh des Landwirts; Wachhunde; Pferde eines Reitstallbesitzers.

In diesen Fällen gilt das **Verschuldensprinzip!** Allerdings ist zugleich eine **Beweislastumkehr** eingeführt: Die Haftung des Tierhalters ist nur dann ausgeschlossen, wenn dieser den Entlastungsbeweis führt, daß er bei der Beaufsichtigung des Tieres die im Verkehr erforderliche Sorgfalt beachtet hat oder der Schaden auch bei Anwendung dieser Sorgfalt entstanden sein würde. In der gleichen Weise bestimmt sich nach § 834 BGB die Haftung des Tieraufsehers.

Lernhinweis: Die Tierhalterhaftung ist sicher nicht von so gewichtiger Bedeutung, daß ihre eingehende Erörterung notwendig wäre. Sie ist nur deshalb hier erwähnt, weil sich an ihr eine typische Regelungstechnik des Gesetzgebers demonstrieren läßt: In § 833 Satz 1 führt der Gesetzgeber die Gefährdungshaftung ein (Haftung ohne Verschulden). In § 833 Satz 2 handelt es sich (ebenso in § 834) um eine Verschuldenshaftung, allerdings mit der Besonderheit, daß Verschulden und Kausalzusammenhang vermutet werden (die Einführung der Beweislastumkehr führt zur Umdrehung des Regel-Ausnahmeprinzips). Von dieser Regelungstechnik macht der Gesetzgeber auch an zahlreichen anderen Stellen Gebrauch (vgl. für das Deliktsrecht §§ 831, 832, 836 BGB).

3. Gebäudehaftung

§§ 836–838 BGB gewähren Ansprüche für Schäden, die durch den Einsturz eines Gebäudes bzw. die Ablösung von Gebäudeteilen entstehen.

Beispiel: P stellt sein Fahrzeug ordnungsgemäß am Straßenrand ab. Infolge eines Sturms stürzt der Schornstein des anliegenden Gebäudes herab und beschädigt die Karosserie.

Als Haftpflichtige kommen die in §§ 836–838 BGB genannten Personen in Betracht (nähere Einzelheiten entnehmen Sie bitte dem Gesetz): der Grundstücksbesitzer, der frühere Grundstücksbesitzer, der Gebäudebesitzer auf fremdem Grundstück sowie der Gebäudeunterhaltspflichtige.

Wiederum greift der Gesetzgeber zu seiner bewährten Regelungstechnik: Das Verschulden wird vermutet; der Haftpflichtige kann sich jedoch exkulpieren. Die Ersatzpflicht tritt nach § 836 Abs. 1 Satz 2 BGB nicht ein, wenn die zum Zwecke der Abwendung der Gefahr im Verkehr erforderliche Sorgfalt beachtet wurde.

Beispiel: War der Schornstein mangelhaft befestigt und kommt es deshalb zum Einsturz, kann P in aller Regel Ersatz des dadurch an seinem Fahrzeug entstandenen Schadens verlangen. Kann der Gebäudebesitzer jedoch nachweisen, daß er das Gebäude ordnungsgemäß unterhalten hat und dennoch der Mangel unbemerkt blieb, trifft ihn keine Ersatzpflicht.

4. Amtshaftung

a) Regelung nach BGB

Schäden können auch entstehen durch fehlerhaftes Handeln des Staates bzw. seiner Organe. Die mit der Staatshaftung zusammenhängenden Fragen werden üblicherweise im öffentlichen Recht erörtert. Nach § 839 BGB haftet ein Beamter, wenn er vorsätzlich oder fahrlässig die ihm einem Dritten gegenüber obliegende Amtspflicht verletzt. Im Fall der Fahrlässigkeit haftet er nur subsidiär („Verweisungsprivileg": Der Beamte haftet nicht, wenn der Verletzte auf andere Weise Ersatz verlangen kann). Weiterhin gilt nach § 839 Abs. 2 das sog. „Richterprivileg". Schließlich hat der Geschädigte nach § 839 Abs. 3 eine Schadensabwendungspflicht durch Einlegung von Rechtsmitteln.

b) Öffentlich-rechtliche Überlagerung

Wichtig ist nun wiederum, eine besondere Regelungstechnik des Gesetzgebers zu erkennen: Mit der Schaffung des § 839 BGB vermeidet der Gesetzgeber zunächst, daß ein Beamter nach den allgemeinen (für ihn ungünstigeren) Vorschriften der §§ 823 ff. haftet. Darüber hinaus greift die Haftungsgarantie des Staates nach Art. 34 GG (wie schon früher Artikel 131 Weimarer Reichsverfassung) ein: An die Stelle der persönlichen Beamtenhaftung tritt die Haftung des Staates. Dies dient zum einen dem Interesse des Beamten (sein persönliches Risiko wird weitgehend eliminiert: Der Staat nimmt den Beamten nur in Regreß, wenn dieser vorsätzlich oder grob fahrlässig gehandelt hat); und zum anderen dem Interesse des Geschädigten (mit der Übernahme der Haftung durch den Staat wird ihm die Leistungsfähigkeit des Schuldners garantiert).

c) Reform des Staatshaftungsrechts

Langjährige Reformbemühungen haben zu dem bundesrechtlichen Staatshaftungsgesetz vom 26. 6. 1981 geführt. Es wurde jedoch vom Bundesverfassungsgericht für nichtig erklärt, weil dem Bund für die zum öffentlichen Recht gehörende Staatshaftung keine Gesetzgebungskompetenz zusteht. Damit ist bis zu einer Grundgesetzänderung weiterhin § 839 BGB in Verbindung mit Artikel 34 GG Rechtsgrundlage für die Schadenersatzansprüche aus Amtspflichtverletzungen.

5. Haftung des Aufsichtspflichtigen

Wer gesetzlich oder vertraglich zur Aufsicht über eine Person verpflichtet ist, die wegen Minderjährigkeit oder ihres geistigen bzw. körperlichen Zustands der Beaufsichtigung bedarf, ist gem. § 832 BGB (lesen!) zum Ersatz des Schadens verpflichtet, den diese Person widerrechtlich einem Dritten zufügt.

Beispiel: Im Haushalt der Eheleute E „liegen offen Streichhölzer herum". Die sechs- bzw. neunjährigen Kinder zündeln damit in der Scheune des Nachbarn. Sie brennt bis auf die Grundmauern ab.

Auch hier hat der Gesetzgeber die bekannte Regelungstechnik gewählt: Kausalität und Verschulden werden vermutet. Der Ersatzpflichtige kann sich exkulpieren, wenn er seiner Aufsichtspflicht genügt hat oder wenn der Schaden auch bei gehöriger Aufsichtsführung entstanden sein würde. Entscheidend ist z. B., „was verständige Eltern nach vernünftigen Anforderungen im konkreten Fall unternehmen müssen, um die Schädigung Dritter durch ihr Kind zu verhindern", und welcher konkrete Anlaß zu bestimmten Aufsichtsmaßnahmen bestand.

Beispiele: Die Rechtsprechung hat eine Verletzung der Aufsichtspflicht bejaht:
- wenn ein 6-jähriges Kind, das am Rand eines Bauplatzes spielt, nicht zurückgeholt wird und später auf der Baustelle Schäden verursacht;
- wenn ein 4-jähriges Kind in einem geparkten Kraftfahrzeug an einer Bundesstraße zurückgelassen wird, später die Handbremse löst und dadurch einen Unfall verursacht.

6. Die Billigkeitshaftung

Sie haben gesehen, daß Schadenersatzansprüche aus unerlaubter Handlung grundsätzlich Verschulden voraussetzen. Voraussetzung dazu ist wiederum die Deliktsfähigkeit. §§ 827, 828 BGB nennen Fälle der Deliktsunfähigkeit bzw. beschränkten Deliktsfähigkeit. Aus der Sicht des Geschädigten ist es unbefriedigend, daß er auf seinem Schaden „sitzenbleibt", nur weil der Schädiger nicht über die erforderliche Einsicht in das Unrecht seines Handelns verfügt. Hier setzt die Billigkeitshaftung nach § 829 BGB an: Wer aufgrund mangelnder Deliktsfähigkeit für einen von ihm angerichteten Schaden nicht verantwortlich ist, muß, sofern nicht ein aufsichtspflichtiger Dritter belangt werden kann, den Schaden insoweit ersetzen, als die Billigkeit dies erfordert. Dabei sind insbesondere die Verhältnisse der Beteiligten zu beurteilen, und es ist zu prüfen, ob dem Schädiger durch die Schadenersatzleistung „Mittel entzogen werden, deren er zum angemessenen Unterhalt sowie zur Erfüllung seiner gesetzlichen Unterhaltspflichten bedarf".

Schulbeispiel: Der 8-jährige S ist für einen von ihm angerichteten Schaden nicht verantwortlich, weil er laut psychologischem Gutachten bei Begehung der schädigenden Handlung nicht die zur Erkenntnis der Verantwortlichkeit erforderliche Einsicht hatte. Seinen Eltern kann keine Aufsichtspflichtverletzung vorgeworfen werden, weil sie im konkreten Fall alles Zumutbare getan hatten, um den Schaden zu vermeiden. Der Vater von S hat jedoch eine Haftpflichtversicherung abgeschlossen, die auch schädigende Handlungen der Familienmitglieder abdeckt. Die Versicherung zahlt nur, wenn ein Anspruch des Geschädigten gegen den Versicherungsnehmer (bzw. das aus der Versicherung berechtigte Kind) besteht. Mangels Verschulden würde ein solcher ausscheiden. In diesem Fall ist dem Schädiger jedoch wegen der Haftpflichtversicherung das wirtschaftliche Risiko des Ersatzanspruchs abgenommen.

Hinweis: Die neuere Rechtsprechung schränkt die Billigkeitshaftung ein. Das Bestehen einer freiwilligen Haftpflichtversicherung allein könne noch nicht zur Bejahung der Billigkeitshaftung und zur Gewährung von Schadenersatzbeträgen führen, welche die finanziellen Möglichkeiten des Schädigers sonst schlechthin überschreiten würden (BGHZ 76, 279).

7. Die Haftung des Kraftfahrzeughalters

Rein quantitativ ist die Haftung des Kfz-Halters der wichtigste Fall der **Gefährdungshaftung.** Diese ist im Straßenverkehrsgesetz (§§ 7 ff. StVG) geregelt.

a) Der Haftpflichtige

Haftpflichtig ist der „Halter" des Fahrzeugs. Dieser kann, muß aber nicht identisch sein mit dem Eigentümer. Beim Kauf unter Eigentumsvorbehalt und im Falle der Sicherungsübereignung von Kraftfahrzeugen bleibt der Verkäufer bzw. wird die Bank Eigentümer, nicht jedoch Kfz-Halter. Es gilt die **Formel:** Halter ist, wer das Fahrzeug für eigene Rechnung gebraucht und die für den Gebrauch erforderliche tatsächliche Verfügungsgewalt darüber hat.

b) Haftpflichttatbestände

Nach § 7 Abs. 1 StVG umfaßt die Halterhaftung die Fälle, daß ein Mensch getötet oder der Körper bzw. die Gesundheit eines Menschen verletzt oder eine Sache beschädigt wird. Voraussetzung ist, daß die Verletzung **beim Betrieb des Kraftfahrzeugs** eingetreten ist.

c) Ausschluß der Haftung

Die Kfz-Halterhaftung greift nach § 7 Abs. 2 StVG nicht ein, wenn der Unfall durch ein **„unabwendbares Ereignis"** verursacht wird, das weder auf einem Fehler in der Beschaffenheit des Fahrzeugs noch einem Versagen seiner Verrichtungen beruht.

Lernhinweis: Daraus wird klar, daß sich die Gefährdungshaftung aus der besonderen Betriebsgefahr eines Kraftfahrzeugs ableitet; hat sich diese jedoch nicht ausgewirkt, ist für eine Haftung ohne Verschulden kein Platz mehr. Andererseits ist festzustellen:

Weil es sich bei der Kfz-Halterhaftung um eine Gefährdungshaftung handelt, sind die üblichen Einlassungen von Verkehrsteilnehmern, „man sei am Unfall nicht schuld", alleine noch nicht geeignet, eine Ersatzpflicht zu verneinen. Man haftet ja auch ohne

Verschulden! Lediglich der Gesichtspunkt des „unabwendbaren Ereignisses" ist relevant: Nach § 7 Abs. 2 S. 2 StVG liegt ein solches vor, wenn der Unfall auf das Verhalten des Verletzten oder eines Dritten zurückzuführen ist und der Halter sowie der Fahrer jede nach den Umständen gebotene Sorgfalt beachtet haben.

Beispiele: Ein Verkehrsteilnehmer fährt auf einen ordnungsgemäß geparkten Pkw auf; ein erwachsener Verkehrsteilnehmer springt unvermittelt entgegen jeglicher Vorhersehbarkeit in die Fahrbahn.

d) Der Anspruchsberechtigte

Ersatzberechtigt ist zunächst jeder, der beim Betrieb eines Fahrzeugs verletzt wurde. Nicht ersatzberechtigt sind jedoch:

- der Fahrer selbst, § 8 StVG, sowie
- Mitfahrer und Fahrgäste, § 8 a StVG.

Ausnahme: Bei der **entgeltlichen** geschäftsmäßigen Personenbeförderung (Taxi, Omnibus) sind auch die Fahrgäste durch die Halterhaftung geschützt.

e) Haftungshöchstsummen

Nach § 12 StVG ist die Kfz-Halterhaftung summenmäßig beschränkt (damit wird das Risiko der Gefährdungshaftung namentlich für die Pflichtversicherungen kalkulierbar).

Derzeitige Summen:

- bei Personenschäden 500 000 DM Kapitalsumme bzw. 30 000 DM jährliche Rente pro Person (bei mehreren Verletzten zus. max. 750 000 DM bzw. 45 000 DM),
- bei Sachschäden: 100 000 DM.

Hinweis: Der tatsächliche Schaden kann höher liegen (Beispiel: Ein Sonntagsfahrer verhält sich verkehrswidrig, wodurch ein mit Familienvätern voll besetzter Werkverkehrsbus einen Viadukt hinunterstürzt). Der Schädiger bleibt über die bei der Gefährdungshaftung genannten Grenzen hinaus nach allgemeinem Deliktsrecht verantwortlich (sofern ihn nach § 823 BGB ein Verschulden trifft). Dies ist der Grund, weshalb bei der Kfz-Haftpflichtversicherung im Wege der Freiwilligkeit durchweg über die Pflichtgrenze hinausgehende Schadensfälle versichert werden.

VIII. Ergänzende Vorschriften

Art, Inhalt und Umfang der Schadenersatzleistung sind in §§ 249 ff. BGB geregelt. Diese Vorschriften werden im Recht der unerlaubten Handlung für den deliktischen Schadensersatzanspruch ergänzt.

1. Umfang des Schadenersatzanspruchs

a) Erwerbsnachteile

Nach § 842 BGB erstreckt sich der Schadenersatz bei der Verletzung einer Person auch auf die Nachteile, welche die Handlung für den Erwerb oder das Fortkommen des Verletzten herbeiführt.

Beispiel: Durch den Verkehrsunfall ist es dem Geschädigten nicht mehr möglich, seine bisherige, besser bezahlte Arbeit zu verrichten.

b) Verrentung des Schadenersatzanspruchs

Nach § 843 BGB ist dem Verletzten Schadenersatz in Form einer Geldrente zu leisten, wenn seine Erwerbsfähigkeit durch die Verletzung des Körpers oder der Gesundheit aufgehoben oder gemindert ist oder eine Vermehrung seiner Bedürfnisse eintritt.

Beispiel: Verkehrsunfall mit schwersten Personenschäden (Arm- bzw. Beinamputation, Querschnittslähmung).

c) Schmerzensgeldanspruch

Im Falle des deliktischen Schadenersatzanspruchs (und nur in diesem Fall!) kann nach § 847 BGB bei Verletzung des Körpers oder der Gesundheit sowie im Falle der Freiheitsentziehung Schmerzensgeld verlangt werden (Hinweis: Die Rechtsprechung gewährt Schmerzensgeld darüber hinaus auch bei gravierenden Verletzungen des allgemeinen Persönlichkeitsrechts, s. o.).

2. Ersatzberechtigung mittelbar Geschädigter

Lernhinweis: Bei der Darstellung des Schadenersatzanspruchs im Allgemeinen Schuldrecht hatten wir betont, daß grundsätzlich nur der unmittelbar Geschädigte, nicht dagegen auch der mittelbar Geschädigte die ihm entstehenden Einbußen ersetzt verlangen kann (vgl. oben § 31 III, 3). Davon machen §§ 844 und 845 BGB für das Recht der unerlaubten Handlung eine Ausnahme. Voraussetzung ist, daß der Verletzte dem mittelbar Geschädigten gegenüber **kraft Gesetzes** zum Unterhalt bzw. zur Dienstleistung verpflichtet war.

Beispiel: Die minderjährigen Kinder des bei einem Verkehrsunfall ums Leben gekommenen Familienvaters haben einen Schadenersatzanspruch nach § 844 Abs. 2 BGB auf Fortzahlung des fiktiven Unterhalts.

3. Mehrere Schädiger

Im Allgemeinen Schuldrecht wurde die „Gesamtschuldnerschaft" erörtert (vgl. oben § 40). Auch im Recht der unerlaubten Handlung stellt sich die Frage, welche Konsequenzen es hat, wenn mehrere Schädiger an einer unerlaubten Handlung beteiligt sind. Dazu sind im Deliktsrecht einige Besonderheiten zu notieren!

a) Mittäter und Beteiligte

Haben mehrere durch eine gemeinschaftlich begangene unerlaubte Handlung einen Schaden verursacht, ist nach § 830 Abs. 1 S. 1 BGB jeder für den Schaden verantwortlich. Anstifter und Gehilfen stehen Mittätern gleich.

b) Kausalitätsvermutung

§ 830 Abs. 1 Satz 2 enthält eine weitreichende Aussage: Läßt sich nicht ermitteln, wer von mehreren Beteiligten den Schaden durch seine Handlung verursacht hat, so ist jeder Beteiligte für den Schaden verantwortlich

(„mitgetangen, mitgehangen"). Diese Vorschrift kommt dem Geschädigten entgegen. Für ihn ist oftmals gar nicht feststellbar, wer von mehreren Beteiligten letztlich die Ursache für den Schadenseintritt gesetzt hat. Es genügt, wenn er den Nachweis führt, daß sich der in Anspruch Genommene an der Tat beteiligt hatte.

Schulbeispiel: Bei einer „Steinschlacht" wird die Fensterscheibe eines Ladengeschäfts eingeworfen; von den zweifelsfrei als Steinewerfer festgestellten Tatbeteiligten will keiner den verhängnisvollen Wurf gemacht haben. Diesen Nachweis braucht der Geschädigte nach § 830 Abs. 1 Satz 2 nicht zu führen. Wohl aber kann der einzelne Beteiligte die Kausalitätsvermutung entkräften (vgl. § 830 Abs. 1 Satz 2 BGB: „. . ., wenn sich nicht ermitteln läßt, . . .").

c) Gesamtschuldner

Sind mehrere für den aus einer unerlaubten Handlung entstehenden Schaden nebeneinander verantwortlich, so haften sie nach § 840 Abs. 1 BGB als Gesamtschuldner.

4. Verjährung

Für Schadenersatzansprüche aus unerlaubter Handlung gelten besondere Verjährungsfristen. Nach § 852 BGB verjährt der Anspruch in drei Jahren von dem Zeitpunkt an, in welchem der Verletzte von dem Schaden und der Person des Ersatzpflichtigen Kenntnis erlangt (unabhängig davon in 30 Jahren nach Begehung der Handlung).

Wiederholungsfragen zu § 57

Gibt es im BGB einen allgemeinen Begriff und eine Generalklausel für sämtliche unerlaubten Handlungen? (§ 57 I 1)

Welche Grundstruktur läßt sich für den Deliktsanspruch feststellen? (§ 57 I 3)

Welche Rechtsgüter sind im Rahmen des § 823 Abs. 1 BGB geschützt? (§ 57 II 2)

Inwieweit kann man beim Eingriff in das Recht am eingerichteten und ausgeübten Gewerbebetrieb Schadenersatz verlangen? (§ 57 II 2 c)

Inwiefern ist das allgemeine Persönlichkeitsrecht geschützt? (§ 57 II 2 b dd)

Welche Schutzgesetze sind im Rahmen des § 823 Abs. 2 BGB gemeint? (§ 57 III)

Können Sie Beispiele für sittenwidrige Schädigungen nach § 826 BGB nennen? (§ 57 IV)

Welches sind die Voraussetzungen für die Haftung des Geschäftsherrn für den Verrichtungsgehilfen? (§ 57 V)

Welche dogmatischen Ansätze kommen für die Lösung der Produzentenhaftung in Betracht? (§ 57 VI 2)

Welche speziellen Deliktstatbestände können Sie aufzählen? (§ 57 VII)

Was versteht man unter einem unabwendbaren Ereignis im Rahmen der Kfz-Halterhaftung? (§ 57 VII 7 c)

In welchen Ausnahmefällen kann auch der mittelbar Geschädigte Ersatz verlangen? (§ 57 VIII 2)

Was gilt, wenn mehrere einen Schaden verursacht haben? (§ 57 VIII 3)

Wann verjährt der Schadenersatzanspruch? (§ 57 VIII 4)

Teil V: BGB-Sachenrecht

1. Kapitel: Allgemeine Lehren

§ 58 Der Regelungsbereich des Sachenrechts

I. Funktionen des Sachenrechts

Das im dritten Buch des BGB geregelte „Sachenrecht" (§§ 854–1296) gehört wie das Schuldrecht zum Bereich des Vermögensrechts. Zwischen den beiden Rechtsgebieten bestehen aber grundsätzliche Unterschiede: Die Funktion des Schuldrechts liegt vorwiegend darin, den rechtsgeschäftlichen Güterverkehr zu regulieren; das Sachenrecht bestimmt die Zuordnung der Gegenstände zu den Rechtssubjekten. Daraus ergibt sich die Formel, wonach das Schuldrecht „dynamisch", das Sachenrecht dagegen „statisch" ist. Das Schuldrecht richtet sich auf die Erlangung von Sachwerten, das Sachenrecht gewährt deren dauernden Genuß.

Das Sachenrecht **regelt** also die **Rechtsbeziehungen zu Sachen** und gewährt hierzu „dingliche Rechte", die als Herrschaftsrechte gegenüber jedermann wirken.

II. Dogmatische Grundstrukturen im Sachenrecht

Das Sachenrecht regelt die rechtliche Beherrschung körperlicher Gegenstände. Dabei geht das Gesetz von einem außerordentlich liberalistischen Eigentumsbegriff aus. In § 903 BGB lesen wir: „Der Eigentümer einer Sache kann, ..., mit der Sache nach Belieben verfahren und andere von jeder Einwirkung ausschließen". Diese individualistische Betrachtungsweise entstammt dem römischen Recht. Neben römischrechtlichen Wurzeln sind aber auch deutschrechtliche Komponenten festzustellen: Das Grundbuchsystem, die unterschiedlichen Eigentumserwerbsformen von Liegenschaften und beweglichen Sachen sowie die Sozialgebundenheit des Bodens und die Möglichkeit, kraft guten Glaubens vom Nichtberechtigten Eigentum erlangen zu können, entsprechen deutscher Rechtstradition.

III. Der gegenständliche Bereich des Sachenrechts

Das Sachenrecht enthält Vorschriften für den Besitz („tatsächliche Sachherrschaft"), das Eigentum („rechtliche Sachherrschaft") sowie die sonstigen Rechte an Sachen. Dabei hat es insbesondere den Erwerb und den Verlust des Eigentums sowie die Begründung anderer Sachenrechte zu regeln.

Lernhinweis: Verschaffen Sie sich zunächst einen Überblick anhand der zusammenfassenden Übersicht *Regelungsbereiche des Sachenrechts*.

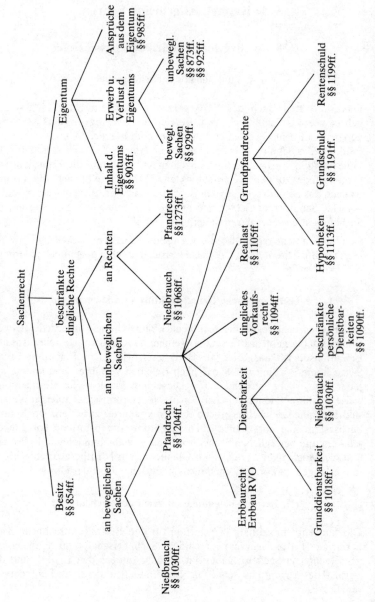

Regelungsbereiche des Sachenrechts

IV. Das dingliche Recht

1. Wesen des dinglichen Rechts

Rechte an Sachen bezeichnet man als „dingliche Rechte". Sie gewähren ihrem Inhaber die unmittelbare Herrschaft über eine Sache, gehören also zu den **„Herrschaftsrechten".** Dingliche Rechte wirken gegenüber jedermann, sind also **„absolute Rechte".** (Lernhinweis: Vgl. Sie dazu die Übersicht *„subjektive Rechte"* oben § 5).

2. Numerus clausus dinglicher Rechte

Die Güterzuordnung verlangt klare Verhältnisse. Aus diesem Grunde hat das Gesetz den Katalog dinglicher Rechte abschließend geregelt („numerus clausus der Sachenrechte"). Das bedeutet zweierlei:

a) Typenzwang

An Sachen können nur die im Gesetz bezeichneten Berechtigungen begründet werden (Typenzwang).

b) Typenfixierung

Der Inhalt dinglicher Rechte kann nicht variiert werden (Typenfixierung).

c) Konsequenzen

Die Vertragsfreiheit ist also durch Typenzwang und Typenfixierung eingeschränkt. Mit anderen Worten: Nutzungs- und Pfandrechte können grundsätzlich nur insoweit begründet werden, als sie im Gesetz vorgesehen sind; die Berechtigung, die sie ihrem Rechtsinhaber gewähren, sowie die Verpflichtung, die sie dem Eigentümer auferlegen, sind im Gesetz abschließend umschrieben. Es handelt sich also um zwingendes Recht.

Hinweis: Natürlich kann durch Vertrag auf **schuldrechtlicher** Basis ein abweichendes Rechts- und Pflichtenverhältnis begründet werden. Dann handelt es sich aber um schuldrechtliche (Forderungen), nicht dagegen um dingliche Rechte!

V. Ergänzungen und Überlagerungen des Sachenrechts durch Sondergesetze

Das Sachenrecht wird durch zahlreiche Sondergesetze ergänzt und überlagert. Dies gilt vor allem für das Grundstücksrecht. Die grundgesetzlich festgeschriebene Sozialbindung des Eigentums (vgl. Art. 14 Abs. 2 GG) korrigiert die individualistische Sicht des BGB (wie sie etwa in § 903 zum Ausdruck kommt).

Im wesentlichen handelt es sich dabei um öffentliches Recht.

Beispiele:

- Das **Baurecht** (vgl. die einschlägigen gesetzlichen Bestimmungen) bringt Vorschriften über die Bauleitplanung, die Umlegung, Erschließung und Enteignung, das Ausmaß, wie einzelne Baugebiete baulich genutzt werden dürfen, und die Art und Weise, wie ein Bauwerk errichtet werden darf.

- Für das landwirtschaftliche Bodenrecht stellt das **Grundstückverkehrsgesetz** (GrstVG) zahlreiche Genehmigungserfordernisse auf, insbesondere bei der rechtsgeschäftlichen Veräußerung. Die Genehmigung ist u. a. dann zu versagen, wenn die Veräußerung eine ungesunde Verteilung des Grund und Bodens zur Folge hätte (wenn sie Maßnahmen zur Verbesserung der Agrarstruktur widerspricht).

- Mit den Vorschriften über die **Städtebauförderung** im Baugesetzbuch verfügen die Städte und Gemeinden über weitgehende Eingriffsrechte in die Verfügungs- und Nutzungsberechtigung des Eigentümers an städtischem Grund und Boden in Sanierungsgebieten.

§ 59 Grundprinzipien des Sachenrechts

Lernhinweis: Im vorangegangenen § 58 wurden die im Sachenrecht geregelten Gebiete vorgestellt. In den nächsten Kapiteln wird ausgeführt werden, wie diese Regelungen im einzelnen aussehen. Zunächst aber sollten Sie sich verdeutlichen, von welchen „Grundlinien" der Gesetzgeber bei der einzelnen Ausgestaltung der auftauchenden Rechtsfragen ausgegangen ist. Insbesondere in mündlichen Prüfungen ist die Frage nach den Grundprinzipien des Sachenrechts ein beliebter Einstieg, um Kenntnis und Verständnis des Prüflings zu testen.

I. Das Spezialitätsprinzip

Das sachenrechtliche Prinzip der Spezialität bedeutet, daß **dingliche Rechte nur an bestimmten einzelnen Sachen,** nicht dagegen an Sachgesamtheiten begründet werden können (man spricht auch vom „Bestimmtheitsgrundsatz").

Lernhinweis: Repetieren Sie das oben im Allgemeinen Teil im „Kleinen Sachenrecht" unter § 6 III Ausgeführte.

Beispiel: Es gibt kein „Eigentum am Unternehmen", vielmehr hat man Eigentum an einem bestimmten Grundstück, an einer bestimmten beweglichen Sache, einer Maschine, einem Kraftfahrzeug usw.

Die Dogmatik des BGB deckt sich nicht mit dem gängigen Sprachgebrauch. Der Laie spricht selbstverständlich vom „Eigentum am Unternehmen" oder davon, daß man „einen Nießbrauch am Vermögen" eines anderen habe (lesen Sie § 1085 BGB!). Mit dem Bestimmtheitsgrundsatz möchte das Gesetz der Rechtsklarheit dienen.

Lernhinweis: Beachten Sie aber, daß der Spezialitätsgrundsatz nur im Sachenrecht, nicht dagegen im Schuldrecht gilt (vgl. etwa § 311 BGB). Selbstverständlich ist es möglich, „ein Unternehmen" oder „ein Warenlager" oder andere Rechts- und Sachgesamtheiten zum Gegenstand eines Kaufvertrags zu machen. Dieser begründet aber (das darf der Student nie verwechseln!) nur die Verpflichtung zur Veräußerung der betreffenden Sachgesamtheit; die Erfüllung dieser Verpflichtung erfolgt dann durch die im Sachenrecht geregelten Eigentumserwerbstatbestände, für die der strenge Bestimmtheitsgrundsatz gilt!

II. Das Absolutheitsprinzip

Das Absolutheitsprinzip besagt, daß **dingliche Rechte gegenüber jedermann wirken.** Sie gewähren als Herrschaftsrechte einen umfassenden Rechtsschutz.

Am deutlichsten wird dies beim Eigentum. Dieses ist gegen den Besitzentzug (vgl. § 985 BGB – lesen!) sowie gegen sonstige Beeinträchtigungen (vgl. § 1004 BGB – lesen!) umfassend geschützt. Wer dem Eigentümer den Besitz vorenthält oder eine sonstige Beeinträchtigung des Eigentums verursacht, kann entsprechend verklagt werden.

Lernhinweis: Bei den sonstigen dinglichen Rechten ist jeweils auf die zum Schutz des Eigentums bestehenden Ansprüche und Klagemöglichkeiten verwiesen, vgl. z. B. den Schutz des Nießbrauchs (§ 1065 BGB) oder den Schutz des Pfandrechts (§ 1227 BGB).

III. Das Abstraktionsprinzip

Unter dem Abstraktionsprinzip verstehen wir hier die **Trennung und Unabhängigkeit des dinglichen Rechtsgeschäfts von dem ihm zugrunde liegenden kausalen** (also schuldrechtlichen) **Rechtsvorgang.** Daraus folgt, daß Mängel des Kausalgeschäfts die Gültigkeit des dinglichen Rechtsgeschäfts in der Regel unberührt lassen. Da dies aber zu einer unberechtigten Vermögensmehrung desjenigen führt, der ohne schuldrechtliche Berechtigung die sachenrechtlich gültige Rechtsposition erlangt hat, wird über Ansprüche aus „ungerechtfertigter Bereicherung" nach §§ 812 ff. (Leistung ohne Rechtsgrund) ein Ausgleich herbeigeführt.

Lernhinweis: Repetieren Sie dazu den Abschnitt Kaufrecht sowie den Abschnitt ungerechtfertigte Bereicherung!

Auch das Abstraktionsprinzip dient der Rechtsklarheit und Rechtssicherheit. Die Eigentumsübertragung als solche erfolgt losgelöst von dem ihr zugrunde liegenden Kausalgeschäft (in der Regel ist dies ein Kaufvertrag). Auch hier wird die Diskrepanz zwischen der gesetzlichen Dogmatik und dem Sprachgebrauch des täglichen Lebens besonders deutlich. „Otto Normalverbraucher" unterscheidet im allgemeinen nicht zwischen Kauf und Übereignung, besonders dann nicht, wenn, wie bei Rechtsgeschäften des täglichen Lebens, beide Vorgänge zusammenfallen (Abschluß des Kaufvertrags und dessen sofortige Erfüllung durch Barzahlung und Übereignung). Machen Sie sich die getrennten Vorgänge und damit auch die Funktion des § 812 (Leistungskondiktion) noch einmal anhand der Ausführungen bei § 9 II 5 und der dort abgebildeten Skizzen deutlich.

Hinweis: Vom Abstraktionsprinzip gibt es **Ausnahmen:** Es kann sein, daß sowohl der schuldrechtliche Kaufvertrag als auch der dingliche Übereignungsvorgang an Mängeln leiden, die zur Nichtigkeit beider Vorgänge führen.

Drei Fälle kennt die Dogmatik:

1. Die Fehleridentität

Wenn sowohl das schuldrechtliche als auch das sachenrechtliche Geschäft unter demselben Fehler leiden, sind beide Geschäfte nichtig. Darunter fallen: mangelnde Geschäftsfähigkeit (§ 105 BGB, s. o.) sowie die Anfechtbarkeit nach §§ 119 Abs. 2, 123 BGB (s. o.).

2. Der Bedingungszusammenhang

Es ist möglich, die Gültigkeit des Übereignungsvorganges von der Wirksamkeit des schuldrechtlichen Geschäfts abhängig zu machen (Lernhinweis: Dies ist aber nur bei der Übereignung beweglicher Sachen zulässig, da § 925 Abs. 2 BGB die bedingte Übereignung von Grundstücken ausdrücklich verbietet!).

Allerdings kann man nicht generell annehmen, jeder Verkäufer wolle die Übereignung nur unter der Bedingung, daß der Kaufvertrag auch gültig sei. Sonst würde man das Abstraktionsprinzip ad absurdum führen.

3. Die Geschäftseinheit

Verschiedentlich wird in der Dogmatik versucht, § 139 BGB anzuwenden mit der Folge, daß schuldrechtliches und sachenrechtliches Geschäft eine Einheit bilden und die Nichtigkeit eines Teils (des schuldrechtlichen Geschäfts) dieser Einheit (nach § 139 BGB konsequent) zur Nichtigkeit des gesamten Rechtsgeschäfts führt. Die uneingeschränkte Anwendung dieser Theorie würde letztendlich aber ebenfalls zur Außerkraftsetzung des Abstraktionsprinzips führen.

IV. Das Publizitätsprinzip

Mit dem Begriff „Publizität" will man verdeutlichen, daß **dingliche Rechte nach außen** hin über einen Publizitätsträger **erkennbar** sind. Publizitätsmittel ist bei beweglichen Sachen der Besitz, bei Grundstücken das Grundbuch.

Dies entspricht auch der Lebenserfahrung: Im allgemeinen kann man davon ausgehen, daß derjenige, der eine Sache besitzt, auch Eigentümer ist. Diese Vermutung begründet § 1006 BGB (durch den Besitz) für das Eigentum an beweglichen Sachen und § 891 BGB (durch die Eintragung im Grundbuch) für Rechte an Immobilien.

Hinweis: Beim Grundbuch ist das Publizitätsprinzip am glaubhaftesten; dagegen ist die durch den Besitz begründete Eigentumsvermutung angesichts der heutigen Warenkreditierung (Lieferung unter Eigentumsvorbehalt) und Kreditsicherung (Sicherungsübereignung) nur noch eingeschränkt zu akzeptieren.

Das Publizitätsprinzip hat erhebliche Auswirkungen: Das Publizitätsmittel ist Grundlage für die Übertragung des Rechts an der Sache (zur Eigentumsübertragung von beweglichen Sachen ist entweder die Verschaffung des Besitzes oder eines „Ersatzes" notwendig, vgl. jetzt schon §§ 929 bis 931 BGB; die Übertragung des Eigentums an Grundstücken setzt die Eintragung in das Grundbuch voraus).

V. Der Gutglaubenserwerb

Auf dem Publizitätsprinzip basiert die Gestattung des Rechtserwerbs kraft guten Glaubens. Darunter versteht man die **Möglichkeit,** auch **von einem Nichtberechtigten** ein Recht **zu erwerben,** wenn man diesen für den Rechtsinhaber hält.

Beispiel: Der Erwerber kann von einem im Grundbuch zu Unrecht als Eigentümer Eingetragenen wirksam das Eigentum am Grundstück erlangen; dasselbe gilt für jemanden, der bewegliche Sachen von einem bloßen Besitzer erwirbt, wenn er diesen (zu Unrecht) für den Eigentümer hält. Vgl. im einzelnen dazu unten § 62 II.

Das römische Recht kannte diese Möglichkeit nicht. Es galt der Grundsatz: „Niemand kann mehr Rechte übertragen, als er innehat".

Lernhinweis: Machen Sie sich in diesem Zusammenhang noch einmal den besonderen Tatbestand der ungerechtfertigten Bereicherung nach § 816 Abs. 1 BGB (Verfügung eines Nichtberechtigten) klar!

Wichtig: Wo kein Publizitätsträger vorhanden ist, kann es auch keinen gutgläubigen Erwerb geben. Wo kein Rechtschein erzeugt wird, ist ein Vertrauen auch nicht schutzwürdig. Deshalb gibt es bei („normalen", z. B. nicht wertpapierrechtlich verbrieften) Forderungen keinen gutgläubigen Erwerb. Es gilt das Prioritätsprinzip: Die Forderung kann nur einmal abgetreten werden; wer sich eine Forderung „abtreten läßt", die nicht besteht, handelt auf eigenes Risiko; er erwirbt die Forderung nicht, sein diesbezügliches Vertrauen ist nicht geschützt. Die gleichen Gedankengänge gelten für den guten Glauben an die Geschäftsfähigkeit des Geschäftspartners bzw. das Vertrauen auf das Bestehen einer („normalen", nicht urkundlich oder im Handelsregister vermerkten) Vollmacht! Diese Dinge, die nicht ausdrücklich im BGB stehen, müssen jedem, der eine Grundausbildung im Zivilrecht durchlaufen hat, präsent sein!

Wiederholungsfragen zu § 59

Was versteht man unter dem Spezialitätsgrundsatz? (§ 59 I)

Können Sie das Absolutheitsprinzip anhand der Ansprüche aus dem Eigentum verdeutlichen? (§ 59 II)

Was versteht man unter dem Abstraktionsprinzip? (§ 59 III)

Was versteht man unter dem Publizitätsprinzip? (§ 59 IV)

Welche Auswirkungen hat es auf eine Übereignung, wenn der Kaufvertrag, der dieser zugrunde liegt, angefochten wird? (§ 59 III)

2. Kapitel: Besitz und Eigentum

Lernhinweis: Besitz und Eigentum terminologisch zu verwechseln, gehört zu den juristischen „Kapitalfehlern". In der Tat bringt der Laie, aber auch die „Geschäftswelt" Besitz und Eigentum nicht selten durcheinander. Dies kommt sicher mit daher, daß häufig der Besitzer zugleich Eigentümer ist. Merken Sie sich deshalb schon vorab: Besitz ist die „tatsächliche", Eigentum die „rechtliche" Herrschaft über eine Sache.

§ 60 Der Besitz

I. Wesen und Funktionen des Besitzes

1. Begriff

Besitz ist die **tatsächliche Herrschaft einer Person über eine Sache.** § 854 Abs. 1 BGB (lesen!) bringt dies mit den Worten zum Ausdruck, daß der Besitz einer Sache „durch die Erlangung der tatsächlichen Gewalt über die Sache erworben" wird. Besitzerlangung ist also ein tatsächlicher Vorgang. Deshalb kommt es auch nicht darauf an, ob dem Besitzer ein Recht zum Besitz zusteht. Daraus folgt: Auch der Dieb einer Sache ist Besitzer.

Schon hier sei darauf hingewiesen, daß die den Besitz begründende Sachherrschaft von unterschiedlicher Intensität sein kann. Beim unmittelbaren Besitz (nur den hat § 854 Abs. 1 BGB im Auge) wird die tatsächliche Gewalt unmittelbar ausgeübt. Daneben gibt es den mittelbaren Besitz (vgl. dazu sofort unten), bei dem die Innehabung der Sachherrschaft vom unmittelbaren Besitzer für einen anderen erfolgt. § 868 BGB qualifiziert dann auch die andere Person als („mittelbaren") Besitzer.

2. Funktionen

Der Besitz hat eine Reihe wichtiger Funktionen:

a) Eigentumsvermutung

Nach § 1006 BGB (lesen!) wird zugunsten des Besitzers einer beweglichen Sache vermutet, daß er Eigentümer der Sache sei. Daß dies tatsächlich so ist, entspricht im allgemeinen der Lebenserfahrung. Man wird oft gar nicht in der Lage sein, dokumentarisch das Eigentum an all den Sachen nachzuweisen, die man seit jeher im Besitz hat.

b) Übertragungsfunktion

Zum Erwerb der meisten dinglichen Rechte an beweglichen Sachen ist die Erlangung des Besitzes erforderlich. Eigentum wird nach § 929 BGB übertragen durch Einigung plus Übergabe. Auch das Pfandrecht ist als

„Faustpfandrecht" ausgestaltet und setzt zu seiner Begründung nach § 1205 BGB die Verschaffung des Besitzes voraus.

c) Gutglaubensfunktion

Der Besitz (oder genauer: die Disposition über den Besitz) ist die Grundlage für den Eigentumserwerb an beweglichen Sachen kraft guten Glaubens nach §§ 932 ff. BGB (vgl. unten).

II. Erscheinungsformen des Besitzes

Wir haben Besitz definiert als die Ausübung der „tatsächlichen Sachherrschaft". Im einzelnen freilich gibt es verschiedene Varianten. Das BGB differenziert in §§ 854–872

- nach der Intensität der Sachherrschaft (unmittelbarer und mittelbarer Besitz),
- danach, ob der Besitzer allein oder nur zusammen mit anderen die Sachherrschaft ausüben kann (Alleinbesitz, Mitbesitz, Teilbesitz),
- nach der inneren Willensrichtung des Besitzers (Eigenbesitz und Fremdbesitz) sowie
- nach der sozialen Einordnung desjenigen, der die tatsächliche Gewalt ausübt (Besitzer und Besitzdiener).

Lernhinweis: Im nachfolgenden werden die einzelnen Erscheinungsformen des Besitzes vorgestellt. Werfen Sie zur Orientierung zunächst einen Blick auf die Übersicht über die verschiedenen *Arten des Besitzes,* und repetieren Sie diese nach dem Durcharbeiten noch einmal. Sie müssen in der Lage sein, den jeweiligen Begriff zu definieren und durch ein Beispiel zu verdeutlichen.

1. Unmittelbarer und mittelbarer Besitz

a) Unmittelbarer Besitz

Der unmittelbare Besitz wird durch den Erwerb der tatsächlichen („unmittelbaren") Gewalt über eine Sache erlangt (§ 854 Abs. 1 BGB). Entscheidend ist also eine gewisse räumliche, auf Dauer angelegte Sachbeziehung.

Beispiele: Der im Eigenheim wohnende Grundstücksbesitzer, der Fahrer eines Mietautos und der Dieb einer goldenen Uhr sind unmittelbare Besitzer.

b) Mittelbarer Besitz

Mittelbarer Besitz wird nach § 868 BGB durch die Begründung eines sog. **„Besitzmittlungsverhältnisses"** geschaffen. Darunter versteht das Gesetz ein Rechtsverhältnis, „vermöge dessen eine Person auf Zeit zum Besitz berechtigt oder verpflichtet ist".

Beispiele: (vgl. dazu auch den Gesetzeswortlaut in § 868 BGB) Nießbrauch, Pfandbestellung, Pacht, Miete, Verwahrung und dgl.

Bei einem Mietverhältnis ist also der Mieter unmittelbarer Besitzer, der Vermieter mittelbarer Besitzer. Der Mietvertrag ist das Besitzmittlungsver-

Arten des Besitzes

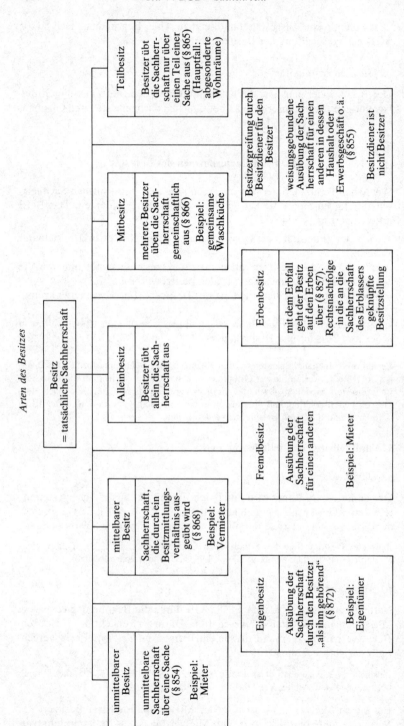

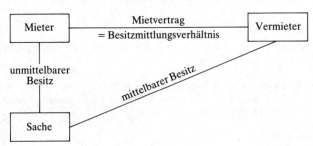

Mittelbarer Besitz

hältnis; es berechtigt den Mieter zur Ausübung des Besitzes auf Zeit und verpflichtet ihn nach Ablauf des Mietverhältnisses zur Rückgabe der Mietsache. Vergleichen Sie dazu auch die Skizze *Mittelbarer Besitz*.

2. Allein- und Mitbesitz

a) Alleinbesitz

Wer die tatsächliche Gewalt über eine Sache allein ausübt, ist Alleinbesitzer.

b) Mitbesitz

Besitzen aber mehrere eine Sache gemeinschaftlich, dann haben sie Mitbesitz an der Sache, § 866. Mitbesitz kann in zweifacher Weise auftreten:

- „Schlichter" Mitbesitz liegt vor, wenn jeder der Mitbesitzer die tatsächliche Sachherrschaft ausüben kann, dabei freilich auf die anderen Rücksicht nehmen muß.
- „Gesamthänderischer" Mitbesitz liegt vor, wenn der Besitz nur gemeinschaftlich ausgeübt werden darf.

Die Benutzung einer gemeinsamen Waschküche in einer Wohnanlage begründet schlichten Mitbesitz, wenn alle Mieter entsprechend der Hausordnung zur Nutzung berechtigt sind.

Gesamthänderischer Mitbesitz liegt vor in Fällen der Wertpapierhinterlegung durch mehrere mit der Abrede, daß die Bank die Papiere nur an alle Berechtigte gemeinsam herausgeben darf.

3. Voll- und Teilbesitz

Wenn der Besitzer die Sachherrschaft nur über einen Teil einer Sache ausüben kann, spricht man vom Teilbesitz.

Schulbeispiel: Der Mieter einer Wohnung hat Besitz an den gemieteten Räumen.

§ 865 BGB stellt klar, daß die Besitzschutzansprüche auch zugunsten des Teilbesitzers gelten.

Lernhinweis: Andere Prinzipien gelten beim Eigentum: Teile einer Sache können gem. § 93 BGB nicht Gegenstand besonderer Rechte sein, wenn sie wesentliche Bestandteile sind, vgl. dazu oben im Allgemeinen Teil § 6.

4. Eigen- und Fremdbesitz

a) Eigenbesitzer

Eigenbesitzer ist derjenige, der eine Sache „als ihm gehörend besitzt" (§ 872 BGB – lesen!).

Beispiele: Eigenbesitzer ist der (besitzende) Eigentümer. Eigenbesitzer ist aber auch der Dieb, wenn er die gestohlene Sache behalten will (dann allerdings als „nichtberechtigter Eigenbesitzer").

b) Fremdbesitzer

Fremdbesitzer ist derjenige, der eine Sache für einen anderen besitzt.

Beispiel: Fremdbesitzer ist der Mieter und jeder, der aufgrund eines Besitzmittlungsverhältnisses die Sachherrschaft (meist vorübergehend) für einen anderen ausübt.

Die Unterscheidung zwischen dem Eigen- und Fremdbesitzer ist u. a. bedeutungsvoll:

• für die Ersitzung: Eigentumserwerb durch Ersitzung setzt Eigenbesitz voraus (vgl. §§ 937 ff. BGB);

• beim Fruchterwerb: Nach § 955 BGB erwirbt der gutgläubige Eigenbesitzer das Eigentum an Früchten und Erzeugnissen der Sache.

5. Erbenbesitz

Nach § 857 BGB (lesen!) geht der Besitz auf den Erben über. Der Erbe erlangt den Besitz in der Form, wie ihn der Erblasser innehatte (also in all den Erscheinungsformen, die zuvor dargestellt wurden). Diese Vorschrift schützt den Erben vor dem unberechtigten Zugriff Fremder auf den Nachlaß.

6. Der Besitzdiener

Von dem Grundsatz, daß die tatsächliche Ausübung der Sachherrschaft zugleich den Besitz begründet, macht das Gesetz eine **Ausnahme** für den Besitzdiener: Nach § 855 BGB (lesen!) ist derjenige nicht Besitzer, der „die tatsächliche Gewalt über eine Sache für einen anderen in dessen Haushalt oder Erwerbsgeschäft oder in einem ähnlichen Verhältnisse ausübt, vermöge dessen er den sich auf die Sache beziehenden Weisungen des anderen Folge zu leisten hat". Mit dieser Bestimmung trägt der Gesetzgeber der arbeitsteiligen Wirtschaft und der Tatsache Rechnung, daß in zahllosen Fällen die unmittelbare Sachherrschaft für andere ausgeübt wird. Würde man stets Besitz annehmen, bestünde wegen der Rechtsscheinfunktion des Besitzes die Gefahr, daß Gutgläubige zu Lasten des Berechtigten Eigentum an den überlassenen Sachen erwerben.

Beispiele: Besitzdiener sind Hausgehilfinnen hinsichtlich des Tafelsilbers, Arbeitnehmer hinsichtlich der überlassenen Werkzeuge.

Lernhinweis: Der Erwerb vom Besitzdiener fällt unter § 935 BGB (gutgläubiger Eigentumserwerb ist nicht möglich, da insoweit die Sachen „abhandengekommen" sind).

III. Erwerb und Verlust des Besitzes

1. Erwerb

a) Unmittelbarer Besitz

Der unmittelbare Besitz wird erworben durch die **Erlangung der tatsächlichen Gewalt** über eine Sache (§ 854 Abs. 1 BGB). Da es sich beim Besitz um die Ausübung einer faktischen Herrschaftsmacht handelt, ist Geschäftsfähigkeit nicht erforderlich.

Man unterscheidet zwischen dem unmittelbaren (originären) Besitzerwerb (Beispiel: Ein Fahrgast in der Bahn nimmt im Abteil eine zurückgelassene Zeitung an sich) und dem abgeleiteten (derivativen) Besitzerwerb (Beispiel: Der Verkäufer händigt dem Käufer die Ware aus).

b) Mittelbarer Besitz

Der mittelbare Besitz wird erworben durch **Begründung eines Besitzmittlungsverhältnisses** nach § 868 BGB.

Beispiel: Der Eigentümer einer Wohnung überläßt diese einem anderen.

Nach § 870 BGB kann mittelbarer Besitz dadurch auf einen anderen übertragen werden, daß diesem der Anspruch auf Herausgabe der Sache abgetreten wird.

Beispiel: Der Leasinggeber veräußert die beim Leasingnehmer befindlichen Geräte an einen Dritten und tritt dabei den Herausgabeanspruch aus dem Leasingvertrag an den erwerbenden Dritten ab.

Vgl. Sie dazu auch die Skizze *Erwerb des mittelbaren Besitzes nach § 870 BGB*.

Erwerb des mittelbaren Besitzes nach § 870 BGB

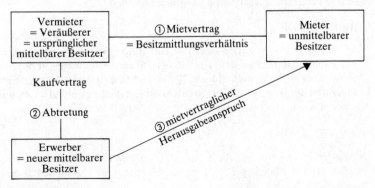

2. Verlust

a) Unmittelbarer Besitz

Der unmittelbare Besitz wird dadurch beendigt, daß der Besitzer die tatsächliche Gewalt über die Sache aufgibt oder in anderer Weise verliert (§ 856 Abs. 1 BGB – lesen!).

Beispiele: Der Zeitungsleser wirft die Zeitung weg; das Auto wird gestohlen.

Merke: Wird der Besitz ohne oder gegen den Willen des unmittelbaren Besitzers entzogen, ist die betreffende Sache „abhanden gekommen" i. S. d. § 935 BGB!

b) Mittelbarer Besitz

Mittelbarer Besitz wird beendigt mit der Beendigung des Besitzmittlungsverhältnisses.

IV. Der Schutz des Besitzes

Dem Besitz kommt auch eine Rechtsfriedensfunktion zu. Das Gesetz schützt den Besitzer gegen die Entziehung oder Störung der Sachherrschaft.

1. Verbotene Eigenmacht

Wer dem Besitzer ohne dessen Willen widerrechtlich den Besitz entzieht oder ihn im Besitze stört, begeht nach § 858 Abs. 1 „verbotene Eigenmacht". Ein dadurch erlangter Besitz ist fehlerhaft (§ 858 Abs. 2 BGB).

2. Rechtsfolgen

a) Selbsthilfe des Besitzers

Der Besitzer darf sich der vorgenannten verbotenen Eigenmacht nach § 859 Abs. 1 BGB „mit Gewalt" widersetzen. Der Besitzer kann sich also durch „Handgreiflichkeiten" wieder des Besitzes ermächtigen.

Lernhinweis: Diese Feststellungen sind auch für das Strafrecht relevant. Die Selbsthilfe ist ein Rechtfertigungsgrund und schließt damit die Bestrafung wegen der gegenüber verbotener Eigenmacht begangenen Verletzungen aus.

b) Verfolgungsrecht

Wird eine bewegliche Sache dem Besitzer durch verbotene Eigenmacht weggenommen, darf er sie dem auf frischer Tat betroffenen oder verfolgten Täter mit Gewalt wieder abnehmen. Bei Grundstücken darf der verdrängte Besitzer sich des Besitzes „sofort nach dessen Entziehung durch Entsetzung des Täters wieder bemächtigen".

c) Klagemöglichkeiten

Der Besitzer kann vor Gericht nach §§ 861, 862 im Falle der Besitzstörung bzw. Besitzentziehung gegen denjenigen, der verbotene Eigenmacht begangen hat, auf Wiedereinräumung des Besitzes bzw. Unterlassung der Störung klagen.

Hinweis: Ansprüche aus §§ 861 ff. sind sog. **„possessorische Ansprüche"**, bei denen es auf ein Recht zum Besitz nicht ankommt (Sinn: Dem Besitzer soll die rasche Wiederherstellung seines durch verbotene Eigenmacht beeinträchtigten Besitzstandes ermöglicht werden).

Wiederholungsfragen zu § 60

Was sind die Wesensmerkmale und die Funktionen des Besitzes? (§ 60 I)

Wann ist jemand mittelbarer Besitzer? (§ 60 II 1 b)

Geht der Besitz auf den Erben über? (§ 60 II 5)

Was versteht man unter einem Besitzdiener? (§ 60 II 6)

Wie wird der unmittelbare, wie der mittelbare Besitz erworben? (§ 60 III 1 a, b)

Kann der Besitzer im Falle der Besitzentziehung zur Selbsthilfe greifen? (§ 60 IV 2)

§ 61 Inhalt und Schutz des Eigentums

Lernhinweis: Die nachfolgenden Ausführungen sind besonders prüfungs- und praxisrelevant. Wie Eigentum übertragen wird und welche Ansprüche das Eigentum gewährt, ist regelmäßiger und beliebter Prüfungsstoff. Vergegenwärtigen Sie sich beim Durcharbeiten jeweils vorab und hinterher die abgebildeten Skizzen und Übersichten, die Ihnen den Einstieg und das Behalten erleichtern sollen.

I. Inhalt des Eigentums

Eigentum ist die unmittelbare **rechtliche** Herrschaft über eine Sache (Kurzformel: „Besitz ist die tatsächliche, Eigentum die rechtliche Sachherrschaft").

1. Erscheinungsformen

Eigentum kann in verschiedenen Erscheinungsformen auftreten:

a) Allein- und Miteigentum

Alleineigentum liegt vor, wenn eine Sache nur einer Person gehört. Am Miteigentum sind mehrere beteiligt.

Miteigentum kann in zwei Formen auftreten:

- **Miteigentum nach Bruchteilen** liegt vor, wenn jedem Miteigentümer ein bestimmter Bruchteil an der Sache als selbständiges dingliches Recht zusteht (Rechtsgrundlage dafür: §§ 741 ff., 1008 ff. BGB). Zwischen den Miteigentümern besteht eine „Gemeinschaft nach Bruchteilen", wobei jeder Miteigentümer über seinen Anteil frei verfügen kann.
- **Gesamthandseigentum** liegt vor, wenn die Anteile der Einzelnen zugunsten der Gesamtheit „gebunden" sind. Diese Erscheinungsformen des Eigentums finden wir bei den „Gesamthandsgemeinschaften" (Beispiele:

Gesellschaft bürgerlichen Rechts, OHG, KG sowie die eheliche Gütergemeinschaft und die Erbengemeinschaft). Im Unterschied zur Bruchteilsgemeinschaft kann bei der Gesamthandsgemeinschaft der einzelne Beteiligte nicht gesondert über seinen Anteil an den einzelnen Gegenständen verfügen (vgl. z. B. §§ 719 Abs. 1, 1419 Abs. 1, 2033 Abs. 2 BGB).

b) Treuhandeigentum

Wenn das Bürgerliche Gesetzbuch von Eigentum spricht, meint es die unmittelbare rechtliche Sachherrschaft des Rechtsinhabers. Man spricht auch vom „Volleigentum". Daneben ist im Wirtschaftsleben der Begriff des „Treuhandeigentums" (**„fiduziarisches Eigentum"**) geschaffen worden.

Treuhandeigentum wird begründet durch ein Treuhandverhältnis zwischen dem Treuhänder und Treugeber. Als Erscheinungsformen kennen wir die Sicherungs- und Verwaltungstreuhand. Beim Treuhandeigentum handelt es sich um Fallgestaltungen, bei denen ein Eigentümer (Treunehmer) **nach außen hin zwar als Volleigentümer auftritt, im Innenverhältnis zum Treugeber jedoch nicht frei verfügen darf.**

Beispiele: Wenn sich eine Bank zur Absicherung eines Kredits das Eigentum nach § 930 BGB übertragen läßt, wird sie zwar formell Eigentümer, wirtschaftlich beabsichtigt ist aber lediglich die Rechtsstellung eines Pfandgläubigers.

Bei der Verwaltungstreuhand wird das Eigentum vom Treugeber auf den Treuhänder zu Verwaltungszwecken übertragen. Wirtschaftlicher (aber nicht rechtlicher) Eigentümer bleibt der Treugeber.

Lernhinweis: Treuhandeigentum spielt bei der Zwangsvollstreckung eine große Rolle: Bei der Verwertung kann nicht außer acht gelassen werden, daß der Treuhänder nur formal Eigentümer ist. Der Zugriff der Treuhänder-Gläubiger muß demzufolge eingeschränkt werden.

Deshalb hat im Konkurs des Sicherungs- (Treu-)Gebers die Bank hinsichtlich des ihr zur Sicherheit übertragenen Eigentums – wie der Pfandgläubiger – das Recht, die Sache herauszuverlangen, um sie zu verkaufen und sich aus dem Erlös zu befriedigen („Absonderungsrecht"), nicht aber um sie zu behalten („Aussonderungsrecht" – Formel: „massefremde Gegenstände herausnehmen").

2. Verfügungsfreiheit

Eigentum ist die intensive und umfassende Zuordnung einer Sache zu einer Person. Es beinhaltet ein unbeschränktes dingliches Beherrschungsrecht und ist seinem Wesen nach sowohl Nutzungs- als auch Verwertungsrecht.

Diese „Totalherrschaft" bringt § 903 BGB mit den Worten zum Ausdruck: „Der Eigentümer einer Sache kann mit der Sache nach Belieben verfahren und andere von jeder Einwirkung ausschließen". Der Eigentümer einer Sache kann sie also nutzen, veräußern, verwerten, belasten und zerstören. Dieser individuelle Eigentumsbegriff des BGB hat seinen Ursprung im römischen Recht.

3. Schranken

Die Ausübung des Eigentums ist eingeschränkt.

Schon Artikel 14 Abs. 2 GG bestimmt: „Eigentum verpflichtet. Sein Gebrauch soll zugleich dem Wohle der Allgemeinheit dienen". Daneben gibt es zahlreiche privatrechtliche und öffentlich-rechtliche Beschränkungen des Eigentums:

Auch § 903 BGB selbst betont, daß die Verfügungsfreiheit des Eigentums dort endet, wo „das Gesetz oder Rechte Dritter entgegenstehen".

Beispiele: Aus dem Bereich des öffentlichen Rechts sind insbesondere die Vorschriften des Umweltschutzrechts zu nennen. Im Privatrecht ist es vor allen Dingen das Nachbarrecht, das die Nutzung des Grundeigentums erheblich einschränken kann.

So kann der Eigentümer eines Grundstücks nach § 907 BGB verlangen, daß auf den Nachbargrundstücken nicht Anlagen hergestellt oder gehalten werden, von denen mit Sicherheit vorauszusehen ist, daß ihr Bestand oder ihre Benutzung eine unzulässige Einwirkung auf sein Grundstück zur Folge hat.

Umgekehrt kann der Eigentümer die Zuführung von Gasen, Dämpfen, Gerüchen, Rauch, Ruß, Wärme, Geräuschen, Erschütterungen und ähnlichen von einem anderen Grundstück ausgehenden Einwirkungen insoweit nicht verbieten, als sie die Benutzung seines Grundstücks nicht oder nur unwesentlich beeinträchtigen (§ 906 BGB – lesen!).

Zu weiteren Fragen des Nachbarrechts (drohender Gebäudeeinsturz, Überhang durch Bäume und Sträucher, Überbau und Notwegrechte sowie gemeinsame Benutzung von Grenzanlagen im Grundstücksrecht) vgl. die §§ 908 ff. BGB, die aus sich selbst heraus verständlich sind und in diesem Zusammenhang im Hinblick auf den speziellen Adressatenkreis dieses Buches nicht in allen Einzelheiten ausgebreitet werden müssen. Beachten Sie aber: In diesem Bereich gibt es auch landesrechtliche Vorschriften (vgl. Art. 122 ff. EGBGB).

II. Schutz des Eigentums

Eigentum ist als Grundrecht verfassungsrechtlich geschützt (Art. 14 GG). Eigentum wird gewährleistet, sein Inhalt und seine Schranken werden durch Gesetze bestimmt. Eine Enteignung ist möglich, jedoch grundsätzlich nur gegen Entschädigung und zum Wohl der Allgemeinheit (Art. 14 Abs. 3 GG). Privatrechtlich ist Eigentum zunächst gegen Beschädigung nach § 823 Abs. 1 BGB geschützt: Die rechtswidrige und schuldhafte Beschädigung oder Zerstörung einer Sache löst Schadenersatzansprüche aus. Die besondere Herrschaftsmacht des Eigentümers wird im Sachenrecht verwirklicht durch die beiden grundsätzlichen Ansprüche, die sich aus dem Eigentum ergeben: den Herausgabeanspruch bei der Eigentumsentziehung und den Unterlassungs- bzw. Beseitigungsanspruch bei der Eigentumsstörung. Vergleichen Sie dazu die Übersicht *Schutz des Eigentums.*

1. Eigentumsentziehung

Der Eigentümer kann nach § 985 BGB (lesen!) vom Besitzer die Herausgabe der Sache verlangen.

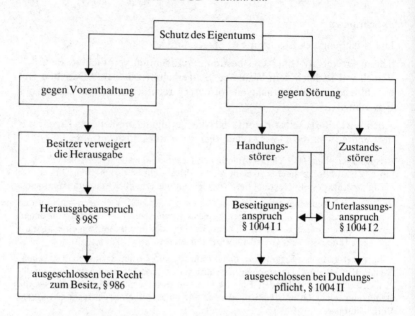

Lernhinweis: § 985 BGB gehört zu den Bestimmungen, die auch der Studienanfänger, ohne im Gesetz nachzuschlagen, präsent haben muß!

Der Herausgabeanspruch ist allerdings nach § 986 BGB ausgeschlossen, wenn der Besitzer „ein Recht zum Besitz" hat.

Beispiele: D entwendet die goldene Uhr des E; E hat nach § 985 BGB einen Herausgabeanspruch. V vermietet sein Kraftfahrzeug an M; M hat auf Grund des Mietvertrags ein Recht zum Besitz, ein Herausgabeverlangen des V ist für die Dauer der Mietzeit nicht begründet.

Denkbar ist, daß der Eigentümer seine Sache einem anderen vertragsgemäß überläßt, dieser sie aber an einen Dritten weitergibt. Ist der (jetzt) mittelbare Besitzer dem Eigentümer gegenüber zur Überlassung des Besitzes an den Dritten nicht befugt, so kann nach § 986 Abs. 1 Satz 2 BGB der Eigentümer von dem unmittelbaren Besitzer die Herausgabe der Sache entweder an den mittelbaren Besitzer oder, wenn dieser den Besitz nicht wieder übernehmen kann oder will, an sich selbst verlangen.

Lernhinweis: Derartig komplizierte Sachverhalte verdeutlicht man sich zweckmäßigerweise durch die Anfertigung einer Skizze. Vergleichen Sie dazu die Skizze *Anspruch des Eigentümers nach § 986 I 2.*

Beispiel: Die Autovermietung E vermietet ein Kraftfahrzeug an den Kraftfahrer M. Dieser gibt das Kraftfahrzeug an B weiter, obwohl im Mietvertrag ausdrücklich eine Weitergabe des Fahrzeuges untersagt war. Hier greift § 986 Abs. 1 Satz 2 BGB ein: E kann gegenüber B darauf bestehen, daß diese das Fahrzeug wieder an M zurückgibt; wenn M zur Übernahme nicht bereit ist, kann E Rückgabe an sich selbst verlangen.

2. Eigentumsstörung

Wird das Eigentum in anderer Weise als durch Entziehung oder Vorenthaltung des Besitzes beeinträchtigt, so kann der Eigentümer von dem Störer

Anspruch des Eigentümers nach § 986 I 2

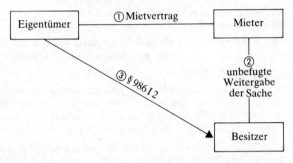

nach § 1004 BGB die Beseitigung der Beeinträchtigung verlangen. Wenn weitere Beeinträchtigungen zu befürchten sind, kann der Eigentümer auch auf Unterlassung klagen. Lernhinweis: Man spricht hier von der „Eigentumsfreiheitsklage", oft wird auch der römisch-rechtliche Ausdruck „actio negatoria" benutzt.

Die Klage ist begründet, wenn das Eigentum beeinträchtigt ist. Sie ist aber ausgeschlossen, wenn der Eigentümer zur Duldung verpflichtet ist (§ 1004 Abs. 2 BGB). Entscheidend also ist, ob es sich um eine „rechtswidrige Störung" handelt. Dabei unterscheidet man zwischen dem „Handlungsstörer" und dem „Zustandsstörer".

Lernhinweis: § 1004 BGB hat über den Eigentumsschutz hinaus weitreichende Bedeutung, da die Rechtsprechung diese Bestimmung analog auf alle absoluten Rechte anwendet.

a) Begriff des Störers

Störer ist derjenige, auf dessen Willen sich die Eigentumsbeeinträchtigung zurückführen läßt. Zwei Fälle sind zu unterscheiden:

Die Störung kann durch eine **Handlung** oder durch einen **Zustand** herbeigeführt werden.

Handlungsstörer ist z. B., wer Müll auf einem Grundstück ablädt; wer dauernd widerrechtlich über ein Grundstück fährt, um den Weg abzukürzen; wer eine Hauswand mit Parolen besprüht oder an der Gartenmauer ohne Erlaubnis Wahlplakate anbringt.

Mittelbarer Handlungsstörer ist auch, wer die störende Einwirkung Dritter adäquat ursächlich veranlaßt hat und sie verhindern kann. Beispiele: Störung durch krakeelende Besucher eines Nachtlokals; Start- und Landelärm beim Betrieb eines Flugplatzes; die von einem Tennisplatz ausgehenden Spielgeräusche.

Zustandsstörer ist (wenigstens auch), wer eine störende Anlage unterhält, wenn die Beseitigung der Störung von seinem Willen abhängt. Beispiel: Störung durch Gerüche, Rauch und Abgase, die vom eigenen Grundstück ausgehen und das Nachbargrundstück beeinträchtigen.

b) Rechtswidrigkeit der Störung

Die Eigentumsfreiheitsklage ist nur begründet, wenn die Störung rechtswidrig ist. Für den Regelfall wird durch die Störung deren Rechtswidrigkeit indiziert. Die Rechtswidrigkeit entfällt, wenn der Eigentümer die Störung dulden muß. Dies kann sich aus privatrechtlichen, aber auch aus öffentlichrechtlichen Gründen ergeben.

Beispiel: Nach § 906 BGB (lesen!) muß der Eigentümer unwesentliche und ortsübliche Immissionen hinnehmen. Wer in der Nachbarschaft eines Industriebetriebs wohnt, kann sich nicht über die Produktionsgeräusche beschweren, die sich innerhalb der immissionsschutzrechtlich zulässigen Phonzahlen bewegen.

Lernhinweis: Beachten Sie, daß für den Unterlassungsanspruch nach § 1004 nicht auch noch zusätzlich ein Verschulden vorliegen muß. Es genügt also die tatsächliche Beeinträchtigung und deren Rechtswidrigkeit (für Schadenersatzansprüche nach § 823 müßte darüber hinaus noch das Verschulden des Störers nachgewiesen werden!).

Wiederholungsfragen zu § 61

Wie unterscheiden sich Miteigentum und Gesamthandseigentum? (§ 61 I 1 a)

Welche Schranken bestehen für die Eigentumsausübung? (§ 61 I 3)

Welche Anspruchsgrundlagen greifen ein bei Eigentumsentziehung bzw. -störung? (§ 61 II)

§ 62 Der rechtsgeschäftliche Eigentumserwerb

Lernhinweis: Eigentum kann auf verschiedene Weise erlangt werden. Einmal dadurch, daß der bisherige Eigentümer sein Eigentum auf den Erwerber überträgt. Da dies durch Rechtsgeschäft erfolgt, spricht man vom rechtsgeschäftlichen Eigentumserwerb (man spricht auch vom „abgeleiteten" oder „derivativen" Eigentumserwerb). Daneben kennt das Gesetz eine Anzahl von Tatbeständen, bei deren Verwirklichung ebenfalls Eigentum erworben wird. Dann spricht man vom gesetzlichen Eigentumserwerb (auch „originärer" Eigentumserwerb genannt, weil er sich unmittelbar auf die Erfüllung gesetzlicher Tatbestandsmerkmale stützt, unabhängig von der rechtsgeschäftlichen Sphäre der Beteiligten). Fälle des gesetzlichen Eigentumserwerbs sind die Aneignung, die Ersitzung u. a. (vgl. dazu unten § 63).

Merken Sie sich zum rechtsgeschäftlichen Eigentumserwerb die **Formel:** Eigentum an beweglichen Sachen wird erworben durch Einigung und Übergabe; Eigentum an Grundstücken durch Auflassung und Eintragung ins Grundbuch. Vergleichen Sie nunmehr vorab und anschließend an die Durcharbeitung der §§ 62 und 63 die Übersicht *Rechtsgeschäftlicher Eigentumserwerb.* Diese Dinge müssen in den Grundzügen ohne viel Überlegungen hundertprozentig sitzen!

I. Eigentumserwerb vom Berechtigten

In der Regel wird der Veräußerer auch der Eigentümer einer Sache sein. Ist er jedoch lediglich Besitzer und veräußert er dennoch die Sache, handelt er als Nichtberechtigter. Dann muß geprüft werden, ob der Erwerber trotz-

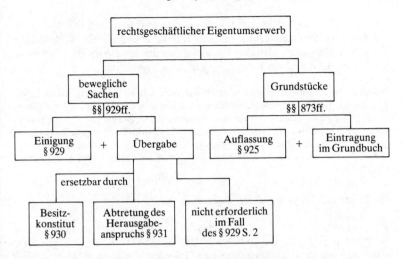

dem im Hinblick auf seinen guten Glauben kraft Rechtsscheins Eigentümer wird. Im nachfolgenden wird zunächst der Eigentumserwerb vom Berechtigten (also der Normalfall) dargestellt. Daran anschließend wird unter II. der Eigentumserwerb vom Nichtberechtigten erörtert.

1. Eigentumserwerb an beweglichen Sachen

a) Einigung und Übergabe

Zur Übertragung des Eigentums an einer beweglichen Sache ist nach § 929 BGB (lesen!) erforderlich, daß der Eigentümer die Sache dem Erwerber übergibt und beide darüber einig sind, daß das Eigentum übergehen soll. Der rechtsgeschäftliche Eigentumserwerb enthält also zweierlei:

• einen **rechtsgeschäftlichen** Vorgang, die „Einigung" (den abstrakten Vertrag, gerichtet auf den Übergang des Eigentums) sowie
• einen **tatsächlichen** Vorgang, die „Übergabe" (bestehend in der Verschaffung der tatsächlichen Gewalt über die veräußerte Sache).

Merke: Einigung und Übergabe sind die beiden Elemente des Eigentumserwerbs bei beweglichen Sachen.

Lernhinweis: Diese Aufteilung entspricht nicht der Laiensphäre. Wer im Geschäft „einkauft", vermag in der Regel schon nicht zwischen dem schuldrechtlichen und dem sachenrechtlichen Vorgang zu unterscheiden. Daß zum Kaufvertrag, der bekanntlich nur die Verpflichtung zur Übereignung begründet, noch ein weiterer, die tatsächliche Übergabe begleitender, vertraglicher Akt hinzukommt, wird beim Bargeschäft auch gar nicht sichtbar. Erst beim Eigentumsvorbehalt, also der Übergabe ohne gleichzeitige Übereignung, wird auch dem Laien deutlich, daß der Eigentumserwerb neben dem tatsächlichen Übertragungsakt noch einen zusätzlichen „dinglichen" Einigungsvorgang beinhaltet.

Merke: Da die Einigung ein Vertrag ist, findet auf sie die Rechtsgeschäftslehre Anwendung. Sie ist grundsätzlich formlos möglich und kann auch bedingt oder befristet erklärt werden. (Hauptfall der bedingten Übereignung ist der Eigentumsvorbehalt nach § 455 BGB).

Die Übergabe als tatsächlicher Vorgang beurteilt sich nach den Vorschriften über den Besitzerwerb. § 929 Satz 2 BGB erleichtert die Veräußerung für einen Spezialfall: Ist der Erwerber bereits im Besitz der Sache, so genügt die Einigung über den Übergang des Eigentums.

Beispiel: Der Leasingnehmer entscheidet sich zum Ankauf der bereits überlassenen Maschinen. Es wäre grotesk, die Sachen zunächst dem Veräußerer zurückzugeben, damit er sie dann wieder im Wege der Übergabe dem Erwerber aushändigen kann, allein um dem nach § 929 Satz 1 verlangten Erfordernis der Übergabe zu genügen. Hier genügt also zur Eigentumsübertragung die bloße dingliche Einigung. Man nennt diese Modalität des Eigentumserwerbs auch „Übergabe kurzer Hand" („brevi manu traditio").

b) Ersatz der Übergabe durch Besitzkonstitut

Wie betont, muß im Normalfall zum Eigentumserwerb an beweglichen Sachen zur Einigung die Übergabe der Sache, also die tatsächliche Verschaffung des Besitzes, hinzukommen. Dies kann aber zu Schwierigkeiten führen. In bestimmten Fällen (namentlich in der Kreditpraxis) wäre die Übergabe sogar in höchstem Maße unerwünscht. Machen wir uns klar, daß im Ausnahmefall der Eigentümer sein Eigentum zwar veräußern will, zugleich aber den Besitz behalten möchte und zudem der Erwerber gar nicht an der Erlangung des Besitzes interessiert ist. Dies ist die Grundkonstellation der **Sicherungsübereignung:** Der Produzent überträgt (mangels anderer Sicherheiten) als Sicherungsgeber das Eigentum an seinen Maschinen auf die geldgebende Bank als Sicherungsnehmerin zur Absicherung eines Kredits.

Gewiß könnte der Darlehensnehmer die Sicherheit auch in der Weise leisten, daß er die Maschinen oder das Warenlager der Bank verpfändet. Jedoch würde dies entsprechend dem im BGB geltenden Prinzip des Faustpfandrechts die reale Übergabe der Sachen voraussetzen (§ 1205). Das wäre aber aus zwei Gründen unerwünscht: Zum einen hätte dann der Produzent keine Möglichkeit mehr, mit den Maschinen zu arbeiten, und zum anderen würde die Übernahme von Maschinen oder Warenlagern zu ungewöhnlichen Lagerproblemen beim Kreditinstitut führen. Außerdem wird durch derartige Transaktionen der Kreditbedarf des Sicherungsgebers offenkundig, was sich schädlich auf seine Kreditwürdigkeit gegenüber Dritten auswirken kann. Da das Gesetz bei der Übereignung eine Modalität kennt, die auf die reale Übergabe verzichtet, tritt in der Kreditpraxis regelmäßig die Eigentumsübertragung an die Stelle der Verpfändung. § 930 BGB (lesen!) verlangt hierzu, daß die Übergabe durch ein sog. **Besitzkonstitut** ersetzt wird. Darunter versteht man ein Rechtsverhältnis, „vermöge dessen der Erwerber den mittelbaren Besitz erlangt" (vgl. Sie hierzu § 868 BGB und die Ausführungen beim Besitz, oben § 60). Besitzmittlungsverhältnisse sind: Miete, Leihe, usw. Durch die Vereinbarung des Besitzmittlungsverhältnisses wird dokumentiert, daß der Veräußerer die Sache nunmehr als Fremdbesitzer für den Erwerber besitzen soll. Vergleichen Sie dazu die Skizze *Veräußerung beweglicher Sachen nach § 930 BGB.*

Veräußerung beweglicher Sachen nach § 930 BGB

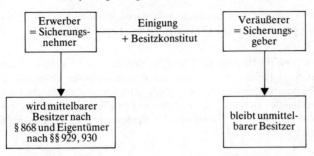

c) Ersetzung der Übergabe durch Abtretung des Herausgabeanspruchs

Es ist denkbar, daß der Eigentümer selbst gar nicht im unmittelbaren Besitz seiner Sache ist, weil er sie einem anderen überlassen hat.

Beispiel: Das zur Veräußerung an einen Dritten vorgesehene Leasinggut befindet sich beim Leasingnehmer.

Auch in diesem Fall muß der Eigentümer eine Möglichkeit haben, sein Eigentum auf einen Dritten zu übertragen. Diesen Fall hat § 931 BGB (lesen!) im Auge: Will der Eigentümer Sachen, die er nur in mittelbarem Besitz hat, übereignen, so wird die reale Übergabe dadurch ersetzt, daß er den Herausgabeanspruch gegen den unmittelbaren Besitzer an den Erwerber abtritt. Vergleichen Sie dazu die Skizze *Veräußerung beweglicher Sachen nach § 931 BGB.*

Veräußerung beweglicher Sachen nach § 931 BGB

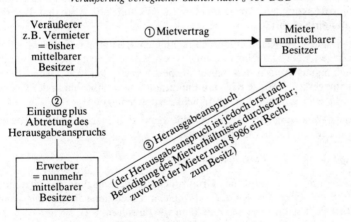

Auch § 931 BGB dient der Erleichterung: Es wäre grotesk, wenn der Eigentümer in diesen Fällen entweder gar nicht oder nur in der Weise übereignen könnte, daß er die weggegebenen Sachen zurückverlangt und dem Erwerber aushändigt. In vielen Fällen würde dies schon daran scheitern, daß der derzeitige unmittelbare Besitzer ein Recht zum Besitz hat und eine vorzeitige Rückgabe ablehnen könnte.

2. Eigentumserwerb an Grundstücken

Die rechtsgeschäftliche Übertragung des Grundstückseigentums setzt ebenfalls zweierlei voraus: einen rechtsgeschäftlichen Akt und einen tatsächlichen Vorgang.

Nach § 873 BGB (lesen!) ist zur Übertragung des Eigentums an einem Grundstück (Lernhinweis: ebenso zur Belastung eines Grundstücks mit einem Recht sowie zur Übertragung oder Belastung eines solchen Rechts) „die **Einigung** des Berechtigten und des anderen Teils über den Eintritt der Rechtsänderung **und** die **Eintragung** der Rechtsänderung in das Grundbuch erforderlich".

a) Die Auflassung

Die zur Übertragung des Eigentums an einem Grundstück nach § 873 BGB erforderliche Einigung bezeichnet das Gesetz als „Auflassung" (vgl. § 925 Abs. 1 Satz 1 BGB – lesen!). Sie kann (im Gegensatz zur Einigung bei der Veräußerung beweglicher Sachen) nicht unter einer Bedingung oder Befristung erklärt werden, § 925 Abs. 2. **Merke:** Die Auflassung gehört zu den bedingungsfeindlichen Rechtsgeschäften!

Auch auf die Auflassung finden die allgemeinen Vorschriften über die Rechtsgeschäfte Anwendung.

b) Die Grundbucheintragung

Der Erwerber wird Eigentümer, sobald er im Grundbuch als neuer Eigentümer eingetragen wird. Dazu wird der bisherige Eigentümer durch rotes Unterstreichen („Röteln") des bisherigen Eintrags „gelöscht". Das Grundbuch wird von den Amtsgerichten (in Württemberg von den Bezirksnotariaten) geführt.

Dabei sind eine Reihe öffentlich-rechtlicher Bestimmungen zu beachten (Anfragen über die Nichtausübung des Vorkaufsrechts der Gemeinde, Genehmigungen nach den baurechtlichen Vorschriften bzw. Grundstücksverkehrsgesetz, Vorlage der vom Finanzamt erst nach Zahlung der Grunderwerbsteuer erteilten Unbedenklichkeitsbescheinigung).

Merke: Auflassung und Grundbucheintragung sind die beiden Elemente des Eigentumserwerbs bei Grundstücken.

c) Sicherungen des Eigentumserwerbs

Zwischen dem Abschluß des Grundstückskaufvertrags und der letztendlichen Eintragung des Käufers als neuem Eigentümer kann eine lange Zeitspanne liegen. In dieser Zeit kann viel passieren: z.B. könnte über das Vermögen des Veräußerers das Konkursverfahren eröffnet werden und dieser dadurch nach § 6 KO die Verfügungsbefugnis über sein Vermögen verlieren. Aus diesem Grunde sieht der Gesetzgeber Sicherungsmöglichkeiten vor: Zum Schutz des Erwerbers bestimmt § 878 BGB, daß eine von dem Berechtigten (also dem Verkäufer) abgegebene Erklärung nach dem Eingang des Antrags auf Eintragung beim Grundbuchamt nicht dadurch unwirksam wird, daß er in der Verfügungsbefugnis beschränkt wird. Der

„gestreckte Tatbestand" zwischen Auflassung, Eingang des Eintragungsan-
trags und der vielleicht viel später liegenden Eintragung schadet somit
nicht.

aa) Schutz des Verkäufers

Wenn der Käufer nicht bar bezahlt, wird der Veräußerer die Auflassung in
der Regel nicht erklären und auch noch keinen Grundbuchänderungsantrag
stellen. Sonst würde der Verkäufer vorleisten, ohne sicher zu sein, daß der
Käufer auch tatsächlich zahlt.

bb) Schutz des Käufers

Was die Erwerbsaussichten des Käufers angeht, ist § 883 BGB (lesen!) zu
beachten: Der Veräußerer kann die Eintragung einer sog. **„Vormerkung"**
bewilligen. Sie sichert den Anspruch auf Einräumung oder Aufhebung des
Rechts an einem Grundstück und wird in das Grundbuch eingetragen. Dies
hat gem. § 883 Abs. 2 zur Folge, daß eine Verfügung, die nach der
Eintragung der Vormerkung über das Grundstück getroffen wird, dem
Berechtigten (also dem Käufer) gegenüber unwirksam ist. Insofern kann
der durch die Vormerkung gesicherte Grundstückskäufer darauf vertrauen,
später auch tatsächlich Eigentümer des verkauften Grundstücks zu werden.
Die vom Gesetz gewählte Regelungstechnik verwirrt den Laien: Die Ein-
tragung einer Vormerkung führt nicht zu einer „Grundbuchsperre"; der
Eigentümer kann weiterhin über das Grundstück verfügen (es z. B. an
einen Dritten veräußern). Allerdings muß der Dritte dann nach § 888
Abs. 1 der Eintragung des Vormerkungsberechtigten zustimmen. Man sagt:
„Die Vormerkung prophezeiht, protestiert aber nicht" (Dies tut dagegen
der sog. „Widerspruch", den man im Fall der Unrichtigkeit des Grund-
buchs eintragen lassen kann, vgl. § 894 BGB). Verdeutlichen Sie sich die
Funktion der Vormerkung noch einmal anhand der Skizze *Vormerkung*.

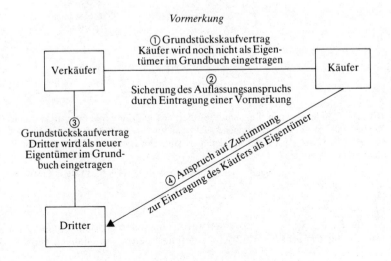

Vormerkung

II. Eigentumserwerb vom Nichtberechtigten

Lernhinweis: Beim derivativen Eigentumserwerb einigt sich der eine Vertragspartner als Veräußerer mit dem Erwerber, daß das Eigentum an der zu veräußernden Sache auf den Erwerber übergehen soll. Dabei wird unterstellt, daß derjenige, der als Veräußerer auftritt, auch Eigentümer der Sache ist oder doch mit Zustimmung des Eigentümers handelt. Wie ist aber zu entscheiden, wenn der Veräußernde nicht Eigentümer ist, diesen Eindruck aber dem Erwerber gegenüber erweckt? Kann der Erwerber auch in diesem Fall Eigentum erwerben? Dies hängt davon ab, ob der Gesetzgeber den guten Glauben des Erwerbers höher bewertet als das Interesse des Eigentümers, vor dem Verlust seines Eigentums geschützt zu werden. Im römischen Recht gab es keinen gutgläubigen Erwerb; es galt der Grundsatz: „nemo plus iuris transferre potest quam ipse habet". Das deutsche Recht jedoch ermöglicht den Erwerb vom Nichtberechtigten kraft guten Glaubens nach Maßgabe der §§ 932 bis 936. Beachten Sie als „Eselsbrücke": Genauso wie die verschiedenen Erwerbstatbestände in §§ 929, 930, 931 BGB abgehandelt sind, finden sich die entsprechenden Paralleltatbestände für den gutgläubigen Erwerb (jeweils drei Paragraphen weiter) in §§ 932, 933 und 934 BGB.

1. Gutgläubiger Eigentumserwerb an beweglichen Sachen

Nach § 932 BGB (lesen!) wird der Erwerber auch dann Eigentümer, wenn die Sache nicht dem Veräußerer gehört. Voraussetzung ist, daß sich der Erwerber „in gutem Glauben" befindet.

Das BGB entscheidet also die Interessenkollision zwischen dem wahren Eigentümer und dem gutgläubigen Erwerber grundsätzlich zugunsten des Erwerbers. Vergleichen Sie dazu die Skizze *Gutgläubiger Erwerb nach § 932 BGB*.

Gutgläubiger Erwerb nach § 932 BGB

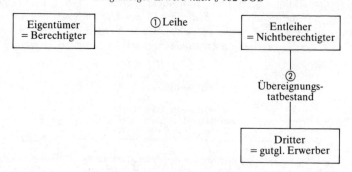

Beispiel: Emil leiht seinem Bekannten Norbert ein ihm gehörendes Fahrrad für eine Wandertour. Weil Norbert dringend Geld benötigt, veräußert er das Fahrrad an einen Dritten, der ihn für den Eigentümer hält, zum Preise von DM 100,–. Ist D Eigentümer geworden?

D hielt Norbert für den Eigentümer und konnte deshalb nach § 932 BGB Eigentum am Fahrrad erwerben.

a) Guter Glaube

Voraussetzung für den Eigentumserwerb vom Nichteigentümer ist der gute Glaube des Erwerbers. § 932 Abs. 2 definiert den guten Glauben negativ:

„Der Erwerber ist nicht in gutem Glauben, wenn ihm bekannt oder infolge grober Fahrlässigkeit unbekannt ist, daß die Sache nicht dem Veräußerer gehört".

Durch die negative Formulierung bezweckt der Gesetzgeber eine Beweislastumkehr: Der gute Glaube wird vermutet! Wer den guten Glauben des Erwerbers bezweifelt, muß dies durch Tatsachen belegen und vor Gericht beweisen.

Merke: Bei beweglichen Sachen genügt für die Bösgläubigkeit bereits die grob fahrlässige Unkenntnis, wohingegen beim gutgläubigen Erwerb von Grundstücken nur die positive Kenntnis schadet (vgl. den Wortlaut des § 892 BGB: „... dem Erwerber bekannt ist..."). Wenn der Erwerber ohne große Mühe die wahre Sachlage hätte erkennen können, ist ihm grobe Fahrlässigkeit vorzuwerfen.

Schulbeispiel: Emil leiht Norbert nicht sein Fahrrad, sondern sein Kraftfahrzeug, das dieser an den D veräußert, demgegenüber er sich als Eigentümer ausgibt. Hier besteht ein wesentlicher Unterschied: Da der Eigentümer regelmäßig zugleich auch Inhaber des Kraftfahrzeugbriefes ist, kann jeder Erwerber ohne großen Aufwand feststellen, ob der Veräußerer auch Eigentümer ist. Daraus hat die Rechtsprechung den Grundsatz abgeleitet: Wer sich den Kraftfahrzeugbrief nicht vorlegen läßt, handelt grob fahrlässig und wird nicht in seinem guten Glauben geschützt, wenn er den Nichtberechtigten irrtümlich für den Eigentümer des Kraftfahrzeugs hält.

b) Die Besitzerlangung

Das Gesetz verlangt für die Wirksamkeit des gutgläubigen Erwerbs die Besitzerlangung durch den gutgläubigen Dritten, wie dies im Normalfall nach § 929 vorgesehen ist. Ist aber die Besitzerlangung nach §§ 930 bzw. 931 BGB ersetzt, gilt das Folgende:

aa) Besitzkonstitut

Die Begründung eines Besitzkonstituts nach § 930 BGB genügt allein für den gutgläubigen Erwerb nicht. Hinzukommen muß nach § 933 BGB (lesen!), daß der Erwerber (noch) in gutem Glauben ist, wenn ihm die Sache von dem Veräußerer übergeben wird.

Beispiel: Bei der Sicherungsübereignung von Waren, die dem Sicherungsgeber (beispielsweise infolge Eigentumsvorbehalts des Rohstofflieferanten) noch gar nicht gehören, zugunsten einer Bank verfügt der Sicherungsgeber als Nichtberechtigter (sofern ihm dies nicht von seinem Lieferanten gestattet wurde). Gutgläubiger Erwerb durch die Bank ist hier aber gem. § 933 BGB erst dann möglich, wenn die Übergabe stattgefunden hat. Dies ist jedoch regelmäßig nicht der Fall, da die Sicherungsübereignung ja gerade deshalb gewählt wurde, um dem Veräußernden den Besitz an den „übereigneten" Sachen zu belassen.

bb) Abtretung des Herausgabeanspruchs

Wird das Eigentum nach § 931 BGB durch Abtretung des Herausgabeanspruchs übertragen, gilt gem. § 934 BGB (lesen!) folgendes:

- Die Abtretung des Herausgabeanspruchs als solche genügt, wenn der Veräußerer mittelbarer Besitzer war.
- Andernfalls muß der Erwerber für die Vollendung des gutgläubigen Eigentumserwerbs den unmittelbaren Besitz (z. B. auch durch Übergabe

an seinen Besitzdiener) oder mittelbaren Besitz (z. B. durch Übergabe an seinen Besitzmittler) tatsächlich erhalten.

Für den Zeitpunkt des guten Glaubens ist im 1. Fall die Abtretung, im 2. Fall die Besitzerlangung maßgebend.

Beispiel: Emil hatte das Fahrrad von einer Fahrradhandlung für die Dauer der Ferien gemietet und seinem Freund Norbert für eine Tagestour ausgeliehen. Emil veräußert das Fahrrad an D mit der Maßgabe, dieser solle es bei Norbert nach dessen Rückkehr abholen. Zwischen Emil und Norbert liegt ein Leihvertrag vor, Emil war mittelbarer, Norbert unmittelbarer Besitzer. Damit hat Emil gem. § 931 Abs. 1 den Herausgabeanspruch an D abgetreten. D erwirbt gutgläubig das Eigentum im Augenblick der Abtretung des Herausgabeanspruchs.

c) Abhanden gekommene Sachen

aa) Ausschluß des gutgläubigen Erwerbs

Kein gutgläubiger Erwerb ist möglich **an gestohlenen, verloren gegangenen oder sonst abhanden gekommenen** Sachen (letzteres ist der Oberbegriff). In diesem Fall hat der Gesetzgeber zugunsten des Eigentümers entschieden (vgl. § 935 – lesen!). Sein Interesse am Erhalt des Eigentums wird höher bewertet als das Vertrauen des gutgläubigen Erwerbers. **Verständnisfrage:** Wie läßt sich dies im Unterschied zu §§ 932–934 BGB rechtfertigen? **Antwort:** In den §§ 932–934 handelt es sich um den Erwerb von Sachen, die mit Wissen und Billigung des seitherigen Eigentümers in den Verfügungsbereich des Nichtberechtigten kamen (z. B. Miete, Leihe u. dgl.). Der Eigentümer wußte also, wem er seine Sache anvertraut. Mißbraucht der Empfänger dieses Vertrauen, muß der Eigentümer das Risiko selbst tragen. Sind die Sachen dagegen unfreiwillig (z. B. durch Diebstahl) weggekommen, wäre es unbillig, das Vertrauen des Erwerbers höher einzustufen als das Interesse des Eigentümers.

bb) Ausnahmen

§ 935 Abs. 1 BGB findet keine Anwendung (d. h. ein gutgläubiger Erwerb ist trotz Abhandenkommens möglich!) beim Erwerb von **Geld** oder **Inhaberpapieren** sowie bei Sachen, die im Wege **öffentlicher Versteigerung** veräußert werden (§ 935 Abs. 2).

Selbstverständlich ist auch hier gutgläubiger Erwerb nur möglich, wenn der Erwerber gutgläubig ist, also den Dieb der Inhaberpapiere für den Berechtigten hält bzw. (ohne daß man ihm dies als grobe Fahrlässigkeit anlasten kann) halten durfte.

2. Gutgläubiger Eigentumserwerb an Grundstücken

Auch an Grundstücken ist gutgläubiger Eigentumserwerb möglich. Nach § 892 BGB (lesen!) **gilt der Inhalt des Grundbuchs als richtig** zugunsten desjenigen, der ein Recht an einem Grundstück oder ein Recht an einem Grundstücksrecht erwirbt. Ausgeschlossen ist der gutgläubige Erwerb des Eigentums an einem Grundstück in zwei Fällen:

- wenn der Erwerber **bösgläubig** ist oder
- wenn ein **Widerspruch** gegen die Richtigkeit des Grundbuchs eingetragen war.

Beachte: Im Gegensatz zum gutgläubigen Erwerb des Eigentums an beweglichen Sachen schadet für den guten Glauben beim Grundstückseigentumserwerb nur die positive Kenntnis von der Unrichtigkeit des Grundbuchs, die grob fahrlässige Unkenntnis der falschen Eintragung dagegen nicht!

Was man unter einem Widerspruch versteht, können Sie den §§ 899, 894 BGB (lesen!) entnehmen: Steht der Inhalt des Grundbuches mit der wirklichen Rechtslage nicht im Einklang, so kann jeder, dessen Recht dadurch beeinträchtigt ist (und im Hinblick auf die Möglichkeit des gutgläubigen Erwerbs Gefahr läuft, sein Recht (z. B. Eigentum) zu verlieren), einen Widerspruch gegen die Richtigkeit des Grundbuchs eintragen lassen. Da solche Angelegenheiten eilbedürftig sind, kann die Eintragung auch aufgrund einer einstweiligen Verfügung erfolgen.

3. Interessenausgleich durch die ungerechtfertigte Bereicherung

Infolge der Grundentscheidung des bürgerlichen Rechts zugunsten des gutgläubigen Erwerbers verliert der Eigentümer sein Eigentum. Diese Benachteiligung versucht das Gesetz mit Hilfe der ungerechtfertigten Bereicherung abzumildern: Der Veräußerer verfügt als Nichtberechtigter; die Verfügung ist (wegen §§ 932 ff., 892) dem Berechtigten gegenüber wirksam. Damit haben wir die Grundvoraussetzungen für die Anspruchsgrundlage nach § 816 Abs. 1 BGB: Der Nichtberechtigte muß dem (früheren) Eigentümer das herausgeben, was er durch die Verfügung erlangt hat (in der Regel den Kaufpreis). Repetieren Sie dazu oben § 56 III 2.

Wiederholungsfragen zu § 62

Wie wird das Eigentum an beweglichen Sachen erworben? (§ 62 I 1 a)

Kann man an einer Sache Eigentum erwerben auch ohne reale Übergabe? (§ 62 I 1 b, c)

Wie wird das Eigentum an Grundstücken erworben? (§ 62 I 2 a, b)

Was versteht man unter einer Vormerkung? (§ 62 I 2 c, bb)

Unter welchen Voraussetzungen kann Eigentum auch vom Nichteigentümer erworben werden? (§ 62 II)

Wie unterscheiden sich die Anforderungen an den guten Glauben beim gutgläubigen Erwerb von Sachen und von Grundstücken? (§ 62 II 1 a, 2)

§ 63 Sonstige Formen des Eigentumserwerbs

Lernhinweis: Der rechtsgeschäftliche Erwerb des Eigentums steht quantitativ und von der wirtschaftlichen Bedeutung her im Vordergrund. Dennoch sollte man schon im Rahmen der Grundausbildung die sonstigen Fälle der Eigentumserlangung kennen. Merken Sie sich dazu jeweils den Begriff und ein einprägsames Beispiel. Vergleichen Sie dazu vor und nach dem Durcharbeiten des nachfolgenden Abschnitts die Übersicht *Gesetzlicher Eigentumserwerb.*

I. Aneignung herrenloser Sachen

Wer eine herrenlose bewegliche Sache in Eigenbesitz nimmt, erwirbt nach § 958 Abs. 1 BGB (lesen!) das Eigentum an der Sache.

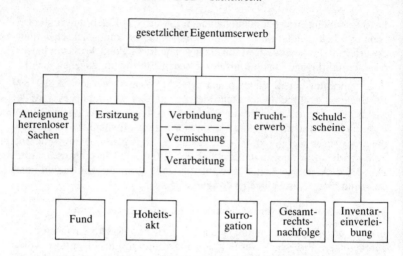

Lernhinweis: Die Aneignung („Okkupation") ist kein rechtsgeschäftlicher Vorgang, sondern ein Beispiel für einen Realakt.

Herrenlos sind Sachen, die niemandem gehören, z. B. „wilde Tiere" gem. § 960 BGB. Herrenlos sind auch die sogenannten „derelinquierten Sachen", an denen nach § 959 BGB der ursprüngliche Eigentümer den Besitz aufgegeben hat in der Absicht, auf das Eigentum zu verzichten.

Beispiele:

• Der Fahrgast läßt absichtlich die Zeitung nach der Lektüre im Abteil liegen; ein neuer Fahrgast nimmt sie an sich; im ersten Fall liegt Dereliktion, im zweiten Fall Okkupation vor.

• Hauseigentümer H stellt eine ausrangierte Couchgarnitur auf den Gehsteig, damit sie von der Sperrmüllabfuhr abtransportiert werden kann. Student S erkennt die günstige Gelegenheit und möbliert damit seine Bude.

Hinweis: Durch Okkupation kann Eigentum nicht erworben werden, wenn die Aneignung

• gesetzlich verboten ist (z. B. infolge naturschutzrechtlicher Vorschriften) oder

• das Aneignungsrecht eines anderen verletzt wird (z. B. das Jagdrecht des Jagdpächters), vgl. § 958 Abs. 2 BGB.

II. Eigentumserwerb durch Ersitzung

Eigentum kann auch durch bloße **Innehabung des Besitzes** erlangt werden, wenn diese über eine bestimmte **Zeitdauer** hinweg erfolgt und der Besitzer sich **gutgläubig** für den Eigentümer hält (vgl. §§ 937, 900).

Lernhinweis: Die Ersitzung spielt im deutschen Recht, weil es die Möglichkeit des gutgläubigen Erwerbs gibt, keine so überragende Rolle (anders im römischen Recht, dort gab es aber auch keinen gutgläubigen Erwerb). Bedeutung hat die Ersitzung in zwei Fällen: bei abhanden gekommenen Sachen (§ 935 schließt den gutgläubigen Erwerb dort aus) und bei der Veräußerung durch oder an Geschäftsunfähige.

1. Ersitzung beweglicher Sachen

Wer eine bewegliche Sache **10 Jahre** in Eigenbesitz hat (vgl. dazu § 872), erwirbt nach § 937 BGB (lesen!) das Eigentum an ihr. Der gute Glaube an das Eigentum, der hinzukommen muß, wird vermutet.

2. Buchersitzung

Auch bei Grundstücken gibt es die Ersitzung (man spricht dann von „Buchersitzung"). Nach § 900 BGB (lesen!) ist erforderlich, daß der Erwerber

- als Eigentümer im Grundbuch eingetragen ist,
- diese Eintragung **30 Jahre** bestanden hat und
- er während dieser Zeit das Grundstück im Eigenbesitz gehabt hat.

Mit Ablauf der Zeitdauer wird der Eingetragene Eigentümer.

Beispiele:

- V veräußerte mit notariellem Kaufvertrag das Eigentum an seinem Grundstück an E. E wurde ordnungsgemäß im Grundbuch als Eigentümer eingetragen. Nach vielen Jahren stellt sich heraus, daß V damals geschäftsunfähig war.
- Erbe E wird aufgrund eines Testaments als Eigentümer im Grundbuch vermerkt. Nach mehreren Jahrzehnten findet man ein entgegenstehendes Testament.

In beiden Fällen war die Grundbucheintragung unrichtig. Der Eingetragene hielt sich aber für den Eigentümer; er hatte das Grundstück in Eigenbesitz. Wenn die nach § 900 BGB geforderte Zeitspanne von 30 Jahren seit der Eintragung abgelaufen ist, erwirbt der bloße „Bucheigentümer" auch tatsächlich Eigentum.

III. Eigentumserwerb durch Verbindung, Vermischung und Verarbeitung

1. Verbindung

Lernhinweis: Aus dem Allgemeinen Teil kennen wir die Definition des wesentlichen Bestandteils. Rechtsfolge: Wesentliche Bestandteile können gem. § 93 nicht Gegenstand besonderer Rechte sein. Damit ist gesagt, daß das Eigentum an einer Sache verlorengeht, wenn sie wesentlicher Bestandteil wird. Wer nunmehr Eigentümer der neuen Sache wird, bestimmt sich nach den §§ 946 ff. BGB.

a) Verbindung mit einem Grundstück

Wird eine bewegliche Sache mit einem Grundstück so verbunden, daß sie wesentlicher Bestandteil des Grundstücks wird, so erstreckt sich gem. § 946 BGB das Eigentum an dem Grundstück auch auf diese Sache.

Beispiel: Fenster, die in ein Haus eingebaut werden.

b) Verbindung mit beweglichen Sachen

Werden bewegliche Sachen miteinander so verbunden, daß sie wesentliche Bestandteile einer einheitlichen Sache werden, so werden nach § 947 Abs. 1 BGB die bisherigen Eigentümer Miteigentümer dieser Sache.

Beispiel: Konservendosen und Füllgut.

Ist aber eine der Sachen als Hauptsache anzusehen, so erwirbt ihr Eigentümer nach § 947 Abs. 2 BGB das Alleineigentum.

Beispiel: Briefmarkensammlung und einzelne eingeklebte Marken.

2. Vermischung

Werden bewegliche Sachen miteinander untrennbar vermischt oder vermengt, so finden gem. § 948 die Vorschriften des § 947 BGB entsprechende Anwendung. Das heißt: Die entsprechenden Eigentümer der vermengten Sachen werden Miteigentümer, es sei denn, daß eine Sache als Hauptsache anzusehen war.

Bei untrennbarer Vermischung verlieren die einzelnen Sachen ihre körperliche Abgrenzung (z. B. Flüssigkeiten); bei der Vermengung kann man die betreffenden Sachen mangels Unterscheidbarkeit nicht mehr dem bisherigen Eigentümer zuordnen (z. B. Getreide).

3. Verarbeitung

a) Eigentumserwerb des Produzenten

Wer durch Verarbeitung oder Umbildung eines oder mehrerer Stoffe eine neue bewegliche Sache herstellt, erwirbt das Eigentum an der neuen Sache (§ 950 BGB – lesen!).

Beispiel: In der Schuhfabrik wird Rohleder zu modischen Schuhen verarbeitet. Durch die Verarbeitung erwirbt der Produzent das Eigentum.

Wichtig: Eigentumserwerb durch Verarbeitung setzt aber voraus, daß der **Wert der Verarbeitung** oder der Umbildung **nicht erheblich geringer** ist **als der Wert des Stoffes** (beachten Sie die Formulierung!).

Mit dem Erwerb des Eigentums an der neuen Sache erlöschen die an dem Stoff bestehenden Rechte. Dies hat erhebliche wirtschaftliche Konsequenzen: Der vom Warenlieferanten erklärte Eigentumsvorbehalt erlischt!

Lernhinweis: Die Kreditpraxis versucht die Benachteiligung des Rohstofflieferanten u. a. über das Rechtsinstitut des verlängerten Eigentumsvorbehalts zu bereinigen: Der Lieferant behält sich das Eigentum an der gelieferten Ware vor. Gleichzeitig wird vereinbart, daß die aus dem Weiterverkauf der produzierten Gegenstände resultierenden Forderungen im voraus an den Eigentumsvorbehaltsverkäufer zur Sicherheit abgetreten werden. Vergleichen Sie dazu unten die Ausführungen im Abschnitt „Sicherungsrechte" (§ 66) und die zu § 66 VII 5 b angefertigte Skizze _Verlängerter Eigentumsvorbehalt._

Eine weitere Möglichkeit, die Benachteiligung des Rohstofflieferanten zu vermeiden, liegt in der Vereinbarung einer sog. „Verarbeitungsklausel": Damit der Erwerb des Vorbehaltskäufers als Hersteller nicht das (vorbehaltene) Eigentum des Rohstofflieferanten „zerstört", verspricht der Produzent „für den Lieferanten herzustellen". Dann ist dieser Hersteller und gem. § 950 auch Eigentümer der neuen Sache. Es ist aber strittig, ob es sich bei § 950 BGB um zwingendes oder nachgiebiges Recht handelt.

b) Bereicherungsausgleich

Wer nach §§ 946–950 BGB durch Verbindung, Vermischung oder Verarbeitung einen Rechtsverlust erleidet (insbesondere sein Eigentum verliert), kann gem. § 951 BGB Vergütung in Geld nach den Vorschriften über die Herausgabe einer ungerechtfertigten Bereicherung fordern.

Beispiele: Werden die Fenster trotz nichtigem Werklieferungsvertrag eingebaut, die Konservendosen trotz fehlendem Rechtsgrund gefüllt und die Briefmarken von einem Geschäftsunfähigen in seine Sammlung eingeklebt, kann ein bereicherungsrechtlicher Ausgleich stattfinden.

Wichtig aber: Bei § 951 BGB handelt es sich (ausnahmsweise) um eine **Rechtsgrund**verweisung, so daß die Tatbestände in §§ 812 ff. BGB voll erfüllt sein müssen, um einen Anspruch zu begründen.

IV. Eigentumserwerb bei gefundenen Sachen

Wer eine verlorene Sache findet, hat nach §§ 965 ff. BGB naheliegende Pflichten: Er muß vom Fund Anzeige machen, die Sache verwahren, abliefern und an den Verlierer herausgeben. Auf der anderen Seite kann er Aufwendungsersatz und Finderlohn verlangen.

Wenn sich kein Empfangsberechtigter meldet, erwirbt der Finder nach § 973 BGB (lesen!) mit dem Ablauf von 6 Monaten nach der Anzeige des Fundes bei der zuständigen Behörde das Eigentum.

V. Eigentumserwerb durch Hoheitsakt

Eigentum kann auch durch staatlichen Hoheitsakt erlangt werden, insbesondere bei der Zwangsversteigerung und im Enteignungsverfahren. Der staatliche Hoheitsakt ersetzt die rechtsgeschäftliche Übertragung.

VI. Eigentumserwerb durch Surrogation

Das bürgerliche Recht kennt das Rechtsinstitut der „Surrogation": In bestimmten Fällen tritt anstelle eines bestimmten Gegenstandes sein Surrogat. Auslösende Momente für die Surrogation können sein: Delikt, Hoheitsakt, rechtsgeschäftliche Verfügung oder auch Naturereignisse.

Als Surrogate kommen in Betracht: Ein an Stelle des ursprünglichen Gegenstands erworbener neuer Gegenstand, ein Ersatzstück, eine Entschädigungsforderung, ein Ersatzanspruch oder eine Versicherungsforderung. Häufig finden wir Surrogationen bei Sachgesamtheiten und Sondervermögen.

Beispiele: Gem. § 2019 BGB ist auch Bestandteil der Erbschaft, was ein Erbschaftsbesitzer (also jemand, der die Erbschaft besitzt, aber nicht Erbe ist) mit Mitteln der Erbschaft erwirbt. Nach § 1370 BGB werden Haushaltsgegenstände, die an Stelle von nicht mehr vorhandenen oder wertlos gewordenen Gegenständen angeschafft werden, Eigentum des Ehegatten, dem die nicht mehr vorhandenen oder wertlos gewordenen Gegenstände gehört haben. Nach § 2111 Abs. 1 BGB gehört infolge

Surrogation zur Erbschaft auch das, was ein Vorerbe aufgrund eines zur Erbschaft gehörenden Rechts oder als Ersatz für die Zerstörung, Beschädigung oder Entziehung eines Erbschaftsgegenstands oder durch Rechtsgeschäft mit Mitteln der Erbschaft erwirbt (sofern ihm nicht der Erwerb als Nutzung gebührt).

Das Gesetz kennt aber auch Fälle, bei denen das Surrogat an die Stelle eines Einzelgegenstandes tritt (vgl. §§ 966 Abs. 2 S. 3, 975 S. 2, 979 Abs. 2, 1046 Abs. 1, 1075 Abs. 1, 1127 Abs. 1, 1219 Abs. 2 S. 1, 1247 S. 2, 1287, 1370).

VII. Fruchterwerb

1. Erwerb durch den Eigentümer

Bei Erzeugnissen und den ihnen gleichzubehandelnden sonstigen Trennstücken gilt nach § 953 BGB ein einleuchtender Grundsatz: Sie fallen mit der Trennung in das Eigentum des Eigentümers der Hauptsache („Muttersache"). Dabei ist unerheblich, wer die Früchte gesät hat, wer im Besitz der Hauptsache ist, wer Besitz der Trennstücke erwirbt und ob die Trennung absichtlich oder zufällig erfolgte.

Beispiel: Pferdezüchter P erwirbt das Eigentum am Fohlen, wenn er Eigentümer der Stute ist.

2. Erwerb durch den Nutzungsberechtigten

Besonderheiten gelten nach §§ 954 ff. BGB für den Nutzungsberechtigten: Wer aufgrund eines Rechts an einer fremden Sache befugt ist, sich die Erzeugnisse oder sonstigen Bestandteile der Sache anzueignen, erwirbt das Eigentum an ihnen mit der Trennung.

Beispiel: Der Nießbraucher ist nach §§ 1030 ff. BGB zur Nutzung der mit dem Nießbrauch belasteten Sache berechtigt und erwirbt deshalb nach § 954 mit der Trennung Eigentum an den Früchten.

VIII. Eigentumserwerb durch Gesamtrechtsnachfolge

Nach erbrechtlichen Grundsätzen tritt der Erbe mit dem Erbfall an die Stelle des Erblassers: Der Nachlaß geht auf den Erben über (§ 1922 – lesen!). Damit wird der Erbe automatisch Eigentümer der bislang dem Erblasser gehörenden Sachen. Eines weiteren rechtsgeschäftlichen Aktes bedarf es nicht. Eine später erfolgende Änderung der Eintragung im Grundbuch ist bloße Grundbuchberichtigung.

IX. Eigentumserwerb an Schuldurkunden

Nach § 952 BGB steht das Eigentum an dem über eine Forderung ausgestellten Schuldschein dem Gläubiger zu.

Das gleiche gilt für Urkunden und andere Rechte, kraft derer eine Leistung gefordert werden kann, insbesondere für Hypotheken-, Grund- und Rentenschuldbriefe. Das Gesetz will damit aus Zweckmäßigkeitsgründen garantieren, daß der Inhaber einer verbrieften Forderung zugleich auch Eigentümer der verbriefenden Urkunde wird. **Merksatz: „Das Recht am Papier** folgt dem Recht **aus dem Papier".** Der Gläubiger kann also nach § 985 BGB Herausgabe der Urkunde verlangen; es ist nicht etwa erst Einigung und Übergabe der Urkunde erforderlich. Dasselbe gilt bei der Abtretung der Forderung des Altgläubigers an den Neugläubiger. Letzterer kann ebenfalls mit der Eigentumsherausgabeklage vorgehen.

Beispiele: Schuldscheine jeder Art, unabhängig davon, ob sie nur bestätigen oder rechtsbegründend sind; Hypotheken-, Grund- und Rentenschuldbriefe sowie Sparkassenbücher, Versicherungsscheine.

X. Eigentumserwerb durch Inventareinverleibung

Bei bestimmten Nutzungsverhältnissen wird Eigentum erlangt durch die Inventareinverleibung.

Schulbeispiel: Nach § 582 a Abs. 2 S. 2 BGB (lesen!) werden die vom Pächter angeschafften Stücke mit der Einverleibung in das Inventar Eigentum des Verpächters.

Wiederholungsfragen zu § 63

Unter welchen Voraussetzungen erwirbt man durch Okkupation Eigentum? (§ 63 I)

Was versteht man unter der Ersitzung und wann kann durch sie Eigentum erlangt werden? (§ 63 II)

Unter welchen Voraussetzungen führen Verbindung, Vermischung und Verarbeitung zum Eigentumserwerb? (§ 63 III)

Erwirbt der Finder Eigentum? (§ 63 IV)

Wem gehören die Früchte an einer Sache? (§ 63 VII)

Welche Wirkung hat die Begleichung einer Forderung bezüglich des Eigentums an der ausgestellten Schuldurkunde? (§ 63 IX)

3. Kapitel: Sonstige dingliche Rechte

Lernhinweis: Wir haben gesehen, daß dingliche Rechte zu den Herrschaftsrechten gehören und als absolute Rechte gegenüber jedermann wirken. Der Prototyp des dinglichen Rechts ist das Eigentum. Die Rechtsordnung gestattet darüber hinaus dem Eigentümer, einzelne Herrschaftsbefugnisse aus dem „Vollrecht Eigentum" abzuspalten. Dabei wird das Eigentum zugunsten eines anderen Rechtsinhabers, dessen Rechtsposition ebenfalls wieder als absolutes Herrschaftsrecht ausgestaltet ist, belastet. Man spricht insofern von „beschränkten dinglichen Rechten". Im wesentlichen handelt es sich dabei um Nutzungs- und Sicherungsrechte. Vergleichen Sie dazu zunächst die Übersicht *Sonstige dingliche Rechte* an beweglichen Sachen, an Grundstücken, Rechten und (im Ausnahmefall des Nießbrauchs auch) am Vermögen. Daraus wird ersichtlich, daß bestimmte Nutzungs- und Sicherungsrechte sowohl bei beweglichen als auch bei unbeweglichen Sachen möglich sind, andere Nutzungs- und Sicherungsrechte dagegen nur am Grundstückseigentum bestellt werden können.

§ 64 Allgemeine Regeln

I. Wesensmerkmale

Beschränkte dingliche Rechte entsprechen in der Charakteristik dem allgemeinen dinglichen Recht. Als absolute Rechte sind sie gemäß § 823 Abs. 1 BGB geschützt. Sie stellen ein „sonstiges Recht" i. S. dieser Vorschrift dar.

Sonstige dingliche Rechte gewähren die gleichen Abwehr- und Herausgabeansprüche wie das Vollrecht Eigentum: §§ 985 und 1004 BGB finden entsprechende Anwendung. Der Gesetzgeber hat dies durch ausdrückliche Verweisung auf die beiden zentralen Anspruchsgrundlagen zum Ausdruck gebracht (lies §§ 1065, 1227 BGB). Auch bei der Begründung des beschränkten dinglichen Rechts folgt der Gesetzgeber grundsätzlich den Vorschriften für das Vollrecht: So ist für die Begründung von Rechten am Grundstückseigentum nach § 873 BGB ebenfalls die Einigung und Eintragung im Grundbuch erforderlich. Freilich kommen bei den einzelnen Erscheinungsformen zusätzliche Erfordernisse hinzu (so ist beispielsweise für die Begründung des Pfandrechts an beweglichen Sachen zusätzlich die Übergabe erforderlich: **Prinzip des Faustpfandrechts!**).

II. Rangsicherung dinglicher Rechte

Im Gegensatz zu schuldrechtlichen Forderungen wirken dingliche Rechte auch gegenüber Dritten. Dabei gilt das **Prioritätsprinzip** („wer zuerst kommt, mahlt zuerst"), das heißt: Grundsätzlich ist nur die erste Verfügung des Rechtsinhabers über das Recht wirksam. Allerdings besteht auch hier die Möglichkeit des gutgläubigen lastenfreien Erwerbs nach § 936 BGB (dies setzt bei beweglichen Sachen voraus, daß der Erwerber den Besitz der

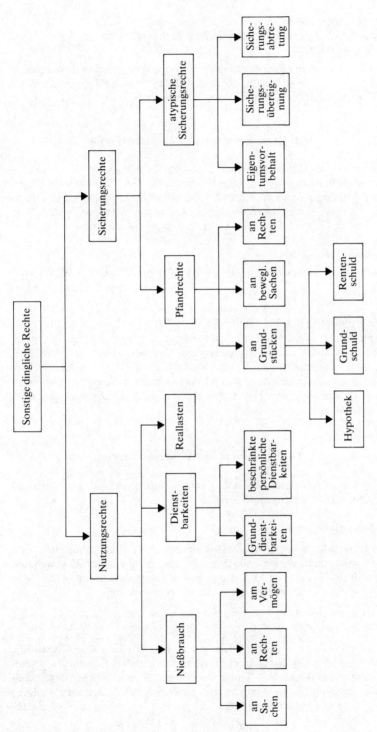

Sache entsprechend den §§ 932–934 erlangt). Achtung: § 936 wird als Grundregel durch Sondervorschriften (vgl. § 1208 BGB; § 366 Abs. 2 HGB) modifiziert.

Bei Grundstücken ist im Regelfall die Eintragung des beschränkt dinglichen Rechts im Grundbuch erforderlich (§ 873 Abs. 1), so daß ein gutgläubiger Vorrangserwerb (§§ 879, 892) insoweit nicht möglich ist.

III. Katalog beschränkter dinglicher Rechte

Wegen des im Sachenrecht geltenden numerus clausus möglicher Sachenrechte kann nicht jede beliebige Beschränkung des Eigentums mit dinglicher Wirkung vereinbart werden. Das Gesetz stellt lediglich einen begrenzten Katalog beschränkter dinglicher Rechte zur Verfügung. Nach dem belasteten Objekt läßt sich folgende Einteilung vornehmen:

1. Bewegliche Sachen

Bei beweglichen Sachen kennen wir den Nießbrauch und das Pfandrecht.

2. Grundstücke

Bei Grundstücken ist der Katalog umfassender:

Erbbaurecht, Dienstbarkeiten (das Gesetz trennt hier wiederum in Grunddienstbarkeiten, beschränkte persönliche Dienstbarkeiten und den Nießbrauch), dingliches Vorkaufsrecht, Reallasten sowie die Grundpfandrechte (Hypotheken, Grundschulden und Rentenschulden). Besonders zu nennen ist noch das nach dem Wohnungseigentumsgesetz zu begründende Wohnungseigentum.

IV. Erbbaurecht und Wohnungseigentum

Wegen der besonderen Bedeutung soll wenigstens in Stichworten auf die beiden Begriffe eingegangen werden:

1. Das Erbbaurecht

Rechtsgrundlage des Erbbaurechts ist die Erbbaurechtsverordnung von 1919. Sie statuiert eine Ausnahme von dem in § 94 BGB erwähnten Grundsatz, daß die mit Grund und Boden fest verbundenen Teile zu den wesentlichen Bestandteilen eines Grundstücks gehören.

Lernhinweis: Deshalb wird dem jungen Studenten auch eingeschärft, daß es nur ein Eigentum „am Grundstück" gebe, nicht dagegen „Eigentum an einem Gebäude".

Die Erbbaurechtsverordnung trennt zwischen Gebäude und Grundstück und behandelt das Erbbaurecht „wie ein Grundstück", somit als grundstücksgleiches Recht. Das Bauwerk selbst ist dann wesentlicher Bestandteil nicht des Grundstücks, sondern des Erbbaurechts (§ 12 ErbbauVO). Dem entspricht es dann auch, daß für das Erbbaurecht ein besonderes Erbbaugrundbuch geführt wird.

Die Motive für die Einräumung eines Erbbaurechts liegen im wesentlichen in der Finanzierung: Die Kosten für die Schaffung von Gebäuden schließen bei allgemeiner Kalkulation die Grundstücksbeschaffungskosten ein. Bei der Einräumung eines Erbbaurechts ist dagegen statt des Grundstückspreises regelmäßig nur ein laufender Erbbauzins zu zahlen. Das Erbbaurecht wird in der Regel für die Dauer von 99 Jahren eingeräumt.

Im übrigen wird das Erbbaurecht genauso behandelt wie das Grundstückseigentum; es kann insbesondere veräußert, vererbt und beliehen werden.

2. Das Wohnungseigentum

a) *Rechtsgrundlage*

Wohnungseigentum gab es schon vor Inkrafttreten des BGB in Form des damaligen „Stockwerkseigentums". Das BGB ließ vor 1900 begründetes Stockwerkseigentum zwar bestehen, neues konnte aber wegen der Bestimmungen über die wesentlichen Bestandteile nicht mehr begründet werden.

Erst die Wohnungsnot nach dem 2. Weltkrieg führte zum Wohnungseigentumsgesetz von 1951 und zu einer Renaissance des Wohnungseigentums in der Bauwirtschaft.

b) *Grundstrukturen*

Das WEG durchbricht den Grundsatz, daß eine Sache entweder nur in Alleineigentum oder Miteigentum stehen kann.

aa) *Wohnungen*

Wohnungseigentum ist das **Sondereigentum an einer Wohnung** i.V.m. dem Miteigentumsanteil an dem gemeinschaftlichen Eigentum.

bb) *Gewerbliche Räume*

Teileigentum ist das **Sondereigentum an nicht zu Wohnzwecken dienenden Räumen** eines Gebäudes i.V.m. dem Miteigentumsanteil an dem gemeinschaftlichen Eigentum.

Der Wohnungseigentümer (und entsprechend der gewerbetreibende Teileigentümer) hat also Alleineigentum an seiner Wohnung und einen ideellen Miteigentumsanteil an allen sonstigen gemeinschaftlichen Einrichtungen (Keller, Dachboden, Hauseingang, Garten).

Verdeutlichen Sie sich dies anhand nachstehender Skizze *Eigentumsverhältnisse nach dem Wohnungseigentumsgesetz.*

Es ist einleuchtend, daß der Wohnungseigentümer nicht die gleiche Freiheit wie der Alleineigentümer genießen kann, sondern sich als Mitglied der Wohnungseigentümergemeinschaft deren Beschlüssen und Regelungen unterwerfen muß. Deshalb sieht das Gesetz vor, daß das Wohnungseigentum begründet wird durch Vertrag zwischen den Miteigentümern des Grund-

Eigentumsverhältnisse nach dem Wohnungseigentumsgesetz

	Dachboden: Miteigentum		
	Treppen-haus = Mit-eigentum	Appartements = Wohnungseigentum	
		Wohnungen = Wohnungseigentum	
		Büros = Teileigentum	
Grundstück und		Ladengeschäfte = Teileigentum	Garten
Grundstücks-zufahrt = Miteigentum	Heizungs-keller	Waschküche | Fahrrad-raum = Miteigentum	= Miteigentum

stücks oder durch Teilung eines schon bebauten Grundstücks durch den alleinigen Eigentümer. Die Wohnungseigentümer beschließen in der Eigentümerversammlung. Die Gemeinschaft muß einen Verwalter bestellen, der weitreichende Befugnisse hat (vgl. im einzelnen §§ 20 ff. WEG).

Wiederholungsfragen zu § 64

Inwieweit genießen beschränkt dingliche Rechte Deliktsschutz? (§ 64 I)

Was versteht man unter dem Erbbaurecht? (§ 64 IV 1)

Welche Rechtsgrundlage gilt für das Wohnungseigentum? (§ 64 IV 2 a)

§ 65 Nutzungsrechte

Als Nutzungsrechte an beweglichen Sachen nennt das Gesetz den Nießbrauch, an Grundstücken darüber hinaus die Grunddienstbarkeit, die beschränkte persönliche Dienstbarkeit und die Reallast.

I. Der Nießbrauch

1. Begriff

Unter dem Nießbrauch versteht man die Belastung einer Sache in der Weise, daß derjenige, zu dessen Gunsten die Belastung erfolgt, **berechtigt** ist, **die Nutzungen** der Sache **zu ziehen** (vgl. die Legaldefinition in § 1030 BGB). Die Laiensprache benutzt das Wort Nießbrauch selten; häufiger wird von der „Nutznießung" gesprochen.

2. Bestellung des Nießbrauchs

Nießbrauch kann eingeräumt werden an Grundstücken und beweglichen Sachen (§ 1030 BGB), an Rechten (§ 1068 BGB) und am Vermögen (§ 1085 BGB, wo allerdings wiederum im Hinblick auf den Spezialitätsgrundsatz klargestellt wird, daß die Einräumung nur in der Weise erfolgen kann, daß der Nießbraucher den Nießbrauch an den einzelnen zu dem betreffenden Vermögen gehörenden Gegenständen erlangt).

Die Einräumung des Nießbrauchs erfolgt **jeweils in den Formen der Übertragung des Vollrechts:** Nießbrauch an beweglichen Sachen wird eingeräumt durch Einigung und Übergabe, an Grundstücken durch Einigung und Eintragung im Grundbuch, an Rechten durch Zession (§ 1069 i.V.m. § 398 BGB).

Die wirtschaftliche Bedeutung des Nießbrauchs wird oft unterschätzt. Bei beweglichen Sachen ist diese sicher gering, um so bedeutender dagegen ist der Nießbrauch an Grundstücken und an einem Vermögen. Die Einräumung des Nießbrauchs bezweckt die „Aufspaltung" der formellen Rechtsinhaberschaft und der tatsächlichen Nutzungsmöglichkeit. So kann beispielsweise im Wege der vorweggenommenen Erbfolge das Vollrecht bereits auf den Junior übertragen werden, die Nutzungsmöglichkeit aber dem Senior weiterhin vorbehalten bleiben. Weiter ist denkbar, daß man bestimmten Familienangehörigen zu Versorgungszwecken den Nießbrauch überträgt, sich das Eigentum aber vorbehält. Die einzelnen steuerlichen Motivationen und die zum Teil komplizierten Konsequenzen (z. B. die Frage, ob der Nießbraucher oder der Eigentümer die Abschreibungen vornehmen und mit seinen positiven Einkünften verrechnen kann) können hier nicht vertieft werden. Insoweit sei auf die steuerrechtlichen Vorlesungen verwiesen.

3. Rechtsstellung des Nießbrauchers

Das Rechtsverhältnis zwischen dem Nießbraucher und dem Eigentümer bestimmt sich nach §§ 1030 ff. BGB (verschaffen Sie sich durch die Lektüre einen kurzen Überblick). Danach ist der Nießbraucher zum **Besitz** der Sache berechtigt, er hat das **Nutzungsrecht** und erwirbt das Eigentum an den **Früchten** mit der Trennung von der Hauptsache (vgl. § 954 BGB). Beim Nießbrauch handelt es sich um ein höchstpersönliches Recht. Es erlischt mit dem Tod des Nießbrauchers (§ 1061 S. 1 BGB) und ist nicht übertragbar, seine Ausübung darf aber einem Dritten überlassen werden (§ 1059 BGB). Gegenüber Dritten ist der Nießbraucher wie ein Eigentümer geschützt (vgl. § 1065 BGB).

II. Dienstbarkeiten

Nach der gesetzlichen Systematik umfaßt die Dienstbarkeit auch den Nießbrauch. Als Dienstbarkeiten im engeren Sinne kennen wir die Grunddienstbarkeit sowie die beschränkte persönliche Dienstbarkeit.

1. Die Grunddienstbarkeit

Die Definition der Grunddienstbarkeit in § 1018 BGB ist zunächst verwirrend. Machen Sie sich deshalb folgendes klar: Bei der Grunddienstbarkeit unterscheidet man ein **„herrschendes"** und ein **„dienendes" Grundstück.** Zugunsten des Eigentümers des herrschenden Grundstücks wird das dienende Grundstück in einer bestimmten Weise belastet.

a) Begriff

Durch die Grunddienstbarkeit kann ein Grundstück zugunsten des jeweiligen Eigentümers eines anderen Grundstücks nach § 1018 BGB (lesen!) in dreifacher Weise belastet werden:

(1.) Der Begünstigte darf das Grundstück in einzelnen Beziehungen benutzen (Beispiel: Geh- und Fahrrechte),

(2.) auf dem Grundstück dürfen gewisse Handlungen nicht vorgenommen werden (Beispiel: Baubeschränkungen) oder

(3.) die Ausübung eines Rechts, das sich aus dem Eigentum an dem belasteten Grundstück dem anderen Grundstück gegenüber ergibt, ist ausgeschlossen (Beispiel: Duldung von Immissionen).

Daraus folgt, daß die Grunddienstbarkeit immer auf ein Dulden oder Unterlassen, nicht aber auch auf ein positives Tun des Eigentümers des dienenden Grundstücks gerichtet sein darf.

b) Wirtschaftliche Bedeutung

Grunddienstbarkeiten spielen eine große Rolle im Rahmen der kommunalen Infrastruktur. Über- und unterirdische Leitungen, Kanalisationsröhren und dergleichen werden häufig über private Grundstücke geleitet und im Grundbuch als Grunddienstbarkeit abgesichert.

Darüber hinaus spielt die Grunddienstbarkeit immer wieder eine Rolle als grundbuchrechtlich abgesicherter Konkurrenzschutz: Der Eigentümer verpflichtet sich, auf dem Grundstück ein bestimmtes Gewerbe nicht auszuüben. Die Rechtsprechung hat die Sicherung derartiger Wettbewerbsverbote durch Dienstbarkeiten jedoch stark eingeschränkt.

Beispiele:

Zulässig: Dienstbarkeit, die dem Eigentümer den Betrieb eines oder eines bestimmten Gewerbes schlechthin oder ohne Zustimmung des Berechtigten versagt.

Unzulässig: Dienstbarkeit, die Lagerung, Verarbeitung, Vertrieb oder Bezug anderer Waren als die eines bestimmten Herstellers auf dem Grundstück verbietet; wiederum zulässig jedoch eine Dienstbarkeit, die dies für Waren einer bestimmten Art verbietet (z. B. Flaschenbier).

2. Die beschränkte persönliche Dienstbarkeit

Unter einer beschränkten persönlichen Dienstbarkeit versteht man die Belastung eines Grundstücks in der Weise, daß derjenige, zu dessen Gunsten die Belastung erfolgt, berechtigt ist, das Grundstück in einzelnen Beziehungen zu benutzen, oder daß ihm eine sonstige Befugnis zusteht, die den Inhalt einer Grunddienstbarkeit bilden kann (Legaldefinition in § 1090 BGB). Die Besonderheit besteht also darin, daß bei der beschränkten persönlichen Dienstbarkeit die **Berechtigung an eine bestimmte Person** geknüpft ist. Sie ist deshalb nicht übertragbar und unvererblich (§ 1092 BGB).

Als besonderen Fall erwähnt das Gesetz das Wohnungsrecht (§ 1093 BGB) Diese beschränkte persönliche Dienstbarkeit besteht darin, daß dem Berechtigten ermöglicht wird, ein Gebäude oder einen Teil eines Gebäudes unter Ausschluß des Eigentümers als Wohnung benutzen zu können (**„dingliches Wohnrecht"**).

Wiederholungsfragen zu § 65

Wozu berechtigt der Nießbrauch? (§ 65 I)

An welchen Gegenständen kann ein Nießbrauch bestellt werden? (§ 65 I 2)

Welche Rechtsstellung hat der Nießbraucher gegenüber dem Eigentümer, welche gegenüber Dritten? (§ 65 I 3)

Was versteht man unter einer Grunddienstbarkeit? (§ 65 II 1)

Welche besonderen Kennzeichen gelten für die beschränkte persönliche Dienstbarkeit? (§ 65 II 2)

§ 66 Sicherungsrechte

Lernhinweis: Das Instrumentarium der Kreditsicherung gehört nach allen Prüfungsordnungen mit zu den wesentlichen Prüfgebieten. Deshalb muß sich der Studienanfänger schon frühzeitig mit diesem Themenbereich beschäftigen. Die große wirtschaftliche Bedeutung ergibt sich aus der naheliegenden Überlegung, daß dem Gläubiger der beste Anspruch und auch das schönste Urteil ohne letztendliche Realisierung nichts nützt ("wenn beim Schuldner nichts zu holen ist, hat der Kaiser das Recht verloren"). Sicherungsrechte müssen deshalb vor dem Hintergrund der Kreditpraxis gesehen werden ("ohne Sicherheit kein Geld und keine Ware"). Die durchschnittliche Konkursquote von drei bis fünf Prozent spricht eine deutliche Sprache. Auf der anderen Seite führt die besondere Sicherung bestimmter Gläubiger dazu, daß die Konkursordnung (die ja definitionsgemäß eine "allgemeine, anteilsmäßige und gleichmäßige Befriedigung aller Gläubiger" vorsieht) nur noch auf ungesicherte ("naive und dumme") Gläubiger Anwendung findet, die eine Leistung ohne (konkursfeste oder doch konkursbevorrechtigte) Sicherheit erbringen. Ganz besonderes Augenmerk müssen Sie auf die atypischen Sicherungsformen legen: Bei der Sicherungsübereignung und Sicherungsabtretung wird deutlich, daß die Grundstrukturen des Gesetzes von der Kreditpraxis großenteils nicht akzeptiert werden (konkret: Das Prinzip des Faustpfandrechts läßt sich in der Wirtschaftspraxis nicht realisieren; die Kreditpraxis weicht deshalb in die weitergehende Form der Vollrechtsübertragung aus, dazu unten). Merken Sie sich das ganz besonders gut; bei mündlichen Prüfungen ist dies ein beliebtes Thema.

I. Einteilung der verschiedenen Sicherungsmittel

Kreditsicherungsmittel lassen sich nach verschiedenen Gesichtspunkten einteilen. Wir kennen den Personalkredit und Realkredit. Beim Personalkredit wird die Position des Gläubigers dadurch verstärkt, daß eine weitere Person ("Personalkredit") als Verpflichteter hinzukommt (z. B. ein Bürge). Beim Realkredit sichert sich der Gläubiger durch die Zugriffsmöglichkeit auf eine Sache. Nur die letztere Kategorie wird nachfolgend erörtert.

1. Person des Kreditgebers

a) Geldkredit

Der Laie denkt bei der Kreditgewährung in aller Regel an den Geldkredit.

Beispiele: Der „Häuslesbauer" besorgt sich bei seiner Sparkasse ein Darlehen; der Großhändler benötigt zum Einkauf einen Überbrückungskredit bis zum Zahlungseingang nach Weiterverkauf der Ware.

b) Warenkredit

In der Wirtschaftspraxis tritt neben den Geldkredit die Kreditierung der Forderungen aus Warenlieferungen. Der Käufer kann nicht bar bezahlen, er benötigt aber die Ware, um sie weiterzuveräußern; der Produzent kann die gekauften Maschinen erst nach Aufnahme der Produktion und durch den Weiterverkauf der damit produzierten Waren bezahlen. Beide Kreditgeber haben ein Sicherungsbedürfnis; wegen der verschiedenen Ausgangspositionen kommen aber verschiedene Kreditsicherungsmittel in Betracht. Der Warenkreditgeber sichert sich durch den Eigentumsvorbehalt in seinen verschiedenen Modifikationen und Ergänzungen (siehe unten). Dem Geldkreditgeber stehen die klassischen Kreditsicherungsmittel des Personal- und Realkredits zur Verfügung.

2. Einteilung nach den eingesetzten Sicherungsmitteln

Sicherungen können begründet werden an beweglichen Sachen, an Forderungen und Rechten sowie an Grundstücken.

a) Pfandrechte an beweglichen Sachen

Zur Sicherung von Forderungen können bewegliche Sachen verpfändet werden. Das Gesetz hat diese Form der Kreditsicherung relativ ausführlich in den §§ 1204 bis 1258 BGB geregelt, freilich in Verkennung der Bedürfnisse der Kreditpraxis, die das Pfandrecht an beweglichen Sachen aufgrund der damit verbundenen Nachteile (siehe dazu unten 4. sowie V) meidet.

b) Pfandrechte an Rechten

Ist der Schuldner Inhaber eines Rechts, so kann er dieses zur Sicherheit (mit hypothetischer Verwertungsmöglichkeit) dem Gläubiger verpfänden. Das Gesetz regelt dies in den §§ 1273 bis 1296 BGB und nimmt dabei Rücksicht auf die verschiedenen Erscheinungsformen von Rechten. Es kann sich handeln um dingliche Rechte (§§ 1273–1278 BGB), um (normale schuldrechtliche) Forderungen (§§ 1279–1290 BGB) sowie um den Spezialfall, daß Grund- und Rentenschulden oder Wertpapiere (§§ 1291 ff. BGB) als Sicherheit geleistet werden. Im Vordergrund stehen sicher die Forderungen (das Umlaufvermögen). Allerdings wird auch hier aus einleuchtenden Gründen die Forderung nicht verpfändet, sondern dem Gläubiger zur Sicherheit abgetreten (überlegen Sie schon jetzt warum, und überprüfen Sie Ihre Antwort anhand des unten unter IV. Dargelegten).

c) Pfandrechte an Grundstücken

Hierunter fallen die Hypothek, die Grundschuld und die Rentenschuld. Man spricht gemeinhin von „Grundpfandrechten", obwohl der Gesetzgeber diesen Ausdruck an keiner Stelle benutzt. Grundpfandrechte sind das klassische Sicherungsmittel für den langfristigen Kredit. Der Gesetzgeber hat zunächst die Hypothek (§§ 1113–1190 BGB) in allen Einzelheiten geregelt und daran anschließend für die Grundschuld (§§ 1191 ff.) auf die Vorschriften über die Hypothek verwiesen (vgl. § 1192). Von der wirtschaftlichen Bedeutung her verhält es sich gerade umgekehrt: Die Grundschuld ist die Regel, die Hypothek die Ausnahme. Der Grund liegt darin, daß die Grundschuld dem Gläubiger eine sicherere Rechtsstellung verschafft (vgl. dazu unten II).

3. Einteilung der Pfandrechte nach dem Entstehungsgrund

Lernhinweis: Auch der Studienanfänger lernt schnell, daß auf viele juristische Fragen eine standardisierte Antwort immer richtig ist: „Kraft Rechtsgeschäfts (regelmäßig kraft Vertrags) und kraft Gesetzes". So können beispielsweise Ansprüche entweder durch Rechtsgeschäft oder durch Verwirklichung gesetzlicher Tatbestandsmerkmale entstehen. Genauso verhält es sich bei den Pfandrechten: Sie können zum einen durch willentliche Übereinstimmung (rechtsgeschäftlich) begründet werden, zum anderen sieht das Gesetz in bestimmten Fällen aber auch die „automatische" (= gesetzliche) Sicherung einer Vertragspartei vor. Hinzu tritt das durch staatlichen Hoheitsakt begründete Pfändungspfandrecht.

a) Rechtsgeschäftliche Pfandrechte

Es entspricht der Vertragsfreiheit, daß die Parteien rechtsgeschäftlich Sicherungen vereinbaren können. Somit kann der Schuldner dem Gläubiger Pfandrechte an beweglichen Sachen, an Rechten und Grundstücken bestellen.

b) Gesetzliche Pfandrechte

In bestimmten Fällen sichert der Gesetzgeber eine Vertragspartei durch die Einräumung eines gesetzlichen Pfandrechts. Ein solches steht zu:

- **nach BGB:** dem Vermieter, Pächter, Werkunternehmer und Gastwirt (§§ 559, 583, 647, 704 BGB – lesen!);
- **nach HGB:** dem Kommissionär, Spediteur, Lagerhalter und Frachtführer (§§ 397, 410, 421, 440 HGB – lesen!).

Verständnisfrage: Warum haben diese Personen ein Pfandrecht an den „eingebrachten Sachen" der Gegenpartei? Wenn Sie die Position dieser Personen untersuchen, stellen Sie schnell fest, daß diese eine Leistung erbringen in der Hoffnung auf die dann fällige Gegenleistung. Geleistet wird aber nicht wie in der Regel Zug um Zug, sondern nacheinander.

Beispiel: Der Werkunternehmer repariert das Kraftfahrzeug. Erst anschließend zahlt der Kunde. Somit würde eine Vertragspartei vorleisten und müßte anschließend „ihrem Geld hinterherlaufen".

Das gesetzliche Pfandrecht berechtigt den Vorleistenden, den vom Nachleistungspflichtigen eingebrachten Gegenstand so lange zu behalten (und gegebenenfalls zu verwerten), bis (wenn) die Gegenleistung (nicht) erfolgt. Man unterscheidet dabei Besitzpfandrechte und besitzlose Pfandrechte. Entscheidend ist, ob der Pfandberechtigte zugleich auch Besitz an den eingebrachten Gegenständen erhält.

Beispiele: Der Vermieter hat ein besitzloses gesetzliches Pfandrecht (der Mieter benutzt ja in den „eigenen vier Wänden" seine eigenen Dinge; der Werkunternehmer erhält ein gesetzliches Besitzpfandrecht (er übt die tatsächliche Gewalt über die Sache in seiner Reparaturwerkstätte aus).

Diese Unterscheidung spielt eine Rolle für die umstrittene Frage, ob auch ein gutgläubiger Pfandrechtserwerb bei gesetzlichen Pfandrechten möglich ist.

Beispiel: Der Mieter einer Maschine läßt diese beim Wartungsdienst reparieren; dort wird der Mieter für den Eigentümer gehalten.

Nach Auffassung der Rechtsprechung können derartige gesetzliche Pfandrechte nicht gutgläubig erworben werden. Begründung: Die Besitzübergabe ist nicht zum Zwecke der Eigentumsübertragung erfolgt, deshalb kommt ihr keine Legitimationswirkung zu (für Hausarbeiten sei auf folgende Fundstellen verwiesen: BGHZ 34, 125; 34, 153; 87, 274; NJW 1983, 2180).

Hinweis: Die Praxis behilft sich durch vertragliche Vereinbarung von Pfandrechten in AGB.

c) *Pfändungspfandrechte*

Das Pfändungspfandrecht entsteht nach den Vorschriften der Zivilprozeßordnung.

Lernhinweis: Schulen Sie Ihr Ohr! Man spricht von „Verpfänden" und meint damit die rechtsgeschäftliche Begründung eines Pfandrechts; man spricht von „Pfänden" und „Pfändung" und meint damit den staatlichen Zugriff im Wege der Vollstreckung.

Ein Pfändungspfandrecht kann entstehen an körperlichen Sachen (§§ 808 ff. ZPO), an Forderungen und anderen Vermögensrechten (§§ 828 ff. ZPO) sowie an unbeweglichem Vermögen (§§ 864 ff. ZPO). Es ist hier nicht der Ort, die dogmatische Struktur des Pfändungspfandrechts zu erörtern. Hingewiesen sei nur auf die verschiedenen Vollstreckungsorgane (Gerichtsvollzieher, Amtsgericht) und die von diesen eingeleiteten Vollstreckungsakte: Pfändung durch den Gerichtsvollzieher mittels Anbringung eines Pfandsiegels („Kuckuck") sowie Pfändungs- und Überweisungsbeschluß des Amtsgerichts (überaus bedeutsam bei der Forderungspfändung, am häufigsten bei der Lohnpfändung). Der Anspruch des Schuldners gegen einen Drittschuldner (z. B. Arbeitgeber) wird dem Gläubiger durch die Pfändung und Überweisung gesichert und zur Verwertung zugewiesen.

Lernhinweis: Man wird im Rahmen des Grundkurses nicht verlangen, daß Sie alle Einzelheiten des Pfandrechts kennen. Sie sollten aber wenigstens die Systematik und die Grundkonstellationen zur Kenntnis nehmen. Repetieren Sie das eben Ausgeführte anhand der Übersicht *Pfandrechte*.

4. Atypische Sicherungsrechte

Der Gesetzgeber stellt den zuvor unter 1 bis 3 erörterten Katalog von Sicherungsrechten zur Verfügung. Dabei versucht er in guter Absicht, dem sachenrechtlichen Publizitätsgrundsatz Genüge zu leisten. Wir haben einleitend oben bei § 59 gesehen, daß aus dem Publizitätsträger auf die Berechtigung geschlossen werden kann. Es wird vermutet, daß der Besitzer auch Eigentümer ist. Auch bei den Pfandrechten soll dies gelten. „Heimliche

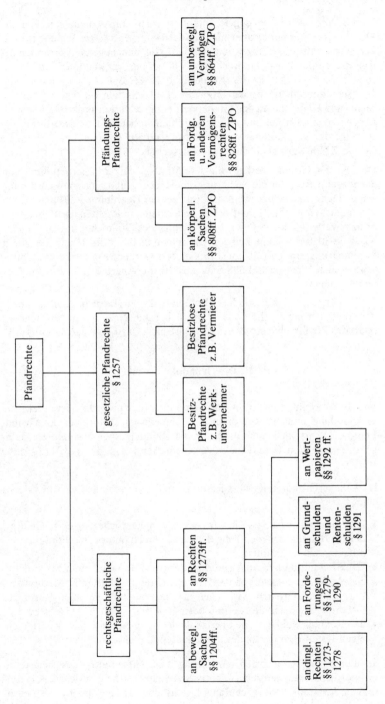

Pfandrechte" wären für den Rechts- und Wirtschaftsverkehr eine Gefahr. Der Gesetzgeber hat es aber nicht in der Hand, daß seine Argumente von der Wirtschaftspraxis akzeptiert werden. Aus naheliegenden Gründen erweisen sich das Faustpfandrecht und die bei der Verpfändung von Forderungen nach § 1280 BGB erforderliche Anzeigepflicht gegenüber dem Drittschuldner als unzweckmäßig: Bewegliche Sachen würden bei der tatsächlichen Übergabe an den Gläubiger dem Produktionsprozeß des Schuldners entzogen werden und zu Lagerproblemen beim Gläubiger führen; die Anzeige der Verpfändung von Forderungen hätte verheerende Wirkungen für die Kreditwürdigkeit des Sicherungsgebers.

Dies ist der Grund, weshalb die Kreditpraxis statt der Verpfändung von Sachen und Rechten die Sicherungsübereignung und Sicherungsabtretung wählt. Denn eigenartigerweise ist zwar bei der Begründung des beschränkten dinglichen Rechts (Pfandrechts) an Sachen und Rechten das Publizitätsprinzip verwirklicht, bei der Übertragung des Vollrechts dagegen nicht: Nach § 930 BGB kann bei der Übereignung die reale Übergabe durch Vereinbarung eines Besitzkonstituts ersetzt werden; zur Forderungsabtretung braucht man nach § 398 Satz 1 BGB die Anzeige an den Schuldner ohnehin nicht.

Freilich ergeben sich besondere Probleme aus der Tatsache, daß nunmehr der Gläubiger mehr erhält, als er zur Sicherung seines Anspruchs benötigt (statt des Pfandrechts erhält er das Vollrecht). Dazu im einzelnen unten V.

II. Die Grundpfandrechte

Das BGB kennt drei Arten von Grundpfandrechten: die Hypothek, die Grundschuld und die Rentenschuld. Gemeinsames Merkmal der Grundpfandrechte ist, daß der Gläubiger die Zahlung einer bestimmten Geldsumme „aus dem Grundstück" verlangen kann (vgl. §§ 1113, 1191, 1199 BGB).

Hypothek, Grundschuld und Rentenschuld unterscheiden sich in folgendem:

- Die Hypothek ist **akzessorisch** (d. h.: sie wird zur Sicherung einer Geldforderung bestellt; das rechtliche Schicksal von Hypothek und Forderung ist miteinander verknüpft);
- Grundschuld und Rentenschuld sind **nicht akzessorisch** (d. h.: das dingliche Recht hängt nicht von der Existenz einer gesicherten Forderung ab). Lernhinweis: Freilich wird auch die Grundschuld in aller Regel zur Sicherung einer Geldforderung bestellt;
- die Rentenschuld ist ein **Spezialfall der Grundschuld:** Sie sichert nicht einen festen Betrag, sondern eine laufende Geldzahlung.

Schuldner der gesicherten Forderung und Eigentümer des belasteten Grundstücks brauchen nicht identisch zu sein. Deshalb spricht das Hypothekenrecht teils vom „Schuldner", teils vom „Eigentümer". Verdeutlichen Sie sich dies anhand der Skizze *Darlehensschuld und hypothekarische Belastung.*

Darlehensschuld und hypothekarische Belastung

I. Identität zwischen Schuldner und Grundstückseigentümer

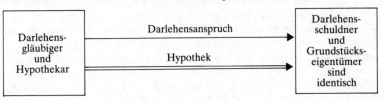

II. Keine Identität zwischen Schuldner und Eigentümer

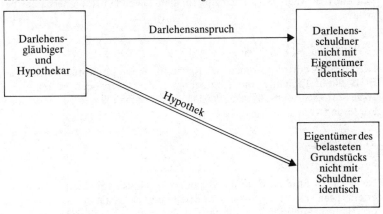

1. Die Hypothek

a) Begriff

Unter einer Hypothek versteht man gem. § 1113 BGB (lesen!) die Belastung eines Grundstücks in der Weise, daß an denjenigen, zu dessen Gunsten die Belastung erfolgt, eine bestimmte Geldsumme zur Befriedigung wegen einer ihm zustehenden Forderung aus dem Grundstück zu zahlen ist (Legaldefinition!). Wesens- und Unterscheidungskriterium für die Hypothek ist demnach ihre Abhängigkeit von einer zu sichernden Forderung (Akzessorietät).

b) Haftung des Grundstücks

Nach § 1147 BGB (lesen!) haftet das belastete Grundstück insoweit, als die Befriedigung des Gläubigers im Wege der Zwangsvollstreckung erfolgt. Dabei haftet nicht nur das Grundstück als solches, es haften auch die in § 1120 genannten Gegenstände. Zum **Haftungsverband der Hypothek** gehören: die Erzeugnisse und sonstigen Bestandteile, das Grundstückszubehör, bei vermieteten oder verpachteten Grundstücken die Miet- und Pachtzinsforderungen, mit dem Grundstück verbundene dingliche Ansprüche sowie die infolge eines Schadensfalls erlangten Versicherungsforderungen (vgl. im einzelnen §§ 1120–1129 BGB).

Beachte: Entscheidend für den Zeitpunkt der Mithaftung der oben genannten Gegenstände ist die Beschlagnahme des Grundstücks durch den Hypothekengläubiger. Erst dann wird die ansonsten bestehende rechtsgeschäftliche Verfügungsfreiheit des Eigentümers eingeschränkt. Bei Miet- und Pachtzinsforderungen mußte der Gesetzgeber zugunsten des Hypothekengläubigers eine weitere Sicherung einbauen: Vorausverfügungen über Miet- und Pachtforderungen sind den Hypothekengläubigern gegenüber unwirksam, soweit sie sich auf den Miet- oder Pachtzins für einen späteren Zeitraum als den zur Zeit der Beschlagnahme laufenden Kalendermonat beziehen (vgl. § 1124 Abs. 2 BGB). Erfolgt die Beschlagnahme nach dem 15. Tag des Monats, ist eine solche Verfügung aber insoweit wirksam, als sie sich auf den Miet- oder Pachtzins für den folgenden Kalendermonat bezieht.

c) Bestellung der Hypothek

Die Hypothek wird als dingliches Recht an einem Grundstück nach § 873 BGB durch Einigung und Eintragung in das Grundbuch bestellt. Der Akzessorietätsgrundsatz setzt weiter das Bestehen einer zu sichernden Forderung voraus.

d) Erscheinungsformen

aa) Briefhypothek

Nach § 1116 BGB wird für die Hypothek regelmäßig ein Hypothekenbrief erteilt. Man spricht dann von der „Briefhypothek". Erst mit der Erlangung des Hypothekenbriefs erwirbt der Gläubiger nach § 1117 BGB die Hypothek. Zur Geltendmachung der Hypothek ist bei der Briefhypothek die Vorlegung des Hypothekenbriefs erforderlich (§§ 1160, 1161 BGB).

Wichtig: Der Hypothekenbrief erleichtert die Übertragung der Hypothek. Die Briefhypothek kann außerhalb des Grundbuchs übertragen werden! (Zur Übertragung der Hypothek vgl. anschließend unten f).

bb) Die Buchhypothek

Von einer Buchhypothek spricht man, wenn die **Erteilung des Hypothekenbriefes ausgeschlossen** wurde. Zulässig ist dies nach § 1116 Abs. 2 Satz 1 BGB. Das hat erhebliche Konsequenzen: Die Buchhypothek kann nur durch Einigung und Eintragung im Grundbuch (§ 873 BGB) übertragen werden. Die Schnelligkeit des Rechtsverkehrs wird also erschwert.

Konsequenz: Bei der Buchhypothek kann man durch den Blick in das Grundbuch die Person des Gläubigers feststellen. Bei der Briefhypothek ist nicht gesagt, daß der im Grundbuch Eingetragene auch tatsächlich noch Hypothekengläubiger ist, weil eine Übertragung auch außerhalb des Grundbuchs erfolgen kann.

cc) Verkehrshypothek und Sicherungshypothek

Die Unterscheidung zwischen Verkehrs- und Sicherungshypothek betrifft den Grad der Akzessorietät. Die Sicherungshypothek ist nach § 1184 Abs. 1 **„streng akzessorisch"**; der Vertrauensschutz hinsichtlich des Vorliegens einer Forderung entfällt. Die Verkehrshypothek ist zwar auch akzessorisch, schützt aber nach Maßgabe des § 1138 BGB einen auf das Bestehen der gesicherten Forderung vertrauenden Erwerber.

Die Verkehrshypothek kann sowohl Buch- als auch Briefhypothek sein; dagegen ist die Sicherungshypothek immer nur Buchhypothek (vgl. § 1185). **Merke:** Die Sicherungshypothek ist **für den Schuldner sicherer,** nicht dagegen für den Gläubiger oder Erwerber der Hypothek!

dd) Die Höchstbetragshypothek

Dem Grundsatz nach sichert die Hypothek eine „bestimmte Geldforderung". Hiervon macht die Höchstbetragshypothek eine Ausnahme: Nach § 1190 Abs. 1 BGB kann eine Hypothek auch in der Weise bestellt werden, daß nur der Höchstbetrag, bis zu dem das Grundstück haften soll, bestimmt wird. In diesen Fällen muß der Höchstbetrag in das Grundbuch eingetragen werden.

ee) Die Gesamthypothek

Eine Forderung kann durch eine Hypothek an mehreren Grundstücken gesichert werden. Bei der dann bestehenden Gesamthypothek **haftet** nach § 1132 Abs. 1 BGB (lesen!) **jedes Grundstück** für die ganze Forderung. Man hat den Gesamthypothekar zutreffenderweise auch als „hypothekarischen Pascha" bezeichnet: Er kann die Befriedigung nach seinem Belieben aus jedem der Grundstücke ganz oder teilweise suchen. Vergleichen Sie dazu das Schaubild *Gesamthypothek.*

Gesamthypothek

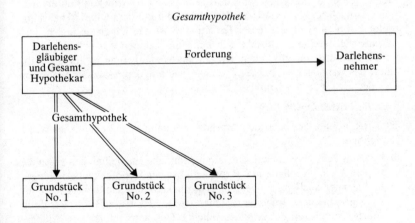

ff) Eigentümerhypothek und Eigentümergrundschuld

Das Gesetz kennt die dem Laien kurios anmutende Erscheinung, daß dem Eigentümer eine Hypothek am eigenen Grundstück zusteht. Die Eigentümerhypothek tritt in 2 Fällen auf: zum einen, wenn die gesicherte Forderung bei der ansonsten gültigen Hypothekenbestellung nicht zur Entstehung gelangte (§ 1163 Abs. 1 Satz 1 – lesen!), und zum anderen, wenn die gesicherte Forderung erlischt (§ 1163 Abs. 1 Satz 2 BGB). Man spricht in diesen Fällen auch von einer „forderungsentkleideten Hypothek".

Lernhinweis: Der Gesetzgeber hatte einen guten Grund für diese Konstruktion. Das Entstehen der Eigentümerhypothek dient der Rangsicherung! Beim Wegfall des Hypothekengläubigers wird durch das Entstehen der Eigentümerhypothek die entsprechende Rangstelle „blockiert" und so vermieden, daß die nachfolgenden Gläubiger aufrücken. Bei späterem Darlehensbedarf kann der Eigentümer einem Gläubiger dann die bessere Rangstelle anbieten und so möglicherweise günstigere Darlehenskonditionen aushandeln!

Dieser Vorteil ist allerdings durch den mit Wirkung zum 1. 1. 1978 eingefügten § 1179 a stark eingeschränkt (der Gläubiger einer Hypothek kann vom Eigentümer verlangen, daß dieser eine vorrangige oder gleichrangige Hypothek löschen läßt, wenn sie im Zeitpunkt der Eintragung der Hypothek des Gläubigers mit dem Eigentum in einer Person vereinigt ist oder eine solche Vereinigung später eintritt).

Die Eigentümerhypothek verwandelt sich gem. § 1177 BGB (lesen!) in eine Eigentümergrundschuld.

e) Verwertung der Hypothek

aa) Befriedigung des Gläubigers

Nach § 1147 BGB erfolgt die Befriedigung des Gläubigers **im Wege der Zwangsvollstreckung.** Dazu muß sich der Hypothekengläubiger eigentlich einen Vollstreckungstitel verschaffen (er müßte also den Schuldner erst verklagen und ein wenigstens vorläufig vollstreckbares Urteil erstreiten). Jedoch kann bereits bei Hypothekenbestellung vereinbart werden, daß sich der Eigentümer freiwillig der sofortigen Zwangsvollstreckung unterwirft. Dies ist nach § 794 Abs. 1 Nr. 5 ZPO zulässig und hat in notariell beurkundeter Form zu erfolgen. In der Kreditpraxis ist dies allgemein üblich. Die Zwangsvollstreckung vollzieht sich dann im Rahmen des vollstreckungsrechtlichen Instrumentariums: Die Zwangsversteigerung erfaßt die Substanz des Grundstücks, bei der Zwangsverwaltung kann sich der Gläubiger aus den Erträgen des Grundstücks befriedigen.

bb) Rechtsstellung des Eigentümers

Der Eigentümer des belasteten Grundstücks kann sich in zweifacher Weise verteidigen:

- Er kann dem Hypothekar gegenüber sämtliche Einwendungen **gegen die Hypothek** entgegenhalten (z. B. Mängel bei der Hypothekenbestellung).
- Er hat aber auch gegenüber der Hypothekenklage sämtliche Einreden, die **gegenüber der Forderung** bestehen (§ 1137 BGB), z. B. die Berufung auf die Nichtigkeit des schuldrechtlichen Geschäfts infolge von Willensmängeln.

Vergleichen Sie dazu die Skizze *Rechtsstellung des Eigentümers bei hypothekarischer Inanspruchnahme.*

f) Übertragung der Hypothek

Die Hypothek wird dadurch übertragen, daß **die gesicherte Forderung abgetreten** wird. Mit der Abtretung der Forderung geht nach § 1153 Abs. 1 BGB (lesen!) die Hypothek auf den neuen Gläubiger über.

Rechtsstellung des Eigentümers bei hypothekarischer Inanspruchnahme

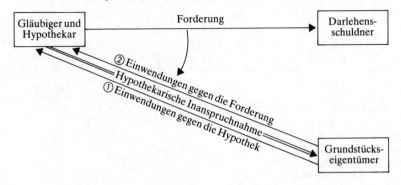

Merke: Die Forderung kann nicht ohne die Hypothek, die Hypothek kann nicht ohne die Forderung übertragen werden.

Die Unterscheidung zwischen Brief- und Buchhypothek bedingt auch bei der Hypothekenübertragung Differenzierungen:

• Zur Abtretung der Forderung ist bei der Briefhypothek die Erteilung der Abtretungserklärung in schriftlicher Form und Übergabe des Hypothekenbriefs erforderlich. Die schriftliche Form der Abtretungserklärung kann nach § 1154 Abs. 2 auch dadurch ersetzt werden, daß die Abtretung in das Grundbuch eingetragen wird.

• Bei der Buchhypothek (bei der die Erteilung des Hypothekenbriefs ausgeschlossen wurde) finden auf die Abtretung der Forderung die Vorschriften der §§ 873, 878 BGB entsprechende Anwendung. Im Klartext: Die Buchhypothek wird durch Einigung und Eintragung im Grundbuch übertragen.

Merke: Bei der Verkehrshypothek ist die Rechtsstellung des Eigentümers im Hinblick auf den guten Glauben von Erwerbern eingeschränkt: § 1138 sowie § 1157 Satz 2 BGB verweisen auf den öffentlichen Glauben des Grundbuchs. Das bedeutet: Einreden, die nicht aus dem Grundbuch ersichtlich sind, können dem gutgläubigen Erwerber (der von all den Interna nichts weiß) nicht entgegengehalten werden. Wir haben es hier mit einem Fall des „gutgläubigen einredefreien Erwerbs" zu tun.

Dasselbe gilt nach § 1156 für die im schuldrechtlichen Zessionsrecht bestehenden Einwendungen nach §§ 406–408 BGB.

Schulfall: Die Briefhypothek wurde außerhalb des Grundbuchs ohne Kenntnis des Schuldners übertragen. Der Schuldner leistet an den alten Gläubiger (somit an einen Nichtberechtigten). Nach § 407 BGB wäre er schuldrechtlich befreit. § 1156 schließt § 407 jedoch aus mit der Folge, daß der neue Hypothekengläubiger gleichwohl die Zwangsvollstreckung aus dem Grundstück betreiben kann. Veranschaulichen Sie sich diesen komplizierten Vorgang anhand der Skizze zu *§ 1156 BGB.*

§ 1156 BGB

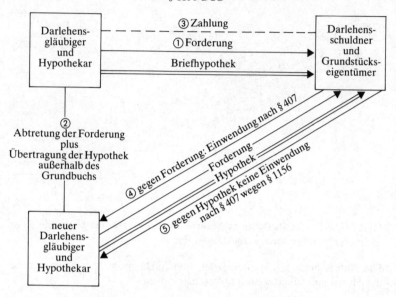

g) Erlöschen der Hypothek

Mit der Befriedigung des Hypothekengläubigers erlischt die Forderung. Die Hypothek wandelt sich um in eine Eigentümergrundschuld (s. oben).

2. Die Grundschuld

Lernhinweis: Auf die Grundschuld finden die Vorschriften über die Hypothek entsprechende Anwendung (§ 1192 Abs. 1 BGB – lesen!). Deshalb können die nachfolgenden Ausführungen knapp gehalten werden. Verkennen Sie aber nicht, daß in der Kreditpraxis die wirtschaftliche Bedeutung der Grundschuld die der Hypothek bei weitem übersteigt! Regelmäßig wird der Darlehensgläubiger zur Sicherheit nicht auf der Hypothek, sondern auf der Grundschuld beharren.

a) Begriff

Die Grundschuld besteht in der Belastung eines Grundstücks in der Weise, daß an denjenigen, zu dessen Gunsten die Belastung erfolgt, eine bestimmte Geldsumme zu zahlen ist (§ 1191 Abs. 1 BGB – Legaldefinition – lesen!).

Die Grundschuld ist im Unterschied zur Hypothek eine **nicht an das Vorliegen einer persönlichen Forderung gebundene Schuld.**

Lernhinweis: Beachten Sie diesen wichtigen Unterschied zur Hypothek! Die Grundschuld verlangt im Gegensatz zur Hypothek nicht, daß eine persönliche Forderung vorliegt. Die Grundschuld erlischt deshalb auch nicht bereits mit der Zahlung auf die Forderung! Und weiter: Normen, welche die Akzessorietät betreffen, können nicht (auch nicht entsprechend) auf die Grundschuld angewandt werden (vgl. § 1192 Abs. 1 2. Halbs.).

b) Erscheinungsformen

Die Grundschuld kann wie die Hypothek als Brief- oder Buchgrundschuld bestellt werden.

In der Kreditpraxis sichert sie allerdings regelmäßig eine bestimmte Geldforderung. Man spricht dann von der **„Sicherungsgrundschuld".**

(Beachten Sie: Der Begriff „Sicherungsgrundschuld" könnte fälschlicherweise eine Assoziation mit der „Sicherungshypothek" auslösen; beide Begriffe haben jedoch nichts miteinander zu tun).

Vgl. Sie nunmehr die Skizze *„Einfache" Grundschuld und „Sicherungsgrundschuld".*

„Einfache" Grundschuld und „Sicherungsgrundschuld"

I. **Grundschuld**

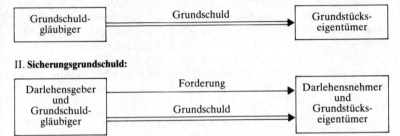

II. **Sicherungsgrundschuld:**

Die Tatsache, daß bei der Sicherungsgrundschuld das Grundpfandrecht zur Absicherung einer bestimmten Forderung bestellt wurde, führt aber nun nicht dazu, daß die Grundschuld akzessorisch wird.

Nach wie vor ist das rechtliche Schicksal des dinglichen Rechts unabhängig von der gesicherten Forderung. Beispielsweise kann die Grundschuld auch ohne eine Forderung wirksam abgetreten werden.

Gleichwohl beschränkt die Sicherungsabrede im Innenverhältnis die Rechtsstellung des Grundschuldgläubigers. So besteht beispielsweise bei Erlöschen der gesicherten Forderung ein Anspruch aus ungerechtfertigter Bereicherung auf Rückübertragung der (auch nach Erlöschen der Forderung weiter bestehenden) Grundschuld. Die Rechtsgrundlage hierfür ergibt sich aus der Sicherungsabrede bzw. aus §§ 812 ff.

c) Rechtliche Behandlung der Grundschuld

Für die Begründung, die Übertragung und Geltendmachung der Grundschuld **gelten die Vorschriften des Hypothekenrechts,** soweit sie das Bestehen einer Forderung nicht voraussetzen. Die Grundschuld kann deshalb in allen Erscheinungsformen begründet werden, wie wir dies bei der Hypothek kennen. Sie wird übertragen durch die Übertragung des dinglichen Rechts (nicht durch die Abtretung der gesicherten Forderung, § 1153 BGB ist unanwendbar!).

Die Zahlung durch den Schuldner hat zunächst keinen Einfluß auf die Existenz der Grundschuld. Allerdings ist der Gläubiger nach näherer

Maßgabe der schuldrechtlichen Sicherungsabrede in der Regel verpflichtet, die Grundschuld zurückzuübertragen.

3. Die Rentenschuld

Die Rentenschuld ist eine Sonderform der Grundschuld. Sie besteht in der Belastung eines Grundstücks in der Weise, daß in **regelmäßig wiederkehrenden** Terminen eine bestimmte Geldsumme aus dem Grundstück zu zahlen ist (§ 1199 Abs. 1 – Legaldefinition – lesen!).

Mit dieser Sonderform der Grundschuld wollte der Gesetzgeber den besonderen Bedürfnissen der Landwirtschaft genügen. Sie ist darüber hinaus dort naheliegend, wo der Gläubiger nicht imstande ist, den vollen Kapitalbetrag sofort aufzubringen. Inwiefern die Verrentung eines Anspruchs oder die Leistung der Kapitalsumme günstiger ist, hängt von verschiedenen Faktoren, namentlich auch von der Laufdauer der Zahlungsverpflichtung, ab (bei lebenslänglichen Verpflichtungen von der Lebensdauer des Berechtigten; die mutmaßliche Kapitalsumme kann anhand von Sterbetafelstatistiken errechnet werden). In der Praxis hat sich die Rentenschuld kaum durchgesetzt. Zu beachten ist, daß der Grundstückseigentümer nach § 1201 BGB befugt ist, die Grundstücksbelastung durch vorzeitige Zahlung abzulösen. Die entsprechende Ablösesumme muß demgemäß nach § 1199 Abs. 2 BGB bei der Bestellung der Rentenschuld in das Grundbuch eingetragen werden.

III. Das Pfandrecht an beweglichen Sachen

Lernhinweis: Repetieren Sie zunächst die grundsätzlichen Ausführungen zu Beginn dieses Kapitels oben unter I.

1. Begriff

Unter einem Pfandrecht versteht man das dingliche Recht an einer fremden beweglichen Sache, kraft dessen der Gläubiger berechtigt ist, sich wegen einer ihm zustehenden Forderung aus der Sache zu befriedigen (§ 1204 Abs. 1 BGB – lesen!). Die Grundstruktur des Pfandrechts an beweglichen Sachen entspricht derjenigen der Grundpfandrechte.

Außer dem rechtsgeschäftlichen Pfandrecht kennen wir das gesetzliche Pfandrecht und das Pfändungspfandrecht (vgl. oben).

2. Die Bestellung des Pfandrechts

Das rechtsgeschäftliche Pfandrecht wird bestellt durch Einigung und Übergabe der Pfandsache (§ 1205 Abs. 1 – **Prinzip des Faustpfands**).

Dabei ist zu beachten:

- Die Übergabe einer im mittelbaren Besitz des Eigentümers befindlichen Sache kann nach § 1205 Abs. 2 BGB ersetzt werden. Dazu muß aber der Eigentümer den mittelbaren Besitz auf den Pfandgläubiger übertragen und (zusätzlich und insoweit anders als in § 931 BGB bei der Übereignung vorgesehen!) die Verpfändung dem unmittelbaren Besitzer anzeigen. Dies hat in der Regel bonitätsschädigende Wirkung (der Außenstehende erfährt vom Kreditbedarf des Eigentümers).

● Die Ersetzung der Übergabe durch Vereinbarung eines Besitzkonstituts ist ausgeschlossen!

Das ist der Grund, weshalb das Pfandrecht an beweglichen Sachen nur geringe wirtschaftliche Bedeutung hat und weitgehend von der Sicherungsübereignung verdrängt wurde.

3. Verwertung des Pfands

Die Befriedigung des Pfandgläubigers erfolgt nach § 1228 BGB durch den sog. **Pfandverkauf.** Dieser spielt sich nach § 1235 im Wege öffentlicher Versteigerung ab; hat das Pfand einen Börsen- oder Marktpreis, so ist auch ein „freihändiger Verkauf" statthaft. Soweit der Erlös dem Pfandgläubiger (im Hinblick auf die gesicherte Forderung) gebührt, gilt die Forderung nach § 1247 BGB als vom Eigentümer berichtigt. Im übrigen tritt der Erlös an die Stelle des Pfandes (ein Fall der sog. Surrogation).

IV. Das Pfandrecht an Rechten

Gegenstand des Pfandrechts können auch Rechte (§§ 1273 ff. BGB), insbesondere Forderungen (§§ 1279–1290 BGB), sein.

1. Bestellung

Die Bestellung eines Pfandrechts an einem Recht hat nach § 1274 Abs. 1 BGB nach den Vorschriften zu erfolgen, die für die Übertragung des Rechts (§ 413 BGB) gelten.

Eine Besonderheit besteht für die Verpfändung von Forderungen: Die Verpfändung gem. § 1280 muß dem Drittschuldner angezeigt werden. Die Offenlegungspflicht bezweckt den Schuldnerschutz. Sie wirkt allerdings in hohem Maße kreditschädigend. Mit der Mitteilung der Verpfändung erfährt der Drittschuldner vom Kreditbedarf des Pfandschuldners (identisch mit dem Gläubiger der gegenüber dem Drittschuldner bestehenden Forderung).

2. Wirtschaftliche Bedeutung

Die **Verpfändung von Forderungen** wird **regelmäßig durch die Forderungsabtretung ersetzt.** Bekanntlich verlangt die „stille Zession" nicht die Anzeige der Abtretung an den Schuldner. Bedeutsamer ist das Pfändungspfandrecht an Rechten und Forderungen: vgl. dazu §§ 828 ff. ZPO.

V. Die Sicherungsübereignung

1. Ausgangspunkt

Die Sicherungsübereignung hat das Faustpfand in der Praxis weitgehend ersetzt. Mit ihr ist es im Endergebnis möglich, rechtsgeschäftlich ein „Pfandrecht" ohne Publizitätsakt zu begründen (was das BGB gerade nicht wollte!). Die früher strittige Frage nach der Zulässigkeit der Sicherungsübereignung ist überholt, man kann heute von ihrer gewohnheitsrechtlichen Anerkennung ausgehen.

2. Terminologie

Die Sicherungsübereignung dient der Sicherung einer Forderung. Der Gläubiger erhält **treuhänderisches Eigentum**. Man nennt ihn den **Sicherungsnehmer**. Den Schuldner (wenn er mit dem veräußernden Eigentümer identisch ist) bzw. den veräußernden Eigentümer bezeichnet man als **Sicherungsgeber**. Das zur Sicherheit übereignete Gut ist das **Sicherungsgut**. Die Rechtsbeziehungen zwischen Sicherungsnehmer und Sicherungsgeber bestimmen sich nach der zwischen beiden getroffenen **Sicherungsabrede**. Es handelt sich um den typischen Fall einer rechtsgeschäftlichen Treuhand. Die rechtliche Grundkonstellation der Sicherungsübereignung wurde bereits oben § 62 I 1 b vorgestellt. Vergleichen Sie die dortigen Ausführungen und die Skizze *Veräußerung beweglicher Sachen nach § 930 BGB*.

3. Das Rechtsverhältnis zwischen Sicherungsgeber und Sicherungsnehmer

a) Übereignung durch Besitzkonstitut

Der Sicherungsnehmer erhält das Eigentum durch Einigung und Vereinbarung eines Besitzkonstituts gem. § 930 BGB (das die Übergabe ersetzt).

b) Sicherungsabrede

Lernhinweis: Unterscheiden Sie streng zwischen dem sachenrechtlichen Vorgang der Übereignung und der schuldrechtlichen Abrede, mit der die Rechte und Pflichten der beiden Beteiligten festgelegt werden.

Die Sicherungsabrede legt den Sicherungszweck fest und begrenzt zugleich die treuhänderische Rechtsstellung des Sicherungsnehmers. Was vereinbart wird, ist zunächst eine Frage der Vertragsfreiheit.

Darüber hinaus gilt generell:

- Der Sicherungsnehmer darf seine Rechtsstellung als formaler Eigentümer nicht ausschöpfen, solange der Sicherungsgeber seiner Zahlungsverpflichtung nachkommt (Verbot der Weiterveräußerung und Verwertung).
- Der Sicherungsgeber muß mit dem Sicherungsgut pfleglich umgehen und Schaden vom Sicherungsnehmer abwenden (z. B. drohende Pfändungen Dritter anzeigen).
- Nach Abwicklung des Darlehensgeschäfts wird der Sicherungsgeber wieder Eigentümer. Die Begründung hierfür ist unterschiedlich: Teils wird der Rückforderungsanspruch dem Sicherungsvertrag entnommen (bei dessen Nichtigkeit greift die ungerechtfertigte Bereicherung ein: Der für die Einräumung des Sicherungseigentums bestehende Zweck fällt weg, § 812 Abs. 1 S. 2 erste Alternative). Überwiegend ist aber in den Sicherungsabreden der automatische Rückfall des Eigentums an den Sicherungsgeber für den Fall vereinbart, daß er seine Verpflichtungen aus dem Darlehensvertrag voll erfüllt. Der Sicherungsgeber hat bis zu diesem Zeitpunkt ein Anwartschaftsrecht, das mit Rückzahlung des Kredits „zum Eigentum erstarkt". Er ist nach §§ 158 Abs. 2, 161 Abs. 2 BGB gegen zuwiderlaufende Verfügungen des Sicherungsnehmers geschützt (sie sind ihm gegenüber unwirksam, vgl. oben § 16).

Merke: Das zur Begründung der Sicherungsübereignung erforderliche Besitzkonstitut muß „konkret" vereinbart sein. Abstrakte Konstitute genügen nicht; es muß (teilweise geschieht dies in der Sicherungsabrede selbst) genau ausgeführt sein, aus welchem Rechtsverhältnis, das nach § 868 BGB ein Besitzmittlungsverhältnis begründet, der Sicherungsnehmer zum mittelbaren Besitz und der Sicherungsgeber zum unmittelbaren Besitz berechtigt ist.

4. Schutz gegenüber Zwangsvollstreckungshandlungen Dritter

Das beim Sicherungsgeber befindliche Sicherungsgut ist nicht selten dem Zugriff anderweitiger Gläubiger ausgesetzt. Was gilt, wenn ein derartiger Gläubiger beispielsweise sicherungsübereignete Maschinen pfänden läßt?

Nach den zwangsvollstreckungsrechtlichen Vorschriften hat der Eigentümer bei der Einzelzwangsvollstreckung die Drittwiderspuchsklage (§ 771 ZPO) und im Konkurs ein Aussonderungsrecht (§ 43 Konkursordnung).

Würde man bei Anwendung dieser Bestimmungen streng auf das formelle Eigentum abstellen, hätte der Sicherungsgeber gegenüber den Gläubigern des Sicherungsnehmers keinerlei Abwehrrechte, der Sicherungsnehmer gegenüber den Gläubigern des Sicherungsgebers dagegen die Drittwiderspruchsklage bzw. ein Aussonderungsrecht. Dies würde aber der Treuhandsituation nicht gerecht. Nach wirtschaftlicher Betrachtungsweise ist der Sicherungsgeber Eigentümer, der Sicherungsnehmer nur Pfandgläubiger.

Die Rechtsprechung löst das Problem wie folgt:

• Der Sicherungsnehmer hat im Konkurs des Sicherungsgebers lediglich ein Absonderungsrecht nach §§ 47, 48 KO; gegenüber Einzelvollstreckungsmaßnahmen durch Gläubiger des Sicherungsgebers dagegen die Drittwiderspruchsklage nach § 771 ZPO (konsequent wäre es, ihm angesichts der wirtschaftlichen Betrachtungsweise und analog zur Regelung im Konkurs nur ein Recht auf vorzugsweise Befriedigung nach § 805 ZPO zu geben. Die h. M. tut dies nicht, weil man sonst dem Sicherungsnehmer eine andere Verwertungsart aufdrängt, als ihm nach dem Sicherungsvertrag zusteht).

Abwehrrechte beim Gläubigerzugriff in das Sicherungsgut

• Der Sicherungsgeber hat gegenüber den Gläubigern des Sicherungsnehmers im Konkurs ein Aussonderungsrecht und in der Einzelzwangsvollstreckung die Drittwiderspruchsklage (dies dürfte allerdings selten sein, da
die Pfändung beweglicher Sachen den unmittelbaren Besitz des Schuldners
voraussetzt, was beim Sicherungsnehmer regelmäßig nicht oder nur dann
der Fall ist, wenn er das Sicherungsgut an sich gezogen hat).

Vergleichen Sie dazu die Skizze *Abwehrrechte beim Gläubigerzugriff in das
Sicherungsgut.*

5. Die Verwertung des Sicherungsguts

Rechtsgrundlage für die Verwertung des Sicherungsgutes ist zunächst die
Sicherungsabrede. Der Sicherungsnehmer darf das Sicherungsgut regelmäßig erst bei Fälligkeit der gesicherten Forderung verwerten. Dazu steht ihm
der Herausgabeanspruch des Eigentümers nach § 985 BGB zu. Ist in der
Sicherungsabrede nichts anderes gesagt, bestimmt sich die Verwertung
nach den Vorschriften über die Pfandverwertung (Pfandverkauf nach
§§ 1233 ff.).

VI. Die Sicherungsabtretung

1. Ausgangssituation

Der Ausgangspunkt bei der Sicherungsabtretung ist vergleichbar mit dem
bei der Sicherungsübereignung: Der Schuldner könnte dem Gläubiger als
Sicherheit die Verpfändung der Forderungen anbieten, die ihm als Gläubiger zustehen. Im Hinblick auf die vom Gesetz bei den Pfandrechtsvorschrif-
ten geforderte Anzeigepflicht der Verpfändung an den Drittschuldner
schreckt der Schuldner davor zurück. Anstelle der Verpfändung wählt man
die Abtretung der Forderung. Auch hier handelt es sich um treuhänderische Rechtsbeziehungen. Wir haben es mit drei Personen zu tun: dem
Gläubiger als Sicherungsnehmer, dem Schuldner als Sicherungsgeber und
dem Drittschuldner, gegen den der Sicherungsgeber seinerseits als Gläubiger eine Forderung hat.

Vergleichen Sie dazu die Skizze *Sicherungsabtretung.*

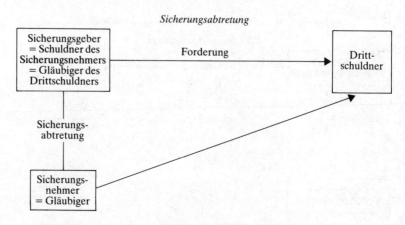

Sicherungsabtretung

2. Arten der Sicherungsabtretung

a) Abtretung bestehender und künftiger Forderungen

Abgetreten werden können neben bestehenden auch künftige Forderungen. Dies steht zwar nirgends ausdrücklich im Gesetz, entspricht aber beständiger Kreditpraxis. Notwendig ist allerdings, daß die Forderungen wenigstens bestimmbar sind. Dazu muß wenigstens der Entstehungsgrund der Forderung und der Umfang der von der Zession erfaßten Forderungen im Augenblick der Abtretung feststehen, weil sich nur so die Person des Schuldners und der Inhalt der Forderung unstreitig feststellen lassen.

b) Globalzession

Unter der Globalzession versteht man – der Name deutet darauf hin – die Abtretung aller gegenwärtigen und zukünftigen Forderungen des Schuldners an den Gläubiger.

Lernhinweis: Da die Abtretung eine Verfügung ist, muß jede Forderung nach dem sachenrechtlichen Spezialitätsprinzip einzeln übertragen werden.

Die Globalzession ist mithin eine Summe von Einzelzessionen i. S. der §§ 398 ff. Dabei kann es leicht zu einer Übersicherung kommen, die im konkreten Fall als Verstoß gegen § 138 BGB zur Nichtigkeit führt (es kann sittenwidrig sein, wenn sich ein Gläubiger zu Lasten anderer Gläubiger das gesamte Haftungspotential des Schuldners verschafft).

c) Mantelzession

Bei der Mantelzession verpflichtet sich der Schuldner, dem Gläubiger in Höhe des jeweiligen Kredits eine Auflistung solcher Forderungen zu übersenden, die von der Abtretung erfaßt werden. Mit Übersendung der Listen werden die darin genannten Forderungen zur Sicherheit abgetreten.

3. Das Rechtsverhältnis unter den Beteiligten

Die Rechtsbeziehungen zwischen Sicherungsnehmer und Sicherungsgeber bestimmen sich auch bei der Sicherungsabtretung nach der Sicherungsabrede. Im übrigen gilt das bei der Sicherungsübereignung Gesagte entsprechend.

4. Zulässigkeitsgrenzen der Sicherungsabtretung

Rechtsschranken für die Sicherungsabtretung ergeben sich zunächst aus dem Zessionsrecht selbst. **Repetieren Sie:** Der gutgläubige Erwerb einer Forderung ist nicht möglich. Die Rechtslage bei mehrfacher Abtretung entscheidet sich nach dem Prioritätsprinzip.

Probleme ergeben sich in der Praxis regelmäßig **in zweifacher Hinsicht:**

- Das Erfordernis der Bestimmbarkeit der Forderung führt zur Unwirksamkeit einer unbestimmten Globalzession zukünftiger Forderungen.
- Darüber hinaus greift nicht selten § 138 BGB durch, so insbesondere im Spezialfall der Kollision der Globalzession mit dem verlängerten Eigentumsvorbehalt (dazu anschließend unter VII.).

VII. Der Eigentumsvorbehalt

1. Ausgangssituation

Bei den bislang erörterten Kreditsicherheiten stand das Interesse des Geldkreditgebers im Mittelpunkt. Hinzu kommt das Interesse des Warenkreditgebers, zumal es gang und gäbe ist, daß der Kaufpreis nicht Zug um Zug gegen Empfang der Ware, sondern erst nach Einräumung bestimmter Zahlungsziele oder in Raten beglichen wird. Wie sichert sich der Verkäufer für den Fall, daß der Käufer nicht bezahlt? Die einfachste Möglichkeit ist die Vereinbarung eines Eigentumsvorbehalts.

2. Eigentumsvorbehalt als bedingte Übereignung

Beim Eigentumsvorbehalt ist wiederum streng der schuldrechtliche Kauf vom sachenrechtlichen Übereignungsvorgang zu trennen. Käufer und Verkäufer schließen einen Kaufvertrag ab mit der Besonderheit, daß sich der Verkäufer „das Eigentum bis zur Zahlung des Kaufpreises vorbehält". Hierzu bestimmt § 455 BGB als Auslegungsregel, daß die Übertragung des Eigentums unter der aufschiebenden Bedingung vollständiger Zahlung des Kaufpreises erfolgt. Wir haben es also mit einem unbedingten Kaufvertrag, aber einer aufschiebend bedingten Übereignung zu tun. Vergleichen Sie dazu die bereits oben § 44 II 8 im Kaufrecht vorgestellte Skizze *Eigentumsvorbehalt*.

Die Bedingung liegt in dem ungewissen, zukünftigen Ereignis der späteren Kaufpreiszahlung durch den Käufer. Damit bleibt der Verkäufer nach wie vor Eigentümer. Repetition: § 455 BGB stellt eine weitere Vermutung auf: Der Verkäufer kann vom Vertrag zurücktreten, wenn der Käufer mit der Zahlung in Verzug kommt.

Es ist heute im Wirtschaftsleben durchaus die Regel, daß Waren unter Eigentumsvorbehalt verkauft werden. Die gängigen Lieferungsbedingungen enthalten durchweg einen derartigen Passus. Allerdings ist zu beachten, daß der Eigentumsvorbehalt rechtzeitig erklärt werden muß. Dies geschieht in der Regel bei Vertragsabschluß. Einen nachträglichen Eigentumsvorbehalt braucht sich der Käufer als Modifizierung der vorausgegangenen vertraglichen Absprache nicht gefallen zu lassen.

3. Rechtsstellung des Verkäufers

Der Verkäufer bleibt aufgrund des Eigentumsvorbehalts Eigentümer und kann gegebenenfalls die aus dem Eigentum resultierenden Ansprüche geltend machen. Allerdings ergeben sich aus der besonderen Situation des Eigentumsvorbehaltskaufs Einschränkungen:

a) Der Eigentümer kann, solange der Käufer seine Zahlungsverpflichtungen erfüllt, nicht Herausgabe der Sache verlangen. Insoweit hat der Käufer ein Recht zum Besitz nach § 986 BGB aus dem Kaufvertrag. Erst wenn der Käufer in Verzug kommt, besteht nach § 455 BGB für den Verkäufer die Möglichkeit, vom Vertrag zurückzutreten und Herausgabe zu verlangen.

b) Bei nochmaligen Verfügungen des Verkäufers über die Kaufsache zugunsten anderer Erwerber greift § 161 Abs. 1 BGB ein: Der Käufer erwirbt beim Eintritt der Bedingung (Zahlung des Restkaufpreises) das Eigentum; zuwiderlaufende Verfügungen des Verkäufers sind dem Käufer gegenüber unwirksam.

c) Wird in die unter Eigentumsvorbehalt gelieferten Waren von Gläubigern des Käufers vollstreckt, hat der Verkäufer die Drittwiderspruchsklage nach § 771 ZPO bzw. ein Aussonderungsrecht nach § 43 Konkursordnung (es handelt sich ja noch um seine Sachen und nicht um die des Käufers).

4. Rechtsstellung des Käufers

Der Käufer ist noch nicht Eigentümer geworden. Insofern kann er nicht über das Eigentum verfügen.

Lernhinweis: Wenn er trotzdem als Nichtberechtigter verfügt, beurteilt sich die Wirksamkeit derartiger Rechtsakte nach den Regeln des gutgläubigen Erwerbs (§§ 932 ff. BGB). In manchen Fällen ist der Verkäufer auch mit der Weiterveräußerung einverstanden, wenn ihm die daraus resultierenden Forderungen abgetreten wurden (es liegt dann eine Einwilligung zur Verfügung eines Nichtberechtigten nach § 185 vor).

Der Käufer erwirbt beim Eigentumsvorbehalt ein sog. „**Anwartschaftsrecht**". Dies muß man als eine Art „im Entstehen begriffenes Vollrecht" sehen (eine Vorstufe des Eigentums). Die juristische Dogmatik stellt das Anwartschaftsrecht hinsichtlich seiner Übertragung und seines Schutzes dem Eigentum gleich. Mit Zahlung des Kaufpreises „erstarkt das Anwartschaftsrecht zum Vollrecht". Mit Bedingungseintritt wird der Käufer Eigentümer.

5. Sonderformen des Eigentumsvorbehalts

Der Eigentumsvorbehalt kann erweitert werden.

a) Kontokorrentvorbehalt

Die Besonderheit dieser Form des Eigentumsvorbehalts liegt darin, daß sich der Verkäufer das Eigentum an den gelieferten Waren so lange vorbehält, bis alle Forderungen aus sämtlichen Geschäften mit dem Käufer beglichen sind. Man spricht auch vom „erweiterten Eigentumsvorbehalt".

b) Verlängerter Eigentumsvorbehalt

Die Sicherung des Warenkreditgebers durch Vereinbarung eines Eigentumsvorbehalts stößt an Grenzen:

Wenn die gelieferten Waren in der Produktionsstätte des Käufers verarbeitet werden, geht der Eigentumsvorbehalt nach § 950 BGB unter (s. o.). Schwierigkeiten ergeben sich zudem in den Fällen des Weiterverkaufs: Der Käufer möchte durch den Weiterverkauf der unter Eigentumsvorbehalt gelieferten Ware selbst Gewinn erzielen und sich dadurch die Mittel für die Erfüllung seiner Kaufpreisschulden verschaffen.

In beiden Fällen behilft man sich mit der „Verlängerung" des Eigentumsvorbehalts:

Der Eigentumsvorbehaltskäufer wird ermächtigt, die Waren im Rahmen seines Produktionsbetriebes zu verarbeiten bzw. im eigenen Namen an Dritte weiterzuveräußern. Gleichzeitig tritt der Käufer dem Verkäufer die aus dem Weiterverkauf der gelieferten Waren erworbenen Forderungen im voraus ab.

Die Abtretung erfolgt im Wege der stillen Zession; der Käufer ist ermächtigt, die Forderungen einzuziehen, und kann den erzielten Kaufpreis im Rahmen seiner eigenen Verbindlichkeit an den Vorbehaltsverkäufer weiterleiten. Vergleichen Sie dazu die Skizze *Verlängerter Eigentumsvorbehalt*.

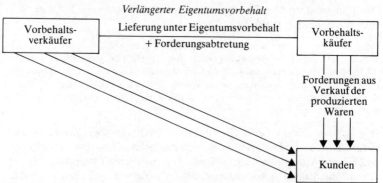

Verlängerter Eigentumsvorbehalt

Beim verlängerten Eigentumsvorbehalt kann es zur Kollision zwischen Warenkreditgeber und Geldkreditgeber kommen: Der Verkäufer läßt sich die künftigen Forderungen aus dem Weiterverkauf im voraus abtreten; die Bank läßt sich dieselben Forderungen im Rahmen der Globalzession im voraus abtreten. Was gilt dann?

Verdeutlichen Sie sich die Ausgangslage anhand der Skizze *Verlängerter Eigentumsvorbehalt und Globalzession*.

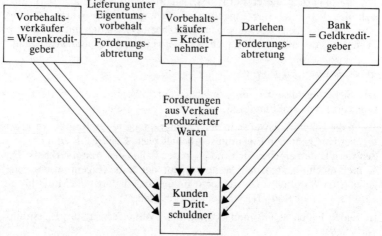

Verlängerter Eigentumsvorbehalt und Globalzession

Nach dem Prioritätsprinzip wäre nur die Vorausabtretung wirksam, die als erste erfolgt, weil der Vorbehaltskäufer bei der zweiten Verfügung über die Forderung bereits als Nichtberechtigter handelt und ein gutgläubiger Erwerb von Forderungen ausscheidet. Die erste Verfügung wird häufig zugunsten der Bank erfolgen, so daß diese begünstigt wäre. Der verlängerte Eigentumsvorbehalt des Warenkreditgebers ginge dann ins Leere: Der Geldkredit höhlt den Warenkredit aus.

Die Rechtsprechung hat diese Situation jedoch korrigiert: Mit der Vorausabtretung (Globalzession) an die Bank verleite diese den Vorbehaltskäufer zum Vertragsbruch gegenüber dem Vorbehaltsverkäufer. Sie verstoße deshalb insoweit gem. § 138 BGB gegen die guten Sitten, als die Zession auch Forderungen umfaßt, die aufgrund der Weiterveräußerung von Waren entstehen, die unter Eigentumsvorbehalt geliefert wurden. Da diese erste Verfügung zugunsten der Bank unwirksam ist, greift die zweite Verfügung zugunsten des Vorbehaltsverkäufers durch. Das Prioritätsprinzip wird im Ergebnis außer Kraft gesetzt: Der Warenkreditgeber siegt über den Geldkreditgeber!

Wiederholungsfragen zu § 66

Welche verschiedenen Sicherungsmittel können Sie aufzählen? (§ 66 I)

Welche atypischen Sicherungsrechte kennen Sie und was ist der Grund, weshalb sich diese herausgebildet haben? (§ 66 I 4)

Wie unterscheiden sich Hypothek, Grund- und Rentenschuld? (§ 66 II)

Wie unterscheiden sich Brief- und Buchhypothek? (§ 66 II 1 d aa, bb)

Ist die Sicherungshypothek sicherer für den Gläubiger oder für den Schuldner? (§ 66 II 1 d, cc)

Wie wird die Hypothek übertragen? (§ 66 II 1 f.)

Welche Rechtsvorgänge spielen sich bei der Sicherungsübereignung ab? (§ 66 V)

Warum wird die Sicherungsabtretung der Forderungsverpfändung vorgezogen? (§ 66 VI 1)

Welche Fälle der Sicherungsabtretung kennen Sie? (§ 66 VI 2)

Welche Rechtsstellung hat der Verkäufer bei der Lieferung unter Eigentumsvorbehalt? (§ 66 VII 3)

Welche Rechtsstellung hat der Käufer beim Kauf unter Eigentumsvorbehalt? (§ 66 VII 4)

Wie wird die Kollision zwischen dem verlängerten Eigentumsvorbehalt und der Globalzession gelöst? (§ 66 VII 5 b)

Sachverzeichnis